CONTENTS

Introduction. 4

Understanding values 5

Finding a product 6

Using the guide. 10

Section 1: Prewar 1901–1942. 13

Section 2: Postwar 1945–1969 50

Section 3: Modern Era 1970–2014 90

Section 4: Lionel Corporation Tinplate. 323

Section 5: Club Cars and Special Production 337

Section 6: Boxes 360

Section 7: Sets. 381

Abbreviations 397

INTRODUCTION

Whether you are a longtime Lionel enthusiast or a newcomer to the toy train hobby, this guide contains the information you need to identify and evaluate thousands of items made by Lionel since 1901. Most of all, you'll have at your fingertips the most up-to-date prices for locomotives, freight cars, passenger cars, stations, tunnels, signals, track sections, transformers, and other items.

What is listed

Almost every Lionel O gauge toy train produced over the years is listed in the pages that follow.

This edition of the *Lionel Pocket Price Guide* contains information about new additions to the product line as described in Lionel catalogs, press releases, and other sources. Any additions that Lionel makes to its line after this book is printed will be reported in the next edition.

In addition, the *Lionel Pocket Price Guide* provides information about items associated with Lionel yet not mentioned in its catalogs. These uncataloged or promotional items include unique models and specially decorated locomotives and cars that Lionel produces for national and regional toy train collecting and operating groups, museums, local railroad clubs, and other customers.

When to consult this guide

Many readers of the *Lionel Pocket Price Guide* use it after the fact. They already have some trains and accessories and now want to identify and evaluate those items. Maybe someone lucked upon a bridge at a garage sale and wants to know whether it's a 300 Hellgate or a 314 deck girder type. Somebody else needs to provide his or her insurance agent with a complete list of O gauge locomotives that includes their conditions and current values. This guide contains the information needed to identify that bridge as well as determining present values for that engine roster.

In addition, the *Lionel Pocket Price Guide* can help you think about what to acquire in the future. That's really when the fun begins! You just have to spend some time considering how you want to approach the hobby. Collect, operate, or both? Prewar, postwar, or modern? Particular types of locomotives or cars? Favorite railroads? Promotional items?

Once you have a general idea of how to enjoy this hobby, you can make informed decisions about which trains you want.

UNDERSTANDING VALUES

The values presented here are an averaged reflection of prices for items bought and sold across the country during the year prior to the publication of this edition. These values are offered as guidelines and should be viewed as starting points that buyers and sellers can use to begin informed and reasonable negotiations.

In a listing for a steam locomotive, the value includes a tender, even if the tender is not listed in the description. The value of steam locomotives, particularly prewar items, may be affected significantly by the type of tender included.

Values for individual items may differ from what is listed in this price guide due to a few key factors. Where collectible trains are scarce and demand outruns supply, actual values may exceed what is shown. Values may also rise where certain items are especially popular, often because of their road names. And as with all collectibles, national and local economic conditions will impact values, which tend to drop when times are tough and demand falls.

Original packaging

Items in Like New or better condition require their original packaging to maintain their high level of value. The values given for items in Good and Excellent condition are not based on the expectation that a box and other associated items are present.

Items that do have their original packaging, especially if it is complete and undamaged, command a premium among collectors of prewar and postwar trains. No hard-and-fast rules can be stated as to how much higher their value is over the same items in Excellent condition. Generally speaking, though, boxed items in Like New condition are valued about 50 percent above the same item without a box.

Using the values

The values listed are what a consumer would pay—more or less—to get a particular item in a specific condition. One collector selling that item to another would probably ask the stated value and expect to get something close to it.

However, someone selling that same item to a person or business that intends to resell it (a train dealer) is unlikely to receive the stated value. Experience shows that sellers get about half the amount. Dealers offer less so they can earn a profit when reselling an item.

When buying or selling a toy train, you should learn more about it. Start by consulting this price guide and then look for more about it in a reference guide or website on toy trains. You can also ask more experienced hobbyists for their opinion about the item's condition and value.

FINDING A PRODUCT

The *Lionel Pocket Price Guide* has been divided into seven major sections.

Section 1: Prewar 1901–1942

Section 1 of the *Lionel Pocket Price Guide* is devoted to the prewar period. The entries cover just about every train, accessory, and transformer associated with Lionel's line during its first 42 years.

The only outfits (sets) listed are those of articulated streamlined trains that consist of a powered unit and attached unpowered cars.

In an item's listing, the basic description specifies its gauge (the distance between the inside of the outermost rails). During this time, Lionel catalogued models in four sizes. It is noted in parentheses whether an item is 2⅞-inch, Standard (2⅛ inches), O (1¼ inches), or OO (¾ inches). O gauge models intended to run on tighter 27-inch-diameter track belong to Lionel's O27 gauge line and are identified as such.

Transformers, rheostats, and many accessories were not limited to a single gauge, so their descriptions do not specify a gauge.

Section 2: Postwar 1945–1969

Section 2 concentrates on the postwar period. Nearly every train and accessory (except outfits) that Lionel cataloged between 1945 and 1969 has its own listing. By this time, Lionel no longer made trains in 2⅞-inch, Standard, or OO gauge. Instead, it offered trains that ran on track that had a diameter of either 31 inches (O gauge) or 27 inches (O27 gauge). However, the entries in this section do not distinguish between O and O27 since only a handful of locomotives and cars could operate solely on the wider curves.

Section 3: Modern Era 1970–2014

Section 3 shows the trains, accessories, transformers, and other items that Lionel has cataloged since 1970. The modern era encompasses the products of three companies: Model Products Corp. (MPC, a division of General Mills), 1970–85; Lionel Trains Inc. (LTI), 1986–95; and Lionel LLC (LLC), 1996–2014.

These incarnations of Lionel are responsible for an enormous inventory of trains, rolling stock, transformers, and accessories. Cataloged and uncataloged O gauge items (ranging from the near-scale Standard O to the toy-like O27) can be found within the pages of this section.

All items in Section 3 are arranged according to their Lionel catalog number (omitting the numeral 6 used as a prefix). The descriptions of products made during the modern era may include information that relates to where in the product line a particular item belongs. Models derived from MPC designs have been described as *traditional*. Rolling stock whose dimensions and features approach scale realism may be designated as Standard O (abbreviated as std O). Locomotives equipped with TrainMaster Command Control or its successor, Legacy, are identified with the abbreviation CC.

Section 4: Lionel Corporation Tinplate

Section 4 features 700 products developed jointly by Lionel and MTH Electric Trains since 2009. These Lionel Corporation trains and accessories are reproductions of Lionel (and some American Flyer) tinplate items from the prewar era. You'll find trains here that operate as tinplate trains did prior to 1942 as well as others that have been updated with modern features and technology, such as Proto-Sound. The retail prices are listed for these products.

Section 5: Club Cars and Special Production

Section 5 gathers the various items, principally locomotives and rolling stock, that Lionel has made or sponsored for different hobby organizations, museums, and businesses since the 1970s. These uncataloged club cars and special production items are arranged according to the groups that offered them for sale. Those groups are listed alphabetically; regional divisions of national organizations follow the parent organization's listing. Within each subordinate section, items are listed in a numerical (not chronological) order, with a basic description similar to that used for cataloged entries.

Section 6: Boxes

Over the past 20 years, original boxes and other forms of packaging have assumed significance for some collectors. These hobbyists insist that the trains they buy come in the boxes and have the paperwork and ancillary pieces (inserts, instruction sheets, and envelopes) that the manufacturer packed with them before offering them for sale.

Cardboard boxes, inserts, and assorted sheets of paper are more fragile than die-cast metal or plastic trains. They were also deemed to be less important to the children playing with toy trains long ago and so were not treated with the same care. Instruction sheets were lost, and boxes were discarded. As a result, fewer boxes and instruction sheets have survived than have the trains and accessories that went with them. In some cases, the box that a particular locomotive, car, or even set came in is now valued more than the item itself.

Boxes are evaluated according to standards and conditions established by the Train Collectors Association, similar to those developed for toy trains and accessories:

P-10 Mint: Brand new, complete, all original as manufactured, and unused. Flaps appear to never have been opened, and edges are crisp. No tears, fading, or wear marks. Contains original contents and all applicable sealing tape, wrap, and staples.

P-9 Store New: Complete, all original, and unused. Box may have merchant additions such as store stamps and price tags. Must have appropriate inner liners.

P-8 Like New: Complete and all original. There is evidence of light use and aging. Box may have notations (discrete) added since leaving the manufacturer.

P-7 Excellent: Complete and all original. Box shows moderate signs of being opened and closed including edge and corner wear. All flaps must be intact.

P-6 Very Good: Complete and all original. Box shows signs of usage such as minor abrasions, small tears, color changes, and minor soiling. Inner liners may be missing, and inner flaps may require strengthening. The box can still safely store its original contents.

P-5 Good: Box shows substantial wear, and edges may be damaged. Box may have extensive color fading but no evident water damage or cardboard deterioration. Exterior flaps are present, but their connection to the box may require repair. Inner liners may be missing. With care, the box can still store contents. (Any box that has been repaired cannot be graded above P-5.)

P-4 Fair: Box shows heavy damage and may have been repaired. Inner flaps may be missing. Box cannot store its original contents. Water damage may be present.

Values for postwar boxes in this section are shown for Good (P-5) and Excellent (P-7) conditions.

Lionel used these box types during the postwar years:

Art Deco: Original postwar box with bold orange and blue design and lettering. It was used in 1946 and 1947.

Classic: More understated design than Art Deco. It was the main component box from 1948 through 1958. Boxes can be divided into Early (1948–49), Middle (1949–55), and Late (1956–58) Classic designs, which are marked by minor lettering changes.

Orange Perforated: This was a significant change from the Classic design. The solid orange box features white lettering and a tear-out perforated front panel. It was used in 1959 and 1960.

Orange Picture: Instead of a perforated panel, this version of the Orange Perforated box features an illustration of a steam locomotive and an F3 diesel on the front. It was used from 1961 to 1964.

Hillside Orange Picture: Similar to an Orange Picture box, it is labeled with Hillside, N.J., where Lionel's plant was located. It was used in 1965.

Cellophane: Used in 1966, this box features a clear cellophane window on the front.

Hagerstown Checkerboard: It has a Lionel checkerboard pattern and Hagerstown, Maryland, printed on end flap bottoms. The box was used in 1968.

Hillside Checkerboard: This 1969 box is the same as the Hagerstown Checkerboard box, but with Hillside, New Jersey, printed on it.

Lionel also used brown corrugated and plain white boxes.

Section 7: Sets

This section lists boxed train sets catalogued by Lionel during the postwar years, 1945–1969. When collecting sets, it is important that the sets, or outfits, contain all the items, including ancillary ones, that Lionel packed with them. These items include the locomotive (and tender if a steam engine) rolling stock, any accessories, track, transformer, instructions and other paper pieces, component boxes, and the set box.

The listings include the set's catalog number, a short description, and product numbers for the locomotives, rolling stock, and any major accessories. Sets came with O27 gauge, O gauge, or Super O track. O27 and Super O track are listed in the set's description. If no track is listed, the set came with O gauge.

Set values are listed for Excellent (C-7) condition. The presence and condition of original component boxes, set boxes, inserts and other packaging materials can have a significant effect on a set's value. The values reflect the inclusion of these materials. Values of individual set and component boxes can be found in Section 6.

Due to space constraints, not every item found in a set is listed in the description. You can find more complete information on a set's contents on various websites and in *Greenberg's Guide to Lionel Trains 1945–1969 Volume III: Catalogued Sets* by Paul Ambrose. (Although the book is out of print, it is available from booksellers on the Internet.)

USING THE GUIDE

Number	Description	Condition —— Good	Exc	Cond/$
2561	Vista Valley Observation Car, *59–61**	115	298	___
X6454	NYC Boxcar, *48*			
	(A) Brown body	22	58	___
	(B) Orange body	59	138	___
	(C) Tan body	22	60	___
6475	Libby's Crushed Pineapple Vat Car, *63 u*	33	83	___

Identifying a catalog number

A Lionel catalog number is usually stamped, printed, or painted on an item. However, some products do not contain a catalog number. In these cases, you can match the product with its catalog number using a comprehensive reference book or website, including Lionel.com, which contains past and current catalogs.

Two-, three-, and four-digit numbers predominated during the prewar (1901–42) and postwar (1945–69) periods. Four- and five-digit numbers have been most common during the modern era (1970–2014).

On the models, catalog numbers often double as road numbers, although sometimes separate road numbers were added.

Locating an item

Sections are arranged in numerical order of catalog numbers. Items having one or more zeroes as placeholders are listed before those without placeholders. For example, a 004 4-6-4 Locomotive is listed before a 4 Electric Locomotive.

In the prewar and postwar sections, some items such as transformers and track pieces, are identified by a letter. These products follow the numbered items.

Reading an entry

Every entry begins with the product's catalog number assigned by Lionel. (Club and special production cars may have numbers that were assigned by the group.)

A basic description of the model follows. It gives the type of product, lists the name of any railroad identified with it, and includes identifying characteristics, such as color or lettering. If the item has a road number that differs from its catalog number, that number is shown in quotation marks. (Most of these are seen in Section 3). Abbreviations used in the descriptions, including those of railroad names, are listed at the back of the price guide.

Next, you'll find the year or years during which that item was part of Lionel's cataloged product line. The years are shown in italics. If a year is followed by a *u*, this item is considered to be uncataloged. It was not part of the cataloged line but a promotional item that Lionel made or sponsored for an outside business or group.

Entries that show an asterisk (*) after the year have had one or more reissues of the item made.

Many entries feature variations, each indicated by a separate letter (A, B, and so forth). Variations amount to slight yet noteworthy differences in appearance that distinguish models that otherwise seem identical. These differences can relate to color, lettering, and details that were added or deleted. For items having many variations, an entry may not include every variation.

An entry concludes with an indication of the value of the item for several common conditions.

Condition

Lionel enthusiasts should be familiar with the condition and grading standards established by the Train Collectors Association, which are used as the basis for evaluating the condition of toy trains and accessories:

C-10 Mint: Brand new—all original, unused, and unblemished.

C-9 Factory New: Same condition as Mint but with evidence of factory rubs or slight signs of handling, shipping, and being test run at the factory.

C-8 Like New: Complete and all original with no rust or no missing parts; may show effects of being displayed or signs of age and may have been run.

C-7 Excellent: All original and may have minute scratches and paint nicks; no rust, no missing parts, and no distortion of component parts.

C-6 Very Good: Has minor scratches, paint nicks, or minor spots of surface rust; is free of dents and may have minor parts replaced.

C-5 Good: Shows evidence of heavy use and signs of play wear—small dents, scratches, minor paint loss, and minor surface rust.

C-4 Fair: Shows evidence of heavy use—scratches and dents, moderate paint loss, missing parts, and surface rust.

C-3 Poor: Requires major body repair and is a candidate for restoration; major rust, missing parts, and heavily scratched.

C-2 Restoration: Needs to be restored.

C-1 Junk: Parts value only.

Values are listed for prewar and postwar trains in Good (C-5) and Excellent (C-7) conditions. For modern-era trains, including special production and club cars, the values for Excellent (C-7) and Mint (C-10) are shown.

You may also see NRS listed as a value. NRS (No Reported Sales) refers to an item with limited pricing data since only a handful of these scarce items may have been reported.

Determining a model's condition

Look over a model carefully to see whether it has suffered serious damage, including warping and breaking. Then note whether any parts are missing. Feel for dents in metal and cracks in plastic. Check for areas marred by rust, mildew, or chipped paint.

The TCA condition standards will assist you in evaluating your model, such as deciding whether a prewar or postwar model falls below Good or above Excellent.

The assessment of a toy train's value is based on the expectations that it has not been modified and that all parts are present and original to it. Repainting or relettering a model seriously undermines a train's value, regardless of how beat-up and scratched it may have been before undergoing modification. Any model that has been altered should be labeled as a restoration; potential buyers deserve to be informed about how it has been modified, so they do not mistake it for an original.

A model that is missing some parts should be sold *as is* or have those parts replaced by identical originals. A tank car cataloged in 1935 that needs a brake wheel must have a part from 1935 put on it to be considered a true original. Adding a brake wheel from 1936 undermines the car's legitimacy as much as adding one from 2012 does.

The same rule applies to the ancillary items that came with various models. The value of a flatcar may depend largely on the miniature airplane or rocket packed with it; therefore, having a load that is a genuine original is essential to maintaining the value of that flatcar. Similarly, freight loaders must have whatever cargo came with them (coal, logs, trailers, and so forth). Reproductions should be identified as such.

		Good	Exc	
001	4-6-4 Locomotive (OO), *38–42*	195	395	___
1	Bild-A-Motor (O), *28–31*	60	140	___
1	Trolley (std), *06–14*			
	(A) Cream body, orange band and roof	1900	4750	___
	(B) White body, blue band and roof	1750	4750	___
	(C) Cream body, blue band and roof	1300	3150	___
	(D) Cream body, blue band and roof, Curtis Bay	2150	5550	___
	(E) Blue, cream band, blue roof	1450	3150	___
1/111	Trolley Trailer (std), *06–14*	1000	2700	___
002	4-6-4 Locomotive (OO), *39–42*	160	315	___
2	Bild-A-Motor (std), *28–31*	100	180	___
2	Trolley (std), *06–16**			
	(A) Yellow, red band	1200	2250	___
	(B) Red, yellow band	1200	2250	___
2/200	Trolley Trailer (std), *06–16*	1000	1800	___
003	4-6-4 Locomotive (OO), *39–42*			
	(A) 003W whistling Tender	190	395	___
	(B) 003T nonwhistling Tender	175	355	___
3	Trolley (std), *06–13*			
	(A) Cream, orange band	1400	3100	___
	(B) Cream, dark olive green band	1400	3100	___
	(C) Orange, dark olive green band	1400	3100	___
	(D) Dark green, cream windows	1400	3100	___
	(E) Green, cream windows, Bay Shore	1650	3700	___
3/300	Trolley Trailer (std), *06–13*	1500	3500	___
004	4-6-4 Locomotive (OO), *39–42*			
	(A) 004W whistling Tender	210	350	___
	(B) 004T nonwhistling Tender	190	310	___
4	Electric Locomotive 0-4-0 (O), *28–32**			
	(A) Orange, black frame	550	875	___
	(B) Gray, apple green stripe	580	1050	___
4	Trolley (std), *06–12*			
	(A) Cream, dark olive green band	3000	4950	___
	(B) Green or olive green, cream roof	3000	4950	___
4U	No. 4 Kit Form (O), *28–29*	1150	1600	___
5	0-4-0 Locomotive, no tender, early (std), *06–07*			
	(A) NYC & HRR	1000	1450	___
	(B) Pennsylvania	1400	2300	___
	(C) NYC & HRRR (3 Rs)	1250	2050	___
	(D) B&O RR	1500	2400	___
5	0-4-0 Locomotive, tender, early Special (std), *06–09*	980	1300	___

		Good	Exc
____ 5	0-4-0 Locomotive, no tender, later (std), *10–11*	750	1150
____ 5	0-4-0 Locomotive, tender, later Special (std), *10–11*	920	1200
____ 5/51	0-4-0 Locomotive, tender, latest (std), *12–23*	800	1100
____ 6	4-4-0 Locomotive (std), *06–23*	860	1250
____ 6	0-4-0 Locomotive Special (std), *08–09*	2050	2950
____ 7	Steam 4-4-0 Locomotive (std), *10–23**	1850	2300
8	Electric Locomotive 0-4-0 (std), *25–32*		
____	(A) Maroon or Mojave, brass windows and trim	175	250
____	(B) Olive green, brass windows	155	205
____	(C) Red, brass or cream windows	195	250
____	(D) Peacock, orange windows	520	750
8	Trolley (std), *08–14**		
____	(A) Cream, orange band and roof	3000	5400
____	(B) Dark green, cream windows	3000	5400
8E	Electric Locomotive 0-4-0 (std), *26–32*		
____	(A) Mojave, brass windows and trim	175	250
____	(B) Red, brass or cream windows	150	225
____	(C) Peacock, orange windows	370	590
____	(D) Pea green, cream stripe	465	670
____ 9	Electric Locomotive 0-4-0 (std), *29**	1200	2150
____ 9	Motor Car (std), *09–12*		NRS
____ 9	Trolley (std), *09*	3000	5400
9E	Electric Locomotive (std), *28–35**		
____	(A) 0-4-0, orange	700	1250
____	(B) 2-4-2, two-tone green	880	1600
____	(C) 2-4-2, gunmetal gray	860	1100
____ 9U	Electric Locomotive 0-4-0 Kit (std), *28–29*	1050	1750
____ 10	Electric Locomotive 0-4-0 (std), *25–29**		
____	(A) Mojave, brass trim	150	215
____	(B) Gray, brass trim	125	205
____	(C) Peacock, brass inserts	145	205
____	(D) Red, cream stripe	580	880
10	Interurban (std), *10–16*		
____	(A) Maroon	3000	5750
____	(B) Dark olive green	1200	2150
10E	Electric Locomotive 0-4-0 (std), *26–30*		
____	(A) Olive green, black frame		NRS
____	(B) Peacock, dark green or black frame	245	400
____	(C) State brown, dark green frame	435	630
____	(D) Gray, black frame	165	220
____	(E) Red, cream stripe	620	890
____ 011	Switches, pair (O), *33–37*	17	35
____ 11	Flatcar, early (std), *06–08*	150	360
____ 11	Flatcar, later (std), *09–15*	50	90

		Good	Exc	
11	Flatcar, latest (std), *16–18*	50	90	____
11	Flatcar, Lionel Corp. (std), *18–26*	50	80	____
012	Switches, pair (O), *27–33*	21	42	____
12	Gondola, early (std), *06–08*	150	360	____
12	Gondola, later (std), *09–15*	50	100	____
12	Gondola, latest (std), *16–18*	45	70	____
12	Gondola, Lionel Corp. (std), *18–26*	50	70	____
013	012 Switches and 439 panel board, *27–33*	120	190	____
13	Cattle Car, early (std), *06–08*	300	450	____
13	Cattle Car, later (std), *09–15*	150	225	____
13	Cattle Car, latest (std), *16–18*	65	115	____
13	Cattle Car, Lionel Corp. (std), *18–26*	65	115	____
0014	Boxcar (OO), *38–42*			
	(A) Yellow, Lionel Lines	80	155	____
	(B) Tuscan, Pennsylvania	50	75	____
14	Boxcar, early (std), *06–08*	195	435	____
14	Boxcar, later (std), *09–15*	80	105	____
14	Boxcar, latest (std), *16–18*	80	105	____
14	Boxcar, Lionel Corp. (std), *18–26*	80	105	____
0015	Tank Car (OO), *38–42*			
	(A) Silver, Sun Oil	40	90	____
	(B) Black, Shell	40	75	____
15	Oil Car, early (std), *06–08*	200	360	____
15	Oil Car, later (std), *09–15*	75	115	____
15	Oil Car, latest (std), *16–18*	75	115	____
15	Oil Car, Lionel Corp. (std), *18–26*	75	115	____
0016	Hopper Car (OO), *38–42*			
	(A) Gray	75	145	____
	(B) Black	75	115	____
16	Ballast Dump Car, early (std), *06–11*	400	700	____
16	Ballast Dump Car, later (std), *09–15*	95	175	____
16	Ballast Dump Car, latest (std), *16–18*	95	175	____
16	Ballast Dump Car, Lionel Corp. (std), *18–26*	95	175	____
0017	Caboose (OO), *38–42*	50	90	____
17	Caboose, early (std), *06–08*	220	440	____
17	Caboose, later (std), *09–15*	70	135	____
17	Caboose, latest (std), *16–18*	75	135	____
17	Caboose, Lionel Corp. (std), *18–26*	50	90	____
18	Pullman Car (std), *08*			
	(A) Dark olive green, nonremovable roof	700	2150	____
	(B) Dark olive green, removable roof	105	215	____
	(C) Yellow-orange, removable roof	315	870	____
	(D) Orange, removable roof	90	205	____
	(E) Mojave, removable roof	305	890	____
18	Pullman Car (std), *11–13*	600	900	____

		Good	Exc
___ 18	Pullman Car (std), *13–15*	150	270
___ 18	Pullman Car (std), *15–18*	150	270
___ 18	Pullman Car (std), *18–22*	90	155
___ 18	Pullman Car (std), *23–26*	270	530
19	Combine Car (std), *08*		
___	(A) Dark olive green, nonremovable roof	1100	2600
___	(B) Dark olive green, removable roof	90	145
___	(C) Yellow-orange, removable roof	260	430
___	(D) Orange, removable roof	115	205
___	(E) Mojave, removable roof	305	890
___ 19	Combine Car (std), *11–13*	600	900
___ 19	Combine Car (std), *13–15*	200	270
___ 19	Combine Car (std), *15–18*	200	270
___ 19	Combine Car (std), *18–22*	90	155
___ 19	Combine Car (std), *23–26*	265	520
___ 020	90-degree Crossover (O), *15–42*	2	5
___ 020X	45-degree Crossover (O), *17–42*	2	9
___ 20	90-degree Crossover (std), *09–32*	4	10
___ 20	Direct Current Reducer, *06*		195
___ 20X	45-degree Crossover (std), *28–32*	5	10
___ 021	Switches, pair (O), *15–37*	20	48
___ 21	90-degree Crossover (std), *06*	10	18
___ 21	Switches, pair (std), *15–25*	40	70
___ 022	Remote Control Switches, pair (O), *38–42*	38	70
___ 22	Manual Switches, pair (std), *06–25*	47	75
___ 023	Bumper (O), *15–33*	15	37
___ 23	Bumper (std), *06–23*	17	39
___ 0024	Pennsylvania Boxcar (OO), *39–42*	45	75
___ 24	Railway Station (std), *06*		NRS
___ 025	Bumper (O), *28–42*	22	33
0025	Tank Car (OO), *39–42*		
___	(A) Black, Shell	40	90
___	(B) Silver, Sunoco	40	80
___ 25	Open Station (std), *06*		NRS
___ 25	Bumper (std), *27–42*	30	47
___ 26	Passenger Bridge (std), *06*		40
___ 0027	Caboose (OO), *39–42*	40	70
___ 27	Lighting Set, *11–23*	15	41
___ 27	Station (std), *09–12*		NRS
___ 28	Double Station with dome, *09–12*		NRS

		Good	Exc	
29	Day Coach (std), *07–22*			
	(A) Dark olive green, 9 windows	1500	3000	____
	(B) Maroon, 10 windows	1200	1500	____
	(C) Dark green, 10 windows	3000	4500	____
	(D) Dark olive green, 10 windows	680	1000	____
	(E) Dark green, 10 windows	500	900	____
0031	2-rail 13" Curve Track (OO), *39–42*	5	10	____
31	Combine Car (std), *21–25*			
	(A) Maroon	70	90	____
	(B) Orange	125	195	____
	(C) Dark olive green	70	90	____
	(D) Brown	75	95	____
0032	2-rail 12" Straight Track (OO), *39–42*	10	15	____
32	Mail Car (std), *21–25*			
	(A) Maroon	85	125	____
	(B) Orange	120	185	____
	(C) Dark olive green	65	85	____
	(D) Brown	70	90	____
32	Miniature Figures, *09–18*	93	253	____
33	Electric Locomotive 0-6-0, early (std), *13*			
	(A) Dark olive green, NYC in oval	90	175	____
	(B) Black, NYC	440	950	____
	(C) Dark olive green, NYC	440	950	____
	(D) Pennsylvania RR	580	1250	____
33	Electric Locomotive 0-4-0, later (std), *13–24*			
	(A) Dark olive green or black, NYC	105	170	____
	(B) Black, lettered C&O	395	720	____
	(C) Maroon, red, or peacock	340	620	____
0034	2-rail 13" Curve Track, electrical connectors (OO), *39–42*	10	15	____
34	Electric Locomotive 0-6-0, early (std), *12*	520	860	____
34	Electric Locomotive 0-4-0 (std), *13*	200	385	____
35	Pullman Car (std), *12–13*			
	(A) Dark blue	470	900	____
	(B) Dark olive green	170	235	____
35	Pullman Car (std), *14–16*			
	(A) Dark olive green, maroon windows	50	70	____
	(B) Maroon, green windows	85	105	____
	(C) Orange, maroon windows	135	195	____
35	Pullman Car (std), *15–18*	50	70	____

			Good	Exc
35		Pullman Car (std), *18–23*		
___		(A) Dark olive green, maroon windows	36	50
___		(B) Maroon, green windows	30	45
___		(C) Orange, maroon windows	120	210
___		(D) Brown, green windows	36	50
___ **35**		Boulevard Street Lamp, 6⅛" high, *40–42*	25	50
___ **35**		Pullman Car (std), *24*	40	55
___ **35**		Pullman Car (std), *25–26*	40	55
36		Observation Car (std), *12–13*		
___		(A) Dark blue	315	810
___		(B) Dark olive green	145	205
36		Observation Car (std), *14–16*		
___		(A) Dark olive green, maroon windows	70	95
___		(B) Maroon, green windows	50	70
___		(C) Orange, maroon windows	180	290
		(D) Brown, green windows	60	75
___ **36**		Observation Car (std), *15–18*	60	80
36		Observation Car (std), *18–23*		
___		(A) Dark olive green, maroon windows	40	55
___		(B) Maroon, green windows	40	55
___		(C) Orange, maroon windows	130	215
___		(D) Brown, green windows	40	55
___ **36**		Observation Car (std), *24*	40	55
___ **36**		Observation Car (std), *25–26*	40	55
38		Electric Locomotive 0-4-0 (std), *13–24*		
___		(A) Black	100	135
___		(B) Red	475	680
___		(C) Mojave or pea green	405	540
___		(D) Dark green	270	360
___		(E) Brown	270	315
___		(F) Red, cream trim	405	540
___		(G) Maroon	170	270
___		(H) Gray	110	125
___ **41**		Accessory Contactor, *37–42*	3	7
___ **042**		Switches, pair (O), *38–42*	17	39
42		Electric Locomotive 0-4-4-0, square hood, early (std), *12**		
___			760	1650
42		Electric Locomotive 0-4-4-0 , round hood, later (std), *13–23*		
___		(A) Black or gray	300	510
___		(B) Maroon	1250	2050
___		(C) Dark gray	375	600
___		(D) Dark green or Mojave	500	800
___		(E) Peacock	1100	1800
___		(F) Olive or dark olive green	750	1200

PREWAR 1901-1942

		Good	Exc	
043/43	Bild-A-Motor Gear Set, *29*		85	___
0044	Boxcar (OO), *39–42*	41	80	___
0044K	Boxcar Kit (OO), *39–42*	75	120	___
0045	Tank Car (OO), *39–42*			
	(A) Black, Shell	40	95	___
	(B) Silver, Sunoco	40	80	___
0045K	Tank Car Kit (OO), *39–42*	75	120	___
45N	Automatic Gateman (std O), *37–42*	40	89	___
0046	Hopper Car (OO), *39–42*	50	90	___
0046K	Hopper Car Kit (OO), *39–42*			
	(A) Southern Pacific	75	135	___
	(B) Reading		NRS	___
46	Crossing Gate, *39–42*	75	120	___
0047	Caboose (OO), *39–42*	31	60	___
0047K	Caboose Kit (OO), *39–42*	75	135	___
47	Crossing Gate, *39–42*	70	140	___
48W	Whistle Station, *37–42*	22	65	___
50	Electric Locomotive 0-4-0 (std), *24*			
	(A) Dark green or dark gray	145	250	___
	(B) Maroon	315	600	___
	(C) Mojave	175	345	___
50	Cardboard Train, Cars, Accessory (O), *43**	200	360	___
0051	7" Curve Track (OO), *39–42*	5	15	___
51	0-4-0 Locomotive, late, 8-wheel (std), *12–23*	800	1150	___
0052	7" Straight Track (OO), *39–42*	10	15	___
52	Lamp Post, *33–41*	44	95	___
53	Electric Locomotive 0-4-4-0, early (std), *12–14*	1200	2450	___
53	Electric Locomotive 0-4-0, later (std), *15–19*			
	(A) Maroon	550	950	___
	(B) Mojave	670	1350	___
	(C) Dark olive green	560	1150	___
53	Electric Locomotive 0-4-0, latest (std), *20–21*	200	450	___
53	Electric Locomotive 0-6-6-0, early (std), *11*		NRS	___
53	Lamp Post, *31–42*	33	49	___
0054	7" Curve Track, electrical connectors (OO), *39–42*	10	15	___
54	Electric Locomotive 0-4-4-0, early (std), *12**	2500	4050	___
54	Electric Locomotive 0-4-4-0, late (std), *13–23*	1800	2700	___
54	Lamp Post, *29–35*	55	129	___

			Good	Exc
56		Lamp Post, removable lens and cap, *24–42*		
____		(A) Mojave	85	187
____		(B) Dark gray	50	90
____		(C) 45N green	30	45
____		(D) Pea green	30	48
____		(E) Aluminum	30	45
____		(F) Copper	60	115
____		(G) Dark green	30	45
57		Lamp Post with street names, *22–42*		
____		(A) Orange post, Main St. & Broadway	35	50
____		(B) Orange post, Fifth Ave. & 42nd St.	40	100
____		(C) Orange post, Broadway & 21st St.	50	90
____		(D) Orange post, Broadway, 42nd St., Fifth Ave. & 21st St.	60	120
____		(E) Yellow post, Main St. & Broadway	45	80
58		Lamp Post, 7⅜" high, *22–42*		
____		(A) Cream	33	57
____		(B) Peacock	33	60
____		(C) Silver	33	60
____		(D) Maroon	30	87
____		(E) Dark green	30	60
____		(F) Orange	30	60
____	**59**	Lamp Post, 8¾" high, *20–36*	40	85
____	**060**	Telegraph Post (O), *29–42*	13	23
____	**60**	Telegraph Post (std), *20–28*	13	23
____	**60**	Electric Locomotive 0-4-0, FAO Schwartz (std), *15 u*		NRS
____	**0061**	7" Curve Track, tubular (OO), *38*	3	8
____	**61**	Lamp Post, one globe, *14–36*	40	65
____	**61**	Electric Locomotive 0-4-4-0, FAO Schwartz (std), *15 u*		NRS
____	**0062**	7" Straight Track, tubular (OO), *38*	5	10
____	**62**	Semaphore, *20–32*	28	50
____	**62**	Electric Locomotive 0-4-0, FAO Schwartz (std), *24–32 u*		NRS
____	**0063**	Half Curve Track, tubular (OO), *38–42*	8	15
____	**63**	Semaphore, single arm, *15–21*	25	50
____	**63**	Lamp Post, two globes, *33–42*	135	265
____	**0064**	7" Curve Track, tubular, electrical connectors (OO), *38*	8	15
____	**64**	Lamp Post, *40–42*	37	70
____	**64**	Semaphore, double arm, *15–21*	30	60
____	**0065**	Half Straight Track, tubular (OO), *38–42*	10	15
____	**65**	Semaphore, one-arm, *15–26*	30	60
____	**65**	Whistle Controller, *35*	5	7
____	**0066**	5⅝" Straight Track (OO), *38–42*	10	15

		Good	Exc	
66	Semaphore, two-arm, *15–26*	35	70	____
66	Whistle Controller, *36–39*	9	10	____
67	Lamp Post, *15–32*	85	145	____
67	Whistle Controller, *36–39*	4	8	____
068	Warning Signal (0), *25–42*	11	23	____
69N	Electric Warning Signal (std 0), *36–42*	33	72	____
0070	90-degree Crossing, *38–42*	5	10	____
70	Outfit: 62 (2), 59 (1), 68 (1), *21–32*	60	130	____
071	060 Telegraph Poles, 6 pieces (std), *24–42*	70	160	____
71	60 Telegraph Post Set, 6 pieces, *21–31*	70	160	____
0072	Remote Control Switches, pair (OO), *38–42*	175	288	____
0072L	Remote Control Switch, left hand (OO), *38–42*	50	95	____
0072R	Remote Control Switch, right hand (OO)	50	95	____
0074	Boxcar (OO), *39–42*	36	70	____
0075	Tank Car (OO), *39–42*	48	90	____
076	Block Signal (0), *23–28*	25	78	____
76	Warning Bell and Shack, *39–42*	65	179	____
0077	Caboose (OO), *39–42*	34	60	____
77/077	Automatic Crossing Gate, *23–35*	28	49	____
78/078	Train Signal, *24–32*	40	100	____
79	Flashing Signal, *28–42*	120	148	____
80/080	Semaphore, *26–35*	50	120	____
81	Controlling Rheostat, *27–33*	2	6	____
82/082	Semaphore, *27–35*	50	120	____
83	Flashing Traffic Signal, *27–42*	65	195	____
084	Semaphore, *28–32*	60	100	____
84	Semaphore, *27–32*	55	85	____
85	Telegraph Pole (std), *29–42*	15	27	____
86	Telegraph Poles, 6 pieces, *29–42*	60	120	____
87	Flashing Crossing Signal, *27–42*	85	300	____
88	Rheostat, *15–27*	3	9	____
88	Direction Controller, *33–42*	4	8	____
89	Flagpole, *23–34*	44	75	____
90	Flagpole, *27–42*	39	95	____
91	Circuit Breaker, *30–42*	34	48	____
092	Signal Tower, *23–27*	83	190	____
92	Floodlight Tower, *31–42**	150	290	____
93	Water Tower, *31–42*	60	107	____
94	High Tension Tower, *32–42**	150	290	____
95	Controlling Rheostat, *34–42*	2	6	____
96	Coal Elevator, manual, *38–40*	165	220	____
097	Telegraph Set (0)	50	75	____
97	Coal Elevator, *38–42*	125	200	____
98	Coal Bunker, *38–40*	160	318	____
99N	Train Control Block Signal, *36–42*	44	155	____

			Good	Exc
____	100	Wooden Gondola (2⅞"), 01		NRS
____	100	Bridge Approaches, 2 ramps (std), 20–31	20	36
____	100	Electric Locomotive (2⅞"), 03–05*	2900	5200
	100	Trolley (std), 10–16		
____		(A) Blue, white windows	1300	2700
____		(B) Blue, cream windows	1850	3600
____		(C) Red, cream windows	1300	2700
____	101	Bridge, span (104) and 2 approaches (100), 20–31	65	120
____	101	Summer Trolley (std), 10–13	1300	2700
____	102	Bridge, 2 spans (104) and 2 approaches (100), 20–31	70	175
____	103	Bridge (std), 13–16	50	70
____	103	Bridge, 3 spans (104) and 2 approaches (100), 20–31	60	145
____	104	Bridge Center Span (std), 20–31	20	45
____	104	Tunnel, papier mache (std), 09–14	50	135
____	105	Bridge (std), 11–14	40	70
____	105	Bridge Approaches, 2 ramps (O), 20–31	50	70
____	106	Bridge, span (110) and 2 approaches (105), 20–31	30	65
____	106	Rheostat, 11–14	3	9
____	107	DC Reducer, 110V, 23–32		NRS
____	108	Bridge, 2 spans (110) and 2 approaches (105), 20–31	50	90
____	109	Bridge, 3 spans, (110) and 2 approaches (105), 20–32	50	115
____	109	Tunnel, papier mache (std), 13–14	30	70
____	110	Bridge Center Span (O), 20–31	12	23
____	111	Box of 50 Bulbs, 20–31	55	105
____	112	Gondola, early (std), 10–12	225	400
____	112	Gondola, later (std), 12–16	40	65
____	112	Gondola, latest (std), 16–18	40	65
____	112	Gondola, Lionel Corp. (std), 18–26	40	65
____	112	Station, 31–35	145	270
____	113	Cattle Car, later (std), 12–16	50	70
____	113	Cattle Car, latest (std), 16–18	50	70
____	113	Cattle Car, Lionel Corp. (std), 18–26	40	55
____	113	Station with light fixtures, 31–34	150	310
____	114	Boxcar, later (std), 12–16	50	90
____	114	Boxcar, latest (std), 16–18	40	70
____	114	Boxcar, Lionel Corp. (std), 18–26	40	70
____	114	Station with light fixtures, 31–34	530	1200
____	115	Station with train control, 35–42*	235	368
____	116	Ballast Car, early and later (std), 10–16	85	115
____	116	Ballast Car, latest (std), 16–18	65	105

		Good	Exc	
116	Ballast Car, Lionel Corp. (std), *18–26*	55	95	____
116	Station with train control, *35–42**	640	923	____
117	Caboose, early (std), *12*	60	70	____
117	Caboose, later (std), *12–16*	50	70	____
117	Caboose, latest (std), *16–18*	50	70	____
117	Caboose, Lionel Corp. (std), *18–26*	38	60	____
117	Station, *36–42*	90	235	____
118	Tunnel, metal, 8" long (O), *20–32*	20	55	____
118L	Tunnel, metal, lighted, 8" long, *27*	20	55	____
119	Tunnel, metal, 12" long, *20–42*	22	60	____
119L	Tunnel, metal, lighted, 12" long, *27–33*	20	55	____
120	Tunnel, metal, 17" long, *22–27*	27	75	____
120L	Tunnel, metal, lighted, 17" long, *27–42*	75	140	____
121	Station, lighted (std), *09–16*			
	(A) 14" x 10" x 9"		NRS	____
	(B) 13" x 9" x 13"	150	300	____
121	Station (std), *20–26*	75	165	____
121X	Station (std), *17–19*	110	255	____
122	Station (std), *20–30*	80	190	____
123	Station (std), *20–23*	75	205	____
123	Tunnel, paperboard base, 18½" long (O), *33–42*	105	235	____
124	Lionel City Station, *20–36**			
	(A) Tan or gray base, pea green roof	90	200	____
	(B) Pea green base, red roof	200	360	____
125	Lionelville Station, *23–25*	80	185	____
125	Track Template, *38*	1	5	____
126	Lionelville Station, *23–36*	95	205	____
127	Lionel Town Station, *23–36*	83	160	____
128	115 Station and 129 Terrace, *35–42**	900	1900	____
128	124 Station and 129 Terrace, *31–34**	900	1900	____
129	Terrace, *28–42**	600	1100	____
130	Tunnel, 26" long (O), *20–36*	100	450	____
130L	Tunnel, lighted, 26" long, *27–33*	150	450	____
131	Corner Display, *24–28*	125	295	____
132	Corner Grass Plot, *24–28*	125	295	____
133	Heart-shaped Plot, *24–28*	125	295	____
134	Lionel City Station with stop, *37–42*	230	445	____
134	Oval-shaped Plot, *24–28*	125	300	____
135	Circular Plot, *24–28*	125	295	____
136	Large Elevation, *24–28*		NRS	____
136	Lionelville Station with stop, *37–42*	85	180	____
137	Station with stop, *37–42*	85	135	____
140L	Tunnel, lighted, 37" long, *27–32*	460	1050	____
150	Electric Locomotive 0-4-0, early (O), *17*	90	160	____

			Good	Exc
	150	Electric Locomotive 0-4-0, late (O), *18–25*		
___		(A) Brown, brown or olive windows	95	150
___		(B) Maroon, dark olive windows	90	135
	152	Electric Locomotive 0-4-0 (O), *17–27*		
___		(A) Dark green	90	135
___		(B) Gray	115	160
___		(C) Mojave	340	680
___		(D) Peacock	340	680
___	152	Crossing Gate, *40–42*	18	42
___	153	Block Signal, *40–42*	23	45
	153	Electric Locomotive 0-4-0 (O), *24–25*		
___		(A) Dark green	100	160
___		(B) Gray	100	160
___		(C) Mojave	100	160
___	154	Electric Locomotive 0-4-0 (O), *17–23*	100	180
	154	Highway Signal, *40–42*		
___		(A) Black base	21	49
___		(B) Orange base	59	265
	155	Freight Shed, *30–42**		
___		(A) Cream base, terra cotta floor	180	320
___		(B) Ivory base, red floor	240	400
___	156	Electric Locomotive 0-4-0 (O), *17–23*	400	720
___	156	Station Platform, *39–42*	85	133
	156	Electric Locomotive 4-4-4 (O), *17–23*		
___		(A) Dark green	475	810
___		(B) Maroon	540	890
___		(C) Olive green	600	1050
___		(D) Gray	670	1200
	156X	Electric Locomotive 0-4-0 (O), *23–24*		
___		(A) Maroon	380	495
___		(B) Olive green	440	550
___		(C) Gray	530	710
___		(D) Brown	470	600
___	157	Hand Truck, *30–32*	25	41
	158	Electric Locomotive 0-4-0 (O), *19–23*		
___		(A) Gray or red windows	75	205
___		(B) Black	95	250
___	158	Station Set: 136 Station and 2 platforms (156), *40–42*	120	280
___	159	Block Actuator, *40*	10	27
___	161	Baggage Truck, *30–32**	42	80
___	162	Dump Truck, *30–32**	42	80
___	163	Freight Accessory Set: 2 hand trucks (157), baggage truck (161), and dump truck (162), *30–42**	220	360
___	164	Log Loader, *40–42*	160	225

		Good	Exc	
165	Magnetic Crane, *40–42*	175	285	___
165-22	Scrap Steel with bag, *40–42*	50	125	___
165-83	Scrap Steel with bag, *40–42*		128	___
166	Whistle Controller, *40–42*	3	7	___
167	Whistle Controller, *40–42*	6	23	___
167X	Whistle Controller (OO), *40–42*	5	14	___
168	Magic Electrol Controller, *40–42*		77	___
169	Controller, *40–42*	3	8	___
170	DC Reducer, 220V, *14–38*	3	8	___
171	DC to AC Inverter, 110V, *36–42*	3	15	___
172	DC to AC Inverter, 229V, *39–42*	3	7	___
180	Pullman Car (std), *11–13*			
	(A) Maroon body and roof	145	205	___
	(B) Brown body and roof	145	255	___
180	Pullman Car (std), *13–15*	80	160	___
180	Pullman Car (std), *15–18*	80	160	___
180	Pullman Car (std), *18–22*	80	135	___
181	Combine Car (std), *11–13*			
	(A) Maroon, dark olive doors	145	205	___
	(B) Brown, dark olive doors	145	205	___
	(C) Yellow-orange, orange doors	350	495	___
181	Combine Car (std), *13–15*	80	160	___
181	Combine Car (std), *15–18*	80	160	___
181	Combine Car (std), *18–22*	80	135	___
182	Observation Car (std), *11–13*			
	(A) Maroon, dark olive doors	145	205	___
	(B) Brown, dark olive doors	145	205	___
	(C) Yellow-orange, orange doors	350	495	___
182	Observation Car (std), *13–15*	80	160	___
182	Observation Car (std), *15–18*	80	160	___
182	Observation Car (std), *18–22*	80	135	___
184	Bungalow, illuminated, *23–32**	65	110	___
185	Bungalow, *23–24*	50	115	___
186	184 Bungalows, set of 5, *23–32*	195	610	___
186	Log Loader Outfit, *40–41*	130	340	___
187	185 Bungalows, set of 5, *23–24*	170	590	___
188	Elevator and Car Set, *38–41*	115	370	___
189	Villa, illuminated, *23–32**	133	225	___
190	Observation Car (std), *08*			
	(A) Dark olive green, nonremovable roof	1150	2600	___
	(B) Dark olive green, removable roof	115	205	___
	(C) Yellow-orange, removable roof	320	620	___
	(D) Orange, removable roof	115	205	___
	(E) Mojave, removable roof	345	870	___

			Good	Exc
____	190	Observation Car (std), *11–13*	600	900
____	190	Observation Car (std), *13–15*	200	295
____	190	Observation Car (std), *15–18*	200	295
____	190	Observation Car (std), *18–22*	80	135
____	190	Observation Car (std), *23–26*	230	475
____	191	Villa, illuminated, *23–32**	123	325
____	192	Illuminated Villa Set: 189, 191, 184 (2), *27–32*		800
____	193	Automatic Accessory Set (O), *27–29*	150	325
____	194	Automatic Accessory Set (std), *27–29*	100	325
____	195	Terrace, *27–30*	350	740
____	196	Accessory Set, *27*	200	335
____	200	Electric Express (2⅞"), *03–05**	4000	6300
____	200	Trailer, matches No. 2 Trolley (std), *11–16*		2400
____	200	Turntable (std), *28–33**	85	190
	201	0-6-0 Locomotive (O), *40–42*		
____		(A) 2201B Tender, bell	375	760
____		(B) 2201T Tender, no bell	345	690
	202	Summer Trolley (std), *10–13*		
____		(A) Electric Rapid Transit	1300	2700
____		(B) Preston St.	3250	4500
____	203	Armored 0-4-0 (O), *17–21*	1100	1800
	203	0-6-0 Locomotive (O), *40–42*		
____		(A) 2203B Tender, bell	400	495
____		(B) 2203T Tender, no bell	365	550
	204	2-4-2 Locomotive (O), *40–42 u*		
____		(A) Black	55	105
____		(B) Gunmetal gray	80	165
____	205	Merchandise Containers, 3 pieces, *30–38**	130	320
____	206	Sack of Coal, *38–42*	5	18
____	208	Tool Set: 6 assorted tools, *34–42**	65	150
	0209	Barrels, wooden, 6 pieces (O), *34–42*		
____		(A) Solid barrels	8	26
____		(B) 2-piece barrels	83	169
____	209	Barrels, wooden, 4 pieces (std), *34–42*	10	22
____	210	Switches, pair (std), *26, 34–42*	42	75
____	211	Flatcar (std), *26–40**	125	225
	212	Gondola (std), *26–40**		
____		(A) Gray or light green	100	205
____		(B) Maroon	75	135
	213	Cattle Car (std), *26–40**		
____		(A) Mojave, maroon roof	160	365
____		(B) Terra-cotta, pea green roof	130	285
____		(C) Cream, maroon roof	300	650

		Good	Exc	
214	Boxcar (std), *26–40**			
	(A) Terra-cotta, dark green roof	195	387	____
	(B) Cream body, orange roof	150	270	____
	(C) Yellow, brown roof	300	495	____
214R	Refrigerator Car (std), *29–40**			
	(A) Ivory or white, peacock roof	325	495	____
	(B) White, light blue roof	435	790	____
215	Tank Car (std), *26–40**			
	(A) Pea green	150	215	____
	(B) Ivory	220	360	____
	(C) Aluminum	315	720	____
216	Hopper Car (std), *26–38**			
	(A) Dark green, brass plates	195	335	____
	(B) Dark green, nickel plates	445	1100	____
217	Caboose (std), *26–40**			
	(A) Orange, maroon roof	250	510	____
	(B) Red, peacock roof	120	235	____
	(C) Red body and roof, ivory doors	150	320	____
217	Lighting Set, *14–23*		NRS	____
218	Dump Car (std), *26–38**	220	365	____
219	Crane Car (std), *26–40**			
	(A) Peacock, red boom	135	255	____
	(B) Yellow, light green or red boom	270	440	____
	(C) Ivory, light green boom	270	480	____
220	Floodlight Car (std), *31–40**			
	(A) Terra-cotta base	225	385	____
	(B) Green base	340	485	____
220	Switches, pair (std), *26**	25	90	____
222	Switches, pair (std), *26–32*	40	100	____
223	Switches, pair (std), *32–42*	33	120	____
224/224E	2-6-2 Locomotive (O), *38–42*			
	(A) Black, die-cast 2224 Tender	155	253	____
	(B) Black, plastic 2224 Tender	110	195	____
	(C) Gunmetal, die-cast 2224 Tender	385	950	____
	(D) Gunmetal, sheet-metal 2689 Tender	120	210	____
225	222 Switches and 439 Panel, *29–32*	115	260	____
225/225E	2-6-2 Locomotive (O), *38–42*			
	(A) Black, 2235 or 2245 Tender	210	370	____
	(B) Black, 2235 plastic Tender	185	320	____
	(C) Gunmetal, 2225 or 2265 Tender	210	360	____
	(D) Gunmetal, 2235 die-cast Tender	285	730	____
226/226E	2-6-4 Locomotive (O), *38–41*	275	632	____
227	0-6-0 Locomotive (O), *39–42*			
	(A) 2227B Tender, bell	600	1250	____
	(B) 2227T Tender, no bell	600	1150	____

		Good	Exc
228	0-6-0 Locomotive (0), *39–42*		
____	(A) 2228B Tender, bell	600	1250
____	(B) 2228T Tender, no bell	600	1150
229	2-4-2 Locomotive (0), *39–42*		
____	(A) Black or gunmetal, 2689W Tender	155	263
____	(B) Black or gunmetal, 2689T Tender	120	200
____	(C) Black, 2666W whistle Tender	155	280
____	(D) Black, 2666T nonwhistling Tender	120	200
____ **230**	0-6-0 Locomotive (0), *39–42*	1100	2050
____ **231**	0-6-0 Locomotive (0), *39*	1000	1800
____ **232**	0-6-0 Locomotive (0), *40–42*	1000	1800
____ **233**	0-6-0 Locomotive (0), *40–42*	1000	1800
____ **238**	4-4-2 Locomotive (0), *39–40 u*	430	710
238E	4-4-2 Locomotive (0), *36–38*		
____	(A) 265W or 2225W whistle Tender	280	343
____	(B) 265 or 2225T nonwhistling Tender	275	360
____ **248**	Electric Locomotive 0-4-0 (0), *27–32*	150	240
249/249E	2-4-2 Locomotive (0), *36–39*		
____	(A) Gunmetal, 265T or 265W Tender	100	269
____	(B) Black, 265W Tender	110	210
250	Electric Locomotive 0-4-0, early (0), *26*	125	220
250	Electric Locomotive 0-4-0, late (0), *34*		
____	(A) Yellow-orange body, terra-cotta frame	145	245
____	(B) Terra-cotta body, maroon frame	160	270
____ **250E**	4-4-2 Hiawatha Locomotive (0), *35–42**	400	1100
251	Electric Locomotive 0-4-0 (0), *25–32*		
____	(A) Gray body, red windows	190	340
____	(B) Red body, ivory stripe	215	410
____	(C) Red body, no ivory stripe	200	380
251E	Electric Locomotive 0-4-0 (0), *27–32*		
____	(A) Red body, ivory stripe	225	425
____	(B) Red body, no ivory stripe	215	395
____	(C) Gray, red trim	195	350
252	Electric Locomotive 0-4-0 (0), *26–32*		
____	(A) Peacock or olive green	95	170
____	(B) Terra-cotta or yellow-orange	125	214
252E	Electric Locomotive 0-4-0 (0), *33–35*		
____	(A) Terra-cotta	145	250
____	(B) Yellow-orange	125	205

		Good	Exc	
253	Electric Locomotive 0-4-0 (O), *24–32*			
	(A) Maroon	180	430	___
	(B) Dark green	105	249	___
	(C) Mojave	105	235	___
	(D) Terra-cotta	180	430	___
	(E) Peacock	95	195	___
	(F) Red	210	475	___
253E	Electric Locomotive 0-4-0 (O), *31–36*			
	(A) Green	150	205	___
	(B) Terra-cotta	190	305	___
254	Electric Locomotive 0-4-0 (O), *24–32*	240	340	___
254E	Electric Locomotive 0-4-0 (O), *27–34*	190	263	___
255E	2-4-2 Locomotive (O), *35–36*	485	1000	___
256	Electric Locomotive 0-4-4-0 (O), *24–30**			
	(A) Rubber-stamped lettering	470	1250	___
	(B) No outline around Lionel	425	770	___
	(C) Lionel Lines and No. 256 on brass	450	1050	___
257	2-4-0 Locomotive (O), *30–35 u*			
	(A) Black tender	145	300	___
	(B) Black crackle-finish tender	240	435	___
258	2-4-0 Locomotive, early (O), *30–35 u*			
	(A) 4-wheel 257 Tender	85	170	___
	(B) 8-wheel 258 Tender	100	195	___
258	2-4-2 Locomotive, late (O), *41 u*			
	(A) Black	60	90	___
	(B) Gunmetal	85	135	___
259	2-4-2 Locomotive (O), *32*	70	135	___
259E	2-4-2 Locomotive (O), *33–42*	80	155	___
260E	2-4-2 Locomotive (O), *30–35**			
	(A) Black body, green or black frame	385	548	___
	(B) Dark gunmetal body and frame	440	640	___
261	2-4-2 Locomotive (O), *31*	125	210	___
261E	2-4-2 Locomotive (O), *35*	190	285	___
262	2-4-2 Locomotive (O), *31–32*	215	311	___
262E	2-4-2 Locomotive (O), *33–36*			
	(A) Gloss black, copper and brass trim	100	210	___
	(B) Satin black, nickel trim	125	258	___
263E	2-4-2 Locomotive (O), *36–39**			
	(A) Gunmetal gray	315	610	___
	(B) 2-tone blue, from Blue Comet	415	950	___
264E	2-4-2 Locomotive (O), *35–36*			
	(A) Red, Red Comet	138	295	___
	(B) Black	220	380	___

		Good	Exc
265E	2-4-2 Locomotive (O), *35–40*		
____	(A) Black or gunmetal	170	330
____	(B) Light blue, Blue Streak	460	800
____ **267E/W**	Set: 616, 617 (2), 6*18*, *35–41*		560
____ **270**	Bridge, 10" long (O), *31–42*	18	50
____ **270**	Lighting Set, *15–23*		NRS
____ **271**	270 Bridges, set of 2, *31–33, 35–40*	65	150
____ **271**	Lighting Set, *15–23*		NRS
____ **272**	270 Bridges, set of 3, *31–33, 35–40*	60	165
____ **280**	Bridge, 14" long (std), *31–42*	50	115
____ **281**	280 Bridges, set of 2, *31–33, 35–40*	90	205
____ **282**	280 Bridges, set of 3, *31–33, 35–40*	105	265
____ **289E**	2-4-2 Locomotive (O), *37 u*	120	305
____ **300**	Electric Trolley Car (2⅞"), *01–05*	2000	3600
300	Hellgate Bridge (std), *28–42**		
____	(A) Cream towers, green truss	800	1350
____	(B) Ivory towers, aluminum truss	763	1600
____ **303**	Summer Trolley, *10–13*	1500	3150
____ **308**	Signs, set of 5 (O), *40–42*	26	70
____ **309**	Electric Trolley Trailer (2⅞"), *01–05*	2500	4050
309	Pullman Car (std), *26–39*		
____	(A) Maroon body and roof, Mojave windows	100	160
____	(B) Mojave body and roof, maroon windows	100	160
____	(C) Light brown body, dark brown roof	120	190
____	(D) Medium blue body, dark blue roof	170	280
____	(E) Apple green body, dark green roof	170	280
____	(F) Pale blue body, silver roof	100	185
____	(G) Maroon body, terra-cotta roof	130	195
____ **310**	Rails and Ties, complete section (2⅞"), *01–02*	5	14
310	Baggage Car (std), *26–39*		
____	(A) Maroon body and roof, Mojave windows	100	160
____	(B) Mojave body and roof, maroon windows	85	160
____	(C) Light brown body, dark brown roof	115	185
____	(D) Medium blue body, dark blue roof	170	280
____	(E) Apple green body, dark green roof	170	280
____	(F) Pale blue body, silver roof	100	175
312	Observation Car (std), *24–39*		
____	(A) Maroon body and roof, Mojave windows	100	160
____	(B) Mojave body and roof, maroon windows	83	160
____	(C) Light brown body, dark brown roof	120	185
____	(D) Medium blue body, dark blue roof	170	280
____	(E) Apple green body, dark green roof	170	280
____	(F) Pale blue body, silver roof	100	175
____	(G) Maroon body, terra-cotta roof	130	195

		Good	Exc	
313	Bascule Bridge (O), *40–42*			
	(A) Silver bridge	235	500	____
	(B) Gray bridge	250	590	____
314	Girder Bridge (O), *40–42*	17	40	____
315	Trestle Bridge (O), *40–42*	28	80	____
316	Trestle Bridge (O), *40–42*	21	48	____
318	Electric Locomotive 0-4-0 (std), *24–32*			
	(A) Gray, dark gray, or Mojave	150	250	____
	(B) Pea green	150	250	____
	(C) State brown	250	395	____
318E	Electric Locomotive 0-4-0, *26–35*			
	(A) Gray, Mojave, or pea green	150	250	____
	(B) State brown	275	440	____
	(C) Black	550	1275	____
319	Pullman Car (std), *24–27*	105	175	____
320	Baggage Car (std), *25–27*	100	175	____
320	Switch and Signal (2⅞"), *02–05*		NRS	____
322	Observation Car (std), *24–27, 29–30 u*	100	175	____
330	90-degree Crossing (2⅞"), *02–05*		NRS	____
332	Baggage Car (std), *26–33*			
	(A) Red body and roof, cream doors	80	120	____
	(B) Peacock body and roof, orange doors	75	115	____
	(C) Gray body and roof, maroon doors	75	115	____
	(D) Olive green body and roof, red doors	90	145	____
	(E) State brown body, dark brown roof	190	430	____
337	Pullman Car (std), *25–32*			
	(A) Red body and roof, cream doors	95	190	____
	(B) Mojave body and roof, maroon doors	95	190	____
	(C) Olive green body and roof, red doors	105	225	____
	(D) Olive green body and roof, maroon doors	95	190	____
	(E) Pea green body and roof, cream doors	210	500	____
338	Observation Car (std), *25–32*			
	(A) Red body and roof, cream doors	95	190	____
	(B) Mojave body and roof, maroon doors	95	190	____
	(C) Olive green body and roof, red doors	105	225	____
	(D) Olive green body and roof, maroon doors	95	190	____
339	Pullman Car (std), *25–33*			
	(A) Peacock body and roof, orange doors	55	88	____
	(B) Gray body and roof, maroon doors	55	100	____
	(C) State brown body, dark brown roof	135	380	____
	(D) Peacock body, dark green roof	75	130	____
	(E) Mojave body, maroon roof and doors	145	230	____
340	Suspension Bridge (2⅞"), *02–05**		NRS	____

			Good	Exc
341		Observation Car (std), *25–33*		
___		(A) Peacock body and roof, orange doors	50	70
___		(B) Gray body and roof, maroon doors	50	70
___		(C) State brown body, dark brown roof	125	157
___		(D) Peacock body, dark green roof	65	95
___		(E) Mojave body, maroon roof and doors	135	165
___	**350**	Track Bumper (2⅞"), *02–05*		550
___	**380**	Elevated Pillars (2⅞"), *04–05**	30	70
___	**380**	Electric Locomotive 0-4-0 (std), *23–27*	310	440
___	**380E**	Electric Locomotive 0-4-0 (std), *26–29*		
___		(A) Mojave	445	630
___		(B) Maroon	295	400
___		(C) Dark green	370	460
___	**381**	Electric Locomotive 4-4-4 (std), *28–29**	1600	2100
___	**381E**	Electric Locomotive 4-4-4 (std), *28–36**		
___		(A) State green, apple green subframe	1500	2500
___		(B) State green, red subframe	1900	3250
___	**381U**	Electric Locomotive 4-4-4 Kit (std), *28–29*	1600	4100
___	**384**	2-4-0 Locomotive (std), *30–32**	415	730
___	**384E**	2-4-0 Locomotive (std), *30–32**	425	650
___	**385E**	2-4-2 Locomotive (std), *33–39**	370	670
___	**390**	2-4-2 Locomotive (std), *29**	460	820
___	**390E**	2-4-2 Locomotive (std), *29–31**		
___		(A) Black, with or without orange stripe	460	690
___		(B) 2-tone blue, cream-orange stripe	650	1050
___		(C) 2-tone green, orange or green stripe	990	2050
___	**392E**	4-4-2 Locomotive (std), *32–39**		
___		(A) Black, 384 Tender	750	1250
___		(B) Black, large 12-wheel tender	1050	1850
___		(C) Gunmetal gray	1000	1800
___	**400**	Express Trail Car (2⅞"), *03–05**	3500	5850
___	**400E**	4-4-4 Locomotive (std), *31–39**		
___		(A) Black	1400	2150
___		(B) Blue	1550	2350
___		(C) Gunmetal or light blue	1650	2800
___		(D) Black crackle finish	1600	3500
___	**402**	Electric Locomotive 0-4-4-0 (std), *23–27*	365	570
___	**402E**	Electric Locomotive 0-4-4-0 (std), *26–29*	345	550
___	**404**	Summer Trolley (std), *10*		NRS
___	**408E**	Electric Locomotive 0-4-4-0 (std), *27–36**		
___		(A) Apple green or Mojave, red pilots	770	980
___		(B) State brown, brown pilots	2000	3000
___		(C) State green, red pilots	2000	3800

		Good	Exc	
412	California Pullman Car (std), *29–35**			
	(A) Light green body, dark green roof	590	1750	____
	(B) Light brown body, dark brown roof	620	2100	____
413	Colorado Pullman Car (std), *29–35**			
	(A) Light green body, dark green roof	590	1750	____
	(B) Light brown body, dark brown roof	620	2100	____
414	Illinois Pullman Car (std), *29–35**			
	(A) Light green body, dark green roof	590	1750	____
	(B) Light brown body, dark brown roof	620	2050	____
416	New York Observation Car (std), *29–35**			
	(A) Light green body, dark green roof	590	1750	____
	(B) Light brown body, dark brown roof	620	2100	____
418	Pullman Car (std), *23–32**	225	320	____
419	Combination (std), *23–32**	205	280	____
420	Faye Pullman Car (std), *30–40**			
	(A) Brass trim	485	900	____
	(B) Nickel trim	500	1200	____
421	Westphal Pullman Car (std), *30–40**			
	(A) Brass trim	500	900	____
	(B) Nickel trim	500	1200	____
422	Tempel Observation Car (std), *30–40**			
	(A) Brass trim	485	900	____
	(B) Nickel trim	500	1200	____
424	Liberty Bell Pullman Car (std), *31–40**			
	(A) Brass trim	350	530	____
	(B) Nickel trim	385	650	____
425	Stephen Girard Pullman Car (std), *31–40**			
	(A) Brass trim	350	530	____
	(B) Nickel trim	385	650	____
426	Coral Isle Observation Car (std), *31–40**			
	(A) Brass trim	350	530	____
	(B) Nickel trim	385	650	____
428	Pullman Car (std), *26–30**			
	(A) Dark green body and roof	250	385	____
	(B) Orange body and roof, apple green windows	390	890	____
429	Combine Car (std), *26–30**			
	(A) Dark green body and roof	250	385	____
	(B) Orange body and roof, apple green windows	390	890	____
430	Observation Car (std), *26–30**			
	(A) Dark green body and roof	250	385	____
	(B) Orange body and roof, apple green windows	390	890	____

			Good	Exc
431		Diner (std), *27–32**		
___		(A) Mojave body, screw-mounted roof	350	540
___		(B) Mojave body, hinged roof	465	720
___		(C) Dark green body, orange windows	410	720
___		(D) Orange body, apple green windows	410	720
___		(E) Apple green body, red windows	410	720
___	**435**	Power Station, *26–38**	215	400
	436	Power Station, *26–37**		
___		(A) Power Station plate	135	265
___		(B) Edison Service plate	270	610
___	**437**	Switch Signal Tower, *26–37**	190	430
	438	Signal Tower, *27–39**		
___		(A) Mojave base, orange house	215	321
___		(B) Black base, white house	325	640
___	**439**	Panel Board, *28–42**	80	145
___	**440/0440**	Signal Bridge, *32–35**	180	473
___	**440C**	Panel Board, *32–42*	90	145
___	**441**	Weighing Station (std), *32–36*	495	1325
___	**442**	Landscaped Diner, *38–42*	198	258
___	**444**	Roundhouse (std), *32–35**	1350	2850
___	**444-18**	Roundhouse Clip, *33*		NRS
___	**450**	Electric Locomotive 0-4-0, Macy's (O), *30 u*		
___		(A) Red, black frame	295	700
___		(B) Apple green, dark green frame	415	880
___	**450**	Set: 450, matching 605, 606 (2), *30 u*	750	1800
___	**490**	Observation Car (std), *23–32**	190	255
___	**500**	Electric Derrick Car (2⅞"), *03–04**	5000	6750
___	**511**	Flatcar (std), *27–40*		
___		(A) Dark green	65	115
___		(B) Medium green	75	165
___	**512**	Gondola (std), *27–39*		
___		(A) Peacock	38	58
___		(B) Light green	50	95
___	**513**	Cattle Car (std), *27–38*		
___		(A) Olive green, orange roof	70	165
___		(B) Orange, pea green roof	60	110
___		(C) Cream, maroon roof	90	250
___	**514**	Boxcar (std), *29–40*		
___		(A) Cream, orange roof	90	155
___		(B) Yellow, brown roof	115	285
___	**514**	Refrigerator Car, ivory or white, peacock roof, (std), *27–28*	240	400
___	**514R**	Refrigerator Car (std), *29–40*		
___		(A) Ivory, peacock roof	140	190
___		(B) White, light blue roof	420	580

		Good	Exc	
515	Tank Car (std), *27–40*			
	(A) Terra-cotta	90	145	____
	(B) Ivory	105	185	____
	(C) Aluminum	90	175	____
	(D) Orange, red Shell decal	340	750	____
516	Hopper Car (std), *28–40*			
	(A) Red	170	240	____
	(B) Red, rubber-stamped data	200	300	____
	(C) Light red, nickel trim	200	325	____
517	Caboose (std), *27–40*			
	(A) Pea green body, red roof	50	100	____
	(B) Red body and roof	105	155	____
	(C) Red body, black roof, orange windows	355	640	____
520	Floodlight Car (std), *31–40*			
	(A) Terra-cotta base	110	210	____
	(B) Green base	110	240	____
529	Pullman Car (O), *26–32*			
	(A) Olive green body and roof	25	45	____
	(B) Terra-cotta body and roof	25	60	____
530	Observation Car (O), *26–32*			
	(A) Olive green body and roof	25	45	____
	(B) Terra-cotta body and roof	25	63	____
550	Miniature Figures, boxed (std), *32–36**	175	431	____
551	Engineer (std), *32*	25	45	____
552	Conductor (std), *32*	21	42	____
553	Porter with stool (std), *32*	25	50	____
554	Male Passenger (std), *32*	25	45	____
555	Female Passenger (std), *32*	25	45	____
556	Red Cap with suitcase (std), *32*	25	65	____
600	Derrick Trailer (2⅞"), *03–04**	5000	8550	____
600	Pullman Car, early (O), *15–23*			
	(A) Dark green	65	170	____
	(B) Maroon or brown	48	85	____
600	Pullman Car, late (O), *33–42*			
	(A) Light red or gray, red roof	50	90	____
	(B) Light blue, aluminum roof	70	120	____
601	Observation Car, late (O), *33–42*			
	(A) Light red body and roof	50	90	____
	(B) Light gray, red roof	50	90	____
	(C) Light blue body, aluminum roof	70	120	____
601	Pullman Car, early (O), *15–23*	50	70	____
602	Lionel Lines Baggage Car, late (O), *33–42*			
	(A) Light red or gray, red roof	60	110	____
	(B) Light blue, aluminum roof	90	150	____

			Good	Exc
___ 602	NYC Baggage Car (O), *15–23*		30	45
___ 602	Observation Car (O), *22 u*		30	36
___ 603	Pullman Car, early (O), *22 u*		40	70
___ 603	Pullman Car, later (O), *20–25*		20	45
603	Pullman Car, latest (O), *31–36*			
___	(A) Light red body and roof		45	85
___	(B) Red body, black roof		35	60
___	(C) Stephen Girard green body, dark green roof		35	60
___	(D) Maroon body and roof, Macy Special		60	125
___ 604	Observation Car, later (O), *20–25*		35	60
604	Observation Car, latest (O), *31–36*			
___	(A) Light red body and roof		44	85
___	(B) Red body, black roof		35	60
___	(C) Yellow-orange body, terra-cotta roof		35	60
___	(D) Stephen Girard green body, dark green roof		35	60
___	(E) Maroon body and roof		70	150
605	Pullman Car (O), *25–32*			
___	(A) Gray, Lionel Lines		85	170
___	(B) Gray, Illinois Central		85	170
___	(C) Red, Lionel Lines		170	255
___	(D) Red, Illinois Central		255	340
___	(E) Orange, Lionel Lines		170	255
___	(F) Orange, Illinois Central		300	430
___	(G) Olive green, Lionel Lines		255	340
606	Observation Car (O), *25–32*			
___	(A) Gray, Lionel Lines		130	215
___	(B) Gray, Illinois Central		90	170
___	(C) Red, Lionel Lines		170	255
___	(D) Red, Illinois Central		255	340
___	(E) Orange, Lionel Lines		170	255
___	(F) Orange, Illinois Central		170	255
___	(G) Olive green, Lionel Lines		255	340
607	Pullman Car (O), *26–27*			
___	(A) Peacock, Lionel Lines		50	70
___	(B) Peacock, Illinois Central		75	115
___	(C) 2-tone green, Lionel Lines		50	75
___	(D) Red, Lionel Lines		75	110
608	Observation Car (O), *26–37*			
___	(A) Peacock, Lionel Lines		50	70
___	(B) Peacock, Illinois Central		75	115
___	(C) 2-tone green, Lionel Lines		50	75
___	(D) Red, Lionel Lines		75	110
___ 609	Pullman Car (O), *37*		60	85

		Good	Exc	
610	Pullman Car, early (O), *15–25*			
	(A) Dark green body and roof	50	65	____
	(B) Maroon body and roof	60	95	____
	(C) Mojave body and roof	60	95	____
610	Pullman Car, late (O), *26–30*			
	(A) Olive green body and roof	65	80	____
	(B) Mojave body and roof	55	80	____
	(C) Terra-cotta body, maroon roof	100	155	____
	(D) Pea green body and roof	70	115	____
	(E) Light blue body, aluminum roof	130	260	____
	(F) Light red body, aluminum-painted roof	100	155	____
611	Observation Car (O), *37*	55	90	____
612	Observation Car, early (O), *15–25*			
	(A) Dark green body and roof	50	60	____
	(B) Maroon body and roof	70	90	____
	(C) Mojave body and roof	70	90	____
612	Observation Car, late (O), *26–30*			
	(A) Olive green body and roof	55	80	____
	(B) Mojave body and roof	55	80	____
	(C) Terra-cotta body, maroon roof	100	155	____
	(D) Pea green body and roof	70	115	____
	(E) Light blue body, aluminum roof	130	260	____
	(F) Light red body, aluminum-painted roof	100	155	____
613	Pullman Car (O), *31–40**			
	(A) Terra-cotta body, maroon/terra-cotta roof	85	195	____
	(B) Light red body, light red/aluminum roof	175	350	____
	(C) Blue, two-tone blue roof	115	225	____
614	Observation Car (O), *31–40**			
	(A) Terra-cotta body, maroon/terra-cotta roof	100	190	____
	(B) Light red body, light red/aluminum roof	175	350	____
	(C) Blue, two-tone blue roof	115	225	____
615	Baggage Car (O), *33–40**	150	260	____
616E/W	Diesel only (O), *35–41*	90	215	____
616E/W	Set: 616, 617 (2), 618	218	570	____
617	Coach (O), *35–41*			
	(A) Blue and white	55	85	____
	(B) Chrome, gunmetal skirts	55	85	____
	(C) Chrome, chrome skirts	55	85	____
	(D) Silver-painted	55	85	____
618	Observation Car (O), *35–41*			
	(A) Blue and white	55	85	____
	(B) Chrome, gunmetal skirts	55	85	____
	(C) Chrome, chrome skirts	55	85	____
	(D) Silver-painted	55	85	____

		Good	Exc
619	Combine Car (O), *36–38*		
	(A) Blue, white windows band	100	205
	(B) Chrome, chrome skirts	100	205
620	Floodlight Car (O), *37–42*	50	85
629	Pullman Car (O), *24–32*		
	(A) Dark green body and roof	30	40
	(B) Orange body and roof	30	40
	(C) Red body and roof	20	32
	(D) Light red body and roof	40	55
630	Observation Car, *24–32*		
	(A) Dark green body and roof	30	40
	(B) Orange body and roof	30	40
	(C) Red body and roof	20	32
	(D) Light red body and roof	40	55
636W	Diesel only (O), *36–39*	90	175
636W	Set: 636W, 637 (2), 6*38, 36–39*	375	640
637	Coach (O), *36–39*	70	105
638	Observation Car (O), *36–39*	70	105
651	Flatcar (O), *35–40*	28	55
652	Gondola (O), *35–40*	28	55
653	Hopper Car (O), *34–40*	35	65
654	Tank Car (O), *34–42*		
	(A) Orange or aluminum	38	60
	(B) Gray	42	75
655	Boxcar (O), *34–42*		
	(A) Cream, maroon roof	35	60
	(B) Cream, tuscan roof	47	75
656	Cattle Car (O), *35–40*		
	(A) Light gray, vermilion roof	40	100
	(B) Burnt orange, tuscan roof	70	125
657	Caboose (O), *34–42*		
	(A) Red body and roof	20	34
	(B) Red body, tuscan roof	25	42
659	Dump Car (O), *35–42*	40	75
700	Electric Locomotive 0-4-0 (O), *15–16*	360	690
700E	4-6-4 NYC Hudson "5344," scale (O), *37–42**	1400	2950
700K	4-6-4 Locomotive, unbuilt gray primer (O), *38–42*	4400	5950
701	0-6-0 PRR Locomotive "8976," *41*		2097
701	Electric Locomotive 0-4-0 (O), *15–16*	390	660
702	Baggage Car (O), *17–21*	115	305
703	Electric Locomotive 4-4-4 (O), *15–16*	1400	2350
706	Electric Locomotive 0-4-0 (O), *15–16*	375	630
708	0-6-0 PRR Locomotive "8976" (O), *39–42**	1450	2850

		Good	Exc	
710	Pullman Car (O), *24–34*			
	(A) Red, Lionel Lines	200	300	____
	(B) Orange, Lionel Lines	150	225	____
	(C) Orange, New York Central	175	225	____
	(D) Orange, Illinois Central	300	450	____
	(E) 2-tone blue, Lionel Lines	300	415	____
	(F) Orange, New York Central	200	260	____
711	Remote Control Switches, pair (O72), *35–42*	80	150	____
712	Observation Car (O), *24–34*			
	(A) Red, Lionel Lines	185	355	____
	(B) Orange, Lionel Lines	140	265	____
	(C) Orange, New York Central	168	310	____
	(D) Orange, Illinois Central	280	530	____
	(E) 2-tone blue, Lionel Lines	280	485	____
714	Boxcar (O), *40–42**	350	610	____
714K	Boxcar, unbuilt (O), *40–42*		480	____
715	Tank Car (O), *40–42**			
	(A) SEPS 8124 decal	340	610	____
	(B) SUNX 715 decal	435	880	____
715K	Tank Car, unbuilt (O), *40–42*		530	____
716	Hopper Car (O), *40–42**	310	392	____
716K	Hopper Car, unbuilt (O), *40–42*		730	____
717	Caboose (O), *40–42**	340	510	____
717K	Caboose, unbuilt (O), *40–42*		590	____
720	90-degree Crossing (O72), *35–42*	21	40	____
721	Manual Switches, pair (O72), *35–42*	50	105	____
730	90-degree Crossing (O72), *35–42*	20	36	____
731	Remote Control Switches, pair, T-rail (O72), *35–42*	80	135	____
751E/W	Set: 752, 753 (2), 754 (O), *34–41**	640	1050	____
752E	Diesel only (O), *34–41**			
	(A) Yellow and brown	190	355	____
	(B) Aluminum	180	340	____
753	Coach (O), *36–41*			
	(A) Yellow and brown	100	185	____
	(B) Aluminum	95	180	____
754	Observation Car (O), *36–41*			
	(A) Yellow and brown	100	185	____
	(B) Aluminum	95	180	____
760	Curved Track, 16 pieces, (O72), *35–42*	37	80	____
761	Curved Track (O72), *34–42*	1	2	____
762	Straight Track (O72), *34–42*	1	2	____
762S	Insulated Straight Track (O72), *34–42*	2	5	____

		Good	Exc
763E	4-6-4 Locomotive (O), *37–42*		
____	(A) Gunmetal, 263 or 2263W Tender	1200	2650
____	(B) Gunmetal, 2226X or 2226WX Tender	1350	2950
____	(C) Black, 2226WX Tender	1200	2650
____ **771**	Curved Track, T-rail (072), *35–42*	3	10
____ **772**	Straight Track, T-rail (072), *35–42*	4	12
____ **773**	Fishplate Set, 50 plates (072), *36–42*	25	32
____ **782**	Hiawatha Combine Car (O), *35–41**	230	380
____ **783**	Hiawatha Coach (O), *35–41**	140	290
____ **784**	Hiawatha Observation Car (O), *35–41**	205	445
____ **792**	Rail Chief Combine Car (O), *37–41**	215	580
____ **793**	Rail Chief Coach (O), *37–41**	290	800
____ **794**	Rail Chief Observation Car (O), *37–41**	250	800
____ **800**	Boxcar (2 7/8"), *04–05**	2500	4050
800	Boxcar (O), *15–26*		
____	(A) Light orange body, brown-maroon roof	45	70
____	(B) Orange body and roof, PRR	30	43
____ **801**	Caboose (O), *15–26*	36	46
____ **802**	Stock Car (O), *15–26*	43	60
____ **803**	Hopper Car, early (O), *23–28*	28	55
____ **803**	Hopper Car, late (O), *29–34*	39	55
____ **804**	Tank Car (O), *23–28*	22	45
805	Boxcar (O), *27–34*		
____	(A) Pea green, terra-cotta roof	35	55
____	(B) Pea green, maroon roof	44	115
____	(C) Orange, maroon roof	44	95
806	Stock Car (O), *27–34*		
____	(A) Pea green, terra-cotta roof	42	75
____	(B) Orange, various color roofs	35	50
807	Caboose (O), *27–40*		
____	(A) Peacock body, dark green roof	20	35
____	(B) Red body, peacock roof	20	38
____	(C) Light red body and roof	23	40
809	Dump Car (O), *31–41*		
____	(A) Orange bin	40	70
____	(B) Green bin	40	85
810	Crane Car (O), *30–42*		
____	(A) Terra-cotta cab, maroon roof	170	270
____	(B) Cream cab, vermilion roof	130	205
811	Flatcar (O), *26–40*		
____	(A) Maroon	40	70
____	(B) Aluminum	47	100
____ **812**	Gondola (O), *26–42*	44	83
____ **812T**	Tool Set: pick, shovel, spade, *30–41*	40	95

		Good	Exc	
813	Stock Car (0), *26–42*			
	(A) Orange body, pea green roof	65	145	___
	(B) Orange body, maroon roof	55	135	___
	(C) Cream body, maroon roof	100	225	___
	(D) Tuscan body and roof		1600	___
814	Boxcar (0), *26–42*			
	(A) Cream, orange roof	46	105	___
	(B) Cream, maroon roof	115	140	___
	(C) Yellow, brown roof	110	120	___
814R	Refrigerator Car (0), *29–42*			
	(A) Ivory, peacock roof	100	198	___
	(B) White, light blue roof	120	265	___
	(C) Flat white, brown roof	600	900	___
815	Tank Car (0), *26–42*			
	(A) Pea green, maroon frame	250	510	___
	(B) Pea green, black frame	70	155	___
	(C) Aluminum, black frame	50	115	___
	(D) Orange-yellow, black frame	150	255	___
816	Hopper Car (0), *27–42*			
	(A) Olive green	85	155	___
	(B) Red body	65	115	___
	(C) Black body	370	680	___
817	Caboose (0), *26–42*			
	(A) Peacock body, dark green roof	45	70	___
	(B) Red body, peacock roof	45	80	___
	(C) Light red body and roof	45	80	___
820	Boxcar (0), *15–26*			
	(A) Orange, Illinois Central	38	80	___
	(B) Orange, Union Pacific	48	105	___
820	Floodlight Car (0), *31–42*			
	(A) Terra-cotta	100	180	___
	(B) Green	100	175	___
	(C) Light green	105	180	___
821	Stock Car (0), *15–16, 25–26*	45	85	___
822	Caboose (0), *15–26*	35	65	___
831	Flatcar (0), *27–34*	24	43	___
840	Industrial Power Station, *28–40**	1200	3050	___
900	Ammunition Car (0), *17–21*	120	340	___
900	Box Trail Car (2⅞"), *04–05**	2000	3600	___
901	Gondola (0), *19–27*	25	49	___
902	Gondola (0), *27–34*	29	45	___
910	Grove of Trees, *32–42*	70	155	___
911	Country Estate, *32–42*	195	410	___
912	Suburban Home	300	620	___
913	Landscaped Bungalow, *40–42*	140	285	___

			Good	Exc
___	914	Park Landscape, *32–35*	90	205
___	915	Tunnel, 65" or 60" long, *32–33, 35*	160	435
___	916	Tunnel, 29" long, *35*	95	180
___	917	Scenic Hillside, 34" x 15", *32–36*	90	205
___	918	Scenic Hillside, 30" x 10", *32–36*	90	205
___	919	Park Grass, cloth bag, *32–42*	8	17
___	920	Village, *32–33*	600	1600
___	921	Scenic Park, 3 pieces, *32–33*	980	2600
___	921C	Park Center, *32–33*	400	1050
___	922	Terrace, *32–36*	90	175
___	923	Tunnel, 40" long, *33–42*	90	225
___	924	Tunnel, 30" long (O72), *35–42*	50	135
___	925	Lubricant, *35–42*	24	116
___	927	Flag Plot, *37–42*	70	135
___	1000	Passenger Car (2⅞"), *05**	4500	6750
___	1000	Trolley Trailer (std), *10–16*	1400	2250
___	1010	Electric Locomotive 0-4-0, Winner Lines (O), *31–32*	90	160
___	1010	Interurban Trailer (std), *10–16*	1000	1800
___	1011	Pullman Car, Winner Lines (O), *31–32*	55	75
___	1012	Station, *32*	50	70
___	1015	0-4-0 Locomotive (O), *31–32*	100	205
___	1017	Winner Station, *33*	25	70
___	1019	Observation Car (O), *31–32*	50	70
___	1020	Baggage Car (O), *31–32*	65	110
___	1021	90-degree Crossover (O27), *32–42*	1	4
___	1022	Tunnel, 18" long (O), *35–42*	15	32
___	1023	Tunnel, 19" long, *34–42*	20	41
___	1024	Switches, pair (O27), *37–42*	4	15
___	1025	Bumper (O27), *40–42*	14	25
___	1027	Transformer Station, *34*	50	115
___	1028	Transformer, 40 watts, *39*	3	11
___	1029	Transformer, 25 watts, *36*	6	18
___	1030	Electric Locomotive 0-4-0 (O), *32*	75	135
___	1030	Transformer, 40 watts, *35–38*	6	23
___	1035	0-4-0 Locomotive (O), *32*	75	115
___	1037	Transformer, 40 watts, *40–42*	7	23
___	1038	Transformer, 30 watts, *40*	2	4
___	1039	Transformer, 35 watts, *37–40*	7	18
___	1040	Transformer, 60 watts, *37–39*	12	27
___	1041	Transformer, 60 watts, *39–42*	13	30
___	1045	Watchman, *38–42*	30	65
___	1050	Passenger Car Trailer (2⅞"), *05**	5000	7200
___	1100	Summer Trolley Trailer (std), *10–13*		NRS

		Good	Exc	
1100	Mickey Mouse Handcar, *35–37**			
	(A) Red base	405	640	___
	(B) Apple green base, orange shoes	500	880	___
	(C) Orange base	600	1225	___
1103	Peter Rabbit Handcar (O), *35–37**	330	820	___
1105	Santa Claus Handcar (O), *35–35**			
	(A) Red base	660	1050	___
	(B) Green base	720	1200	___
1107	Transformer Station, *33*	25	70	___
1107	Donald Duck Handcar (O), *36–37**			
	(A) White dog house, red roof	475	1200	___
	(B) White dog house, green roof	450	1100	___
	(C) Orange dog house, green roof	640	1850	___
1121	Switches, pair (O27), *37–42*	15	34	___
1506L	0-4-0 Locomotive (O), *33–34*	95	125	___
1506M	0-4-0 Locomotive (O), *35*	250	430	___
1508	0-4-0 Commodore Vanderbilt with 1509 Mickey Mouse stoker Tender, *35*	420	690	___
1511	0-4-0 Locomotive (O), *36–37*	110	160	___
1512	Gondola (O), *31–33, 36–37*	29	47	___
1514	Boxcar (O), *31–37*	23	41	___
1515	Tank Car (O), *33–37*	25	41	___
1517	Caboose (O), *31–37*	25	41	___
1518	Mickey Mouse Circus Dining Car (O), *35*	120	260	___
1519	Mickey Mouse Band Car (O), *35*	120	260	___
1520	Mickey Mouse Circus Car (O), *35*	120	260	___
1536	Mickey Mouse Circus Set: 1508, 1509, 1518, 1519, 1520, *35*	770	1350	___
1550	Switches, for windup trains, palr, *33–37*	2	5	___
1555	90-degree Crossover, for windup trains, *33–37*	1	2	___
1560	Station, *33–37*	15	34	___
1569	Accessory Set, 8 pieces, *33–37*	35	70	___
1588	0-4-0 Locomotive (O), *36–37*	150	250	___
1630	Pullman Car (O), *38–42*			
	(A) Aluminum windows	35	70	___
	(B) Light gray windows	47	80	___
1631	Observation Car (O), *38–42*			
	(A) Aluminum windows	35	70	___
	(B) Light gray windows	47	80	___
1651E	Electric Locomotive 0-4-0 (O), *33*	130	240	___
1661E	2-4-0 Locomotive (O), *33*	75	160	___
1662	0-4-0 Locomotive (O27), *40–42*	275	420	___
1663	0-4-0 Locomotive (O27), *40–42*	200	385	___

		Good	Exc
1664/E	2-4-2 Locomotive (O27), *38–42*		
___	(A) Gunmetal	60	100
___	(B) Black	60	95
1666/E	2-6-2 Locomotive (O27), *38–42*		
___	(A) Gunmetal	115	170
___	(B) Black	95	145
1668/E	2-6-2 Locomotive (O27), *37–41*		
___	(A) Gunmetal	75	115
___	(B) Black	75	130
1673	Coach (O), *36–37*		
___	(A) Aluminum windows	35	75
___	(B) Light gray windows	47	90
___ **1674**	Pullman Car (O), *36–37*	35	75
___ **1675**	Observation Car (O), *36–37*	30	70
1677	Gondola (O), *33–35, 39–42*		
___	(A) Light blue, Ives	40	60
___	(B) Blue or red, Lionel	21	37
1679	Boxcar (O), *33–42*		
___	(A) Cream, Ives	23	38
___	(B) Cream, Lionel	23	38
___	(C) Cream or yellow, Baby Ruth	19	38
1680	Tank Car (O), *33–42*		
___	(A) Aluminum, Ives Tank Lines	80	95
___	(B) Aluminum, no Ives lettering	19	34
___	(C) Orange, Shell Oil	15	29
1681	2-4-0 Locomotive (O), *34–35*		
___	(A) Black, red frame	55	120
___	(B) Red, red frame	110	145
1681E	2-4-0 Locomotive (O), *34–35*		
___	(A) Black, red frame	65	130
___	(B) Red, red frame	130	165
1682	Caboose (O), *33–42*		
___	(A) Vermilion, Ives	34	70
___	(B) Red or tuscan, Lionel	17	40
1684	2-4-2 Locomotive (O27), *41–42*		
___	(A) Black	45	70
___	(B) Gunmetal	45	70
1685	Coach (O), *33–37 u*		
___	(A) Gray, maroon roof	240	495
___	(B) Red, maroon roof	170	335
___	(C) Blue, silver roof	170	315
1686	Baggage Car (O), *33–37 u*		
___	(A) Gray, maroon roof	240	495
___	(B) Red, maroon roof	170	335
___	(C) Blue, silver roof	170	315

PREWAR 1901-1942

		Good	Exc	
1687	Observation Car (O), *33–37 u*			
	(A) Gray, maroon roof	170	315	___
	(B) Red, maroon roof	180	315	___
	(C) Blue, silver roof	170	315	___
1688/E	2-4-2 Locomotive (027), *36–46*	50	95	___
1689E	2-4-2 Locomotive (027), *36–37*			
	(A) Gunmetal	75	115	___
	(B) Black	60	100	___
1690	Pullman Car (O), *33–40*	35	60	___
1691	Observation Car (O), *33–40*	35	60	___
1692	Pullman Car (027), *39 u*	45	70	___
1693	Observation Car (027), *39 u*	45	70	___
1700E	Diesel, power unit only (027), *35–37*	45	70	___
1700E	Set: 1700, 1701 (2), 1702, *35–37 u*			
	(A) Aluminum and light red	140	250	___
	(B) Chrome and light red	140	250	___
	(C) Orange and gray	155	285	___
1701	Coach (027), *35–37*			
	(A) Chrome sides and roof	20	46	___
	(B) Silver sides and roof	30	55	___
	(C) Orange and gray	75	150	___
1702	Observation Car (027), *35–37*			
	(A) Chrome sides and roof	20	46	___
	(B) Silver sides and roof	30	55	___
	(C) Orange and gray	75	150	___
1703	Observation Car, hooked coupler, *35–37 u*	49	110	___
1717	Gondola (O), *33–40 u*	30	48	___
1717X	Gondola (O), *40 u*	27	48	___
1719	Boxcar (O), *33–40 u*	30	50	___
1719X	Boxcar (O), *41–42 u*	30	50	___
1722	Caboose (O), *33–42 u*	25	50	___
1722X	Caboose (O), *39–40 u*	26	41	___
1766	Pullman Car (std), *34–40**			
	(A) Terra-cotta, maroon roof, brass trim	300	650	___
	(B) Red, maroon roof, nickel trim	300	540	___
1767	Baggage Car (std), *34–40**			
	(A) Terra-cotta, maroon roof, brass trim	295	850	___
	(B) Red, maroon roof, nickel trim	295	700	___
1768	Observation Car (std), *34–40**			
	(A) Terra-cotta, maroon roof, brass trim	300	650	___
	(B) Red, maroon roof, nickel trim	300	540	___
1811	Pullman Car (O), *33–37*	32	70	___
1812	Observation Car (O), *33–37*	30	65	___
1813	Baggage Car (O), *33–37*	60	135	___
1816/W	Diesel (O), *35–37*	100	240	___

PREWAR 1901-1942

			Good	Exc
___ 1817	Coach (O), *35–37*		22	50
___ 1818	Observation Car (O), *35–37*		22	50
___ 1835E	2-4-2 Locomotive (std), *34–39*		470	730
___ 1910	Electric Locomotive 0-6-0, early (std), *10–11*		920	1550
___ 1910	Electric Locomotive 0-6-0, late (std), *12*		550	1350
___ 1910	Pullman Car (std), *09–10 u*		860	1800
___ 1911	Electric Locomotive 0-4-0, early (std), *10–12*		860	1700
___ 1911	Electric Locomotive 0-4-0, late (std), *13*		700	1100
1911	Electric Locomotive 0-4-4-0 Special (std), *11–12*			
___			860	2500
1912	Electric Locomotive 0-4-4-0 (std), *10–12**			
___	(A) New York, New Haven & Hartford		1550	3200
___	(B) New York Central Lines		1300	2700
___ 1912	Electric Locomotive 0-4-4-0 Special (std), *11**		2500	4500
___ 2200	Summer Trolley Trailer (std), *10–13*		1100	2250
___ 2600	Pullman Car (O), *38–42*		80	155
___ 2601	Observation Car (O), *38–42*		60	115
___ 2602	Baggage Car (O), *38–42*		90	185
2613	Pullman Car (O), *38–42**			
___	(A) Blue, 2-tone blue roof		100	270
___	(B) State green, 2-tone green roof		200	440
2614	Observation Car (O), *38–42**			
___	(A) Blue, 2-tone blue roof		100	270
___	(B) State green, 2-tone green roof		200	440
2615	Baggage Car (O), *38–42**			
___	(A) Blue, 2-tone blue roof		115	270
___	(B) State green, 2-tone green roof		200	420
___ 2620	Floodlight Car (O), *38–42*		65	100
2623	Pullman Car (O), *41–42*			
___	(A) Irvington		175	335
___	(B) Manhattan		165	310
___ 2624	Pullman Car (O), *41–42*		750	1700
___ 2630	Pullman Car (O), *38–42*		30	70
___ 2631	Observation Car (O), *38–42*		30	70
2640	Pullman Car, illuminated (O), *38–42*			
___	(A) Light blue, aluminum roof		30	70
___	(B) State green, dark green roof		28	70
2641	Observation Car, illuminated (O), *38–42*			
___	(A) Light blue, aluminum roof		30	70
___	(B) State green, dark green roof		28	70
___ 2642	Pullman Car (O), *41–42*		32	70
___ 2643	Observation Car (O), *41–42*		30	65
___ 2651	Flatcar (O), *38–42*		30	50
___ 2652	Gondola (O), *38–41*		26	55

		Good	Exc	
2653	Hopper Car (O), *38–42*			
	(A) Stephen Girard green	38	70	___
	(B) Black	60	132	___
2654	Tank Car (O), *38–42*			
	(A) Aluminum, Sunoco	35	60	___
	(B) Orange, Shell	35	60	___
	(C) Light gray, Sunoco	41	70	___
2655	Boxcar (O), *38–42*			
	(A) Cream, maroon roof	35	65	___
	(B) Cream, tuscan roof	38	75	___
2656	Stock Car (O), *38–41*			
	(A) Light gray, red roof	45	75	___
	(B) Burnt orange, tuscan roof	75	115	___
2657	Caboose (O), *40–41*	31	45	___
2657X	Caboose (O), *40–41*	25	41	___
2659	Dump Car (O), *38–41*	40	70	___
2660	Crane Car (O), *38–42*	85	115	___
2672	Caboose (O27), *41–42*	22	35	___
2677	Gondola (O27), *39–41*	26	37	___
2679	Boxcar (O27), *38–42*	26	29	___
2680	Tank Car (O27), *38–42*			
	(A) Aluminum, Sunoco	15	41	___
	(B) Orange, Shell	15	41	___
2682	Caboose (O27), *38–42*	18	32	___
2682X	Caboose (O27), *38–42*	22	35	___
2717	Gondola (O), *38–42 u*	21	41	___
2719	Boxcar (O), *38–42 u*	29	50	___
2722	Caboose (O), *38–42 u*	25	50	___
2755	Tank Car (O), *41–42*	73	128	___
2757	Caboose (O), *41–42*	26	44	___
2757X	Caboose (O), *41–42*	25	36	___
2758	Automobile Boxcar (O), *41–42*	38	60	___
2810	Crane Car (O), *38–42*	145	205	___
2811	Flatcar (O), *38–42*	65	95	___
2812	Gondola (O), *38–42*			
	(A) Green	42	83	___
	(B) Dark orange	44	95	___
2813	Stock Car (O), *38–42*	120	223	___
2814	Boxcar (O), *38–42*			
	(A) Cream, maroon roof	85	198	___
	(B) Orange, brown roof, rubber-stamped lettering	200	700	___
2814R	Refrigerator Car (O), *38–42*			
	(A) White, light blue roof, nickel plates	150	258	___
	(B) White, brown roof, no plates	375	660	___

			Good	Exc
	2815	Tank Car (O), *38–42*		
___		(A) Aluminum	85	165
___		(B) Orange	135	250
	2816	Hopper Car (O), *35–42*		
___		(A) Red	100	190
___		(B) Black	110	220
	2817	Caboose (O), *36–42*		
___		(A) Light red body and roof	90	145
___		(B) Flat red body, tuscan roof	140	225
	2820	Floodlight Car (O), *38–42*		
___		(A) Stamped nickel searchlights	110	205
___		(B) Gray die-cast searchlights	120	260
___	**2954**	Boxcar (O), *40–42**	145	349
	2955	Sunoco Tank Car (O), *40–42**		
___		(A) Shell decal	225	498
___		(B) Sunoco decal	340	690
___	**2956**	Hopper Car (O), *40–42**	160	400
___	**2957**	Caboose (O), *40–42**	70	313
___	**3300**	Summer Trolley Trailer (std), *10–13*	1400	2250
___	**3651**	Operating Lumber Car (O), *39–42*	24	55
___	**3652**	Operating Gondola (O), *39–42*	36	85
___	**3659**	Operating Dump Car (O), *39–42*	26	32
___	**3811**	Operating Lumber Car (O), *39–42*	33	77
___	**3814**	Operating Merchandise Car (O), *39–42*	125	245
___	**3859**	Operating Dump Car (O), *38–42*	44	100

Other Transformers and Motors

			Good	Exc
___	A	Miniature Motor, *04*	50	95
___	A	Transformer, 40, 60 watts, *21–37*	8	25
___	B	New Departure Motor, *06–16*	75	135
___	B	Transformer, 50, 75 watts, *16–38*	6	24
___	C	New Departure Motor, *06–16*	100	180
___	D	New Departure Motor, *06–14*	100	180
___	E	New Departure Motor, *06–14*	100	180
___	F	New Departure Motor, *06–14*	100	180
___	G	Fan Motor, battery-operated, *06–14*	100	180
___	K	Transformer, 150, 200 watts, *13–38*	19	95
___	L	Transformer, 50, 75 watts, *13–16, 33–38*	8	24
___	M	Peerless Motor, battery-operated, *15–20*	30	80
___	N	Transformer, 50 watts, *41–42*	7	23
___	Q	Transformer, 50 watts, *14–15*	13	32
___	Q	Transformer, 75 watts, *38–42*	15	40
___	R	Peerless Motor, battery-operated, reversing, *15–20*	30	75
___	R	Transformer, 100 watts, *38–42*	27	60

		Good	Exc	
S	Transformer, 50 watts, *14–17*	18	37	____
T	Transformer, 75, 100, 150 watts, *14–28*	10	28	____
U	Transformer, Aladdin, *32–33*	6	16	____
V	Transformer, 150 watts, *39–42*	55	95	____
W	Transformer, 75 watts, *32–33*	7	37	____
Y	Peerless Motor, battery-operated, 3-speed, *15–20*	40	80	____
Z	Transformer, 250 watts, *39–42*	118	170	____

Track, Lockons, and Contactors

	Good	Exc	
O Straight		1	____
O Curve		1	____
O72 Straight	1	2	____
O72 Curve	1	2	____
O27 Straight		1	____
O27 Curve		1	____
Standard Straight	1	3	____
Standard Curve	1	2	____
Standard Insulated Straight, *33–42*	2	4	____
Standard Insulated Curve, *33–42*	1	2	____
O Gauge Lockon		1	____
Standard Gauge Lockon		1	____
UTC Lockon		1	____
145C Contactor	3	10	____
153C Contactor	3	7	____
Track Clips, dozen (O), *37*	4	12	____

Section 2
POSTWAR 1945-1969

		Good	Exc
011-11	Fiber Pins, dozen (O), *46–50*		3
011-43	Insulating Pins, dozen (O), *61*	1	2
020	90-degree Crossover (O), *45–61*	5	9
020X	45-degree Crossover (O), *46–59*	8	11
022	Remote Control Switches, pair (O), *45–69*	27	41
022-500	Adapter Set (O), *57–61*	1	6
022A	Remote Control Switches, pair (O), *47*	32	165
25	Bumper (O), *46–47*	6	21
26	Bumper, *48–50*		
	(A) Red, *49–50*	8	15
	(B) Gray, *48*	18	61
027C-1	Track Clips, box of 12 (O27), *47*, 49	4	14
027C-1	Track Clips, box of 50 (O27)	35	105
30	Water Tower, *47–50*	38	96
31	Curved Track (Super O), *57–66*	1	2
31-7	Power Blade Connection, dozen (Super O), *57–60*		1
31-15	Ground Rail Pin, dozen (Super O), *57–66*		2
31-45	Power Blade Connection, dozen (Super O), *61–66*		2
32	Straight Track (Super O), *57–66*	1	3
32-10	Insulating Pin, dozen (Super O), *57–60*		5
32-20	Power Blade Insulator, dozen (Super O), *57–60*		3
32-25	Insulating Pin (Super O), *57–61*		1
32-30	Ground Pin (Super O), *57–61*		1
32-31	Power Pin (Super O), *57–61*		1
32-32	Insulating Pin (Super O), *57–61*		1
32-33	Ground Pin (Super O), *57–61*		1
32-34	Power Pin (Super O), *57–61*		1
32-45	Power Blade Insulators, dozen (Super O), *61–66*	1	6
32-55	Insulating Pins, dozen (Super O), *61–66*	1	6
33	Half Curved Track (Super O), *57–66*	1	3
34	Half Straight Track (Super O), *57–66*	1	3
35	Boulevard Lamp, *45–49*	12	38
36	Operating Car Remote Control Set (Super O), *57–66*	11	16
37	Uncoupling Track Set (Super O), *57–66*	7	12
38	Accessory Adapter Tracks, pair (Super O), *57–61*	6	13
38	Operating Water Tower, *46–47*	118	340
39	Operating Set (Super O), *57*	4	8
39-5	Operating Set (Super O), *57–58*	4	8
39-6	Operating Set (Super O), *57–58*	4	25

		Good	Exc	
39-10	Operating Set (Super O), *58*	4	8	___
39-15	Operating Set with blade (Super O), *57–58*	4	8	___
39-20	Operating Set (Super O), *57–58*	4	8	___
39-25	Operating Set (Super O), *61–66*	4	23	___
39-35	Operating Set (Super O), *59*	4	20	___
40	Hookup Wire, *50–51, 53–63*			
	(A) Single reel, orange or gray, with tape	6	53	___
	(B) 8 sealed reels in dealer box	125	500	___
40-25	Conductor Wire with envelope, *56–59*	11	54	___
40-50	Cable Reel with envelope, *60–61*	10	53	___
41	Contactor (Super O)	1	2	___
41	U.S. Army Switcher, *55–57*			
	(A) Unpainted black body	62	111	___
	(B) Black-painted body	250	650	___
042/42	Manual Switches, pair (O), *46–59*	16	35	___
42	Picatinny Arsenal Switcher, *57*	104	325	___
43	Power Track (Super O), *59–66*	4	10	___
44	U.S. Army Mobile Launcher, *59–62*	77	208	___
44-80	Missiles, *59–60*	11	26	___
45	U.S. Marines Mobile Launcher, *60–62*	109	254	___
45	Automatic Gateman, *46–49*	17	45	___
45N	Automatic Gateman, *45*	24	50	___
48	Insulated Straight Track (Super O), *57–66*	4	10	___
49	Insulated Curved Track (Super O), *57–66*	4	10	___
50	Section Gang Car, *54–64*			
	(A) Gray bumpers, rotating blue man and fixed olive men, center horn, *54*	250	683	___
	(B) Blue bumpers, rotating olive man and fixed blue men, center horn	32	72	___
	(C) Blue bumpers, rotating olive man and fixed blue men, off-center horn	30	63	___
51	Navy Yard Switcher, *56–57*	75	186	___
52	Fire Car, *58–61*	80	191	___
53	Rio Grande Snowplow, *57–60*			
	(A) Backwards "a" in Rio Grande	85	247	___
	(B) Correctly printed "a"	212	639	___
54	Ballast Tamper, *58–61, 66, 68–69*	84	170	___
55	PRR Tie-Jector Car, *57–61*	43	103	___
	(A) Ventilation slot behind motorman	55	200	___
	(B) No slot behind motorman	30	130	___
55-150	Ties, 24 pieces, *57–60*	9	35	___
56	Lamp Post, *46–49*	27	58	___
56	M&StL Mine Transport, *58*	188	350	___
57	AEC Switcher, *59–60*	250	630	___
58	GN Snowplow, *59–61*	168	442	___
58	Lamp Post, *46–50*	20	58	___
59	Minuteman Switcher, *62–63*	192	544	___

		Good	Exc
60	Lionelville Rapid Transit Trolley, *55–58*		
____	(A) Metal motorman silhouettes	90	290
____	(B) No motorman silhouettes	20	100
____ **61**	Ground Lockon (Super O), *57–66*		1
61-25	Super O Ground clips, dozen, with dealer envelope		
____		5	20
____ **62**	Power Lockon (Super O), *57–66*		1
____ **64**	Street Lamp, *45–49*	23	44
65	Handcar, *62–66*		
____	(A) Light yellow	113	272
____	(B) Dark yellow	100	258
____ **68**	Executive Inspection Car, *58–61*	89	189
____ **69**	Maintenance Car, *60–62*	85	228
____ **70**	Yard Light, *49–50*	20	42
____ **71**	Lamp Post, *49–59*	9	18
____ **75**	Goose Neck Lamps, set of 2, *61–63*	12	21
____ **76**	Boulevard Street Lamps, set of 3, *59–66, 68–69*	16	35
____ **80**	Controller	11	20
____ **88**	Controller, *46–60*	5	13
____ **89**	Flagpole, *56–58*	11	54
90	Controller, *55–66*		
____	(A) Metal clip	8	20
____	(B) No metal clip	6	11
____ **91**	Circuit Breaker, *57–60*	13	33
____ **92**	Circuit Breaker, *59–66, 68–69*	6	14
____ **93**	Water Tower, *46–49*	21	57
____ **96C**	Controller, *45–54*	3	10
____ **97**	Coal Elevator, *46–50*	67	166
____ **108**	Trestle Set, 12 black piers	15	36
____ **109**	Partial Trestle Set, *61*	5	21
____ **110**	Graduated Trestle Set, 22 or 24 piers, *55–69*	10	21
____ **110-75**	Graduated Trestle Set with 110-78 envelope	10	48
____ **111**	Elevated Trestle Set, 10 A piers, *56–69*	7	16
____ **111-100**	Elevated Trestle Piers, set of 2, *60–63*	13	43
112	Remote Control Switches, pair (Super O), *57–66*		
____		58	87
____ **114**	Newsstand with horn, *57–59*	39	86
____ **115**	Passenger Station, *46–49*	152	317
____ **118**	Newsstand with whistle, *57–58*	41	95
____ **119**	Landscaped Tunnel, *57–58*		NRS
____ **120**	90-degree Crossing (Super O), *57–66*	7	11
____ **121**	Landscaped Tunnel, *59–66*		NRS
____ **122**	Lamp Assortment, *48–52*	28	192
____ **123**	Lamp Assortment, *55–59*	68	185
____ **123-60**	Lamp Assortment, *60–63*	23	163

		Good	Exc	
125	Whistle Shack, *50–55*			
	(A) Gray base	12	38	____
	(B) Green base	18	50	____
128	Animated Newsstand, *57–60*	70	116	____
130	60-degree Crossing (Super 0), *57–66*	7	11	____
131	Curved Tunnel, *59–66*		NRS	____
132	Passenger Station, *49–55*	48	77	____
133	Passenger Station, *57, 61–62, 66*	32	65	____
138	Water Tower, *53–57*	34	74	____
140	Automatic Banjo Signal, *54–66*	16	34	____
142	Manual Switches, pair (Super 0), *57–66*	32	53	____
145	Automatic Gateman, *50–66*			
	(A) Red roof	12	35	____
	(B) Maroon roof	14	40	____
145C	Contactor, *50–60*	3	11	____
147	Whistle Controller, *61–66*	1	4	____
148	Dwarf Trackside Signal, *57–60*	24	61	____
148-100	Controller (SPDT switch), *57–60*	7	20	____
150	Telegraph Pole Set, *47–50*	29	59	____
151	Automatic Semaphore, *47–69*			
	(A) Green base, yellow blade, *47*	23	76	____
	(B) Black base, yellow blade, *47*	18	28	____
	(C) Black base, red blade, *47*	135	397	____
	(D) Green base, yellow blade with raised lenses	52	237	____
152	Automatic Crossing Gate, *45–49*	12	23	____
153	Automatic Block Control Signal, *45–59*	20	24	____
153C	Contactor	3	9	____
154	Automatic Highway Signal, *45–69*	16	25	____
155	Blinking Light Signal with bell, *55–57*	26	44	____
156	Station Platform, *46–49*	40	90	____
156-5	Station Platform Fence with envelope	38	88	____
157	Station Platform, *52–59*			
	(A) Maroon base	18	50	____
	(B) Red base	25	90	____
157-23	Station Platform Fence with envelope		72	____
160	Unloading Bin, *52–57*			
	(A) Black plastic	3	6	____
	(B) Black metal	15	44	____
	(C) Multicolor Bakelite	7	20	____
161	Mail Pickup Set, *61–63*	20	68	____
163	Single Target Block Signal, *61–69*	16	30	____
164	Log Loader, *46–50*	80	182	____
167	Whistle Controller, *45–46*	4	12	____
175	Rocket Launcher, *58–60*	60	190	____
175-50	Extra Rocket, *59–60*	10	31	____

			Good	Exc
____ **182**	Magnetic Crane, *46–49*		129	245
____ **182-22**	Steel Scrap with bag, *46–49*		40	95
____ **192**	Operating Control Tower, *59–60*		110	255
193	Industrial Water Tower, *53–55*			
____	(A) Red		63	93
____	(B) Black, *53*		95	183
195	Floodlight Tower, *57–69*			
____	(A) Medium tan base, rubber-stamped lettering		25	68
____	(B) All other variations		23	57
____ **195-75**	Floodlight Extension, 8-bulb (with box), *58–60*		17	72
____ **196**	Smoke Pellets, *46–47*		27	105
197	Rotating Radar Antenna, *57–59*			
____	(A) Orange platform		50	135
____	(B) Gray platform		48	95
____ **197-75**	Separate Sale Radar Head		50	213
____ **199**	Microwave Relay Tower, *58–59*		28	65
____ **202**	UP Alco Diesel A Unit, *57*		36	85
____ **204**	Santa Fe Alco Diesel AA Units, *57*		79	240
205	Missouri Pacific Alco Diesel AA Units, *57–58*			
____	(A) Pilot without support		44	132
____	(B) Pilot with painted metal support		70	185
____ **206**	Artificial Coal, large bag, *46–68*		10	20
____ **207**	Artificial Coal, small bag, *46–48*		6	12
____ **208**	Santa Fe Alco Diesel AA Units, *58–59*		76	277
____ **209**	New Haven Alco Diesel AA Units, *58*		202	711
____ **209**	Wooden Barrels, set of 6, *46–50*		10	19
____ **210**	Texas Special Alco Diesel AA Units, *58*		45	149
____ **211**	Texas Special Alco Diesel AA Units, *62–66*		65	150
____ **212**	Santa Fe Alco Diesel AA Units, *64–66*		80	155
____ **212**	USMC Alco Diesel A Unit, *58–59*		80	175
____ **212T**	USMC Diesel Dummy A Unit, *58 u*		328	880
____ **213**	M&StL Alco Diesel AA Units, *64*		70	228
____ **214**	Plate Girder Bridge, *53–69*		6	22
215	Santa Fe Alco Diesel Units, *65 u*			
____	(A) AB Units		61	136
____	(B) AA Units		75	150
____ **216**	Burlington Alco Diesel A Unit, *58*		105	373
____ **216**	M&StL Alco Diesel AA Units, *64 u*		70	200
____ **217**	B&M Alco Diesel AB Units, *59*		89	225
218	Santa Fe Alco Diesel Units, *59–63*			
____	(A) AA Units		70	165
____	(B) AB Units		63	153
____	(C) AA Units, solid nose decal		78	269
____ **219**	Missouri Pacific Alco Diesel AA Units, *59 u*		73	177

		Good	Exc
220	Santa Fe Alco Diesel Units, *60–61*		
	(A) A Unit	60	113 ___
	(B) AA Units	75	164 ___
221	2-6-4 Locomotive, 221W Tender, *46–47*		
	(A) Gray body, black drivers	49	145 ___
	(B) Black body, nickel-rImmed black drivers, *47*	61	174 ___
	(C) Gray body, cast-aluminum drivers, *46*	98	233 ___
221	Rio Grande Alco Diesel A Unit, *63–64*	28	65 ___
221	Santa Fe Alco Diesel A Unit, *63–64 u*	209	600 ___
221	U.S. Marine Corps Alco Diesel A Unit, *63–64 u*	198	550 ___
222	Rio Grande Alco Diesel A Unit, *62*	25	60 ___
223	Santa Fe Alco Diesel AB Units, *63*	93	299 ___
224	2-6-2 Locomotive, 2466T or 2466W Tender, *45–46*		
	(A) Blackened handrails, *45*	125	245 ___
	(B) Silver handrails	85	165 ___
224	U.S. Navy Alco Diesel AB Units, *60*	121	262 ___
225	C&O Alco Diesel A Unit, *60*	55	99 ___
226	B&M Alco Diesel AB Units, *60 u*	73	197 ___
227	CN Alco Diesel A Unit, *60 u*	85	155 ___
228	CN Alco Diesel A Unit, *61 u*	80	145 ___
229	M&StL Alco Diesel Units, *61–62*		
	(A) A Unit, *61*	65	118 ___
	(B) AB Units, *62*	95	213 ___
230	C&O Alco Diesel A Unit, *61*	65	128 ___
231	Rock Island Alco Diesel A Unit, *61–63*		
	(A) With red stripe	75	153 ___
	(B) Without red stripe	115	365 ___
232	New Haven Alco Diesel A Unit, *62*	60	153 ___
233	2-4-2 Scout Locomotive, 233W Tender, *61–62*	39	75 ___
235	2-4-2 Scout Locomotive, 1130T or 1060T Tender, *60 u*	84	271 ___
236	2-4-2 Scout Locomotive, *61–62*		
	(A) 1050T slope-back Tender	18	41 ___
	(B) 1130T Tender	18	41 ___
237	2-4-2 Scout Locomotive, *63–66*		
	(A) 1060T Tender	25	55 ___
	(B) 234W Tender	45	90 ___
238	2-4-2 Scout Locomotive, stripe on running board, 234W Tender, *63–64*	65	218 ___
239	2-4-2 Scout Locomotive, 234W Tender, *65–66*	55	90 ___
240	2-4-2 Scout Locomotive, 242T Tender, *64 u*	115	281 ___
241	2-4-2 Scout Locomotive, *65 u*		
	(A) Narrow stripe, 234W Tender	25	131 ___
	(B) Wide stripe, 1130T Tender	20	95 ___
242	2-4-2 Scout Locomotive, 1060T or 1062T Tender, *62–66*	21	42 ___
243	2-4-2 Scout Locomotive, 243W Tender, *60*	36	94 ___

		Good	Exc
244	2-4-2 Scout Locomotive, 244T or 1130T Tender, *60–61*	25	42
245	2-4-2 Scout Locomotive, 1130T Tender, *59 u*	26	82
246	2-4-2 Scout Locomotive, 244T or 1130T Tender, *59–61*	18	27
247	2-4-2 Scout Locomotive, 247T Tender, *59*	27	47
248	2-4-2 Scout Locomotive, 1130T Tender, *58*	32	111
249	2-4-2 Scout Locomotive, 250T Tender, *58*	24	50
250	2-4-2 Scout Locomotive, 250T Tender, *57*	24	51
251	2-4-2 Scout Locomotive, *66 u*		
	(A) 1062T slope-back Tender	118	278
	(B) 250T-type Tender	117	277
252	Crossing Gate, *50–62*	13	25
253	Block Control Signal, *56–59*	14	28
256	Illuminated Freight Station, *50–53*		
	(A) Standard	25	40
	(B) Light green roof	73	183
257	Freight Station with diesel horn, *56–57*		
	(A) Maroon base	25	100
	(B) Brown base	30	120
	(C) Maroon or brown base, light green roof	70	208
260	Bumper, *51–69*		
	(A) Die-cast	7	16
	(B) Black plastic	18	40
262	Highway Crossing Gate, *62–69*	23	58
264	Operating Forklift Platform, *57–60*	134	306
270	Metal Bridge (O), *46*	13	47
282	Gantry Crane, *54–57*	117	162
282R	Gantry Crane, *56–57*	98	175
299	Code Transmitter Beacon Set, *61–63*	67	129
308	Railroad Sign Set, die-cast, *45–49*	28	41
309	Yard Sign Set, plastic, *50–59*	12	28
310	Billboard Set, *50–68*	15	21
313	Bascule Bridge, *46–49*	126	419
313-82	Fiber Pins, dozen, *46–60*	1	2
313-121	Fiber Pins, dozen, *61*	1	2
314	Scale Model Girder Bridge, *45–50*	14	39
315	Trestle Bridge, *46–48*	44	119
316	Trestle Bridge, *49*	16	37
317	Trestle Bridge, *50–56*	19	38
321	Trestle Bridge, *58–64*	13	37
321-100	Trestle Bridge	15	80
332	Arch-Under Trestle Bridge, *59–66*	22	42
334	Operating Dispatching Board, *57–60*	78	248
342	Culvert Loader, *56–58*	125	340
345	Culvert Unloader, *57–59*	148	350

		Good	Exc	
346	Culvert Unloader, manual, *65 u*	60	155	___
347	Cannon Firing Range Set, *64 u*	183	590	___
348	Culvert Unloader, manual, *66–69*	80	173	___
350	Engine Transfer Table, *57–60*	165	300	___
350-50	Transfer Table Extension, *57–60*	93	199	___
352	Ice Depot with 6352 Ice Car, *55–57*	87	189	___
353	Trackside Control Signal, *60–61*	14	33	___
356	Operating Freight Station, *52–57*			
	(A) Dark green roof, *52–57*	43	95	___
	(B) Light green roof, *57*	67	264	___
362	Barrel Loader, *52–57*			
	(A) Gold lettering	28	85	___
	(B) Red lettering	122	490	___
362-78	Wooden Barrels, 6 pieces, *52–57*			
	(A) Brown	7	24	___
	(B) Red	98	299	___
364	Conveyor Lumber Loader, *48–57*	37	90	___
364C	On/Off Switch, *48–64*	4	12	___
365	Dispatching Station, *58–59*	75	158	___
375	Turntable, *62–64*	106	218	___
390C	Switch, double-pole, double-throw, *60–64*	6	16	___
394	Rotary Beacon, *49–53*			
	(A) Steel tower, red platform	15	45	___
	(B) Steel tower, green platform	33	95	___
	(C) Aluminum tower, platform, and base	15	42	___
	(D) Aluminum tower, red steel base	25	73	___
	(E) Steel tower, red platform, stick-on nameplate	20	80	___
395	Floodlight Tower, *49–56*			
	(A) Light green, silver, or unpainted aluminum	24	53	___
	(B) Red	28	140	___
	(C) Dark green	111	397	___
	(C) Yellow	59	179	___
397	Operating Coal Loader, *48–57*			
	(A) Yellow generator, *48*	167	390	___
	(B) Blue generator, *49–57*	59	98	___
400	B&O Passenger Rail Diesel Car, *56–58*	103	191	___
404	B&O Baggage-Mail Rail Diesel Car, *57–58*	175	348	___
410	Billboard Blinker, *56–58*	33	55	___
413	Countdown Control Panel, *62*	37	73	___
415	Diesel Fueling Station, *55–57*	60	139	___
419	Heliport Control Tower, *62*	165	388	___
443	Missile Launching Platform with ammo dump, *60–62*	18	49	___
445	Switch Tower, lighted, *52–57*	25	56	___
448	Missile Firing Range Set, *61–63*	55	150	___

			Good	Exc
___	**450**	Operating Signal Bridge, *52–58*	26	49
___	**450L**	Signal Light Head, *52–58*	17	39
___	**452**	Overhead Gantry Signal, *61–63*	75	135
	455	Operating Oil Derrick, *50–54*		
___		(A) Dark green tower, green top	53	152
___		(B) Dark green tower, red top	60	175
___		(C) Apple green tower, red top	70	363
___	**456**	Coal Ramp with 3456 Hopper, *50–55*	114	235
	460	Piggyback Transportation Set, *55–57*		
___		(A) Metal stick-on signs on lift truck	65	135
___		(B) Rubber-stamped lettering on lift truck	75	185
___	**460P**	Piggyback Platform, *55–57*	22	65
___	**461**	Platform with truck and trailer, *66*	65	175
___	**462**	Derrick Platform Set, *61–62*	112	309
___	**464**	Lumber Mill, *56–60*	75	165
___	**465**	Sound Dispatching Station, *56–57*	63	110
___	**470**	Missile Launching Platform with target car, *59–62*	65	113
___	**479-1**	Truck for 6362 Truck Car with envelope, *55–56*	24	120
___	**480-25**	Conversion Magnetic Coupler, *50–60*	1	5
___	**480-32**	Conversion Magnetic Coupler, *61–69*	1	5
	494	Rotary Beacon, *54–66*		
___		(A) Painted steel	26	54
___		(B) Unpainted aluminum	28	75
___	**497**	Coaling Station, *53–58*	80	183
	520	LL Boxcab Electric Locomotive, *56–57*		
___		(A) Black pantograph	30	85
___		(B) Copper-colored pantograph	40	116
	600	MKT NW2 Switcher, *55*		
___		(A) Black frame, black end rails	75	133
___		(B) Gray frame, yellow or black end rails	132	289
	601	Seaboard NW2 Switcher, *56*		
___		(A) Red stripes with square ends	93	193
___		(B) Red stripes with round ends	103	163
___	**602**	Seaboard NW2 Switcher, *57–58*	115	180
	610	Erie NW2 Switcher, *55*		
___		(A) Black frame	80	135
___		(B) Yellow frame	168	550
___		(C) Replacement body with nameplates	125	293
___	**611**	Jersey Central NW2 Switcher, *57–58*	90	155
___	**613**	UP NW2 Switcher, *58*	130	257
	614	Alaska NW2 Switcher, *59–60*		
___		(A) Plastic bell, no brake	115	175
___		(B) No bell, yellow brake	135	234
___		(C) "Built by Lionel" outlined in yellow near nose	192	351

		Good	Exc	
616	Santa Fe NW2 Switcher, *61–62*			
	(A) Open E-unit slot and bell/horn slots	125	190	___
	(B) Plugged E-unit slot and open bell/horn slots	126	297	___
	(C) Plugged E-unit slot and bell/horn slots	110	363	___
617	Santa Fe NW2 Switcher, *63*	135	307	___
621	Jersey Central NW2 Switcher, *56–57*	75	163	___
622	Santa Fe NW2 Switcher, *49–50*			
	(A) Large GM decal on cab	178	333	___
	(B) Small GM decal on side	132	259	___
623	Santa Fe NW2 Switcher, *52–54*	122	168	___
624	C&O NW2 Switcher, *52–54*	98	194	___
625	LV GE 44-ton Switcher, *57–58*	73	119	___
626	B&O GE 44-ton Switcher, *56–57, 59*	114	319	___
627	LV GE 44-ton Switcher, *56–57*	65	107	___
628	NP GE 44-ton Switcher, *56–57*	97	133	___
629	Burlington GE 44-ton Switcher, *56*	125	374	___
633	Santa Fe NW2 Switcher, *62*	103	157	___
634	Santa Fe NW2 Switcher, *63, 65–66*			
	(A) Safety stripes	87	145	___
	(B) No safety stripes	50	110	___
635	UP NW2 Switcher, *65 u*	60	110	___
637	2-6-4 Locomotive, 2046 736W Tender, *59–63*			
	(A) 2046W Lionel Lines Tender	55	158	___
	(B) 736W Pennsylvania Tender	70	178	___
638-2361	Van Camp's Pork & Beans Boxcar, *62 u*	21	38	___
645	Union Pacific NW2 Switcher, *69*	60	148	___
646	4-6-4 Locomotive, 2046W Tender, *54–58*	136	252	___
665	4-6-4 Locomotive, 2046W, 6026W, or 736W Tender, *54–59, 66*	110	225	___
671	6-8-6 Steam Turbine Locomotive, smoke bulb, *46*	150	280	___
671	6-8-6 Steam Turbine Locomotive, *47–49*			
	(A) 671W Tender	74	207	___
	(B) 2671W Tender, backup lights	285	495	___
	(C) 2671W Tender, no backup lights	175	302	___
671-75	Smoke Lamp, 12 volt, *46*	10	20	___
671R	6-8-6 Steam Turbine Locomotive, 4424W or 4671 Tender, *46–49*	119	265	___
671RR	6-8-6 Steam Turbine Locomotive, 2046W-50 Tender, *52*	85	204	___
671S	Smoke Conversion Kit	20	79	___
671W	Whistle Tender, *46–48*	15	70	___
675	2-6-2 Locomotive, 2466WX or 6466WX Tender, *47–49*			
	(A) Aluminum smokestack, *47*	91	208	___
	(B) Black smokestack, *48–49*	89	178	___
675	2-6-4 Locomotive, 2046W Tender, *52*	84	188	___

		Good	Exc
681	6-8-6 Steam Turbine Locomotive, 2046W-50 or 2671W Tender, *50–51, 53*	120	207
682	6-8-6 Steam Turbine Locomotive, 2046W-50 Tender, *54–55*	164	350
685	4-6-4 Hudson Locomotive, 6026W Tender, *53*	100	202
703-10	Smoke Lamp, 18 volt, *46*	7	24
726	2-8-4 Berkshire, *46–49*		
	(A) 2426W Tender, smoke lamp, *46*	310	612
	(B) 2426W Tender, *47–49*	230	488
726RR	2-8-4 Berkshire Locomotive, 2046W Tender, *52*	140	253
726S	Smoke Conversion Kit	53	253
736	2-8-4 Berkshire Locomotive, 2671WX, 2046W, or 736W Tender, *50–66*	184	336
746	N&W 4-8-4 Class J Northern, *57–60*		
	(A) Tender with long stripe	509	946
	(B) Tender with short stripe	338	854
760	Curved Track, 16 sections (O72), *54–57*	20	41
773	4-6-4 Hudson Locomotive, 2426W Tender, *50*	836	1456
773	4-6-4 Hudson Locomotive, *64–66*		
	(A) 773W NYC Tender	697	1204
	(B) 736W PRR Tender	458	820
902	Elevated Trestle Set, *60*	18	125
909	Smoke Fluid, large or small bottle, *57–66, 68–69*	6	23
B909	Smoke Capsules, pack of three, *57–66, 68–69*	5	30
919	Artificial Grass, *46–64*	4	16
920	Scenic Display Set, *57–58*	55	95
920-2	Tunnel Portals, pair, *58–59*	22	40
920-3	Green Grass, *57*	3	13
920-4	Yellow Grass, *57*	5	16
920-5	Artificial Rock, *57–58*	3	11
920-6	Dry Glue, *57–58*	3	10
920-8	Dyed Lichen, *57–58*	3	15
925	Lubricant, large tube, *46–69*	3	15
926	Lubricant, small tube, *55*	1	3
926-5	Instruction Booklet, *46–48*	1	5
927	Lubricating Kit, *50–59*	11	23
928	Maintenance and Lubricating Kit, *60–63*	24	60
943	Ammo Dump, *59–61*	28	46
950	U.S. Railroad Map, *58–66*	19	57
951	Farm Set, 13 pieces, *58*	52	100
952	Figure Set, 30 pieces, *58*	33	65
953	Figure Set, 32 pieces, *59–62*	40	78
954	Swimming Pool and Playground Set, 30 pieces, *59*	41	73
955	Highway Set, 22 pieces, *58*	32	70
956	Stockyard Set, 18 pieces, *59*	41	87

		Good	Exc	
957	Farm Building and Animal Set, 35 pieces, *58*	59	108	___
958	Vehicle Set, 24 pieces, *58*	51	88	___
959	Barn Set, 23 pieces, *58*	36	65	___
960	Barnyard Set, 29 pieces, *59–61*	36	65	___
961	School Set, 36 pieces, *59*	41	85	___
962	Turnplke Set, 24 pieces, *58*	59	143	___
963	Frontier Set, 18 pieces, *59–60*	61	115	___
963-100	Frontier Set, 18 pieces, *60*	133	245	___
964	Factory Site Set, 18 pieces, *59*	56	108	___
965	Farm Set, 36 pieces, *59*	49	97	___
966	Firehouse Set, 45 pieces, *58*	50	98	___
967	Post Office Set, 25 pieces, *58*	48	95	___
968	TV Transmitter Set, 28 pieces, *58*	51	94	___
969	Construction Set, 23 pieces, *60*	61	118	___
970	Ticket Booth, *58–60*	43	128	___
971	Lichen, *60–64*	29	116	___
972	Landscape Tree Assortment, *61–64*	25	59	___
973	Complete Landscaping Set, *60–64*	37	92	___
974	Scenery Set, *58*	68	338	___
980	Ranch Set, 14 pieces, *60*	51	105	___
981	Freight Yard Set, 10 pieces, *60*	50	198	___
982	Suburban Split Level Set, 18 pieces, *60*	33	74	___
983	Farm Set, 7 pieces, *60–61*	33	78	___
984	Railroad Set, 22 pieces, *61–62*	33	78	___
985	Freight Area Set, 32 pieces, *61*	36	78	___
986	Farm Set, 20 pieces, *62*	44	65	___
987	Town Set, 24 pieces, *62*	42	65	___
988	Railroad Structure Set, 16 pieces, *62*	39	118	___
1001	2-4-2 Scout Locomotive, plastlc body, 1001T Tender, *48*			
	(A) Silver rubber-stamped cab number	30	90	___
	(B) White heat-stamped cab number	16	41	___
1002	Gondola, *48–52*			
	(A) Black, white lettering	5	9	___
	(B) Blue, white lettering	5	11	___
	(C) Silver, black lettering	109	436	___
	(D) Yellow, black lettering	107	436	___
	(E) Red, white lettering	107	437	___
X1004	PRR Baby Ruth Boxcar, *48–52*	6	12	___
1005	Sunoco 1-D Tank Car, *48–50*	8	12	___
1007	LL SP-type Caboose, *48–52*			
	(A) Red body	5	14	___
	(B) Red body, raised board on catwalk	10	42	___
	(C) Tuscan body	197	997	___
1008	Uncoupling Unit (O27), *57–62*		3	___
1008-50	Uncoupling Track Section (O27), *57–62*		3	___

			Good	Exc
____ **1010**	Transformer, 35 watts, *61–66*		6	14
____ **1011**	Transformer, 25 watts, *48–49*		5	11
____ **1012**	Transformer, 35 watts, *50–54*		6	13
____ **1013**	Curved Track (O27), *45–69*			1
____ **1013-17**	Steel Pins, dozen (O27), *46–60*			1
____ **1013-42**	Steel Pins, dozen (O27), *61–68*			2
____ **1014**	Transformer, 40 watts, *55*		6	13
____ **1015**	Transformer, 45 watts, *56–60*		6	14
____ **1016**	Transformer, 35 watts, *59–60*		6	12
____ **1018**	Half Straight Track (O27), *55–69*			1
____ **1018**	Straight Track (O27), *45–69*			1
____ **1019**	Remote Control Track Set (O27), *46–48*		2	8
____ **1020**	90-degree Crossing (O27), *55–69*		2	5
____ **1021**	90-degree Crossing (O27), *45–54*		2	4
____ **1022**	Manual Switches, pair (O27), *53–69*		9	15
____ **1023**	45-degree Crossing (O27), *56–69*		3	5
____ **1024**	Manual Switches, pair (O27), *46–52*		8	15
____ **1025**	Illuminated Bumper (O27), *46–47*		13	15
____ **1025**	Transformer, 45 watts, *61–69*		7	14
____ **1026**	Transformer, 25 watts, *61–64*		4	8
____ **1032**	Transformer, 75 watts, *48*		14	30
____ **1033**	Transformer, 90 watts, *48–56*		21	40
____ **1034**	Transformer, 75 watts, *48–54*		15	24
____ **1035**	Transformer, 60 watts, *47*		12	22
____ **1037**	Transformer, 40 watts, *46–47*		9	20
____ **1041**	Transformer, 60 watts, *45–46*		15	23
____ **1042**	Transformer, 75 watts, *47–48*		17	28
____ **1043**	Transformer, 50 watts, *53–57*		7	17
____ **1043-500**	Transformer, 60 watts, ivory, *57–58*		54	186
____ **1044**	Transformer, 90 watts, *57–69*		28	46
____ **1045**	Operating Watchman, *46–50*		17	48
____ **1047**	Operating Switchman, *59–61*		32	127
____ **1050**	0-4-0 Scout Locomotive, 1050T Tender, *59 u*		56	192
____ **1053**	Transformer, 60 watts, *56–60*		10	20
____ **1055**	Texas Special Alco Diesel A Unit, *59–60*		29	69
1060	2-4-2 Locomotive, 1050T or 1060T Tender, *60–62*		10	29
1061	0-4-0 or 2-4-2 Scout Locomotive, 1061T Tender, *64*, 69			
____	(A) Slope-back Lionel Lines tender		14	33
____	(B) Paper number labels		50	237
____	(C) No number stamped on cab		35	105
1062	0-4-0 or 2-4-2 Scout Locomotive, *63–64*			
____	(A) Streamlined Southern Pacific Tender		10	40
____	(B) Other tenders		11	27
____ **1063**	Transformer, 75 watts, *60–64*		16	38

		Good	Exc	
1065	Union Pacific Alco Diesel A Unit, *61*	27	70	___
1066	Union Pacific Alco Diesel A Unit, *64 u*	35	80	___
1073	Transformer, 60 watts, *61–66*	13	33	___
1101	Transformer, 25 watts, *48*	4	8	___
1101	2-4-2 Scout Locomotive, 1001T Tender, *48 u*			
	(A) Cab correctly marked "1101"	15	38	___
	(B) Cab marked "1001"	168	385	___
1110	2-4-2 Locomotive, 1001T Tender, *49, 51–52*	14	24	___
1120	2-4-2 Scout Locomotive, 1001T Tender, *50*	19	35	___
1121	Remote Control Switches, pair (O27), *46–51*	14	22	___
1122	Remote Control Switches, pair (O27), *52–53*	14	25	___
1122-34	Remote Control Switches, pair, *52–53*	14	26	___
1122-500	Gauge Adapter (O27), *57–66*		5	___
1122E	Remote Control Switches, pair (O27), *53–69*	12	27	___
1130	2-4-2 Locomotive, 6066T or 1130T Tender, *53–54*			
	(A) Plastic body	20	36	___
	(B) Die-cast body	39	110	___
1130T	Tender (painted shell only)	30	100	___
1144	Transformer, 75 watts, *61–66*	8	22	___
1232	Transformer, 75 watts, made for export, *48*	20	60	___
1615	0-4-0 Locomotive, 1615T Tender, *55–57*			
	(A) No grab irons	80	172	___
	(B) Grab irons on locomotive and tender	162	318	___
1625	0-4-0 Locomotive, 1625T Tender, *58*	154	396	___
1640-100	Presidential Kit, *60*	58	198	___
1654	2-4-2 Locomotive, 1654W Tender, *46–47*	33	70	___
1655	2-4-2 Locomotive, 6654W Tender, *48–49*	35	70	___
1656	0-4-0 Locomotive, 6403B Tender, *48–49*			
	(A) Large silver cab number	110	255	___
	(B) Small silver cab number	125	250	___
1665	0-4-0 Locomotive, 2403B Tender, *46*	190	370	___
1666	2-6-2 Locomotive, 2466W or 2466WX Tender, *46–47*	57	131	___
1862	4-4-0 Civil War General, 1862T Tender, *59–62*			
	(A) Gray smokestack	85	195	___
	(B) Black smokestack	90	200	___
1865	Western & Atlantic Coach, *59–62*	28	58	___
1866	Western & Atlantic Mail-Baggage Car, *59–62*	33	62	___
1872	4-4-0 Civil War General, 1872T Tender, *59–62*	95	310	___
1875	Western & Atlantic Coach, *59–62*	109	271	___
1875W	Western & Atlantic Coach, whistle, *59–62*	51	173	___
1876	Western & Atlantic Baggage Car, *59–62*	28	88	___
1877	Flatcar with fence and horses, *59–62*	45	102	___
1882	4-4-0 Civil War General, 1882T Tender, *60 u*	213	488	___
1885	Western & Atlantic Coach, *60 u*	100	305	___
1887	Flatcar with fences and horses, *60 u*	84	193	___

			Good	Exc
____	2001	Track Make-up Kit (027), *63*		500
____	2002	Track Make-up Kit (027), *63*		NRS
____	2003	Track Make-up Kit (027), *63*		NRS
____	2016	2-6-4 Locomotive, 6026W Tender, *55–56*	49	95
	2018	2-6-4 Locomotive, *56–59, 61*		
____		(A) 6026T Tender	40	68
____		(B) 6026W Tender	60	112
____		(C) 1130T Tender	35	65
____	2020	6-8-6 Steam Turbine Locomotive, 2020W or 2466WX Tender, smoke lamp, *46*	105	201
____	2020	6-8-6 Steam Turbine Locomotive, 2020W or 6020W Tender, *47–49*	72	176
	2023	Union Pacific Alco Diesel AA Units, *50–51*		
____		(A) Yellow body	82	252
____		(B) Gray nose and side frames	763	2100
____		(C) Silver body	71	233
____	2024	C&O Alco Diesel A Unit, *69*	30	63
	2025	2-6-2 Locomotive, 2466WX or 6466WX Tender, *47–49*		
____		(A) Black smokestack, *48–49*	80	164
____		(B) Aluminum smokestack, *47*	95	171
____	2025	2-6-4 Locomotive, 6466W Tender, *52*	75	164
____	2026	2-6-2 Locomotive, 6466WX Tender, *48–49*	67	120
____	2026	2-6-4 Locomotive, 6466W, 6466T, or 6066T Tender, *51–53*	40	99
	2028	Pennsylvania GP7 Diesel, *55*		
____		(A) Gold lettering	165	277
____		(B) Yellow lettering	140	297
____		(C) Tan frame	275	540
	2029	2-6-4 Locomotive, *64–69*		
____		(A) 234W Lionel Lines Tender	50	120
____		(B) LL Tender with "Hagerstown" on bottom	60	135
____		(C) 234W Pennsylvania Tender	139	227
____	2031	Rock Island Alco Diesel AA Units, *52–54*	133	261
____	2032	Erie Alco Diesel AA Units, *52–54*	126	175
____	2033	Union Pacific Alco Diesel AA Units, *52–54*	95	259
____	2034	2-4-2 Scout Locomotive, 6066T Tender, *52*	25	65
____	2035	2-6-4 Locomotive, 6466W Tender, *50–51*	70	174
____	2036	2-6-4 Locomotive, 6466W Tender, *50*	58	115
	2037	2-6-4 Locomotive, *54–55, 57–63*		
____		(A) 6026T or 1130T nonwhistle Tender	45	80
____		(B) 6026W, 233W, or 234W whistle Tender	72	140
____	2037-500	2-6-4 Locomotive, pink, 1130T-500 Tender, *57–58*	226	782
____	2041	Rock Island Alco Diesel AA Units, *69*	70	150
____	2046	4-6-4 Locomotive, 2046W Tender, *50–51, 53*	98	192
____	2046T	Nonwhistle Tender, for export	35	125

		Good	Exc	
2046W	Whistle Tender	15	66	____
2055	4-6-4 Locomotive, 2046W or 6026W Tender, *53–55*	88	170	____
2056	4-6-4 Locomotive, 2046W Tender, *52*	93	220	____
2065	4-6-4 Locomotive, 2046W or 6026W Tender, *54–56*	99	178	____
2240	Wabash F3 AB Units, *56*	293	645	____
2242	New Haven F3 AB Units, *58–59*	400	874	____
2243	Santa Fe F3 AB Units, *55–57*			
	(A) Gray body mold, raised molded cab door ladder	150	303	____
	(B) Typical molded cab door ladder	100	285	____
2243C	Santa Fe F3 B Unit, *55–57*	71	199	____
2245	Texas Special F3 AB Units, *54–55*			
	(A) B Unit with portholes, *54*	250	517	____
	(B) B Unit without portholes, *55*	288	835	____
2257	SP-type caboose, *47*			
	(A) Red body, no smokestack	8	17	____
	(B) Tuscan body and smokestack	83	333	____
	(C) Red body and smokestack	100	493	____
2321	Lackawanna FM Train Master Diesel, *54–56*			
	(A) Gray roof	211	343	____
	(B) Maroon roof	237	439	____
2322	Virginian FM Train Master Diesel, *65–66*			
	(A) Unpainted blue body, yellow stripes	295	500	____
	(B) Blue or black body, painted blue and yellow stripes	346	608	____
2328	Burlington GP7 Diesel, *55–56*	101	255	____
2329	Virginian GE E-33 or EL-C Electric Locomotive, *58–59*	169	525	____
2330	Pennsylvania GG1 Electric Locomotive, green, *50*	422	1324	____
2331	Virginian FM Train Master Diesel, *55–58*			
	(A) Black and yellow stripes, gray mold, *55*	342	712	____
	(B) Yellow stripes, blue mold, *56–58*	215	647	____
	(C) Blue and yellow stripes, gray mold	603	1175	____
2332	Pennsylvania GG1 Electric Locomotive, *47–49*			
	(A) Black	580	1233	____
	(B) Dark green	277	455	____
2333	NYC F3 Diesel AA Units, *48–49*			
	(A) Rubber-stamped lettering	264	594	____
	(B) Heat-stamped lettering	243	519	____
2333	Santa Fe F3 Diesel AA Units, *48–49*	226	483	____
2337	Wabash GP7 Diesel, *58*	113	285	____
2338	Milwaukee Road GP7 Diesel, *55–56*			
	(A) Orange band around shell	507	1220	____
	(B) Interrupted orange band	96	230	____

			Good	Exc
___	2339	Wabash GP7 Diesel, *57*	101	286
	2340	Pennsylvania GG1 Electric Locomotive, *55*		
___		(A) Tuscan	457	1130
___		(B) Dark green	355	635
	2341	Jersey Central FM Train Master Diesel, *56*		
___		(A) High-gloss orange	912	1713
___		(B) Dull orange	925	1634
___	2343	Santa Fe F3 Diesel AA Units, *50–52*	144	442
	2343C	Santa Fe F3 B Unit, *50–55*		
___		(A) Screen roof vents	106	272
___		(B) Louver roof vents	102	206
___	2344	NYC F3 Diesel AA Units, *50–52*	197	512
___	2344C	NYC F3 B Unit, *50–55*	120	254
___	2345	Western Pacific F3 Diesel AA Units, *52*	461	812
___	2346	B&M GP9 Diesel, *65–66*	168	365
___	2347	C&O GP7 Diesel, *65 u*	1400	4050
___	2348	M&StL GP9 Diesel, *58–59*	120	398
___	2349	Northern Pacific GP9 Diesel, *59–60*	174	367
	2350	New Haven EP-5 Electric Locomotive, *56–58*		
___		(A) Painted nose trim, white N and orange H	274	577
___		(B) Decaled nose trim, white N and orange H	191	337
___		(C) Painted nose trim, orange N and black H	775	1600
___		(D) Decaled nose trim, orange N and black H	459	911
___		(E) Orange and white stripes go through doorjambs	345	750
___	2351	Milwaukee Road EP-5 Electric Locomotive, *57–58*	155	432
	2352	Pennsylvania EP-5 Electric Locomotive, *58–59*		
___		(A) Tuscan body	217	458
___		(B) Chocolate brown body	195	373
___	2353	Santa Fe F3 Diesel AA Units, *53–55*	246	468
___	2354	NYC F3 Diesel AA Units, *53–55*	243	477
___	2355	Western Pacific F3 Diesel AA Units, *53*	473	932
___	2356	Southern F3 Diesel AA Units, *54–56*	368	646
___	2356C	Southern F3 B Unit, *54–56*	166	253
	2357	SP-type Caboose, *47–48*		
___		(A) Red body and smokestack	174	552
___		(B) Tuscan body and smokestack	15	37
___		(C) Tile red, no smokestack, "6357" stamped on bottom	75	233
___	2358	Great Northern EP-5 Electric Locomotive, *59–60*	387	859
___	2359	Boston & Maine GP9 Diesel, *61–62*	123	294
	2360	Pennsylvania GG1 Electric Locomotive, *56–58, 61–63*		
___		(A) Tuscan, 5 gold stripes	571	1175
___		(B) Dark green, 5 gold stripes	442	872
___		(C) Tuscan, gold stripe, heat-stamped letters	470	865
___		(D) Tuscan, gold stripe, decaled lettering	420	725

		Good	Exc	
2363	Illinois Central F3 Diesel AB Units, *55–56*			
	(A) Black lettering	340	785	____
	(B) Brown lettering	384	872	____
2365	C&O GP7 Diesel, *62–63*	96	223	____
2367	Wabash F3 Diesel AB Units, *55*	330	662	____
2368	B&O F3 Diesel AB Units, *56*	514	1436	____
2373	CP F3 Diesel AA Units, *57*	734	1856	____
2378	Milwaukee Road F3 Diesel AB Units, *56*			
	(A) Yellow roof line stripes	654	1414	____
	(B) No roof line stripes	569	1197	____
2379	Rio Grande F3 Diesel AB Units, *57–58*	373	779	____
2383	Santa Fe F3 Diesel AA Units, *58–66*	234	452	____
2400	Maplewood Pullman Car, green, *48–49*	53	136	____
2401	Hillside Observation Car, green, *48–49*	56	136	____
2402	Chatham Pullman Car, green, *48–49*	52	141	____
2404	Santa Fe Vista Dome Car, *64–65*	28	65	____
2405	Santa Fe Pullman Car, *64–65*	35	71	____
2406	Santa Fe Observation Car, *64–65*	27	60	____
2408	Santa Fe Vista Dome Car, *66*	50	78	____
2409	Santa Fe Pullman Car, *66*	40	80	____
2410	Santa Fe Observation Car, *66*	36	68	____
2411	Lionel Lines Flatcar, *46–48*			
	(A) With pipes, *46*	45	83	____
	(B) With logs, *47–48*	16	36	____
2412	Santa Fe Vista Dome Car, *59–63*	34	89	____
2414	Santa Fe Pullman Car, *59–63*	37	97	____
2416	Santa Fe Observation Car, *59–63*	27	73	____
2419	DL&W Work Caboose, *46–47*	25	65	____
2420	DL&W Work Caboose with searchlight, *46–48*			
	(A) Light or dark gray, heat-stamped lettering	47	120	____
	(B) Light or dark gray, rubber-stamped lettering	75	223	____
2421	Maplewood Pullman Car, *50–53*			
	(A) Gray roof	28	61	____
	(B) Silver roof	27	57	____
2422	Chatham Pullman Car, *50–53*			
	(A) Gray roof	35	63	____
	(B) Silver roof	25	56	____
2423	Hillside Observation Car, *50–53*			
	(A) Gray roof	30	56	____
	(B) Silver roof	25	51	____
2426W	Whistle Tender, *50*	50	186	____
2429	Livingston Pullman Car, *52–53*	50	120	____
2430	Pullman Car, blue, *46–47*	27	95	____
2431	Observation Car, blue, *46–47*	27	92	____
2432	Clifton Vista Dome Car, *54–58*	31	73	____
2434	Newark Pullman Car, *54–58*	30	76	____

		Good	Exc
____ **2435**	Elizabeth Pullman Car, *54–58*	30	76
____ **2436**	Mooseheart Observation Car, *57–58*	35	85
____ **2436**	Summit Observation Car, *54–56*	20	57
2440	Pullman Car, green, *46–47*		
____	(A) Silver lettering	60	85
____	(B) White lettering	40	75
2441	Observation Car, green, *46–47*		
____	(A) Silver lettering	60	85
____	(B) White lettering	30	60
____ **2442**	Clifton Vista Dome Car, *56*	54	113
2442	Pullman Car, brown, *46–48*		
____	(A) Silver lettering	58	119
____	(B) White lettering	40	80
2443	Observation Car, brown, *46–48*		
____	(A) Silver lettering	57	117
____	(B) White lettering	40	79
____ **2444**	Newark Pullman Car, *56*	46	97
____ **2445**	Elizabeth Pullman Car, *56*	105	275
____ **2446**	Summit Observation Car, *56*	46	98
2452	Pennsylvania Gondola, *45–47*		
____	(A) Whirly wheels, *45*	24	49
____	(B) Regular wheels	10	20
____	(C) Early flying shoe trucks, two holes in floor, *45*	20	175
____ **2452X**	Pennsylvania Gondola, *46–47*	8	15
____ **X2454**	Baby Ruth Boxcar, PRR logo, *46–47*	14	36
X2454	Pennsylvania Boxcar, *46*		
____	(A) Brown door	125	213
____	(B) Orange door	140	242
2456	Lehigh Valley Hopper, *48*		
____	(A) Flat black, 2 lines of data, *48*	13	43
____	(B) Flat black, 3 lines of data, *48*	143	508
2457	PRR N5-type Caboose "477618," tintype, *45–47*		
____	(A) Red, white lettering	17	44
____	(B) Brown, offset white lettering	165	663
____	(C) Brown, centered white lettering	28	138
____ **X2458**	PRR Automobile Boxcar, *46–48*	20	48
2460	Bucyrus Erie Crane Car, 12-wheel, *46–50*		
____	(A) Gray cab	94	257
____	(B) Black cab	45	93
2461	Transformer Car, die-cast, *47–48*		
____	(A) Red transformer	41	95
____	(B) Black transformer	30	78

		Good	Exc	
2465	Sunoco 2-D Tank Car, *46–48*			
	(A) "Gas, Sunoco, and Oils" in diamond, centered	33	143	___
	(B) "Sunoco" in diamond	10	19	___
	(C) "Sunoco" extends beyond diamond	10	18	___
2466WX	Whistle Tender, *45–48*	25	59	___
2472	PRR N5-type Caboose, tintype, *46–47*	12	22	___
2481	Plainfield Pullman Car, yellow, *50*	140	279	___
2482	Westfield Pullman Car, yellow, *50*	126	275	___
2483	Livingston Observation Car, yellow, *50*	109	245	___
2521	President McKinley Observation Car, *62–66*	72	129	___
2522	President Harrison Vista Dome Car, *62–66*	78	137	___
2523	President Garfield Pullman Car, *62–66*	74	137	___
2530	REA Baggage Car, *54–60*			
	(A) Large doors	213	501	___
	(B) Small doors	70	169	___
2531	Silver Dawn Observation Car, *52–60*			
	(A) Ribbed channels, round rivets	43	125	___
	(B) Ribbed channels, hex rivets	58	160	___
	(C) Ribbed channels, hex rivets, red center taillight	50	180	___
	(D) Flat channels, glued nameplates	80	200	___
2532	Silver Range Vista Dome Car, *52–60*	55	122	___
2533	Silver Cloud Pullman Car, *52–59*	51	108	___
2534	Silver Bluff Pullman Car, *52–59*	59	129	___
2541	Alexander Hamilton Observation Car, *55–56**	59	176	___
2542	Betsy Ross Vista Dome Car, *55–56**	60	170	___
2543	William Penn Pullman Car, *55–56**	75	175	___
2544	Molly Pitcher Pullman Car, *55–56**	62	173	___
2550	B&O Baggage-Mail Rail Diesel Car, *57–58*	212	432	___
2551	Banff Park Observation Car, *57**	132	248	___
2552	Skyline 500 Vista Dome Car, *57**	150	264	___
2553	Blair Manor Pullman Car, *57**	243	477	___
2554	Craig Manor Pullman Car, *57**	213	475	___
2555	Sunoco 1-D Tank Car, *46–48*	22	58	___
2559	B&O Passenger Rail Diesel Car, *57–58*	126	274	___
2560	Lionel Lines Crane Car, 8-wheel, *46–47*			
	(A) Black boom	24	72	___
	(B) Brown boom	24	77	___
	(C) Green boom	27	85	___
	(D) Black boom from 2460 crane, *47*	23	68	___
2561	Vista Valley Observation Car, *59–61**	115	298	___
2562	Regal Pass Vista Dome Car, *59–61**	132	318	___
2563	Indian Falls Pullman Car, *59–61**	127	318	___

			Good	Exc
2625	Irvington Pullman Car, *46–50**			
____	(A) No silhouettes		85	164
____	(B) Silhouettes		116	254
____ **2625**	Madison Pullman Car, *46–47**		91	193
____ **2625**	Manhattan Pullman Car, *46–47**		102	189
2627	Madison Pullman Car, *48–50**			
____	(A) No silhouettes		88	182
____	(B) Silhouettes		113	234
2628	Manhattan Pullman Car, *48–50**			
____	(A) No silhouettes		92	191
____	(B) Silhouettes		128	258
____ **2671T**	PRR Nonwhistle Tender, for export		45	141
____ **2671W**	Whistle Tender		38	84
____ **2755**	Sunoco 1-D Tank Car, *45*		40	78
____ **X2758**	PRR Automobile Boxcar, *45–46*		30	67
2855	Sunoco 1-D Tank Car, *46–47*			
____	(A) Black		89	199
____	(B) Black, decal without "Gas" and "Oils"		73	232
____	(C) Gray		52	191
____ **3309**	Turbo Missile Launch Car, red body, *63–64*		23	50
____ **3309-50**	Turbo Missile Launch Car, olive body, *63–64*		167	701
____ **3330**	Flatcar with submarine kit, *60–62*		46	146
____ **3330-100**	Operating Submarine Kit (with box), *60–61*		110	389
3349	Turbo Missile Launch Car, *62–65*			
____	(A) Red body		21	47
____	(B) Olive drab body		125	454
____ **3356**	Operating Horse Car and Corral Set, *56–60, 64–66*		63	117
3356	Operating Horse Car only, *56–60, 64–66*			
____	(A) Built date, bar-end trucks, *56–60*		31	71
____	(B) No built date, AAR trucks, *64–66*		45	123
____ **3356-100**	Black Horses, 9 pieces, *56–59*		13	30
____ **3356-150**	Horse Car Corral, *57–60*		30	75
____ **3357**	Hydraulic Maintenance Car, *62–64*		23	70
____ **3359**	Lionel Lines Twin-bin Coal Dump Car, *55–58*		28	39
____ **3360**	Operating Burro Crane, self-propelled, *56–57*		124	212
____ **3361**	Operating Log Dump Car, *55–58*		23	39
____ **3362**	Helium Tank Unloading Car, *61–63, 69*		20	42
____ **3362/64**	Operating Dump Car with 2 helium tanks, *65–66, 68*		28	68
____ **3364**	Operating Dump Car with 3 logs, *65–66, 68*		17	36
____ **3366**	Circus Car Corral Set, *59–62*		122	259
____ **3366**	Circus Car only, *59–62*		78	149
____ **3366-100**	White Horses, 9 pieces, *59–62*		42	65

		Good	Exc	
3370	W&A Outlaw Car, *61–64*			
	(A) AAR trucks	10	50	___
	(B) Archbar trucks	15	75	___
3376	Bronx Zoo Car, *60–66, 69*			
	(A) Blue, white lettering	20	50	___
	(B) Green, yellow lettering	35	83	___
	(C) Blue, yellow lettering	94	214	___
3386	Bronx Zoo Car, *60*	29	65	___
3409	Helicopter Car, *61*	41	95	___
3410	Helicopter Car, *61–63*			
	(A) 2 operating couplers, gray Navy helicopter	28	85	___
	(B) Single operating coupler, yellow helicopter, *63*	62	174	___
3413	Mercury Capsule Car, *62–64*	58	146	___
3419	Helicopter Car, *59–65*	43	81	___
3424	Wabash Operating Boxcar, *56–58*	38	60	___
3424-75	Low Bridge Signal, *56–57*	84	183	___
3424-100	Low Bridge Signal Set, *56–58*	18	70	___
3428	U.S. Mail Operating Boxcar, *59–60*	51	83	___
3429	USMC Helicopter Car, *60*			
	(A) USMC helicopter	210	482	___
	(B) Navy helicopter	58	218	___
3434	Poultry Dispatch Car, *59–60, 64–66*	53	98	___
3435	Traveling Aquarium Car, *59–62*			
	(A) Gold lettering, tank designations, and circle around L	428	1020	___
	(B) Gold lettering, tank designations, no circle around L	280	691	___
	(C) Gold lettering, no tank designations, no circle around L	140	251	___
	(D) Yellow lettering, no tank designations, no circle around L	71	156	___
3444	Erie Operating Gondola, *57–59*	43	67	___
3451	Operating Log Dump Car, *46–48*			
	(A) Heat-stamped lettering	10	40	___
	(B) Rubber-stamped lettering	28	89	___
3454	PRR Operating Merchandise Car, *46–47*			
	(A) Red lettering	1075	3760	___
	(B) Blue lettering	24	164	___
3456	N&W Operating Hopper, *50–55*	21	52	___
3459	LL Operating Coal Dump Car, *46–48*			
	(A) Aluminum bin	79	252	___
	(B) Black bin	20	43	___
	(C) Green bin	27	108	___
3460	Flatcar with trailers, *55–57*	27	75	___

		Good	Exc
3461	LL Operating Log Car, *49–55*		
____	(A) Black car, heat-stamped lettering	22	39
____	(B) Black car, rubber-stamped lettering	72	270
____	(C) Green car	27	59
3462	Automatic Milk Car, *47–48*		
____	(A) Flat white or cream, steel base mechanism	18	65
____	(B) Flat white or cream, brass base mechanism	15	70
____	(C) Glossy cream	92	303
____ **3462-70**	Magnetic Milk Cans, *52–59*	12	22
____ **3462P**	Milk Car Platform, *47–48*	8	18
____ **X3464**	ATSF Operating Boxcar, *49–52*	13	24
____ **X3464**	NYC Operating Boxcar, *49–52*	11	26
____ **3469**	LL Operating Coal Dump Car, *49–55*	22	37
3470	Target Launching Car, *62–64*		
____	(A) Dark blue car	30	70
____	(B) Light blue car	70	151
____ **3472**	Automatic Milk Car, *49–53*	33	57
____ **3474**	Western Pacific Operating Boxcar, *52–53*	14	63
3482	Automatic Milk Car, *54–55*		
____	(A) "RT3472" on right	40	107
____	(B) "RT3482" on right	28	73
____ **3484**	Pennsylvania Operating Boxcar, *53*	17	54
3484-25	ATSF Operating Boxcar, *54*		
____	(A) White lettering	23	70
____	(B) Black lettering	321	1087
____ **3494-1**	NYC Operating Boxcar, *55*	42	113
____ **3494-150**	MP Operating Boxcar, *56*	65	133
3494-275	State of Maine Operating Boxcar, *56–58*		
____	(A) "3494275" on side	38	123
____	(B) No number on side	59	210
____ **3494-550**	Monon Operating Boxcar, *57–58*	215	391
____ **3494-625**	Soo Operating Boxcar, *57–58*	199	423
3509	Satellite Launching Car, *61*		
____	(A) Chrome satellite cover	20	69
____	(B) Gray satellite cover	45	153
____ **3510**	Satellite Launching Car, *62*	40	120
3512	Fireman and Ladder Car, *59–61*		
____	(A) Black extension ladder	58	138
____	(B) Silver extension ladder	85	230
____ **3519**	Satellite Launching Car, *61–64*	22	59
3520	Searchlight Car, *52–53*		
____	(A) Serif lettering	25	87
____	(B) Sans serif lettering	20	44

		Good	Exc	
3530	GM Generator Car, *56–58*			
	(A) Blue fuel tank	60	113	____
	(B) Black fuel tank	56	111	____
	(C) 3530 underscored	413	1533	____
3530-50	Searchlight with pole and base, *56–56*	20	65	____
3535	Security Car with searchlight, *60–61*	41	100	____
3540	Operating Radar Car, *59–60*	44	142	____
3545	Operating TV Monitor Car, *61–62*	55	170	____
3559	Operating Coal Dump Car, *46–48*	23	38	____
3562-1	ATSF Operating Barrel Car, *54*			
	(A) Black, black unloading trough	80	195	____
	(B) Black, yellow unloading trough	75	189	____
	(C) Gray, red lettering	800	2775	____
3562-25	ATSF Operating Barrel Car, gray, *54*			
	(A) Red lettering	193	416	____
	(B) Blue lettering	26	60	____
3562-50	ATSF Operating Barrel Car, yellow, *55–56*			
	(A) Painted	45	110	____
	(B) Unpainted	24	59	____
3562-75	ATSF Operating Barrel Car, orange, *57–58*	40	88	____
3619	Helicopter Reconnaissance Car, *62–64*			
	(A) Light yellow	37	112	____
	(B) Dark yellow	53	163	____
3620	Searchlight Car, orange generator, *54–56*			
	(A) Unpainted gray plastic searchlight	28	41	____
	(B) Gray-painted gray plastic searchlight	28	41	____
	(C) Unpainted orange plastic searchlight	60	150	____
	(D) Gray-painted orange plastic searchlight	120	325	____
3650	Extension Searchlight Car, *56–59*			
	(A) Light gray	43	80	____
	(B) Dark gray	63	137	____
	(C) Olive gray	90	263	____
3656	Armour Operating Cattle Car, *49–55*			
	(A) Black letters, Armour sticker	83	243	____
	(B) White letters, Armour sticker	32	74	____
	(C) Black letters, no Armour sticker	63	170	____
	(D) White letters, no Armour sticker	33	75	____
3656	Stockyard with cattle, *49–55*	28	83	____
3656-34	Cattle, black, 9 pieces, *49–58*			
	(A) Rounded ridge on base, *49*	64	131	____
	(B) Plain base	8	23	____
3656-150	Corral Platform, yellow tray	200	550	____
3662	Automatic Milk Car, *55–60, 64–66*	39	64	____
3662-79	Nonmagnetic Milk Cans, 7, white envelope	15	75	____
3662-80	Nonmagnetic Milk Cans, 7, manila envelope	20	100	____

		Good	Exc
3665	Minuteman Operating Car, *61–64*		
	(A) Medium blue roof	82	199
	(B) Dark blue roof	50	105
3666	Minuteman Boxcar with cannon, *64 u*	175	496
3672	Bosco Operating Milk Car, *59–60*		
	(A) Unpainted yellow body	85	201
	(B) Painted yellow body	148	305
3820	USMC Operating Submarine Car, *60–62*	99	230
3830	Operating Submarine Car, *60–63*	40	109
3854	Automatic Merchandise Car, *46–47*	207	536
3927	Lionel Lines Track Cleaning Car, *56–60*	37	68
3927-50	Track Wiping Cylinders, 25 pieces, *57–60*	6	35
3927-75	Track-Clean Detergent, can, *56–69*	4	15
4357	SP-type Caboose, electronic, die-cast stack, *48–49*		
	(A) Die-cast metal smokestack	63	200
	(B) Matching plastic smokestack	100	300
	(C) Matching plastic smokestack, raised board on catwalk	100	300
4452	PRR Gondola, electronic, *46–49*	49	112
4454	Baby Ruth PRR Boxcar, electronic, *46–49*	60	180
4457	PRR N5-type Caboose, tintype, electronic, *46–47*	45	150
5102	Railroad and Roadway Crossing	15	50
5159	Maintenance Kit, *63–65*	28	80
5159-50	Maintenance and Lube Kit, *66–69*	28	80
5160	Viewing Stand, *63*	50	190
5459	LL Coal Dump Car, electronic, *46–49*	57	138
6002	NYC Gondola, *50*	5	11
X6004	Baby Ruth PRR Boxcar, *50*	4	7
6007	Lionel Lines SP-type Caboose, *50*	3	8
6009	Remote Control Uncoupling Track, *53–54*	1	5
6012	Gondola, *51–56*	2	7
6014	Airex Boxcar, *60 u*	26	43
6014	Bosco PRR Boxcar, *58*		
	(A) White body	27	48
	(B) Red body	4	7
	(C) Orange body	4	7
6014	Chun King Boxcar, *57 u*	60	139
6014	Frisco Boxcar, *57, 63–69*		
	(A) White body	5	12
	(B) Red body	4	7
	(C) White body, coin slot	25	45
	(D) Orange body, *57*	20	80
	(E) Orange body, *69*	22	39

		Good	Exc	
X6014	Baby Ruth PRR Boxcar, *51–56*			
	(A) White body	5	9	___
	(B) Red body	6	17	___
6014-150	Wix Boxcar, *59 u*	95	211	___
6015	Sunoco 1-D Tank Car, *54–55*			
	(A) Painted tank	68	336	___
	(B) Unpainted tank	4	12	___
6017	Lionel Lines SP-type Caboose, *51–62*			
	(A) Glossy tuscan-painted orange mold	35	129	___
	(B) Semigloss tuscan-painted, orange mold	10	40	___
	(C) Tile red-painted, blue mold	10	40	___
	(D) Common red, tuscan, and brown bodies	3	9	___
6017	SP-type Caboose, maroon, "Lionel" only, *56*	14	34	___
6017-50	U.S. Marine Corps SP-type Caboose, *58*	29	68	___
6017-85	LL SP-type Caboose, gray, *58*	27	101	___
6017-100	B&M SP-type Caboose, *59, 62, 65–66*			
	(A) Purple-blue	209	544	___
	(B) Medium or light blue	12	46	___
6017-185	ATSF SP-type Caboose, *59–60*	13	33	___
6017-200	U.S. Navy SP-type Caboose, *60*	52	179	___
6017-225	ATSF SP-type Caboose, *61–62*	15	55	___
6017-235	ATSF SP-type Caboose, *62*	14	52	___
6019	Remote Control Track (O27), *48–66*	2	8	___
6024	Nabisco Shredded Wheat Boxcar, *57*	13	30	___
6024	RCA Whirlpool Boxcar, *57 u*	28	60	___
6025	Gulf 1-D Tank Car, *56–58*			
	(A) Gray body, blue lettering	5	14	___
	(B) Orange body, blue lettering	5	12	___
	(C) Black body, red-orange Gulf emblem	5	14	___
6027	Alaska SP-type Caboose, *59*	24	61	___
6029	Remote Control Uncoupling Track, *55–63*	1	13	___
6032	Short Gondola, black (O27), *52–54*	2	8	___
X6034	Baby Ruth PRR Boxcar, *53–54*			
	(A) Orange, blue lettering	5	10	___
	(B) Red, white lettering	5	10	___
	(C) Orange, black lettering	5	15	___
6035	Sunoco 1-D Tank Car, *52–53*	3	10	___
6037	Lionel Lines SP-type Caboose, *52–54*			
	(A) Tuscan	3	6	___
	(B) Red	5	13	___
6042	Short Gondola, *59–61, 62–64 u*	2	10	___
6044	Airex Boxcar, orange lettering, *59–60 u*			
	(A) Medium blue	8	23	___
	(B) Teal blue	35	70	___
	(C) Purple-blue	90	333	___
6044-1X	Nestles/McCall's Boxcar, *62–63 u*	287	828	___

		Good	Exc
6045	Lionel Lines 2-D Tank Car, *59–64*		
____	(A) Gray	10	21
____	(B) Orange	13	34
____	(C) Beige	10	35
____ **6045**	Cities Service 2-D Tank, *60 u*	13	37
6047	Lionel Lines SP-type Caboose, *62*		
____	(A) Unpainted, medium red	2	5
____	(B) Painted, brown	100	300
____	(C) Unpainted, coral pink	15	48
6050	Lionel Savings Bank Boxcar, *61*		
____	(A) "Blt by Lionel"	26	52
____	(B) "Built by Lionel"	100	220
6050	Swift Boxcar, *62–63*		
____	(A) Red body	11	24
____	(B) Dark red body, 2 open holes in roof walk	45	167
6050	Libby's Tomato Juice Boxcar, *63 u*		
____	(A) Green stems on tomatoes	18	38
____	(B) Green stems missing	21	55
6057	LL SP-type Caboose, *59–62*		
____	(A) Unpainted red plastic	3	9
____	(B) Red-painted	36	113
____	(C) Unpainted coral pink plastic	20	75
____ **6057-50**	LL SP-type Caboose, orange, *62*	16	51
6058	C&O SP-type Caboose, *61*		
____	(A) Blue lettering	19	57
____	(B) Black lettering	34	94
6059	M&StL SP-type Caboose, *61–69*		
____	(A) Painted, red	13	39
____	(B) Unpainted, red	4	15
____	(C) Unpainted, maroon	9	15
6062	NYC Gondola with 3 cable reels, *59–62*		
____	(A) No metal undercarriage	9	32
____	(B) Metal undercarriage	29	86
____ **6062-50**	NYC Gondola with 2 canisters, *69*	6	24
6067	SP-type Caboose, unmarked, *61–62*		
____	(A) Red	3	8
____	(B) Yellow	6	16
____	(C) Brown	10	22
____ **6076**	ATSF Hopper, *63 u*	11	31
6076	Lehigh Valley Hopper, short, *63*		
____	(A) Gray body	9	12
____	(B) Black body	9	16
____	(C) Red body	9	12
____	(D) Yellow body, painted	325	838
____ **6076-100**	Hopper, gray, unmarked, *63*	11	28
____ **6110**	2-4-2 Locomotive, 6001T Tender, *50–51*	14	32

		Good	Exc	
6111	Flatcar with logs, *55–57*			
	(A) Yellow with black lettering	8	30	___
	(B) Yellow with white lettering	100	500	___
6112	Short Gondola, *56–58*			
	(A) Black body	3	15	___
	(B) Blue body	4	13	___
	(C) White body	11	32	___
6112-5	Canister, *56–58*			
	(A) Red or white	1	4	___
	(B) Red with black letters	20	78	___
6112-25	Canister Set, 4 pieces, red or white (with box), *56–58*	30	65	___
6119	DL&W Work Caboose, red, *55–56*	13	29	___
6119-25	DL&W Work Caboose, orange, *56–59*	15	37	___
6119-50	DL&W Work Caboose, brown, *56*	23	59	___
6119-75	DL&W Work Caboose, *57*			
	(A) Heat-stamped letters on frame	14	33	___
	(B) Closely spaced rubber-stamped letters on frame	70	225	___
	(C) Widely spaced rubber-stamped letters on frame	50	175	___
6119-100	DL&W Work Caboose, red cab, gray tool tray, *57–66, 69*			
	(A) Black frame, white letters	9	28	___
	(B) "Built By Lionel" builders plate, *66*	38	98	___
	(C) Black frame, white letters, red-painted cab	63	263	___
	(D) Santa Fe cab, gray tool box	10	40	___
6119-125	Work Caboose, olive, black frame, *64*	55	180	___
6120	Work Caboose, yellow, unmarked, *61–62*	7	22	___
6121	Flatcar with pipes, *56–57*			
	(A) Yellow, peach, red, or gray	9	27	___
	(B) Maroon	26	76	___
6130	ATSF Work Caboose, *61, 65–69*			
	(A) Red painted, no builders plate	12	38	___
	(B) Red unpainted, builders plate	10	30	___
	(C) Red painted, builders plate	50	215	___
6139	Remote Control Uncoupling Track (027), *63*	1	4	___
6142	Short Gondola, *63–66, 69*			
	(A) Green, blue, or black	3	7	___
	(B) Olive drab	39	125	___
6149	Remote Control Uncoupling Track (027), *64–69*	1	5	___
6151	Flatcar with patrol truck, *58*			
	(A) Yellow frame	34	85	___
	(B) Orange frame	24	78	___
	(C) Cream frame	34	85	___

		Good	Exc
6162	NYC Gondola with 3 canisters, *59–68*		
___	(A) Blue body	5	22
___	(B) Red body	54	283
___ **6162-60**	Alaska Gondola, *59*	38	80
6167	LL SP-type Caboose, red, *63–64*		
___	(A) Unpainted	3	9
___	(B) Painted	52	240
6167	SP-type Caboose, unmarked, no end rails, *63–64*		
___	(A) Red body	3	8
___	(B) Brown body	9	24
___ **6167-50**	SP-type Caboose, unmarked, yellow	11	26
___ **6167-85**	Union Pacific SP-type Caboose, *69*	10	43
___ **6167-175**	SP-type Caboose, unmarked, olive	101	360
6175	Flatcar with rocket, *58–61*		
___	(A) Black frame	25	65
___	(B) Red frame	25	67
6176	Hopper, unmarked, *63–69*		
___	(A) Dark yellow	13	53
___	(B) Gray	8	12
___	(C) Olive	40	102
___	(D) Red	15	30
___	(E) Bright yellow	23	73
6176	Lehigh Valley Hopper, *64–66, 69*		
___	(A) Dark yellow	6	9
___	(B) Gray	7	12
___	(C) Black	3	8
___	(D) Red	25	45
___	(E) Bright yellow	25	75
___ **6219**	C&O Work Caboose, *60*	25	49
6220	Santa Fe NW2 Switcher, *49–50*		
___	(A) Large GM decal on cab	135	278
___	(B) Small GM decal on side	115	222
6250	Seaboard NW2 Switcher, *54–55*		
___	(A) Seaboard decal	117	284
___	(B) Widely spaced rubber-stamped letters	131	261
___	(C) Closely spaced rubber-stamped letters	226	585
6257	SP-type Caboose, *48–52*		
___	(A) Dark red, matching plastic smokestack	180	667
___	(B) All other variations	3	14
6257-25	SP-type Caboose, circled-L logo, *53–55*		
___	(A) Red painted	5	15
___	(B) Unpainted red plastic	4	9
___ **6257-50**	SP-type Caboose, *56*	4	12
6257-100	Lionel Lines SP-type Caboose, smokestack, *63–64*		
___		9	24
___ **6257X**	SP-type Caboose, red, 2 couplers (with box), *48*	8	35

		Good	Exc	
6262	Flatcar with wheel load, *56–57*			
	(A) Black frame, *56–57*	30	65	___
	(B) Red frame, *56*	240	663	___
6264	Flatcar with lumber for 264 Fork Lift Platform, *57–60*			
	(A) Bar-end trucks	26	61	___
	(B) Plastic trucks	30	75	___
	(C) Separate-sale box and envelope	75	281	___
6311	Flatcar with 3 pipes, *55*	19	52	___
6315	Gulf 1-D Chemical Tank Car, *56–59, 68–69*			
	(A) Early, painted	38	78	___
	(B) Late, unpainted	30	58	___
	(C) Late, unpainted, built date	43	150	___
6315	Lionel Lines 1-D Tank Car, *63–66*			
	(A) Unpainted orange body	15	23	___
	(B) Painted orange body	115	367	___
6342	NYC Gondola, *56–58, 64–66*	16	38	___
6343	Barrel Ramp Car, *61–62*	15	34	___
6346	Alcoa Quad Hopper, *56*	31	65	___
6352-1	PFE Ice Car from 352 Ice Depot, *55–57*			
	(A) 3 lines of data	68	170	___
	(B) 4 lines of data	63	122	___
	(C) Separate-sale box	488	1267	___
6356	NYC Stock Car, 2-level, *54–55*			
	(A) Heat-stamped lettering	18	44	___
	(B) Rubber-stamped lettering	40	98	___
6357	SP-type Caboose, SP logo, *48–53*			
	(A) Tile red, tuscan, or maroon	17	56	___
	(B) Tile red, extra board on catwalk	165	592	___
6357	SP-type Caboose, no logo, *57–61*			
	(A) Number to left	10	32	___
	(B) Number to right	10	37	___
6357-25	SP-type Caboose, circle L logo, *53–56*			
	(A) Maroon or tuscan body, black metal smokestack	8	29	___
	(B) Maroon body, maroon metal smokestack	113	536	___
6357-50	ATSF SP-type Caboose, lighted, *60*	313	1231	___
6361	Timber Transport Car, *60–61, 64–69*			
	(A) White lettering	29	78	___
	(B) No lettering	75	150	___
6362	Truck Car with 3 trucks, *55–56*			
	(A) Shiny orange	24	55	___
	(B) Dull orange	59	108	___
6376	LL Circus Stock Car, *56–57*	39	68	___
6401	Flatcar, no load, gray, *60*	3	9	___

		Good	Exc
6401-25	Flatcar with military vehicle, *64–65*		
___	(A) Jeep and cannon	78	295
___	(B) Tank	58	150
___ **6402**	Flatcar with orange or gray reels, *62, 64–66*	8	27
___ **6402**	Flatcar with blue boat, *69*	35	63
___ **6402-150**	Maroon Flatcar with white trailer	10	30
6404	Black Flatcar with auto, *60*		
___	(A) Red auto	28	83
___	(B) Yellow auto	42	144
___	(C) Brown auto	73	260
___	(D) Green auto	80	276
___ **6405**	Flatcar with piggyback van, *61*	15	53
6406	Flatcar with auto, *61*		
___	(A) Maroon frame, red auto	22	58
___	(B) Maroon frame, yellow auto	54	133
___	(C) Gray frame, dark brown auto	81	244
___	(D) Gray frame, green auto	92	264
___	(E) Gray frame, yellow auto	43	85
___ **6407**	Flatcar with rocket, *63*	128	362
___ **6408**	Flatcar with pipes, *63*	14	43
___ **6408**	Flatcar with 2 orange cable reels, *67*	10	48
___ **6409-25**	Flatcar with pipes, *63*	14	43
6410-25	Flatcar with 2 automobiles, *63*		
___	(A) Yellow autos	137	483
___	(B) Brown autos	191	621
___ **6411**	Flatcar with logs, *48–50*	17	33
6413	Mercury Capsule Carrying Car, *62–63*		
___	(A) Medium blue frame	57	142
___	(B) Aquamarine frame	81	186
___	(C) Teal frame	69	190
6414	Evans Auto Loader with 4 cars, *55–66*		
___	(A) Premium cars (chrome bumpers, windows, rubber wheels): red, yellow, blue-green, and white	58	119
___	(B) Cheapie cars (no wheels): 2 red and 2 yellow	194	376
___	(C) Red cars with gray bumpers	69	161
___	(D) Yellow cars with gray bumpers	160	346
___	(E) Brown cars with gray bumpers	350	800
___	(F) Green cars with gray bumpers	380	900
___	(G) Metal trucks, number right of Lionel, premium cars	38	130
___ **6415**	Sunoco 3-D Tank Car, *53–55, 64–66*, 69	12	34
___ **6416**	Boat Transport Car, 4 boats, *61–63*	110	253
6417	PRR N5c Porthole Caboose, *53–57*		
___	(A) New York Zone	13	35
___	(B) Without New York Zone	105	247

		Good	Exc	
6417-25	Lionel Lines N5c Porthole Caboose, *54*	15	37	___
6417-50	LV N5c Porthole Caboose, *54*			
	(A) Tuscan	467	1241	___
	(B) Gray	55	122	___
6418	Machinery Car with 2 steel girders, *55–57*			
	(A) Black girders, "Lionel" in raised letters	80	123	___
	(B) Orange girders, "Lionel" in raised letters	62	100	___
	(C) Pinkish orange girders, U.S. Steel	70	112	___
	(D) Black girders, U.S. Steel	78	120	___
6419	DL&W Work Caboose, *48–50, 52–55*	17	43	___
6419-25	DL&W Work Caboose, one coupler, *54–55*	16	35	___
6419-50	DL&W Work Caboose, short smokestack, *56–57*	17	52	___
6419-75	DL&W Work Caboose, one coupler, *56–57*	17	48	___
6419-100	N&W Work Caboose, *57–58*	47	113	___
6420	DL&W Work Caboose with searchlight, *48–50*			
	(A) Heat-stamped serif lettering	40	81	___
	(B) Rubber-stamped sans serif lettering	72	200	___
6424	Twin Auto Flatcar, *56–59*			
	(A) Black frame, premium cars	30	60	___
	(B) 6805 slots and rail stops, *58–59*	87	216	___
	(C) 6805 slots, no rail stops	53	164	___
6425	Gulf 3-D Tank Car, *56–58*	17	43	___
6427	Lionel Lines N5c Porthole Caboose, *54–60*	14	32	___
6427-60	Virginian N5c Porthole Caboose, *58*	175	427	___
6427-500	PRR N5c Porthole Caboose, sky blue, from Girls Set, *57–58**	150	343	___
6428	U.S. Mail Boxcar, *60–61, 65–66*	20	47	___
6429	DL&W Work Caboose, AAR trucks, *63*	130	265	___
6430	Flatcar with 2 trailers, *56–58*			
	(A) Gray Cooper-Jarrett trailers	31	70	___
	(B) White Cooper-Jarrett trailers	31	73	___
	(C) Green Fruehauf trailers	25	67	___
	(D) Gray Cooper-Jarrett trailers with Fruehauf stickers	33	88	___
6431	Flatcar with 2 vans and Midge tractor, *66*	83	190	___
6434	Poultry Dispatch Stock Car, *58–59*	41	70	___
6436-1	LV Open Quad Hopper, black, *55*			
	(A) Spreader brace with holes	15	32	___
	(B) No spreader brace holes	52	216	___
6436-25	LV Open Quad Hopper, maroon, *55–57*			
	(A) Spreader brace with holes	14	50	___
	(B) No spreader brace holes	65	275	___
6436-110	LV Quad Hopper, red, *63–68*			
	(A) No built date	18	42	___
	(B) Built date "New 3-55"	27	106	___

			Good	Exc
6436-500		LV Open Quad Hopper, lilac, from Girls Set, *57–58* *		
___		(A) Spreader brace with holes	100	340
___		(B) No spreader brace holes	153	500
___ 6437		PRR N5c Porthole Caboose, *61–68*	13	41
___ 6440		Flatcar with vans, *61–63*	34	88
___ 6440		Green Pullman Car, *48–49*	35	94
___ 6441		Green Observation Car, *48–49*	31	84
___ 6442		Brown Pullman Car, *49*	33	75
___ 6443		Brown Observation Car, *49*	31	65
6445		Fort Knox Gold Reserve Boxcar with coin slot, *61–63*		
___			53	130
6446		N&W Covered Quad Hopper, black or gray, *54–55*		
___			22	49
6446-25		N&W Covered Quad Hopper, *55–57*		
___		(A) Black, white lettering	21	73
___		(B) Gray, black lettering	28	68
___		(C) Gray, plastic trucks, spreader brace holes	50	200
___ 6446-60		LV Covered Quad Hopper, *63*	100	318
___ 6447		PRR N5c Porthole Caboose, *63*	97	382
6448		Exploding Target Range Boxcar, *61–64*		
___		(A) Red sides, white roof and ends	20	38
___		(B) White sides, red roof and ends	23	42
6452		Pennsylvania Gondola, black, *48–49*		
___		(A) Numbered "6462," *48*	33	70
___		(B) Numbered "6452," *49*	11	25
___ X6454		Baby Ruth PRR Boxcar, *48*	73	307
___ X6454		Santa Fe Boxcar, *48*	12	42
X6454		NYC Boxcar, *48*		
___		(A) Brown body	22	58
___		(B) Orange body	59	138
___		(C) Tan body	22	60
___ X6454		Erie Boxcar, *49–52*	19	53
___ X6454		PRR Boxcar, *49–52*	22	45
X6454		SP Boxcar, *49–52*		
___		(A) Break in herald circle between R and N, *49*	34	104
___		(B) Complete herald circle	15	42
6456		Lehigh Valley Short Hopper, *48–55*		
___		(A) Black	10	20
___		(B) Maroon	7	17
___		(C) Gray	22	38
___		(D) Enamel red, yellow lettering	60	148
___		(E) Enamel red, white lettering	240	694
___ 6457		SP-type Caboose, *49–52*	19	27
6460		Bucyrus Erie Crane Car, black cab, 8-wheel, *52–54*		
___			20	48
___ 6460-25		Bucyrus Erie Crane Car, red cab, 8-wheel, *54*	40	110

		Good	Exc	
6461	Transformer Car, *49–50*	33	70	____
6462	NYC Gondola, black, *49–54*	8	13	____
6462-25	NYC Gondola, green, *54–57*			
	(A) N in second panel, 2 lines of data	11	35	____
	(B) N in third panel, 3 lines of data	17	49	____
6462-75	NYC Gondola, red-painted, *52–55*	12	27	____
6462-125	NYC Gondola, red plastic, *55–57*	11	21	____
6462-500	NYC Gondola, pink, from Girls Set, *57–58**	75	175	____
6463	Rocket Fuel 2-D Tank Car, *62–63*	21	69	____
6464-1	WP Boxcar, *53–54*			
	(A) Blue lettering	28	57	____
	(B) Red lettering	425	1175	____
6464-25	GN Boxcar, *53–54*	32	91	____
6464-50	M&StL Boxcar, *53–56*	21	105	____
6464-75	RI Boxcar, green, *53–54, 69*			
	(A) Built date, *53–54*	31	57	____
	(B) No built date, *69*	38	88	____
6464-100	Western Pacific Boxcar, *54–55*			
	(A) Silver body, yellow feather	37	167	____
	(B) Orange body, blue feather	234	760	____
6464-125	NYC Pacemaker Boxcar, *54–56*	39	98	____
6464-150	MP Boxcar, *54–55, 57*	49	143	____
6464-175	Rock Island Boxcar, *54–55*			
	(A) Blue lettering	41	130	____
	(B) Black lettering	413	954	____
6464-200	Pennsylvania Boxcar, *54–55, 69*	75	126	____
6464-225	SP Boxcar, *54–56*	64	120	____
6464-250	WP Boxcar, *66*	66	211	____
6464-275	State of Maine Boxcar, *55, 57–59*			
	(A) Striped doors	43	80	____
	(B) Solid doors	59	138	____
6464-300	Rutland Boxcar, *55–56*			
	(A) Rubber-stamped lettering	58	81	____
	(B) Split door with bottom painted green	305	457	____
	(C) Rubber-stamped lettering with solid shield	1575	3900	____
	(D) Heat-stamped lettering	82	147	____
	(E) Painted yellow body	300	650	____
6464-325	B&O Sentinel Boxcar, *56*	126	462	____
6464-350	MKT Boxcar, *56*	138	323	____
6464-375	Central of Georgia Boxcar, *56–57, 66*			
	(A) Unpainted maroon body	46	75	____
	(B) Painted red body	775	4085	____
6464-400	B&O Time-Saver Boxcar, *56–57, 69*			
	(A) BLT 5-54	37	83	____
	(B) BLT 2-56	74	297	____
	(C) No built date	35	125	____

		Good	Exc
6464-425	New Haven Boxcar, *56–58*	17	55
6464-450	Great Northern Boxcar, *56–57, 66*	66	160
6464-475	B&M Boxcar, *57–60, 65–66*, 68		
	(A) Medium blue-painted or unpainted plastic	30	74
	(B) Dark purple-painted, gray or blue mold	60	250
6464-500	Timken Boxcar, white side band and charcoal lettering, *57–59, 69*		
	(A) Unpainted yellow body	66	164
	(B) Painted yellow body	75	200
6464-510	NYC Pacemaker Boxcar, *57–58*	260	660
6464-515	MKT Boxcar, *57–58*	260	608
6464-525	M&StL Boxcar, *57–58, 64–66*		
	(A) Red, white lettering	34	78
	(B) Maroon, white lettering	105	530
6464-650	D&RGW Boxcar, *57–58, 66*		
	(A) Yellow body, silver roof, black stripe	47	121
	(B) Yellow body, silver roof, no black stripe	150	195
	(C) Painted yellow body and yellow roof	500	2359
6464-700	Santa Fe Boxcar, *61*, 66	71	190
6464-725	New Haven Boxcar, *62–66, 68*		
	(A) Orange body	23	52
	(B) Black body	70	269
6464-825	Alaska Boxcar, *59–60*	160	390
6464-900	NYC Boxcar, *60–66*	49	111
6465	Sunoco 2-D Tank Car, *48–56*		
	(A) Rubber-stamped "6465"	6	12
	(B) Rubber-stamped "6455"	22	77
	(C) No number	7	18
6465-60	Gulf 2-D Tank Car, *58*		
	(A) Black tank	23	48
	(B) Gray tank	10	25
6465-85	LL 2-D Tank Car, black, *59*	17	66
6465-110	Cities Service 2-D Tank, *60–62*	15	62
6465-160	LL 2-D Tank Car, orange with black ends, *63–64*	8	21
6466T	Nonwhistle Tender, *49–53*	5	15
6466W	Whistle Tender, *49–53*	10	40
6467	Bulkhead Flatcar, *56*	20	56
6468	B&O Auto Boxcar, *53–55*		
	(A) Tuscan	135	350
	(B) Blue	21	38
6468-25	NH Auto Boxcar, *56–58*		
	(A) Black N over white H, black doors	24	81
	(B) White N over black H, black doors	118	303
	(C) Black N over white H, painted Tuscan doors	65	120
6469	Liquified Gas Tank Car, *63*	50	135

		Good	Exc
6470	Explosives Boxcar, *59–60*	15	40 ____
6472	Refrigerator Car, *50–53*	16	33 ____
6473	Horse Transport Car, *62–69*	13	27 ____
6475	Libby's Crushed Pineapple Vat Car, *63 u*	33	83 ____
6475	Pickles Vat Car, *60–62*	26	67 ____
6476	LV Short Hopper, *57–63*		
	(A) Red body	7	17 ____
	(B) Gray body	7	15 ____
	(C) Black body	7	17 ____
6476-75	LV Short Hopper, black, Type VI body, *63*	6	23 ____
6476-135	LV Short Hopper, yellow, *64–66, 68*	7	18 ____
6476-160	LV Short Hopper, black, *69*	7	16 ____
6476-185	LV Short Hopper, yellow, *69*	7	15 ____
6477	Bulkhead Car with pipes, *57–58*	22	60 ____
6480	Explosives Boxcar, red, *61*	28	51 ____
6482	Refrigerator Car, *57*	16	44 ____
6500	Flatcar with Bonanza airplane, *62*, 65		
	(A) Plane, red top and wings	333	637 ____
	(B) Plane, white top and wings	358	700 ____
6501	Flatcar with jet boat, *62–63*	70	163 ____
6502	Flatcar with bridge girder, *62*		
	(A) Black flatcar	21	56 ____
	(B) Red flatcar	50	125 ____
6502-50	Flatcar, blue or teal, no lettering, with bridge girder, *62*	8	28 ____
6511	Flatcar with pipes, *53–56*		
	(A) Die-cast truck plates, *53*	20	53 ____
	(B) Stamped metal truck plates	19	40 ____
6511-24	Set of 6 pipes (with box), *55–58*	20	150 ____
6512	Cherry Picker Car, *62–63*	33	95 ____
6517	LL Bay Window Caboose, *55–59*		
	(A) Built date underscored	30	70 ____
	(B) Built date not underscored	22	49 ____
6517-75	Erie Bay Window Caboose, *66*	264	547 ____
6518	Transformer Car, *56–58*	38	87 ____
6519	Allis-Chalmers Flatcar, *58–61*		
	(A) Dark or medium orange base	35	70 ____
	(B) Dull light orange base	37	119 ____
6520	Searchlight Car, *49–51*		
	(A) Tan generator	550	1021 ____
	(B) Green generator	179	300 ____
	(C) Maroon generator	15	50 ____
	(D) Orange generator	17	44 ____
6530	Firefighting Instruction Car, *60–61*		
	(A) Red body, white lettering	34	75 ____
	(B) Black body, white lettering	103	415 ____

		Good	Exc
___ 6536	M&StL Open Quad Hopper, *58–59, 63*	27	80
6544	Missile Firing Car, 4 missiles, *60–64*		
___	(A) White-lettered console	45	148
___	(B) Black-lettered console	148	293
___ 6555	Sunoco 1-D Tank Car, *49–50*	18	50
___ 6556	MKT Stock Car, *58*	102	298
6557	SP-type Caboose, smoke, *58–59*		
___	(A) Tuscan, with number on left	84	190
___	(B) Brown, with number on right	225	750
6560	Bucyrus Erie Crane Car, smokestack, *55–58, 68–69*		
___	(A) Black frame, red-orange cab	65	150
___	(B) Black frame, gray cab	40	78
___	(C) Black frame, red cab	27	41
___	(D) Dark blue frame, red cab	40	85
___	(E) Black frame, red cab, rubber-stamped "6560"	70	239
___ 6560-25	Bucyrus Erie Crane Car, 8-wheel, *56*	43	94
6561	Cable Car, 2 reels, *53–56*		
___	(A) Orange reels	28	58
___	(B) Gray reels	27	67
6562	NYC Gondola with canisters, *56–58*		
___	(A) Gray body, *56*	21	48
___	(B) Red body, *56*, 58	15	35
___	(C) Black body, *57*	16	37
6572	REA Refrigerator Car, *58–59, 63*		
___	(A) Passenger trucks	78	280
___	(B) Bar-end trucks	41	148
___	(C) AAR trucks, *63*	33	85
___ 6630	Missile Launching Car, *61*	27	87
___ 6636	Alaska Open Quad Hopper, *59–60*	41	103
___ 6640	USMC Missile Launching Car, *60*	98	220
___ 6646	Lionel Lines Stock Car, *57*	20	48
6650	IRBM Rocket Launcher, *59–63*		
___	(A) "6650" stamped on left	23	47
___	(B) "6650" stamped on right	81	267
___ 6650-80	Missile, *60*	3	9
___ 6651	USMC Cannon Car, *64 u*	88	194
6656	Lionel Lines Stock Car, *49–55*		
___	(A) Brown Armour decal	31	90
___	(B) No decal	10	30
6657	Rio Grande SP-type Caboose, *57–58*		
___	(A) With ladder slots	75	185
___	(B) Without ladder slots	180	459
___ 6660	Boom Car, *58*	33	80

		Good	Exc	
6670	Derrick Car, *59–60*			
	(A) "6670" stamped on left	22	63	___
	(B) "6670" stamped on right	70	240	___
6672	Santa Fe Refrigerator Car, *54–56*			
	(A) Blue lettering, 2 lines of data	27	60	___
	(B) Black lettering, 2 lines of data	28	65	___
	(C) Blue lettering, 3 lines of data	85	220	___
6736	Detroit & Mackinac Open Quad Hopper, *60–62*	16	37	___
6800	Flatcar with airplane, *57–60*			
	(A) Plane, black top and wings	39	103	___
	(B) Plane, yellow top and wings	40	121	___
6801	Flatcar with boat, white hull, brown deck, *57*	41	78	___
6801-50	Flatcar with boat, yellow hull, white deck, *58–60*	45	87	___
6801-75	Flatcar with boat, blue hull, white deck, *58–60*	45	86	___
6802	Flatcar with 2 U.S. Steel girders, *58–59*	17	36	___
6803	Flatcar with USMC tank and sound truck, *58–59*	87	192	___
6804	Flatcar with 2 USMC trucks, *58–59*	89	185	___
6805	Atomic Energy Disposal Flatcar, *58–59*	57	165	___
6806	Flatcar with 2 USMC trucks, *58–59*	81	195	___
6807	Flatcar with boat, *58–59*	55	125	___
6808	Flatcar with USMC tank and truck, *58–59*	94	210	___
6809	Flatcar with 2 USMC trucks, *58–59*	81	197	___
6810	Flatcar with trailer, *58*	25	50	___
6812	Track Maintenance Car, *59*			
	(A) Dark yellow superstructure	18	61	___
	(B) Black base, gray platform and crank handle	18	65	___
	(C) Gray base, black platform and crank handle	18	65	___
	(D) Cream superstructure	32	158	___
	(E) Light yellow superstructure	22	73	___
6814	Rescue Caboose, *59–61*	39	117	___
6816	Flatcar with Allis-Chalmers bulldozer, *59–60*			
	(A) Red car	204	460	___
	(B) Black car	400	965	___
6816-100	Allis-Chalmers Bulldozer, *59–60*			
	(A) No box	87	287	___
	(B) Separate-sale box	250	850	___
6817	Flatcar with Allis-Chalmers motor scraper, *59–60*			
	(A) Red car	209	485	___
	(B) Black car	425	1020	___
6817-100	Allis-Chalmers Motor Scraper, *59–60*			
	(A) No box	128	283	___
	(B) Separate-sale box	150	650	___
6818	Transformer Car, *58*	20	34	___

			Good	Exc
___	6819	Flatcar with helicopter, *59–60*	19	60
	6820	Aerial Missile Transport Car with helicopter, *60–61*		
___		(A) Light blue frame	104	228
___		(B) Medium blue frame	72	189
___	6821	Flatcar with crates, *59–60*	19	32
	6822	Searchlight Car, *61–69*		
___		(A) Black base, gray light	20	33
___		(B) Gray base, black light	23	52
___	6823	Flatcar with 2 IRBM missiles, *59–60*	33	77
___	6824	USMC Work Caboose, *60*	75	225
___	6824-50	Rescue Caboose, white, *64*	35	113
___	6825	Flatcar with arch trestle bridge, *59–62*	23	33
___	6826	Flatcar with Christmas trees, *59–60*	26	80
___	6827	Flatcar with Harnischfeger power shovel, *60–63*	68	195
	6827-100	Harnischfeger Tractor Shovel, *60*		
___		(A) No box	55	105
___		(B) Separate-sale box	105	203
	6828	Flatcar with Harnischfeger crane, *60–63, 66*		
___		(A) Black flatcar, light yellow crane cab	67	215
___		(B) Black flatcar, dark yellow crane cab	75	232
___		(C) Red flatcar, dark yellow crane cab	288	1138
	6828-100	Harnischfeger Construction Crane, *60*		
___		(A) No box	33	105
___		(B) Separate-sale box	79	202
___	6830	Flatcar with submarine, *60–61*	50	110
	6844	Missile Carrying Car, 6 missiles, *59–60*		
___		(A) Black frame	28	82
___		(B) Red frame	296	851

Other Track, Transformers, and Assorted Items

			Good	Exc
___ A	Transformer, 90 watts, *47–48*		20	48
___ CO-1	Track Clips, dozen, with envelope (O), *49*		5	12
___ CO-1	Track Clips, box of 100 (O), *49*		40	150
___ CTC	Lockon (O and O27), *47–69*			2
___ CTC-14	Lockons, dozen, with envelope		15	60
___ ECU-1	Electronic Control Unit, *46*		22	82
___ KW	Transformer, 190 watts, *50–65*		48	88
___ LTC	Lockon (O and O27), *50–69*		2	11
___ LW	Transformer, 125 watts, *55–56*		37	64
___ OC	Curved Track (O), *45–61*		0	1
___ OC1/2	Half Section Curved Track (O), *45–66*		0	1
___ OCS	Curved Insulated Track (O), *46–50*		18	33
___ OS	Straight Track (O), *45–61*		0	2
___ OSS	Straight Insulated Track, *46–50*		5	24
___ OTC	Lockon Track (O and O27)		2	4
___ Q	Transformer, 75 watts, *46*		18	39

		Good	Exc	
R	Transformer, 110 watts, *46–47*	36	52	___
RCS	Remote Control Track (O), *45–48*	5	9	___
RW	Transformer, 110 watts, *48–54*	17	43	___
RX	Transformer, 100 watts, *47–48*	15	39	___
S	Transformer, 80 watts, *47*	22	41	___
SP	Smoke Pellets, bottle, *48–69*			
	(A) Tall, light amber bottle	7	35	___
	(B) Tall, dark amber bottle	15	75	___
	(C) Short, light amber bottle	5	25	___
	(D) All other bottles	2	10	___
SP-12	Dealer Display Box with 12 full smoke bottles	65	343	___
ST-311	Wheel puller, service station item	38	95	___
ST-342	Track pliers, service station item	75	220	___
SW	Transformer, 130 watts, *61–66*	45	70	___
TW	Transformer, 175 watts, *53–60*	52	81	___
TOC	Curved Track (O), *62–66, 68–69*		1	___
TOC1/2	Half Section Straight Track (O), *62–66*		1	___
TOS	Straight Track (O), *62–69*		1	___
UCS	Remote Control Track (O), *45–69*	7	13	___
UTC	Lockon (O, 027, Standard), *45*		1	___
V	Transformer, 150 watts, *46–47*	75	109	___
VW	Transformer, 150 watts, *48–49*	45	95	___
Z	Transformer, 250 watts, *45–47*	83	128	___
ZW	Transformer, 250 watts, *48–49*	75	141	___
ZW	Transformer, 275 watts, *50–66*	104	175	___

		Exc	Mint
366	Menards C&NW 4-4-2 Locomotive with tender, *09*	45	75
____ 400	Menards C&NW Chicago Combine Car, *09*	25	40
403	Menards C&NW Lake Superior Observation Car, *09*		
____		25	40
____ 410	Menards C&NW Lake Michigan Coach, *09*	40	65
____ 0512	Toy Fair Reefer, *81 u*	60	70
____ 550C	31" Diameter Curved Track (O), *70*	1	2
____ 550S	Straight Track (O), *70*	1	2
____ 634	Santa Fe NW2 Switcher, *70 u*	40	110
665E	Johnny Cash Blue Train 4-6-4 Locomotive, *71 u*		
____			NRS
____ 1050	New Englander Set, *80–81*	155	205
____ 1052	Chesapeake Flyer Set, *80*	140	150
____ 1053	James Gang Set, *80–82*	155	195
____ 1070	Royal Limited Set, *80*	285	350
____ 1071	Mid Atlantic Limited Set, *80*	225	230
____ 1072	Cross Country Express Set, *80–81*	240	385
____ 1081	Wabash Cannonball Set, *70–72*	105	120
____ 1082	Yard Boss Set, *70*	120	165
____ 1083	Pacemaker Set, *70*	105	120
____ 1084	Grand Trunk Western Freight Set, *70*	120	140
____ 1085	Santa Fe Express Diesel Freight Set, *70*	175	190
____ 1091	Sears Special Steam Freight Set, *70 u*	150	165
____ 1092	Sears GTW Steam Freight Set, *70 u*	150	165
____ 1100	Happy Huff n' Puff, *74–75 u*	55	70
____ 1150	L.A.S.E.R. Train Set, *81–82*	155	195
____ 1151	Union Pacific Thunder Freight Set, *81–82*	150	175
____ 1153	JCPenney Thunderball Freight Set, *81 u*	165	180
____ 1154	Reading Yard King Set, *81–82*	170	190
____ 1155	Cannonball Freight Set, *82*	75	85
____ 1157	Lionel Leisure Wabash Cannonball Set, *81 u*		250
____ 1158	Maple Leaf Limited Set, *81*	405	435
____ 1159	Toys "R" Us Midnight Flyer Set, *81 u*	130	140
____ 1160	Great Lakes Limited Set, *81*	280	330
____ T-1171	CN Locomotive Set, *71 u*	240	275
____ T-1172	Yardmaster Set, *71 u*		200
____ T-1173	Grand Trunk Western Freight Set, *71–73 u*	175	195
____ T-1174	Canadian National Set, *71–73 u*	265	300
____ 1182	Yardmaster Set, *71–72*	85	105
____ 1183	Silver Star Set, *71–72*	65	80
____ 1184	Allegheny Set, *71*	120	150
____ 1186	Cross Country Express Set, *71–72*	210	260
____ 1187	Illinois Central Set (SSS), *71*	400	485
____ 1190	Sears Special #1 Set, *71 u*	85	100
____ 1195	JCPenney Special Set, *71 u*	150	165
____ 1198	Unnamed Set, *71 u*		175
____ 1199	Ford-Autolite Allegheny Set, *71 u*	178	198
____ 1200	Gravel Gus, *75 u*	75	100
____ 1250	New York Central Set (SSS), *72*	315	380

		Exc	Mint	
1252	Heavy Iron Set, *82–83*	90	130	___
1253	Quicksilver Express Set, *82–83*	265	340	___
1254	Black Cave Flyer Set, *82*	75	105	___
1260	Continental Limited Set, *82*	290	385	___
1261	Sears Black Cave Flyer Set, *82 u*	165	195	___
1262	Toys "R" Us Heavy Iron Set, *82 u*	150	165	___
1263	JCPenney Overland Freight Set, *82 u*	150	165	___
1264	Nibco Express Set, *82 u*	190	195	___
1265	Tappan Special Set, *82 u*	130	155	___
T-1272	Yardmaster Set, *72–73 u*	150	165	___
T-1273	Silver Star Set, *72–73 u*	90	115	___
1280	Kickapoo Valley & Northern Set, *72*	60	75	___
1284	Allegheny Set, *72*	140	165	___
1285	Santa Fe Twin Diesel Set, *72*	95	140	___
1287	Pioneer Dockside Switcher Set, *72*	95	100	___
1290	Sears Steam Freight Set, *72 u*	150	165	___
1291	Sears Steam Freight Set, *72 u*	150	165	___
1300	Gravel Gus Junior, *75 u*	70	90	___
1350	Canadian Pacific Set (SSS), *73*	460	620	___
1351	Baltimore & Ohio Set, *83–84*	205	280	___
1352	Rocky Mountain Freight Set, *83–84*	75	95	___
1353	Southern Streak Set, *83–85*	75	95	___
1354	Northern Freight Flyer Set, *83–85*	230	280	___
1355	Commando Assault Train, *83–84*	175	248	___
1359	Display Case for Set 1355, *83 u*	75	95	___
1361	Gold Coast Limited Set, *83*	390	400	___
1362	Lionel Leisure BN Express Set, *83 u*	200	300	___
1380	U.S. Steel Industrial Switcher Set, *73–75*	60	75	___
1381	Cannonball Set, *73–75*	70	75	___
1382	Yardmaster Set, *73–74*	110	135	___
1383	Santa Fe Freight Set, *73–75*	100	125	___
1384	Southern Express Set, *73–76*	75	120	___
1385	Blue Streak Freight Set, *73–74*	100	120	___
1386	Rock Island Express Set, *73–74*	120	140	___
1387	Milwaukee Road Special Set, *73*	185	285	___
1388	Golden State Arrow Set, *73–75*	215	240	___
1390	Sears 7-unit Steam Freight Set, *73 u*	170	190	___
1392	Sears 8-unit Steam Freight Set, *73 u*	150	165	___
1393	Sears 6-unit Diesel Freight Set, *73 u*	150	165	___
1395	JCPenney Set, *73 u*	150	165	___
1400	Happy Huff n' Puff Junior, *75 u*	130	140	___
1402	Chessie System Set, *84–85*	125	150	___
1403	Redwood Valley Express Set, *84–85*	170	205	___
1450	D&RGW Set (SSS), *74*	335	415	___
1451	Erie-Lackawanna Limited Set, *84*	415	465	___
1460	Grand National Set, *74*	300	330	___
1461	Black Diamond Set, *74 u, 75*	100	120	___
1463	Coca-Cola Special Set, *74 u, 75*	197	246	___
1487	Broadway Limited Set, *74–75*	160	255	___
1489	Santa Fe Double Diesel Set, *74–76*	140	165	___
1492	Sears 7-unit Steam Freight Set, *74 u*	150	165	___
1493	Sears 7-unit Steam Freight Set, *74 u*	150	165	___

			Exc	Mint
____	**1499**	JCPenney Great Express Set, *74 u*	150	165
____	**1501**	Midland Freight Set, *85–86*	75	95
____	**1502**	Yard Chief Set, *85–86*	205	230
____	**1506**	Sears Centennial Chessie System Set, *85 u*	165	195
____	**1512**	JCPenney Midland Freight Set, *85 u*	90	115
____	**1549**	Toys "R" Us Heavy Iron Set, *85–89 u*	180	215
____	**1552**	Burlington Northern Limited Set, *85*	500	570
____	**1560**	North American Express Set, *75*	275	365
____	**1562**	Fast Freight Flyer Set, *85 u*	120	140
____	**1577**	Liberty Special Set, *75 u*	211	213
____	**1579**	Milwaukee Road Set (SSS), *75*	325	410
____	**1581**	Thunderball Freight Set, *75–76*	90	100
____	**1582**	Yard Chief Set, *75–76*	115	155
____	**1584**	N&W "Spirit of America" Set, *75*	160	180
____	**1585**	75th Anniversary Special Set, *75–77*	198	213
____	**1586**	Chesapeake Flyer Set, *75–77*	160	190
____	**1587**	Capitol Limited Set, *75*	270	300
____	**1593**	Sears Set, *75 u*		100
____	**1595**	Sears 6-unit Diesel Freight Set, *75 u*	150	165
____	**1602**	Nickel Plate Special Set, *86–91*	120	125
____	**1606**	Sears Centennial Nickel Plate Set, *86 u*	165	195
____	**1608**	American Express General Set, *86 u*	205	320
____	**1615**	Cannonball Express Set, *86–90*	65	75
____	**1632**	Santa Fe Work Train (SSS), *86*	220	255
____	**1652**	B&O Freight Set, *86*	140	185
____	**1658**	Town House TV and Appliances Set, *86 u*	80	95
____	**1660**	Yard Boss Set, *76*	100	115
____	**1661**	Rock Island Line Set, *76–77*	80	100
____	**1662**	Black River Freight Set, *76–78*	75	95
____	**1663**	Amtrak Lake Shore Limited Set, *76–77*	215	265
____	**1664**	Illinois Central Freight Set, *76–77*	265	355
____	**1665**	NYC Empire State Express Set, *76*	310	435
____	**1672**	Northern Pacific Set (SSS), *76*	215	280
____	**1685**	True Value Freight Flyer Set, *86–87 u*	60	75
____	**1686**	Kay Bee Toys Freight Flyer Set, *86 u*	150	165
____	**1687**	Freight Flyer Set, *87–90*	39	47
____	**1693**	Toys "R" Us Rock Island Line Set, *76 u*	110	130
____	**1694**	Toys "R" Us Black River Freight Set, *76 u*	110	130
____	**1696**	Sears Steam Freight Set, *76 u*	110	130
____	**1698**	True Value Rock Island Line Set, *76 u*	125	145
____	**1760**	Trains n' Truckin' Steel Hauler Set, *77–78*	105	110
____	**1761**	Trains n' Truckin' Cargo King Set, *77–78*	95	165
____	**1762**	Wabash Cannonball Set, *77*	135	190
____	**1764**	Heartland Express Set, *77*	185	240
____	**1765**	Rocky Mountain Special Set, *77*	210	315
____	**1766**	B&O Budd Car Set (SSS), *77*	335	390
____	**1776**	Seaboard U36B Diesel, *74–76*	175	260
____	**1790**	Lionel Leisure Steel Hauler Set, *77 u*	150	200
____	**1791**	Toys "R" Us Steel Hauler Set, *77 u*	130	175
____	**1792**	True Value Rock Island Line Set, *77 u*	100	135
____	**1793**	Toys "R" Us Black River Freight Set, *77 u*	120	155
____	**1796**	JCPenney Cargo Master Set, *77 u*		200

		Exc	Mint	
1860	"Workin' on the Railroad" Timberline Set, *78*	65	85	____
1862	"Workin' on the Railroad" Logging Empire Set, *78*	85	110	____
1864	Santa Fe Double Diesel Set, *78–79*	155	190	____
1865	Chesapeake Flyer Set, *78–79*	155	180	____
1866	Great Plains Express Set, *78–79*	195	285	____
1867	Milwaukee Road Limited Set, *78*	230	275	____
1868	M&StL Set (SSS), *78*	215	255	____
1892	JCPenney Logging Empire Set, *78 u*	95	125	____
1893	Toys "R" Us Logging Empire Set, *78 u*	175	225	____
1960	Midnight Flyer Set, *79–81*	55	75	____
1962	Wabash Cannonball Set, *79*	90	105	____
1963	Black River Freight Set, *79–81*	75	85	____
1965	Smokey Mountain Line Set, *79*	65	85	____
1970	Southern Pacific Limited Set, *79 u*	340	365	____
1971	Quaker City Limited Set, *79*	315	335	____
1990	Mystery Glow Midnight Flyer Set, *79 u*	75	90	____
1991	JCPenney Wabash Cannonball Deluxe Express Set, *79 u*	150	165	____
1993	Toys "R" Us Midnight Flyer Set, *79 u*	110	130	____
2110	Graduated Trestle Set, 22 pieces, *70–88*	9	13	____
2111	Elevated Trestle Set, 10 pieces, *70–88*	8	11	____
2113	Tunnel Portals, pair, *84–87*	11	17	____
2115	Dwarf Signal, *84–87*	12	13	____
2117	Block Target Signal, *84–87*	23	29	____
2122	Extension Bridge, rock piers, *76–87*	24	34	____
2125	Whistling Freight Shed, *71*	36	43	____
2126	Whistling Freight Shed, *76–87*	25	26	____
2127	Diesel Horn Shed, *76–87*	25	30	____
2128	Operating Switchman, *83–86*	26	29	____
2129	Illuminated Freight Station, *83–86*	30	33	____
2133	Lighted Freight Station, *72–78, 80–84*	34	38	____
2140	Automatic Banjo Signal, *70–84*	17	21	____
2145	Automatic Gateman, *72–84*	31	47	____
2151	Operating Semaphore, *78–82*	15	19	____
2152	Automatic Crossing Gate, *70–84*	21	25	____
2154	Automatic Highway Flasher, *70–87*	19	24	____
2156	Illuminated Station Platform, *70–71*	26	34	____
2162	Automatic Crossing Gate and Signal "262," *70–87, 94, 96–98, 05*	16	27	____
2163	Block Target Signal, *70–78*	14	19	____
2170	Street Lamps, set of 3, *70–87*	13	19	____
2171	Gooseneck Street Lamps, set of 2, *80–81, 83–84*	15	18	____
2175	"Sandy Andy" Gravel Loader Kit, *76–79*	34	55	____
2180	Road Signs, 16 pieces, *77–98*		6	____
2181	Telephone Pole Set "150," *77–98*		5	____
2195	Floodlight Tower, *70–71*	38	50	____
2199	Microwave Tower, *72–75*	30	39	____
2214	Girder Bridge, *70–71, 72 u, 73–87*	5	9	____
2256	Station Platform, *73–81*	17	18	____
2260	Illuminated Bumper, *70–71, 72 u, 73*	23	35	____
2280	Nonilluminated Bumpers, set of 3, *73–84*	2	4	____

			Exc	Mint
____	2282	Die-cast Bumpers, pair, *83 u*	17	18
____	2283	Die-cast Illuminated Bumpers "260," *84–99*	15	16
____	2290	Illuminated Bumpers, pair, *75 u, 76–86*	10	11
____	2292	Station Platform, *85–87*	5	9
____	2300	Operating Oil Drum Loader, *83–87*	80	90
____	2301	Operating Sawmill, *80–84*	60	65
____	2302	Union Pacific Manual Gantry Crane, *80–82*	24	31
____	2303	Santa Fe Manual Gantry Crane, *80–81, 83 u*	17	21
____	2305	Getty Operating Oil Derrick, *81–84*	105	115
____	2306	Operating Ice Station with 6700 Ice Car, *82–83*	90	105
____	2307	Lighted Billboard, *82–86*	12	13
____	2308	Animated Newsstand, *82–83*	105	120
____	2309	Mechanical Crossing Gate, *82–92*	4	7
____	2310	Mechanical Crossing Gate, *73–77*	2	4
____	2311	Mechanical Semaphore, *82–92*	4	7
____	2312	Mechanical Semaphore, *73–77*	2	4
____	2313	Floodlight Tower, *75–86*	22	27
____	2314	Searchlight Tower, *75–84*	22	27
____	2315	Operating Coaling Station, *83–84*	80	83
____	2316	N&W Operating Gantry Crane, *83–84*	90	125
____	2317	Operating Drawbridge, *75 u, 76–81*	100	130
____	2318	Operating Control Tower, *83–86*	40	50
____	2319	Illuminated Watchtower, *75–78, 80*	29	56
____	2320	Flagpole Kit, *83–87*	10	14
____	2321	Operating Sawmill, *84, 86–87*	115	133
____	2323	Operating Freight Station, *84–87*	43	47
____	2324	Operating Switch Tower, *84–87*	60	65
____	2390	Lionel Mirror, *82 u*	70	110
____	2494	Rotary Beacon, *72–74*	37	44
____	2709	Rico Station Kit, *81–98*		42
____	2710	Billboards, set of 5, *70–84*	4	10
____	2714	Tunnel, *75 u, 76–77*	36	43
____	2716	Short Extension Bridge, *88–98*	3	8
____	2717	Short Extension Bridge, *77–87*	2	4
____	2718	Barrel Platform Kit, *77–84*	3	5
____	2719	Watchman's Shanty Kit, *77–87*	3	5
____	2720	Lumber Shed Kit, *77–84, 87*	3	5
____	2721	Operating Log Mill Kit, *78*	2	4
____	2722	Barrel Loader Kit, *78*	2	4
____	2783	Freight Station Kit, *84*	6	10
____	2784	Freight Platform Kit, *81–90*	5	8
____	2785	Engine House Kit, *73–77*	31	39
____	2786	Freight Platform Kit, *73–77*	4	6
____	2787	Freight Station Kit, *73–77, 83*	7	10
____	2788	Coal Station Kit, *75 u, 76–77*	18	30
____	2789	Water Tower Kit, *75–77, 80*	19	24
____	2791	Cross Country Set, *70–71*	22	30
____	2792	Whistle Stop Set, *70–71*	24	34
____	2792	Layout Starter Pack, *80–84*	9	21
____	2793	Alamo Junction Set, *70–71*	22	30
____	2796	Grain Elevator Kit, *76 u, 77*	43	47

MODERN ERA 1970-2014

		Exc	Mint	
2797	Rico Station Kit, *76–77*	23	37	___
2900	Lockon, *70–98*		1	___
2901	Track Clips, dozen (O27), *71–98*		6	___
2905	Lockon and Wire, *74–00*		3	___
2909	Smoke Fluid, *70–98*		4	___
2910	OTC Contactor, *84–86, 88*	4	7	___
2911	Smoke Pellets, *70–73*	18	35	___
2925	Lubricant, *70–71, 72 u, 73–75*		2	___
2927	Maintenance Kit, *70, 78–98*		11	___
2928	Oil, *71*		2	___
2951	Track Layout Book, *70–86*	1	2	___
2952	Train and Accessory Manual, *70–74*	1	2	___
2953	Train and Accessory Manual, *75–86*	1	2	___
2960	Lionel 75th Anniversary Book, *75 u, 76*	14	26	___
2980	Magnetic Conversion Coupler, *70–71*	1	2	___
2985	The Lionel Train Book, *86–98*		11	___
3100	Great Northern 4-8-4 (FARR 3), *81*	335	388	___
4044	Transformer, 45-watt, *70–71*	2	4	___
4045	Safety Transformer, *70–71*	2	3	___
4050	Safety Transformer, *72–79*	2	3	___
4060	Power Master Transformer, *80–93*		13	___
4065	DC Hobby Transformer, *81–83*	2	3	___
4090	Power Master Transformer, *70–84*	47	65	___
4125	Transformer, 25-watt, *72*	2	3	___
4150	Trainmaster Transformer, *72–73, 75–77*	6	15	___
4250	Trainmaster Transformer, *74*	5	10	___
4651	Trainmaster Transformer, *78–79*	1	2	___
4690	MW Transformer, *86–89*	60	80	___
4851	DC Transformer, *85–91, 94–96*	5	10	___
4870	DC Hobby Transformer and Throttle Controller, *77–78*	2	3	___
5012	27" Diameter Curved Track, card of 4 (O27), *70–96*		17	___
5013	27" Diameter Curved Track (O27), *70–78*		1	___
5014	Half Curved Track (O27), *70–98*		1	___
5016	36" Straight Track (O27), *87–88*	1	2	___
5017	Straight Track, card of 4 (O27), *70–96*		4	___
5018	Straight Track (O27), *70–78*		1	___
5019	Half-Straight Track (O27), *70–98*		1	___
5020	90-degree Crossover (O27), *70–98*		7	___
5021	27" Manual Switch, left hand (O27), *70–98*		15	___
5022	27" Manual Switch, right hand (O27), *70–98*		15	___
5023	45-degree Crossover (O27), *70–98*		6	___
5024	35" Straight Track (O27), *88–98, 05*		3	___
5025	Manumatic Uncoupler, *71–72*	1	2	___
5027	27" Manual Switches, pair (O27), *74–84*	13	21	___
5030	Track Expander Set (O27), *71–84*	18	26	___
5031	Ford-Autolite Layout Expander Set, *71 u*	50	65	___
5033	27" Diameter Curved Track (O27), *79–98*		1	___
5038	Straight Track (O27), *79–98*		1	___
5041	Insulator Pins, dozen (O27), *70–98*		1	___
5042	Steel Pins, dozen (O27), *70–98*		1	___

		Exc	Mint
5045	54" Diameter Curved Track Ballast (027), *87–88*	1	2
5046	27" Diameter Curved Track Ballast (027), *87–88*	1	2
5047	Straight Track Ballast (027), *87–88*	1	2
5049	42" Diameter Curved Track (027), *88–98*	1	2
5090	27" Manual Switches, 3 pair (027), *78–84*	55	70
5113	54" Diameter Curved Track (027), *79–98*	1	2
5121	27" Remote Switch, left hand (027), *70–98*	18	22
5122	27" Remote Switch, right hand (027), *70–98*	20	22
5125	27" Remote Switches, pair (027), *71–83*	20	30
5132	31" Remote Switch, right hand (0), *80–94*	29	30
5133	31" Remote Switch, left hand (0), *80–94*	22	30
5149	Remote Uncoupling Section (027), *70–98*		7
5165	72" Remote Switch, right hand (0), *87–98*	23	65
5166	72" Remote Switch, left hand (0), *87–98*	23	75
5167	42" Remote Switch, right hand (027), *88–98*	25	37
5168	42" Remote Switch, left hand (027), *88–98*	25	37
5193	27" Remote Switches, 3 pair (027), *78–83*	80	95
5500	10" Straight Track (0), *71–98*		1
5501	31" Diameter Curved Track (0), *71–98*		1
5502	Remote Uncoupling Section (0), *71–72*	7	9
5504	Half Curved Track (0), *83–98*		1
5505	Half Straight Track (0), *83–98*		1
5520	90-degree Crossover (0), *71–72*	6	9
5522	36" Straight, *87–88*		3
5523	40" Straight Track (0), *88–98*		4
5530	Remote Uncoupling Section (0), *81–98*	10	19
5540	90-degree Crossover (0), *81–98*		10
5543	Insulator Pins, dozen (0), *70–98*		1
5545	45-degree Crossover (0), *83–98*		11
5551	Steel Pins, dozen (0), *70–98*		1
5554	54" Diameter Curved Track (0), *90–98*		2
5560	72" Diameter Curved Track Ballast (0), *87–88*	1	2
5561	31" Diameter Curved Track Ballast (0), *87–88*	1	2
5562	Straight Track Ballast (0), *87–88*	1	2
5572	72" Diameter Curved Track (0), *79–98*	2	3
5600	Curved Track (Trutrack), *73–74*	1	2
5601	Curved Track, card of 4 (Trutrack), *73–74*	6	10
5602	Curved Track Ballast, card of 4 (Trutrack), *73–74*	5	9
5605	Straight Track (Trutrack), *73–74*	1	2
5606	Straight Track, card of 4 (Trutrack), *73–74*	5	9
5607	Straight Track Ballast, card of 4 (Trutrack), *73–74*	5	9
5620	Manual Switch, left hand (Trutrack), *73–74*	4	13
5625	Remote Switch, left hand (Trutrack), *73–74*	9	17
5630	Manual Switch, right hand (Trutrack), *73–74*	4	13
5635	Remote Switch, right hand (Trutrack), *73–74*	9	17
5640	Left Switch Ballast, card of 2 (Trutrack), *73–74*	5	9

		Exc	Mint	
5650	Right Switch Ballast, card of 2 (Trutrack), 73–74	5	9	____
5655	Lockon (Trutrack), 73–74	1	2	____
5660	Terminal Track with lockon (Trutrack), 74	1	3	____
5700	Oppenheimer Reefer, 81	30	38	____
5701	Dairymen's League Reefer, 81	21	23	____
5702	National Dairy Despatch Reefer, 81	16	21	____
5703	North American Despatch Reefer, 81	22	26	____
5704	Budweiser Reefer, 81–82	64	70	____
5705	Ball Glass Jars Reefer, 81–82	30	35	____
5706	Lindsay Brothers Reefer, 81–82	26	27	____
5707	American Refrigerator Transit Reefer, 81–82	17	20	____
5708	Armour Reefer, 82–83	16	21	____
5709	REA Reefer, 82–83	22	26	____
5710	Canadian Pacific Reefer, 82–83	22	25	____
5711	Commercial Express Reefer, 82–83	13	15	____
5712	Lionel Lines Reefer, 82 u	73	115	____
5713	Cotton Belt Reefer, 83–84	19	22	____
5714	Michigan Central Reefer, 83–84	17	24	____
5715	Santa Fe Reefer, 83–84	19	26	____
5716	Vermont Central Reefer, 83–84	20	23	____
5717	Santa Fe Bunk Car, 83	22	30	____
5719	Canadian National Reefer, 84	15	16	____
5720	Great Northern Reefer, 84	75	90	____
5721	Soo Line Reefer, 84	21	23	____
5722	NKP Reefer, 84	16	18	____
5724	PRR Bunk Car, 84	15	23	____
5726	Southern Bunk Car, 84 u	22	27	____
5727	USMC Bunk Car, 84–85	25	30	____
5728	Canadian Pacific Bunk Car, 86	18	23	____
5730	Strasburg Reefer, 85–86	20	27	____
5731	L&N Reefer, 85–86	19	24	____
5732	Jersey Central Reefer, 85–86		24	____
5733	Lionel Lines Bunk Car, 86 u	18	24	____
5735	NYC Bunk Car, 85–86	33	35	____
5739	B&O Tool Car, 86	32	37	____
5745	Santa Fe Bunk Car (SSS), 86	39	45	____
5760	Santa Fe Tool Car (SSS), 86	30	35	____
5900	AC/DC Converter, 79–83	3	5	____
6076	LV Hopper (O27), 70 u	17	21	____
6100	Ontario Northland Covered Quad Hopper, 81–82	30	34	____
6101	BN Covered Quad Hopper, 81–82	17	31	____
6102	GN Covered Quad Hopper (FARR 3), 81	26	28	____
6103	Canadian National Covered Quad Hopper, 81	35	38	____
6104	Southern Quad Hopper with coal (FARR 4), 83	50	60	____
6105	Reading Operating Hopper, 82	34	39	____
6106	N&W Covered Quad Hopper, 82	30	40	____
6107	Shell Covered Quad Hopper, 82	22	26	____
6109	C&O Operating Hopper, 83	29	41	____
6110	MP Covered Quad Hopper, 83–84	17	27	____
6111	L&N Covered Quad Hopper, 83–84	13	20	____

			Exc	Mint
____	6113	Illinois Central Hopper (027), *83–85*	15	25
____	6114	C&NW Covered Quad Hopper, *83*	63	80
____	6115	Southern Hopper (027), *83–86*	15	19
____	6116	Soo Line Ore Car, *84*	21	27
____	6117	Erie Operating Hopper, *84*	29	39
____	6118	Erie Covered Quad Hopper, *84*	31	45
____	6122	Penn Central Ore Car, *84*	20	25
____	6123	PRR Covered Quad Hopper (FARR 5), *84–85*	55	105
____	6124	D&H Covered Quad Hopper, *84*	19	32
____	6126	Canadian National Ore Car, *86*	18	24
____	6127	Northern Pacific Ore Car, *86*	20	24
____	6131	Illinois Terminal Covered Quad Hopper, *85–86*	15	21
____	6134	BN 2-bay ACF Hopper (std O), *86 u*	95	115
____	6135	C&NW 2-bay ACF Hopper (std O), *86 u*	65	80
____	6137	NKP Hopper (027), *86–91*	13	17
____	6138	B&O Quad Hopper with coal, *86*	21	28
____	6142	Gondola, black, *70*	20	33
____	6150	Santa Fe Hopper (027), *85–86, 92 u*	10	15
____	6177	Reading Hopper (027), *86–90*	14	19
____	6200	FEC Gondola with canisters, *81–82*	13	24
____	6201	Union Pacific Animated Gondola, *82–83*	19	25
____	6202	WM Gondola with coal, *82*	34	36
____	6203	Black Cave Gondola (027), *82*	2	4
____	6205	CP Gondola with canisters, *83*	18	26
____	6206	C&IM Gondola with canisters, *83–85*	18	26
____	6207	Southern Gondola with canisters (027), *83–85*	6	8
____	6208	Chessie System Gondola with canisters, *83 u*	21	24
____	6209	NYC Gondola with coal (std O), *84–85*	42	46
____	6210	Erie-Lackawanna Gondola with canisters, *84*	21	30
____	6211	C&O Gondola with canisters, *84–85*		10
____	6214	Lionel Lines Gondola with canisters, *84 u*	38	45
____	6230	Erie-Lackawanna Reefer (std O), *86 u*	95	120
____	6231	Railgon Gondola with coal (std O), *86 u*	66	76
____	6232	Illinois Central Boxcar (std O), *86 u*	65	80
____	6233	CP Flatcar with stakes (std O), *86 u*	47	50
____	6234	Burlington Northern Boxcar (std O), *85*	55	75
____	6235	Burlington Northern Boxcar (std O), *85*	33	43
____	6236	Burlington Northern Boxcar (std O), *85*	33	43
____	6237	Burlington Northern Boxcar (std O), *85*	32	47
____	6238	Burlington Northern Boxcar (std O), *85*	33	43
____	6239	Burlington Northern Boxcar (std O), *86 u*	37	55
____	6251	NYC Coal Dump Car, *85*	25	42
____	6254	NKP Gondola with canisters, *86–91*	10	11
____	6258	Santa Fe Gondola with canisters (027), *85–86, 92 u*		3
____	X6260	NYC Gondola with canisters, *85–86*	13	15
____	6272	Santa Fe Gondola with cable reels (SSS), *86*	20	25
____	6300	Corn Products 3-D Tank Car, *81–82*	19	25
____	6301	Gulf 1-D Tank Car, *81*	20	26
____	6302	Quaker State 3-D Tank Car, *81*	42	46

		Exc	Mint	
6304	GN 1-D Tank Car (FARR 3), *81*	44	55	____
6305	British Columbia 1-D Tank Car, *81*	55	76	____
6306	Southern 1-D Tank Car (FARR 4), *83*	45	50	____
6307	PRR 1-D Tank Car (FARR 5), *84–85*	70	75	____
6308	Alaska 1-D Tank Car (O27), *82–83*	27	35	____
6310	Shell 2-D Tank Car (O27), *83–84*	19	24	____
6312	C&O 2-D Tank Car (O27), *84–85*	18	26	____
6313	Lionel Lines 1-D Tank Car, *84 u*	43	50	____
6314	B&O 3-D Tank Car, *86*	31	38	____
6317	Gulf 2-D Tank Car (O27), *84–85*	18	22	____
6357	Frisco 1-D Tank Car, *83*	42	50	____
6401	Virginian Bay Window Caboose, *81*	37	47	____
6403	Amtrak Vista Dome Car (O27), *76–77*	30	31	____
6404	Amtrak Passenger Coach (O27), *76–77*	24	31	____
6405	Amtrak Passenger Coach (O27), *76–77*	24	31	____
6406	Amtrak Observation Car (O27), *76–77*	22	29	____
6410	Amtrak Passenger Coach (O27), *77*	28	48	____
6411	Amtrak Passenger Coach (O27), *77*	24	35	____
6412	Amtrak Vista Dome Car (O27), *77*	22	33	____
6420	Reading Transfer Caboose, *81–82*	20	28	____
6421	Joshua L. Cowen Bay Window Caboose, *82*	34	40	____
6422	DM&IR Bay Window Caboose, *81*	32	38	____
6425	Erie-Lackawanna Bay Window Caboose, *83–84*	35	43	____
6426	Reading Transfer Caboose, *82–83*	14	24	____
6427	BN Transfer Caboose, *83–84*	12	21	____
6428	C&NW Transfer Caboose, *83–85*	22	25	____
6430	Santa Fe SP-type Caboose, *83–89*	4	14	____
6431	Southern Bay Window Caboose (FARR 4), *83*	42	55	____
6432	Union Pacific SP-type Caboose, *81–82*	9	10	____
6433	Canadian Pacific Bay Window Caboose, *81*	60	70	____
6435	U.S. Marines Transfer Caboose, *83–84*	9	17	____
6438	GN Bay Window Caboose (FARR 3), *81*	48	65	____
6439	Reading Bay Window Caboose, *84–85*	22	30	____
6441	Alaska Bay Window Caboose, *82–83*	45	50	____
6446-25	N&W Covered Quad Hopper, *70 u*	203	340	____
6449	Wendy's N5c Caboose, *81–82*	59	69	____
6464-500	Timken Boxcar, orange, *70 u*	208	290	____
6464-500	Timken Boxcar, yellow, *70 u*	210	350	____
6476-135	LV Hopper "25000" (O27), *70–71 u*	6	11	____
6478	Black Cave SP-type Caboose, *82*	5	9	____
6482	Nibco Express SP-type Caboose, *82 u*	26	34	____
6485	Chessie System SP-type Caboose, *84–85*	6	10	____
6486	Southern SP-type Caboose, *83–85*	5	7	____
6490	NKP N5c Caboose, *84 u*		NRS	____
6491	Erie-Lackawanna Transfer Caboose, *85–86*	9	17	____
6493	L&C Bay Window Caboose, *86–87*	21	36	____
6494	Santa Fe Bobber Caboose, *85–86*	7	9	____
6496	Santa Fe Work Caboose (SSS), *86*	21	29	____
6504	L.A.S.E.R. Flatcar with helicopter (O27), *81–82*	18	26	____
6505	L.A.S.E.R. Radar Car, *81–82*	17	25	____

			Exc	Mint
____	6506	L.A.S.E.R. Security Car, *81–82*	18	26
____	6507	L.A.S.E.R. Flatcar with cruise missile, *81–82*	21	30
____	6508	Canadian Pacific Crane Car, *81*	50	70
____	6509	Depressed Center Flatcar with girders, *81*	60	85
____	6510	Union Pacific Crane Car, *82*	55	60
____	6515	Union Pacific Flatcar (O27), *83–84, 86*	5	9
____	6521	NYC Flatcar with stakes (std O), *84–85*	29	35
____	6522	C&NW Searchlight Car, *83–85*	27	30
____	6524	Erie Crane Car, *84*	55	60
____	6526	Searchlight Car, *84–85*	23	25
____	6529	NYC Searchlight Car, *85–86*	21	27
____	6531	Express Mail Flatcar with trailers, *85–86*	23	32
____	6560	Bucyrus Erie Crane Car, *71*	100	130
____	6561	Flatcar with cruise missile (O27), *83–84*	13	26
____	6562	Flatcar with fences (O27), *83–84*	13	21
____	6564	U.S. Marines Flatcar with 2 tanks (O27), *83–84*	13	21
____	6573	Redwood Valley Express Log Dump Car (O27), *84–85*	8	13
____	6574	Redwood Valley Express Crane Car (O27), *84–85*	7	13
____	6575	Redwood Valley Express Flatcar with fences (O27), *84–85*	7	13
____	6576	Santa Fe Crane Car (O27), *85–86, 92 u*	7	10
____	6579	NYC Crane Car, *85–86*	36	44
____	6585	PRR Flatcar with fences (O27), *86–90*	5	9
____	6587	W&ARR Flatcar with horses, *86 u*	18	26
____	6593	Santa Fe Crane Car (SSS), *86*	41	48
____	6700	PFE Ice Car, *82–83*		70
____	6900	N&W Extended Vision Caboose, *82*	60	65
____	6901	Ontario Northland Extended Vision Caboose, *82 u*	44	55
____	6903	Santa Fe Extended Vision Caboose, *83*	80	95
____	6904	Union Pacific Extended Vision Caboose, *83*	115	135
____	6905	NKP Extended Vision Caboose, *83 u*	50	65
____	6906	Erie-Lack. Extended Vision Caboose, *84*	75	90
____	6907	NYC Wood-sided Caboose (std O), *86 u*	90	92
____	6908	PRR N5c Caboose (FARR 5), *84–85*	43	47
____	6910	NYC Extended Vision Caboose, *84 u*	55	60
____	6912	Redwood Valley Express SP-type Caboose, *84–85*	9	16
____	6913	Burlington Northern Extended Vision Caboose, *85*	70	90
____	6916	NYC Work Caboose, *85–86*	16	22
____	6917	Jersey Central Extended Vision Caboose, *86*	36	50
____	6918	B&O SP-type Caboose, *86*	10	15
____	6919	Nickel Plate Road SP-type Caboose, *86–91*	5	9
____	6920	B&A Wood-sided Caboose (std O), *86 u*	65	80
____	6921	PRR SP-type Caboose, *86–90*	5	9
____	7200	Quicksilver Passenger Coach (O27), *82–83*	26	34
____	7201	Quicksilver Passenger Coach (O27), *82–83*	26	34
____	7202	Quicksilver Observation Car (O27), *82–83*	26	34
____	7203	N&W Diner "491," *82 u*	130	180

		Exc	Mint	
7204	Southern Pacific Diner, *82 u*	190	235	___
7207	NYC Diner, *83 u*	70	140	___
7208	PRR Diner, *83 u*	80	90	___
7210	Union Pacific Diner, *84*	85	110	___
7211	Southern Pacific Vista Dome Car, *83 u*	145	185	___
7215	B&O Passenger Coach, *83–84*	43	50	___
7216	B&O Passenger Coach, *83–84*	43	50	___
7217	B&O Baggage Car, *83–84*	43	50	___
7220	Illinois Central Baggage Car, *85, 87*	105	135	___
7221	Illinois Central Combination Car, *85, 87*	85	105	___
7222	Illinois Central Passenger Coach, *85, 87*	85	105	___
7223	Illinois Central Passenger Coach, *85, 87*	85	105	___
7224	Illinois Central Diner, *85, 87*	75	90	___
7225	Illinois Central Observation Car, *85, 87*	95	115	___
7227	Wabash Diner (FF 1), *86–87*	115	130	___
7228	Wabash Baggage Car (FF 1), *86–87*	90	100	___
7229	Wabash Combination Car (FF 1), *86–87*	90	100	___
7230	Wabash Passenger Coach (FF 1), *86–87*	90	100	___
7231	Wabash Passenger Coach (FF 1), *86–87*	90	100	___
7232	Wabash Observation Car (FF 1), *86–87*	85	95	___
7241	W&ARR Passenger Coach, *86 u*	43	50	___
7242	W&ARR Baggage Car, *86 u*	43	50	___
7301	Norfolk & Western Stock Car, *82*	44	45	___
7302	Texas & Pacific Stock Car (O27), *83–84*	11	14	___
7303	Erie Stock Car, *84*	41	50	___
7304	Southern Stock Car (FARR 4), *83 u*	41	45	___
7309	Southern Stock Car (O27), *85–86*	12	16	___
7312	W&ARR Stock Car (O27), *86 u*	25	30	___
7401	Chessie System Stock Car (O27), *84–85*	13	17	___
7404	Jersey Central Boxcar, *86*	26	40	___
7500	Lionel 75th Anniversary U36B Diesel, *75–77*	122	142	___
7501	Lionel 75th Anniversary Boxcar, *75–77*	24	34	___
7502	Lionel 75th Anniversary Reefer, *75–77*	27	36	___
7503	Lionel 75th Anniversary Reefer, *75–77*	29	40	___
7504	Lionel 75th Anniversary Covered Quad Hopper, *75–77*	28	40	___
7505	Lionel 75th Anniversary Boxcar, *75–77*	29	41	___
7506	Lionel 75th Anniversary Boxcar, *75–77*	16	21	___
7507	Lionel 75th Anniversary Reefer, *75–77*	27	39	___
7508	Lionel 75th Anniversary N5c Caboose, *75–77*	24	29	___
7509	Kentucky Fried Chicken Reefer, *81–82*	63	72	___
7510	Red Lobster Reefer, *81–82*	54	63	___
7511	Pizza Hut Reefer, *81–82*	54	63	___
7512	Arthur Treacher's Reefer, *82*	53	58	___
7513	Bonanza Reefer, *82*	53	60	___
7514	Taco Bell Reefer, *82*	56	74	___
7515	Denver Mint Car, *81*	64	81	___
7517	Philadelphia Mint Car, *82*	38	39	___
7518	Carson City Mint Car, *83*	34	43	___
7519	Toy Fair Reefer, *82 u*	35	42	___
7520	Nibco Express Boxcar, *82 u*	265	440	___
7521	Toy Fair Reefer, *83 u*	50	65	___

			Exc	Mint
____	7522	New Orleans Mint Car, *84 u*	33	38
____	7523	Toy Fair Reefer, *84 u*	44	49
____	7524	Toy Fair Reefer, *85 u*	55	60
____	7525	Toy Fair Boxcar, *86 u*	65	80
____	7530	Dahlonega Mint Car, *86 u*	37	48
____	7600	Frisco "Spirit of '76" N5c Caboose, *74–76*	33	39
____	7601	Delaware Boxcar, *74–76*	16	19
____	7602	Pennsylvania Boxcar, *74–76*	23	27
____	7603	New Jersey Boxcar, *74–76*	23	24
____	7604	Georgia Boxcar, *74 u, 75–76*	22	26
____	7605	Connecticut Boxcar, *74 u, 75–76*	22	32
____	7606	Massachusetts Boxcar, *74 u, 75–76*	25	29
____	7607	Maryland Boxcar, *74 u, 75–76*	22	34
____	7608	South Carolina Boxcar, *75 u, 76*	38	50
____	7609	New Hampshire Boxcar, *75 u, 76*	38	46
____	7610	Virginia Boxcar, *75 u, 76*	155	200
____	7611	New York Boxcar, *75 u, 76*	50	65
____	7612	North Carolina Boxcar, *75 u, 76*	35	60
____	7613	Rhode Island Boxcar, *75 u, 76*	36	50
____	7700	Uncle Sam Boxcar, *75 u*	44	51
____	7701	Camel Boxcar, *76–77*	53	63
____	7702	Prince Albert Boxcar, *76–77*	58	75
____	7703	Beechnut Boxcar, *76–77*	30	48
____	7704	Toy Fair Boxcar, *76 u*	110	120
____	7705	Canadian Toy Fair Boxcar, *76 u*	130	145
____	7706	Sir Walter Raleigh Boxcar, *77–78*	51	61
____	7707	White Owl Boxcar, *77–78*	51	64
____	7708	Winston Boxcar, *77–78*	53	69
____	7709	Salem Boxcar, *78*	53	61
____	7710	Mail Pouch Boxcar, *78*	55	67
____	7711	El Producto Boxcar, *78*	52	68
____	7712	Santa Fe Boxcar (FARR 1), *79*	25	44
____	7800	Pepsi Boxcar, *76 u, 77*	68	71
____	7801	A&W Boxcar, *76 u, 77*	41	55
____	7802	Canada Dry Boxcar, *76 u, 77*	44	57
____	7803	Trains n' Truckin' Boxcar, *77 u*	20	26
____	7806	Season's Greetings Boxcar, *76 u*	70	95
____	7807	Toy Fair Boxcar, *77 u*	70	95
____	7808	Northern Pacific Stock Car, *77*	37	44
____	7809	Vernors Boxcar, *77 u, 78*	50	65
____	7810	Orange Crush Boxcar, *77 u, 78*	40	55
____	7811	Dr Pepper Boxcar, *77 u, 78*	44	60
____	7813	"Season's Greetings" Boxcar, *77 u*	65	90
____	7814	"Season's Greetings" Boxcar, *78 u*	70	95
____	7815	Toy Fair Boxcar, *78 u*	65	85
____	7816	Toy Fair Boxcar, *79 u*	65	85
____	7817	Toy Fair Boxcar, *80 u*	95	105
____	7900	D&RGW Operating Cowboy Car (027), *82–83*	22	26
____	7901	LL Cop and Hobo Car (027), *82–83*	24	27
____	7902	Santa Fe Boxcar (027), *82–85*	5	9
____	7903	Rock Island Boxcar (027), *83*	8	13
____	7904	San Diego Zoo Giraffe Car (027), *83–84*	44	55

		Exc	Mint
7905	Black Cave Boxcar (027), *82*	6	9 ___
7908	Tappan Boxcar (027), *82 u*	39	55 ___
7909	L&N Boxcar (027), *83–84*	40	49 ___
7910	Chessie System Boxcar (027), *84–85*	18	23 ___
7912	Toys "R" Us Giraffe Car (027), *82–84 u*	70	80 ___
7913	Turtleback Zoo Giraffe Car (027), *85–86*	50	60 ___
7914	Toys "R" Us Giraffe Car (027), *85–89 u*	70	90 ___
7920	Sears Centennial Boxcar (027), *85–86 u*	39	44 ___
7925	Erie-Lackawanna Boxcar (027), *86–90*	10	18 ___
7926	NKP Boxcar (027), *86–91*	8	10 ___
7930	True Value Boxcar (027), *86–87 u*	34	50 ___
7931	Town House TV and Appliances Boxcar (027), *86 u*	31	39 ___
7932	Kay Bee Toys Boxcar (027), *86–87 u*	40	49 ___
8001	NKP 2-6-4 Locomotive, *80 u*	55	65 ___
8002	Union Pacific 2-8-4 Locomotive (FARR 2), *80*	310	345 ___
8003	Chessie System 2-8-4 Locomotive, *80*	360	540 ___
8004	Rock Island 4-4-0 Locomotive, *80–82*	190	220 ___
8005	Santa Fe 4-4-0 Locomotive, *80–82*	65	75 ___
8006	ACL 4-6-4 Locomotive, *80 u*	245	340 ___
8007	NYNH&H 2-6-4 Locomotive, *80–81*	65	75 ___
8008	Chessie System 4-4-2 Locomotive, *80*	65	75 ___
8010	Santa Fe NW2 Switcher, *70, 71 u*	25	65 ___
8020	Santa Fe Alco Diesel A Unit, *70–72, 74–76*	65	85 ___
8020	Santa Fe Alco Diesel A Unit, dummy, *70*	45	60 ___
8021	Santa Fe Alco Diesel B Unit, *71–72, 74–76*	47	70 ___
8022	Santa Fe Alco Diesel A Unit, *71 u*	80	105 ___
8025	CN Alco Diesel A Unit, *71–73 u*	85	105 ___
8025	CN Alco Diesel A Unit, dummy, *71–73 u*	45	65 ___
8030	Illinois Central GP9 Diesel, *70–72*	125	145 ___
8031	Canadian National GP7 Diesel, *71–73 u*	80	150 ___
8031	Illinois Central GP9 Diesel Dummy Unit, *70*		NRS ___
8040	Canadian National 2-4-2 Locomotive, *71 u*	43	85 ___
8040	NKP 2-4-2 Locomotive, *70–72*	26	34 ___
8041	NYC 2-4-2 Locomotive, *70*	55	65 ___
8041	PRR 2-4-2 Locomotive, *71 u*	55	65 ___
8042	GTW 2-4-2 Locomotive, *70, 71–73 u*	26	34 ___
8043	NKP 2-4-2 Locomotive, *70 u*	45	65 ___
8050	D&H U36C Diesel, *80*	105	220 ___
8051	D&H U36C Diesel Dummy Unit, *80*	95	115 ___
8054/55	Burlington F3 Diesel AA Set, *80*	360	385 ___
8056	C&NW FM Train Master Diesel, *80*	175	225 ___
8057	Burlington NW2 Switcher, *80*	100	115 ___
8059	Pennsylvania F3 Diesel B Unit, *80 u*	190	290 ___
8060	Pennsylvania F3 Diesel B Unit, *80 u*	335	420 ___
8061	Chessie System U36C Diesel, *80*	110	140 ___
8062	Burlington F3 Diesel B Unit, *80 u*	205	255 ___
8063	Seaboard SD9 Diesel, *80*	80	100 ___
8064	Florida East Coast GP9 Diesel, *80*	150	200 ___
8065	Florida East Coast GP9 Diesel Dummy Unit, *80*	95	120 ___
8066	TP&W GP20 Diesel, *80–81, 83 u*	65	80 ___
8071	Virginian SD18 Diesel, *80 u*	135	155 ___

			Exc	Mint
___	8072	Virginian SD18 Diesel Dummy Unit, *80 u*	75	110
___	8100	Norfolk & Western 4-8-4 "611," *81*	360	402
___	8101	Chicago & Alton 4-6-4 Locomotive "659," *81*	275	445
___	8102	Union Pacific 4-4-2 Locomotive, *81–82*	49	65
___	8104	Union Pacific 4-4-0 Locomotive "3," *81 u*	180	235
___	8111	DT&I NW2 Switcher, *71–74*	55	65
___	8140	Southern 2-4-0 Locomotive, *71 u*	22	30
___	8141	PRR 2-4-2 Locomotive, *71–72*	41	43
___	8142	C&O 4-4-2 Locomotive, *71–72*		55
___	8150	PRR GG1 Electric Locomotive "4935," *81*	330	395
___	8151	Burlington SD28 Diesel, *81*	120	145
___	8152	Canadian Pacific SD24 Diesel, *81*	170	180
___	8153	Reading NW2 Switcher, *81–82*	100	155
___	8154	Alaska NW2 Switcher, *81–82*	120	160
___	8155	Monon U36B Diesel, *81–82*	110	135
___	8156	Monon U36B Diesel Dummy Unit, *81–82*		65
___	8157	Santa Fe FM Train Master, *81*	280	325
___	8158	DM&IR GP35 Diesel, *81–82*	90	150
___	8159	DM&IR GP35 Diesel Dummy Unit, *81–82*	55	75
___	8160	Burger King GP20 Diesel, *81–82*	97	120
___	8161	L.A.S.E.R. Switcher, *81–82*	23	55
___	8162	Ontario Northland SD18 Diesel, *81 u*	150	210
___	8163	Ontario Northland SD18 Diesel Dummy Unit, *81 u*	95	140
___	8164	Pennsylvania F3 Diesel B Unit, *81 u*	340	370
___	8182	Nibco Express NW2 Switcher, *82 u*	90	130
___	8190	Diesel Horn Kit, *81 u*		30
___	8200	Kickapoo Dockside 0-4-0T, *72*	30	39
___	8203	PRR 2-4-2 Locomotive, *72, 74 u, 75*	26	34
___	8204	C&O 4-4-2 Locomotive, *72*	55	60
___	8206	NYC 4-6-4 Locomotive, *72–75*	140	155
___	8209	Pioneer Dockside 0-4-0T with tender, *72*	45	65
___	8209	Pioneer Dockside 0-4-0T, no tender, *73–76*	42	55
___	8210	Joshua L. Cowen 4-6-4 Locomotive, *82*	245	350
___	8212	Black Cave 0-4-0 Locomotive, *82*	30	49
___	8213	D&RGW 2-4-2 Locomotive, *82–83, 84–91 u*	65	70
___	8214	Pennsylvania 2-4-2 Locomotive, *82–83*	55	65
___	8215	Nickel Plate Road 2-8-4 Locomotive "779," *82 u*	245	285
___	8250	Santa Fe GP9 Diesel, *72, 74–75*	120	145
___	8251-50	Horn/Whistle Controller, *72–74*	1	2
___	8252	D&H Alco Diesel A Unit, *72*	85	125
___	8253	D&H Alco Diesel B Unit, *72*	50	70
___	8254	Illinois Central GP9 Diesel Dummy Unit, *72*	60	65
___	8255	Santa Fe GP9 Diesel Dummy Unit, *72*	60	65
___	8258	Canadian National GP7 Diesel Dummy Unit, *72–73 u*	65	85
___	8260/62	Southern Pacific F3 Diesel AA Set, *82*	490	520
___	8261	Southern Pacific F3 Diesel B Unit, *82 u*	435	445
___	8263	Santa Fe GP7 Diesel, *82*	65	80
___	8264	CP Vulcan Switcher Snowplow, *82*	80	100
___	8265	Santa Fe SD40 Diesel, *82*	205	225

		Exc	Mint	
8266	Norfolk & Western SD24 Diesel, *82*	150	225	___
8268	Quicksilver Alco Diesel A Unit, *82–83*	85	105	___
8269	Quicksilver Alco Diesel A Unit, dummy, *82–83*	55	65	___
8272	Pennsylvania EP-5 Electric Locomotive, *82 u*	205	265	___
8300	Santa Fe 2-4-0 Locomotive, *73–74*	22	25	___
8302	Southern 2-4-0 Locomotive, *73–76*	29	30	___
8303	Jersey Central 2-4-2 Locomotive, *73–74*	55	59	___
8304	B&O 4-4-2 Locomotive, *75*	75	105	___
8304	C&O 4-4-2 Locomotive, *75–77*	75	105	___
8304	Pennsylvania 4-4-2 Locomotive, *74–75*	75	105	___
8304	Rock Island 4-4-2 Locomotive, *73–75*	85	105	___
8305	Milwaukee Road 4-4-2 Locomotive, *73*	95	120	___
8307	Southern Pacific 4-8-4 Locomotive "4449," *83*	490	560	___
8308	Jersey Central 2-4-2 Locomotive, *73–74 u*	36	43	___
8309	Southern 2-8-2 Locomotive "4501" (FARR 4), *83*	385	495	___
8310	Jersey Central 2-4-0 Locomotive, *74–75 u*	26	50	___
8310	Nickel Plate Road 2-4-0 Locomotive, *73 u*	26	50	___
8310	Santa Fe 2-4-0 Locomotive, *74–75 u*	26	34	___
8311	Southern 0-4-0 Locomotive, *73 u*	26	34	___
8313	Santa Fe 0-4-0 Locomotive, *83–84*	13	17	___
8314	Southern 2-4-0 Locomotive, *83–85*	17	21	___
8315	B&O 4-4-0 Locomotive, *83–84*	85	120	___
8341	ACL SP-type Caboose, *86 u, 87–90*	6	8	___
8350	U.S. Steel Switcher, *73–75*	18	26	___
8351	Santa Fe Alco Diesel A Unit, *73–75*	60	65	___
8352	Santa Fe GP20 Diesel, *73–75*	65	105	___
8353	Grand Trunk Western GP7 Diesel, *73–75*	90	120	___
8354	Erie NW2 Switcher, *73, 75*	80	105	___
8355	Santa Fe GP20 Diesel Dummy Unit, *73–74*	65	90	___
8356	Grand Trunk Western GP7 Diesel Dummy Unit, *73–75*	65	75	___
8357	PRR GP9 Diesel, *73–75*	100	120	___
8358	PRR GP9 Diesel Dummy Unit, *73–75*	55	100	___
8359	Chessie System GP7 Diesel "GM50," *73*	95	120	___
8360	Long Island GP20 Diesel, *73–74*	70	105	___
8361	Western Pacific Alco Diesel A Unit, *73–75*	50	70	___
8362	Western Pacific Alco Diesel B Unit, *73–75*	45	65	___
8363	B&O F3 Diesel A Unit, *73–75*	280	310	___
8364	B&O F3 Diesel A Unit, dummy, *73–75*	120	160	___
8365/66	CP F3 Diesel AA Set (SSS), *73*	355	405	___
8367	Long Island GP20 Diesel Dummy Unit, *73–75*	80	100	___
8368	Alaska Vulcan Switcher, *83*	120	129	___
8369	Erie-Lackawanna GP20 Diesel, *83–85*	125	140	___
8370/72	NYC F3 Diesel AA Set, *83*	330	435	___
8371	NYC F3 Diesel B Unit, *83*	105	150	___
8374	Burlington Northern NW2 Switcher, *83–85*	105	110	___
8375	C&NW GP7 Diesel, *83–85*	135	165	___
8376	Union Pacific SD40 Diesel, *83*	175	200	___
8377	U.S. Marines Switcher, *83–84*	55	65	___
8378	Wabash FM Train Master Diesel "550," *83 u*	500	690	___

			Exc	Mint
___	8379	PRR Fire Car, *83 u*	80	100
___	8380	Lionel Lines SD28 Diesel, *83 u*	235	315
___	8402	Reading 4-4-2 Locomotive, *84–85*	47	55
___	8403	Chessie System 4-4-2 Locomotive, *84–85*	55	65
___	8404	PRR 6-8-6 "6200" (FARR 5), *84–85*	360	460
___	8406	NYC 4-6-4 Locomotive "783," *84*	445	571
___	8410	Redwood Valley Express 4-4-0 Locomotive, *84–85*	34	50
___	8452	Erie Alco Diesel A Unit, *74–75*	75	95
___	8453	Erie Alco Diesel B Unit, *74–75*	55	75
___	8454	D&RGW GP7 Diesel, *74–75*	80	110
___	8455	D&RGW GP7 Diesel Dummy Unit, *74–75*	50	85
___	8458	Erie-Lackawanna SD40 Diesel, *84*	160	190
___	8459	D&RGW Vulcan Rotary Snowplow, *84*	125	146
___	8460	MKT NW2 Switcher, *74–75*	45	65
___	8463	Chessie System GP20 Diesel, *74 u*	130	190
___	8464/65	D&RGW F3 Diesel AA Set (SSS), *74*	220	325
___	8466	Amtrak F3 Diesel A Unit, *74–76*	225	250
___	8467	Amtrak F3 Diesel A Unit, dummy, *74–76*	80	90
___	8468	B&O F3 Diesel B Unit, *74–75*	95	100
___	8469	CP F3 Diesel B Unit (SSS), *74*	85	110
___	8470	Chessie System U36B Diesel, *74*	80	110
___	8471	Pennsylvania NW2 Switcher, *74–76*	170	195
___	8473	Coca-Cola NW2 Switcher, *74 u, 75*	109	128
___	8474	D&RGW F3 Diesel B Unit (SSS), *74*	95	110
___	8475	Amtrak F3 Diesel B Unit, *74*	85	105
___	8477	NYC GP9 Diesel, *84 u*	150	205
___	8480/82	Union Pacific F3 Diesel AA Set, *84*	280	365
___	8481	Union Pacific F3 Diesel B Unit, *84*	150	155
___	8485	USMC NW2 Switcher, *84–85*	105	135
___	8500	Pennsylvania 2-4-0 Locomotive, *75–76*	17	21
___	8502	Santa Fe 2-4-0 Locomotive, *75*	17	21
___	8506	PRR 0-4-0 Locomotive, *75–77*	75	90
___	8507	Santa Fe 2-4-0 Locomotive, *75 u*	25	30
___	8512	Santa Fe 0-4-0T Locomotive, *85–86*	22	30
___	8516	NYC 0-4-0 Locomotive, *85–86*	115	140
___	8550	Jersey Central GP9 Diesel, *75–76*	120	155
___	8551	Pennsylvania EP-5 Electric Locomotive, *75–76*	115	120
___	8552/53/54	SP Alco Diesel ABA Set, *75–76*	200	245
___	8555/57	Milwaukee Road F3 Diesel AA Set (SSS), *75*	240	315
___	8556	Chessie System NW2 Switcher, *75–76*	160	200
___	8558	Milwaukee Road EP-5 Electric Locomotive, *76–77*	160	195
___	8559	N&W GP9 Diesel "1776," *75*	115	145
___	8560	Chessie System U36B Diesel Dummy Unit, *75*	85	130
___	8561	Jersey Central GP9 Diesel Dummy Unit, *75–76*	70	95
___	8562	Missouri Pacific GP20 Diesel, *75–76*	130	145
___	8563	Rock Island Alco Diesel A Unit, *75–76 u*	65	90
___	8564	Union Pacific U36B Diesel, *75*	110	155

		Exc	Mint	
8565	Missouri Pacific GP20 Diesel Dummy Unit, *75–76*	55	70	___
8566	Southern F3 Diesel A Unit, *75–77*	220	370	___
8567	Southern F3 Diesel A Unit, dummy, *75–77*	105	135	___
8568	Preamble Express F3 Diesel A Unit, *75 u*	90	115	___
8569	Soo Line NW2 Switcher, *75–77*	60	65	___
8570	Liberty Special Alco Diesel A Unit, *75 u*	75	90	___
8571	Frisco U36B Diesel, *75–76*	75	95	___
8572	Frisco U36B Diesel Dummy Unit, *75–76*		55	___
8573	Union Pacific U36B Diesel Dummy Unit, *75 u*	145	190	___
8575	Milwaukee Road F3 Diesel B Unit (SSS), *75*	105	160	___
8576	Penn Central GP7 Diesel, *75 u, 76–77*	90	120	___
8578	NYC Ballast Tamper, *85, 87*	85	90	___
8580/82	Illinois Central F3 Diesel AA Set, *85, 87*	420	485	___
8581	Illinois Central F3 Diesel B Unit, *85, 87*	130	155	___
8585	Burlington Northern SD40 Diesel, *85*	355	385	___
8587	Wabash GP9 Diesel "484," *85 u*	250	280	___
8600	NYC 4-6-4 Locomotive, *76*	175	195	___
8601	Rock Island 0-4-0 Locomotive, *76–77*	17	21	___
8602	D&RGW 2-4-0 Locomotive, *76–78*	22	26	___
8603	C&O 4-6-4 Locomotive, *76–77*	135	190	___
8604	Jersey Central 2-4-2 Locomotive, *76 u*	39	44	___
8606	B&A 4-6-4 Locomotive "784," *86 u*	720	760	___
8610	Wabash 4-6-2 "672" (FF 1), *86–87*	435	610	___
8615	L&N 2-8-4 Locomotive "1970," *86 u*	540	630	___
8616	Santa Fe 4-4-2 Locomotive, *86*	60	65	___
8617	Nickel Plate Road 4-4-2 Locomotive, *86–91*	60	65	___
8625	Pennsylvania 2-4-0 Locomotive, *86–90*	21	34	___
8630	W&ARR 4-4-0 Locomotive "3," *86 u*	125	150	___
8635	Santa Fe 0-4-0 (SSS), *86*	80	100	___
8650	Burlington Northern U36B Diesel, *76–77*	120	170	___
8651	Burlington Northern U36B Diesel Dummy Unit, *76–77*	70	90	___
8652	Santa Fe F3 Diesel A Unit, *76–77*	260	510	___
8653	Santa Fe F3 Diesel A Unit, dummy, *76–77*	135	160	___
8654	Boston & Maine GP9 Diesel, *76–77*	155	195	___
8655	Boston & Maine GP9 Diesel Dummy Unit, *76–77*	90	110	___
8656	Canadian National Alco Diesel A Unit, *76*	150	195	___
8657	Canadian National Alco Diesel B Unit, *76*	60	75	___
8658	CN Alco Diesel A Unit, dummy, *76*	85	170	___
8659	Virginian Electric Locomotive, *76–77*	125	137	___
8660	CP Rail NW2 Switcher, *76–77*	100	135	___
8661	Southern F3 Diesel B Unit, *76*	165	170	___
8662	B&O GP7 Diesel, *86*	120	130	___
8664	Amtrak Alco Diesel A Unit, *76–77*	85	120	___
8665	BAR Jeremiah O'Brien GP9 Diesel "1776," *76 u*	100	170	___
8666	Northern Pacific GP9 Diesel (SSS), *76*	125	175	___
8667	Amtrak Alco Diesel B Unit, *76–77*	60	80	___
8668	Northern Pacific GP9 Diesel Dummy Unit (SSS), *76*	100	130	___
8669	Illinois Central Gulf U36B Diesel, *76–77*	125	165	___

			Exc	Mint
____	8670	Chessie System Switcher, *76*	30	55
____	8679	Northern Pacific GP20 Diesel, *86*	90	105
____	8687	Jersey Central FM Train Master Diesel, *86*	198	276
____	8690	Lionel Lines Trolley, *86*	105	115
____	8701	W&ARR 4-4-0 Locomotive "3," *77–79*	200	250
____	8702	Southern 4-6-4 Locomotive, *77–78*	280	398
____	8703	Wabash 2-4-2 Locomotive, *77*	22	30
____	8750	Rock Island GP7 Diesel, *77–78*	110	125
____	8751	Rock Island GP7 Diesel Dummy Unit, *77–78*	50	70
____	8753	Pennsylvania GG1 Electric Locomotive, *77 u*	290	315
____	8754	New Haven Electric Locomotive, *77–78*	100	115
____	8755	Santa Fe U36B Diesel, *77–78*	130	150
____	8756	Santa Fe U36B Diesel Dummy Unit, *77–78*	75	95
____	8757	Conrail GP9 Diesel, *76 u, 77–78*	110	140
____	8758	Southern GP7 Diesel Dummy Unit, *77 u, 78*	75	95
____	8759	Erie-Lackawanna GP9 Diesel, *77–79*	115	175
____	8760	Erie-Lackawanna GP9 Diesel Dummy Unit, *77–79*	95	115
____	8761	GTW NW2 Switcher, *77–78*	95	130
____	8762	Great Northern EP-5 Electric Locomotive, *77–78*	130	140
____	8763	Norfolk & Western GP9 Diesel, *76 u, 77–78*	110	120
____	8764	B&O Budd RDC Passenger (SSS), *77*	110	135
____	8765	B&O Budd RDC Baggage Dummy Unit (SSS), *77*	80	100
____	8766	B&O Budd RDC Baggage (SSS), *77*		310
____	8767	B&O Budd RDC Passenger Dummy Unit (SSS), *77*	85	105
____	8768	B&O Budd RDC Passenger Dummy Unit (SSS), *77*	85	105
____	8769	Republic Steel Switcher, *77–78*	22	39
____	8770	NW2 Switcher, *77–78*		65
____	8771	Great Northern U36B Diesel, *77*	110	140
____	8772	GM&O GP20 Diesel, *77*	85	95
____	8773	Mickey Mouse U36B Diesel, *77–78*	485	640
____	8774	Southern GP7 Diesel, *77 u, 78*	110	135
____	8775	Lehigh Valley GP9 Diesel, *77 u, 78*	85	105
____	8776	C&NW GP20 Diesel, *77 u, 78*	87	129
____	8777	Santa Fe F3 Diesel B Unit (SSS), *77*	160	175
____	8778	Lehigh Valley GP9 Diesel Dummy Unit, *77 u, 78*	90	110
____	8779	C&NW GP20 Diesel Dummy Unit, *77 u, 78*	73	109
____	8800	Lionel Lines 4-4-2 Locomotive, *78–81*	75	105
____	8801	Blue Comet 4-6-4 Locomotive, *78–80*	380	500
____	8803	Santa Fe 0-4-0 Locomotive, *78*	14	24
____	8850	Penn Central GG1 Electric Locomotive, *78 u, 79*	250	305
____	8851/52	New Haven F3 Diesel AA Set, *78 u, 79*	320	430
____	8854	CP Rail GP9 Diesel, *78–79*	100	120
____	8855	Milwaukee Road SD18 Diesel, *78*		115
____	8857	Northern Pacific U36B Diesel, *78–80*	140	180
____	8858	Northern Pacific U36B Diesel Dummy Unit, *78–80*	55	85

		Exc	Mint	
8859	Conrail Electric Locomotive, *78–82*	105	150	___
8860	Rock Island NW2 Switcher, *78–79*	85	100	___
8861	Santa Fe Alco Diesel A Unit, *78–79*	65	85	___
8862	Santa Fe Alco Diesel B Unit, *78–79*	36	43	___
8864	New Haven F3 Diesel B Unit, *78*	85	105	___
8866	M&StL GP9 Diesel (SSS), *78*	85	120	___
8867	M&StL GP9 Diesel Dummy Unit (SSS), *78*	65	95	___
8868	Amtrak Budd RDC Baggage, *78, 80*	195	235	___
8869	Amtrak Budd RDC Passenger Dummy Unit, *78, 80*	75	95	___
8870	Amtrak Budd RDC Passenger Dummy Unit, *78, 80*	85	115	___
8871	Amtrak Budd RDC Baggage Dummy Unit, *78, 80*	85	105	___
8872	Santa Fe SD18 Diesel, *78 u*	125	155	___
8873	Santa Fe SD18 Diesel Dummy Unit, *78 u*	60	85	___
8900	Santa Fe 4-6-4 Locomotive (FARR 1), *79*	270	310	___
8902	ACL 2-4-0 Locomotive, *79–82, 86 u, 87–90*	13	17	___
8903	D&RGW 2-4-2 Locomotive, *79–81*	17	21	___
8904	Wabash 2-4-2 Locomotive, *79, 81 u*	30	34	___
8905	Smokey Mountain Dockside 0-4-0T Locomotive, *79*	9	17	___
8950	Virginian FM Train Master Diesel, *79*	230	285	___
8951	Southern Pacific FM Train Master Diesel, *79*	237	335	___
8952/53	PRR F3 Diesel AA Set, *79*	350	500	___
8955	Southern U36B Diesel, *79*	120	195	___
8956	Southern U36B Diesel Dummy Unit, *79*	80	125	___
8957	Burlington Northern GP20 Diesel, *79*	120	150	___
8958	Burlington Northern GP20 Diesel Dummy Unit, *79*	85	90	___
8960	Southern Pacific U36C Diesel, *79 u*	130	180	___
8961	Southern Pacific U36C Diesel Dummy Unit, *79 u*	70	80	___
8962	Reading U36B Diesel, *79*	115	130	___
8970/71	PRR F3 Diesel AA Set, *79 u, 80*	330	425	___
9001	Conrail Boxcar (027), *86–87 u, 88–90*	5	10	___
9010	GN Hopper (027), *70–71*	6	8	___
9011	GN Hopper (027), *70 u, 75–76, 78–83*	8	10	___
9012	TA&G Hopper (027), *71–72*	7	8	___
9013	Canadian National Hopper (027), *72–76*	5	8	___
9015	Reading Hopper (027), *73–75*	17	21	___
9016	Chessie System Hopper (027), *75–79, 87–88, 89 u*	4	6	___
9017	Wabash Gondola with canisters (027), *78–82*	3	5	___
9018	DT&I Hopper (027), *78–79, 81–82*	6	7	___
9019	Flatcar (027), *78*	2	3	___
9020	Union Pacific Flatcar (027), *70–78*	3	5	___
9021	Santa Fe Work Caboose, *70–71, 73–75*	9	13	___
9022	Santa Fe Bulkhead Flatcar (027), *70–72, 75–79*	7	13	___
9023	MKT Bulkhead Flatcar (027), *73–74*	7	10	___
9024	C&O Flatcar (027), *73–75*	3	6	___
9025	DT&I Work Caboose, *71–74, 77–78*	8	10	___

			Exc	Mint
____	**9026**	Republic Steel Flatcar (027), *75–82*	5	7
____	**9027**	Soo Line Work Caboose, *75–76*	7	9
____	**9030**	Kickapoo Gondola (027), *72, 79*	5	9
	9031	NKP Gondola with canisters (027), *73–75,*		
____		*82–83, 84–91 u*	4	7
____	**9032**	SP Gondola with canisters (027), *75–78*		3
	9033	PC Gondola with canisters (027), *76–78, 82,*		
____		*86 u, 87–90, 92 u*		3
____	**9034**	Lionel Leisure Hopper (027), *77 u*	30	34
____	**9035**	Conrail Boxcar (027), *78–82*	5	9
____	**9036**	Mobilgas 1-D Tank Car (027), *78–82*	7	19
____	**9037**	Conrail Boxcar (027), *78 u, 80*	7	10
____	**9038**	Chessie System Hopper (027), *78 u, 80*	15	19
____	**9039**	Mobilgas 1-D Tank Car (027), *78 u, 80*	10	15
____	**9040**	General Mills Wheaties Boxcar (027), *70–72*	9	13
____	**9041**	Hershey's Boxcar (027), *70–71, 73–76*	16	25
____	**9042**	Ford-Autolite Boxcar (027), *71 u, 72 74–76*	13	21
____	**9043**	Erie-Lackawanna Boxcar (027), *73–75*	13	20
____	**9044**	D&RGW Boxcar (027), *75–76*	5	8
____	**9045**	Toys "R" Us Boxcar (027), *75 u*	35	42
____	**9046**	True Value Boxcar (027), *76 u*	26	34
____	**9047**	Toys "R" Us Boxcar (027), *76 u*	40	43
____	**9048**	Toys "R" Us Boxcar (027), *76 u*	33	41
____	**9049**	Toys "R" Us Boxcar (027), *78 u*		NRS
____	**9050**	Sunoco 1-D Tank Car (027), *70–71*	17	23
____	**9051**	Firestone 1-D Tank Car (027), *74–75, 78*	15	19
____	**9052**	Toys "R" Us Boxcar (027), *77 u*	26	34
____	**9053**	True Value Boxcar (027), *77 u*	28	40
____	**9054**	JCPenney Boxcar (027), *77 u*	14	19
____	**9055**	Republic Steel Gondola with canisters, *78 u*	9	10
____	**9057**	CP Rail SP-type Caboose, *78–79*	10	15
____	**9058**	Lionel Lines SP-type Caboose, *78–79, 83*	5	7
____	**9059**	Lionel Lines SP-type Caboose, *79 u, 81 u*	7	9
____	**9060**	Nickel Plate Road SP-type Caboose, *70–72*	5	7
____	**9061**	Santa Fe SP-type Caboose, *70–76*	5	8
	9062	Penn Central SP-type Caboose, *70–72,*		
____		*74–76*	5	7
____	**9063**	GTW SP-type Caboose, *70, 71–73 u*	15	19
____	**9064**	C&O SP-type Caboose, *71–72, 75–77*	7	10
	9065	Canadian National SP-type Caboose,		
____		*71–73 u*	19	24
____	**9066**	Southern SP-type Caboose, *73–76*	7	9
____	**9067**	Kickapoo Valley Bobber Caboose, *72*	6	9
____	**9068**	Reading Bobber Caboose, *73–76*	5	7
	9069	Jersey Central SP-type Caboose, *73–74,*		
____		*75–76 u*	5	8
____	**9070**	Rock Island SP-type Caboose, *73–74*	13	17
____	**9071**	Santa Fe Bobber Caboose, *74 u, 77–78*	7	9
____	**9073**	Coca-Cola SP-type Caboose, *74 u, 75*	20	26
____	**9075**	Rock Island SP-type Caboose, *75–76 u*	13	17
____	**9076**	"We The People" SP-type Caboose, *75 u*	19	28
____	**9077**	D&RGW SP-type Caboose, *76–83, 84–91 u*	7	8
____	**9078**	Rock Island Bobber Caboose, *76–77*	5	7

		Exc	Mint	
9079	GTW Hopper (027), *77*	28	32	___
9080	Wabash SP-type Caboose, *77*	9	10	___
9085	Santa Fe Work Caboose, *79–82*	4	5	___
9090	General Mills Mini-Max Car, *71*	27	32	___
9106	Miller Vat Car, *84–85*	31	49	___
9107	Dr Pepper Vat Car, *86–87*	30	36	___
9110	B&O Quad Hopper, *71*	25	30	___
9111	N&W Quad Hopper, *72–75*	15	20	___
9112	D&RGW Covered Quad Hopper, *73–75*	20	23	___
9113	Norfolk & Western Quad Hopper (SSS), *73*	27	32	___
9114	Morton Salt Covered Quad Hopper, *74–76*	20	27	___
9115	Planter's Covered Quad Hopper, *74–76*	21	33	___
9116	Domino Sugar Covered Quad Hopper, *74–76*	22	29	___
9117	Alaska Covered Quad Hopper (SSS), *74–76*	29	33	___
9119	Detroit & Mackinac Covered Hopper, *75 u*		20	___
9120	Northern Pacific Flatcar with trailers, *70–71*	33	38	___
9121	L&N Flatcar with bulldozer and scraper, *71–79*	47	50	___
9122	Northern Pacific Flatcar with trailers, *72–75*	19	32	___
9123	C&O Auto Carrier, 3-tier, *72 u, 73–74*	18	27	___
9124	P&LE Flatcar with logs, *73–74*	18	25	___
9125	Norfolk & Western Auto Carrier, 2-tier, *73–77*	23	28	___
9126	C&O Auto Carrier, 3-tier, *73–75*	23	34	___
9128	Heinz Vat Car, *74–76*	23	30	___
9129	N&W Auto Carrier, 3-tier, *75–76*	17	19	___
9130	B&O Quad Hopper, *70*	23	24	___
9131	D&RGW Gondola with canisters, *73–77*	5	8	___
9132	Libby's Vat Car (SSS), *75–77*	16	23	___
9133	BN Flatcar with trailers, *76–77, 80*	20	28	___
9134	Virginian Covered Quad Hopper, *76–77*		32	___
9135	N&W Covered Quad Hopper, *70 u, 71, 75*	19	27	___
9136	Republic Steel Gondola with canisters, *72–76, 79*	8	11	___
9138	Sunoco 3-D Tank Car (SSS), *78*	33	37	___
9139	PC Auto Carrier, 3-tier, *76–77*	21	29	___
9140	Burlington Gondola with canisters, *70, 73–82, 87–89*	7	9	___
9141	BN Gondola with canisters, *70–72*	8	10	___
9143	CN Gondola with canisters, *71–73 u*	30	34	___
9144	D&RGW Gondola with canisters (SSS), *74–76*	9	13	___
9145	ICG Auto Carrier, 3-tier, *77–80*	21	29	___
9146	Mogen David Vat Car, *77–81*	21	26	___
9147	Texaco 1-D Tank Car, *77–78*	39	55	___
9148	Du Pont 3-D Tank Car, *77–81*	25	28	___
9149	CP Rail Flatcar with trailers, *77–78*	22	35	___
9150	Gulf 1-D Tank Car, *70 u, 71*	22	28	___
9151	Shell 1-D Tank Car, *72*	27	31	___
9152	Shell 1-D Tank Car, *73–76*	25	34	___
9153	Chevron 1-D Tank Car, *74–76*	25	30	___
9154	Borden 1-D Tank Car, *75–76*	33	47	___
9156	Mobilgas 1-D Tank Car, *76–77*	30	40	___
9157	C&O Crane Car, *76–78, 81–82*	35	44	___

			Exc	Mint
____	**9158**	PC Flatcar with shovel, *76–77, 80*	40	55
____	**9159**	Sunoco 1-D Tank Car, *76*	35	50
____	**9160**	Illinois Central N5c Caboose, *70–72*	17	23
____	**9161**	CN N5c Caboose, *72–74*	14	25
____	**9162**	PRR N5c Caboose, *72–76*	25	30
____	**9163**	Santa Fe N5c Caboose, *73–76*	17	24
____	**9165**	Canadian Pacific N5c Caboose (SSS), *73*	21	30
____	**9166**	D&RGW SP-type Caboose (SSS), *74–75*	20	25
____	**9167**	Chessie System N5c Caboose, *74–76*	24	31
____	**9168**	Union Pacific N5c Caboose, *75–77*	17	19
____	**9169**	Milwaukee Road SP-type Caboose (SSS), *75*	16	19
____	**9170**	N&W N5c Caboose "1776," *75*	27	30
____	**9171**	MP SP-type Caboose, *75 u, 76–77*	19	20
____	**9172**	Penn Central SP-type Caboose, *75 u, 76–77*	23	31
____	**9173**	Jersey Central SP-type Caboose, *75 u, 76–77*	22	33
____	**9174**	NYC (P&E) Bay Window Caboose, *76*	65	70
____	**9175**	Virginian N5c Caboose, *76–77*	24	26
____	**9176**	BAR N5c Caboose, *76 u*	18	30
____	**9177**	Northern Pacific Bay Window Caboose (SSS), *76*	25	35
____	**9178**	ICG SP-type Caboose, *76–77*	19	24
____	**9179**	Chessie System Bobber Caboose, *76*	7	11
____	**9180**	Rock Island N5c Caboose, *77–78*	12	23
____	**9181**	B&M N5c Caboose, *76 u, 77*	39	49
____	**9182**	N&W N5c Caboose, *76 u, 77–80*	20	26
____	**9183**	Mickey Mouse N5c Caboose, *77–78*	32	50
____	**9184**	Erie Bay Window Caboose, *77–78*	24	30
____	**9185**	GTW N5c Caboose, *77*	21	28
____	**9186**	Conrail N5c Caboose, *76 u, 77–78*	27	29
____	**9187**	Gulf, Mobile & Ohio SP-type Caboose, *77*	10	16
____	**9188**	GN Bay Window Caboose, *77*	22	27
____	**9189**	Gulf 1-D Tank Car, *77*	40	60
____	**9193**	Budweiser Vat Car, *83–84*	84	110
____	**9200**	Illinois Central Boxcar, *70–71*	19	25
____	**9201**	Penn Central Boxcar, *70*	17	25
____	**9202**	Santa Fe Boxcar, *70*	20	24
____	**9203**	Union Pacific Boxcar, *70*		21
____	**9204**	Northern Pacific Boxcar, *70*		21
____	**9205**	Norfolk & Western Boxcar, *70*	22	25
____	**9206**	Great Northern Boxcar, *70–71*		20
____	**9207**	Soo Line Boxcar, *71*	11	18
____	**9208**	CP Rail Boxcar, *71*	21	23
____	**9209**	Burlington Northern Boxcar, *71–72*	16	21
____	**9210**	B&O DD Boxcar, *71*	16	20
____	**9211**	Penn Central Boxcar, *71*	17	28
____	**9213**	M&StL Covered Quad Hopper (SSS), *78*	20	29
____	**9214**	Northern Pacific Boxcar, *71–72*	16	21
____	**9215**	Norfolk & Western Boxcar, *71*	19	24
____	**9216**	Great Northern Auto Carrier, 3-tier, *78*	25	39
____	**9217**	Soo Line Operating Boxcar, *82–84*	29	36
____	**9218**	Monon Operating Boxcar, *81*	25	30

MODERN ERA 1970-2014

		Exc	Mint	
9219	Missouri Pacific Operating Boxcar, *83*	27	33	___
9220	Borden Operating Milk Car, *83–86*	95	113	___
9221	Poultry Dispatch Operating Chicken Car, *83–85*	45	50	___
9222	L&N Flatcar with trailers, *83–84*	38	60	___
9223	Reading Operating Boxcar, *84*	33	40	___
9224	Churchill Downs Operating Horse Car, *84–86*	85	110	___
9225	Conrail Operating Barrel Car, *84*	42	55	___
9226	Delaware & Hudson Flatcar with trailers, *84–85*	31	34	___
9228	Canadian Pacific Operating Boxcar, *86*	24	37	___
9229	Express Mail Operating Boxcar, *85–86*	21	27	___
9230	Monon Boxcar (SSS), *71, 72 u*	17	24	___
9231	Reading Bay Window Caboose, *79*	24	32	___
9232	Allis-Chalmers Condenser Car, *80–81, 83 u*	42	50	___
9233	Depressed Center Flatcar with transformer, *80*	55	65	___
9234	Radioactive Waste Car, *80*	53	78	___
9235	Union Pacific Derrick Car, *83–84*	16	22	___
9236	C&NW Derrick Car, *83–85*	22	30	___
9238	Northern Pacific Log Dump Car, *84*	16	24	___
9239	Lionel Lines N5c Caboose, *83 u*	50	60	___
9240	NYC Hopper (O27), *87 u*	20	29	___
9240	NYC Operating Hopper, *86*	32	39	___
9241	PRR Log Dump Car, *85–86*	21	27	___
9250	WaterPoxy 3-D Tank Car, *70–71*	23	34	___
9260	Reynolds Aluminum Covered Quad Hopper, *75–77*	19	22	___
9261	Sun-Maid Raisins Covered Quad Hopper, *75 u, 76*	21	27	___
9262	Ralston Purina Covered Quad Hopper, *75 u, 76*	36	58	___
9263	PRR Covered Quad Hopper, *75 u, 76–77*	23	30	___
9264	Illinois Central Covered Quad Hopper, *75 u, 76–77*	28	39	___
9265	Chessie System Covered Quad Hopper, *75 u, 76–77*	21	27	___
9266	Southern "Big John" Covered Quad Hopper, *76*	46	65	___
9267	Alcoa Covered Quad Hopper (SSS), *76*	20	25	___
9268	Northern Pacific Bay Window Caboose, *77 u*	33	40	___
9269	Milwaukee Road Bay Window Caboose, *78*	34	47	___
9270	Northern Pacific N5c Caboose, *78*	14	27	___
9271	M&StL Bay Window Caboose (SSS), *78–79*	18	30	___
9272	New Haven Bay Window Caboose, *78–80*	20	34	___
9273	Southern Bay Window Caboose, *78 u*	36	45	___
9274	Santa Fe Bay Window Caboose, *78 u*	40	47	___
9276	Peabody Quad Hopper, *78*	19	28	___
9277	Cities Service 1-D Tank Car, *78*	41	45	___
9278	Life Savers 1-D Tank Car, *78–79*	109	149	___
9279	Magnolia 3-D Tank Car, *78, 79 u*	13	19	___
9280	Santa Fe Operating Stock Car (O27), *77–81*	20	24	___
9281	Santa Fe Auto Carrier, 3-tier, *78–80*	21	27	___
9282	GN Flatcar with trailers, *78–79, 81–82*	22	28	___
9283	Union Pacific Gondola with canisters, *77*	15	21	___

			Exc	Mint
____	9284	Santa Fe Gondola with canisters, *77*	16	27
____	9285	ICG Flatcar with trailers, *77*	47	48
____	9286	B&LE Covered Quad Hopper, *77*	14	26
____	9287	Southern N5c Caboose, *77 u, 78*	18	30
____	9288	Lehigh Valley N5c Caboose, *77 u, 78, 80*	25	31
____	9289	C&NW N5c Caboose, *77 u, 78, 80*	25	36
____	9290	Union Pacific Operating Barrel Car, *83*	65	75
____	9300	PC Log Dump Car, *70–75, 77*	18	24
____	9301	U.S. Mail Operating Boxcar, *73–84*	32	42
____	9302	L&N Searchlight Car, *72 u, 73–78*	21	24
____	9303	Union Pacific Log Dump Car, *74–78, 80*	17	22
____	9304	C&O Coal Dump Car, *74–78*	12	23
____	9305	Santa Fe Operating Cowboy Car (O27), *80–82*	16	23
____	9306	Santa Fe Flatcar with horses, *80–82*	18	26
____	9307	Erie Animated Gondola, *80–84*	55	70
____	9308	Aquarium Car, *81–84*	125	129
____	9309	TP&W Bay Window Caboose, *80–81, 83 u*	19	25
____	9310	Santa Fe Log Dump Car, *78 u, 79–83*	13	24
____	9311	Union Pacific Coal Dump Car, *78 u, 79–82*	13	24
____	9312	Conrail Searchlight Car, *78 u, 79–83*	18	27
____	9313	Gulf 3-D Tank Car, *79 u*	43	50
____	9315	Southern Pacific Gondola with canisters, *79 u*	16	23
____	9316	Southern Pacific Bay Window Caboose, *79 u*	47	50
____	9317	Santa Fe Bay Window Caboose, *79*	21	36
____	9320	Fort Knox Mint Car, *79 u*	110	135
____	9321	Santa Fe 1-D Tank Car (FARR 1), *79*	25	31
____	9322	Santa Fe Covered Quad Hopper (FARR 1), *79*	30	38
____	9323	Santa Fe Bay Window Caboose (FARR 1), *79*	39	49
____	9324	Tootsie Roll 1-D Tank Car, *79–81*	64	93
____	9325	Norfolk & Western Flatcar with fences, *79–81 u*	6	10
____	9326	Burlington Northern Bay Window Caboose, *79–80*	34	44
____	9327	Bakelite 3-D Tank Car, *80*	19	29
____	9328	Chessie System Bay Window Caboose, *80*	33	42
____	9329	Chessie System Crane Car, *80*	40	47
____	9330	Kickapoo Dump Car, *72, 79*	3	7
____	9331	Union 76 1-D Tank Car, *79*	39	44
____	9332	Reading Crane Car, *79*	37	50
____	9333	Southern Pacific Flatcar with trailers, *79–80*	33	47
____	9334	Humble 1-D Tank Car, *79*	21	26
____	9335	B&O Log Dump Car, *86*	16	22
____	9336	CP Rail Gondola with canisters, *79*	20	29
____	9338	Pennsylvania Power & Light Quad Hopper, *79*	60	75
____	9339	GN Boxcar (O27), *79–83, 85 u, 86*	7	10
____	9340	Illinois Central Gondola with canisters (O27), *79–81, 82 u, 83*	5	9
____	9341	ACL SP-type Caboose, *79–82, 86 u 87–90*	6	8
____	9344	Citgo 3-D Tank Car, *80*	23	38
____	9345	Reading Searchlight Car, *84–85*	20	25
____	9346	Wabash SP-type Caboose, *79*	6	10

		Exc	Mint
9348	Santa Fe Crane Car (FARR 1), *79 u*	60	70 ___
9349	San Francisco Mint Car, *80*	55	70 ___
9351	PRR Auto Carrier, 3-tier, *80*	23	40 ___
9352	Trailer Train Flatcar with C&NW trailers, *80*	29	55 ___
9353	Crystal Line 3-D Tank Car, *80*	18	26 ___
9354	Pennzoil 1-D Tank Car, *80, 81 u*	60	85 ___
9355	Delaware & Hudson Bay Window Caboose, *80*	37	45 ___
9357	Smokey Mountain Bobber Caboose, *79*	8	10 ___
9359	National Basketball Association Boxcar (O27), *79–80 u*	19	24 ___
9360	National Hockey League Boxcar (O27), *79–80 u*	21	26 ___
9361	C&NW Bay Window Caboose, *80*	47	50 ___
9362	Major League Baseball Boxcar (O27), *79–80 u*	17	21 ___
9363	N&W Log Dump Car "9325" (O27), *79*	4	7 ___
9364	N&W Crane Car "9325" (O27), *79*	7	9 ___
9365	Toys "R" Us Boxcar (O27), *79 u*	30	37 ___
9366	UP Covered Quad Hopper (FARR 2), *80*	19	23 ___
9367	Union Pacific 1-D Tank Car (FARR 2), *80*	21	30 ___
9368	Union Pacific Bay Window Caboose (FARR 2), *80*	30	36 ___
9369	Sinclair 1-D Tank Car, *80*	60	85 ___
9370	Seaboard Gondola with canisters, *80*	19	21 ___
9371	Atlantic Sugar Covered Quad Hopper, *80*	19	22 ___
9372	Seaboard Bay Window Caboose, *80*	30	41 ___
9373	Getty 1-D Tank Car, *80–81, 83 u*	31	42 ___
9374	Reading Covered Quad Hopper, *80–81, 83 u*	39	40 ___
9376	Soo Line Boxcar (O27), *81 u*	40	50 ___
9378	Derrick Car, *80–82*	18	22 ___
9379	Santa Fe Gondola with canisters, *80–81, 83 u*	22	30 ___
9380	NYNH&H SP-type Caboose, *80–81*	9	10 ___
9381	Chessie System SP-type Caboose, *80*	7	9 ___
9382	Florida East Coast Bay Window Caboose, *80*	34	48 ___
9383	UP Flatcar with trailers (FARR 2), *80 u*	27	34 ___
9384	Great Northern Operating Hopper, *81*	50	55 ___
9385	Alaska Gondola with canisters, *81*	27	34 ___
9386	Pure Oil 1-D Tank Car, *81*	38	50 ___
9387	Burlington Bay Window Caboose, *81*	46	52 ___
9388	Toys "R" Us Boxcar (O27), *81 u*	38	45 ___
9389	Radioactive Waste Car, *81–82*	63	78 ___
9398	PRR Coal Dump Car, *83–84*	28	38 ___
9399	C&NW Coal Dump Car, *83–85*	17	22 ___
9400	Conrail Boxcar, *78*	14	20 ___
9401	Great Northern Boxcar, *78*	18	23 ___
9402	Susquehanna Boxcar, *78*	30	33 ___
9403	Seaboard Coast Line Boxcar, *78*	12	17 ___
9404	NKP Boxcar, *78*	19	21 ___
9405	Chattahoochee Boxcar, *78*	14	19 ___
9406	D&RGW Boxcar, *78–79*	17	21 ___
9407	Union Pacific Stock Car, *78*	24	25 ___
9408	Lionel Lines Circus Stock Car (SSS), *78*	31	40 ___

		Exc	Mint
____ 9411	Lackawanna Phoebe Snow Boxcar, *78*	35	43
____ 9412	RF&P Boxcar, *79*	21	27
____ 9413	Napierville Junction Boxcar, *79*	18	24
____ 9414	Cotton Belt Boxcar, *79*	19	23
____ 9415	Providence & Worcester Boxcar, *79*	17	25
____ 9416	MD&W Boxcar, *79, 81*	13	19
____ 9417	CP Rail Boxcar, *79*	45	50
____ 9418	FARR Boxcar, *79 u*	50	60
____ 9419	Union Pacific Boxcar (FARR 2), *80*	15	17
____ 9420	B&O Sentinel Boxcar, *80*	25	28
____ 9421	Maine Central Boxcar, *80*	10	17
____ 9422	EJ&E Boxcar, *80*	12	20
____ 9423	NYNH&H Boxcar, *80*	14	22
____ 9424	TP&W Boxcar, *80*	17	21
____ 9425	British Columbia DD Boxcar, *80*	27	35
____ 9426	Chesapeake & Ohio Boxcar, *80*	19	30
____ 9427	Bay Line Boxcar, *80–81*	12	17
____ 9428	TP&W Boxcar, *80–81, 83 u*		23
____ 9429	"The Early Years" Boxcar, *80*	20	27
____ 9430	"The Standard Gauge Years" Boxcar, *80*	22	25
____ 9431	"The Prewar Years" Boxcar, *80*	20	25
____ 9432	"The Postwar Years" Boxcar, *80*	50	55
____ 9433	"The Golden Years" Boxcar, *80*	33	43
____ 9434	Joshua Lionel Cowen "The Man" Boxcar, *80 u*	29	37
____ 9436	Burlington Boxcar, *81*	25	30
____ 9437	Northern Pacific Stock Car, *81*	22	36
____ 9438	Ontario Northland Boxcar, *81*	25	31
____ 9439	Ashley Drew & Northern Boxcar, *81*	11	19
____ 9440	Reading Boxcar, *81*	50	65
____ 9441	Pennsylvania Boxcar, *81*	32	42
____ 9442	Canadian Pacific Boxcar, *81*	13	21
____ 9443	Florida East Coast Boxcar, *81*	19	24
____ 9444	Louisiana Midland Boxcar, *81*	14	18
____ 9445	Vermont Northern Boxcar, *81*	14	17
____ 9446	Sabine River & Northern Boxcar, *81*	15	21
____ 9447	Pullman Standard Boxcar, *81*	16	21
____ 9448	Santa Fe Stock Car, *81–82*	34	40
____ 9449	Great Northern Boxcar (FARR 3), *81*	27	31
____ 9450	Great Northern Stock Car (FARR 3), *81 u*	50	60
____ 9451	Southern Boxcar (FARR 4), *83*	26	32
____ 9452	Western Pacific Boxcar, *82–83*	12	16
____ 9453	MPA Boxcar, *82–83*	14	19
____ 9454	New Hope & Ivyland Boxcar, *82–83*	21	27
____ 9455	Milwaukee Road Boxcar, *82–83*	15	19
____ 9456	PRR DD Boxcar (FARR 5), *84–85*	24	30
____ 9461	Norfolk & Southern Boxcar, *82*	25	43
____ 9462	Southern Pacific Boxcar, *83–84*	18	23
____ 9463	Texas & Pacific Boxcar, *83–84*	15	19
____ 9464	NC&StL Boxcar, *83–84*	16	22
____ 9465	Santa Fe Boxcar, *83–84*	12	19
____ 9466	Wanamaker Boxcar, *82 u*	60	70

		Exc	Mint
9467	Tennessee World's Fair Boxcar, *82 u*	26	31 ____
9468	Union Pacific DD Boxcar, *83*	31	34 ____
9469	NYC Pacemaker Boxcar (std O), *84–85*	37	53 ____
9470	Chicago Beltline Boxcar, *84*	15	20 ____
9471	Atlantic Coast Line Boxcar, *84*	13	19 ____
9472	Detroit & Mackinac Boxcar, *84*	22	26 ____
9473	Lehigh Valley Boxcar, *84*	24	28 ____
9474	Erie-Lackawanna Boxcar, *84*	31	35 ____
9475	D&H "I Love NY" Boxcar, *84 u*	28	37 ____
9476	PRR Boxcar (FARR 5), *84–85*	27	36 ____
9480	MN&S Boxcar, *85–86*	15	18 ____
9481	Seaboard System Boxcar, *85–86*	15	18 ____
9482	Norfolk & Southern Boxcar, *85–86*	13	17 ____
9483	Manufacturers Railway Boxcar, *85–86*	14	19 ____
9484	Lionel 85th Anniversary Boxcar, *85*	22	26 ____
9486	GTW "I Love Michigan" Boxcar, *86*	23	34 ____
9490	Christmas Boxcar for Lionel Employees, *85 u*		1750 ____
9491	Christmas Boxcar, *86 u*	26	37 ____
9492	Lionel Lines Boxcar, *86*	23	29 ____
9500	Milwaukee Road Passenger Coach, *73*	28	75 ____
9501	Milwaukee Road Passenger Coach, *73 u, 74–76*	33	37 ____
9502	Milwaukee Road Observation Car, *73*	30	48 ____
9503	Milwaukee Road Passenger Coach, *73*	33	48 ____
9504	Milwaukee Road Passenger Coach, *73 u, 74–76*	33	37 ____
9505	Milwaukee Road Passenger Coach, *73 u, 74–76*	35	38 ____
9506	Milwaukee Road Combination Car, *74 u, 75–76*	32	37 ____
9507	PRR Passenger Coach, *74–75*	34	55 ____
9508	PRR Passenger Coach, *74–75*	32	50 ____
9509	PRR Observation Car, *74–75*	41	60 ____
9510	PRR Combination Car, *74 u, 75–76*	30	47 ____
9511	Milwaukee Road Passenger Coach, *74 u*	33	48 ____
9513	PRR Passenger Coach, *75–76*	25	44 ____
9514	PRR Passenger Coach, *75–76*	23	36 ____
9515	PRR Passenger Coach, *75–76*	22	34 ____
9516	B&O Passenger Coach, *76*	27	42 ____
9517	B&O Passenger Coach, *75*	45	65 ____
9518	B&O Observation Car, *75*	45	65 ____
9519	B&O Combination Car, *75*	55	85 ____
9521	PRR Baggage Car, *75 u, 76*	65	95 ____
9522	Milwaukee Road Baggage Car, *75 u, 76*	65	80 ____
9523	B&O Baggage Car, *75 u, 76*	60	70 ____
9524	B&O Passenger Coach, *76*	27	37 ____
9525	B&O Passenger Coach, *76*	30	43 ____
9527	Milwaukee Road Campaign Observation Car, *76 u*	50	75 ____
9528	PRR Campaign Observation Car, *76 u*	65	95 ____
9529	B&O Campaign Observation Car, *76 u*	44	70 ____
9530	Southern Baggage Car, *77–78*	45	65 ____
9531	Southern Combination Car, *77–78*	29	37 ____

			Exc	Mint
____	9532	Southern Passenger Coach, *77–78*	33	47
____	9533	Southern Passenger Coach, *77–78*	27	38
____	9534	Southern Observation Car, *77–78*	31	47
____	9536	Blue Comet Baggage Car, *78–80*	39	55
____	9537	Blue Comet Combination Car, *78–80*	35	50
____	9538	Blue Comet Passenger Coach, *78–80*	35	47
____	9539	Blue Comet Passenger Coach, *78–80*	35	48
____	9540	Blue Comet Observation Car, *78–80*	27	40
____	9541	Santa Fe Baggage Car, *80–82*	21	30
____	9545	Union Pacific Baggage Car, *84*	135	200
____	9546	Union Pacific Combination Car, *84*	85	105
____	9547	Union Pacific Observation Car, *84*	85	105
____	9548	UP Placid Bay Passenger Coach, *84*	90	110
____	9549	UP Ocean Sunset Passenger Coach, *84*	85	105
____	9551	W&ARR Baggage Car, *77 u, 78–80*	36	48
____	9552	W&ARR Passenger Coach, *77 u, 78–80*	46	60
____	9553	W&ARR Flatcar with horses, *77 u, 78–80*	32	50
____	9554	Chicago & Alton Baggage Car, *81*	55	85
____	9555	Chicago & Alton Combination Car, *81*	50	75
____	9556	Chicago & Alton Wilson Passenger Coach, *81*	50	75
____	9557	Chicago & Alton Webster Groves Passenger Coach, *81*	45	65
____	9558	Chicago & Alton Observation Car, *81*	50	75
____	9559	Rock Island Baggage Car, *81–82*	42	65
____	9560	Rock Island Passenger Coach, *81–82*	43	65
____	9561	Rock Island Passenger Coach, *81–82*	42	65
____	9562	N&W Baggage Car "577," *81*	80	110
____	9563	N&W Combination Car "578," *81*	80	105
____	9564	N&W Passenger Coach "579," *81*	90	100
____	9565	N&W Passenger Coach "580," *81*	85	100
____	9566	N&W Observation Car "581," *81*	90	95
____	9567	N&W Vista Dome Car "582," *81 u*	160	255
____	9569	PRR Combination Car, *81 u*	115	160
____	9570	PRR Baggage Car, *79*	85	115
____	9571	PRR Passenger Coach, *79*	125	145
____	9572	PRR Passenger Coach, *79*	110	125
____	9573	PRR Vista Dome Car, *79*	95	120
____	9574	PRR Observation Car, *79*	75	100
____	9575	PRR Passenger Coach, *79–80 u*	100	135
____	9576	Burlington Baggage Car, *80*	145	175
____	9577	Burlington Passenger Coach, *80*	95	105
____	9578	Burlington Passenger Coach, *80*	105	110
____	9579	Burlington Vista Dome Car, *80*	95	110
____	9580	Burlington Observation Car, *80*	95	110
____	9581	Chessie System Baggage Car, *80*	55	62
____	9582	Chessie System Combination Car, *80*	47	55
____	9583	Chessie System Passenger Coach, *80*	40	47
____	9584	Chessie System Passenger Coach, *80*	31	37
____	9585	Chessie System Observation Car, *80*	55	65
____	9586	Chessie System Diner, *86 u*	85	90
____	9588	Burlington Vista Dome Car, *80 u*	110	120
____	9589	Southern Pacific Baggage Car, *82–83*	110	135

MODERN ERA 1970-2014

No.	Description	Exc	Mint	
9590	Southern Pacific Combination Car, 82–83	90	105	____
9591	Southern Pacific Pullman Passenger Coach, 82–83	85	105	____
9592	Southern Pacific Pullman Passenger Coach, 82–83	85	105	____
9593	Southern Pacific Observation Car, 82–83	100	130	____
9594	NYC Baggage Car, 83–84	105	130	____
9595	NYC Combination Car, 83–84	75	85	____
9596	NYC Wayne County Passenger Coach, 83–84	80	95	____
9597	NYC Hudson River Passenger Coach, 83–84	70	85	____
9598	NYC Observation Car, 83–84	75	85	____
9599	Chicago & Alton Diner, 86 u	80	90	____
9600	Chessie System Hi-Cube Boxcar, 75 u, 76–77	19	25	____
9601	ICG Hi-Cube Boxcar, 75 u, 76–77	20	21	____
9602	Santa Fe Hi-Cube Boxcar, 75 u, 76–77	17	20	____
9603	Penn Central Hi-Cube Boxcar, 76–77	17	18	____
9604	Norfolk & Western Hi-Cube Boxcar, 76–77	23	26	____
9605	NH Hi-Cube Boxcar, 76–77	17	21	____
9606	Union Pacific Hi-Cube Boxcar, 76 u, 77	16	17	____
9607	Southern Pacific Hi-Cube Boxcar, 76 u, 77	12	15	____
9608	Burlington Northern Hi-Cube Boxcar, 76 u, 77	21	23	____
9610	Frisco Hi-Cube Boxcar, 77	25	34	____
9620	NHL Wales Boxcar, 80	27	35	____
9621	NHL Campbell Boxcar, 80	27	34	____
9622	NBA Western Boxcar, 80	24	30	____
9623	NBA Eastern Boxcar, 80	26	34	____
9624	National League Baseball Boxcar, 80	27	34	____
9625	American League Baseball Boxcar, 80	27	35	____
9626	Santa Fe Hi-Cube Boxcar, 82–84	10	14	____
9627	Union Pacific Hi-Cube Boxcar, 82–83	15	21	____
9628	Burlington Northern Hi-Cube Boxcar, 82–84	14	19	____
9629	Chessie System Hi-Cube Boxcar, 83–84	23	34	____
9660	Mickey Mouse Hi-Cube Boxcar, 77–78	28	40	____
9661	Goofy Hi-Cube Boxcar, 77–78	53	61	____
9662	Donald Duck Hi-Cube Boxcar, 77–78	38	49	____
9663	Dumbo Hi-Cube Boxcar, 77 u, 78	43	58	____
9664	Cinderella Hi-Cube Boxcar, 77 u, 78	56	86	____
9665	Peter Pan Hi-Cube Boxcar, 77 u, 78	49	77	____
9666	Pinocchio Hi-Cube Boxcar, 78	106	157	____
9667	Snow White Hi-Cube Boxcar, 78	345	454	____
9668	Pluto Hi-Cube Boxcar, 78	147	188	____
9669	Bambi Hi-Cube Boxcar, 78 u	67	105	____
9670	Alice In Wonderland Hi-Cube Boxcar, 78 u	61	91	____
9671	Fantasia Hi-Cube Boxcar, 78 u	56	91	____
9672	Mickey Mouse 50th Anniversary Hi-Cube Boxcar, 78 u	357	422	____
9700	Southern Boxcar, 72–73	22	30	____
9701	B&O DD Boxcar, 72	14	19	____
9702	Soo Line Boxcar, 72–73	15	21	____
9703	CP Rail Boxcar, 72	34	44	____
9704	Norfolk & Western Boxcar, 72	10	17	____
9705	D&RGW Boxcar, 72	13	20	____
9706	C&O Boxcar, 72	17	19	____

			Exc	Mint
____	**9707**	MKT Stock Car, *72–75*	14	22
____	**9708**	U.S. Mail Boxcar, *72–75*	18	23
____	**9708**	U.S. Mail Toy Fair Boxcar, *73 u*	85	95
____	**9709**	BAR State of Maine Boxcar (SSS), *72–74*	29	32
____	**9710**	Rutland Boxcar (SSS), *72–74*	24	28
____	**9711**	Southern Boxcar, *74–75*	19	25
____	**9712**	B&O DD Boxcar, *73–74*	31	34
____	**9713**	CP Rail Boxcar, *73–74*	24	30
____	**9713**	CP Rail "Season's Greetings" Boxcar, *74 u*	95	120
____	**9714**	D&RGW Boxcar, *73–74*	16	20
____	**9715**	C&O Boxcar, *73–74*	17	22
____	**9716**	Penn Central Boxcar, *73–74*	15	20
____	**9717**	Union Pacific Boxcar, *73–74*	21	25
____	**9718**	Canadian National Boxcar, *73–74*	23	31
____	**9719**	New Haven DD Boxcar, *73 u*	23	32
____	**9723**	Western Pacific Boxcar (SSS), *73–74*	27	29
____	**9723**	Western Pacific Toy Fair Boxcar, *74 u*	20	60
____	**9724**	Missouri Pacific Boxcar (SSS), *73–74*	21	24
____	**9725**	MKT Stock Car (SSS), *73–75*	15	18
____	**9726**	Erie-Lackawanna Boxcar (SSS), *78*	25	30
____	**9729**	CP Rail Boxcar, *78*		34
____	**9730**	CP Rail Boxcar, *74–75*	23	27
____	**9731**	Milwaukee Road Boxcar, *74–75*	16	21
____	**9732**	Southern Pacific Boxcar, *79 u*	24	31
____	**9734**	Bangor & Aroostook Boxcar, *79*	30	38
____	**9735**	Grand Trunk Western Boxcar, *74–75*	15	21
____	**9737**	Vermont Central Boxcar, *74–76*	27	34
____	**9738**	Illinois Terminal Boxcar, *82*	43	45
____	**9739**	D&RGW Boxcar (SSS), *74–76*	17	25
____	**9740**	Chessie System Boxcar, *74–75*	15	19
____	**9742**	M&StL Boxcar, *73 u*	17	19
____	**9742**	M&StL "Season's Greetings" Boxcar, *73 u*	85	105
____	**9743**	Sprite Boxcar, *74 u, 75*	19	27
____	**9744**	Tab Boxcar, *74 u, 75*	17	24
____	**9745**	Fanta Boxcar, *74 u, 75*	19	29
____	**9747**	Chessie System DD Boxcar, *75–76*	24	28
____	**9748**	CP Rail Boxcar, *75–76*	16	20
____	**9749**	Penn Central Boxcar, *75–76*	16	21
____	**9750**	DT&I Boxcar, *75–76*	13	15
____	**9751**	Frisco Boxcar, *75–76*	21	23
____	**9752**	L&N Boxcar, *75–76*	20	23
____	**9753**	Maine Central Boxcar, *75–76*	16	22
____	**9754**	NYC Pacemaker Boxcar (SSS), *75–77*	20	30
____	**9755**	Union Pacific Boxcar, *75–76*	20	24
____	**9757**	Central of Georgia Boxcar, *74 u*	16	19
____	**9758**	Alaska Boxcar (SSS), *75–77*	24	31
____	**9759**	Paul Revere Boxcar, *75 u*	36	43
____	**9760**	Liberty Bell Boxcar, *75 u*	30	40
____	**9761**	George Washington Boxcar, *75 u*	36	43
____	**9762**	Toy Fair Boxcar, *75 u*	125	170
____	**9763**	D&RGW Stock Car, *76–77*	15	20
____	**9764**	GTW DD Boxcar, *76–77*	40	55

		Exc	Mint	
9767	Railbox Boxcar, *76–77*	15	20	___
9768	B&M Boxcar, *76–77*	18	27	___
9769	B&LE Boxcar, *76–77*	17	21	___
9770	Northern Pacific Boxcar, *76–77*	14	18	___
9771	Norfolk & Western Boxcar, *76–77*	16	24	___
9772	Great Northern Boxcar, *76*	60	85	___
9773	NYC Stock Car, *76*	32	39	___
9775	M&StL Boxcar (SSS), *76*	19	23	___
9776	SP Overnight Boxcar (SSS), *76*	32	34	___
9777	Virginian Boxcar, *76–77*	22	25	___
9778	"Season's Greetings" Boxcar, *75 u*	165	185	___
9780	Johnny Cash Boxcar, *76 u*	54	58	___
9781	Delaware & Hudson Boxcar, *77–78*	19	23	___
9782	Rock Island Boxcar, *77–78*	14	17	___
9783	B&O Time-Saver Boxcar, *77–78*	25	27	___
9784	Santa Fe Boxcar, *77–78*	13	17	___
9785	Conrail Boxcar, *77–78*	20	23	___
9786	C&NW Boxcar, *77–79*	18	27	___
9787	Jersey Central Boxcar, *77–79*	18	19	___
9788	Lehigh Valley Boxcar, *77–79*	17	21	___
9789	Pickens Boxcar, *77*	25	33	___
9801	B&O Sentinel Boxcar (std O), *73–75*	18	26	___
9802	Miller High Life Reefer (std O), *73–75*	28	33	___
9803	Johnson Wax Boxcar (std O), *73–75*	27	33	___
9805	Grand Trunk Western Reefer (std O), *73–75*	30	31	___
9806	Rock Island Boxcar (std O), *74–75*	38	46	___
9807	Stroh's Beer Reefer (std O), *74–76*	64	77	___
9808	Union Pacific Boxcar (std O), *75–76*	36	50	___
9809	Clark Reefer (std O), *75–76*	33	41	___
9811	Pacific Fruit Express Reefer (FARR 2), *80*	26	33	___
9812	Arm & Hammer Reefer, *80*	24	30	___
9813	Ruffles Reefer, *80*	18	26	___
9814	Perrier Reefer, *80*	21	30	___
9815	NYC "Early Bird" Reefer (std O), *84–85*	34	40	___
9816	Brach's Candy Reefer, *80*	21	26	___
9817	Bazooka Bubble Gum Reefer, *80*	24	31	___
9818	Western Maryland Reefer, *80*	18	23	___
9819	Western Fruit Express Reefer (FARR 3), *81*	22	29	___
9820	Wabash Gondola with coal (std O), *73–74*	24	38	___
9821	SP Gondola with coal (std O), *73–75*	28	32	___
9822	GTW Gondola with coal (std O), *74–75*	24	29	___
9823	Santa Fe Flatcar with crates (std O), *75–76*	34	44	___
9824	NYC Gondola with coal (std O), *75–76*	41	56	___
9825	Schaefer Reefer (std O), *76–77*	45	60	___
9826	P&LE Boxcar (std O), *76–77*	34	39	___
9827	Cutty Sark Reefer, *84*	33	42	___
9828	J&B Reefer, *84*	31	43	___
9829	Dewar's White Label Reefer, *84*	33	42	___
9830	Johnnie Walker Red Label Reefer, *84*	17	40	___
9831	Pepsi Cola Reefer, *82*	73	84	___
9832	Cheerios Reefer, *82*	150	174	___
9833	Vlasic Pickles Reefer, *82*	23	29	___

			Exc	Mint
____	9834	Southern Comfort Reefer, *83–84*	25	42
____	9835	Jim Beam Reefer, *83–84*	38	55
____	9836	Old Grand-Dad Reefer, *83–84*	32	46
____	9837	Wild Turkey Reefer, *83–84*	57	88
____	9840	Fleischmann's Gin Reefer, *85*	35	40
____	9841	Calvert Gin Reefer, *85*	35	41
____	9842	Seagram's Gin Reefer, *85*	35	40
____	9843	Tanqueray Gin Reefer, *85*	38	41
____	9844	Sambuca Reefer, *86*	34	46
____	9845	Baileys Irish Cream Reefer, *86*	53	80
____	9846	Seagram's Vodka Reefer, *86*	34	41
____	9847	Wolfschmidt Vodka Reefer, *86*	34	39
____	9849	Lionel Lines Reefer, *83 u*	30	32
____	9850	Budweiser Reefer, *72 u, 73–75*	52	62
____	9851	Schlitz Reefer, *72 u, 73–75*	29	35
____	9852	Miller Reefer, *72 u, 73–77*	32	38
	9853	Cracker Jack Reefer, *72 u, 73–75*		
____		(A) Caramel-colored body	29	34
____		(B) White body, black logo border	23	28
____	9854	Baby Ruth Reefer, *72 u, 73–76*	22	26
____	9855	Swift Reefer, *72 u, 73–77*	23	28
____	9856	Old Milwaukee Reefer, *75–76*	33	40
____	9858	Butterfinger Reefer, *73 u, 74–76*	22	28
____	9859	Pabst Reefer, *73 u, 74–75*	38	45
____	9860	Gold Medal Reefer, *73 u, 74–76*	12	21
____	9861	Tropicana Reefer, *75–77*	23	35
____	9862	Hamm's Reefer, *75–76*	35	42
____	9863	REA Reefer (SSS), *74–76*	24	28
____	9866	Coors Reefer, *76–77*	41	56
____	9867	Hershey's Reefer, *76–77*	68	78
____	9869	Santa Fe Reefer (SSS), *76*	32	37
____	9870	Old Dutch Cleanser Reefer, *77–78, 80*	15	21
____	9871	Carling Black Label Reefer, *77–78, 80*	33	45
____	9872	Pacific Fruit Express Reefer, *77–79*	24	28
____	9873	Ralston Purina Reefer, *78*	30	38
____	9874	Miller Lite Beer Reefer, *78–79*	52	59
____	9875	A&P Reefer, *78–79*	23	31
____	9876	Vermont Central Reefer, *78*	26	31
____	9877	Gerber Reefer, *79–80*	68	78
____	9878	Good and Plenty Reefer, *79*	24	31
____	9879	Hills Bros. Reefer, *79–80*	23	29
____	9880	Santa Fe Reefer (FARR 1), *79*	27	31
____	9881	Rath Packing Reefer, *79 u*	23	31
____	9882	NYC "Early Bird" Reefer, *79*	25	29
____	9883	Nabisco Oreo Reefer, *79*	83	88
____	9884	Fritos Reefer, *81–82*	26	34
____	9885	Lipton Tea Reefer, *81–82*	30	38
____	9886	Mounds Reefer, *81–82*	24	30
____	9887	Fruit Growers Express Reefer (FARR 4), *83*	29	38
____	9888	Green Bay & Western Reefer, *83*	42	49
____	11000	Holiday Express Freight Set, *08*		280
____	11004	NASCAR Diesel Freight Set, *06–07*		300

Exc Mint

		Exc	Mint
11005	Dale Earnhardt Jr. Diesel Freight Set, *06–07*	240	____
11006	Kasey Kahne Expansion Pack, *06–07*	130	____
11006	Lionel Lion Set, *03 u*	230	____
11007	Dale Earnhardt Sr. Expansion Pack, *06–07*	130	____
11008	Dale Earnhardt Jr. Expansion Pack, *06–07*	130	____
11009	Tony Stewart Expansion Pack, *06–07*	130	____
11010	Jimmie Johnson Expansion Pack, *06–07*	130	____
11011	Jeff Gordon Expansion Pack, *06–07*	130	____
11020	Harry Potter Hogwarts Express Steam Passenger Set, *08–13*	330	____
11025	Jimmie Johnson 2006 Champion Boxcar, *07*	45	____
11038	Snow-covered Straight Track 4-pack, *08*	14	____
11041	Holiday Calliope Car, *08*	45	____
11067	Lionel Bear, *08*	25	____
11077	Harry Potter Figures, *08*	27	____
11096	Engineer Hat, *08*	18	____
11098	Holiday Toy Soldier Car, *08*	50	____
11100	PRR 2-8-2 Mikado Locomotive "9631," CC, *07*	370	____
11101	LL 2-8-4 Berkshire Locomotive "737," CC, *06*	350	____
11103	Southern PS-4 4-6-2 Pacific Locomotive "1403," CC, *06*	1000	____
11104	UP Big Boy Locomotive "4014," CC, *06*	1700	____
11105	NYC L-2A 4-8-2 Mohawk Locomotive "2770," CC, *06*	1100	____
11107	LionMaster SP Cab Forward Locomotive "4276," RailSounds, *06–07*	850	____
11108	C&O F-19 4-6-2 Pacific Locomotive "494," CC, *06–07*	1160	____
11109	C&O 0-8-0 Locomotive "79," TrainSounds, *06*	420	____
11110	NYC 0-8-0 Locomotive "7805," TrainSounds, *06*	420	____
11116	UP 4-8-4 FEF-3 Locomotive "844," gray, CC, *08–09*	1160	____
11117	Santa Fe E6 4-4-2 Atlantic Locomotive "1484," CC, *07–09*	600	____
11119	Southern 0-8-0 Locomotive "6535," TrainSounds, *07*	420	____
11122	UP Big Boy Locomotive "4024," CC, *06*	1700	____
11123	UP Big Boy Locomotive "4023," CC, *06*	1700	____
11126	UP Big Boy Locomotive "4012," CC, *06*	1700	____
11127	SP GS-4 4-8-4 Northern Locomotive "4436," CC, *07–09*	1200	____
11128	C&O F-19 4-6-2 Pacific Locomotive "490," CC, *07*	1160	____
11131	UP 4-8-4 FEF-3 Locomotive "844," black, CC, *08–09*	1160	____
11132	Reading 2-8-0 Consolidation Locomotive "1914," RailSounds, *08*	450	____
11133	NYC 2-8-0 Consolidation Locomotive "1149," RailSounds, *08*	450	____
11134	WM 2-8-0 Consolidation Locomotive "729," RailSounds, *08*	450	____
11135	B&O 2-8-0 Consolidation Locomotive "2784," RailSounds, *08*	450	____

			Exc	Mint
___	**11136**	WP 2-8-2 Mikado Locomotive "322," CC, *08*		800
___	**11137**	UP 2-8-2 Mikado Locomotive "1925," CC, *08*		800
___	**11138**	ATSF 2-8-2 Mikado Locomotive "3156," CC, *08*		800
___	**11139**	MILW 2-8-2 Mikado Locomotive "462," CC, *08*		800
___	**11140**	Cass Scenic Shay Locomotive "7," CC, *07*		800
___	**11141**	Birch Valley Lumber Shay Locomotive "5," CC, *07*		800
___	**11142**	Hogwarts Express Add-on 2-pack, *09–10*		120
___	**11143**	SP AC-4 Cab Forward Locomotive "4100," CC, *08*		1670
___	**11146**	Pere Marquette 2-8-4 Berkshire Locomotive "1225," CC, *08*		1290
___	**11147**	PRR 4-8-2 Mib Locomotive "6750," CC, *08*		1290
___	**11148**	NYC Dreyfuss J-3a 4-6-4 Hudson Locomotive "5448," CC, *08*		1130
___	**11149**	LionMaster UP Big Boy 4-8-8-4 Locomotive "4006," CC, *08*		860
___	**11150**	NYC F-12e 4-6-0 10-wheel Locomotive "827," CC, *08*		700
___	**11151**	Polar Express Tender, RailSounds, *08–10*		440
___	**11152**	D&RGW LionMaster 4-6-6-4 Challenger Locomotive "3805," CC, *09*		900
___	**11153**	Stourbridge Lion Steam Locomotive, *09–10*		430
___	**11154**	PRR CC2s 0-8-8-0 Mallet Locomotive "8183," CC, *09–10*		2000
___	**11155**	ATSF 2-10-10-2 Mallet Locomotive "3000," CC, *09–10*		2500
___	**11156**	C&O 4-6-0 Ten-Wheeler Locomotive, CC, *10*		740
___	**11157**	WM Shay Locomotive "6," CC, *10*		800
___	**11162**	Lone Ranger Add-on 3-pack, *10*		165
___	**11164**	Dewitt Clinton Passenger Set, *10*		630
___	**11165**	Dewitt Clinton Add-on Coach, *10*		70
___	**11166**	CSX Merger Freight 2-pack #1, *10–11*		130
___	**11167**	CSX Merger Freight 2-pack #2, *10–11*		105
___	**11168**	CSX Merger Freight 2-pack #3, *10–11*		130
___	**11169**	Strasburg Freight Add-on 2-pack, *10*		100
___	**11170**	Three Rivers Fast Freight Set, *10–12*		400
___	**11173**	Texan Freight Add-on 2-pack, *10–11*		130
___	**11174**	Maple Leaf Freight Add-on 2-pack, *10–11*		110
___	**11175**	Operation Eagle Justice Add-on 2-pack, *10–11*		125
___	**11180**	Motor City Express Diesel Freight Set, CC, *12–13*		1150
___	**11181**	CN GP9 Diesel Piggyback Train Set, CC, *12*		850
___	**11182**	Dixie Special FT Diesel Freight Set, *11*		700
___	**11183**	Lincoln Funeral Train, *13*		1140
___	**11194**	Texas Special Diesel Passenger Set, CC, *13*		1110
___	**11195**	PRR Diesel Passenger Set, CC, *13*		1110
___	**11199**	UP NW2 Diesel Switcher Work Train, CC, *12*		600
___	**11200**	UP LionMaster Challenger Locomotive "3985," CC, *10*		900
___	**11201**	WM LionMaster Challenger Locomotive "1204," CC, *10*		900

		Exc	Mint
11202	CP 4-6-0 Ten-Wheeler Locomotive "914," CC, 10		740 ____
11203	Pere Marquette Berkshire Locomotive "1225," CC, 09		980 ____
11204	Pere Marquette Tender, RailSounds, 09		440 ____
11207	PRR LionMaster T1 Duplex Locomotive "5511," CC, 10		800 ____
11208	UP LionMaster Big Boy Locomotive "4011," CC, 10		900 ____
11209	Vision NYC Hudson Locomotive "5344," CC, 10		1600 ____
11210	UP Challenger Locomotive "3967," CC, 10		1825 ____
11211	UP 4-6-6-4 Challenger Locomotive "3976," CC, 10		1825 ____
11212	NKP Berkshire Locomotive "765," CC, 10		1400 ____
11215	LV 4-6-0 Camelback Locomotive "1598," CC, 10		550 ____
11216	Jersey Central 4-6-0 Camelback Locomotive, CC, 10		550 ____
11217	PRR 4-6-0 Camelback Locomotive "822," CC, 10		550 ____
11218	Vision NYC Hudson Locomotive "5331," CC, 10		1600 ____
11219	Clinchfield Challenger Locomotive "672," CC, 10		1825 ____
11220	UP Challenger Locomotive "3989," CC, 10		1825 ____
11221	UP Challenger Locomotive "3983," CC, 10		1825 ____
11224	PRR Atlantic Locomotive "460," CC, 10–11		700 ____
11225	B&O Atlantic Locomotive "1440," CC		700 ____
11226	UP Water Tender, black, CC, 11		300 ____
11227	UP Water Tender, gray, CC, 11		300 ____
11228	Clinchfield Water Tender, CC, 11		300 ____
11229	MILW 4-8-4 Northern Locomotive "261," CC, 11		995 ____
11230	MILW 4-8-4 Northern Locomotive "267," CC, 11		995 ____
11232	Reading Atlantic Locomotive "351," CC, 11		700 ____
11233	Pennsylvania Power & Light 2-Truck Shay Locomotive, CC, 11		900 ____
11234	Pennsylvania Power & Light 2-Truck Shay Locomotive, 11		750 ____
11235	West Side Lumber 2-Truck Shay Steam Locomotive, CC, 11		900 ____
11236	West Side Lumber 2-Truck Shay Steam Locomotive, 11		750 ____
11237	Sugar Pine Lumber Shay Locomotive "4," CC, 11		900 ____
11238	Sugar Pine Lumber Shay Locomotive "5," 11		750 ____
11239	Merrill & Ring Lumber 2-Truck Shay Steam Locomotive, CC, 11		900 ____
11240	Merrill & Ring Lumber 2-Truck Shay Steam Locomotive, 11		750 ____
11247	Erie USRA 0-8-0 Steam Switcher "121," CC, 11–12		700 ____
11248	Erie USRA 0-8-0 Steam Switcher "127," 11–12		550 ____

		Exc	Mint
11249	L&N USRA 0-8-0 Steam Switcher "2119," CC, *11–12*		700
11250	L&N USRA 0-8-0 Steam Switcher "2121," *11–12*		550
11251	Pere Marquette USRA 0-8-0 Steam Switcher "1300," CC, *11–12*		700
11252	Pere Marquette USRA 0-8-0 Steam Switcher "1307," *11–12*		550
11253	NH 0-8-0 Steam Switcher "3603," CC, *11–13*		700
11254	NH 0-8-0 Steam Switcher "3606," *11–13*		550
11255	C&O 2-8-2 Mikado Steam Locomotive "1062," CC, *12*		900
11256	NH 2-8-2 Mikado Steam Locomotive "3021," CC, *12*		900
11257	PRR 2-8-2 Mikado Steam Locomotive "8631," CC, *12*		900
11258	Southern 2-8-2 Mikado Steam Locomotive "4501," CC, *12*		900
11259	UP 2-8-2 Mikado Steam Locomotive "2840," CC, *12*		900
11260	Rio Grande 2-8-2 Mikado Steam Locomotive "1207," CC, *12*		900
11261	DM&I 2-8-2 Mikado Steam Locomotive "1305," CC, *12*		900
11262	Erie 2-8-2 Mikado Steam Locomotive "3007," CC, *12*		900
11264	PRR K4 4-6-2 Pacific Steam Locomotive "1361," CC, *11*		900
11265	PRR K4 4-6-2 Pacific Steam Locomotive "1330," CC, *11*		900
11266	PRR K4 4-6-2 Pacific Steam Locomotive "1361," *11*		750
11268	Strasburg 2-6-0 Mogul Steam Locomotive "89," *11*		550
11269	RI 2-6-0 Mogul Steam Locomotive "750," *11–13*		550
11270	GN 2-6-0 Mogul Steam Locomotive "453," *11*		550
11271	C&O 2-6-0 Mogul Steam Locomotive "49," *11–12*		550
11272	ATSF 2-6-0 Mogul Steam Locomotive "573," *11*		550
11273	Central Pacific 2-6-0 Mogul Steam Locomotive "1470," *11–13*		550
11274	MKT USRA 0-8-0 Steam Switcher "46," CC, *11–12*		700
11275	MKT 0-8-0 Steam Switcher "51," CC, *11*		550
11276	Lionelville & Western 0-8-0 Steam Switcher "1," CC, *11–13*		700
11277	Lionelville & Western 0-8-0 Steam Switcher "2," *11–13*		550
11278	WP 2-8-2 Mikado Steam Locomotive "322," CC, *11*		900
11279	WP 2-8-2 Mikado Steam Locomotive "327," *11*		750
11280	B&O 2-8-2 Mikado Steam Locomotive "4507," CC, *11*		900

Exc Mint

		Exc	Mint
11281	B&O 2-8-2 Mikado Steam Locomotive "451," 11		750 ___
11282	GN 2-8-2 Mikado Steam Locomotive "3125," CC, 11		900 ___
11284	MP 2-8-2 Mikado Steam Locomotive "1310," CC, 11		900 ___
11286	RI 2-8-2 Mikado Steam Locomotive "2302," CC, 11		900 ___
11287	RI 2-8-2 Mikado Steam Locomotive "2305," 11		750 ___
11288	T&P 2-8-2 Mikado Steam Locomotive "552," CC, 11		900 ___
11289	T&P 2-8-2 Mikado Steam Locomotive "557," 11		750 ___
11290	Bethlehem Steel 2-6-0 Mogul Steam Locomotive "28," 11		550 ___
11291	Weyerhaeuser 2-6-0 Mogul Locomotive "288," 11–13		550 ___
11295	Elk River Lumber 2-Truck Shay Locomotive "1," CC, 11		900 ___
11296	Elk River Lumber 2-Truck Shay Locomotive "2," 11		750 ___
11297	P. Bunyan Lumber 2-Truck Shay Locomotive "18," CC, 11		900 ___
11298	P. Bunyan Lumber 2-Truck Shay Locomotive "23," 11		750 ___
11299	C&O 2-6-6-2 Mallet Steam Locomotive "875," CC, 12		1300 ___
11300	PRR 2-10-4 Texas Steam Locomotive "6479," CC, 11		1300 ___
11301	PRR 2-10-4 Texas Steam Locomotive "6498," CC, 11		1300 ___
11303	C&O 2-10-4 Texas Steam Locomotive "3011," CC, 11		1300 ___
11304	C&O 2-10-4 Texas Steam Locomotive "3025," CC, 11		1300 ___
11306	NKP 2-10-4 Texas Steam Locomotive "801," CC, 11		1300 ___
11308	Erie 2-10-4 Texas Steam Locomotive "3405," CC, 11		1300 ___
11310	Pere Marquette 2-10-4 Texas Locomotive "1241," CC, 11		1300 ___
11312	MILW S3 4-8-4 Northern Steam Locomotive "265," CC, 11		995 ___
11315	Pennsylvania-Reading Seashore Atlantic Locomotive, 11		550 ___
11316	PRR 4-4-2 Atlantic Steam Locomotive "272," 11		550 ___
11317	Southern 4-4-2 Atlantic Steam Locomotive "1910," 11		550 ___
11318	CN 4-4-2 Atlantic Steam Locomotive "1630," 11		550 ___
11319	PRR K4 4-6-2 Pacific Locomotive, CC, 13		900 ___
11320	PRR K4 4-6-2 Pacific Locomotive, 13		750 ___
11321	C&O 2-6-6-2 Mallet Steam Locomotive "1525," CC, 12		1300 ___

			Exc	Mint
____	11322	NKP 2-6-6-2 Mallet Steam Locomotive "943," CC, *12*		1300
____	11323	W&LE 2-6-6-2 Mallet Steam Locomotive "8002," CC, *12*		1300
____	11327	PRR Prewar K4 4-6-2 Pacific Locomotive "3667," CC, *11*		900
____	11328	PRR Prewar K4 4-6-2 Pacific Locomotive "3672," CC, *11*		900
____	11329	PRR Prewar K4 4-6-2 Pacific Locomotive "3678," *11*		750
____	11330	Polar K4 4-6-2 Pacific Locomotive, CC, *11–12*		900
____	11331	Polar K4 4-6-2 Pacific Locomotive, *11*		750
____	11332	ATSF 4-8-4 Northern Steam Locomotive "3751," CC, *12*		1300
____	11333	ATSF 4-8-4 Northern Steam Locomotive "3759," CC, *12*		1300
____	11334	Southern Crescent Limited 4-6-2 Pacific Locomotive, CC, *12*		1100
____	11335	Blue Comet 4-6-2 Pacific Steam Locomotive "832," CC, *12*		1100
____	11337	B&O 2-8-8-4 Steam Locomotive "7621," CC, *12*		1300
____	11338	Alton Limited 4-6-2 Pacific Steam Locomotive "657," CC, *12*		1100
____	11339	N&W 2-6-6-2 Mallet Steam Locomotive "1409," CC, *12*		1300
____	11340	B&O 2-8-8-4 Steam Locomotive "659," CC, *12*		1300
____	11342	UP 4-12-2 Steam Locomotive "9004," CC, *12–13*		1300
____	11343	UP 4-12-2 Steam Locomotive, black, "9000," CC, *12–13*		1300
____	11344	UP 4-12-2 Steam Locomotive, greyhound, "9000," CC, *12*		1300
____	11363	Cass Scenic RR 2-Truck Shay Steam Locomotive "3," CC, *12*		900
____	11364	Meadow River 2-Truck Shay Steam Locomotive "1," CC, *12–13*		900
____	11365	Weyerhaeuser 2-Truck Shay Steam Locomotive "3," CC, *12–13*		900
____	11366	Pickering Lumber 2-Truck Shay Locomotive "3," CC, *12–13*		900
____	11367	CP 2-Truck Shay Steam Locomotive "111," CC, *12–13*		900
____	11368	WM 2-Truck Shay Steam Locomotive "2," CC, *12*		900
____	11369	Bethlehem Steel 2-Truck Shay Steam Locomotive "5," CC, *12–13*		900
____	11374	DM&I 2-8-8-4 Steam Locomotive "223," CC, *12*		1300
____	11375	WP 2-8-8-4 Steam Locomotive "258," CC, *12*		1300
____	11376	NP 2-8-8-4 Steam Locomotive "5000," CC, *12*		1300
____	11377	GN 2-8-8-4 Steam Locomotive "2060," CC, *12*		1300

Exc Mint

		Exc	Mint
11379	PRR 0-4-0 Shifter Steam Locomotive "112," *12*	450	___
11380	PRR 0-4-0 Shifter Steam Locomotive "94," *12*	450	___
11381	North Pole Central 0-4-0 Switcher (std O), *12*	450	___
11382	Transylvania 0-4-0 Shifter Steam Locomotive "13," *12*	450	___
11383	Bethlehem Steel 0-4-0 Shifter Steam Locomotive "134," *12*	450	___
11384	ATSF 0-4-0 Shifter Steam Locomotive "2301," *13*	450	___
11385	UP 0-4-0 Shifter Steam Locomotive "206," *13*	450	___
11386	B&M 2-8-4 Berkshire Steam Locomotive "4018," CC, *12–13*	450	___
11387	ATSF 2-8-4 Berkshire Steam Locomotive "4199," CC, *12–13*	1250	___
11388	SP 2-8-4 Berkshire Steam Locomotive "3505," CC, *12–13*	1250	___
11389	B&A 2-8-4 Berkshire Steam Locomotive "1404," CC, *12–13*	1250	___
11390	Lima Demonstrator 2-8-4 Berkshire Locomotive "1," CC, *12–13*	1250	___
11391	IC 2-8-4 Berkshire Steam Locomotive "7020," CC, *12–13*	1250	___
11392	Michigan Central 2-8-4 Berkshire Locomotive "1420," CC, *12–13*	1250	___
11399	UP H7 Class 2-8-8-2 Steam Locomotive "3595," CC, *13*	1350	___
11400	C&O H7 Class 2-8-8-2 Steam Locomotive "1578," CC, *13*	1350	___
11402	Virginian USRA Y3 2-8-8-2 Locomotive, CC, *13*	1350	___
11404	ATSF USRA Y3 2-8-8-2 Locomotive, CC, *13*	1350	___
11405	N&W USRA Y3 2-8-8-2 Locomotive, CC, *13*	1350	___
11411	NYC 4-8-2 Mohawk Locomotive "2854," CC, *12–13*	1300	___
11412	NYC 4-8-2 Mohawk Locomotive "2867," CC, *12–13*	1300	___
11414	N&W 4-8-4 Steam Locomotive "612," CC, *12–13*	1300	___
11416	PRR S2 6-8-6 Steam Turbine Locomotive "6200," CC, *12–13*	1300	___
11417	PRR S2 6-8-6 Steam Turbine Locomotive "6200," builder's scheme, CC, *12–13*	1300	___
11419	SP 4-8-4 GS-2 Locomotive, black, CC, *12*	1300	___
11420	SP 4-8-4 GS-2 Locomotive, Daylight, CC, *12*	1300	___
11421	SP 4-8-4 GS-6 Locomotive, black, CC, *12*	1300	___
11422	WP 4-8-4 GS-64 Locomotive "482," CC, *12*	1300	___
11423	CNJ Blue Comet Locomotive "833," CC, *12–13*	1100	___
11425	Alaska 0-4-0 Locomotive, RailSounds, *12–13*	450	___
11426	Rio Grande 0-4-0 Locomotive, RailSounds, *12–13*	450	___
11427	SP 0-4-0 Locomotive "14," RailSounds, *12–13*	450	___
11428	MILW 0-4-0 Locomotive, RailSounds, *12–13*	450	___

			Exc	Mint
____	11429	Southern 0-4-0 Locomotive, RailSounds, *12–13*		450
____	11430	GN 0-4-0 Locomotive "1066," RailSounds, *12–13*		450
____	11431	N&W 4-8-4 Locomotive "611," CC, *12*		1300
____	11432	LL S2 6-8-6 Steam Turbine Locomotive, CC, *13*		1300
____	11433	PRR S2 6-8-6 Steam Turbine Locomotive CC, *13*		1300
____	11446	UP USRA Y3 2-8-8-2 Locomotive "3671," CC, *13*		1350
____	11447	PRR USRA Y3 2-8-8-2 Locomotive "376," CC, *13*		1350
____	11650	Alderney Dairy General American Milk Car 2-pack (std O), *07*		130
____	11651	Freeport General American Milk Car 2-pack (std O), *07*		130
____	11652	BNSF Mechanical Reefer 2-pack (std O), *07–09*		140
____	11653	SPFE Mechanical Reefer 2-pack (std O), *07*		140
____	11654	UPFE Mechanical Reefer 2-pack (std O), *07*		140
____	11655	GN WFE Mechanical Reefer 2-pack (std O), *07*		140
____	11657	PFE Wood-sided Reefer 3-pack (std O), *06*		190
____	11658	John Bull Add-on Coach, *08*		80
____	11700	Conrail Limited Set, *87*	320	370
____	11701	Rail Blazer Set, *87–88*		60
____	11702	Black Diamond Set, *87*	195	265
____	11703	Iron Horse Freight Set, *88–91*	100	105
____	11704	Southern Freight Runner Set (SSS), *87*	210	285
____	11705	Chessie System Unit Train, *88*	360	450
____	11706	Dry Gulch Line Set (SSS), *88*	190	260
____	11707	Silver Spike Set, *88–89*	175	245
____	11708	Midnight Shift Set, *88 u, 89*	60	75
____	11710	CP Rail Freight Set, *89*	375	447
____	11711	Santa Fe F3 Diesel ABA Set, *91*	480	590
____	11712	Great Lakes Express Set (SSS), *90*	260	280
____	11713	Santa Fe Dash 8-40B Set, *90*	395	480
____	11714	Badlands Express Set, *90–91*	49	60
____	11715	Lionel 90th Anniversary Set, *90*	332	355
____	11716	Lionelville Circus Special Set, *90–91*	155	190
____	11717	CSX Freight Set, *90*	230	240
____	11718	Norfolk Southern Dash 8-40C Unit Train, *92*	445	481
____	11719	Coastal Freight Set (SSS), *91*	165	215
____	11720	Santa Fe Special Set, *91*	49	60
____	11721	Mickey's World Tour Train Set, *91, 92 u*	118	158
____	11722	Girls Train Set, *91*	547	817
____	11723	Amtrak Maintenance Train, *91, 92 u*	210	245
____	11724	GN F3 Diesel ABA Set, *92*	730	840
____	11726	Erie-Lackawanna Freight Set, *91 u*	225	275
____	11727	Coastal Limited Set, *92*	90	110
____	11728	High Plains Runner Set, *92*	120	130
____	11733	Feather River Set (SSS), *92*	285	330
____	11734	Erie Alco Diesel ABA Set (FF 7), *93*	250	305

		Exc	Mint	
11735	NYC Flyer Freight Set "1735WS," *93–99*	125	160	___
11736	Union Pacific Express Set, *93–95*	110	130	___
11738	Soo Line Set (SSS), *93*	250	280	___
11739	Super Chief Set, *93–94*	135	155	___
11740	Conrail Consolidated Set, *93*	200	240	___
11741	Northwest Express Set, *93*	130	155	___
11742	Coastal Limited Set, *93 u*	90	115	___
11743	Chesapeake & Ohio Freight Set, *94*	240	280	___
11744	NYC Passenger/Freight Set (SSS), *94*	295	335	___
11745	U.S. Navy Set, *94–95*	245	282	___
11746	Seaboard Freight Set, *94, 95 u*	90	115	___
11747	Lionel Lines Steam Set, *95*	310	340	___
11748	Amtrak Alco Diesel Passenger Set, *95–96*	130	185	___
11749	Western Maryland Set (SSS), *95*	275	300	___
11750	McDonald's Nickel Plate Special Set, *87 u*	143	153	___
11751	Sears PRR Passenger Set, *87 u*	120	155	___
11752	JCPenney Timber Master Set, *87 u*	75	115	___
11753	Kay Bee Toys Rail Blazer Set, *87 u*	80	100	___
11754	Key America Set, *87 u*	150	165	___
11755	Timber Master Set, *87 u*	150	165	___
11756	Hawthorne Freight Flyer Set, *87–88 u*	65	85	___
11757	Chrysler Mopar Express Set, *88 u*	310	357	___
11758	Desert King Set (SSS), *89*	195	250	___
11759	JCPenney Silver Spike Set, *88 u*	175	250	___
11761	JCPenney Iron Horse Freight Set, *88 u*	120	125	___
11762	True Value Cannonball Express Set, *89 u*	95	145	___
11763	United Model Freight Hauler Set, *88 u*	135	145	___
11764	Sears Iron Horse Freight Set, *88 u*	155	190	___
11765	Spiegel Silver Spike Set, *88 u*	175	250	___
11767	Shoprite Freight Flyer Set, *88 u*	80	125	___
11769	JCPenney Midnight Shift Set, *89 u*	100	175	___
11770	Sears Circus Set, *89 u*	185	220	___
11771	K-Mart Microracers Set, *89 u*	80	110	___
11772	Macy's Freight Flyer Set, *89 u*	170	220	___
11773	Sears NYC Passenger Set, *89 u*	175	200	___
11774	Ace Hardware Cannonball Express Set, *89 u*	145	175	___
11775	Anheuser-Busch Set, *89–92 u*	241	339	___
11776	Pace Iron Horse Freight Set, *89 u*	115	135	___
11777	Sears Lionelville Circus Set, *90 u*	175	190	___
11778	Sears Badlands Express Set, *90 u*	49	60	___
11779	Sears CSX Freight Set, *90 u*	190	230	___
11780	Sears NP Passenger Set, *90 u*	155	190	___
11781	True Value Cannonball Express Set, *90 u*	75	115	___
11783	Toys "R" Us Heavy Iron Set, *90–91 u*	135	160	___
11784	Pace Iron Horse Freight Set, *90 u*	115	135	___
11785	Costco Union Pacific Express Set, *90 u*	200	230	___
11789	Sears Illinois Central Passenger Set, *91 u*	170	200	___
11793	Santa Fe Set, *91 u*	49	60	___
11794	Mickey's World Tour Set, *91 u*	80	100	___
11796	Union Pacific Express Set, *91 u*	150	160	___
11797	Sears Coastal Limited Set, *92 u*	80	100	___

			Exc	Mint
____	11800	Toys "R" Us Heavy Iron Thunder Limited Set, 92–93 u	235	295
____	11803	Nickel Plate Special Set, 92 u	135	145
____	11804	K-Mart Coastal Limited Set, 92 u	80	100
____	11809	Village Trolley Set, 95–97	55	85
____	11810	Budweiser Modern Era Set, 93–94 u	198	206
____	11811	United Auto Workers Set, 93 u	189	447
____	11812	Coastal Limited Special Set, 93 u	95	115
____	11813	Crayola Activity Train Set, 94 u, 95	103	123
____	11814	Ford Limited Edition Set, 94 u	202	248
____	11818	Chrysler Mopar Set, 94 u	218	252
____	11819	Georgia Power Set, 95 u	508	532
____	11820	Red Wing Shoes NYC Flyer Set, 95 u	253	307
____	11821	Sears Zenith Set, 95 u		770
____	11822	Chevrolet Set, 96 u	270	315
____	11825	Bloomingdale's Set, 96 u		316
____	11826	Sears Freight Set, 95–96 u		758
____	11827	Zenith Employees Set, 96 u		780
____	11828	NJ Transit Passenger Set, 96 u		180
____	11833	NJ Transit GP38 Diesel Passenger Set, 97	275	300
____	11837	Union Pacific GP9 Diesel Set, 97		520
____	11838	ATSF Warhorse Hudson Freight Set, 97		810
____	11839	SP&S 4-6-2 Steam Freight Set, 97		280
____	11841	Bloomingdale's Set, 97 u		287
____	11843	Boston & Maine GP9 Diesel ABA Set, 98		510
____	11844	Union Pacific Die-cast Ore Cars 4-pack, 98		225
____	11846	Kal Kan Pet Care Train Set, 97 u		784
____	11849	Lionel Centennial Series Reefer 4-pack, 98		115
____	11850	Rice A Roni Trolley Set, 02 u		260
____	11851	PFE Reefer 6-pack (std O), 02	225	255
____	11852	Clinchfield PS-2 2-bay Hopper, 04		70
____	11853	B&M PS-2 2-bay Hopper 2-pack, 05		110
____	11854	N&W PS-2 Covered Hopper 2-pack, 04		70
____	11855	GN Offset Hopper with coal, 2-pack, 05		120
	11856	Green Bay & Western Offset Hopper 2-pack, 05		120
____	11857	Baltimore & Ohio Offset Hopper 2-pack, 05		120
	11858	PRR PS-4 Flatcar with trailers, 2-pack (std O), 05		160
____	11859	GN PS-4 Flatcar with trailers (std O), 05		160
____	11860	SP PS-4 Flatcar with trailers (std O), 05		160
____	11861	C&O PS-4 Flatcar with trailers (std O), 05		160
____	11863	Southern Pacific GP9 Diesel "2383," 98		225
____	11864	New York Central GP9 Diesel "2383," 98		275
____	11865	Alaska GP7 Diesel "1802," 98–99		90
	11866	Govt. of Canada Cylindrical Hopper 2-pack (std O), 05		120
____	11867	CN Cylindrical Hopper 2-pack (std O), 05		120
____	11868	BN Husky Stack Car 2-pack (std O), 05		160
____	11869	SP Husky Stack Car 2-pack (std O), 05		160
____	11870	CSX Husky Stack Car 2-pack (std O), 05		220
____	11871	TTX Trailer Train Stack Car 2-pack (std O), 05		160

		Exc	Mint
11872	PFE Orange Steel-sided Reefer 3-pack (std O), *05*		130 ___
11873	C&O Offset Hopper 3-pack (std O), *05*		130 ___
11874	PFE Orange Steel-sided Reefer 3-pack (std O), *05*		130 ___
11875	NP Steel-sided Reefer 3-pack (std O), *05*		130 ___
11876	PFE Silver Steel-sided Reefer 3-pack (std O), *05*		130 ___
11877	C&NW Steel-sided Reefer 3-pack (std O), *05*		130 ___
11878	Santa Fe PS-2 2-bay Covered Hopper 3-pack (std O), *06*		125 ___
11879	MKT PS-2 2-bay Covered Hopper 3-pack (std O), *06*		125 ___
11880	Boraxo PS-2 2-bay Covered Hopper 3-pack (std O), *06*		125 ___
11881	PRR PS-2 2-bay Covered Hopper 3-pack (std O), *06*		125 ___
11882	RI Offset Hopper with gravel, 3-pack (std O), *06*		125 ___
11883	CNJ Offset Hopper 3-pack (std O), *06*		145 ___
11884	Maine Central Offset Hopper 3-pack (std O), *06*		145 ___
11891	Pennsylvania 3-bay Hopper 3-pack (std O), *06*		155 ___
11892	Conrail ACF 3-bay Hopper 3-pack (std O), *06*		155 ___
11893	N&W 3-bay Hopper 3-pack (std O), *06*		155 ___
11894	UP 3-bay Hopper 3-pack (std O), *06*		155 ___
11895	GN Steel-sided Reefer 3-pack (std O), *06*		145 ___
11896	Santa Fe Steel-sided Reefer 3-pack (std O), *06*		145 ___
11897	Pepper Packing Steel-sided Reefer 3-pack (std O), *06*		145 ___
11900	SF Steam Freight Set, *96–01*		130 ___
11903	ACL F3 Diesel ABA Set, *96*		716 ___
11905	U.S. Coast Guard Set, *96*	160	180 ___
11906	Factory Selection Special Set, *95 u*		85 ___
11909	N&W J 4-8-4 Warhorse Set, *96*	560	720 ___
11910	Lionel Lines Set (O27), *96*	140	160 ___
11912	"57" Switcher Service Exclusive, *96*		310 ___
11913	SP GP9 Diesel Freight Set, *97*		440 ___
11914	NYC GP9 Diesel Freight Set, *97*		370 ___
11918	Conrail SD20 Service Exclusive "X1144" (SSS), *97*		255 ___
11919	Docksider Set, *97*		70 ___
11920	Port of Lionel City Dive Team Set, *97*		185 ___
11921	Lionel Lines Freight Set, *97*		130 ___
11929	ATSF Warbonnet Passenger Set, *97–99*		132 ___
11930	ATSF Warbonnet Passenger Car 2-pack, *97–99*		80 ___
11931	Chessie Flyer Freight Set "1931S," *97–99*		165 ___
11933	Dodge Motorsports Freight Set, *96 u*		270 ___
11934	Virginian Electric Locomotive Freight Set, *97–99*		260 ___
11935	NYC Flyer Freight Set, *97*		155 ___

		Exc	Mint
____ 11936	Little League Baseball Steam Set, *97*	219	284
____ 11939	SP&S 4-6-2 Steam Freight Set, *97*		220
____ 11940	Southern Pacific SD40 Warhorse Coal Set, *98*		600
____ 11944	Lionel Lines 4-4-2 Steam Freight Set, *98*		175
____ 11956	UP GP9 Diesel Set, *97*	325	375
____ 11957	Mobil Oil Steam Special Set, *97*		377
____ 11971	D&H 4-4-2 Steam Freight Set, *98*	125	155
____ 11972	Alaska GP7 Diesel Set, *98–99*	180	215
____ 11974	Station Accessory Set, *98*		22
____ 11975	Freight Accessory Pack, *98*		23
____ 11977	NP Freight Cars 4-pack, *98*		170
____ 11979	N&W 4-4-2 Steam Freight Set, *98*		75
____ 11981	1998 Holiday Trolley Set, *98*		75
____ 11982	New Jersey Transit Ore Car Set, *98*		250
____ 11983	Farmrail Agricultural Set, *99*		448
____ 11984	Corvette GP7 Diesel Set, *99*		444
____ 11988	NYC Firecar "18444" and Instruction Car "19853," *99*		210
____ 12000	NY Yankees Berkshire Passenger Set, *13*		380
____ 12004	Philadelphia Phillies Berkshire Passenger Set, *13*		380
____ 12008	Boston Red Sox Berkshire Passenger Set, *13*		380
____ 12012	Chicago Cubs Berkshire Passenger Set, *13*		380
____ 12016	NY Mets and Yankees Subway Series Set, *13*		400
____ 12014	10" Straight Track (FasTrack), *03–13*		5
____ 12015	O36 Curved Track (FasTrack), *03–13*		4
____ 12016	10" Terminal Track (FasTrack), *03–13*		8
____ 12017	O36 Manual Switch, left hand (FasTrack), *03–13*		45
____ 12018	O36 Manual Switch, right hand (FasTrack), *03–13*		45
____ 12019	90-degree Crossover (FasTrack), *03–13*		23
____ 12020	5" Uncoupling Track (FasTrack), *03–13*		42
____ 12022	O36 Half Curved Track (FasTrack), *03–13*		5
____ 12023	O36 Quarter Curved Track (FasTrack), *03–13*		5
____ 12024	5" Straight Track (FasTrack), *03–13*		5
____ 12025	4" Straight Track (FasTrack), *03–13*		5
____ 12026	1" Straight Track (FasTrack), *03–13*		5
____ 12027	10" Insulated Track (FasTrack), *03–13*		5
____ 12028	Inner Passing Loop Track Pack (FasTrack), *03–13*		115
____ 12029	Accessory Activator Pack (FasTrack), *03–13*		14
____ 12030	Figure 8 Track Pack (FasTrack), *03–13*		75
____ 12031	Outer Passing Loop Track Pack (FasTrack), *03–13*		125
____ 12032	10" Straight Track 4-pack (FasTrack), *03–13*		21
____ 12033	O36 Curved Track, card of 4 (FasTrack), *03–13*		21
____ 12035	FasTrack Lighted Bumper 2-pack, *05–13*		30
____ 12036	Grade Crossing (FasTrack), *05–13*		14
____ 12037	Graduated Trestle Set (FasTrack), *05–13*		75
____ 12038	Elevated Trestle Set (FasTrack), *05–13*		40
____ 12039	Railer (FasTrack), *04–13*		9

		Exc	Mint	
12040	O Gauge Transition Piece (FasTrack), *04–13*		9	___
12041	O72 Curved Track (FasTrack), *04–13*		7	___
12042	30" Straight Track (FasTrack), *04–13*		15	___
12043	O48 Curved Track (FasTrack), *04–13*		5	___
12044	Siding Track Add-on Track Pack (FasTrack), *04–13*		115	___
12045	O36 Remote Switch, left hand (FasTrack), *04–13*		92	___
12046	O36 Remote Switch, right hand (FasTrack), *04–13*		92	___
12047	O72 Wye Remote Switch (FasTrack), *04–13*		97	___
12048	O72 Remote Switch, left hand (FasTrack), *04–13*		104	___
12049	O72 Remote Switch, right hand (FasTrack), *04–13*		104	___
12050	22½-degree Crossover (FasTrack), *04–13*		46	___
12051	45-degree Crossover (FasTrack), *04–13*		24	___
12052	Grade Crossing with flashers (FasTrack), *05–13*		92	___
12053	Accessory Power Wire (FasTrack), *04–13*		6	___
12054	Operating Track with half straight (FasTrack), *05–13*		43	___
12055	O72 Half Curved Track (FasTrack), *04–13*		6	___
12056	O60 Curved Track (FasTrack), *05–13*		7	___
12057	O60 Remote Switch, left hand, *05–13*		104	___
12058	O60 Remote Switch, right hand (FasTrack), *05–13*		104	___
12059	Earthen Bumper (FasTrack), *04–13*		9	___
12060	Block Section (FasTrack), *05–13*		9	___
12061	O84 Curved Track (FasTrack), *05–13*		7	___
12062	Grade Crossing with gates and flashers (FasTrack), *06–13*		160	___
12065	O48 Remote Switch, left hand (FasTrack), *07–13*		104	___
12066	O48 Remote Switch, right hand (FasTrack), *07–13*		104	___
12073	1⅜" Track Section (FasTrack), *07–13*		5	___
12074	1⅜" Track Section, no roadbed (FasTrack), *07–13*		5	___
12080	42" Path Remote Switch, right hand, *07–12*		80	___
12081	42" Path Remote Switch, left hand, *07–12*		80	___
12700	Erie Magnetic Gantry Crane, *87*	125	150	___
12701	Operating Fueling Station, *87*	60	74	___
12702	Control Tower, *87*	60	75	___
12703	Icing Station, *88–89*	60	65	___
12704	Dwarf Signal, *88–93*	9	11	___
12705	Lumber Shed Kit, *88–99*		9	___
12706	Barrel Loader Building Kit, *87–99*		10	___
12707	Billboards, set of 3, *87–99*		5	___
12708	Street Lamps, set of 3, *88–93*	6	9	___
12709	Banjo Signal, *87–91, 95–00*		29	___
12710	Engine House Kit, *87–91*	21	25	___
12711	Water Tower Kit, *87–99*		13	___
12712	Automatic Ore Loader, *87–88*	17	21	___

			Exc	Mint
____	12713	Automatic Gateman, *87–88, 94–00*	30	40
____	12714	Crossing Gate, *87–91, 93–13*		50
____	12715	Illuminated Bumpers, set of 2, *87–13*		13
____	12716	Searchlight Tower, *87–89, 91–92*	19	22
____	12717	Nonilluminated Bumpers, set of 3, *87–13*		7
____	12718	Barrel Shed Kit, *87–99*		10
____	12719	Animated Refreshment Stand, *88–89*	65	70
____	12720	Rotary Beacon, *88–89*	40	45
____	12721	Illuminated Extension Bridge, rock piers, *89*	26	38
____	12722	Roadside Diner, smoke, *88–89*	27	38
____	12723	Microwave Tower, *88–91, 94–95*	14	19
____	12724	Double Signal Bridge, *88–90*	39	50
____	12725	Lionel Tractor and Trailer, *88–89*	16	18
____	12726	Grain Elevator Kit, *88–91, 94–99*		36
____	12727	Operating Semaphore, *89–99*		26
____	12728	Illuminated Freight Station, *89*	29	38
____	12729	Mail Pickup Set, *88–91, 95*	12	16
____	12730	Girder Bridge, *88–03, 08-13*		21
____	12731	Station Platform, *88–00*		8
____	12732	Coal Bag, *88–13*		7
____	12733	Watchman Shanty Kit, *88–99*		5
____	12734	Passenger/Freight Station, *89–99*		18
____	12735	Diesel Horn Shed, *88–91*	19	24
____	12736	Coaling Station Kit, *88–91*	21	31
____	12737	Whistling Freight Shed, *88–99*		28
____	12739	Lionel Gas Company Tractor and Tanker, *89*	20	25
____	12740	Genuine Wood Logs, set of 3, *88–92, 94–95, 97–99*		5
____	12741	Union Pacific Intermodal Crane, *89*	165	185
____	12742	Gooseneck Lamps, set of 2, *89–00*		21
____	12743	Track Clips, dozen (O), *89–13*		12
____	12744	Rock Piers, set of 2, *89–92, 94–05, 08, 11–13*		15
____	12745	Barrel Pack, set of 6, *89–13*		8
____	12746	Operating/Uncoupling Track (O27), *89–13*		10
____	12748	Illuminated Passenger Platform, *89–99*		18
____	12749	Rotary Radar Antenna, *89–92, 95*	28	38
____	12750	Crane Kit, *89–91*	8	10
____	12751	Shovel Kit, *89–91*	8	10
____	12752	History of Lionel Trains Video, *89–92, 94*	19	21
____	12753	Ore Load, set of 2, *89–91, 95*	1	2
____	12754	Graduated Trestle Set, 22 pieces, *89–13*		27
____	12755	Elevated Trestle Set, 10 pieces, *89–13*		27
____	12756	The Making of the Scale Hudson Video, *91–94*	20	22
____	12759	Floodlight Tower, *90–00*		25
____	12760	Automatic Highway Flasher, *90–91*	23	27
____	12761	Animated Billboard, *90–91, 93, 95*	22	23
____	12763	Single Signal Bridge, *90–91, 93*	31	35
____	12767	Steam Clean and Wheel Grind Shop, *92–93, 95*	240	290
____	12768	Burning Switch Tower, *90, 93*	85	90
____	12770	Arch-Under Bridge, *90–03, 08–13*		30

		Exc	Mint	
12771	Mom's Roadside Diner, smoke, *90–91*	34	50	____
12772	Truss Bridge, flasher and piers, *90–13*		70	____
12773	Freight Platform Kit, *90–98*		32	____
12774	Lumber Loader Kit, *90–99*		19	____
12777	Chevron Tractor and Tanker, *90–91*	9	15	____
12778	Conrail Tractor and Trailer, *90*	9	16	____
12779	Lionelville Grain Company Tractor and Trailer, *90*	11	19	____
12780	RS-1 50-watt Transformer, *90–93*	95	130	____
12781	N&W Intermodal Crane, *90–91*	145	160	____
12782	Lift Bridge, *91–92*	428	518	____
12783	Monon Tractor and Trailer, *91*	11	19	____
12784	Intermodal Containers, set of 3, *91*	12	17	____
12785	Lionel Gravel Company Tractor and Trailer, *91*	9	15	____
12786	Lionel Steel Company Tractor and Trailer, *91*	10	16	____
12791	Animated Passenger Station, *91*	45	60	____
12794	Lionel Tractor, *91*	7	13	____
12795	Cable Reels, pair, *91–98*	3	5	____
12798	Forklift Loader Station, *92–95*	33	44	____
12800	Scale Hudson Replacement Pilot Truck, *91 u*	13	17	____
12802	Chat & Chew Roadside Diner, smoke and lights, *92–95*	41	50	____
12804	Highway Lights, set of 4, *92–99, 02–04, 13*	9	27	____
12805	Intermodal Containers, set of 3, *92*	10	14	____
12806	Lionel Lumber Company Tractor and Trailer, *92*	10	15	____
12807	Little Caesars Tractor and Trailer, *92*	9	14	____
12808	Mobil Tractor and Tanker, *92*	8	13	____
12809	Animated Billboard, *92–93*	20	22	____
12810	American Flyer Tractor and Trailer, *94*	12	18	____
12811	Alka Seltzer Tractor and Trailer, *92*	11	19	____
12812	Illuminated Freight Station, *93–00*		27	____
12818	Animated Freight Station, *92, 94–95*	50	60	____
12819	Inland Steel Tractor and Trailer, *92*	9	16	____
12821	Lionel Catalog Video, *92*	13	17	____
12826	Intermodal Containers, set of 3, *93*	10	16	____
12831	Rotary Beacon, *93–95*	22	32	____
12832	Block Target Signal, *93–98*		25	____
12833	RoadRailer Tractor and Trailer, *93*	9	15	____
12834	Pennsylvania Magnetic Gantry Crane, *93*	130	170	____
12835	Operating Fueling Station, *93*	55	60	____
12836	Santa Fe Quantum Tractor and Trailer, *93*	8	14	____
12837	Humble Oil Tractor and Tanker, *93*	9	16	____
12838	Crate Load, set of 2, *93–97*		3	____
12839	Grade Crossings, set of 2, *93–13*		7	____
12840	Insulated Straight Track (O), *93–13*		8	____
12841	Insulated Straight Track (O27), *93–13*		5	____
12842	Dunkin' Donuts Tractor and Trailer, *92 u*	23	25	____
12843	Die-cast Sprung Trucks, pair, *93–99*		10	____
12844	Coil Covers, pair (O), *93–98*		3	____
12847	Animated Ice Depot, *94–99*		65	____
12848	Llonel Oll Company Derrick, *94*	55	75	____

		Exc	Mint
____ 12849	Lionel Controller with wall pack, *94, 95 u*		NRS
____ 12852	Die-cast Intermodal Trailer Frame, *94–01*		6
____ 12853	Coil Covers, pair (std O), *94–98*		7
____ 12854	U.S. Navy Tractor and Tanker, *94–95*		33
____ 12855	Intermodal Containers, set of 3, *94–95*	9	13
12860 ____	Lionel Visitor's Center Tractor and Trailer, *94 u*	10	14
____ 12861	Lionel Leasing Company Tractor, *94*	8	13
____ 12862	Oil Drum Loader, *94–95*	75	85
____ 12864	Little Caesars Tractor and Trailer, *94*	8	14
____ 12865	Wisk Tractor and Trailer, *94*	12	55
12866 ____	TMCC 135-watt PowerHouse Power Supply, *94 u, 95–03*		46
12867 ____	TMCC 135 PowerMaster Power Distribution Center, *94 u, 95–04*		49
____ 12868	TMCC CAB-1 Remote Controller, *94 u, 95–09*		115
____ 12869	Marathon Oil Tractor and Tanker, *94*	15	22
____ 12873	Operating Sawmill, *95–97*		70
____ 12874	Classic Street Lamps, set of 3, *94–00*		13
____ 12877	Operating Fueling Station, *95*	75	85
____ 12878	Control Tower, *95*	49	60
____ 12881	Chrysler Mopar Tractor and Trailer, *94 u*	41	52
____ 12882	Lighted Billboard, *95*	9	14
____ 12883	Dwarf Signal, *95–13*		27
____ 12884	Truck Loading Dock Kit, *95–98*		16
____ 12885	40-watt Control System, *94 u, 95–05*		35
____ 12886	Floodlight Tower, *95–98*		31
____ 12888	Railroad Crossing Flasher, *95–13*		56
____ 12889	Operating Windmill, *95–98*		34
____ 12890	Big Red Control Button, *94 u, 95–00*		43
12891 ____	Lionel Refrigerator Lines Tractor and Trailer, *95*	12	16
____ 12892	Automatic Flagman, *92–98*		25
12893 ____	TMCC PowerMaster Power Adapter Cable, *94 u, 95–13*		20
____ 12894	Signal Bridge, *95–01*		22
____ 12895	Double-track Signal Bridge, *95–00*		44
____ 12896	Tunnel Portals, pair, *95–13*		20
____ 12897	Engine House Kit, *96–98*		29
____ 12898	Flagpole, *95–97*		8
____ 12899	Searchlight Tower, *95–98*		25
____ 12900	Crane Kit, *95–98*		8
____ 12901	Shovel Kit, *95–98*		7
____ 12902	Marathon Oil Derrick, *94 u, 95*	103	156
____ 12903	Diesel Horn Shed, *95–98*		29
____ 12904	Coaling Station Kit, *95–98*		19
____ 12905	Factory Kit, *95–98*		20
____ 12906	Maintenance Shed Kit, *95–98*		20
____ 12907	Intermodal Containers, set of 3, *95*	9	14
____ 12911	TMCC Command Base, *95–09*		80
____ 12912	Oil Pumping Station, *95–98*	38	65
12914 ____	SC-1 Switch and Accessory Controller, *95–98*		35

		Exc	Mint
12915	Log Loader, *96*		115 ___
12916	Water Tower, *96–97*		56 ___
12917	Animated Switch Tower, *96–98*		29 ___
12922	NYC Operating Gantry Crane, coil covers, *96*	75	90 ___
12923	Red Wing Shoes Tractor and Trailer, *95 u*	34	38 ___
12925	42" Diameter Curved Track Section (O), *96–13*		4 ___
12926	Globe Street Lamps, set of 3, *96–03, 08–09*		10 ___
12927	Yard Light, *96–13*		10 ___
12929	Rail-truck Loading Dock, *96*		44 ___
12930	Lionelville Oil Company Derrick, *95 u, 96*	55	75 ___
12931	Electrical Substation, *96*		22 ___
12932	Laimbeer Packaging Tractor and Trailer Set, *96*		14 ___
12933	GM Parts Tractor and Trailer, *95*		NRS ___
12935	Zenith Tractor and Trailer, *96*		24 ___
12936	SP Intermodal Crane, *97*		195 ___
12937	NS Intermodal Crane, *97*		200 ___
12938	PowerStation Controller and PowerHouse 135-watt Power Supply, *97–00*		150 ___
12943	Illuminated Station Platform, *97–00*		24 ___
12944	Sunoco Oil Derrick, *97*		85 ___
12945	Sunoco Pumping Oil Station, *97*		80 ___
12948	Bascule Bridge, *97*		315 ___
12949	Billboards, set of 3, *97–00*		7 ___
12951	Airplane Hangar Kit, *97–98*		29 ___
12952	Big L Diner Kit, *97*		24 ___
12953	Linex Gas Tall Oil Tank, *97*		9 ___
12954	Linex Gas Wide Oil Tank, *97*		10 ___
12955	Road Runner and Wile E. Coyote Ambush Shack, *97*		93 ___
12958	Industrial Water Tower, *97–98*		50 ___
12960	Rotary Radar Antenna, *97*		26 ___
12961	Newsstand with diesel horn, *97*		30 ___
12962	LL Passenger Service Train Whistle, *97–99*		30 ___
12964	Donald Duck Radar Antenna, *97*		59 ___
12965	Goofy Rotary Beacon, *97*		52 ___
12966	Rotary Aircraft Beacon, *97–00*		35 ___
12968	Girder Bridge Building Kit, *97*		22 ___
12969	TMCC Command Set, *97–09*		148 ___
12974	Blinking Light Billboard, *97–00*		15 ___
12975	Steiner Victorian Building Kit, *97–98*		33 ___
12976	Dobson Victorian Building Kit, *97–98*		24 ___
12977	Kindler Victorian Building Kit, *97–98*		35 ___
12982	Culvert Loader, conventional, *98–00*		190 ___
12983	Culvert Unloader, conventional, *99*		185 ___
12987	Intermodal Contianers, set of 3, *98*		15 ___
12989	Lionel Tractor and Trailer, *98*		16 ___
12991	Linex Gas Tractor-Tanker, *98*		16 ___
13113	Electric Trolley and Trail Car (std), *07*		450 ___
14000	Operating Forklift Platform, *00*		160 ___
14001	Operating Belt Lumber Loader, *00*		95 ___
14002	ZW Amp/Volt Meter, *00–04*		80 ___

			Exc	Mint
____	**14003**	80-watt Transformer/Controller, *00–03*		70
____	**14004**	Operating Coal Loader, *00*		135
____	**14005**	Operating Coal Ramp, *00*		130
____	**14018**	ElectroCoupler Kit for Command Upgradeable GP9s, *00*		20
____	**14062**	31" Path Remote Switch, left hand, *01–13*		55
____	**14063**	31" Path Remote Switch, right hand, *01–13*		75
____	**14065**	Nuclear Reactor, *00*		233
____	**14071**	Yard Light, *00–13*		18
____	**14072**	Haunted House, *01*		178
____	**14073**	History of Lionel, The First 90 Years Video, *00*		15
____	**14075**	A Century of Lionel, 1900-1969 Video, *00*		15
____	**14076**	A Century of Lionel, 1970-2000 Video, *00*		15
____	**14077**	ZW Amp/Volt Meter, *00–03*		70
____	**14078**	Die-cast Sprung Trucks, *00–05, 07–13*		24
____	**14079**	Operating North Pole Pylon, *01*		70
____	**14080**	Hobo Hotel, *01*	30	65
____	**14081**	Shell Oil Derrick, *01*		100
____	**14082**	Pedestrian Walkover, speed sensor, *01–03*		50
____	**14083**	Pedestrian Walkover, *01–03, 08, 12*		30
____	**14084**	Lionel Heliport, *01*		85
____	**14085**	Newsstand, *01*		75
____	**14086**	Water Tower, *00*		105
____	**14087**	Lighthouse, *01*		95
____	**14090**	Banjo Signal, *01–13*		60
____	**14091**	Automatic Gateman, *01–03, 07–09*		45
____	**14092**	Floodlight Tower, *01–05, 08–13*		40
____	**14093**	Single Signal Bridge, *01–04, 08*		22
____	**14094**	Double Signal Bridge, *01–04, 08*		30
____	**14095**	Illuminated Station Platform, *01–04*		20
____	**14096**	Station Platform, *01–04*		10
____	**14097**	Rotary Aircraft Beacon, *01–04, 07–10*		40
____	**14098**	Auto Crossing Gate, *01–13*		100
____	**14099**	Block Target Signal, *01–04, 07–08*		22
____	**14100**	Blinking Light Billboard, *01–03*		23
____	**14101**	Red Baron Pylon, *01*		85
____	**14102**	Rocket Launcher, *01*		250
____	**14104**	Burning Switch Tower, *00*		70
____	**14105**	Aquarium, *01*		175
____	**14106**	Operating Freight Station, *00*		70
____	**14107**	Coaling Station, *01–03*		95
____	**14109**	Carousel, *01*		230
____	**14110**	Operating Ferris Wheel, *01–02, 04*		170
____	**14111**	1531R Controller, *00–12*		40
____	**14112**	Lighted Lockon, *01–10, 13*		6
____	**14113**	Engine Transfer Table, *01*		210
____	**14114**	Engine Transfer Table Extension, *01*		75
____	**14116**	PRR Die-cast Girder Bridge, *01*		20
____	**14117**	NYC Die-cast Girder Bridge, *01*		20
____	**14119**	Gooseneck Lamps, set of 2, *01–04, 07*		22
____	**14121**	Classic Billboards, set of 3, *01–03*		10
____	**14124**	ZW Controller with 2 transformers, *01*		300

		Exc	Mint
14125	Christmas Tree with 400E Train, *00*	65	___
14126	Exploding Ammo Dump	55	___
14133	Madison Hobby Shop, *01*	290	___
14134	Triple Action Magnetic Crane, *01*	230	___
14135	NS Black Die-cast Girder Bridge, *02*	15	___
14137	Die-cast Girder Bridge, *01–07*	25	___
14138	Snap-On Tool Animated Billboard, *01 u*	NRS	___
14142	Industrial Smokestack, *02–04*	50	___
14143	Industrial Tank, *02–04*	40	___
14145	Operating Lumberjacks, *02–03*	65	___
14147	Die-cast Old Style Clock Tower, *02–04, 08–13*	42	___
14148	Operating Billboard Signmen, *02–03*	60	___
14149	Scale-sized Banjo Signal, *02–05*	40	___
14151	Mainline Dwarf Signal, *02–08*	43	___
14152	Passenger Station, *02–04*	37	___
14153	Lion Oil Derrick, *02–03*	50	___
14154	Water Tower, *01–02*	65	___
14155	Floodlight Tower, *02–03*	55	___
14156	Lion Oil Diesel Fueling Station, *02–03*	70	___
14157	Coal Loader, *01–03*	120	___
14158	Icing Station, *01–02*	75	___
14159	Animated Billboard, *02–04*	20	___
14160	Frank's Hotdog Stand, *03–04*	55	___
14161	Smoking Hobo Shack, *02*	60	___
14162	Missile Launching Platform, *02–03*	48	___
14163	Industrial Power Station, *02–03*	550	___
14164	Lionelville Bandstand, *02*	140	___
14166	Train Orders Building, *04–05*	49	___
14167	Operating Lift Bridge, *02*	380	___
14168	Operating Harry's Barber Shop, *02–04*	100	___
14170	Amusement Park Swing Ride, *03–04*	150	___
14171	Pirate Ship Ride, *02–04*	130	___
14172	NYC Railroad Tugboat, *02*	180	___
14173	Drawbridge, *02–04*	70	___
14175	Santa Fe Die-cast Girder Bridge, *01–03*	17	___
14176	Norfolk Southern Die-cast Girder Bridge, *02–03*	18	___
14178	TMCC Direct Lockon, *02–03*	25	___
14179	TMCC Track Power Controller, *02–13*	230	___
14180	B&O Railroad Tugboat, *02–03*	155	___
14181	TMCC Action Recorder Controller, *02–13*	115	___
14182	TMCC Accessory Switch Controller, *02–13*	115	___
14183	TMCC Accessory Motor Controller, *02–13*	115	___
14184	TMCC Block Power Controller, *02–12*	90	___
14185	TMCC Operating Track Controller, *02–13*	100	___
14186	TMCC Accessory Voltage Controller, *02–13*	160	___
14187	TMCC How-to Video, *02–04*	11	___
14189	TMCC Track Power Controller, *02–13*	175	___
14190	The Lionel Train Book, *04–13*	30	___
14191	TMCC Command Base Cable, 6 feet, *02–13*	14	___
14192	TMCC 3-wire Command Base Cable, *02–13*	15	___

Exc Mint

		Exc	Mint
__ 14193	TMCC Controller to Controller Cable, 1 foot, *02–13*		6
__ 14194	TMCC TPC Cable Set, *02–13*		16
__ 14195	TMCC Command Base Cable, 20 feet, *02–07*		12
__ 14196	TMCC Controller to Controller Cable, 6 feet, *02–13*		9
__ 14197	TMCC Controller to Controller Cable, 20 feet, *02–07*		9
__ 14198	CW-80 80-watt Transformer, *03–13*		150
__ 14199	Playground Swings, *03–04, 08–09*		50
__ 14201	Burning Switch Tower, *05*		70
__ 14202	Water Tower, *05*		140
__ 14203	Amusement Park Swing Ride, *06–07*		230
__ 14209	U.S. Steel Gantry Crane, *05*		180
__ 14210	Pony Ride, *06–07*		70
__ 14211	Road Crew, *07–08*		90
__ 14214	Lionelville Mini Golf, *06*		80
__ 14215	Tug-of-War, *06–08*		60
__ 14217	Helicopter Pylon, *06–09*		140
__ 14218	Downtown People Pack, *06–13*		25
__ 14219	Ice Rink, *06–08*		80
__ 14220	Lionelville Water Tower, *06–08*		21
__ 14221	Witches Cauldron, *06–08*		70
__ 14222	Die-cast Girder Bridge, *06–09*		30
__ 14225	Sunoco Industrial Tank, *06–09*		70
__ 14227	Yard Tower, *06–08*		45
__ 14229	Crossing Shanty, *06–09*		20
__ 14230	Milk Bottle Toss Midway Game, *06*		20
__ 14231	Cotton Candy Midway Booth, *06*		20
__ 14236	Operating Freight Station, *06–07*		105
__ 14237	Rocket Launcher, *06–07*		320
__ 14240	Ice Block Pack, *06–13*		6
__ 14241	Work Crew People Pack, *06–13*		25
__ 14242	Hard Rock Cafe, *06*		50
__ 14243	U.S. Army Water Tower, *06–08*		95
__ 14244	Ammo Loader, *06–07*		105
__ 14251	Die-cast Sprung Trucks, rotating bearing caps, *07–13*		25
__ 14255	Sand Tower, *06–13*		35
__ 14257	Passenger Station, *06–13*		60
__ 14258	North Pole Passenger Station, *06–10*		53
__ 14259	Christmas People Pack, *06–12*		23
__ 14260	Christmas Tractor and Trailer, *06–08*		25
__ 14261	Christmas Tree Lot, *06*		70
__ 14262	Elevated Tank, *07*		70
__ 14265	Sawmill with sound, *08*		130
__ 14267	Sir Topham Hatt Gateman, *07–12*		80
__ 14273	Polar Express Add-on Figures, *06–07, 12*		27
__ 14289	Operating Santa Gateman, *08*		80
__ 14290	UPS Store, *06*		30
__ 14291	Operating Milk Loading Depot, K-Line, *08*		100
__ 14294	993 Legacy Expansion Set, *07–13*		290

		Exc	Mint
14295	990 Legacy Command Set, *07–13*		400 ___
14297	Halloween Witch Pylon, *07–08*		140 ___
14500	KCS F3 Diesel AA Set, Railsounds, CC, *01*	380	660 ___
14512	F3 Diesel ABA Demonstrator "291," CC, *01*	360	425 ___
14517	Santa Fe F3 Diesel B Unit "2343C," powered, *01*		280 ___
14518	CP F3 Diesel B Unit "2373C," RailSounds, CC, *01*		345 ___
14520	Texas Special F3 Diesel B Unit, RailSounds, *01*		360 ___
14521	Rock Island E6 Diesel AA Set, *01*		530 ___
14524	Atlantic Coast Line E6 Diesel AA Set, *01*		630 ___
14536	Santa Fe F3 Diesel AA Set, RailSounds, CC, *03–04*		800 ___
14539	Santa Fe F3 Diesel B Unit, *03*		300 ___
14540	D&RGW F3 Diesel B Unit, RailSounds, CC, *01*		315 ___
14541	C&O F3 Diesel B Unit, RailSounds, CC, *01*		300 ___
14542	KCS F3 Diesel B Unit "2388C," RailSounds, CC, *01*		375 ___
14543	SP F3 Diesel B Unit, RailSounds, CC, *01*		282 ___
14544	Southern E6 AA Diesel Set, CC, *02*		560 ___
14547	Burlington E5 AA Diesel Set, CC, *02*		570 ___
14552	NYC F3 Diesel AA Set, RailSounds, CC, *03–04*		740 ___
14555	NYC F3 Diesel B Unit, *03*		200 ___
14557	WP F3 Diesel B Unit, nonpowered, *03–04*		190 ___
14558	B&O F3 Diesel B Unit, nonpowered, *03–04*		155 ___
14559	D&RGW F3 Diesel AA Set, *01*		620 ___
14560	NP F3 Diesel A Unit "2390B," freight, *02*		175 ___
14561	NP F3 Diesel A Unit "2390B," passenger, *02*		190 ___
14562	Milwaukee Road F3 Diesel A Unit "75C," *02*		190 ___
14563	Erie-Lackawanna F3 Diesel A Unit "7094," *02*		175 ___
14564	CP F3 Diesel B Unit "237C," CC, *02*		350 ___
14565	B&O F3 Diesel AA Set, *03–04*		650 ___
14568	WP F3 Diesel AA Set, *03–04*		780 ___
14571	Santa Fe PA Diesel AA Set, CC, *03*		660 ___
14574	D&H PA Diesel AA Set, CC, *03*		580 ___
14584	Wabash F3 Diesel A Unit, nonpowered, *03*		180 ___
14586	D&H PB Unit, *03*		125 ___
14587	Santa Fe PB Unit, *03*		125 ___
14588	Santa Fe F3 Diesel ABA Set, CC, *04–05*		980 ___
14592	PRR F3 Diesel ABA Set, CC, *04–05*		750 ___
14596	NH Alco PA Diesel AA Set, *04–05*		700 ___
14599	NH Alco PB Diesel B Unit "0767-B," *04–05*		150 ___
15000	D&RGW Waffle-sided Boxcar, *95*	16	18 ___
15001	Seaboard Waffle-sided Boxcar, *95*	14	19 ___
15002	Chesapeake & Ohio Waffle-sided Boxcar, *96*	16	20 ___
15003	Green Bay & Western Waffle-sided Boxcar, *96*	16	20 ___
15004	Bloomingdale's Boxcar, *97 u*		40 ___
15005	"I Love NY" Boxcar, *97 u*		65 ___
15008	CP Rail Boxcar		30 ___
15013	L&N Waffle-sided Boxcar "102402," *00*		29 ___
15014	Seaboard Waffle-sided Boxcar "125925," *00*		25 ___
15015	C&NW Waffle-sided Boxcar "161013," *03*		18 ___

		Exc	Mint
____ **15016**	IC Waffle-sided Boxcar "12981," *04*		20
____ **15017**	CSX Waffle-sided Boxcar, *05*		27
____ **15018**	D&H Waffle-sided Boxcar "24052," *06*		30
____ **15020**	NH Waffle-sided Boxcar, *07*		30
____ **15021**	MKT Waffle-sided Boxcar, *08*		35
____ **15024**	UP Waffle Boxcar "960860," *09–11*		40
____ **15028**	Southern Waffle-sided Boxcar "539889," *10*		40
____ **15029**	Western & Atlantic Wood-sided Reefer, *10*		53
____ **15033**	MTK Stock Car, *10*		65
____ **15038**	CSX Hi-Cube Boxcar, *11–12*		40
____ **15039**	NS Waffle-sided Boxcar, *11–12*		40
____ **15041**	BNSF Hi-Cube Boxcar, *10*		50
____ **15042**	CSX Waffle-sided Boxcar, *11*		40
____ **15051**	Lionel Lines Boxcar, *11–12*		40
____ **15052**	Amtrak Hi-Cube Boxcar, *11–12*		40
____ **15053**	REA Waffle-sided Boxcar, *11–12*		40
____ **15054**	C&NW Wood-sided Reefer, *11–12*		40
____ **15060**	K-Line Boxcar, *06*		40
____ **15063**	U.S.A.F. Minuteman Boxcar, *11*		55
____ **15069**	Coke Wood-sided Reefer #1, *09–13*		55
____ **15071**	Coca-Cola Christmas Boxcar, *12*		70
____ **15072**	Halloween Boxcar, *09–11*		55
____ **15074**	Mr. Goodbar Wood-sided Reefer, *09-11*		55
15075 ____	Boy Scouts of America Eagle Scout Boxcar, *11–13*		60
____ **15077**	ATSF Stock Car, *11*		55
____ **15078**	Pabst Wood-sided Reefeer, *11*		55
____ **15079**	Schlitz Wood-sided Reefer, *11*		55
____ **15080**	C&O 40' Boxcar, *11*		55
____ **15083**	CP Rail Waffle-sided Boxcar, *13*		43
____ **15084**	GN Hi-Cube Boxcar, *13*		43
____ **15086**	Alaska Wood-Sided Reefer, *12*		40
15091 ____	Angela Trotta Thomas "High Hopes" Hi-Cube Boxcar, *12*		55
____ **15095**	1953 Lionel Catalog Art Reefer, *13*		55
____ **15096**	Hershey's Kisses Christmas Boxcar, *12*		65
____ **15097**	Peanuts Christmas Boxcar, *12*		70
____ **15098**	Lone Ranger Boxcar, *12–13*		60
____ **15100**	Amtrak Passenger Coach, *95–97*		35
____ **15101**	Reading Baggage Car (027), *96*		34
____ **15102**	Reading Combination Car (027), *96*		23
____ **15103**	Reading Passenger Coach (027), *96*		23
____ **15104**	Reading Vista Dome Car (027), *96*		26
____ **15105**	Reading Full Vista Dome Car (027), *96*		26
____ **15106**	Reading Observation Car (027), *96*		23
____ **15107**	Amtrak Vista Dome Car, *96*		38
____ **15108**	Northern Pacific Vista Dome Car, *96*		34
____ **15109**	ATSF Combine Car "2407," *97*		35
____ **15110**	ATSF Vista Dome Car 2404," *97*		35
____ **15111**	ATSF Observation Car "2406," *97*		35
____ **15112**	ATSF Albuquerque Coach "2405," *97*		34
____ **15113**	ATSF Culebra Vista Dome Car "2404," *97*		34

		Exc	Mint
15114	NJ Transit Coach "5610," *96 u*	45	____
15115	NJ Transit Coach "5611," *96 u*	45	____
15116	NJ Transit Coach "5612," *96 u*	45	____
15117	Annie Passenger Coach, *97*	26	____
15118	Clarabel Passenger Coach, *97*	26	____
15122	NJ Transit Passenger Coach "5613," *97 u*	45	____
15123	NJ Transit Passenger Coach "5614," *97 u*	45	____
15124	NJ Transit Passenger Coach "5615," *97 u*	45	____
15125	Amtrak Observation Car, *97 u*	50	____
15126	Stars & Stripes Abraham Lincoln General Coach, *99*	60	____
15127	Stars & Stripes Ulysses S. Grant General Coach, *99*	60	____
15128	Pride of Richmond Robert E. Lee General Coach, *99*	60	____
15129	Pride of Richmond Jefferson Davis General Coach, *99*	60	____
15136	Custom Series Short Observation Car, blue, *99*	40	____
15137	Custom Series Short Observation Car, red, *99*	34	____
15138	Pratt's Hollow Baggage Car, *98*	100	____
15139	Pratt's Hollow Vista Dome Car, *98*	100	____
15140	Pratt's Hollow Coach, *98*	100	____
15141	Pratt's Hollow Observation, *98*	100	____
15142	U.S. Army Baby Heavyweight Coach, *00*	50	____
15143	U.S. Army Baby Heavyweight Coach, *00*	50	____
15153	Pullman Baby Madison Set 4-pack, *01*	190	____
15163	T&P Baby Heavyweight Coach, *01*	30	____
15166	Union Pacific Whistling Baggage Car, *04*	41	____
15169	C&O Streamliner Car 4-pack, *03*	140	____
15170	L&N Streamliner Car 4-pack, *03*	140	____
15180	NYC Streamliner Car 4-pack, *04*	340	____
15185	UP Streamliner Car 4-pack, *04*	340	____
15300	NYC Superliner Aluminum Passenger Car 4-pack, *02*	360	____
15301	NYC Manhattan Superliner Passenger Coach, *02*	90	____
15302	NYC Queens Superliner Passenger Coach, *02*	90	____
15304	NYC Staten Island Superliner Passenger Coach, *02*	90	____
15305	NYC Brooklyn Superliner Passenger Coach, *02*	90	____
15311	CB&Q California Zephyr Aluminum Passenger Car 4-pack, *03*	350	____
15312	Santa Fe Super Chief Aluminum Passenger Car 4-pack, *03*	275	____
15313	D&H Aluminum Passenger Car 4-pack, *03*	415	____
15314	Amtrak Superliner 2-pack, *03*	220	____
15315	Santa Fe Superliner 2-pack, *03*	200	____
15316	NYC Superliner 2-pack, *03*	195	____
15317	Southern Aluminum Passenger Car 4-pack, *03*	350	____
15318	Lionel Lines Aluminum Passenger Car 2-pack, *03*	125	____
15319	Santa Fe Superliner Aluminum Passenger Car 2-pack, *03*	145	____

			Exc	Mint
____	**15326**	NYC 20th Century Limited Aluminum Passenger Car 6-pack, *02*		485
____	**15333**	N&W Powhatan Arrow Aluminum Passenger Car 6-pack, *02*		435
____	**15340**	PRR South Wind Aluminum Passenger Car 6-pack, *02*		435
____	**15379**	Lionel Lines Silver Valley Aluminum Combination Car, *03*		100
____	**15380**	Lionel Lines Silver Spoon Aluminum Diner, *03*		100
____	**15381**	Santa Fe Aluminum Baggage Car "2571," *03*		100
____	**15382**	Santa Fe Regal Dome Aluminum Vista Dome Car, *03*		100
____	**15383**	NYC 20th Century Limited Diner, StationSounds, *03*		195
____	**15384**	N&W Powhatan Arrow Diner, StationSounds, *03*		190
____	**15385**	Pennsylvania South Wind Diner, StationSounds, *03*		190
____	**15394**	Amtrak Streamliner Car 4-pack, *03–04*		450
____	**15395**	Alaska Streamliner Car 4-pack, *03–04*		355
____	**15396**	Amtrak Superliner Diner, StationSounds, *03*		220
____	**15397**	Santa Fe Superliner Diner, StationSounds, *03*		200
____	**15398**	NYC Superliner Diner, StationSounds, *03*		200
____	**15405**	50th Anniversary Hillside Heavyweight Diner, StationSounds, *02*		195
____	**15406**	Blue Comet Giacobini Heavyweight Diner, StationSounds, *02*		300
____	**15504**	Alton Limited Diner, StationSounds, *03*		230
____	**15507**	Phantom III Passenger Car 4-pack (15508 Baggage, 15509 Vista Dome, 15510 Coach, 15511 Observation), *02*		245
____	**15512**	Phantom II Passenger Car 4-pack, *02*		250
____	**15517**	Southern Crescent Limited Heavyweight Passenger Car 2-pack, *03–04*		205
____	**15520**	Southern Crescent Limited Heavyweight Diner, StationSounds, *03–04*		220
____	**15521**	NYC 20th Century Limited Heavyweight Passenger Car 4-pack, *04*		345
____	**15526**	Santa Fe Chief Heavyweight Passenger Car 4-pack, *04*		370
____	**15538**	NYC 20th Century Limited Heavyweight Passenger Car 2-pack, *04*		200
____	**15541**	NYC 20th Century Limited Heavyweight Diner, StationSounds, *04*		200
____	**15542**	Santa Fe Chief Heavyweight Passenger Car 2-pack, *04*		195
____	**15545**	Santa Fe Chief Heavyweight Diner, StationSounds, *04*		200
____	**15546**	Napa Valley Wine Train Heavyweight 2-pack, *05*		250
____	**15549**	Napa Valley Wine Train Diner, StationSounds, *05*		280
____	**15554**	Pennsylvania Heavyweight Car 3-pack (std O), *05*		375
____	**15558**	Pennsylvania Heavyweight Add-on Coach (std O), *05*		140

		Exc	Mint
15559	PRR Reading Seashore Heavyweight Car 3-pack (std O), *05*		370 ___
15563	PRR Reading Seashore Heavyweight Add-on Coach, *05*		130 ___
15564	LIRR Heavyweight Car 3-pack (std O), *05*		370 ___
15568	LIRR Heavyweight Add-on Coach (std O), *05*		130 ___
15570	LIRR Heavyweight Car 3-pack (std O), *06*		230 ___
15574	LIRR Heavyweight Car Add-on (std O), *06*		140 ___
15575	C&O Heavyweight Diner, StationSounds (std O), *06–07*		295 ___
15576	C&O Heavyweight Passenger Car 2-pack (std O), *06–07*		265 ___
15577	NYC Heavyweight 3-pack (std O), *05–06*		370 ___
15581	NYC Heavyweight Add-on Coach (std O), *05–06*		130 ___
15584	Amtrak Acela Passenger Car 3-pack (std O), *06*		580 ___
15588	Southern Heavyweight Passenger Car 4-pack, *06*		495 ___
15593	Southern Heavyweight Passenger Car 2-pack, *06*		265 ___
15596	Southern Heavyweight Diner, StationSounds, *06*		295 ___
15597	C&O Heavyweight Passenger Car 4-pack (std O), *06–07*		495 ___
15906	RailSounds Trigger Button, *90–95*		12 ___
16000	PRR Vista Dome Car (O27), *87–88*	37	55 ___
16001	PRR Passenger Coach (O27), *87–88*	33	41 ___
16002	PRR Passenger Coach (O27), *87–88*	24	29 ___
16003	PRR Observation Car (O27), *87–88*	24	29 ___
16009	PRR Combination Car (O27), *88*	36	38 ___
16010	Virginia & Truckee Passenger Coach (SSS), *88*	36	47 ___
16011	Virginia & Truckee Passenger Coach (SSS), *88*	36	47 ___
16012	Virginia & Truckee Baggage Car (SSS), *88*	36	47 ___
16013	Amtrak Combination Car (O27), *88–89*	21	34 ___
16014	Amtrak Vista Dome Car (O27), *88–89*	21	34 ___
16015	Amtrak Observation Car (O27), *88–89*	21	34 ___
16016	NYC Baggage Car (O27), *89*	36	55 ___
16017	NYC Combination Car (O27), *89*	21	29 ___
16018	NYC Passenger Coach (O27), *89*	21	29 ___
16019	NYC Vista Dome Car (O27), *89*	21	29 ___
16020	NYC Passenger Coach (O27), *89*	23	33 ___
16021	NYC Observation Car (O27), *89*	20	28 ___
16022	Pennsylvania Baggage Car (O27), *89*	27	38 ___
16023	Amtrak Passenger Coach (O27), *89*	21	30 ___
16024	Northern Pacific Diner (O27), *92*	39	44 ___
16027	LL Combination Car (O27, SSS), *90*	39	48 ___
16028	LL Passenger Coach (SSS, O27), *90*	35	42 ___
16029	LL Passenger Coach (SSS, O27), *90*	35	42 ___
16030	LL Observation Car (SSS, O27), *90*	35	42 ___
16031	Pennsylvania Diner (O27), *90*	35	39 ___
16033	Amtrak Baggage Car (O27), *90*	28	38 ___
16034	NP Baggage Car (O27), *90–91*	30	45 ___
16035	NP Combination Car (O27), *90–91*	18	26 ___

			Exc	Mint
___	**16036**	NP Passenger Coach (027), *90–91*	21	30
___	**16037**	NP Vista Dome Car (027), *90–91*	18	26
___	**16038**	NP Passenger Coach (027), *90–91*	17	25
___	**16039**	NP Observation Car (027), *90–91*	21	30
___	**16040**	Southern Pacific Baggage Car, *90–91*	22	30
___	**16041**	NYC Diner (027), *91*	37	47
___	**16042**	Illinois Central Baggage Car (027), *91*	24	34
___	**16043**	Illinois Central Combination Car (027), *91*	22	30
___	**16044**	Illinois Central Passenger Coach (027), *91*	24	34
___	**16045**	Illinois Central Vista Dome Car (027), *91*	22	30
___	**16046**	Illinois Central Passenger Coach (027), *91*	24	34
___	**16047**	Illinois Central Observation Car (027), *91*	24	34
___	**16048**	Amtrak Diner (027), *91–92*	33	40
___	**16049**	Illinois Central Diner (027), *92*	27	38
___	**16050**	C&NW Baggage Car "6620," *93*	44	55
___	**16051**	C&NW Combination Car "6630," *93*	40	50
___	**16052**	C&NW Passenger Coach "6616," *93*	34	42
___	**16053**	C&NW Passenger Coach "6602," *93*	37	46
___	**16054**	C&NW Observation Car "6603," *93*	38	47
___	**16055**	Santa Fe Passenger Coach (027), *93–94*	29	38
___	**16056**	Santa Fe Vista Dome Car (027), *93–94*	25	32
___	**16057**	Santa Fe Passenger Coach (027), *93–94*	30	40
___	**16058**	Santa Fe Combination Car (027), *93–94*	27	35
___	**16059**	Santa Fe Vista Dome Car (027), *93–94*	26	34
___	**16060**	Santa Fe Observation Car (027), *93–94*	25	31
___	**16061**	N&W Baggage Car "6061," *94*	60	85
___	**16062**	N&W Combination Car "6062," *94*	38	50
___	**16063**	N&W Passenger Coach "6063," *94*	43	55
___	**16064**	N&W Passenger Coach "6064," *94*	43	55
___	**16065**	N&W Observation Car "6065," *94*	36	48
___	**16066**	NYC Combination Car "6066" (SSS), *94*	55	70
___	**16067**	NYC Passenger Coach "6067" (SSS), *94*	38	47
___	**16068**	UP Baggage Car "6068" (027), *94*	50	65
___	**16069**	UP Combination Car "6069" (027), *94*	36	43
___	**16070**	UP Passenger Coach "6070" (027), *94*	36	43
___	**16071**	UP Diner "6071" (027), *94*	36	46
___	**16072**	UP Vista Dome Car "6072" (027), *94*	36	43
___	**16073**	UP Passenger Coach "6073" (027), *94*	36	42
___	**16074**	UP Observation Car "6074" (027), *94*	36	43
___	**16075**	Missouri Pacific Baggage Car "6620," *95*	44	55
___	**16076**	Missouri Pacific Combination Car "6630," *95*	34	41
___	**16077**	Missouri Pacific Passenger Coach "6616," *95*	34	41
___	**16078**	Missouri Pacific Passenger Coach "7805," *95*	34	39
___	**16079**	Missouri Pacific Observation Car "6609," *95*	34	41
___	**16080**	New Haven Baggage Car "6080" (027), *95*	35	44
___	**16081**	New Haven Combination Car "6081" (027), *95*	28	37
___	**16082**	New Haven Passenger Coach "6082" (027), *95*	28	37
___	**16083**	New Haven Vista Dome Car "6083" (027), *95*	30	39
___	**16084**	New Haven Full Vista Dome Car "6084" (027), *95*	33	39

		Exc	Mint	
16086	New Haven Observation Car "6086" (027), *95*	31	40	___
16087	NYC Baggage Car "6087" (SSS), *95*	48	65	___
16088	NYC Passenger Coach "6088" (SSS), *95*	36	43	___
16089	NYC Diner "6089" (SSS), *95*	36	43	___
16090	NYC Observation Car "6090" (SSS), *95*	38	46	___
16091	NYC Passenger Cars, set of 4 (SSS), *95*	140	165	___
16092	Santa Fe Full Vista Dome Car (027), *95*	30	38	___
16093	Illinois Central Full Vista Dome Car (027), *95*	29	38	___
16094	Pennsylvania Full Vista Dome Car (027), *95*	30	39	___
16095	Amtrak Combination Car (027), *95*	19	23	___
16096	Amtrak Vista Dome Car (027), *95*	19	23	___
16097	Amtrak Observation Car (027), *95*	19	23	___
16098	Amtrak Passenger Coach, *95–97*	20	33	___
16099	Amtrak Vista Dome Car, *95–97*	20	33	___
16102	Southern 3-D Tank Car (SSS), *87*	23	30	___
16103	Lehigh Valley 2-D Tank Car (027), *88*	19	25	___
16104	Santa Fe 2-D Tank Car (027), *89*	19	23	___
16105	D&RGW 3-D Tank Car (SSS), *89*	48	65	___
16106	Mopar Express 3-D Tank Car, *88 u*	98	169	___
16107	Sunoco 2-D Tank Car (027), *90*	16	20	___
16108	Racing Fuel 1-D Tank Car "6108" (027), *89 u, 92 u*	9	13	___
16109	B&O 1-D Tank Car (SSS), *91*	29	34	___
16110	Circus Animals Operating Stock Car "1989" (027), *89 u*	24	34	___
16111	Alaska 1-D Tank Car (027), *90–91*	22	27	___
16112	Dow Chemical 3-D Tank Car, *90*	20	26	___
16113	Diamond Shamrock 2-D Tank Car (027), *91*	20	25	___
16114	Hooker Chemicals 1-D Tank Car (027), *91*	13	17	___
16115	MKT 3-D Tank Car, *92*	13	16	___
16116	U.S. Army 1-D Tank Car, *91 u*	36	42	___
16119	MKT 2-D Tank Car (027), *92, 93 u*	14	19	___
16121	C&NW Stock Car (SSS), *92*	33	43	___
16123	Union Pacific 3-D Tank Car, *93–95*	16	22	___
16124	Penn Salt 3-D Tank Car, *93*	21	26	___
16125	Virginian Stock Car, *93*	19	24	___
16126	Jefferson Lake 3-D Tank Car, *93*	22	26	___
16127	Mobil 1-D Tank Car, *93*	28	33	___
16128	Alaska 1-D Tank Car, *94*	24	29	___
16129	Alaska 1-D Tank Car (027), *93 u, 94*	21	28	___
16130	SP Stock Car (027), *93 u, 94*	10	13	___
16131	T&P Reefer, *94*	19	24	___
16132	Deep Rock 3-D Tank Car, *94*	25	30	___
16133	Santa Fe Reefer, *94*	22	28	___
16134	Reading Reefer, *94*	17	21	___
16135	C&O Stock Car, *94*	23	27	___
16136	B&O 1-D Tank Car, *94*	28	32	___
16137	Ford 1-D Tank Car "12," *94 u*	34	39	___
16138	Goodyear 1-D Tank Car, *95*	28	34	___
16140	Domino Sugar 1-D Tank Car, *95*	24	29	___
16141	Erie Stock Car, *95*	22	30	___
16142	Santa Fe 1-D Tank Car, *95*	26	30	___

			Exc	Mint
____	16143	Reading Reefer, *95*	18	23
____	16144	San Angelo 3-D Tank Car, *95*	22	25
____	16146	Dairy Despatch Reefer, *95*	15	20
____	16147	Clearly Canadian 1-D Tank Car (O27), *94 u*	25	40
____	16149	Zep Chemical 1-D Tank Car (O27), *95 u*	53	64
____	16150	Sunoco 1-D Tank Car "6315," *97*	35	38
____	16152	Sunoco 3-D Tank Car "6415," *97*		26
____	16153	AEC Reactor Fluid 1-D Tank Car "6515-1," *97*		81
____	16154	AEC Reactor Fluid 1-D Tank Car "6515-2," *97*		92
____	16155	AEC Reactor Fluid 1-D Tank Car "6515-3," *97*		93
____	16157	Gatorade Little League Baseball 1-D Tank Car "6315," *97 u*		52
____	16160	AEC Tank Car "6515" with reactor fluid, *98*		73
____	16162	Hooker 1-D Tank Car "6315-1," *97*		50
____	16163	Hooker 1-D Tank Car "6315-2," *97*		50
____	16164	Hooker 1-D Tank Car "6315-3," *97*		50
____	16165	Mobilfuel 3-D Tank Car "6415," *97 u*		50
____	16171	Alaska 1-D Tank Car "6171," *98–99*		33
____	16173	Harold the Helicopter Flatcar, *98*	45	60
____	16175	NJ Transit Port Morris Ore Car "9125," *98*		45
____	16176	NJ Transit Raritan Yard Ore Car "9126," *98 u*		45
____	16177	NJ Transit Gladstone Yard Ore Car "9127," *98 u*		45
____	16178	NJ Transit Bay Head Yard Ore Car "9128," *98 u*		45
____	16179	NJ Transit Dover Yard Ore Car "9129," *98 u*		45
____	16180	Tabasco 1-D Tank Car, *98*	60	74
____	16181	Biohazard Tank Car with Lights, *98*		76
____	16182	Gatorade 1-D Tank Car "6315," *98 u*		62
____	16187	Linex 3-D Tank Car "6425," *99*		30
____	16188	Kodak 1-D Tank Car "6515," *99*	71	86
____	16199	UP 1-D Tank Car "6035," *99–00*		25
____	16200	Rock Island Boxcar (O27), *87–88*	7	10
____	16201	Wabash Boxcar (O27), *88–91*	7	10
____	16203	Key America Boxcar (O27), *87 u*	45	65
____	16204	Hawthorne Boxcar (O27), *87 u*	50	85
____	16205	Mopar Express Boxcar "1987" (O27), *87–88 u*	50	60
____	16206	D&RGW Boxcar (SSS), *89*	37	42
____	16207	True Value Boxcar (O27), *88 u*	32	47
____	16208	PRR Auto Carrier, 3-tier, *89*	24	37
____	16209	Disney Magic Boxcar (O27), *88 u*	90	110
____	16211	Hawthorne Boxcar (O27), *88 u*	45	65
____	16213	Shoprite Boxcar (O27), *88 u*	55	80
____	16214	D&RGW Auto Carrier, *90*	24	32
____	16215	Conrail Auto Carrier, *90*	27	38
____	16217	Burlington Northern Auto Carrier, *92*	24	36
____	16219	True Value Boxcar (O27), *89 u*	55	75
____	16220	Ace Hardware Boxcar (O27), *89 u*	55	80
____	16221	Macy's Boxcar (O27), *89 u*	55	80
____	16222	Great Northern Boxcar (O27), *90–91*	8	15
____	16223	Budweiser Reefer, *89–92 u*	54	75
____	16224	True Value "Lawn Chief" Boxcar (O27), *90 u*	45	60

		Exc	Mint	
16225	Budweiser Vat Car, *90–91 u*	119	156	____
16226	Union Pacific Boxcar "6226" (027), *90–91 u*	15	19	____
16227	Santa Fe Boxcar (027), *91*	13	17	____
16228	Union Pacific Auto Carrier, *92*	26	33	____
16229	Erie-Lackawanna Auto Carrier, *91 u*	45	55	____
16232	Chessie System Boxcar, *92, 93 u, 94, 95 u*	25	30	____
16233	MKT DD Boxcar, *92*	20	29	____
16234	ACY Boxcar (SSS), *92*	34	41	____
16235	Railway Express Agency Reefer, *92*	19	23	____
16236	NYC Pacemaker Boxcar, *92 u*	18	24	____
16237	Railway Express Agency Boxcar, *92 u*	21	23	____
16238	NYNH&H Boxcar, *93–95*		3	____
16239	Union Pacific Boxcar, *93–95*	15	20	____
16241	Toys "R" Us Boxcar, *92–93 u*	35	45	____
16242	Grand Trunk Western Auto Carrier, *93*	35	40	____
16243	Conrail Boxcar, *93*	26	34	____
16244	Duluth, South Shore & Atlantic Boxcar, *93*	20	24	____
16245	Contadina Boxcar, *93*	16	20	____
16247	ACL Boxcar, *94*	15	19	____
16248	Budweiser Boxcar, *93–94 u*	36	51	____
16249	United Auto Workers Boxcar, *93 u*		55	____
16250	Santa Fe Boxcar (027), *93 u, 94*	8	10	____
16251	Columbus & Greenville Boxcar, *94*	14	15	____
16252	U.S. Navy Boxcar "6106888," *94–95*		30	____
16253	Santa Fe Auto Carrier, *94*	32	38	____
16255	Wabash DD Boxcar, *95*	20	26	____
16256	Ford DD Boxcar, *94 u*	30	34	____
16257	Crayola Boxcar, *94 u, 95*	17	23	____
16258	Lehigh Valley Boxcar, *95*	17	22	____
16259	Chrysler Mopar Boxcar, *97 u*	33	43	____
16260	Chrysler Mopar Auto Carrier, *96 u*	54	64	____
16261	Union Pacific DD Boxcar, *95*	26	29	____
16263	ATSF Boxcar, *96–99*		25	____
16264	Red Wing Shoes Boxcar, *95*	24	28	____
16265	Georgia Power "Atlanta '96" Boxcar, *95 u*	181	223	____
16266	Crayola Boxcar, *95*	17	23	____
16267	Sears Zenith Boxcar, *95–96 u*		55	____
16268	GM/AC Delco Boxcar, *95 u*		51	____
16269	Lionel Lines Boxcar, *96*		10	____
16272	Christmas Boxcar, *97*		36	____
16273	Lionel Employee Christmas Boxcar, *97*		55	____
16274	Marvin the Martian Boxcar, *97*		42	____
16279	Dodge Motorsports Boxcar, *96 u*	125	168	____
16284	Galveston Wharves Boxcar, *98*		28	____
16285	Savannah State Docks Boxcar, *98*		26	____
16291	Christmas Boxcar, *98*		34	____
16292	Lionel Employee Christmas Boxcar, *98*	309	369	____
16293	JCPenney Boxcar, *97*		100	____
16294	Pedigree Boxcar, *97*	137	158	____
16295	Kal Kan Boxcar, *97*	136	158	____
16296	Whiskas Boxcar, *97*	127	153	____
16297	Sheba Boxcar, *97*	125	148	____

		Exc	Mint
___ 16298	Mobil Boxcar, *97*		48
___ 16300	Rock Island Flatcar with fences (O27), *87–88*	8	10
___ 16301	Lionel Barrel Ramp Car, *87*	14	19
___ 16303	PRR Flatcar with trailers, *87*	26	33
___ 16304	RI Gondola with cable reels (O27), *87–88*	5	9
___ 16305	Lehigh Valley Ore Car, *87*	80	130
___ 16306	Santa Fe Barrel Ramp Car, *88*	12	16
___ 16307	NKP Flatcar with trailers, *88*	30	40
___ 16308	Burlington Northern Flatcar with trailer, *88–89*	20	25
___ 16309	Wabash Gondola with canisters, *88–91*	9	13
___ 16310	Mopar Express Gondola with canisters, *87–88 u*	34	38
___ 16311	Mopar Express Flatcar with trailers, *87–88 u*	110	156
___ 16313	PRR Gondola with cable reels (O27), *88 u, 89*	9	10
___ 16314	Wabash Flatcar with trailers, *89*	26	30
___ 16315	PRR Flatcar with fences (O27), *88 u, 89*	7	9
___ 16317	PRR Barrel Ramp Car, *89*	18	22
___ 16318	LL Depressed Center Flatcar with cable reels, *89*	22	26
___ 16320	Great Northern Barrel Ramp Car, *90*	13	19
___ 16321/22	Sealand TTUX Flatcar Set with trailers, *90*	65	73
___ 16323	Lionel Lines Flatcar with trailers, *90*	21	25
___ 16324	PRR Depressed Center Flatcar with cable reels, *90*	16	20
___ 16325	Microracers Exhibition Ramp Car, *89 u*	21	28
___ 16326	Santa Fe Depressed Center Flatcar with cable reels, *91*	16	21
___ 16327	"The Big Top" Circus Gondola with canisters, *89 u*	19	24
___ 16328	NKP Gondola with cable reels, *90–91*	17	23
___ 16329	SP Flatcar with horses (O27), *90–91*	19	24
___ 16330	MKT Flatcar with trailers, *91*	25	30
___ 16332	LL Depressed Center Flatcar with transformer, *91*	28	33
___ 16333	Frisco Bulkhead Flatcar with lumber, *91*	17	22
___ 16334	C&NW Flatcar Set ("16337, 16338") with trailers, *91*	55	60
___ 16335	NYC Pacemaker Flatcar with trailer (SSS), *91*	46	65
___ 16336	UP Gondola "6336" with canisters, *90–91 u*	17	21
___ 16339	Mickey's World Tour Gondola with canisters (O27), *91, 92 u*	17	21
___ 16341	NYC Depressed Center Flatcar with transformer, *92*	29	32
___ 16342	CSX Gondola with coil covers, *92*	18	23
___ 16343	Burlington Gondola with coil covers, *92*	20	23
___ 16345/46	SP TTUX Flatcar Set with trailers, *92*	55	65
___ 16347	Ontario Northland Bulkhead Flatcar with pulp load, *92*	22	26
___ 16348	Erie Liquefied Petroleum Car, *92*	23	25
___ 16349	Allis Chalmers Condenser Car, *92*	28	35
___ 16350	CP Rail Bulkhead Flatcar with lumber, *91 u*	20	29
___ 16351	Flatcar with U.S. Navy submarine, *92*	27	33
___ 16352	U.S. Military Flatcar with cruise missile, *92*	33	43

		Exc	Mint	
16353	B&M Gondola with coil covers, *91 u*	33	39	___
16355	Burlington Gondola, *92, 93 u, 94–95*	11	17	___
16356	MKT Depressed Center Flatcar with cable reels, *92*	17	21	___
16357	L&N Flatcar with trailer, *92*	24	31	___
16358	L&N Gondola with coil covers, *92*	17	21	___
16359	Pacific Coast Gondola with coil covers (SSS), *92*	33	38	___
16360	N&W Maxi-Stack Flatcar Set ("16361" and "16362") with containers, *92*	44	55	___
16363	Southern TTUX Flatcar Set ("16364" and "16365") with trailers, *93*	38	49	___
16367	Clinchfield Gondola with coil covers, *93*	18	21	___
16368	MKT Liquid Oxygen Car, *93*	21	22	___
16369	Amtrak Flatcar with wheel load, *92 u*	19	28	___
16370	Amtrak Flatcar with rail load, *92 u*	19	28	___
16371	BN I-Beam Flatcar with load, *92 u*	24	29	___
16372	Southern I-Beam Flatcar with load, *92 u*	24	34	___
16373	Erie-Lackawanna Flatcar with stakes, *93*	19	23	___
16374	D&RGW Flatcar with trailer, *93*	25	28	___
16375	NYC Bulkhead Flatcar, *93–95*	21	25	___
16376	UP Flatcar with trailer, *93–95*	31	37	___
16378	Toys "R" Us Flatcar with trailer, *92–93 u*	60	95	___
16379	NP Bulkhead Flatcar with pulp load, *93*	16	23	___
16380	UP I-Beam Flatcar with load, *93*	20	26	___
16381	CSX I-Beam Flatcar with load, *93*	20	25	___
16382	Kansas City Southern Bulkhead Flatcar, *93*	14	18	___
16383	Conrail Flatcar with trailer, *93*	50	58	___
16384	Soo Line Gondola with cable reels, *93*	14	19	___
16385	Soo Line Ore Car, *93*	65	75	___
16386	SP Flatcar with lumber, *94*	15	19	___
16387	KCS Gondola with coil covers, *94*	13	16	___
16388	LV Gondola with canisters, *94*	16	20	___
16389	PRR Flatcar with wheel load, *94*	27	32	___
16390	Flatcar with water tank, *94*	24	27	___
16391	Lionel Lines Gondola, *93 u*		15	___
16392	Wabash Gondola with canisters (O27), *93 u, 94*	7	9	___
16393	Wisconsin Central Bulkhead Flatcar, *94*	13	19	___
16394	Vermont Central Bulkhead Flatcar, *94*	20	30	___
16395	CP Flatcar with rail load, *94*	18	23	___
16396	Alaska Bulkhead Flatcar, *94*	17	22	___
16397	Milwaukee Road I-Beam Flatcar with load, *94*	30	34	___
16398	C&O Flatcar with trailer, *94*	80	85	___
16399	Western Pacific I-Beam Flatcar with load, *94*	31	35	___
16400	PRR Hopper (O27), *88 u, 89*	15	18	___
16402	Southern Quad Hopper with coal (SSS), *87*	30	42	___
16406	CSX Quad Hopper with coal, *90*	29	34	___
16407	B&M Covered Quad Hopper (SSS), *91*	28	37	___
16408	UP Hopper "6408" (O27), *90–91 u*	17	21	___
16410	MKT Hopper (O27), *92, 93 u*	19	24	___
16411	L&N Quad Hopper with coal, *92*	28	32	___
16412	C&NW Covered Quad Hopper, *94*	16	21	___

		Exc	Mint
____ **16413**	Clinchfield Quad Hopper with coal, *94*	16	22
____ **16414**	CCC&StL Hopper (O27), *94*	18	25
____ **16416**	D&RGW Covered Quad Hopper, *95*	16	20
____ **16417**	Wabash Quad Hopper with coal, *95*	19	21
____ **16418**	C&NW Hopper wlth coal (O27), *95*	15	21
____ **16419**	Tennessee Central Hopper, *96*		17
____ **16420**	WM Quad Hopper with coal (SSS), *95*	30	34
____ **16421**	WM Quad Hopper with coal (SSS), *95*	30	33
____ **16422**	WM Quad Hopper with coal (SSS), *95*		33
____ **16423**	WM Quad Hopper with coal (SSS), *95*		30
____ **16424**	WM Covered Quad Hopper (SSS), *95*	34	39
____ **16425**	WM Covered Quad Hopper (SSS), *95*	25	29
____ **16426**	WM Covered Quad Hopper (SSS), *95*	24	27
____ **16427**	WM Covered Quad Hopper (SSS), *95*	27	30
____ **16429**	WM Quad Hopper with coal, set of 2		70
16430	Georgia Power Quad Hopper "82947" with coal, *95 u*		109
____			
16431	Lionel Corporation 2-bay Hopper "6456-1," *96*		30
____			
16432	Lionel Corporation 2-bay Hopper "6456-2," *96*		64
____			
16433	Lionel Corporation 2-bay Hopper "6456-3," *96*		18
____			
____ **16434**	LV 2-bay Hopper "6456," "TLDX," *97*		25
____ **16435**	Virginian 2-bay Hopper "6456-1," *97*		30
____ **16436**	N&W 2-bay Hopper "6456-2," *97*		33
____ **16437**	C&O 2-bay Hopper "6456-3," *97*		33
____ **16438**	Frisco 4-bay Covered Hopper "87538," *98*		34
____ **16439**	Southern 4-bay Covered Hopper "77836," *98*		34
____ **16440**	Alaska 2-bay Hopper "7100," *98–99*		35
____ **16441**	New York Central 4-bay Hopper, *99*		26
____ **16442**	Bethlehem Gondola "6462" (SSS), *99*		40
____ **16443**	GN 2-bay Hopper "172364," *99–00*		20
____ **16444**	CNJ 2-bay Hopper "643," *00*		20
____ **16445**	Frisco 2-bay Hopper "93108," *00*		20
____ **16446**	Burlington 2-bay Hopper, *00*		20
____ **16447**	PRR Tuscan 2-bay Hopper, *00 u*		30
____ **16448**	PRR Gray 2-bay Hopper, *00 u*		30
____ **16449**	PRR Black 2-bay Hopper, *00 u*		30
____ **16450**	PRR Green 2-bay Hopper, *00 u*		30
____ **16451**	Lionel Mines 2-bay Hopper, *00 u*		50
____ **16453**	SP 2-bay Hopper "460604," *01*		15
____ **16454**	Bethlehem Steel Hopper "41025," *01*		37
____ **16455**	Pioneer Seed 2-bay Hopper, *00 u*		50
____ **16456**	B&O 2-bay Hopper, *01*		20
____ **16459**	LV 2-bay Hopper "51102," *01*		23
____ **16460**	Reading 2-bay Hopper "79636," *02*		25
____ **16463**	Rio Grande Icebreaker Tunnel Car "18936," *02*		32
____ **16464**	NYC Icebreaker Tunnel Car "X3200," *02*		32
____ **16465**	WP 2-bay Hopper "100340," *03*		19
____ **16466**	Pennsylvania Icebreaker Tunnel Car, *03*		33
____ **16467**	"Naughty and Nice" Hopper 2-pack, *02*		60
____ **16469**	B&O Hopper "435351," *02*		22

		Exc	Mint
16470	"Naughty and Nice" Ore Car 2-pack, *03*		43 ___
16473	Rock Island Ore Car "99122," *03*		18 ___
16474	Alaska Ore Car "16474," *04*		21 ___
16475	Santa Fe Hopper "16475," *04*		18 ___
16480	Lionelville Snow Transport Quad Hopper, *04*		45 ___
16482	Norfolk Southern Hopper, traditional, *05*		27 ___
16489	BNSF Ore Car, traditional, *05*		15 ___
16490	Sodor Mining Hopper, *05*		35 ___
16491	CNJ Hopper "60714," *06*		30 ___
16492	C&NW Ore Car "114023," *06*		30 ___
16493	Christmas Ice Breaker Car, *06*		55 ___
16500	Rock Island Bobber Caboose, *87–88*	9	13 ___
16501	Lehigh Valley SP-type Caboose, *87*	19	24 ___
16503	NYC Transfer Caboose, *87*	16	22 ___
16504	Southern N5c Caboose (SSS), *87*	17	30 ___
16505	Wabash SP-type Caboose, *88–91*	10	15 ___
16506	Santa Fe Bay Window Caboose, *88*	18	28 ___
16507	Mopar Express SP-type Caboose, *87–88 u*	42	54 ___
16508	Lionel Lines SP-type Caboose "6508," *89 u*	13	17 ___
16509	D&RGW SP-type Caboose (SSS), *89*	19	24 ___
16510	New Haven Bay Window Caboose, *89*	25	30 ___
16511	PRR Bobber Caboose, *88 u, 89*	9	13 ___
16513	Union Pacific SP-type Caboose, *89*	14	21 ___
16515	Lionel Lines SP-type Caboose, RailScope, *89*	20	23 ___
16516	Lehigh Valley SP-type Caboose, *90*	15	26 ___
16517	Atlantic Coast Line Bay Window Caboose, *90*	22	26 ___
16518	Chessie System Bay Window Caboose, *90*	41	50 ___
16519	Rock Island Transfer Caboose, *90*	13	17 ___
16520	"Welcome to the Show" Circus SP-type Caboose, *89 u*	13	21 ___
16521	PRR SP-type Caboose, *90–91*	8	11 ___
16522	"Chills & Thrills" Circus N5c Caboose, *90–91*	10	15 ___
16523	Alaska SP-type Caboose, *91*	24	31 ___
16524	Anheuser-Busch SP-type Caboose, *89–92 u*	31	41 ___
16525	D&H Bay Window Caboose (SSS), *91*	30	39 ___
16526	Kansas City Southern SP-type Caboose, *91*	17	21 ___
16528	UP SP-type Caboose "6528," *90–91 u*	17	21 ___
16529	Santa Fe SP-type Caboose "16829," *91*	9	13 ___
16530	Mickey's World Tour SP-type Caboose "16830," *91, 92 u*	13	17 ___
16531	Texas & Pacific SP-type Caboose, *92*	18	23 ___
16533	C&NW Bay Window Caboose, *92*	29	40 ___
16534	Delaware & Hudson SP-type Caboose, *92*	14	19 ___
16535	Erie-Lackawanna Bay Window Caboose, *91 u*	42	50 ___
16536	Chessie System SP-type Caboose, *92, 93 u, 94, 95 u*		23 ___
16537	MKT SP-type Caboose, *92, 93 u*	17	21 ___
16538	L&N Bay Window Caboose "1041," *92 u*	29	33 ___
16539	WP Steelside Caboose "539," smoke, SSS (std O), *92*	50	55 ___
16541	Montana Rail Link Extended Vision Caboose "10131" with smoke, *93*	55	65 ___

		Exc	Mint
___ 16543	NYC SP-type Caboose, *93–95*		20
___ 16544	Union Pacific SP-type Caboose, *93–95*	22	26
___ 16546	Clinchfield SP-type Caboose, *93*	22	26
___ 16547	"Happy Holidays" SP-type Caboose, *93–95*	46	55
___ 16548	Conrail SP-type Caboose, *93*	15	20
___ 16549	Soo Line Work Caboose, *93*	18	26
___ 16550	U.S. Navy Searchlight Caboose, *94–95*	17	21
___ 16551	Budweiser SP-type Caboose, *93–94 u*	27	31
___ 16552	Frisco Searchlight Caboose, *94*	23	26
___ 16553	United Auto Workers SP-type Caboose, *93 u*		40
___ 16554	GT Extended Vision Caboose "79052," smoke, *94*	40	47
___ 16555	C&O SP-type Caboose, *94*	22	26
___ 16557	Ford SP-type Caboose, *94 u*	19	24
___ 16558	Crayola SP-type Caboose, *94 u, 95*	17	21
___ 16559	Seaboard Center Cupola Caboose "5658," *95*	23	24
___ 16560	Chrysler Mopar Caboose, *94 u*	24	26
___ 16561	UP Center Cupola Caboose "25766," *95*	27	31
___ 16562	Reading Center Cupola Caboose, *95*	25	29
___ 16563	Lionel Lines SP-type Caboose, *95*	22	26
___ 16564	Western Maryland Center Cupola Caboose (SSS), *95*	30	34
___ 16565	Milwaukee Road Bay Window Caboose, *95*	50	60
___ 16566	U.S. Army SP-type Caboose "907," *95*		28
___ 16568	ATSF SP-type Caboose, *96–99*		23
___ 16571	Georgia Power SP-type Caboose "52789," *95 u*		68
___ 16575	Sears Zenith SP-type Caboose, *95*		38
___ 16577	U.S. Coast Guard Work Caboose, *96*		26
___ 16578	Lionel Lines SP-type Caboose, *95 u*		20
___ 16579	GM/AC Delco, SP-type Caboose, *95*		35
___ 16580	SP-type Caboose, *96–99*		11
___ 16581	UP Illuminated Caboose, *96*		30
___ 16586	SP Illuminated Caboose "6357," *97*		30
___ 16590	Dodge Motorsports SP-type Caboose "6950," *96*		50
___ 16591	Little League Baseball SP-type Caboose "6397," *97*		38
___ 16593	Lionel Belt Line Caboose "6257," *98*		32
___ 16594	Caboose "6357," *98*		29
___ 16600	Illinois Central Coal Dump Car, *88*	14	23
___ 16601	Canadian National Searchlight Car, *88*	19	24
___ 16602	Erie-Lackawanna Coal Dump Car, *87*	16	26
___ 16603	Detroit Zoo Giraffe Car (027), *87*	40	49
___ 16604	NYC Log Dump Car, *87*	15	27
___ 16605	Bronx Zoo Giraffe Car (027), *88*	39	44
___ 16606	Southern Searchlight Car, *87*	13	21
___ 16607	Southern Coal Dump Car "16707" (SSS), *87*	18	26
___ 16608	Lehigh Valley Searchlight Car, *87*	22	30
___ 16609	Lehigh Valley Derrick Car, *87*	22	30
___ 16610	Track Maintenance Car, *87–88*	15	25
___ 16611	Santa Fe Log Dump Car, *88*	15	23
___ 16612	Soo Line Log Dump Car, *89*	14	24

		Exc	Mint	
16613	MKT Coal Dump Car, *89*	17	26	___
16614	Reading Cop and Hobo Car (027), *89*	24	25	___
16615	Lionel Lines Extension Searchlight Car, *89*	20	28	___
16616	D&RGW Searchlight Car (SSS), *89*	22	30	___
16617	C&NW Boxcar with ETD, *89*	23	34	___
16618	Santa Fe Track Maintenance Car, *89*	11	19	___
16619	Wabash Coal Dump Car, *90*	14	25	___
16620	C&O Track Maintenance Car, *90–91*	16	19	___
16621	Alaska Log Dump Car, *90*	24	31	___
16622	CSX Boxcar with ETD, *90–91*	20	28	___
16623	MKT DD Boxcar with ETD, *91*	16	23	___
16624	NH Cop and Hobo Car (027), *90–91*	23	31	___
16625	NYC Extension Searchlight Car, *90*	22	30	___
16626	CSX Searchlight Car, *90*	18	26	___
16627	CSX Log Dump Car, *90*	19	23	___
16628	Cop and Hobo Circus Gondola, *90–91*	36	43	___
16629	Operating Circus Elephant Car (027), *90–91*	38	50	___
16630	SP Operating Cowboy Car (027), *90–91*	22	26	___
16631	RI Boxcar, steam RailSounds, *90*	110	130	___
16632	BN Boxcar, diesel RailSounds, *90*	90	100	___
16634	WM Coal Dump Car, *91*	26	32	___
16636	D&RGW Log Dump Car, *91*	19	25	___
16637	WP Extension Searchlight Car, *91*	27	30	___
16638	Operating Circus Animal Car (027), *91*	50	55	___
16639	B&O Boxcar, steam RailSounds, *91*	100	120	___
16640	Rutland Boxcar, diesel RailSounds, *91*	100	120	___
16641	Toys "R" Us Giraffe Car (027), *90–91 u*	45	65	___
16642	Mickey's World Tour Goofy Car (027), *91, 92 u*	33	41	___
16644	Amtrak Crane Car, *91, 92 u*	36	42	___
16645	Amtrak Searchlight Caboose, *91*	27	30	___
16649	Railway Express Agency Boxcar, steam RailSounds, *92*	110	140	___
16650	NYC Pacemaker Boxcar, diesel RailSounds, *92*	100	135	___
16651	Operating Circus Clown Car (027), *92*	24	30	___
16652	Radar Car, *92*	25	29	___
16653	Western Pacific Crane Car (SSS), *92*	44	60	___
16655	Steam Tender "1993," RailSounds, *93*	115	140	___
16656	Burlington Log Dump Car, *92 u*	18	25	___
16657	Lehigh Valley Coal Dump Car, *92 u*	22	29	___
16658	Erie-Lackawanna Crane Car, *93*	47	65	___
16659	Union Pacific Searchlight Car, *93–95*	15	18	___
16660	Fire Car with ladders, *93–94*	28	33	___
16661	Flatcar with boat, *93*	20	22	___
16662	Bugs Bunny and Yosemite Sam Outlaw Car (027), *93–94*	28	30	___
16663	Missouri Pacific Searchlight Car, *93*	16	19	___
16664	L&N Coal Dump Car, *93*	22	25	___
16665	Maine Central Log Dump Car, *93*	23	27	___
16666	Toxic Waste Car, *93–94*	25	32	___
16667	Conrail Searchlight Car, *93*	27	30	___
16668	Ontario Northland Log Dump Car, *93*	20	24	___

			Exc	Mint
___	**16669**	Soo Line Searchlight Car, *93*	17	21
	16670	TV Car, *93–94*	20	22
	16673	Lionel Lines Tender, whistle, *94–97*	33	42
	16674	Pinkerton Animated Gondola, *94*	28	32
	16675	Great Northern Log Dump Car, *94*	21	25
	16676	Burlington Coal Dump Car, *94*	23	28
	16677	NATO Flatcar with Royal Navy submarine, *94*	34	44
	16678	Rock Island Searchlight Car, *94*	21	23
	16679	U.S. Mall Operating Boxcar, *94*	45	50
	16680	Cherry Picker Car, *94*	25	28
	16681	Aquarium Car, *95*	35	44
___	**16682**	Lionelville Farms Operating Stock Car (O27), *94*	23	27
	16683	Los Angeles Zoo Elephant Car (O27), *94*	22	26
	16684	U.S. Navy Crane Car, *94–95*	35	40
	16685	Erie Extension Searchlight Car, *95*	30	34
	16686	Mickey Mouse Animated Boxcar, *95*	28	35
	16687	U.S. Mail Operating Boxcar, *94*	29	37
	16688	Fire Car with ladders, *94*	35	43
	16689	Toxic Waste Car, *94*	29	32
___	**16690**	Bugs Bunny and Yosemite Sam Outlaw Car (O27), *94*	30	34
	16701	Southern Tool Car (SSS), *87*	43	55
	16702	Amtrak Bunk Car, *91, 92 u*	25	27
	16703	NYC Tool Car, *92*	24	31
	16704	TV Car, *94*	27	29
	16705	Chesapeake & Ohio Cop and Hobo Car, *95*	28	34
	16706	Animal Transport Service Giraffe Car, *95*	27	30
	16708	C&NW Track Maintenance Car, *95*	24	31
	16709	New York Central Derrick Car, *95*	22	28
	16710	U.S. Army Operating Missile Car, *95*	40	42
	16711	Pennsylvania Searchlight Car, *95*	27	31
	16712	Pinkerton Animated Gondola, *95*	34	39
	16715	ATSF Log Dump Car, *96–99*		24
	16717	Jersey Central Crane Car, *96*		41
	16718	USMC Missile Launching Flatcar, *96*	26	31
	16719	Exploding Boxcar, *96*		38
	16720	Lionel Lines Searchlight Car "3650," *96–97*		50
	16724	Mickey and Friends Submarine Car, *96*		39
	16725	Rhino Transport Car, *97*		31
	16726	U.S. Army Fire Ladder Car, *96*		43
	16734	U.S. Coast Guard Searchlight Car, *96*		30
	16735	U.S. Coast Guard Flatcar with radar, *96*	28	35
	16736	U.S. Coast Guard Derrick Car, *96*		34
___	**16737**	Road Runner and Wile E. Coyote Gondola "3444," *96*		60
	16738	Pepe LePew Boxcar "3370," *96*		40
	16739	Foghorn Leghorn Poultry Car "6434," *96*		44
	16740	Lionel Corporation Mail Car "3428," *96*		37
	16741	Union Pacific Illuminated Bunk Car, *97*		25
	16742	Trout Ranch Aquarium Car "3435," *96*		32
	16744	Port of Lionel City Searchlight Car, *97*		30

		Exc	Mint
16745	Port of Lionel City Flatcar with radar, *97*		30 ___
16746	Port of Lionel City Derrick Car, *97*		30 ___
16747	Breyer Animated Horse Car "6473," *97*		34 ___
16748	U.S. Forest Service Log-Dump Car "3361," *97*		30 ___
16749	Midget Mines Ore-Dump Car "3479," *97*		36 ___
16750	Lionel City Aquarium Car "3436," *97*		32 ___
16751	AIREX Sports Channel TV Car "3545," *97*		25 ___
16752	Marvin the Martian Missile Launching Flatcar "6655," *97*	115	127 ___
16754	Porky Pig and Instant Martians Flatcar "6805," *97*	119	165 ___
16755	Daffy Duck Animated Balloon Car "3470," *97*	114	156 ___
16760	Pluto and Cats Animated Gondola "3444," *97*		55 ___
16765	Bureau of Land Management Log Car "3351," *98*		30 ___
16766	Bureau of Land Management Ore Car "3479," *98*		31 ___
16767	New York Central Ice Docks Ice Car "6352," *98*		47 ___
16776	Holiday Boxcar, RailSounds, *98*		68 ___
16777	Animated Cola Car and Platform, *98*		100 ___
16782	Bethlehem Ore Dump Car "3479," *99*		95 ___
16783	Westside Lumber Log Dump Car "3351," *99*		32 ___
16784	Pratt's Hollow Seed Dump Car "3479," *99*		36 ___
16785	"Happy Holidays" Music Reefer "5700," *99*		100 ___
16789	Easter Operating Boxcar, *99*		39 ___
16790	UP Stock Car "3356," Crowsounds, *99*		90 ___
16791	New York City Lights Boxcar, *99*		44 ___
16792	Constellation Boxcar "9600," *99*		37 ___
16793	Animated Glow-in-the-Dark Alien Boxcar, *99*		44 ___
16794	Wicked Witch Halloween Boxcar, *99*		46 ___
16795	Elf Chasing Rudolph Gondola "6462," *99*		55 ___
16796	Snowman Loading Ice Car "6352," *99*		55 ___
16805	Budweiser Malt Nutrine Reefer "3285," *91–92 u*	74	99 ___
16806	Toys "R" Us Boxcar, *92 u*	21	26 ___
16807	H.J. Heinz Reefer "301," *93*	23	27 ___
16808	Toys "R" Us Boxcar, *93 u*	28	30 ___
16817	Ambassador 1-D Tank Car, *00 u*		159 ___
16818	Engineer Award Tank Car, *00 u*		697 ___
16819	JLC Award Tank Car, *00 u*		754 ___
16820	Ambassador Boxcar, *00 u*	309	505 ___
16822	CSX Water Tower, *08*		23 ___
16824	O36 Command Control Switch, left hand (FasTrack), *09–13*		110 ___
16825	O36 Command Control Switch, right hand (FasTrack), *09–13*		110 ___
16826	O72 Command Control Switch, left hand (FasTrack), *09–13*		120 ___
16827	O72 Command Control Switch, right hand (FasTrack), *09–13*		120 ___
16828	O60 Command Control Switch, left hand (FasTrack), *09–13*		120 ___

		Exc	Mint
16829	O60 Command Control Switch, right hand (FasTrack), 09–13		120
16830	O48 Command Control Switch, left hand (FasTrack), 09–13		120
16831	O48 Command Control Switch, right hand (FasTrack), 09–13		120
16832	O72 Command Control Wye Switch (FasTrack), 09–13		115
16834	O48 Half-Curved Track (FasTrack), 09–13		5
16835	O48 Quarter-Curved Track (FasTrack), 09–13		5
16836	Christmas Girder Bridge, 09		21
16837	Christmas Operating Billboard, 09		45
16841	Halloween Gateman, 09		80
16842	Big Moe Crane, 10		70
16843	City and Western Diorama, 10–11		15
16845	Bookstore, 09–10		60
16846	Burning Hobo Depot, 09		90
16847	Legacy Hotel, 10–11		70
16848	Creature Comforts Pet Store, sound, 09–10		80
16849	Rotary Dumper with coal conveyor, CC, 10		600
16850	Operating Wind Turbine, 3-pack, 09–11		225
16851	Sunoco Cylindrical Oil Tank, gray, 10–11		100
16852	Sunoco Cylindrical Oil Tank, yellow, 10–11		90
16853	Polar Express Diorama, 09–11		18
16854	MTA LIRR Blinking Billboard, 09		30
16855	MTA LIRR Illuminated Station Platform, 09		37
16856	MTA LIRR Passenger Station, 09		60
16857	Thomas & Friends Diorama, 10–13		18
16859	Grand Central Terminal, 09		1500
16861	50,000-gallon Water Tank, 09–11		150
16863	Santa's Christmas Wish Station, 09–11		125
16868	Straight O Gauge Tunnel, 09–13		55
16871	Winter Wonderland Diorama, 09–11		15
16872	Illuminated Christmas Station Platform, 09		35
16873	Bathtub Gondola Coal Load 3-pack, 10–13		20
16874	Coaling Station, 10–11		80
16880	Freight Platform, 10–12		30
16881	Barrel Shed, 10–11		30
16882	12" Covered Bridge, 10–13		50
16883	Neil's Guitar Shop, 10–11		60
16889	Coal Tipple Pack, 11–13		15
16891	Tank Car Accident, 10–11		130
16896	Flagpole with lights, 10–13		25
16897	75th Anniversary Gateman, 10		75
16903	CP Bulkhead Flatcar with pulp load (SSS), 94	22	25
16904	NYC Pacemaker Flatcar Set with trailers, 94	55	60
16907	Flatcar with farm tractors, 94	27	33
16908	U.S. Navy Flatcar "04039" with submarine, 94–95	39	46
16909	U.S. Navy Gondola "16556" with canisters, 94–95	16	22
16910	Missouri Pacific Flatcar with trailer, 94	22	27
16911	B&M Flatcar with trailer, 94	28	34

		Exc	Mint	
16912	CN Maxi-Stack Flatcar Set with containers, *94*	70	75	___
16915	Lionel Lines Gondola (027), *93–94 u*	7	10	___
16916	Ford Flatcar with trailer, *94 u*	38	45	___
16917	Crayola Gondola with crayons, *94 u, 95*	8	9	___
16919	Chrysler Mopar Gondola with coil covers, *94–96*	33	36	___
16922	Chesapeake & Ohio Flatcar with trailer, *95*	25	31	___
16923	Intermodal Service Flatcar with wheel chocks, *95*	15	22	___
16924	Lionel Corporation Flatcar "6424" with trailer, *96*		24	___
16925	New York Central Flatcar with trailer, *95*	65	85	___
16926	Frisco Flatcar with trailers, *95*	24	31	___
16927	New York Central Flatcar with gondola, *95*	17	22	___
16928	Soo Line Flatcar with dump bin (027), *95*	12	15	___
16929	BC Rail Gondola with cable reels, *95*	21	25	___
16930	Santa Fe Flatcar with wheel load, *95*	20	25	___
16932	Erie Flatcar with rail load, *95*	17	22	___
16933	Lionel Lines Flatcar with autos, *95*	23	25	___
16934	Pennsylvania Flatcar with Ertl road grader, *95*	28	39	___
16935	UP Depressed Center Flatcar with Ertl bulldozer, *95*	22	35	___
16936	Sealand Maxi-Stack Flatcar Set with containers, *95*	70	85	___
16939	U.S. Navy Flatcar "04040" with boat, *95*	25	30	___
16940	ATSF Flatcar with trailer, *96–99*		40	___
16941	ATSF Flatcar with autos, *96–99*		25	___
16943	Jersey Central Gondola, *96*		18	___
16944	Georgia Power Depressed Center Flatcar "31438" with transformer, *95 u*		50	___
16945	Georgia Power Depressed Center Flatcar "31950" with cable reels, *95 u*		53	___
16946	C&O F9 Well Car "3840," *96*		31	___
16951	Southern I-Beam Flatcar "9823" with load, *97*		25	___
16952	U.S. Navy Flatcar with Ertl helicopter, *96*		25	___
16953	NYC Flatcar with Red Wing Shoes trailer, *95 u*	39	45	___
16954	NYC Flatcar "6424" with Ertl scraper, *96*		30	___
16955	ATSF Flatcar with Ertl Challenger, *96*		30	___
16956	Zenith Flatcar with trailer, *95 u*		134	___
16957	Depressed Center Flatcar "6461" with Ertl Case tractor, *96*		29	___
16958	Flatcar with Ertl New Holland loader, *96*		26	___
16960	U.S. Coast Guard Flatcar with boat, *96*		40	___
16961	GM/AC Delco Flatcar with trailer, *95*		73	___
16963	Lionel Corporation Flatcar "6411," *96–97*		34	___
16964	Lionel Corporation Gondola "6462," *97*		22	___
16965	Scout Flatcar "6424" with stakes, *96–97*		20	___
16967	Depressed Center Flatcar "6461" with transformer, *96*		21	___
16968	Depressed Center Flatcar "6461" with Ertl Helicopter, *96*		35	___
16969	Flatcar "6411" with Beechcraft Bonanza, *96*		33	___

		Exc	Mint
16970	LA County Flatcar "6424" with motorized powerboat, *96*		20
16971	Port of Lionel City Flatcar with boat, *97*		35
16972	P&LE Gondola "6462," *97*		22
16975	Well Car Doublestack Set, *97*		75
16978	MILW Flatcar "6424" with P&H shovel, *97*		43
16980	Speedy Gonzales Missile Flatcar "6823," *97*		43
16982	BC Rail Bulkhead Flatcar "9823" with lumber, *97*		28
16983	PRR F9 Well Car "6983" with cable reels, *97*		39
16986	Sears Zenith Bulkhead Flatcar, *96 u*		45
16987	Musco Lighting Bulkhead Flatcar, *97 u*		35
16997	Lionel Lines Recovery Crane Car, *99*		50
17002	Conrail 2-bay ACF Hopper (std O), *87*	42	47
17003	Du Pont 2-bay ACF Hopper (std O), *90*	39	45
17004	MKT 2-bay ACF Hopper (std O), *91*	23	27
17005	Cargill 2-bay ACF Hopper (std O), *92*	29	37
17006	Soo Line 2-bay ACF Hopper (std O, SSS), *93*	31	36
17007	GN 2-bay ACF Hopper "173872" (std O), *94*	26	31
17008	D&RGW 2-bay ACF Hopper "10009" (std O), *95*		31
17009	New York Central 2-bay ACF Hopper, *96*		35
17010	Govt. of Canada ACF 2-bay Covered Hopper "7000," *98*		32
17011	NP ACF 2-bay Covered Hopper "75052," *98*		44
17012	Govt. of Canada ACF 2-bay Covered Hopper "7001," *98*		30
17013	NYC Graffiti 2-bay Covered Hopper "7000," *99*		55
17014	Graffiti 2-bay Covered Hopper "7000" (std O), *99*		45
17015	Corning 2-bay Hopper "90409" (std O), *01*		40
17016	C&NW 2-bay Hopper "96644" (std O), *01*		46
17017	Chessie System 2-bay Hopper "605527" (std O), *02*		32
17018	Nickel Plate Road Offset Hopper "33074," *02*		43
17019	Santa Fe Offset Hopper "78299," *02*		43
17020	Frisco Offset Hopper "92092," *02*		43
17021	NYC Offset Hopper "867999," *02*		43
17022	Burlington 2-bay ACF Hopper "183925" (std O), *03*		30
17023	BNSF 2-bay Hopper "409038" (std O), *04*		30
17024	Reading Offset Hopper "81089" (std O), *03–04*		43
17025	C&O Offset Hopper "300027" (std O), *03–04*		43
17026	D&H Offset Hopper "7215" (std O), *03–04*		41
17027	IC Offset Hopper "92142" (std O), *03–04*		49
17028	GE PS-2 2-bay Covered Hopper "326" (std O), *03–04*		35
17029	CNJ PS-2 2-bay Covered Hopper "803" (std O), *03–04*		35
17030	MILW PS-2 2-bay Covered Hopper "99708" (std O), *03–04*		35
17031	SP PS-2 2-bay Covered Hopper "401306" (std O), *03–04*		38

		Exc	Mint
17038	Clinchfield PS-2 Covered Hopper, *05*		70 ___
17039	Boston & Maine PS-2 2-bay Covered Hopper, *05*		55 ___
17040	Norfolk & Western PS-2 2-bay Covered Hopper, *05*		55 ___
17041	Great Northern Offset Hopper, *05*		60 ___
17042	Green Bay & Western Offset Hopper, *05*		60 ___
17043	Baltimore & Ohio Offset Hopper, *05*		60 ___
17063	Santa Fe PS-2 2-bay Covered Hopper "82297" (std O), *06*		55 ___
17064	MKT PS-2 2-bay Covered Hopper "1311" (std O), *06*		55 ___
17065	Boraxo PS-2 2-bay Covered Hopper "31062" (std O), *06*		55 ___
17066	PRR PS-2 2-bay Covered Hopper "256177" (std O), *06*		55 ___
17067	Rock Island Offset Hopper "89500" with gravel (std O), *06*		65 ___
17068	CNJ Offset Hopper "61261" (std O), *06*		65 ___
17069	Maine Central Offset Hopper "3785" (std O), *06*		65 ___
17070	P&LE Offset Hopper "4990" (std O), *06*		65 ___
17083	C&O Offset Hopper "47386" (std O), *05*		40 ___
17100	Chessie System 3-bay ACF Hopper	49	85 ___
17101	Chessie System 3-bay ACF Hopper (std O), *88*	37	45 ___
17102	Chessie System 3-bay ACF Hopper (std O), *88*	35	41 ___
17103	Chessie System 3-bay ACF Hopper (std O), *88*	31	34 ___
17104	Chessie System 3-bay ACF Hopper (std O), *88*	38	46 ___
17105	Chessie System 3-bay ACF Hopper (std O), *88*	39	46 ___
17107	Sinclair 3-bay ACF Hopper (std O), *89*	40	48 ___
17108	Santa Fe 3-bay ACF Hopper (std O), *90*	42	48 ___
17109	N&W 3-bay ACF Hopper (std O), *91*	24	31 ___
17110	UP Hopper with coal (std O), *91*	24	30 ___
17111	Reading Hopper with coal (std O), *91*	23	28 ___
17112	Erie-Lack. 3-bay ACF Hopper (std O), *92*	24	34 ___
17113	LV Hopper with coal (std O), *92–93*	25	32 ___
17114	Peabody Hopper with coal (std O), *92–93*	26	30 ___
17118	Archer Daniels Midland 3-bay ACF Hopper "60029" (std O), *93*	28	35 ___
17120	CSX Hopper "295110" with coal (std O), *94*	28	30 ___
17121	ICG Hopper "72867" with coal (std O), *94*	26	33 ___
17122	RI 3-bay ACF Hopper "800200" (std O), *94*	32	39 ___
17123	Cargill Covered Grain Hopper "844304" (std O), *95*	25	34 ___
17124	Archer Daniels Midland 3-bay ACF Hopper "50224" (std O), *95*	24	30 ___
17127	Delaware & Hudson 3-bay Hopper, *96*		34 ___
17128	Chesapeake & Ohio 3-bay Hopper, *96*		30 ___
17129	WM 3-bay Hopper "9300" with coal (std O), *97*		34 ___
17132	PRR 3-bay ACF Hopper "260815," *98*		40 ___
17133	BNSF ACF 3-bay Covered Hopper "403698," *98*		38 ___

			Exc	Mint
	17134	BNSF 3-bay Covered Hopper "403698" (std O), *01*		38
	17135	BNSF ACF 3-bay Covered Hopper with ETD, *98*		39
	17137	Cargill 3-bay Covered Hopper "1219" (std O), *99*		45
	17138	Farmers Elevator 3-bay Covered Hopper (std O), *99*		45
	17139	"Grain Train" 3-bay Hopper "BLMR 1025," *99–00*		39
	17140	Virginian 3-bay Hopper 6-pack, "5260-5265," *99*		230
	17147	C&O 3-bay Hopper 6-pack, "156330-156335," *99*		230
	17154	Alberta Cylindrical Hopper "628373" (std O), *01*		40
	17155	Shell Cylindrical Hopper "3527" (std O), *01*		40
	17156	ACF Pressureaide 3-bay Hopper "59267" (std O), *01*		27
	17157	Wonder Bread "56670" 3-bay Hopper (std O), *01*		40
	17158	Conrail Coal Hopper "487739" (std O), *01*		42
	17159	N&W Coal Hopper "1776" (std O), *01*		45
	17163	C&O 3-bay Hopper (std O), *01*		30
	17170	General Mills 3-bay Covered Hopper (std O), *00 u*		60
	17171	Lionel Lion Cylindrical Hopper (std O), *01*		45
	17172	CP Rail Cylindrical Hopper "385206" (std O), *02*		37
	17173	Govt. of Canada Cylindrical Hopper "111031" (std O), *02*		33
	17174	GN 3-bay Hopper "171250" (std O), *02*		29
	17175	IC PS-2CD 4427 Covered Hopper "57031" (std O), *02*		40
	17176	Cargill PS-2CD 4427 Covered Hopper "2514" (std O), *02*		46
	17177	PS-2CD 4427 Covered Hopper "2500" (std O), *02*		40
	17178	Santa Fe PS-2CD 4427 Covered Hopper "304774" (std O), *02*		40
	17179	Indianapolis Power & Light Coal Hopper "10074" (std O), *02*		40
	17180	Rock Island Coal Hopper "700665" (std O), *02*		40
	17181	NYC 4-bay ACF Centerflow Hopper "892138" (std O), *03*		45
	17182	Sigco Hybrids 4-bay ACF Centerflow Hopper "1100" (std O), *03*		46
	17183	C&O Hopper "156341" (std O), *01*		30
	17184	Virginian Hopper "5271" (std O), *01*		30
	17185	LLCX Bathtub Gondola "877900" (std O), *01*		36
	17186	Cannonaide 4-bay ACF Centerflow Hopper "96169" (std O), *03*		40
	17187	Rio Grande 4-bay ACF Centerflow Hopper "15521" (std O), *03*		40
	17188	Govt. of Canada 3-bay Cylindrical Hopper (std O), *03*		48

		Exc	Mint
17189	Saskatchewan Grain 3-bay Cylindrical Hopper (std O), *03*		48 ____
17190	Soo/CP 3-bay ACF Hopper "119303" (std O), *03*		37 ____
17191	BN PS-2CD 4427 Hopper "450669" (std O), *03–04*		45 ____
17192	Lehigh Valley PS-2CD 4427 Hopper "51118" (std O), *03–04*		40 ____
17193	Chessie System/WM PS-2CD 4427 Hopper "4673" (std O), *03–04*		30 ____
17194	MKT PS-2CD 4427 Hopper "1122" (std O), *03–04*		40 ____
17195	L&N 3-bay Hopper "240850" (std O), *04*		40 ____
17196	Firestone 4-bay Hopper "53240" (std O), *04*		40 ____
17197	Diamond Chemicals 4-bay Hopper "53286" (std O), *04*		40 ____
17198	Hercules 4-bay Hopper "50503" (std O), *04*		40 ____
17199	Conrail 4-bay Hopper "888367" (std O), *04*		46 ____
17200	Canadian Pacific Boxcar (std O), *89*	26	32 ____
17201	Conrail Boxcar (std O), *87*	33	38 ____
17202	Santa Fe Boxcar (std O), diesel RailSounds, *90*	80	85 ____
17203	Cotton Belt DD Boxcar (std O), *91*	33	38 ____
17204	Missouri Pacific DD Boxcar (std O), *91*	27	30 ____
17207	C&IM DD Boxcar (std O), *92*	36	42 ____
17208	Union Pacific DD Boxcar (std O), *92*	35	40 ____
17209	B&O DD Boxcar "296000" (std O), *93*	37	43 ____
17210	Chicago & Illinois Midland Boxcar "16021" (std O), *92 u*	30	39 ____
17211	Chicago & Illinois Midland Boxcar "16022" (std O), *92 u*	30	39 ____
17212	Chicago & Illinois Midland Boxcar "16023" (std O), *92 u*	24	31 ____
17213	Susquehanna Boxcar "501" (std O), *93*	28	31 ____
17214	Railbox Boxcar (std O), diesel RailSounds, *93*	75	85 ____
17216	PRR DD Boxcar "60155" (std O), *94*	34	38 ____
17217	New Haven State of Maine Boxcar "45003" (std O), *95*	28	35 ____
17218	BAR State of Maine Boxcar "2184" (std O), *95*	23	36 ____
17219	Tazmanian Devil 40th Birthday Boxcar (std O), *95*	40	50 ____
17220	Pennsylvania Boxcar (std O), *96*		23 ____
17221	NYC Boxcar (std O), *96*		34 ____
17222	Western Pacific Boxcar (std O), *96*	28	34 ____
17223	Milwaukee Road DD Boxcar (std O), *96*		34 ____
17224	Central of Georgia Boxcar "9464-197" (std O), *97*	15	29 ____
17225	Penn Central Boxcar "9464-297" (std O), *97*	13	26 ____
17226	Milwaukee Road Boxcar "9464-397" (std O), *97*		23 ____
17227	UP DD Boxcar "9200" (std O), *97*		35 ____
17231	Wisconsin Central DD Boxcar "9200" with auto frames, *98*		40 ____
17232	SP/UP Merger DD Boxcar "9200," *98*		33 ____
17233	Western Pacific Boxcar "9464-198," *98*		27 ____
17234	Port Huron & Detroit Boxcar "9464-298," *98*		33 ____

		Exc	Mint
____ **17235**	Boston & Maine Boxcar "9464-398," 98		41
____ **17239**	ATSF "Texas Chief" Boxcar "9464-1," 97		50
____ **17240**	ATSF "Super Chief" Boxcar "9464-2," 97		50
____ **17241**	ATSF "El Capitan" Boxcar "9464-3," 97		50
____ **17242**	ATSF "Grand Canyon" Boxcar "9464-4," 97		60
____ **17243**	NP Boxcar "8722," 98		48
____ **17244**	Santa Fe "Chief" Boxcar, 98		37
____ **17245**	C&O Boxcar with Chessie kitten, 98		44
____ **17246**	NYC Pacemaker Rolling Stock 4-pack, 98		200
____ **17247**	NYC 9464 Boxcar "174940," 98		135
____ **17248**	NYC 9464 Boxcar "174945," 98		115
____ **17249**	NYC 9464 Boxcar "174949," 98		60
____ **17250**	UP Boxcar "507406" (std O), 99		45
____ **17251**	BNSF Boxcar "103277," 99		41
____ **17252**	NS Boxcar "564824" (std O), 99		41
____ **17253**	CSX Boxcar "141756" (std O), 99		35
____ **17254**	UP Boxcar "551967" (std O), 99		42
____ **17255**	Chevy DD Boxcar "9200" (std O), 99		38
____ **17257**	Atlantic Coast Line Boxcar "28809" (std O), 99		36
____ **17258**	D&H 9464 Boxcar "29055" std O, 99		41
____ **17259**	MKT 9464 Boxcar "1422" (std O), 99		34
____ **17260**	CP Rail 9464 Boxcar "286138" (std O), silver, 00		45
____ **17261**	CP Rail 9464 Boxcar "85154," green, 00		44
____ **17262**	CP Rail 9464 Boxcar "56776," red (std O), 00		48
____ **17263**	NYC Boxcar "45725" (std O), 00		46
____ **17264**	C&O Boxcar "6054" (std O), 00		44
____ **17265**	U.S. Army Boxcar (std O), 00		35
____ **17266**	Monon Boxcar "911" (std O), 00		45
____ **17268**	C&O 9464 Boxcar "12700" (std O), 01		44
____ **17269**	Western Maryland 9464 Boxcar "29140" (std O), 01		44
____ **17270**	B&O Time-Saver 9464 Boxcar "467439" (std O), 01		42
____ **17271**	"The Rock" Boxcar "300324" (std O), 01		37
____ **17272**	Railbox Boxcar "15150" (std O), 01		27
____ **17273**	DT&I DD Boxcar "26852" (std O), 01		44
____ **17274**	Soo Line DD Boxcar "177587" (std O), 01		42
____ **17275**	NYC PS-1 Boxcar "175008" (std O), 02		43
____ **17276**	Cotton Belt PS-1 Boxcar "75000" (std O), 02		44
____ **17277**	Rio Grande PS-1 Boxcar "69676" (std O), 02		40
____ **17278**	WP PS-1 Boxcar "1953" (std O), 02		44
____ **17279**	Ontario Northland Boxcar "7428" (std O), 02		40
____ **17280**	Santa Fe Boxcar "600194" with auto frames (std O), 02		45
____ **17281**	PRR DD Boxcar "83158" (std O), 04		42
____ **17282**	UP DD Boxcar "160300" (std O), 04		42
____ **17283**	GM&O DD Boxcar "9077" (std O), 04		41
____ **17284**	Erie DD Boxcar "66000" (std O), 04		41
____ **17285**	CSX Big Blue Boxcar "151296" (std O), 03		36
____ **17287**	BAR Boxcar "5976" (std O), 03		35
____ **17288**	NYC PS-1 Boxcar "175012" (std O), 03–04		38
____ **17289**	GN PS-1 Boxcar "18485" (std O), 03		40

		Exc	Mint
17290	Seaboard PS-1 Boxcar "24452" (std O), *03–04*		42 ___
17291	RI PS-1 Boxcar "21110" (std O), *03–04*		42 ___
17292	B&M PS-1 Boxcar "76182" (std O), *04*		34 ___
17293	IC PS-1 Boxcar "400666" (std O), *04*		40 ___
17294	TP&W PS-1 Boxcar "5036" (std O), *04*		36 ___
17295	Santa Fe PS-1 Boxcar "276749" (std O), *04*		40 ___
17297	UP PS-1 Boxcar, *03*		100 ___
17300	Canadian Pacific Reefer (std O), *89*	28	33 ___
17301	Conrail Reefer (std O), *87*	35	42 ___
17302	Santa Fe Reefer with ETD (std O), *90*	35	41 ___
17303	C&O Reefer "7890" (std O), *93*	23	30 ___
17304	Wabash Reefer "26269" (std O), *94*	29	37 ___
17305	Pacific Fruit Express Reefer "459400" (std O), *94*	27	40 ___
17306	Pacific Fruit Express Reefer "459401" (std O), *94*	19	27 ___
17307	Tropicana Reefer "300" (std O), *95*	44	65 ___
17308	Tropicana Reefer "301" (std O), *95*	22	35 ___
17309	Tropicana Reefer "302" (std O), *95*	21	29 ___
17310	Tropicana Reefer "303" (std O), *95*	20	27 ___
17311	REA Reefer (std O), *96*	28	30 ___
17314	PFE Reefer "9800-198," *98*		42 ___
17315	PFE Reefer "9800-298," *98*		39 ___
17316	NP Reefer "98583," *98*		50 ___
17317	PRR Reefer FGE "91904," *98*		36 ___
17318	UP Reefer "170650" (std O), *99*		47 ___
17319	PFE Reefer 6-pack (std O), *01*		300 ___
17331	Hood's General American Milk Car "802" (std O), *02*		100 ___
17332	Pfaudler General American Milk Car "501" (std O), *02*		70 ___
17334	REA General American Milk Car "1741" (std O), *02*		100 ___
17335	New Haven General American Milk Car "102" (std O), *02*		75 ___
17336	PFE Steel-sided Reefer "17760" (std O), *03*		45 ___
17337	CN Steel-sided Reefer "209712" (std O), *03*		38 ___
17338	Merchants Dispatch Transit Steel-sided Reefer "12322" (std O), *03*		39 ___
17339	Burlington Steel-sided Reefer "74825" (std O), *03*		45 ___
17340	White Bros. General American Milk Car "891" (std O), *03*		44 ___
17341	Dairymen's League General American Milk Car "779" (std O), *03*		43 ___
17342	Miller Beer Steel-sided Reefer (std O), *03 u*		55 ___
17343	Miller Beer Steel-sided Reefer (std O), *03 u*		62 ___
17349	NYC General American Milk Car "6581" (std O), *03 u*		42 ___
17350	Hood's General American Milk Car "503" (std O), *03 u*		45 ___
17351	Santa Fe Steel-sided Reefer "3526" (std O), *04*		43 ___

		Exc	Mint
____ 17352	PFE Steel-sided Reefer "20043" (std O), _04_		41
17353	Needham Packing Steel-sided Reefer "60507" (std O), _04_		44
____ 17354	Swift Steel-sided Reefer "15392" (std O), _04_		42
____ 17355	Hood's Steel-sided Reefer "550" (std O), _04_		40
____ 17356	Nestle Nesquik Steel-sided Reefer (std O), _04_		44
____ 17357	Borden's Steel-sided Reefer "522" (std O), _04_		47
____ 17358	Fairfield Farms Steel-sided Reefer (std O), _04_		44
17360	Hood's General American Milk Car "810" (std O), _03_		46
17361	Hood's General American Milk Car "811" (std O), _03_		43
17362	Pfaudler General American Milk Car "502" (std O), _03_		47
17363	Pfaudler General American Milk Car "503" (std O), _03_		40
17364	REA General American Milk Car "1742" (std O), _03_		38
17365	REA General American Milk Car "1743" (std O), _03_		44
17366	NH General American Milk Car "103" (std O), _03_		43
17367	NH General American Milk Car "104" (std O), _03_		47
17368	White Brothers General American Milk Car "892" (std O), _03_		43
17369	White Brothers General American Milk Car "893" (std O), _03_		47
17370	Dairymen's League General American Milk Car "780" (std O), _03_		47
17371	Dairymen's League Milk Car "781" (std O), _03_		47
17372	NYC General American Milk Car "6582" (std O), _03_		47
17373	NYC General American Milk Car "6583" (std O), _03_		40
17374	Hood's General American Milk Car "504" (std O), _03_		43
17375	Hood's General American Milk Car "505" (std O), _03_		47
17377	Railway Express Operating Milk Car "302" (std O), _05_		172
17378	Supplee General American Milk Car (std O), _05_		63
____ 17379	NP Steel-sided Reefer "91353" (std O), _05_		60
17380	PFE Silver Steel-sided Reefer "45698" (std O), _05_		60
17381	North Western Steel-sided Reefer "751" (std O), _05_		40
____ 17397	PFE Steel-sided Reefer "47767" (std O), _05_		45
17398	A&P General American Milk Car "737" (std O), _06_		65
17399	Bowman Dairy General American Milk Car "117" (std O), _06_		65
____ 17400	CP Rail Gondola with coal (std O), _89_	30	34
____ 17401	Conrail Gondola with coal (std O), _87_	24	26

		Exc	Mint	
17402	Santa Fe Gondola with coal (std O), *90*	19	25	___
17403	Chessie System Gondola "371629" with coil covers (std O), *93*	24	25	___
17404	ICG Gondola "245998" with coil covers (std O), *93*	26	32	___
17405	Reading Gondola "24876" with coil covers (std O), *94*	27	31	___
17406	PRR Gondola "385405" with coil covers (std O), *95*	37	42	___
17407	NKP Gondola with scrap load, *96*		24	___
17408	Cotton Belt Gondola "9820" with scrap load (std O), *97*		32	___
17410	UP Gondola "903004" with scrap load (std O), *99*		30	___
17412	Gondola, blue, online store, *98*		20	___
17413	Service Center Gondola with parts load (SSS), *00*		24	___
17414	Nickel Plate PS-5 Gondola "44801" (std O), *01–02*		40	___
17415	Frisco PS-5 Gondola "61878" (std O), *01–02*		35	___
17416	D&H Gondola "14011" with scrap load (std O), *01*		33	___
17417	BN Rotary Bathtub Gondola 3-pack, *01*		140	___
17421	CSX Rotary Bathtub Gondola 3-pack, *01*		135	___
17425	Western Maryland PS-5 Gondola "354903" (std O), *01–02*		36	___
17426	Maine Central PS-5 Gondola "1116" (std O), *01–02*		40	___
17427	CSX Rotary Bathtub Gondola Add-on Unit (std O), *02*		47	___
17428	BN Rotary Bathtub Gondola Add-on Unit (std O), *02*		42	___
17429	Conrail Rotary Bathtub Gondola 3-pack (std O), *02–03*		115	___
17433	BNSF Rotary Bathtub Gondola 3-pack (std O), *02–03*		145	___
17439	UP PS-5 Gondola "229606" (std O), *03*		35	___
17440	Algoma Central PS-5 Gondola "801" (std O), *03*		32	___
17441	Conrail Rotary Bathtub Gondola "507673" (std O), *03*		39	___
17442	BNSF Rotary Bathtub Gondola "668330" (std O), *03*		46	___
17443	NS Rotary Bathtub Gondola 3-pack (std O), *03*		90	___
17447	UP Rotary Bathtub Gondola 3-pack (std O), *03*		100	___
17457	GN PS-5 Gondola "72839" (std O), *03*		35	___
17458	Reading PS-5 Gondola "33267" (std O), *03*		35	___
17459	CP Rail PS-5 Gondola "338966" (std O), *04*		35	___
17460	NYC PS-5 Gondola "749592" (std O), *04*		40	___
17461	Pennsylvania PS-5 Gondola "374256" (std O), *04*		36	___
17462	Santa Fe PS-5 Gondola "167340" (std O), *04*		35	___
17463	NS Bathtub Gondola "10303" (std O), *04*		40	___
17464	UP Bathtub Gondola "28100" (std O), *04*		35	___
17465	CP Rail Bathtub Gondola 3-pack (std O), *04*		105	___

		Exc	Mint
___ 17470	CP Rail Bathtub Gondola, *05*		50
___ 17471	Burlington PS-5 Gondola with covers (std O), *05*		44
17472	New Haven PS-5 Gondola with covers (std O), *05*		53
___ 17473	NYC PS-5 Gondola "502351" (std O), *06–07*		65
___ 17474	D&H PS-5 Gondola "13816" (std O), *06–07*		65
___ 17475	Koppers PS-5 Gondola "213" (std O), *06–07*		65
___ 17477	L&N PS-5 Gondola "170012" (std O), *06–07*		46
17478	N&W PS-5 Gondola "275005" with containers (std O), *08*		70
17479	LV PS-5 Gondola "33455" with containers (std O), *08*		70
17480	RI PS-5 Gondola with coke containers (std O), *08–09*		70
___ 17488	UP Bathtub Gondola 3-pack (std O), *09*		190
___ 17500	CP Flatcar with logs (std O), *89*	27	29
___ 17501	Conrail Flatcar with stakes (std O), *87*	37	45
___ 17502	Santa Fe Flatcar with trailer (std O), *90*	70	75
___ 17503	NS Flatcar with trailer (std O), *92*	55	65
___ 17504	NS Flatcar with trailer (std O), *92*	55	65
___ 17505	NS Flatcar with trailer (std O), *92*	50	55
___ 17506	NS Flatcar with trailer (std O), *92*	46	55
___ 17507	NS Flatcar with trailer (std O), *92*	50	55
___ 17510	NP Flatcar "61200" with logs (std O), *94*	31	36
___ 17511	WM Flatcar with logs, set of 3 (std O), *95*		145
___ 17512	WM Flatcar with logs (std O), *95*	35	41
___ 17513	WM Flatcar with logs (std O), *95*	43	50
___ 17514	WM Flatcar with logs (std O), *95*	39	45
17515	Norfolk Southern Flatcar with tractors (std O), *95*	24	42
17516	T&P Flatcar "9823" with 2 Beechcraft Bonanzas (std O), *97*		50
17517	WP Flatcar "9823" with Ertl Caterpillar frontloader (std O), *97*		39
17518	PRR Flatcar "9823" with 2 Corgi Mack trucks (std O), *97*	49	50
___ 17522	Flatcar with Plymouth Prowler, *98*		41
___ 17527	Flatcar with 2 Dodge Vipers, *98*		38
___ 17529	ATSF Flatcar "90010" with Ford milk truck, *99*		55
___ 17533	MTTX Ford Flatcar with auto frames, *99*		38
17534	Diamond T Flatcar with Mack trucks "9823," *99*		55
17536	Route 66 Flatcar "9823-3" with 2 luxury coupes, *99*		37
17537	Route 66 Flatcar "9823-4" with 2 touring coupes, *99*		32
___ 17538	NYC Flatcar with Ford tow truck, *99*		43
___ 17539	Flatcar "9823" with 2 Corvettes (std O), *99*		70
___ 17540	Flatcar "9823" with 2 Corvettes (std O), *99*		70
___ 17546	LL Recovery Flatcar "6424" with rail load, *99*		50
17547	Lionel Lines Recovery Flatcar "6429" with machinery, *99*		50

		Exc	Mint
17548	Route 66 Flatcar "9823-6" with 2 luxury coupes, *99*		42 ___
17549	Route 66 Flatcar "9823-5" with station wagon and trailer, *99*		42 ___
17550	BN Center Beam Flatcar "6216" with lumber (std O), *99*		39 ___
17551	NYC Flatcar with NYC pickups "499," *99*		49 ___
17553	Trailer Train Flatcar "98102" with combine (std O), *99*		125 ___
17554	GN Flatcar "61042" with logs, *00*		32 ___
17555	Ford Mustang Flatcar with 2 cars (std O), *01*		NRS ___
17556	Ford Mustang Flatcar with 2 cars (std O), *01*		NRS ___
17557	Route 66 Flatcar "9823-7" with black sedans, *99–00*		39 ___
17558	Route 66 Flatcar "9823-8" with brown sedans, *99*		39 ___
17559	Route 66 Flatcar "9823-9" with 2 wagons (std O), *01*		40 ___
17560	Route 66 Flatcar "9823-10" with 2 sedans (std O), *01*		40 ___
17563	Santa Fe Flatcar "90011" with pickup trucks (std O), *01*		49 ___
17564	West Side Lumber Shay Log Car 3-pack #2 (std O), *01*		95 ___
17568	PRR Flatcar "470333" with pickup trucks (std O), *02*		50 ___
17571	UP Flatcar "909231" with pickup trucks (std O), *03*		50 ___
17572	Pioneer Seed Flatcar with pedal cars, *02 u*		190 ___
17573	WM PS-4 Flatcar "2631" (std O), *03*		35 ___
17574	Santa Fe PS-4 Flatcar "90081" (std O), *03*		35 ___
17575	NYC PS-4 Flatcar "506098" (std O), *03*		40 ___
17576	Ontario Northland PS-4 Flatcar "2020" (std O), *03*		35 ___
17577	B&O PS-4 Flatcar "8651" (std O), *04*		35 ___
17578	B&M PS-4 Flatcar "34007" (std O), *04*		35 ___
17579	Milwaukee Road PS-4 Flatcar "64073" (std O), *04*		35 ___
17580	UP PS-4 Flatcar "54603" (std O), *04*		35 ___
17581	GN Flatcar "X4168" with pickup trucks (std O), *04*		42 ___
17582	PRR PS-4 Flatcar "469617" with trailers (std O), *05*		110 ___
17583	GN PS-4 Flatcar with trailers, *05*		80 ___
17584	SP PS-4 Flatcar with trailers, *05*		80 ___
17585	C&O PS-4 Flatcar "81000" with trailers (std O), *05*		80 ___
17586	BN Husky Stack Car "63322" (std O), *05*		80 ___
17587	SP Husky Stack Car "513915" (std O), *05*		80 ___
17588	CSX Husky Stack Car "620350" (std O), *05*		80 ___
17589	TTX Trailer Train Husky Stack Car "456249" (std O), *05*		65 ___
17600	NYC Wood-sided Caboose (std O), *87 u*	35	45 ___
17601	Southern Wood-sided Caboose (std O), *88*	35	44 ___
17602	Conrail Wood-sided Caboose (std O), *87*	65	75 ___

			Exc	Mint
____	**17603**	RI Wood-sided Caboose (std O), *88*	19	34
____	**17604**	Lackawanna Wood-sided Caboose (std O), *88*	42	53
____	**17605**	Reading Wood-sided Caboose (std O), *89*	34	37
____	**17606**	NYC Steel-sided Caboose, smoke (std O), *90*	49	65
____	**17607**	Reading Steel-sided Caboose, smoke (std O), *90*	55	65
____	**17608**	C&O Steel-sided Caboose, smoke (std O), *91*	46	55
____	**17610**	Wabash Steel-sided Caboose, smoke (std O), *91*	39	55
____	**17611**	NYC Wood-sided Caboose "6003" (std O), *90 u*	40	55
____	**17612**	NKP Steel-sided Caboose, smoke (FF 6), *92*	60	65
____	**17613**	Southern Steel-sided Caboose "7613," smoke (std O), *92*	60	65
____	**17615**	NP Wood-sided Caboose, smoke (std O), *92*	65	70
____	**17617**	D&RGW Steel-sided Caboose (std O), *95*	50	55
____	**17618**	Frisco Wood-sided Caboose (std O), *95*	65	75
____	**17620**	NP Wood-sided Caboose "1746," *98*		70
____	**17623**	Farmrail Extended Vision Caboose, *99*		73
____	**17624**	Conrail Extended Vision Caboose "6900," *99*		43
____	**17625**	Burlington Northern Steel-sided Caboose "7606," *99*		65
____	**17626**	Service Center Extended Vision Caboose (SSS), *00*		29
____	**17627**	C&O Extended Vision Caboose, *01*		65
____	**17628**	BNSF Extended Vision Caboose, *01*		65
____	**17629**	Santa Fe Extended Vision Caboose, *01*		80
____	**17630**	UP Extended Vision Caboose, *01*		85
____	**17631**	Virginian Bay Window Caboose, *01*		85
____	**17632**	CSX Bay Window Caboose, *01*		75
____	**17633**	NYC Bay Window Caboose, *01*		90
____	**17634**	Delaware & Hudson Bay Window Caboose, *01*		75
____	**17635**	100th Anniversary Die-cast Gold Caboose, *00*		345
____	**17636**	NYC Die-cast Caboose "18096," *00–01*		100
____	**17637**	NYC "Quicker via Peoria" Die-cast Caboose, *00*		135
____	**17638**	RI Extended Vision Caboose "17011" (std O), *02*		55
____	**17639**	Chessie Extended Vision Caboose "3322" (std O), *02*		55
____	**17640**	CP Extended Vision Caboose "434604" (std O), *02*		57
____	**17641**	Soo Line Extended Vision Caboose "2" (std O), *02*		55
____	**17642**	Conrail Bay Window Caboose "21023" (std O), *02*		65
____	**17643**	NKP Bay Window Caboose "480" (std O), *02*		60
____	**17644**	Erie Bay Window Caboose "C307," (std O), *02*		55
____	**17645**	N&W Bay Window Caboose "C-6," (std O), *02*		55
____	**17646**	UP Bay Window Caboose "24555," (std O), *02*		65
____	**17647**	B&O Caboose "C-2820" (std O), *03–04*		65
____	**17648**	Chessie System Caboose "C-2800" (std O), *03–04*		75
____	**17649**	Lionel Lines Caboose "7649" (std O), *03–04*		65

		Exc	Mint
17650	Rio Grande Extended Vision Caboose "01500" (std O), *03*		65 ___
17651	BN Extended Vision Caboose "10531" (std O), *03–05*		80 ___
17652	NYC Bay Window Caboose "20200" (std O), *03*		75 ___
17653	SP Bay Window Caboose "1337" (std O), *03*		65 ___
17654	Alaska Extended Vision Caboose "989" (std O), *03*		75 ___
17655	WP Bay Window Caboose "448" (std O), *03–04*		75 ___
17657	Norman Rockwell Holiday Caboose, *03*		30 ___
17658	Burlington Extended Vision Caboose "13611" (std O), *04*		70 ___
17659	CN Extended Vision Caboose "79646" (std O), *04*		70 ___
17660	Seaboard Extended Vision Caboose "5700" (std O), *04*		65 ___
17661	C&NW Bay Window Caboose "10871" (std O), *04*		65 ___
17662	PC Bay Window Caboose "21001" (std O), *04*		65 ___
17663	Southern Bay Window Caboose "X546" (std O), *04*		65 ___
17664	B&O Caboose "C-2824" (std O), *03–04*		65 ___
17665	Chessie System Caboose "C-2802" (std O), *03–04*		75 ___
17669	NYC Bay Window Caboose, smoke, *05*		85 ___
17670	CP Rail Bay Window Caboose, smoke, *05*		85 ___
17671	BN Extended Vision Caboose, *05*		85 ___
17672	GN Extended Vision Caboose "X-106" (std O), *05*		85 ___
17673	Santa Fe Extended Vision Caboose, *05*		85 ___
17674	Reading Extended Vision Caboose "94119" (std O), *05*		75 ___
17675	Rio Grande Extended Vision Caboose "01507" (std O), *06*		90 ___
17676	NYC Bay Window Caboose "20300," *07*		60 ___
17677	Erie-Lack. Bay Window Caboose "C359" (std O), *06*		90 ___
17678	B&O I-12 Caboose "C2421" (std O), *06*		90 ___
17679	Long Island Bay Window Caboose "C-62" (std O), *06*		90 ___
17682	Reading Northeastern Caboose "92841" (std O), *06–07*		85 ___
17683	Chessie System Northeastern Caboose "1893" (std O), *07*		85 ___
17684	Conrail Northeastern Caboose "18873" (std O), *07*		85 ___
17685	Jersey Central Northeastern Caboose "91533" (std O), *07*		85 ___
17690	UP CA-4 Caboose "3826" (std O), *06*		90 ___
17691	UP CA-4 Caboose "25103" (std O), *06*		90 ___
17692	LL CA-4 B22 Caboose "7629" (std O), *06*		90 ___
17693	Chessie Extended Vision Caboose "3285" (std O), *06*		90 ___

			Exc	Mint
___	**17694**	NS Extended Vision Caboose "555582" (std O), *06*		90
___	**17695**	Alaska I-12 Caboose "1001" (std O), *06*		90
___	**17696**	CP Bay Window Caboose "437266" (std O), *06*		90
___	**17697**	CN Extended Vision Caboose "78128" (std O), *06*		90
___	**17699**	UP Ca-4 Caboose "25193" (std O), *07*		90
___	**17700**	UP ACF 40-ton Stock Car "47456" (std O), *01–02*		85
___	**17701**	Rio Grande ACF 40-ton Stock Car "39269" (std O), *01–02*		60
___	**17702**	CP ACF 40-ton Stock Car "277083" (std O), *01–02*		75
___	**17703**	NYC ACF 40-ton Stock Car "23334" (std O), *01–02*		85
___	**17704**	B&O ACF 40-ton Stock Car "110234" (std O), *02*		40
___	**17705**	CB&Q ACF 40-ton Stock Car "52886" (std O), *02*		40
___	**17707**	PRR ARF 40-ton Stock Car "128994" (std O), *03*		35
___	**17708**	CP Rail ACF 40-ton Stock Car "277313" (std O), *03*		38
___	**17709**	UP Stock Car "48154" (std O), *04*		45
___	**17710**	Great Northern Stock Car "56385" (std O), *04*		40
___	**17711**	C&O ACF 40-ton Stock Car "95237" (std O), *06*		60
___	**17712**	N&W ACF 40-ton Stock Car "33000" (std O), *06*		60
___	**17713**	MKT ACF 40-ton Stock Car "47150" (std O), *06*		60
___	**17714**	CN 40-ton Stock Car "172755" (std O), *06*		60
___	**17715**	MP 40-ton Stock Car "52428" (std O), *06*		60
___	**17716**	CGW 40-ton Stock Car "838," *08*		60
___	**17717**	UP 40-ton Stock Car "48217," *08*		60
___	**17718**	NS Heritage 3-bay Hopper 2-pack (std O), *12*		160
___	**17719**	CB&Q ACF Stock Car "52925" (std O), *09*		70
___	**17720**	UP ACF Stock Car (std O), *10*		70
___	**17721**	Postwar Scale Stock Car 2-pack, *10–11*		140
___	**17724**	CN Scale Steel-sided Reefer "210552," (std O), *11*		80
___	**17725**	NP Scale Steel-sided Reefer "98528," (std O), *11*		80
___	**17726**	IC Scale Steel-sided Reefer "16644," (std O), *11*		80
___	**17727**	Mopac/Wabash Scale Steel-sided Reefer "30790," (std O), *11*		80
___	**17729**	C&O Scale PS-1 Boxcar "2992" (std O), *12*		70
___	**17730**	Seaboard Scale Round-roof Boxcar "19293" (std O), *11*		70
___	**17731**	Pere Marquette Scale Boxcar "81805" (std O), *12*		70
___	**17732**	L&N Scale PS-1 Boxcar "4798" (std O), *12*		70
___	**17733**	PRR Scale Round-roof Boxcar "78948" (std O), *11*		70

		Exc	Mint
17734	PRR Scale Round-roof Boxcar "76644" (std O), *11*		70 ___
17735	PRR Round-roof DD Boxcar "77851" (std O), *12*		70 ___
17736	PRR Round-roof DD Boxcar "60156" (std O), *12*		70 ___
17737	N&W Scale Round-roof Boxcar "46494" (std O), *11*		70 ___
17738	NP Round-roof DD Boxcar "39300" (std O), *12*		70 ___
17739	DT&I Round-roof DD Boxcar "12250" (std O), *12*		70 ___
17740	Alaska Scale Round-roof Boxcar "27781" (std O), *11*		70 ___
17741	Santa Fe Scale Slogan Reefer 5-Car Set (std O), *12*		320 ___
17747	Santa Fe Scale Boxcar "39009" (std O), *12*		70 ___
17748	Grave's Mortuary Supply Scale PS-1 Boxcar (std O), *12*		70 ___
17749	Erie Scale PS-1 Boxcar "90300" (std O), *12*		70 ___
17750	NYC Round-roof DD Boxcar "77147" (std O), *12*		70 ___
17751	NKP Scale PS-1 Boxcar "6605" (std O), *12*		70 ___
17752	Polar Round-roof Boxcar "1202" (std O), *12*		70 ___
17753	LV Scale PS-1 Boxcar "65124" (std O), *12*		70 ___
17754	EL DD Boxcar "65000" (std O), *12*		75 ___
17755	D&H DD Boxcar "25025" (std O), *12*		75 ___
17756	CP Rail DD Boxcar "42630" (std O), *12*		75 ___
17757	Milwaukee Road DD Boxcar "13441" (std O), *12*		75 ___
17758	ATSF Map and Slogan Reefer 3-pack, *12*		190 ___
17762	BN 57' Mechanical Reefer "9618" (std O), *12*		85 ___
17763	NYC 57' Mechanical Reefer "6762" (std O), *12*		85 ___
17764	ATSF 57' Mechanical Reefer "56244" (std O), *12*		85 ___
17765	Virginian Round-roof Boxcar "3131" (std O), *13*		70 ___
17766	NH Round-roof Boxcar "39303" (std O), *13*		70 ___
17767	SP Round-roof Boxcar "166052" (std O), *13*		70 ___
17768	Grave's Mortuary Supply Round-roof Boxcar (std O), *13*		70 ___
17769	D&RGW PS-1 Boxcar "60046" (std O), *13*		70 ___
17770	MILW PS-1 Boxcar "8777" (std O), *13*		70 ___
17771	CNJ PS-1 Boxcar "23522" (std O), *13*		70 ___
17772	Central of Georgia PS-1 Boxcar (std O), *13*		70 ___
17773	D&M Round-roof Boxcar "3148" (std O), *13*		70 ___
17774	D&M PS-1 Boxcar "2833" (std O), *13*		70 ___
17775	NS Heritage 3-bay Hopper 3-pack (std O), *13*		240 ___
17779	NS Heritage 3-bay Hopper 3-pack (std O), *13*		240 ___
17783	NS Heritage 3-bay Hopper 3-pack (std O), *13*		240 ___
17787	NS Heritage 3-bay Hopper 3-pack (std O), *13*		240 ___
17791	NS Heritage 3-bay Hopper 3-pack (std O), *13*		240 ___
17795	NS Heritage 3-bay Hopper 3-pack (std O), *13*		240 ___
17800	Ontario Northland Ore Car "6126," *00*		30 ___
17801	CN Ore Car "345165," *00*		37 ___

			Exc	Mint
____	**17802**	CP Ore Car "377249," *00*		28
____	**17803**	DMIR Ore Car "51456," *00*		30
____	**17804**	UP Ore Car "8023," *01*		29
____	**17805**	CP Rail Ore Car "377238," *01*		29
____	**17806**	UP Ore Car "27250," *03*		30
____	**17807**	BN Ore Car "95887," *02*		28
____	**17900**	Santa Fe Unibody Tank Car (std O), *90*	37	46
____	**17901**	Chevron Unibody Tank Car (std O), *90*	26	32
____	**17902**	NJ Zinc Unibody Tank Car (std O), *91*	26	34
____	**17903**	Conoco Unibody Tank Car (std O), *91*	24	29
____	**17904**	Texaco Unibody Tank Car (std O), *92*	34	43
____	**17905**	Archer Daniels Midland Unibody Tank Car (std O), *92*	24	33
____	**17906**	SCM Unibody Tank Car "78286" (std O), *93*	47	55
____	**17908**	Marathon Oil Unibody Tank Car (std O), *95*	47	52
____	**17909**	Hooker Chemicals Unibody Tank Car (std O), *96*		55
____	**17910**	Sunoco Unibody Tank Car "7900," *97*		37
____	**17913**	J.M. Huber Tank Car, *98*		29
____	**17914**	Englehard Tank Car, *98*		36
____	**17915**	Gulf Unibody Tank Car "8438," *00*		43
____	**17916**	Burlington Unibody Tank Car "130000," *00*	24	38
____	**17918**	Southern Unibody Tank Car, *01*		32
____	**17919**	Koppers Unibody Tank Car, *01*		39
____	**17924**	Safety Kleen Unibody Tank Car "77603" (std O), *02*		40
____	**17925**	Beefmaster Unibody Tank Car "120021" (std O), *02*		38
____	**17926**	Cargill Unibody 1-D Tank Car "5836" (std O), *03*		40
____	**17927**	Union Starch Unibody 1-D Tank Car "59137" (std O), *03*		35
____	**17928**	Merck 1-D Tank Car "25421" (std O), *03*		35
____	**17929**	Wyandotte Chemicals 1-D Tank Car "1325" (std O), *03*		34
____	**17930**	CSX Unibody Tank Car "993369" (std O), *04*		35
____	**17931**	UP Unibody Tank Car "6" (std O), *04*		35
____	**17932**	CIBRO TankTrain Intermediate Car "26263" (std O), *04*		35
____	**17933**	GATX TankTrain Intermediate Car 3-pack (std O), *04*		100
____	**17946**	Candy Cane Unibody Tank Car, *04*		60
____	**17948**	Philadelphia Quartz 1-D Tank Car "806" (std O), *06*		55
____	**17949**	Skelly Oil 1-D Tank Car "2293" (std O), *06*		55
____	**17950**	ADM Unibody Tank Car "19020" (std O), *06*		60
____	**17951**	Cerestar Unibody Tank Car "190177" (std O), *06*		60
____	**17959**	Dow 1-D Tank Car "310101" (std O), *07*		55
____	**17960**	Amaizo 1-D Tank Car "15440" (std O), *07*		55
____	**17962**	Domino Sugar 1-D Tank Car "3008" (std O), *07*		60
____	**17966**	Procor 1-D Tank Car "82607" (std O), *07*		60
____	**17972**	Union Starch 1-D Tank Car "724" (std O), *08*		60

		Exc	Mint	
17973	UP 1-D Tank Car "907838" (std O), *08*		60	
17975	Cargill Foods Unibody Tank Car 3-pack (std O), *08–09*		195	
17976	Huber Unibody Tank Car 3-pack (std O), *08–09*		195	
17983	GATX TankTrain Intermediate Car 3-pack, *08*		195	
18000	PRR 0-6-0 Locomotive "8977," *89, 91*	258	405	
18001	Rock Island 4-8-4 Locomotive "5100," *87*	305	315	
18002	NYC 4-6-4 Locomotive "785," *87 u*	510	576	
18003	DL&W 4-8-4 Locomotive "1501," *88*	235	294	
18004	Reading 4-6-2 Locomotive "8004," *89*	185	205	
18005	NYC 4-6-4 Locomotive "5340," display case, *90*	705	799	
18006	Reading 4-8-4 Locomotive "2100," *89 u*	490	528	
18007	Southern Pacific 4-8-4 Locomotive "4410," *91*	374	392	
18008	Disneyland 35th Anniversary 4-4-0 Locomotive, display case, *90*	239	294	
18009	NYC 4-8-2 Locomotive "3000," *90 u, 91*	370	561	
18010	PRR 6-8-6 Steam Turbine Locomotive "6200," *91–92*	900	1041	
18011	Chessie System 4-8-4 Locomotive "2101," *91*	440	536	
18012	NYC 4-6-4 Locomotive "5340," *90*	710	900	
18013	Disneyland 35th Anniversary 4-4-0 Locomotive, *90*	235	275	
18014	Lionel Lines 2-6-4 Locomotive "8014," *91*	145	190	
18016	Northern Pacific 4-8-4 Locomotive "2626," *92*	385	440	
18018	Southern 2-8-2 Locomotive "4501," *92*	640	650	
18022	Pere Marquette 2-8-4 Locomotive "1201," *93*	550	650	
18023	Western Maryland Shay Locomotive "6," *92*	1050	1350	
18024	Sears T&P 4-8-2 Locomotive "907," display case, *92 u*	750	790	
18025	T&P 4-8-2 Locomotive "907," *92 u*		640	
18026	NYC 4-6-4 Dreyfuss Hudson Locomotive, 2-rail, *92 u*		2350	
18027	NYC 4-6-4 Dreyfuss Hudson Locomotive, 3-rail, *93 u*		1450	
18028	Smithsonian PRR 4-6-2 Locomotive "3768," 2-rail, *93 u*		2150	
18029	NYC 4-6-4 Dreyfuss Hudson Locomotive, 3-rail, *93 u*	1900	2150	
18030	Frisco 2-8-2 Locomotive "4100," *93 u*	530	625	
18031	2-10-0 Bundesbahn BR-50 Locomotive, 2-rail, *93 u*		NRS	
18034	Santa Fe 2-8-2 Locomotive "3158," *94*	540	620	
18035	2-10-0 Reichsbahn BR-50 Locomotive, 2-rail, *93 u*		NRS	
18036	2-10-0 French BR-50 Locomotive, 2-rail, *93 u*		NRS	
18040	N&W 4-8-4 Locomotive "612," *95*	640	710	
18042	Boston & Albany 4-6-4 Locomotive "618," *95*		250	
18043	Chesapeake & Ohio 4-6-4 Locomotive "490," *95*	680	750	
18044	Southern 4-6-2 Locomotive "1390," *96*		255	

			Exc	Mint
____	18045	Commodore Vanderbilt Locomotive "777," *96*		678
____	18046	Wabash 4-6-4 Locomotive "700," *96*	190	375
____	18049	N&W Warhorse 4-8-4 Locomotive "600," *96*		490
____	18050	JCPenney 4-6-2 Locomotive "2055," *96*	235	245
____	18052	Pennsylvania Torpedo Locomotive "238E," *97*		455
____	18054	NYC 0-4-0 Switcher "1665," black, *97*		145
____	18056	NYC J1-e Hudson Locomotive "763E," Vanderbilt tender, *97*		603
____	18062	ATSF 4-6-4 Hudson Locomotive "3447," *97*		680
____	18063	NYC 4-6-4 Commodore Vanderbilt Locomotive, *99*		952
____	18064	NYC 4-8-2 Mohawk L-3A Locomotive "3000," tender, *98*	540	740
____	18067	NYC Weathered Commodore Vanderbilt Scale Hudson Locomotive, *97*		840
____	18071	SP Daylight Locomotive "4449," *98*		680
____	18072	Lionel Lines Torpedo Locomotive, tender, *98*		360
____	18079	NYC 2-8-2 Mikado Locomotive "1967," *99*		710
____	18080	D&RGW 2-8-2 Mikado Locomotive "1210," *99*		720
____	18082	NYC 4-6-4 Hudson Locomotive "5404," *99*		230
____	18083	C&O 4-6-4 Hudson Locomotive "305," *99*		205
____	18084	Santa Fe 4-6-4 Hudson Locomotive "305," *99*		225
____	18085	NH 4-6-2 Pacific Locomotive "1334," *99*		275
____	18086	NYC 4-6-2 Pacific Locomotive "4929," *99*		235
____	18087	Santa Fe 4-6-2 Pacific Locomotive "3448," *99*		265
____	18088	SP 4-6-2 Pacific Locomotive "1407," *99*		350
____	18089	CNJ 4-6-0 Camelback Locomotive "771," *99*		405
____	18091	PRR 4-6-0 Camelback Locomotive "821," *99*		405
____	18092	SP 4-6-0 Camelback Locomotive "2283," *99*		395
____	18093	C&NW 4-6-0 Camelback Locomotive "3006," *99*		285
____	18094	B&O 4-4-2 E6 Atlantic Locomotive, CC, *99–00*		345
____	18095	PRR 4-4-2 E6 Atlantic Locomotive, CC, *99–00*	275	455
____	18096	ATSF 4-4-2 E6 Atlantic Locomotive, CC, *99–00*		370
____	18097	CNJ 4-6-0 Camelback Locomotive "770," *99*		330
____	18098	PRR 4-6-0 Camelback Locomotive "820," *99*		355
____	18099	SP 4-6-0 Camelback Locomotive "2282," *99*		360
____	18100	Santa Fe F3 Diesel A Unit "8100" (see 11711)		NRS
____	18101	Santa Fe F3 Diesel B Unit "8101" (see 11711)		NRS
____	18102	Santa Fe F3 Diesel A Unit "8102," dummy (see 11711)		NRS
____	18103	Santa Fe F3 Diesel B Unit "8103," dummy, *91 u*	180	190
____	18104	GN F3 Diesel A Unit "366A," dummy (see 11724)		500
____	18105	GN F3 Diesel B Unit "370B," dummy (see 11724)		NRS
____	18106	GN F3 Diesel A Unit "351C," dummy (see 11724)		NRS
____	18107	D&RGW Alco PA1 Diesel ABA Set, *92*	640	740

		Exc	Mint	
18108	Great Northern F3 Diesel B Unit "371B," *93*	85	105	___
18109	Erie Alco Diesel A Unit "725A" (see 11734)		NRS	___
18110	Erie Alco Diesel B Unit "725B" (see 11734)		160	___
18111	Erie Alco Diesel A Unit "736A," dummy (see 11734)		NRS	___
18115	Santa Fe F3 Diesel B Unit, *93*	90	115	___
18116	Erie-Lackawanna Alco PA1 Diesel AA Set, *93*	450	490	___
18117/18	Santa Fe F3 Diesel AA Set "200," *93*	330	410	___
18119/20	UP Alco Diesel AA Set, *94*	200	235	___
18121	Santa Fe F3 Diesel B Unit "200A," *94*	75	95	___
18122	Santa Fe F3 Diesel B Unit "200B," *95*	140	150	___
18123	ACL F3 Diesel A Unit "342" (see 11903)		NRS	___
18124	ACL F3 Diesel B Unit "342B" (see 11903)		NRS	___
18125	ACL F3 Diesel A Unit "343," dummy (see 11903)		NRS	___
18128	Santa Fe F3 Diesel A Unit "2343," *96*		435	___
18129	Santa Fe F3 Diesel B Unit "2343C," *96*		245	___
18130	Santa Fe F3 Diesel AB Set, *96*		580	___
18131	NP F3 Diesel AB Set, "2390A, 2390C," *97*	295	360	___
18132	NP F3 Diesel A Unit, powered		300	___
18133	NP F3 Diesel B Unit, dummy		150	___
18134	Santa Fe F3 Diesel A Unit "2343," dummy, *97*		195	___
18136	Santa Fe F3 Diesel B Unit "2343C,," *97*	135	240	___
18138	Milwaukee Road F3 Diesel A Unit "75A," *98*		400	___
18139	Milwaukee Road F3 Diesel B Unit "2378B," *98*		250	___
18140	Milwaukee Road F3 Diesel AB Set, *98*	390	600	___
18145	NP F3 Diesel A Unit "2390A," *97*	300	360	___
18146	NP F3 Diesel B Unit "2390C," *97*		170	___
18147	NP F3 Diesel AB Set, *97*	450	580	___
18149	UP Veranda Gas Turbine Locomotive "61," *98*	860	900	___
18154	Deluxe Santa Fe FT Diesel AA Set, *98–00*		375	___
18155	Deluxe Santa Fe FT Diesel A Unit, powered (see 18154)		NRS	___
18156	Deluxe Santa Fe FT Diesel A Unit, dummy (see 18154)		NRS	___
18157	Santa Fe FT Diesel AA Set, *98–00*		240	___
18158	Santa Fe FT Diesel A Unit, powered (see 18157)		NRS	___
18159	Santa Fe FT Diesel A Unit, dummy (see 18157)		NRS	___
18160	NYC Deluxe FT Diesel AA Set, "1602, 1603," *98–00*		500	___
18163	NYC FT Diesel AA Set, "1600, 2400," *98–00*		300	___
18166	B&O FT Diesel AA Set, CC, *99–00*		340	___
18169	B&O FT Diesel AA Set, traditional, *99–00*		240	___
18189	Army of Potomac Operating Stock Car, *99*		45	___
18190	McNeil's Rangers Operating Stock Car "2," *99*		45	___
18191	WP F3 Diesel AA Set, *98*	153	570	___
18192	WP F3 Diesel A Unit, powered, *98*		485	___
18193	WP F3 Diesel A Unit, dummy, *98*		495	___
18197	WP F3 Diesel B Unit "2355C," *99*	88	255	___
18198	WP F3 Diesel B Unit "2345C" CC, *99*		360	___
18200	Conrail SD40 Diesel "8200," *87*	180	200	___

			Exc	Mint
____	**18201**	Chessie System SD40 Diesel "8201," *88*	245	340
____	**18202**	Erie-Lack. SD40 Diesel Unit "8459," dummy, *89 u*	90	140
____	**18203**	CP Rail SD40 Diesel "8203," *89*	195	250
____	**18204**	Chessie SD40 Diesel Unit "8204," dummy, *90 u*	135	190
____	**18205**	Union Pacific Dash 8-40C Diesel "9100," *89*	275	335
____	**18206**	Santa Fe Dash 8-40B Diesel "8206," *90*	195	235
____	**18207**	Norfolk Southern Dash 8-40C Diesel "8689," *92*	230	270
____	**18208**	BN SD40 Diesel Dummy Unit "8586," *91 u*	115	165
____	**18209**	CP Rail SD40 Diesel Dummy Unit "8209," *92 u*	135	165
____	**18210**	Illinois Central SD40 "6006," *93*	220	250
____	**18211**	Susquehanna Dash 8-40B Diesel "4002," *93*	145	165
____	**18212**	Santa Fe Dash 8-40B Diesel Dummy Unit "8212," *93*	155	180
____	**18213**	Norfolk Southern Dash 8-40C Diesel "8688," *94*	225	240
____	**18214**	CSX Dash 8-40C Diesel "7500," *94*	235	255
____	**18215**	CSX Dash 8-40C Diesel "7643," *94*	240	260
____	**18216**	Conrail SD-60M Diesel "5500," *94*	355	380
____	**18217**	Illinois Central SD40 Diesel "6007," *94*	170	175
____	**18218**	Susquehanna Dash 8-40B Diesel "4004," *94*	205	225
____	**18219**	C&NW Dash 8-40C Diesel "8501," *95*	325	330
____	**18220**	C&NW Dash 8-40C Diesel "8502," *95*	215	315
____	**18221**	D&RGW SD50 Diesel "5512," *95*	455	520
____	**18222**	D&RGW SD50 Diesel "5517," *95*	280	325
____	**18223**	Milwaukee Road SD40 Diesel "154," *95*	375	380
____	**18224**	Milwaukee Road SD40 Diesel "155," *95*	240	265
____	**18226**	GE Dash 9 Diesel, *97*		295
____	**18228**	SP Dash 9 Diesel "8228," gray with red nose, *97*		340
____	**18229**	SP SD40 Diesel "7333," *98*	300	425
____	**18231**	BNSF Dash 9 Diesel "739," *98*		435
____	**18232**	Soo Line SD60 Diesel "5500," *97*		350
____	**18233**	BNSF Dash 9 Diesel "745," *98*		330
____	**18234**	BNSF Dash 9 Diesel "740," CC, *98–99*		405
____	**18235**	BNSF Dash 9 Diesel 2-pack, "739, 740," *98*		710
____	**18238**	Conrail SD70 Diesel "4145," *99–00*		300
____	**18240**	Conrail Dash 8-40B Diesel "5065" CC, *98*		260
____	**18241**	BN SD70 Diesel "9413," *99–00*		345
____	**18245**	PRR Alco PA1 Diesel AA Set, *99*		495
____	**18248**	PRR Alco PB-1 Diesel "5750B," *99*		215
____	**18249**	Erie Alco PB-1 Diesel "850B," *00*		250
____	**18250**	BNSF SD70 Diesel "9870," *99–00*		365
____	**18251**	CSX SD60 Diesel "8701," *99–00*		300
____	**18252**	Amtrak Dash 9 Diesel, CC, *99*		285
____	**18253**	BNSF Dash 9 Diesel, CC, *99*		305
____	**18254**	ATSF Dash 9 Diesel, CC, *99*		340
____	**18255**	NS Dash 9 Diesel, CC, *99*		315
____	**18256**	Amtrak Dash 9 Diesel, traditional, *99*		200
____	**18257**	BNSF Dash 9 Diesel, traditional, *99*		190

		Exc	Mint
18258	ATSF Dash 9 Diesel, traditional, *99*		205 ___
18259	NS Dash 9 Diesel, traditional, *99*		215 ___
18260	Conrail SD70 Diesel "4144," *99–00*		280 ___
18261	BN SD60 Diesel "9412," *99–00*		255 ___
18262	BNSF SD70 Diesel "9869," *99–00*		250 ___
18263	CSX SD60 Diesel "8700," *99–00*		255 ___
18264	Southern Pacific SD70M Diesel "8238," *99–00*		245 ___
18265	Southern Pacific SD70M Diesel "9803," *99–00*		340 ___
18266	Norfolk Southern SD60 Diesel "6552," CC, *01–02*		400 ___
18268	Lionel Centennial SD90MAC Diesel, CC, *00*		389 ___
18269	UP SD90MAC Diesel "8006," CC, *00*		405 ___
18271	CP SD90MAC Diesel "9129," CC, *00*		440 ___
18273	UP SD40 Diesel "8071," *99–00*		330 ___
18274	Burlington U30C Diesel "891," CC, *01*		370 ___
18276	Seaboard U30C Diesel "7274," CC, *01*		325 ___
18278	UP U30C Diesel "2938," CC, *01*		330 ___
18280	Maersk SD70 Diesel, CC, *00*		345 ___
18281	BNSF Dash 9-44CW Diesel "788," CC, *00*		340 ___
18282	BNSF Dash 9-44CW Diesel "789," traditional, *00*		225 ___
18283	CSX Dash 9-44CW Diesel "9019," CC, *00*		340 ___
18284	CSX Dash 9-44CW Diesel "9020," traditional, *00*		300 ___
18285	UP Dash 9-44C Diesel "9659," CC, *01*		325 ___
18286	UP Dash 9-44CW Diesel "9717," CC, *01*		355 ___
18287	CN Dash 9-44C Diesel "2529," CC, *01*		460 ___
18288	Odyssey System SD70 Diesel, CC, *00 u*		400 ___
18290	Amtrak Dash 8-32BWH Diesel "509," CC, *01*		325 ___
18291	BNSF Dash 8-32BWH Diesel "580," CC, *02*		340 ___
18292	Chessie GE U30C Diesel "3312," CC, *02*		340 ___
18293	Santa Fe U30C Diesel, CC, *03*		395 ___
18294	Alaska SD70MAC Diesel "4005," CC, *01–02*		435 ___
18295	Conrail SD80MAC Diesel "7200," CC, *02–03*		365 ___
18296	CSX SD80MAC Diesel "801," CC, *02–03*		405 ___
18297	NYC SD80MAC Diesel "9914," CC, *02–03*		405 ___
18298	UP "Desert Victory" SD40-2 Diesel "3593," CC, *02–03*		380 ___
18299	CP Rail SD40-2 Diesel "5420," CC, *02–03*		375 ___
18300	PRR GG1 Electric Locomotive "8300," *87*	285	335 ___
18301	Southern FM Train Master Diesel "8301," *88*	150	204 ___
18302	GN EP-5 Electric Locomotive "8302" (FF 3), *88*	190	250 ___
18303	Amtrak GG1 Electric Locomotive "8303," *89*	275	338 ___
18304	Lackawanna MU Commuter Car Set, *91*	380	435 ___
18305	Lackawanna MU Commuter Car Dummy Set, *92*	230	255 ___
18306	PRR MU Commuter Car Set, *92*	260	330 ___
18307	PRR FM Train Master Diesel "8699," *94*	170	202 ___
18308	PRR GG1 Electric Locomotive "4866," *92*	193	278 ___
18309	Reading FM Train Master Diesel "863," *93*	173	212 ___

		Exc	Mint
____	**18310** PRR MU Commuter Car Dummy Set, *93*	265	345
____	**18311** Disney EP-5 Electric Locomotive "8311," *94*	293	394
____	**18313** Pennsylvania GG1 Electric Locomotive "4907," *96*	75	297
____	**18314** PRR GG1 Electric Locomotive "2332," 5 gold stripes, *97*	500	507
	18315 Virginian E33 Electric Locomotive "2329," *97*		240
	18319 New Haven EP-5 Electric Locomotive, *99*	300	365
	18321 CNJ Train Master Diesel "2341," *99*		405
	18322 Lackawanna Train Master Diesel "2321," *99*		465
____	**18326** PRR Congressional GG1 Electric Locomotive, *00*		600
____	**18327** Virginian FM Train Master Diesel "2331," *99–00*		410
____	**18328** NH MU Commuter Car Set, CC, *00*		385
____	**18331** Reading MU Commuter Car Set, CC, *00*		460
____	**18334** NH MU Commuter Car Dummy Set, CC, *01*		180
____	**18337** Reading MU Commuter Car Dummy Set, CC, *01*		200
____	**18343** PRR GG1 Electric Locomotive "2332," CC, *01*		610
____	**18344** LIRR MU Commuter Car Set, powered, CC, *01*		470
____	**18347** IC MU Commuter Car Set, powered, CC, *01*		470
	18351 NYC S1 Electric Locomotive, *03*		400
____	**18352** JCPenney SP MU Commuter Car, display case, *02*		140
____	**18353** Pennsylvania E33 Electric Locomotive "4403," CC, *02*		280
____	**18354** PRR GG1 Electric Locomotive "4918," tuscan, CC, *04*		790
____	**18355** PRR GG1 Electric Locomotive "4876," green, CC, *04*		900
____	**18356** Penn Central GG1 Electric Locomotive "4901," CC, *04*		1050
____	**18364** PRR BB1 Electric Locomotive "3900," CC, *05–07*		530
____	**18367** LIRR BB3 Electric Locomotive "328 A," CC, *05*		530
____	**18371** PRR GG1 Electric Locomotive "4912," tuscan, 5 stripes, CC, *05–07*		780
____	**18372** PRR GG1 Electric Locomotive "4925," green, 1 stripe, CC, *05–07*		780
____	**18373** NYC S2 Electric Locomotive "125," CC, *05–07*		410
____	**18374** PRR GG1 Electric Locomotive "4866," silver, CC, *06–08*		900
____	**18375** Lackawanna FM Train Master Diesel "850," CC, *06*		400
____	**18376** Lackawanna FM Train Master Diesel "851," nonpowered (std O), *06*		130
____	**18378** New York City R27 Subway Car 2-pack, *07*		360
____	**18384** MILW EP-2 Electric Locomotive, CC, *07–08*		950
____	**18385** NYC H-16-44 Diesel "7001," *07–09*		202
____	**18386** NYC H-16-44 Diesel "7002," nonpowered (std O), *07–09*		123
____	**18389** MILW EP-2 Electric Locomotive "E-1," CC, *07–08*		950

		Exc	Mint	
18399	NH EF-4 Rectifier Locomotive "306," CC, *09*		360	___
18400	Santa Fe Vulcan Rotary Snowplow "8400," *87*	135	170	___
18401	Workmen Handcar, *87–88*	30	37	___
18402	Lionel Lines Burro Crane, *88*	65	80	___
18403	Santa Claus Handcar, *88*	26	29	___
18404	San Francisco Trolley "8404," *88*	55	85	___
18405	Santa Fe Burro Crane, *89*	70	83	___
18406	Track Maintenance Car, *89, 91*	34	49	___
18407	Snoopy and Woodstock Handcar, *90–91*	85	99	___
18408	Santa Claus Handcar, *89*	26	35	___
18410	PRR Burro Crane, *90*	100	115	___
18411	Canadian Pacific Fire Car, *90*	70	98	___
18413	Charlie Brown and Lucy Handcar, *91*	37	65	___
18416	Bugs Bunny and Daffy Duck Handcar, *92–93*	109	157	___
18417	Section Gang Car, *93*	65	80	___
18419	Lionelville Electric Trolley "8419," *94*	75	90	___
18421	Sylvester and Tweety Handcar, *94*	44	50	___
18422	Santa and Snowman Handcar, *94*	32	37	___
18423	On-track Step Van, *95*	23	28	___
18424	On-track Pickup Truck, *95*	20	25	___
18425	Goofy and Pluto Handcar, *95*	36	50	___
18426	Santa and Snowman Handcar, *95*	25	30	___
18427	Tie-Jector Car "55," *97*		60	___
18429	Workmen Handcar, *96*	28	34	___
18430	Crew Car, *96*		28	___
18431	Trolley Car, *96–97*		46	___
18433	Mickey and Minnie Handcar, *96–97*	39	79	___
18434	Porky and Petunia Handcar, *96*		35	___
18436	Dodge Ram Track Inspection Vehicle, *97*		39	___
18438	PRR High-rail Inspection Vehicle, *98*		50	___
18439	Union Pacific High-rail Inspection Vehicle, *98*		42	___
18440	NJ Transit High-rail Inspection Vehicle, *98*		50	___
18444	Lionelville Fire Car (SSS), *98*		150	___
18445	NYC Fire Car, *98*		90	___
18446	Postwar "58" GN Rotary Snowplow, *99*		181	___
18447	Executive Inspection Vehicle, *99*		125	___
18452	Boston Trolley "3321," *99–00*		65	___
18454	Executive Inspection Vehicle, blue, *00*		105	___
18455	NYC Tie-Jector Car "X-2," *00–01*		74	___
18456	Postwar "59" Minuteman Motorized Unit, *01–02*		290	___
18457	Postwar "65" Handcar, *00–01*		45	___
18458	Postwar "53" D&RGW Snowplow, *00*		160	___
18459	Christmas Handcar, *01*		35	___
18461	Track Cleaning Car, *02–03*		90	___
18463	Hot Rod Inspection Vehicle, *01–02*		100	___
18464	Postwar "54" Track Ballast Tamper, *02–03*		170	___
18465	Postwar "50" Gang Car, *03*		78	___
18466	UP Rotary Snow Plow, *01–02*		150	___
18467	Train Robbery Handcar, *02*		45	___
18468	CN Railroad Speeder, *03–04*		49	___
18469	Chessie System Railroad Speeder, *03–04*		49	___

		Exc	Mint
___ **18470**	Postwar "52" Fire Car, *02*		105
___ **18471**	UP GP20 Diesel "1977," *03*		105
___ **18473**	Lehigh Valley GP38 Diesel "310," *03*		160
___ **18474**	Postwar "41" U.S. Army Switcher, *03–04*		145
___ **18475**	Toy Story Handcar, *03*		55
___ **18476**	Mickey and Minnie Mouse Handcar, *03–04*		55
___ **18480**	Hobo Motorized Handcar, *03–04*		35
___ **18481**	Christmas Yuletide Trolley, *03*		50
___ **18482**	New Haven Rail Bonder "16," *04*		35
___ **18483**	C&O Ballast Tamper "48," *04*		55
___ **18484**	NS Dodge Inspection Vehicle, *04–05*		50
___ **18485**	NYC Gang Car, *04–05*		100
___ **18486**	Donald and Daisy Duck Handcar, *04–05*		63
18487 ___	Postwar "56" M&StL Mine Transport Car, *04–05*		230
___ **18489**	Great Northern Rail Bonder "HR-73," *04*		35
___ **18490**	UP Ballast Tamper, *04–05*		150
___ **18491**	MOW Ballast Tamper "325," *04*		44
___ **18492**	MOW Rail Bonder "58," *04*		35
___ **18493**	Santa's Speeder, *05*		60
___ **18497**	N&W Speeder "541005," traditional, *05*		65
___ **18498**	New York Central Rotary Snowplow, *05*		210
___ **18500**	Milwaukee Road GP9 Diesel "8500" (FF 2), *87*	175	230
___ **18501**	WM NW2 Switcher "8501" (FF 4), *89*	185	215
___ **18502**	LL 90th Anniversary GP9 Diesel "1900," *90*	146	171
___ **18503**	Southern Pacific NW2 Switcher "8503," *90*	250	280
___ **18504**	Frisco GP7 Diesel "504" (FF 5), *91*	155	240
___ **18505**	NKP GP7 Diesel Set "400, 401" (FF 6), *91*	295	365
___ **18506**	CN Budd RDC Set, "D202, D203"	210	261
18507 ___	CN Budd RDC Baggage Car "D202," powered, *92*	50	75
18508 ___	CN Budd RDC Passenger Dummy Unit "D203," *92*	125	150
18510 ___	CN Budd RDC Passenger Dummy Unit "D200"	50	75
18511 ___	CN Budd RDC Passenger Dummy Unit "D250"	50	75
___ **18512**	CN Budd RDC Dummy Set, "D200, D250," *93*	125	195
___ **18513**	NYC GP7 Diesel "7420," *94*	90	125
___ **18514**	Missouri Pacific GP7 Diesel "4124," *95*	245	310
___ **18515**	Lionel Steel Vulcan Diesel "57" (SSS), *96*		190
___ **18516**	Phantom III Locomotive, CC, *02*		345
18550 ___	JCPenney MILW GP9 Diesel "8500," display case, *87 u*	180	245
18551 ___	JCPenney Susquehanna RS3 Diesel "8809," display case, *89 u*	180	195
18552 ___	JCPenney DM&IR SD18 Diesel "8813," display case, *90 u*	170	195
18553 ___	Sears UP GP9 Diesel "150," display case, *91 u*	150	151
18554 ___	JCPenney GM&O RS3 "721," display case, *92–93 u*	160	180
___ **18555**	Sears C&IM SD9 Diesel "52," *92 u*	165	190

		Exc	Mint	
18556	Sears Chicago & Illinois Midland Freight Car Set, *92 u*	110	120	___
18557	Chessie System 4-8-4 Locomotive "2101," display case, export, *92 u*		NRS	___
18558	JCPenney MKT GP9 Diesel "91," display case, *94 u*	160	180	___
18562	SP GP9 Diesel "2380," *96*		195	___
18563	NYC GP9 Diesel "2380," *96*		230	___
18564	CP GP9 Diesel "2380," *97*		265	___
18565	Milwaukee Road GP9 Diesel "2338," *97*		220	___
18566	CR SD20 Diesel "8495" (SSS), *97*		150	___
18567	PRR GP9 Diesel "2028," *97*		225	___
18569	CB&Q GP9 Diesel "2380," *98*		190	___
18573	Santa Fe GP9 Diesel "2380," *98*		155	___
18574	Milwaukee Road GP20 Diesel "975," *98*		250	___
18575	Custom Series I GP9 Diesel "2398," *98*		350	___
18576	SP GP9 Diesel B Unit "2385," nonpowered, *98*		135	___
18577	NYC GP9 Diesel B Unit "2385," nonpowered, *98*		145	___
18579	MILW GP9 Diesel "2384," nonpowered, *99*		135	___
18580	Pennsylvania GP9 Diesel B Unit "2027," *98*		165	___
18582	Seaboard NW2 Switcher, *98*	450	455	___
18583	AEC Switcher "57," *98*		213	___
18585	Centennial SD40 Diesel, *99*		443	___
18587	NKP Alco C420 Switcher "577," CC, *99–01*	215	255	___
18588	D&H Alco C420 Switcher "412," CC, *99–01*	250	275	___
18589	LV Alco C420 Switcher "409," CC, *99–01*	255	300	___
18590	NKP Alco C420 Switcher "578," traditional, *99–01*		170	___
18591	D&H Alco C420 Switcher "411," traditional, *99–01*		215	___
18592	LV Alco C420 Switcher "410," traditional, *99–01*		175	___
18596	D&H Alco RS-11 Switcher "5001," CC, *99–01*		370	___
18598	NYC Alco RS-11 Switcher "8010," CC, *99–01*		380	___
18599	C&O GP38 Diesel "3855," *99–00*		145	___
18600	ACL 4-4-2 Locomotive "8600," *87 u*	65	75	___
18601	Great Northern 4-4-2 Locomotive "8601," *88*	80	95	___
18602	PRR 4-4-2 Locomotive "8602," *87*	75	85	___
18604	Wabash 4-4-2 Locomotive "8604," *88–91*	65	75	___
18605	Mopar Express 4-4-2 Locomotive "1987," *87–88 u*	75	120	___
18606	NYC 2-6-4 Locomotive "8606," *89*	170	190	___
18607	Union Pacific 2-6-4 Locomotive "8607," *89*	130	155	___
18608	D&RGW 2-6-4 Locomotive "8608" (SSS), *89*	90	105	___
18609	Northern Pacific 2-6-4 Locomotive "8609," *90*	170	195	___
18610	Rock Island 0-4-0 Locomotive "8610," *90*	105	115	___
18611	Lionel Lines 2-6-4 Locomotive (SSS), *90*	125	140	___
18612	C&NW 4-4-2 Locomotive "8612," *89*	75	100	___
18613	NYC 4-4-2 Locomotive "8613," *89 u*	75	95	___
18614	Circus Train 4-4-2 Locomotive "1989," *89 u*	95	125	___
18615	GTW 4-4-2 Locomotive "8615," *90*	70	85	___

		Exc	Mint
18616	Northern Pacific 4-4-2 Locomotive "8616," *90 u*	85	110
18617	Adolphus III 4-4-2 Locomotive, *89–92 u*	100	125
18620	Illinois Central 2-6-2 Locomotive "8620," *91*	165	190
18622	Union Pacific 4-4-2 Locomotive "8622," *90–91 u*	65	80
18623	Texas & Pacific 4-4-2 Locomotive "8623," *92*	80	110
18625	Illinois Central 4-4-2 Locomotive "8625," *91 u*	70	95
18626	Delaware & Hudson 2-6-2 Locomotive "8626," *92*	105	115
18627	C&O 4-4-2 Locomotive "8627" or "8633," *92, 93 u, 94, 95 u*	75	95
18628	MKT 4-4-2 Locomotive "8628," *92, 93 u*	70	85
18630	C&NW 4-6-2 Locomotive "2903," *93*	325	370
18632	C&O Columbia 4-4-2 Locomotive "8632," *97–99*	75	95
18632	NYC 4-4-2 Locomotive "8632," *93–95*	75	95
18633	C&O 4-4-2 Locomotive "8633," *94–95*	65	85
18633	UP 4-4-2 Locomotive "8633," *93–95*	65	85
18635	Santa Fe 2-6-4 Locomotive "8625," *93*	135	155
18636	B&O 4-6-2 Locomotive "5300," *94*	295	315
18637	United Auto Workers 4-4-2 Locomotive "8633," *93 u*		90
18638	Norfolk & Western 2-6-4 Locomotive "638," *94*	170	220
18639	Reading 4-6-2 Locomotive "639," *95*	145	170
18640	Union Pacific 4-6-2 Locomotive "8640," *95*	110	130
18641	Ford 4-4-2 Locomotive "8641," *94 u*	65	85
18642	Lionel Lines 4-6-2 Locomotive, *95*	110	130
18644	ATSF 4-4-2 Columbia Locomotive "8644," *96–99*	75	90
18648	Sears Zenith 4-4-2 Locomotive "8632," *96 u*		132
18649	Chevrolet 4-4-2 Locomotive "USA-1," *96 u*		112
18650	LL 4-4-2 Columbia Locomotive "X-1110," *96–99*	95	120
18653	B&A 4-6-2 Pacific Locomotive "2044," *97*		140
18654	SP 4-6-2 Pacific Locomotive "2044," *97*		140
18656	Bloomingdale's 4-4-2 Columbia Locomotive "8632," *96*		108
18657	Sears Zenith 4-4-2 Columbia Locomotive "8632," *96*		108
18658	LL Little League 4-4-2 Columbia Locomotive "X-1110," *97*		90
18660	CN 4-6-2 Locomotive "2044," tender, *98*		175
18661	N&W 4-6-2 Locomotive "2044," tender, *98*		160
18662	Pennsylvania 0-4-0 Switcher, *98*	165	230
18666	SP&S 4-6-2 Pacific Locomotive "2044," *97*		200
18668	Bloomingdale's 4-4-2 Columbia Locomotive "8632," *97*		130
18669	JCPenney IC 4-6-2 Pacific Locomotive "2099," *98*		205
18670	D&H Columbia 4-4-2 Locomotive "1400," *98*		80
18671	N&W Columbia 4-4-2 Locomotive "1201," *98*		70

		Exc	Mint
18678	Quaker Oats Columbia 4-4-2 Locomotive "8632," *98*		158 ___
18679	JCPenney T&P 4-6-2 Locomotive "2000," traditional, *99, 00 u*		250 ___
18681	PRR 4-4-2 Locomotive "460," *99*		75 ___
18682	Santa Fe 4-4-2 Columbia Locomotive "524," traditional, *00–01*		70 ___
18696	ACL 4-6-4 Locomotive "1800," *01*		120 ___
18697	Santa Fe 4-6-4 Locomotive "3465," *01*		100 ___
18699	Alaska 4-4-2 Locomotive "64," *01*		105 ___
18700	Rock Island 0-4-0T Locomotive "8700," *87–88*	36	43 ___
18702	V&TRR 4-4-0 Locomotive "8702" (SSS), *88*	160	195 ___
18704	Lionel Lines 2-4-0 Locomotive, *89 u*	36	43 ___
18705	Neptune 0-4-0T Locomotive "8705," *90–91*	35	42 ___
18706	Santa Fe 2-4-0 Locomotive "8706," *91*	36	43 ___
18707	Mickey's World Tour 2-4-0 Locomotive "8707," *91, 92 u*	58	68 ___
18709	Lionel Employee Learning Center 0-4-0T Locomotive, *92 u*		138 ___
18710	SP 2-4-0 Locomotive "2000," *93*	30	38 ___
18711	Southern 2-4-0 Locomotive "2000," *93*	30	38 ___
18712	Jersey Central 2-4-0 Locomotive "2000," *93*	30	38 ___
18713	Chessie System 2-4-0 Locomotive "1993," *94–95*	30	38 ___
18716	Lionelville Circus 4-4-0 Locomotive, *90–91*	90	110 ___
18718	LL 0-4-0 Dockside Switcher "8200," *97–98*		40 ___
18719	Thomas the Tank Engine "1," *97*		158 ___
18720	Union 4-4-0 General Locomotive "1865," *99*		175 ___
18721	Confederate 4-4-0 General Locomotive "1861," *99*		175 ___
18722	Percy the Tank Engine "6," *99*		170 ___
18723	Union Pacific 4-4-0 General Locomotive, *05*		100 ___
18730	Transylvania RR 4-4-0 General Locomotive "13," traditional, *05*		105 ___
18732	North Pole Central 4-4-0 Locomotive "25," *06*		110 ___
18733	Percy the Tank Engine "6," *05–12*		120 ___
18734	James the Tank Engine "5," *06–12*		120 ___
18741	Thomas the Tank Engine, *08–12*		120 ___
18745	Hallow's Eve 4-6-0 Steam Locomotive, *11–12*		190 ___
18753	Route of the Reindeer RS3 Diesel, *11*		190 ___
18754	Polar Express 2-8-4 Berkshire Steam Locomotive, *11*		300 ___
18755	C&O Berkshire Steam Locomotive "2751," with TrainSounds, *11*		290 ___
18771	Percy, remote system, *13*		150 ___
18774	James, remote system, *13*		150 ___
18775	Diesel, remote system, *13*		150 ___
18799	Bethlehem Steel Switcher "44," *99*		100 ___
18800	Lehigh Valley GP9 Diesel "8800," *87*	80	95 ___
18801	Santa Fe U36B Diesel "8801," *87*	100	120 ___
18802	Southern GP9 Diesel "8802" (SSS), *87*	100	115 ___
18803	Santa Fe RS3 Diesel "8803," *88*	90	105 ___

		Exc	Mint
18804	Soo Line RS3 Diesel "8804," *88*	95	115
18805	Union Pacific RS3 Diesel "8805," *89*	100	125
18806	New Haven SD18 Diesel "8806," *89*	100	115
18807	Lehigh Valley RS3 Diesel "8807," *90*	90	120
18808	ACL SD18 Diesel "8808," *90*	85	105
18809	Susquehanna RS3 Diesel "8809," *89 u*		130
18810	CSX SD18 Diesel "8810," *90*	95	130
18811	Alaska SD9 Diesel "8811," *91*	95	135
18812	Kansas City Southern GP38 Diesel "4000," *91*	120	140
18813	DM&IR SD18 Diesel "8813," *90 u*	90	145
18814	D&H RS3 Diesel "8814" (SSS), *91*	90	120
18815	Amtrak RS3 Diesel "1815," *91, 92 u*	100	130
18816	C&NW GP38-2 Diesel "4600," *92*	105	130
18817	UP GP9 Diesel "150" (see 18553), *91 u*		135
18819	L&N GP38-2 Diesel "4136," *92*	115	145
18820	WP GP9 Diesel "8820" (SSS), *92*	120	140
18821	Clinchfield GP38-2 Diesel "6005," *93*	125	150
18822	Gulf, Mobile & Ohio RS3 Diesel "721," *92–93 u*		NRS
18823	Chicago & Illinois Midland SD9 Diesel "52," *92 u*		235
18824	Montana Rail Link SD9 Diesel "600," *93*	185	230
18825	Soo Line GP38-2 Diesel "4000" (SSS), *93*	120	145
18826	Conrail GP7 Diesel "5808," *93*	100	120
18827	"Happy Holidays" RS3 Diesel "8827," *93*	165	220
18830	Budweiser GP9 Diesel "1947," *93–94 u*	118	158
18831	SP GP20 Diesel "4060," *94*	105	120
18832	PRR RSD-4 Diesel "8446," *95*	110	135
18833	Milwaukee Road RS3 Diesel "2487," *94*	100	110
18834	C&O SD28 Diesel "8834," *94*	110	140
18835	NYC RS3 Diesel "8223" (SSS), *94*	135	195
18836	CN (Grand Trunk) GP38-2 Diesel "5800," *94*	135	160
18837	"Happy Holidays" RS3 Diesel "8837," *94–95*	150	190
18838	Seaboard RSC-3 Diesel "1538," *95*	110	140
18840	U.S. Army GP7 Diesel "1821," *95*	85	124
18841	Western Maryland GP20 Diesel "27" (SSS), *95*	120	150
18842	JCPenney B&LE SD38 Diesel "868," *95 u*		265
18843	Great Northern RS3 Diesel "197," *96*		145
18845	D&RGW RS3 Diesel "5204," *97*		100
18846	Lionel Centennial Series GP9 Diesel, *98*		399
18847	Santa Fe H-12-44 Switcher "602," *99*		385
18848	PRR H-12-44 Switcher "9087," *99*		420
18853	JCPenney Santa Fe GP9 Diesel "2370," *97 u*		150
18854	UP GP9 Diesel Dummy Set, "2380, 2387," *97*		450
18856	NJ Transit GP38-2 Diesel "4303," *99*		315
18857	Union Pacific GP9 Diesel "2397," *97*		240
18858	Lionel Centennial GP20 Diesel, *98*		420
18859	Phantom II, *99*		360
18860	Pratt's Hollow Collection I: Phantom, *98*		400
18864	Southern Pacific GP9 Diesel B Unit, *98*		140
18865	New York Central GP9 Diesel B Unit, *98*		170
18866	Milwaukee Road GP7 Diesel "2383," *98*		205
18868	NJ Transit GP38-2 Diesel "4300," *98 u*		140

		Exc	Mint
18870	Pennsylvania GP9 Diesel "2029," *98*		180 ____
18872	Wabash GP7 Diesel Set, "453, 454, 455," *99*		560 ____
18876	C&NW H-12-44 Switcher "1053," *99*	125	363 ____
18877	Union Pacific GP9 Diesel "2399," nonpowered, *99*		175 ____
18878	Alaska GP7 Diesel "1803," *99*		115 ____
18879	B&O GP9 Diesel "5616," *99*		260 ____
18881	Custom GP9 Diesel "5616," *99*		350 ____
18892	Burlington GP9 Diesel "2328," *99*		205 ____
18897	Christmas GP7 Diesel "1999," *99*		200 ____
18900	PRR Switcher "8900," *88 u, 89*	26	34 ____
18901/02	PRR Alco Diesel AA Set, *88*	110	130 ____
18903/04	Amtrak Alco Diesel AA Set, *88–89*	90	130 ____
18903	Amtrak "Mopar Express," *99*		500 ____
18905	PRR 44-ton Switcher "9312," *92*	80	116 ____
18906	Erie-Lackawanna RS3 Diesel "8906," *91 u*	70	90 ____
18907	Rock Island 44-ton Switcher "371," *93*	95	110 ____
18908/09	NYC Alco Diesel AA Set, *93*	105	115 ____
18910	CSX Switcher "8910," *93*	40	46 ____
18911	UP Switcher "8911," *93*	33	37 ____
18912	Amtrak Switcher "8912," *93*	37	43 ____
18913	Santa Fe Alco Diesel A Unit "8913," *93–94*	55	65 ____
18915	WM Alco Diesel A Unit "8915," *93*	65	80 ____
18916	WM Alco Diesel A Unit "8916," dummy, *93*	38	42 ____
18917	Soo Line NW2 Switcher, *93*	65	75 ____
18918	B&M NW2 Switcher "8918," *93*	75	90 ____
18919	Santa Fe Alco Diesel A Unit "8919," dummy, *93–94*	36	55 ____
18920	Frisco NW2 Switcher "254," *94*	70	75 ____
18921	C&NW NW2 Switcher "1017," *94*	60	80 ____
18922	New Haven Alco Diesel A Unit "8922," *94*	75	105 ____
18923	New Haven Alco Diesel A Unit "8923," dummy, *94*	50	55 ____
18924	IC Switcher "8924," *94–95*	37	44 ____
18925	D&RGW Switcher "8925," *94–95*	32	37 ____
18926	Reading Switcher "8926," *94–95*	31	39 ____
18927	U.S. Navy NW2 Switcher "65-00637," *94–95*	65	85 ____
18928	C&NW NW2 Switcher Calf Unit, *95*	50	55 ____
18929	B&M NW2 Switcher Calf Unit, *95*	44	49 ____
18930	Crayola Switcher, *94 u, 95*	27	30 ____
18931	Chrysler Mopar NW2 Switcher "1818," *94 u*	73	88 ____
18932	Jersey Central NW2 Switcher "8932," *96*		65 ____
18933	Jersey Central NW2 Switcher Calf Unit "8933," *96*		55 ____
18934/35	Reading Alco Diesel AA Set, *95*	75	95 ____
18936	Amtrak Alco Diesel A Unit "8936," *95*		65 ____
18937	Amtrak FA2 Alco Diesel, nonpowered, *95–97*		50 ____
18938	U.S. Navy NW2 Switcher Calf Unit, *95*	55	65 ____
18939	Union Pacific NW2 Switcher Set, *96*		145 ____
18943	Georgia Power NW2 Switcher "1960," *95 u*		170 ____
18946	U.S. Coast Guard NW2 Switcher "8946," *96*		80 ____
18947	Port of Lionel City Alco FA2 Diesel "2030," *97*		70 ____

			Exc	Mint
	18948	Port of Lionel City Alco FB2 Diesel "2030B," 97		45
	18952	ATSF Alco PA1 Diesel "2000," 97		345
	18953	NYC Alco PA1 Diesel "2000," 97		260
	18954	ATSF Alco FA2 Diesel "212," powered, 97–99		80
	18955	NJ Transit NW2 Switcher "500," 96 u		110
	18956	Dodge Motorsports NW2 Switcher "8956," 96 u		163
	18959	New York Central NW2 Switcher "622," 97		475
	18961	Erie Alco PA1 Diesel "850," 98		315
	18965	Santa Fe Alco PB1 Diesel, 98		255
	18966	New York Central Alco BP1 Diesel "2008," 98		250
	18971	Alco Diesel A Unit, nonpowered, 98		60
	18973	RI Alco FA2 Diesel "2031," powered, 98–99		NRS
	18974	RI Alco FA2 Diesel Dummy Unit, 98–99		NRS
	18975	Southern 44-ton Switcher "1955," 99		190
	18978	C&O NW2 Switcher "624," 99–00		410
	18981	Pennsylvania Railroad Speeder "16," 04		45
	18982	Santa Fe Railroad Speeder "122," 04–05		65
	18988	MP15 Diesel, K-Line, 06		140
	18989	Bethlehem Steel Plymouth Switcher, traditional, K-Line, 06		100
	18992	SP S2 Diesel Switcher "1440," CC, 08		410
	18993	C&NW S2 Diesel Switcher "1031," CC, 08		410
	18994	Lionel Lines FA Diesel, traditional, 08–09		90
	19000	Blue Comet Diner, 87 u	60	75
	19001	Southern Diner, 87 u	55	65
	19002	Pennsylvania Diner, 88 u	29	41
	19003	Milwaukee Road Diner, 88 u	29	44
	19010	B&O Diner, 89 u	36	55
	19011	Lionel Lines Baggage Car, 93	268	398
	19015	Lionel Lines Passenger Coach, 91	125	180
	19016	Lionel Lines Passenger Coach, 91	100	135
	19017	Lionel Lines Passenger Coach, 91	85	110
	19018	Lionel Lines Observation Car, 91	95	120
	19019	SP Baggage Car "9019," 93	120	153
	19023	SP Passenger Coach "9023," 92	125	160
	19024	SP Passenger Coach "9024," 92	85	100
	19025	SP Passenger Coach "9025," 92	100	115
	19026	SP Observation Car "9026," 92	85	100
	19038	Adolphus Busch Observation Car, 92–93 u		85
	19039	Pere Marquette Baggage Car, 93		75
	19040	Pere Marquette Passenger Coach "1115," 93		75
	19041	Pere Marquette Passenger Coach "1116," 93		75
	19042	Pere Marquette Observation Car "36," 93		75
	19047	Baltimore & Ohio Combination Car "9047," 96		55
	19048	Baltimore & Ohio Passenger Coach "9048," 96		50
	19049	Baltimore & Ohio Diner "9049," 96		42
	19050	Baltimore & Ohio Observation Car "9050," 96		42
	19056	NYC Heavyweight Baggage Car, 96		105

		Exc	Mint
19057	NYC Willow Run Heavyweight Coach, *96*		95 ____
19058	NYC Willow Trail Heavyweight Coach, *96*		90 ____
19059	NYC Seneca Valley Heavyweight Observation Car, *96*		100 ____
19060	Pullman Heavyweight Set, *96*		473 ____
19061	Wabash Passenger Set, *97*		235 ____
19062	Wabash City of Columbia Coach "2361," *97*		90 ____
19063	Wabash City of Danville Coach "2362," *97*		75 ____
19064	Wabash REA Baggage Car "2360," *97*		47 ____
19065	Wabash Windy City Observation Car "2363," *97*		90 ____
19066	Commodore Vanderbilt Pullman Heavyweight 2-pack, *97*		190 ____
19067	Commodore Vanderbilt Willow River Pullman "2543," *97*		115 ____
19068	Commodore Vanderbilt Willow Valley Pullman "2544," *97*		100 ____
19069	Pullman Baby Madison Set "9500-02," *97*		155 ____
19070	Baby Madison Combination Car "9501," *97*		40 ____
19071	Laurel Gap Baby Madison Coach "9500," *97*		34 ____
19072	Laurel Summit Baby Madison Coach "9500," *97*		40 ____
19073	Catskill Valley Baby Madison Observation Car "9502," *97*		34 ____
19074	Legends of Lionel Madison Set, *97*		385 ____
19075	Mazzone Lionel Legends Coach "2621," *97*		105 ____
19076	Caruso Lionel Legends Coach "2624," *97*		90 ____
19077	Raphael Lionel Legends Coach "2652," *97*		90 ____
19078	Cowen Lionel Legends Observation Car "2600," *97*		95 ____
19079	NYC Heavyweight Passenger Car Set, *97*		275 ____
19080	NYC Heavyweight REA Baggage Car "2564," *97*		100 ____
19081	NYC Park Place Heavyweight Coach "2565," *97*		100 ____
19082	NYC Star Beam Heavyweight Coach "2566," *97*		100 ____
19083	NYC Hudson Valley Heavyweight Observation Car "2567," *97*		100 ____
19087	C&O Heavyweight Passenger Car 4-pack, "2571-74," *97*		290 ____
19088	C&O Heavyweight Baggage Car "2571," *97*		100 ____
19089	C&O Heavyweight Sleeper Car "2572," *97*		100 ____
19090	C&O Heavyweight Diner "2573," *97*		110 ____
19091	C&O Heavyweight Observation Car "2574," *97*		100 ____
19093	Commodore Vanderbilt Heavyweight Sleeper Car 2-pack, *98*		170 ____
19094	Commodore Vanderbilt Niagara Falls Sleeper, *98*		75 ____
19095	Commodore Vanderbilt Highland Falls Sleeper, *98*		75 ____
19096	Legends of Lionel Madison Car 2-pack, *98*		130 ____
19097	Bonnano Lionel Legends Coach "2653," *98*		80 ____
19098	Pagano Lionel Legends Coach "2654," *98*		105 ____

			Exc	Mint
____	**19099**	PRR Liberty Gap Baggage Car "2623," 99		80
____	**19100**	Amtrak Baggage Car "9100," 89	125	165
____	**19101**	Amtrak Combination Car "9101," 89	75	85
____	**19102**	Amtrak Passenger Coach "9102," 89	75	85
____	**19103**	Amtrak Vista Dome Car "9103," 89	70	90
____	**19104**	Amtrak Diner "9104," 89	65	80
____	**19105**	Amtrak Full Vista Dome Car "9105," 89 u	70	80
____	**19106**	Amtrak Observation Car "9106," 89	75	90
____	**19107**	SP Full Vista Dome Car, 90 u	70	88
____	**19108**	N&W Full Vista Dome Car "576," 91 u	75	85
____	**19109**	Santa Fe Baggage Car "3400," 91	225	300
____	**19110**	Santa Fe Combination Car "3500," 91	80	110
____	**19111**	Santa Fe Diner "601," 91	100	135
____	**19112**	Santa Fe Passenger Coach, 91	125	175
____	**19113**	Santa Fe Vista Dome Car, 91	100	135
____	**19116**	Great Northern Baggage Car "1200," 92	135	165
____	**19117**	Great Northern Combination Car "1240," 92	65	80
____	**19118**	Great Northern Passenger Coach "1212," 92	75	95
____	**19119**	Great Northern Vista Dome Car "1322," 92	75	95
____	**19120**	Great Northern Observation Car "1192," 92	75	95
____	**19121**	Union Pacific Vista Dome Car "9121," 92 u	90	100
____	**19122**	D&RGW California Zephyr Baggage Car, 93	170	210
____	**19123**	D&RGW California Zephyr Silver Bronco Vista Dome Car, 93	95	115
____	**19124**	D&RGW California Zephyr Silver Colt Vista Dome Car, 93	95	115
____	**19125**	D&RGW California Zephyr Silver Mustang Vista Dome Car, 93	100	125
____	**19126**	D&RGW California Zephyr Silver Pony Vista Dome Car, 93	95	115
____	**19127**	D&RGW California Zephyr Vista Dome Car, 93	85	100
____	**19128**	Santa Fe Full Vista Dome Car "507," 92 u	175	185
____	**19129**	IC Full Vista Dome Car "9129," 93	75	85
____	**19130**	Lackawanna Passenger Cars, set of 4, 94	280	350
____	**19131**	Lackawanna Baggage Car "2000" (see 19130)		150
____	**19132**	Lackawanna Diner "469" (see 19130)		100
____	**19133**	Lackawanna Passenger Coach "260" (see 19130)		100
____	**19134**	Lackawanna Observation Car "789" (see 19130)		85
____	**19135**	Lackawanna Combination Car "425," 94	85	100
____	**19136**	Lackawanna Passenger Coach "211," 94	65	75
____	**19137**	New York Central Roomette Car, 95	90	105
____	**19138**	Santa Fe Roomette Car, 95	75	95
____	**19139**	N&W Baggage Car "577," 95	150	200
____	**19140**	N&W Combination Car "494," 95	60	80
____	**19141**	N&W Diner "495," 95	105	135
____	**19142**	N&W Passenger Coach "538," 95	75	95
____	**19143**	N&W Passenger Coach "537," 95	75	95
____	**19144**	N&W Observation Car "582," 95	80	95
____	**19145**	C&O Combination Car "1403," 96		65
____	**19146**	C&O Passenger Coach "1623," 96		60

Exc Mint

		Exc	Mint
19147	C&O Passenger Coach "1803," 96		55 ___
19148	C&O Chessie Club Coach "1903," 96		55 ___
19149	C&O Coach/Diner "1950," 96		50 ___
19150	C&O Observation Car "2504," 96		55 ___
19151	Norfolk & Western Duplex Roomette car, 96		108 ___
19152	Union Pacific Duplex Roomette Car, 96		75 ___
19153	C&O Passenger Cars, set of 4, 96		340 ___
19154	Atlantic Coast Line Passenger Car Set, 96		340 ___
19155	ACL Combination Car "101," 96		90 ___
19156	ACL Talladega Diner, 96		90 ___
19157	ACL Moultrie Coach, 96		95 ___
19158	ACL Observation Car "256," 96		90 ___
19159	N&W Passenger Cars, set of 4, 95 u	300	385 ___
19160	LL REA Baggage Car, 96		90 ___
19161	LL Silver Mesa Coach, 96		80 ___
19162	LL Silver Sky Vista Dome Car, 96		75 ___
19163	LL Silver Rail Observation Car, 96		75 ___
19164	Chesapeake & Ohio Passenger Cars, 96		160 ___
19165	ATSF Super Chief Set, 96		305 ___
19166	NP Vista Dome Car Set, 97		305 ___
19167	NP Pullman Coach "2571," 97		105 ___
19168	NP Pullman Coach "2571," 97		105 ___
19169	NP Pullman Coach "2570," 97		95 ___
19170	NP Pullman Coach "2571," 97		100 ___
19171	NYC Streamliner Car 4-pack, 97		285 ___
19172	NYC Aluminum Passenger/Baggage Car "2570," 97		95 ___
19173	NYC Manhattan Island Aluminum Passenger Diner, 97		100 ___
19174	NYC Queensboro Bridge Aluminum Passenger Coach, 97		100 ___
19175	NYC Windgate Brook Aluminum Observation Car, 97		90 ___
19176	ATSF Indian Arrow Diner "2572," 97		90 ___
19177	ATSF Grass Valley Coach "2573," 97		90 ___
19178	ATSF Citrus Valley Coach "2574," 97		90 ___
19179	ATSF Vista Heights Coach "2575," 97		90 ___
19180	ATSF Surfliner Passenger Car 4-pack, 97		250 ___
19181	GN Empire Builder Prairie View Full Vista Dome Car, 98		75 ___
19182	GN Empire Builder River View Full Vista Dome Car, 98		75 ___
19183	GN Empire Builder Vista Dome Car 2-pack, 98		125 ___
19184	Milwaukee Road Passenger Car 4-pack, 99		390 ___
19185	MILW Red River Valley Aluminum Passenger Coach "194," 99		125 ___
19186	MILW Aluminum Coach/Diner "170," 99		110 ___
19187	MILW Cedar Rapids Aluminum Observation Car "186," 99		120 ___
19188	MILW Aluminum REA Passenger/Baggage Car "1336," 99		95 ___
19194	KCS Aluminum Passenger Car 4-pack, 00		380 ___
19200	Tidewater Southern Boxcar, 87	13	21 ___

			Exc	Mint
___	**19201**	Lancaster & Chester Boxcar, *87*	23	37
___	**19202**	PRR Boxcar, *87*	22	30
___	**19203**	D&TS Boxcar, *87*	11	18
___	**19204**	Milwaukee Road Boxcar (FF 2), *87*	29	41
___	**19205**	Great Northern DD Boxcar (FF 3), *88*	20	24
___	**19206**	Seaboard System Boxcar, *88*	18	23
___	**19207**	CP Rail DD Boxcar, *88*	17	22
___	**19208**	Southern DD Boxcar, *88*	11	13
___	**19209**	Florida East Coast Boxcar, *88*	15	19
___	**19210**	Soo Line Boxcar, *89*	19	23
___	**19211**	Vermont Railway Boxcar, *89*	18	21
___	**19212**	PRR Boxcar, *89*	21	25
___	**19213**	SP&S DD Boxcar, *89*	16	19
___	**19214**	Western Maryland Boxcar (FF 4), *89*	23	27
___	**19215**	Union Pacific DD Boxcar, *90*	17	21
___	**19216**	Santa Fe Boxcar, *90*	17	22
___	**19217**	Burlington Boxcar, *90*	16	21
___	**19218**	New Haven Boxcar, *90*	16	20
___	**19219**	Lionel Lines 1900-1906 Boxcar, diesel RailSounds, *90*	120	145
___	**19220**	Lionel Lines 1926-1934 Boxcar, *90*	27	30
___	**19221**	Lionel Lines 1935-1937 Boxcar, *90*	27	30
___	**19222**	Lionel Lines 1948-1950 Boxcar, *90*	27	30
___	**19223**	Lionel Lines 1979-1989 Boxcar, *90*	23	25
___	**19228**	Cotton Belt Boxcar, *91*	21	22
___	**19229**	Frisco Boxcar, diesel RailSounds (FF 5), *91*	75	90
___	**19230**	Frisco DD Boxcar (FF 5), *91*	21	26
___	**19231**	TA&G DD Boxcar, *91*	13	16
___	**19232**	Rock Island DD Boxcar, *91*	17	20
___	**19233**	Southern Pacific Boxcar, *91*	15	19
___	**19234**	NYC Boxcar, *91*	60	65
___	**19235**	MKT Boxcar, *91*	55	65
___	**19236**	NKP DD Boxcar (FF 6), *92*	22	30
___	**19237**	C&IM Boxcar, *92*	17	24
___	**19238**	Kansas City Southern Boxcar, *92*	18	23
___	**19239**	Toronto, Hamilton & Buffalo DD Boxcar, *92*	15	20
___	**19240**	Great Northern DD Boxcar, *92*	15	20
___	**19241**	Mickey Mouse 60th Anniversary Hi-Cube Boxcar, *91 u*	129	169
___	**19242**	Donald Duck 50th Anniversary Hi-Cube Boxcar, *91 u*	128	135
___	**19243**	Clinchfield Boxcar "9790," *91 u*	35	41
___	**19244**	L&N Boxcar "9791," *92*	35	38
___	**19245**	Mickey's World Tour Hi-Cube Boxcar, *92 u*	35	40
___	**19246**	Disney World 20th Anniversary Hi-Cube Boxcar, *92 u*	33	40
___	**19247**	Postwar "6464" Series Boxcar Set I, 3 cars, *93*	445	610
___	**19248**	Western Pacific Boxcar "6464," *93*	75	95
___	**19249**	Great Northern Boxcar "6464," *93*	75	95
___	**19250**	M&StL Boxcar "6464," *93*	80	105
___	**19251**	Montana Rail Link DD Boxcar "10001," *93*	21	27
___	**19254**	Erie Boxcar (FF 7), *93*	21	25

		Exc	Mint	
19255	Erie DD Boxcar (FF 7), *93*	22	26	___
19256	Goofy Hi-Cube Boxcar, *93*	23	26	___
19257	Postwar "6464" Series Boxcar Set II, 3 cars, *94*	80	97	___
19258	Rock Island Boxcar "6464," *94*	25	34	___
19259	Western Pacific Boxcar "6464100," *94*	33	46	___
19260	Western Pacific Boxcar "6464100," *94*	35	49	___
19261	Perils of Mickey Hi-Cube Boxcar #1, *93*	28	30	___
19262	Perils of Mickey Hi-Cube Boxcar #2, *93*	20	28	___
19263	NYC DD Boxcar (SSS), *94*	36	42	___
19264	Perils of Mickey Hi-Cube Boxcar #3, *94*	28	31	___
19265	Mickey Mouse 65th Anniversary Hi-Cube Boxcar, *94*	42	44	___
19266	Postwar "6464" Series Boxcar Set III, 3 cars, *95*	75	90	___
19267	NYC Pacemaker Boxcar "6464125," *95*	37	42	___
19268	Missouri Pacific Boxcar "6464150," *95*	25	29	___
19269	Rock Island Boxcar "6464," *95*	25	26	___
19270	Donald Duck 60th Anniversary Hi-Cube Boxcar, *95*	30	34	___
19271	Minnie Mouse Hi-Cube Boxcar, *95*	41	43	___
19272	Postwar "6464" Series Boxcar Set IV, 3 cars, *96*	70	85	___
19273	BAR State of Maine Boxcar "6464275," *96*		35	___
19274	SP Overnight Boxcar "6464225," *96*		28	___
19275	Pennsylvania Boxcar "6464," *96*		44	___
19276	Postwar "6464" Series Boxcar Set V, 3 cars, *96*	65	85	___
19277	Rutland Boxcar "6464-300," *96*		26	___
19278	B&O Boxcar "6464-325," *96*		30	___
19279	Central of Georgia Boxcar "6464-375," *96*		29	___
19280	Mickey's Wheat Hi-Cube Boxcar, *96*		32	___
19281	Mickey's Carrots Hi-Cube Boxcar, *96*		40	___
19282	Santa Fe "Super Chief" Boxcar "6464-196," *96*		24	___
19283	Erie Boxcar "6464-296," *96*		22	___
19284	Northern Pacific Boxcar "6464-396," *96*		29	___
19285	B&A State of Maine Boxcar "6464-275," *96*		27	___
19286	Tweety and Sylvester Boxcar, *96*		46	___
19287	NYC/PC Merger Boxcar "6464-125X" (SSS), *97*	50	75	___
19288	PRR/CR Merger Boxcar "6464-200X" (SSS), *97*	43	56	___
19289	Monon "Hoosier Line" Boxcar "6464," *97*		27	___
19290	Seaboard "Silver Meteor" Boxcar "6464," *97*		24	___
19291	GN Boxcar "6464-397," *97*		26	___
19292	Postwar "6464" Series Boxcar Set VI, 3 cars, *97*		90	___
19293	MKT Boxcar "6464-350," *97*	28	32	___
19294	B&O Boxcar "6464-400," *97*	27	34	___
19295	NH Boxcar "6464-425," *97*	25	34	___
19300	PRR Ore Car, *87*	15	23	___
19301	Milwaukee Road Ore Car, *87*	20	25	___

		Exc	Mint
____ 19302	Milwaukee Road Quad Hopper with coal (FF 2), *87*	24	35
____ 19303	Lionel Lines Quad Hopper with coal, *87 u*	20	31
____ 19304	GN Covered Quad Hopper (FF 3), *88*	24	25
____ 19305	Chessie System Ore Car, *88*	18	23
____ 19307	B&LE Ore Car with load, *89*	19	25
____ 19308	GN Ore Car with load, *89*	18	23
____ 19309	Seaboard Covered Quad Hopper, *89*	16	19
____ 19310	L&C Quad Hopper with coal, *89*	16	30
____ 19311	SP Covered Quad Hopper, *90*	14	19
____ 19312	Reading Quad Hopper with coal, *90*	21	36
____ 19313	B&O Ore Car with load, *90–91*	20	25
____ 19315	Amtrak Ore Car with load, *91*	22	30
____ 19316	Wabash Covered Quad Hopper, *91*	18	23
____ 19317	Lehigh Valley Quad Hopper with coal, *91*	47	55
____ 19318	NKP Quad Hopper with coal (FF 6), *92*	30	34
____ 19319	Union Pacific Covered Quad Hopper, *92*	19	23
____ 19320	PRR Ore Car with load, *92*	21	30
____ 19321	B&LE Ore Car with load, *92*	21	30
____ 19322	C&NW Ore Car with load, *93*	27	34
____ 19323	Detroit & Mackinac Ore Car with load, *93*	20	29
____ 19324	Erie Quad Hopper with coal (FF 7), *93*	25	33
____ 19325	N&W 4-bay Hopper "6446-1" with coal, *97*		65
____ 19326	N&W 4-bay Hopper with coal, *96*		60
____ 19327	N&W 4-bay Hopper "6446-3" with coal, *96*		60
____ 19328	N&W 4-bay Hopper "6446-4" with coal, *96*		60
____ 19329	N&W 4-bay Hopper "6436" with coal, *97*		55
____ 19330	Cotton Belt 4-bay Hopper "64661" with coal, *98*		45
____ 19331	Cotton Belt 4-bay Hopper "64662" with coal, *98*		45
____ 19332	Cotton Belt 4-bay Hopper "64663" with coal, *98*		45
____ 19333	Cotton Belt 4-bay Hopper "64664" with coal, *98*		45
____ 19338	Cotton Belt 4-bay Hopper 2-pack, *99*		120
____ 19339	Cotton Belt 4-bay Hopper "64469," *99*		NRS
____ 19340	Cotton Belt 4-bay Hopper "64470," *99*		NRS
____ 19341	LV 2-bay Hopper "6456," *99*		30
____ 19344	D&RGW 3-bay Cylindrical Hopper "15990," *99–00*		42
____ 19345	CN 3-bay Cylindrical Hopper "370708," *99–00*		95
____ 19346	PRR 4-bay Hopper with coal "744433," *01*		40
____ 19347	LV 2-bay Hopper "643657," *01*		40
____ 19348	Duluth, Missabe & Iron Range Ore Car "28000," *03*		25
____ 19349	U.S. Steel Ore Car "19349," *03*		29
____ 19350	Postwar "6636" Alaska Quad Hopper, *03*		34
____ 19357	N&W Hopper "6446-25," Archive Collection, *07*		50
____ 19361	Twizzlers Quad Hopper, *10*		55
____ 19362	Coursers Christmas Hopper with gifts, *10*		60

		Exc	Mint
19364	Milk Duds Covered Hopper, *11*		55 ___
19365	Coca-Cola Quad Hopper, *10*		60 ___
19366	Santa's Little Hopper, *10–11*		55 ___
19367	ATSF Quad Hopper, *11*		60 ___
19368	Southern Offset Hopper "106723," (std O), *11*		70 ___
19369	Alaska Quad Hopper "20756," *12*		60 ___
19371	Burlington Northern I-Beam Car, *04*		60 ___
19383	UP PS-4 Flatcar "57125" (std O), *13*		70 ___
19384	ATSF PS-4 Flatcar "90088" (std O), *13*		70 ___
19385	CNJ PS-4 Flatcar "339" (std O), *13*		70 ___
19386	BN PS-4 Flatcar "613200" (std O), *13*		70 ___
19388	BN 89' Auto Carrier (std O), *13*		110 ___
19389	SP 89' Auto Carrier (std O), *13*		110 ___
19390	CP 89' Auto Carrier (std O), *13*		110 ___
19391	Soo Line 89' Auto Carrier (std O), *13*		110 ___
19393	BNSF Auto Carrier 2-pack (std O), *12*		220 ___
19394	UP Auto Carrier 2-pack (std O), *12*		220 ___
19395	Grand Trunk Auto Carrier 2-pack (std O), *12*		220 ___
19396	CSX Auto Carrier 2-pack (std O), *12*		220 ___
19397	CN Auto Carrier 2-pack (std O), *12*		220 ___
19398	Conrail Auto Carrier 2-pack (std O), *12*		220 ___
19400	Milwaukee Road Gondola with cable reels (FF 2), *87*	23	31 ___
19401	GN Gondola with coal (FF 3), *88*	14	16 ___
19402	GN Crane Car (FF 3), *88*	47	65 ___
19403	WM Gondola with coal (FF 4), *89*	20	25 ___
19404	Trailer Train Flatcar with WM trailers (FF 4), *89*	29	33 ___
19405	Southern Crane Car, *91*	42	65 ___
19406	West Point Mint Car, *91 u*	38	50 ___
19408	Frisco Gondola with coil covers (FF 5), *91*	26	31 ___
19409	Southern Flatcar with stakes, *91*	18	22 ___
19410	NYC Gondola with canisters, *91*	47	55 ___
19411	NKP Flatcar with Sears trailer (FF 6), *92*	50	59 ___
19412	Frisco Crane Car, *92*	49	65 ___
19413	Frisco Flatcar with stakes, *92*	16	21 ___
19414	Union Pacific Flatcar with stakes (SSS), *92*	19	26 ___
19415	Erie Flatcar with trailer "7200" (FF 7), *93*	28	39 ___
19416	ICG TTUX Flatcar Set with trailers (SSS), *93*	70	75 ___
19419	Charlotte Mint Car, *93*	25	32 ___
19420	Lionel Lines Vat Car, *94*	18	22 ___
19421	Hirsch Brothers Vat Car, *95*	20	21 ___
19423	Circle L Racing Flatcar "6424" with stock cars, *96*		27 ___
19424	Edison Electric Depressed Center Flatcar "6461" with transformer, *97*		31 ___
19427	Evans Auto Loader "6414," *99*		55 ___
19428	Evans Boat Loader "6414," *99*		70 ___
19429	Culvert Gondola "6342," *98–99*		48 ___
19430	ATSF Flatcar "6411" with Beechcraft Bonanza, *98*		47 ___
19438	Christmas Gondola (std O), *98*		42 ___
19439	Flatcar with safes, *98*		35 ___

			Exc	Mint
____	**19440**	Flatcar with FedEx trailer, *98*		34
____	**19441**	Lobster Vat Car, *98*		32
____	**19442**	Water Supply Flatcar with tank (SSS), *98*		31
____	**19444**	Flatcar with VW Bug, *98*		38
____	**19445**	Borden Milk Tank Car "520," *99*		38
____	**19446**	Pittsburgh Paint Vat Car, *99*		43
____	**19447**	Mama's Baked Beans Vat Car, *99*		35
____	**19448**	Easter Gondola "6462" with candy, *99*		27
____	**19449**	Liquified Gas Tank Car "6469," *99*		31
____	**19450**	Barrel Ramp Car "6343," *99*		31
____	**19451**	Wheel Car "6262," *99*		32
____	**19454**	PRR Flatcar "6424" with gondola, *99*		25
____	**19455**	Lionel Lines Flatcar "6430" with Cooper-Jarrett trailers, *99*		60
____	**19457**	Lionel Lines Extension Searchlight Car, *99*		40
____	**19459**	Valentine Gondola "6462" with candy, *99*		50
____	**19471**	Mobil Flatcar with 2 trailers, *00 u*		93
____	**19472**	Mobil Bulkhead Flatcar with tank, *00 u*		68
____	**19474**	L&N Flatcar "6424" with trailer frames, *99*		26
____	**19476**	Zoo Gondola "6462" with animals, *99–00*		43
____	**19477**	Monday Night Football Flatcar with trailer, *01*		30
____	**19478**	Culvert Gondola "6342," *99*		45
____	**19479**	Borden Milk Car "521," *00*		38
____	**19480**	Valentine's Vat Car "6475," *99–00*		30
____	**19481**	Easter Vat Car, *99–00*		38
____	**19482**	NYC Flat with trailer "6424," *00*		50
____	**19483**	VW Beetle Flatcar, *00*		48
____	**19484**	Flatcar "6264" with timber, *00*		34
____	**19485**	PRR Culvert Gondola "347004," *01*		41
____	**19486**	NYC Lumber Flatcar, *01*		34
____	**19487**	Flatcar "6800" with airplane, *00*		41
____	**19489**	Evans Auto Loader "500085," *00*		50
____	**19490**	Postwar "6475" Libby's Vat Car, *01–02*		36
____	**19491**	Christmas Vat Car, *01*		30
____	**19492**	WM Skeleton Log Car 3-pack, *01*		95
____	**19496**	Westside Lumber Skeleton Log Car 3-pack, *01*		112
____	**19500**	Milwaukee Road Reefer (FF 2), *87*	30	39
____	**19502**	C&NW Reefer, *87*	30	33
____	**19503**	Bangor & Aroostook Reefer, *87*	22	25
____	**19504**	Northern Pacific Reefer, *87*	20	22
____	**19505**	Great Northern Reefer (FF 3), *88*	29	35
____	**19506**	Thomas Newcomen Reefer, *88*	18	23
____	**19507**	Thomas Edison Reefer, *88*	21	27
____	**19508**	Leonardo da Vinci Reefer, *89*	19	27
____	**19509**	Alexander Graham Bell Reefer, *89*	17	20
____	**19510**	PRR Stock Car (FARR 5), *89 u*	25	26
____	**19511**	WM Reefer (FF 4), *89*	22	28
____	**19512**	Wright Brothers Reefer, *90*	17	21
____	**19513**	Ben Franklin Reefer, *90*	17	20
____	**19515**	Milwaukee Road Stock Car (FF 2), *90 u*	33	41
____	**19516**	George Washington Reefer, *89 u, 91*	14	19

MODERN ERA 1970-2014

		Exc	Mint
19517	Civil War Reefer, *89 u, 91*	14	19 ____
19518	Man on the Moon Reefer, *89 u, 91*	13	17 ____
19519	Frisco Stock Car (FF 5), *91*	26	31 ____
19520	CSX Reefer, *91*	18	23 ____
19522	Guglielmo Marconi Reefer, *91*	19	23 ____
19523	Dr. Robert Goddard Reefer, *91*	19	23 ____
19524	Delaware & Hudson Reefer (SSS), *91*	29	32 ____
19525	Speedy Alka Seltzer Reefer, *91 u*	31	32 ____
19526	Jolly Green Giant Reefer, *91 u*	21	33 ____
19527	Nickel Plate Road Reefer (FF 6), *92*	20	29 ____
19528	Joshua L. Cowen Reefer, *92*	23	28 ____
19529	A.C. Gilbert Reefer, *92*	18	23 ____
19530	Rock Island Stock Car, *92 u*	34	38 ____
19531	Rice Krispies Reefer, *92 u*	23	33 ____
19532	Hormel Reefer "901," *92 u*	18	24 ____
19535	Erie Reefer (FF 7), *93*	23	26 ____
19536	Soo Line REA Reefer (SSS), *93*	25	30 ____
19538	Hormel Reefer "102," *94*	22	25 ____
19539	Heinz Reefer, *94*	38	47 ____
19540	Broken Arrow Ranch Stock Car "3356," *97*		28 ____
19552	Rutland Reefer "395" (std O), *00*		32 ____
19553	ATSF Stock Car "23003," *00*		37 ____
19554	Postwar Celebration Milk Car "36621," *00*		125 ____
19555	Swift Reefer "5839," red, *01*		33 ____
19556	Swift Reefer "1020," silver, *01*		31 ____
19557	Circus Stock Car "6376," *00*		32 ____
19558	Postwar "6556" MKT Stock Car, *02*		27 ____
19559	MKT Stock Car, girls set add-on, *02*		95 ____
19560	NP 2-door Stock Car "6356," Archive Collection, *02*		33 ____
19561	Norman Rockwell Holiday Reefer, *03*		25 ____
19562	Norman Rockwell Holiday Reefer, *03*		25 ____
19563	Norman Rockwell Holiday Reefer, *03*		25 ____
19564	Postwar "6672" Santa Fe Reefer, *03*		35 ____
19565	Burlington Reefer "6672," Archive Collection, *03*		35 ____
19567	Postwar "6572" Railway Express Agency Reefer, *05*		45 ____
19568	GN Reefer, Archive Collection, *05*		45 ____
19569	Pillsbury Reefer, traditional, *05*		53 ____
19570	Nestle Nesquik Reefer, traditional, *05*		53 ____
19572	NYC Reefer "6672," Archive Collection, *06*		45 ____
19573	Postwar "6356" NYC Stock Car, *06–07*		50 ____
19574	GN Stock Car, *08*		50 ____
19575	REA Reefer "6721," *08–09*		50 ____
19576	Alaska Reefer, *08*		50 ____
19577	Krey's Reefer, *10–11*		60 ____
19578	Granny Smith Apples Wood-sided Reefer, *10–11*		53 ____
19585	NS Transparent Instruction Car, *10–11*		75 ____
19586	Alaska Husky Transport Car, *10–11*		75 ____
19587	Hershey's Chocolate Wood-sided Reefer, *10*		66 ____
19588	Santa's Wish Transparent Gift Car, *10*		75 ____

			Exc	Mint
___	19589	Blood Transfusion Bunk Car, *10–11*		60
___	19590	Wood-sided Reefer 2-pack, *10*		110
___	19593	Hershey's Kisses Wood-sided Reefer, *11*		61
	19594	York Peppermint Patty Wood-sided Reefer, *10–11*		
___				55
___	19599	Old Glory Reefers, set of 3, *89 u, 91*	37	43
___	19600	Milwaukee Road 1-D Tank Car (FF 2), *87*	33	40
___	19601	North American 1-D Tank Car (FF 4), *89*	27	29
___	19602	Johnson 1-D Tank Car (FF 5), *91*	24	30
___	19603	GATX 1-D Tank Car (FF 6), *92*	32	41
___	19604	Goodyear 1-D Tank Car (SSS), *93*	33	36
___	19605	Hudson's Bay 1-D Tank Car (SSS), *94*	25	29
___	19607	Sunoco 1-D Tank Car "6315," *96*		23
	19608	Sunoco Aviation Services 1-D Tank Car "6315" (SSS), *97*		
___				38
___	19611	Gulf Oil 1-D Tank Car "6315," *98*		33
___	19612	Gulf Oil 3-D Tank Car "6425," *98*		30
___	19614	BASF 1-D Tank Car "UTLX 78252," *99–00*		25
___	19615	Vulcan Chemicals 1-D Tank Car, *99–00*		25
___	19621	Centennial 1-D Tank Car "6015-1," *99*		49
___	19622	Centennial 1-D Tank Car "6015-2," *99*		56
___	19623	Centennial 1-D Tank Car "6015-3," *99*		52
___	19624	Centennial 1-D Tank Car "6015-4," *99*		50
___	19625	Ethyl Tank Car " 6236," *01*		31
___	19626	Diamond Chemical Tank Car "19419," *01*		29
___	19627	Shell 1-D Tank Car "1227," *01*		37
___	19628	Lion Oil 1-D Tank Car "2256," *01*		35
___	19634	General American 1-D Tank Car, *01*		30
___	19635	U.S. Army 1-D Tank Car "10936," *01*		31
___	19636	Hooker Chemicals 1-D Tank Car "6180," *01*		36
	19637	GATX TankTrain Intermediate Car "44589" (std O), *02*		
___				55
	19638	CN TankTrain Intermediate Car "75571" (std O), *02*		
___				65
	19639	GATX TankTrain Intermediate Car 3-pack (std O), *02*		
___				140
___	19644	Union Texas 1-D Tank Car "9922," *02*		33
___	19645	Penn Salt 1-D Tank Car "4730," *02*		33
	19646	CN TankTrain Intermediate Car "75571" (std O), *03*		
___				45
	19647	GATX TankTrain Intermediate Car "44589" (std O), *03*		
___				45
___	19649	Scrooge McDuck Mint Car, *05*		192
___	19651	Santa Fe Tool Car, *87*	30	35
___	19652	Jersey Central Bunk Car, *88*	25	33
___	19653	Jersey Central Tool Car, *88*	26	28
___	19654	Amtrak Bunk Car, *89*	22	25
___	19655	Amtrak Tool Car, *90–91*	23	30
___	19656	Milwaukee Road Bunk Car, smoke, *90*	40	50
___	19657	Wabash Bunk Car, smoke, *91–92*	36	42
___	19658	Norfolk & Western Tool Car, *91*	24	29
___	19660	Mint Car, *98*		40
___	19663	Pratt's Hollow Bunk Car "5717," *99*		40

		Exc	Mint
19664	Ambassador Award Bunk Car, bronze, *99 u*		376 ___
19665	Ambassador Engineer Bunk Car, silver, *99 u*		571 ___
19666	Ambassador Cowen Bunk Car, gold, *99 u*		401 ___
19667	Wellspring Gold Bullion Car, *99*		54 ___
19669	King Tut Museum Car "9660," *99*		68 ___
19670	NY Federal Reserve Bullion Car "6445," *00*		44 ___
19671	Lionel Model Shop Display Car "6445-01," *99–00*		50 ___
19672	Lionel Mines Mint Car, *00 u*		250 ___
19673	Wellspring Capital Management Mint Car, *99 u*		212 ___
19674	Lionel Lines Platinum Car, *00*		43 ___
19675	Lionel Model Shop Display "6445-2," *01*		42 ___
19676	Philadelphia Mint Car, *01*		40 ___
19677	Fort Knox Mint Car "6445," *00*		50 ___
19678	U.S. Army Bunk Car, *02*		45 ___
19679	St. Louis Federal Reserve Mint Car, *02*		38 ___
19681	Area 51 Alien Suspension Car, *02*		47 ___
19682	Alaska Klondike Mining Mint Car, *02*		40 ___
19683	Pony Express Mint Car, *02*		50 ___
19686	Chicago Federal Reserve Mint Car "6445," *03–04*		45 ___
19687	UP Bunk Car "3887," smoke, *03*		40 ___
19688	Postwar "6445" Fort Knox Mint Car, *02–03*		39 ___
19689	CIBRO TankTrain Intermediate Car 3-pack (std O), *03*		100 ___
19694	Pony Express Mint Car, *03*		50 ___
19696	U.S. Savings Bond Mint Car, *00*		150 ___
19697	U.S. Bureau of Engraving and Printing Mint Car "19697," *04*		40 ___
19698	San Francisco Federal Reserve Mint Car, *04*		40 ___
19700	Chessie System Extended Vision Caboose, *88*	43	50 ___
19701	Milwaukee Road N5c Caboose (FF 2), *88*	50	65 ___
19702	PRR N5c Caboose, *87*	44	55 ___
19703	GN Extended Vision Caboose (FF 3), *88*	42	49 ___
19704	WM Extended Vision Caboose, smoke (FF 4), *89*	42	49 ___
19705	CP Rail Extended Vision Caboose, smoke, *89*	43	47 ___
19706	UP Extended Vision Caboose "9706," smoke, *89*	40	56 ___
19707	SP Work Caboose with searchlight, smoke, *90*	55	60 ___
19708	Lionel Lines Bay Window Caboose, *90*	43	46 ___
19709	PRR Work Caboose, smoke, *89, 91*	55	70 ___
19710	Frisco Extended Vision Caboose, smoke (FF 5), *91*	43	47 ___
19711	NS Extended Vision Caboose, smoke, *92*	47	65 ___
19712	PRR N5c Caboose, *91*	44	47 ___
19714	NYC Work Caboose with searchlight, smoke, *92*	100	130 ___
19715	DM&IR Extended Vision Caboose "C-217," *92 u*	50	60 ___

		Exc	Mint
19716	IC Extended Vision Caboose "9405," smoke, 93	105	135
19717	Susquehanna Bay Window Caboose "0121," 93	44	55
19718	C&IM Extended Vision Caboose "74," 92 u	38	45
19719	Erie Bay Window Caboose "C-300" (FF 7), 93	47	55
19720	Soo Line Extended Vision Caboose (SSS), 93	32	41
19721	GM&O Extended Vision Caboose "2956," 93 u	47	50
19723	Disney Extended Vision Caboose, 94	36	45
19724	JCPenney MKT Extended Vision Caboose "125," 94 u	38	43
19726	NYC Bay Window Caboose (SSS), 95	50	60
19727	Pennsylvania N5c Caboose "477938," 96		30
19728	N&W Bay Window Caboose, 96		70
19732	ATSF Bay Window Caboose "6517," 96		43
19733	New York Central Caboose "6357," 96		30
19734	Southern Pacific Caboose "6357," 96		26
19736	PRR N5c Caboose "6417," 97		27
19737	Lackawanna Searchlight Caboose "2420," 97		75
19738	Conrail N5c Caboose "6417" (SSS), 97		55
19739	NYC Wood-sided Caboose "6907," 97		60
19740	Virginian N5c Caboose "6427," 97 u		65
19741	Pennsylvania N5c Caboose "6417," 98		50
19742	Erie Bay Window Caboose "C301," Caboose Talk, 98		95
19748	SP&S Bay Window Caboose "6517," 97 u		50
19749	SP Bay Window Caboose "6517," 98		100
19750	Holiday Music Bay Window Caboose, 98		160
19751	PRR N5c Caboose "492418," 98		30
19752	NP Bay Window Caboose "407," 98		50
19753	UP Extended Vision Caboose "25641," 98		55
19754	NYC Caboose "20112," 98		55
19755	Centennial Porthole Caboose, 99		54
19756	Lionel Lines Bay Window Caboose, 99		50
19758	DL&W Work Caboose "6419," 99		55
19759	Corvette N5c Caboose, 99		60
19772	Lionel Visitor's Center Vat Car, 99 u		40
19773	Lionel Kids Club Barrel Ramp Car "6343," 96 u		48
19778	Case Cutlery Wood-sided Caboose "1889" (std O), 99 u		NRS
19779	SP Bay Window Caboose "1908," 99		65
19780	LV Porthole Caboose "641751," 99–00		43
19781	Vapor Records Holiday Porthole Caboose "6417," 99–00		49
19782	NYC Bay Window Caboose "21719," 00		65
19783	Ford Mustang Extended Vision Caboose, 01		50
19785	SP Bay Window Caboose "6517," 00		55
19786	PRR Extended Vision Caboose, 00 u		40
19787	PRR Extended Vision Caboose "477927," 01		40
19790	Postwar "6417" Lehigh Valley Caboose, 02		41
19792	Postwar "C301" Erie Bay Window Caboose, 03		45

		Exc	Mint	
19796	C&O Bay Window Caboose, *03*		50	___
19800	Circle L Ranch Operating Cattle Car, *88*	75	95	___
19801	Poultry Dispatch Chicken Car, *87*	20	27	___
19802	Carnation Milk Car, *87*	87	102	___
19803	Reading Ice Car, *87*	38	44	___
19804	Wabash Operating Hopper, *87*	25	34	___
19805	Santa Fe Operating Boxcar, *87*	28	36	___
19806	PRR Operating Hopper, *88*	28	32	___
19807	PRR Extended Vision Caboose, smoke, *88*	39	47	___
19808	NYC Ice Car, *88*	38	49	___
19809	Erie-Lackawanna Operating Boxcar, *88*	27	35	___
19810	Bosco Milk Car, *88*	80	89	___
19811	Monon Brakeman Car, *90*	50	55	___
19813	Northern Pacific Ice Car, *89 u*	41	46	___
19815	Delaware & Hudson Brakeman Car, *92*	49	60	___
19816	Madison Hardware Operating Boxcar "190991," *91 u*	80	102	___
19817	Virginian Ice Car, *94*	31	35	___
19818	Dairymen's League Milk Car "788," *94*	65	80	___
19819	Poultry Dispatch Car (SSS), *94*	36	43	___
19820	Die-cast Tender, RailSounds II, *95–96*		175	___
19821	UP Operating Boxcar, *95*	31	36	___
19822	Pork Dispatch Car, *95*	29	39	___
19823	Burlington Ice Car, *94 u, 95*	39	49	___
19824	U.S. Army Target Launcher, *96*		30	___
19825	Generator Car, *96*		48	___
19827	NYC Operating Boxcar, *97*		37	___
19828	C&NW Animated Stock Car "3356" and Stockyard, *96–97*		100	___
19830	U.S. Mail Operating Boxcar "3428," *97*		39	___
19831	GM Generator Car "3530," power pole and wire, *97*		46	___
19832	Cola Ice Car "6352," *97*		47	___
19833	Tender "2426RS," RailSounds II, *97*		240	___
19834	LL 6-wheel Crane Car "2460," *97*		60	___
19835	FedEx Animated Boxcar "3464X," *97*		38	___
19837	Bucyrus 6-wheel Crane Car "2460," *99*		49	___
19845	Aquarium Car "3435," CC, *98*		151	___
19846	Animated Giraffe Car "3376C," *98*		105	___
19850	Stock Car "33760," RailSounds, *00*		130	___
19853	Firefighting Instruction Generator Car (SSS), *98*		60	___
19854	Lionelville Fire Car (SSS), *98*		55	___
19855	Christmas Aquarium Car, *98*		60	___
19856	Mermaid Transport, *98*		65	___
19857	NYC Firefighting Instruction Car "19853," *98–99*		175	___
19858	Lionelville Operating Searchlight Car "19854," *99*		65	___
19859	REA Boxcar "6267," steam RailSounds, *99*		170	___
19860	Conrail Boxcar "169671," diesel RailSounds, *99*		140	___
19864	Animated Ostrich Boxcar, *99*		37	___
19867	Operating Poultry Dispatch Car "3434," *99*		48	___

		Exc	Mint
____ 19868	Shark Aquarium Car "3435," 99		190
____ 19869	Alien Aquarium Car "3435," 99		49
____ 19877	ATSF Operating Barrel Car, 99		55
____ 19878	Operating Helium Tank Flatcar "3362," 99		40
____ 19880	Lionel Lines Extension Searchlight Car, 00		50
____ 19882	Sanderson Farms Poultry Car "3434," 99		41
____ 19883	LL Bucyrus Erie Crane Car "64608," 99		45
____ 19884	Atlantis Travel Aquarium Car, 00 u		95
____ 19885	N&W Operating Hopper Car, 00		31
____ 19886	Seaboard Boxcar "16126," steam RailSounds, 00		140
____ 19887	SP Boxcar "651663," diesel RailSounds, 00		140
____ 19888	Christmas Music Boxcar, 01		65
____ 19889	PRR Bay Window Caboose "477719," Crewtalk, 00		140
____ 19890	Santa Fe Bay Window Caboose "999211," Crewtalk, 00		100
____ 19894	Hood's Operating Milk Car with platform, 03–04		95
____ 19894	Pony Express Mint Car, 03		50
____ 19895	3356 Santa Fe Horse Car with corral, 04		120
____ 19896	USMC Missile Launch Sound Car "45," 03–04		165
____ 19897	NYC Crane Car, TMCC, 04		255
____ 19898	Nestle Nesquik Operating Milk Car with platform, 04		95
____ 19899	Pennsylvania Crane Car "19899" CC, 03–05		260
____ 19900	Toy Fair Boxcar, 87 u	65	80
____ 19901	"I Love Virginia" Boxcar, 87	25	35
____ 19902	Toy Fair Boxcar, 88 u	55	80
____ 19903	Christmas Boxcar, 87 u	32	34
____ 19904	Christmas Boxcar, 88 u	32	43
____ 19905	"I Love California" Boxcar, 88	20	24
____ 19906	"I Love Pennsylvania" Boxcar, 89	26	32
____ 19907	Toy Fair Boxcar, 89 u	38	55
____ 19908	Christmas Boxcar, 89 u	30	39
____ 19909	"I Love New Jersey" Boxcar, 90	19	25
____ 19910	Christmas Boxcar, 90 u	35	38
____ 19911	Toy Fair Boxcar, 90 u	75	95
____ 19912	"I Love Ohio" Boxcar, 91	21	28
____ 19913	Christmas Boxcar, 91	34	52
____ 19913	Lionel Employee Christmas Boxcar, 91 u	150	200
____ 19914	Toy Fair Boxcar, 91 u	38	50
____ 19915	"I Love Texas" Boxcar, 92	35	60
____ 19916	Lionel Employee Christmas Boxcar, 92 u	190	220
____ 19917	Toy Fair Boxcar, 92 u	45	53
____ 19918	Christmas Boxcar, 92 u	49	70
____ 19919	"I Love Minnesota" Boxcar, 93	40	60
____ 19920	Lionel Visitor's Center Boxcar, 92 u	26	28
____ 19921	Lionel Employee Christmas Boxcar, 93 u	140	185
____ 19922	Christmas Boxcar, 93	33	41
____ 19923	Toy Fair Boxcar, 93 u	65	95

		Exc	Mint	
19925	Lionel Employee Learning Center Boxcar, *93 u*	55	63	___
19926	"I Love Nevada" Boxcar, *94*	21	26	___
19927	Lionel Visitor's Center Boxcar, *93 u*	26	33	___
19928	Lionel Employee Christmas Boxcar, *94 u*	205	230	___
19929	Christmas Boxcar, *94*	30	40	___
19931	Toy Fair Boxcar, *94 u*	49	65	___
19932	Lionel Visitor's Center Boxcar, *94 u*	26	33	___
19933	"I Love Illinois" Boxcar, *95*	21	27	___
19934	Lionel Visitor's Center Boxcar, *95 u*	18	22	___
19937	Toy Fair Boxcar, *95 u*	55	75	___
19938	Christmas Boxcar, *95*	26	34	___
19939	Lionel Employee Christmas Boxcar, *95 u*	100	128	___
19941	"I Love Colorado" Boxcar, *95*	23	30	___
19942	"I Love Florida" Boxcar, *96*	19	27	___
19943	"I Love Arizona" Boxcar, *96*	20	25	___
19944	Lionel Visitor's Center Tank Car, *96 u*		35	___
19945	Holiday Boxcar, *96*		29	___
19946	Lionel Employee Christmas Boxcar, *96 u*		195	___
19947	Lionel Toy Fair Boxcar, *96 u*		200	___
19948	VIsItor's Center Flatcar with trailer, *96 u*		34	___
19949	"I Love NY" Boxcar, *97*		50	___
19950	"I Love Montana" Boxcar, *97*		30	___
19951	"I Love Massachusetts" Boxcar, *98*		26	___
19952	"I Love Indiana" Boxcar, *98*		31	___
19955	Lionel Visitor's Center Gondola with coil covers, *98 u*		20	___
19956	Toy Fair Boxcar "777," *98 u*		65	___
19957	Ambassador Caboose, *97 u*		476	___
19958	Ambassador Caboose, silver (std O), *98 u*		550	___
19959	Ambassador Caboose, gold (std O), *98 u*		742	___
19964	U.S. JCI Senate Boxcar, *92 u*	55	63	___
19968	"I Love Maine" Boxcar, *99*		40	___
19969	"I Love Vermont" Boxcar, *99*		40	___
19970	"I Love New Hampshire" Boxcar, *99*		34	___
19971	"I Love Rhode Island" Boxcar, *99*		34	___
19976	Lionel Employee Holiday Boxcar, *99 u*		150	___
19977	Toy Fair Boxcar, *99 u*		50	___
19981	Lionel Centennial Boxcar, *99*		33	___
19982	Lionel Centennial Boxcar, *99*		33	___
19983	Lionel Centennial Boxcar, *99*		33	___
19984	Lionel Centennial Boxcar, *99*		33	___
19985	"I Love Georgia" Boxcar, *99–00*		45	___
19986	"I Love North Carolina" Boxcar, *99–00*		40	___
19987	"I Love South Carolina" Boxcar, *99–00*		40	___
19988	"I Love Tennessee" Boxcar, *99–00*		55	___
19989	Toy Fair Boxcar, *00 u*		55	___
19996	Toy Fair Boxcar, *01 u*		50	___
19997	Lionel Employee Boxcar, *01 u*		120	___
19998	Christmas Boxcar, *01*		33	___
19999	Lionel Visitor's Center 4-bay Hopper, *02 u*		150	___
20000	PRR Senator Coach 4-pack (std O), *13*		640	___

		Exc	Mint
20005	SP Sunset Limited Coach 4-pack (std O), *13*		640
20010	UP City of Los Angeles Coach 4-pack (std O), *13*		640
20015	B&O Capitol Limited Coach 4-pack (std O), *13*		640
20020	FEC City of Miami Coach 4-pack (std O), *13*		640
20025	KCS Southern Belle Coach 4-pack (std O), *13*		640
20030	MILW Olympian Coach 4-pack (std O), *13*		640
21029	World of Little Choo Choo Set, *94u, 95*	36	43
21141	North Dakota State Quarter Gondola Bank, *07*		60
21142	South Dakota State Quarter Hopper Bank, *07*		60
21163	SuperStreets FasTrack Grade Crossing, *08–10*		20
21164	SuperStreets 10" Transition to FasTrack, *08–10*		9
21165	SuperStreets Transition to FasTrack, 2 pieces, *08–10*		17
21168	City Traction Trolley Add-on, *08*		75
21169	City Traction Speeder Add-on, *08*		75
21170	NYC 15" Heavyweight Passenger Car 4-pack, *07*		250
21175	NYC 15" Heavyweight Passenger Car 2-pack, *07*		125
21198	ATSF Alco Diesel AA Set, horn, *08*		200
21199	ATSF Midnight Chief Streamliner Car 4-pack, *08*		200
21204	ATSF Midnight Chief Streamliner Car 2-pack, *08*		100
21207	SP Diesel Work Train, *07*		175
21212	NH Diesel Freight Set, *07*		250
21217	Southern Diesel Executive Inspection Train, *07*		175
21229	Ringling Bros. S2 Diesel Switcher, horn, *07*		80
21230	Ringling Bros. Porter Locomotive, *07*		105
21231	Ringling Bros. Streamliner Car 4-pack, *07*		210
21234	Ringling Bros. Streamliner Car 2-pack, *07*		105
21237	Ringling Bros. Flatcar with 3 wagons, *07*		50
21238	Ringling Bros. Flatcar with 3 wagons, *07*		50
21239	Ringling Bros. Flatcar with crates, *07*		45
21240	Ringling Bros. Flatcar with front end loader and poles, *07*		45
21252	Boy Flying Kite, *08*		60
21253	Operating Bunk Car Yard Office, *07*		80
21261	SuperStreets 2.5" Straight-to-Curve Connector, 4 pieces, *08–10*		9
21265	Operating Voltmeter Car, *07*		75
21266	SuperStreets Intersection, 4 pieces, *08–10*		40
21267	PRR Boxcab Electric Locomotive, horn, *07*		77
21271	WP Operating Coal Dump Car with vehicle, *07*		33
21276	Congressional Diner, smoke, *07*		110
21277	Operating Flagman's Shanty, *08*		70
21279	Roach Wranglers Pest Control Van, *08*		30
21281	SuperStreets D21 Curve, *08–10*		3
21282	SuperStreets 2.5" Curve-to-Curve Connector, 4 pieces, *08–10*		9

		Exc	Mint
21283	SuperStreets Tubular Track Grade Crossing, *08–10*	18	___
21284	SuperStreets 10" Tubular Transition, *08–10*	8	___
21285	SuperStreets 10" Tubular Transition, 2 pieces, *08–10*	14	___
21286	SuperStreets Intersection, *08–10*	10	___
21287	SuperStreets Y Roadway, *08–10*	12	___
21288	SuperStreets O Gauge Conversion Pins, *08–10*	2	___
21289	SuperStreets Connector Pins, *08–10*	2	___
21290	SuperStreets Hookup Wires, 2 pieces, *08–10*	3	___
21291	Dogbone Expander pack, *08–10*	25	___
21296	City Traction Classic Truck, *07*	30	___
21298	NYC 4-6-4 Hudson Locomotive "5279," CC, *07*	500	___
21316	PE RS3 Diesel "2815," CC, *07*	350	___
21324	Acrobats and Clowns Figures, 10 pieces, *08–10*	12	___
21325	Ringmaster Circus Figures, 5, with accessories, *08–10*	12	___
21326	PRR 15" Interurban Car 2-pack, *07*	200	___
21354	Fresh Never Frozen Fish Transport Car, *07*	80	___
21355	Dump Bin, *08–10*	20	___
21358	Special Addition Boxcar, Girl, *08–10*	25	___
21359	Special Addition Boxcar, Boy, *08–10*	25	___
21368	Passenger Coach Figures, 9 pieces, *08–10*	11	___
21369	Walking Figures, 8 pieces, *08–10*	11	___
21370	Sitting Figures, 6, with benches, *08–10*	11	___
21371	Standing Figures, 8 pieces, *08–10*	11	___
21372	Railroad Station Figures, 6, with accessories, *08–10*	11	___
21373	School Figures, 7, with accessories, *08–10*	11	___
21374	Service Station Figures, 5, with accessories, *08–10*	11	___
21375	Police Figures, 10, with dog, *08*	20	___
21376	Seated Passenger Figures, 40 pieces, *08*	27	___
21377	Mounted Police, 3, with horses, *08–10*	11	___
21378	Factory, *08–10*	18	___
21379	Police Station, *08–10*	16	___
21380	Colonial House, *08–10*	16	___
21381	Suburban Station, *08–10*	16	___
21382	School, *08–10*	17	___
21383	Suburban Ranch House, *08–10*	15	___
21384	Service Station with gas pumps, *08–10*	17	___
21385	Barn and Chicken Coop, *08–10*	20	___
21386	Firehouse, *08–10*	17	___
21387	Church, *08–10*	15	___
21388	Country L-shaped Ranch House, *08–10*	16	___
21389	Supermarket, *08–10*	12	___
21390	Diner, *08–10*	15	___
21394	Rotating Beacon, *08–09*	31	___
21396	Single Tunnel Portals, pair, *08–10*	15	___

		Exc	Mint
21397	SuperSnap 31" Remote Switch, left hand, *08–09*		55
21398	SuperSnap 31" Remote Switch, right hand, *08–09*		55
21399	SuperSnap 72" Remote Switch, left hand, *08–09*		70
21400	SuperSnap 72" Remote Switch, right hand, *08–09*		70
21412	NYC Plymouth Switcher Freight Set, *07*		155
21430	SuperStreets D16 Curve, *08–10*		2
21431	SuperStreets 10" Straight Track, *08–10*		2
21432	SuperStreets D16 Curved Track, 8 pieces, *08–10*		18
21433	SuperStreets 5" Straight Track, 4 pieces, *08–10*		14
21434	SuperStreets 10" Straight Track, 8 pieces, *08–10*		19
21435	World War II Seated Soldiers, 9, with benches, *08–09*		20
21436	Rings and Things Circus Accessories, *08–09*		10
21438	Remote Controller, *07–10*		35
21442	City Figures, 7, with scooter, *08–10*		11
21443	Factory Figures, 6, with accessories, *08–10*		11
21444	Church Figures, 5, with accessories, *08–10*		11
21445	Firefighting Figures, 11, with accessories, *08–10*		20
21449	Operating Loading Platform with flatcar, *07–08*		80
21450	Unloading Station with dump bins, *07*		100
21451	Girder Bridge with stone piers, *07*		40
21452	Graduated Trestle Set, 26 pieces, *07*		50
21453	Elevated Trestle Set, 10 pieces, *07*		40
21454	Double Tunnel Portals, 2 pieces, *08–10*		20
21456	UPS Step Van, *07*		30
21466	Ringling Bros. 15" Aluminum Advertising Car, *07*		110
21469	Ringling Bros. Flatcar, white, with container, *07*		45
21470	Ringling Bros. Flatcar, blue, with container, *07*		45
21471	Ringling Bros. Flatcar with 2 trailers, *08–10*		60
21472	Ringling Bros. Flatcar with 2 trailers, *08–10*		60
21476	Strasburg Plymouth Diesel Switcher, *07*		100
21494	WM RS3 Diesel "189," CC, *07*		350
21529	Montana State Quarter Boxcar Bank, *08*		45
21542	Washington State Quarter Tank Car Bank, *08*		45
21543	Boyd Bros. Ford Classic Truck, *08*		33
21549	Ringling Bros. Crew Bus, *08*		33
21552	S.W.A.T. Team Step Van, *08*		30
21560	Reading Flatcar with rail load, *07*		25
21567	School Bus SuperStreets Set, *08*		110
21568	Dirty Dogz Van SuperStreets Set, *08*		100
21569	Angelo's Pizza Delivery Van, *08*		30
21570	Flying Colors Painting Van, *08*		30

Exc Mint

		Exc	Mint
21571	SuperStreets 10" Insulated Roadway, 2 pieces, *08–10*	8	___
21572	SuperStreets 5" Straight School, 2 pieces, *08–10*	8	___
21573	SuperStreets 5" Straight Stop Ahead, 2 pieces, *08–10*	8	___
21574	SuperStreets 5" Straight Crosswalk, 2 pieces, *08–10*	8	___
21575	SuperStreets 10" Crossing, 2 pieces, *08–10*	10	___
21576	SuperStreets Skid Mark Roadway Pack, *08–10*	13	___
21577	Snack-On Step Van, *08*	30	___
21582	Keystone Coal Porter Locomotive, *08*	100	___
21583	Keystone Coal Freight Car 4-pack, *08*	100	___
21590	ATSF "Midnight Chief" 2-bay Hopper "162277," *08*	25	___
21591	ATSF "Midnight Chief" Flatcar "94468" with trailer, *08*	43	___
21592	ATSF "Midnight Chief" Caboose, *08*	25	___
21593	ATSF "Midnight Chief" Boxcar "621593," *08*	35	___
21594	NYC Empire State Express 15" Aluminum Car 4-pack, *08–09*	420	___
21599	SP flatcar with wheel load, *07*	35	___
21600	B&M RS3 Diesel "1538," CC, *08–09*	350	___
21607	Jack Frost Hopper "327" with sugar load, *08*	25	___
21609	Elephants and Giraffes, 2 pair, *08–10*	13	___
21610	Lions and Tigers, 2 pair, *08–10*	13	___
21611	Horses, 4 pieces, *08*	13	___
21621	ATSF Operating Boxcar "22658," *08–09*	90	___
21623	Rutland Operating Milk Car with platform, *08–10*	150	___
21626	Rath Wood-sided Reefer "622," *09*	45	___
21627	Greenlee Packing Wood-sided Reefer "3862," *10*	45	___
21628	CNJ Reefer "1438," *08–09*	35	___
21629	C&O Reefer "7783," *08–09*	35	___
21630	UP Stock Car "42005," *09*	45	___
21631	Reading Boxcar "107984," *08–09*	35	___
21632	GN Boxcar "34285," *08–09*	35	___
21633	RI "Route of the Rockets" Boxcar "21110," *09–10*	40	___
21634	Tidewater Flying A 1-D Tank Car "1367," *09*	40	___
21635	Southern Depressed Center Flatcar, 2 transformers, *09*	43	___
21636	NS Flatcar with bulkheads and stakes, *08–09*	35	___
21637	Ontario Northland Ribbed Hopper with coal, *09*	40	___
21639	Pan Am Boxcar "32126," *08–09*	55	___
21640	UP Modern Steel-sided Reefer "499030," *08–09*	55	___
21641	Ringling Bros. Merchandise Flatcar, *08*	50	___
21643	PRR Die-cast Gondola with covers, *09*	73	___
21644	PRR 16-wheel Flatcar with transformer, *08–09*	80	___

			Exc	Mint
____	**21646**	DT&I Work Crane and Boom Car, *09*		85
____	**21649**	City Traction Trolley with Ringling Bros. banner, *08–09*		80
____	**21651**	Moo-Town Creamery Step Van, *08–09*		38
____	**21656**	Quikrete Step Van, *08–09*		42
____	**21658**	Ringling Bros. Vintage Truck, *08–09*		42
____	**21659**	DT&I Flatcar "90059" with Ford trailer, *08–09*		60
____	**21662**	Moo-Town Creamery Vending Machine, *08–09*		13
____	**21663**	Moo-Town Creamery Bunk Car Ice Cream Shop, *08–09*		115
____	**21664**	RI Operating Coal Dump Car with vehicle, *08–09*		40
____	**21665**	Alaska Operating Log Dump Car with vehicle, *09*		40
____	**21667**	Red River Lumber Boxcab Diesel with horn, *08–09*		100
____	**21668**	CP Operating Hopper "9628," *08–09*		45
____	**21675**	Mountain View Creamery Loading Depot, *08–10*		130
____	**21676**	Beaver Creek Logging Die-cast Porter Locomotive, *08–09*		120
____	**21677**	Ford Factory, *09*		22
____	**21679**	Assured Comfort HVAC Van, *08–09*		38
____	**21680**	Division of Prisons Bus SuperStreets Set, *08–09*		150
____	**21688**	Ringling Bros. Heavyweight Coach 2-pack, *08–11*		240
____	**21691**	Ringling Bros. Flatcar with 2 trailers, *08–10*		60
____	**21692**	C&NW MP15 Diesel with Ringling Bros. banner, *08–09*		140
____	**21693**	Southern MP15 Diesel Pair, powered and dummy, *10*		200
____	**21696**	Ford Flatcar with 2 trucks, *08–09*		53
____	**21698**	Lionel Van SuperStreets Set, *08–10*		130
____	**21701**	Star Spangled GG1 Electric Locomotive "4837," *08–10*		260
____	**21702**	Milwaukee Road Girder Bridge, *08–09*		15
____	**21703**	ATSF Black Mesa Aluminum Business Car, *09–10*		160
____	**21704**	C&O Double Searchlight Car with vehicle, *08–09*		50
____	**21706**	Chatham Police Van, *08–09*		38
____	**21707**	NYC Aluminum Business Car, *09*		160
____	**21708**	CN Operating Log Dump Car, *10*		120
____	**21709**	PRR Girder Bridge, *08–09*		15
____	**21715**	Ringling Bros. Stock Car, *08–09*		60
____	**21717**	Pullman-Standard 1-D Tank Car, *08–09*		35
____	**21719**	NYC Bay Window Caboose, *99*		70
____	**21720**	Ringling Bros. Billboard Set #2, *08–09*		10
____	**21721**	Warning Sign Pack, 12 pieces, *08–10*		25
____	**21730**	Regulatory Sign Pack, 12 pieces, *08–10*		25
____	**21738**	Railroad Crossing Sign Pack, 6 pieces, *08–10*		21

		Exc	Mint
21750	NKP Rolling Stock 4-pack, *98*		160 ___
21751	PRR Rolling Stock 4-pack, *98*		145 ___
21752	Conrail Unit Trailer Train, *98*		285 ___
21753	Service Station Fire Rescue Train, *98*	498	583 ___
21754	BNSF 3-bay Covered Hopper 2-pack (std O), *98*		65 ___
21755	4-bay Covered Hoppers 2-pack, *98*		65 ___
21756	6464-style Overstamped Boxcars 2-pack, *98*		65 ___
21757	UP Freight Car Set, *98*		188 ___
21758	Bethlehem Steel "44" (SSS), *99*		375 ___
21759	Canadian Pacific F3 Diesel Passenger Set, *99*		930 ___
21761	B&M Boxcar Set, 4-pack, *99*		180 ___
21763	New Haven Freight Set, *99*		265 ___
21766	ACL Passenger Car 2-pack, *99*		385 ___
21769	Centennial 1-D Tank Car Set, 4-pack, *99*		203 ___
21770	NYC Reefer Set, 4-pack, *99*		225 ___
21771	D&RGW Stock Car Set, 4-pack, *99*		230 ___
21774	Custom Series Consist I, 3-pack, *99*		150 ___
21775	Train Wreck Recovery Set, *99*		190 ___
21778	ATSF Train Master Diesel Freight Set, *99*		NRS ___
21779	Seaboard Freight Car Set, *99*		280 ___
21780	NYC Aluminum Passenger Car 2-pack, *99*		160 ___
21781	Case Cutlery Freight Set, *99 u*		960 ___
21782	PRR Congressional Set, *00*		930 ___
21783	Monday Night Football 2-pack, *01–02*		50 ___
21784	QVC PRR Coal Freight Steam Set, *00 u*		351 ___
21785	QVC Gold Mine Freight Steam Set, *00 u*		382 ___
21786	Santa Fe F3 Diesel ABBA Passenger Set, *00*		1500 ___
21787	Blue Comet Steam Passenger Set, *01–02*		1050 ___
21788	Postwar Missile Launch Freight Set, *02–03*		350 ___
21789	Norfolk Southern Piggyback Set, CC (SSS), *01*		370 ___
21790	CN TankTrain Dash 9 Diesel Freight Set, *02*		630 ___
21791	Freedom Train Diesel Passenger Set, RailSounds, *03*		540 ___
21792	C&O Coal Hopper 6-pack #2 (std O), *01*		145 ___
21793	Virginian Coal Hopper 6-pack #2 (std O), *01*		160 ___
21794	Pioneer Seed GP7 Diesel Freight Set, *01 u*		830 ___
21795	Case Farmall Freight Set, *01 u*		955 ___
21796	NJ Medical Steam Freight Set, *01 u*		451 ___
21797	SP Daylight Passenger Set, *01*		670 ___
21852	MILW PS-2CD Hopper 3-pack (std O), *06*		155 ___
21853	BNSF PS-2CD Hopper 3-pack (std O), *06*		155 ___
21854	N&W PS-2CD Hopper 3-pack (std O), *06*		155 ___
21855	A&P Milk Car 3-pack, *06*		150 ___
21856	Bowman Dairy Milk Car 3-pack (std O), *06*		150 ___
21857	Western Dairy Milk Car 3-pack (std O), *06*		150 ___
21858	NP PS-4 Flatcar with trailers, 2-pack (std O), *06*		170 ___
21859	C&NW PS-4 Flatcar with trailers, 2-pack (std O), *06*		170 ___
21860	UP PS-4 Flatcar with trailers, 2-pack (std O), *06*		170 ___
21861	PRR PS-4 Flatcar with trailers (std O), *06*		170 ___

Exc Mint

			Exc	Mint
____	21863	ADM Unibody Tank Car 3-pack (std O), *06*		135
____	21864	Cerestar Unibody Tank Car 3-pack (std O), *06*		135
____	21865	Coe Rail Husky Stack Car 2-pack (std O), *06*		170
____	21866	Santa Fe Husky Stack Car 2-pack (std O), *06*		170
____	21872	C&O Offset Hopper 3-pack (std O), *05*		130
____	21873	P&LE Offset Hopper 3-pack (std O), *06*		145
____	21874	TTX Trailer Train 2-pack (std O), *06*		170
____	21875	CSX Husky Stack Car 2-pack (std O), *06*		170
____	21876	Disney Villain Hi-Cube Boxcar 3-pack, *05–06*		130
____	21877	Domino Sugar 1-D Tank Car 3-pack (std O), *07*		135
____	21878	Procor 1-D Tank Car 3-pack (std O), *07*		135
____	21879	C&EI Offset Hopper 3-pack (std O), *07*		145
____	21880	Erie Offset Hopper 3-pack (std O), *07*		145
____	21881	Frisco Offset Hopper 3-pack (std O), *07–08*		200
____	21882	Chessie System Offset Hopper 3-pack (std O), *07*		145
____	21883	C&O 3-bay Hopper 2-pack (std O), *07–08*		140
____	21884	Pennsylvania Power & Light 3-bay Hopper 2-pack (std O), *07*		140
____	21885	Santa Fe 3-bay Hopper 2-pack (std O), *07*		140
____	21886	C&NW 3-bay Hopper 2-pack (std O), *07–08*		140
____	21888	IMC Canada Cylindrical Hopper 2-pack, *06*		130
____	21893	Greenbrier Husky Stack Car 2-pack (std O), *07*		170
____	21894	CSX Husky Stack Car 2-pack (std O), *07*		170
____	21895	BN Husky Stack Car 2-pack (std O), *07*		170
____	21896	Arizona & California Husky Stack Car 2-pack (std O), *07*		170
____	21897	REA PS-4 Flatcar with trailers, 2-pack (std O), *07–08*		170
____	21898	NYC PS-4 Flatcar with trailers, 2-pack (std O), *07–08*		170
____	21899	Lackawanna PS-4 Flatcar with trailers, 2-pack (std O), *07*		170
____	21900	Civil War Union Train Set, *99*		375
____	21901	Civil War Confederate Train Set, *99*		375
____	21902	Construction Zone Set, *99 u*		87
____	21902	MILW PS-4 Flatcar with trailers, 2-pack (std O), *07–08*		170
____	21904	Safari Adventure Set, *99 u*		90
____	21904	UP PS-2 Covered Hopper 2-pack (std O), *07*		120
____	21905	NYC Flyer Set, *99 u*		100
____	21909	AGFA Film Steam Freight Set, *98 u*		1205
____	21914	Lionel Lines Freight Set, *99*		120
____	21916	Lionel Village Trolley, *99*		75
____	21917	N&W Freight Set, *99*		70
____	21918	Thomas Circus Play Set, *00*		100
____	21918	PC PS-2 Covered Hopper 2-pack (std O), *07*		120
____	21921	Imco PS-2 Covered Hopper 2-pack (std O), *07–08*		120
____	21924	Holiday Trolley Set, *99*		65
____	21925	Thomas the Tank Engine Island of Sodor Train Set, *99–00*		150

Exc Mint

		Exc	Mint
21930	NYC PS-2 Covered Hopper 2-pack (std O), *07*		120 ___
21932	JCPenney NYC Freight Flyer Steam Set, *00 u*		170 ___
21934	Custom Series Consist II, 3-pack, *99*		140 ___
21936	Looney Tunes Train Set, *00 u*		370 ___
21937	NYC Steel-sided Reefer 2-pack (std O), *07*		130 ___
21939	Dubuque Steel-sided Reefer 2-pack (std O), *07–08*		130 ___
21940	ADM Steel-sided Reefer 2-pack (std O), *07*		130 ___
21941	National Car Steel-sided Reefer 2-pack (std O), *07*		130 ___
21944	"Celebrate a Lionel Christmas" Steam Set, *00–01*		165 ___
21945	Christmas Trolley Set, *00*		100 ___
21948	NYC Freight Flyer Set, air whistle, *00*		240 ___
21950	Maersk SD70 Diesel Maxi-Stack Set, *00*	560	700 ___
21951	World War II Troop Train, *00*		410 ___
21952	Lionel Lines Service Station Special Set, *00*		294 ___
21953	Ford Mustang GP7 Diesel Set, CC, *01*		345 ___
21955	D&RGW F3 Diesel AA Passenger Set, CC, *01*		740 ___
21956	New York Central Freight Set, *99–00*		355 ___
21969	Lionel Village Trolley Set, *00*		85 ___
21970	SP RS3 Diesel Freight Set, horn, *00–01*		110 ___
21971	Pennsylvania Flyer Steam Set, *00*		150 ___
21972	Frisco GP7 Diesel Freight Set, horn, *00*		150 ___
21973	ATSF Passenger Set, RailSounds, *00–01*		375 ___
21974	ATSF Passenger Set, SignalSounds, *00–01*		240 ___
21975	Burlington Steam Freight Set, SignalSounds, *00*		275 ___
21976	Centennial Steam Freight Starter Set, *00*		593 ___
21977	NYC Train Master Steam Freight Set, *99–00*		620 ___
21978	ATSF Train Master Diesel Freight Set, *99–00*		500 ___
21981	JCPenney NYC Flyer Set, *00 u*		150 ___
21988	NYC Freight Set, RailSounds, *00*		325 ___
21989	Burlington Steam Freight Set, RailSounds, *00*		300 ___
21990	NYC Flyer Freight Set, RailSounds, *00*		175 ___
21999	Whirlpool Steam Freight Set, *00 u*		702 ___
22103	PRR A5 Scale Switcher "411," CC, *08–09*		330 ___
22104	PRR Freight Car 3-pack, *08*		135 ___
22105	NYC Empire State Express 4-6-4 Hudson Locomotive "5429," CC, *08–09*		420 ___
22113	NYC Empire State Express 15" Aluminum Car 2-pack, *08–10*		210 ___
22116	Ringling Bros. Diesel Freight Set, *08–10*		245 ___
22121	Ringling Bros. Freight Set, *08–10*		390 ___
22126	Ringling Bros. Expansion Pack, *08–10*		135 ___
22131	NH Streamliner Car 3-pack, *07*		150 ___
22135	CB&Q S2 Diesel Switcher "9305," horn, *07*		80 ___
22136	Erie S2 Diesel Switcher "522," horn, *07*		80 ___
22137	Alaska MP15 Diesel "1552," horn, *07*		100 ___
22138	Astoria Heat & Power Porter Locomotive "4," *07*		100 ___
22139	LIRR Speeder, *08*		50 ___
22140	CNJ Boxcab Diesel "1000," horn, *08*		90 ___

			Exc	Mint
___	**22141**	Lackawanna 15" Interurban Car 2-pack, *07*		200
___	**22142**	FEC Operating Dump Car, *07*		70
___	**22143**	B&A Operating Log Dump Car, *08–09*		70
___	**22144**	Alaska Operating Coal Dump Car with vehicle, *08*		33
___	**22145**	WM Operating Log Dump Car with vehicle, *08*		33
___	**22146**	PFE Operating Boxcar, *08*		80
___	**22147**	B&O Operating Hopper with coal, *08*		35
___	**22148**	GN Operating Hopper with coal, *08*		35
___	**22149**	Dairymen's League Operating Milk Car, green, with platform, *08*		140
___	**22150**	D&RGW Bunk Car, smoke, *08*		65
___	**22151**	Alaska Searchlight Car with vehicle, *08*		45
___	**22152**	NKP 2-bay Outside-braced Hopper "31299," *08*		50
___	**22153**	L&N 2-bay Offset Hopper "78660," *08*		50
___	**22154**	D&H 2-bay Rib Side Hopper "5737," *07*		50
___	**22155**	Erie-Lack. 2-bay Aluminum Hopper "21353," *08*		60
___	**22156**	ACF Demonstrator 2-bay Aluminum Hopper "44586," *07*		60
___	**22157**	GN Aluminum Tank Car "74787," *08*		60
___	**22158**	MILW Bulkhead Flatcar "967116" with wood, *08–09*		43
___	**22159**	BNSF Flatcar "585011" with trailer, *08*		43
___	**22160**	UP Flatcar "58059" with container, *08*		43
___	**22161**	Conrail Flatcar "705910" with NS container, *08*		43
___	**22162**	Foppiano Wine 3-D Tank Car "1112," *08*		45
___	**22163**	PRR Weed Control Car "6321226," *07*		45
___	**22166**	PRR Reefer "19492," *08*		25
___	**22167**	Seaboard Reefer "16622," *08*		25
___	**22168**	N&W Boxcar "645772," *08*		25
___	**22169**	ATSF Reefer "11744," *07*		25
___	**22170**	P&LE Reefer "22300," *07*		25
___	**22171**	B&O DD Boxcar "495289," *08*		25
___	**22172**	CB&Q Stock Car "52731," *08*		25
___	**22174**	Erie-Lack. Transfer Caboose, *07*		25
___	**22176**	PRR Caboose "478884," *07*		25
___	**22177**	L&N Caboose "100," *07*		25
___	**22179**	NYC Depressed Center Flatcar "66256" with 2 girders, *08*		25
___	**22180**	IC Depressed Center Flatcar with 2 transformers, *07*		25
___	**22182**	RI Gondola "180043" with coils, *08*		25
___	**22184**	B&O Covered Hopper "604321," *08*		25
___	**22185**	UP Covered Hopper "53186," *08*		25
___	**22186**	P&LE (NYC) Gondola "17243," *08–09*		35
___	**22187**	PRR 2-D Tank Car "6351815," *07*		25
___	**22188**	Deep Rock 3-D Tank Car "2152," *08*		25
___	**22189**	NP Java Diner, smoke, *08*		110
___	**22190**	C&O Operating Billboard, *08*		65
___	**22191**	Operating Passenger Station, *08–09*		105

Exc Mint

		Exc	Mint
22192	Hot Box Operating BBQ Shack, *07*	80	___
22193	Cold Drinks Vending Machine, *08*	12	___
22194	Water Tower with light, *08–09*	20	___
22199	City Traction Trolley Barn, *08–09*	65	___
22202	Loading Ramp, *08–10*	20	___
22203	Dairymen's League Operating Milk Car, white, with platform, *07*	140	___
22204	Snacks Vending Machine, *08*	12	___
22205	Soup and Sandwich Vending Machine, *08*	12	___
22206	PRR Crew Bus, *08*	30	___
22222	Ringling Bros. Speeder Chase Set, *08–10*	92	___
22225	Ringling Bros. Jomar Heavyweight Private Car, *08–11*	120	___
22226	Ringling Bros. 18" Caledonia Heavyweight Private Car, *08*	100	___
22227	Ringling Bros. 18" Advertising Car, *08*	100	___
22228	Ringling Bros. Flatcar with 3 wagons, *08*	50	___
22231	Ringling Bros. Flatcar with 3 wagons, *08*	50	___
22235	Ringling Bros. Flatcar with pole wagon and truck, *08*	75	___
22238	Ringling Bros. Work Caboose with calliope wagon, *08*	40	___
22240	Ringling Bros. Flatcar/Stock Car with wagon, *08*	50	___
22243	Ringling Bros. Human Cannonball Car, *08*	45	___
22244	Ringling Bros. Operating Searchlight Car with 3 spotlights, *08*	60	___
22247	Ringling Bros. Stock Car "64," *08*	50	___
22248	Ringling Bros. Stock Car "47," *08*	50	___
22249	Ringling Bros. Dining Dept. Billboard Reefer, *08*	80	___
22250	Ringling Bros. Dining Dept. Wood-sided Reefer, *08–09*	90	___
22251	Ringling Bros. Dormitory Bunk Car "22," *08*	75	___
22252	Ringling Bros. Operating Billboard, *08–09*	75	___
22253	Ringling Bros. Vintage Billboard Set #1, *08*	9	___
22255	Ringling Bros. Aluminum Coach "40010," *08–10*	165	___
22257	Ringling Bros. Aluminum Shop Car "63002," *08–10*	165	___
22258	Ringling Bros. 18" Aluminum Large Animal Car, *08–10*	165	___
22259	Ringling Bros. Flatcar with trailer, *08*	53	___
22260	Ringling Bros. Tractor Trailer, *08*	30	___
22261	Idaho State Quarter Hopper Bank, *08*	65	___
22262	Wyoming State Quarter Tank Car Bank, *08*	50	___
22263	Utah State Quarter Boxcar Bank, *08*	45	___
22264	SuperStreets Figure-8 Expander Pack, *08–10*	35	___
22267	Mulligan Spring Water Step Van, *08*	30	___
22270	Quikrete Classic Truck with 2 pallets, *08*	33	___
22271	MILW EP-5 Electric Locomotive "E20," CC, *08–09*	460	___
22272	MILW Olympian Hiawatha 18" Aluminum Car 4-pack, *08*	480	___

		Exc	Mint
22277	MILW Olympian Hiawatha 18" Aluminum Car 2-pack, *08*		250
___ 22280	Erie-Lack. RS3 Diesel "933," CC, *08–09*		350
22281	Southern Train Master Diesel "6300," CC, *08–09*		420
22282	Southern Bay Window Caboose "X270," *08–09*		70
22283	UP S2 Diesel Switcher "1103" and Caboose "25384," *08*		130
22286	GN Boxcab Electric Locomotive "5008-A," horn, *08*		90
22287	North Shore Line 15" Interurban Car 2-pack, *08*		230
22288	Commuter Train Station, 6 road name stickers, *09*		25
22289	Ringling Bros. 18" Aluminum Passenger Car 2-pack, *08*		270
___ 22290	Erie Boxcar "86448" with graffiti, *08*		46
___ 22291	C&NW Stock Car "14303," *08*		46
___ 22292	Land o' Lakes Butter Billboard Reefer, *08*		75
___ 22293	PRR 4-bay Hopper "253776," *08*		65
22294	Montana Rail Link 3-bay Aluminum Hopper "50049," *08*		70
22295	Canada Wheat 4-bay Aluminum Hopper "606418," *08*		73
___ 22296	Eaglebrook Aluminum Tank Car "19039," *08*		70
___ 22297	Petri Wine 3-D Tank Car "904," *08–09*		45
22298	Cotton Belt Offset Cupola Wood-sided Caboose "2230," *08*		80
22299	MILW Bay Window Caboose "980502," *08–09*		70
___ 22300	Detroit, Toledo & Ironton Coil Car "1352," *08*		60
___ 22301	NYC Flatcar "506090" with freight kit, *08*		35
___ 22302	C&O Flatcar "80951" with freight kit, *08*		35
___ 22303	Extruded Aluminum I-Beam, 3 pieces, *08–09*		6
___ 22304	Rails, 12 pieces, *08–09*		6
___ 22305	Small Transformer Load, pair, *08–09*		15
___ 22306	Large Transformer Load, *08*		19
___ 22307	Forklifts, 3, with pallets, *08–09*		27
___ 22308	Loaders with crates, pair, *08–09*		13
___ 22309	Loaders with logs, pair, *08–09*		13
___ 22310	KBL Logistics Container 2-pack, *08*		40
22312	Commemorative Quarter Extended Vision Caboose, *09*		80
___ 22313	ATSF Boxcar "137460," *08*		25
___ 22314	Coastal King Seafood Wood-sided Reefer, *08*		25
22315	Wisconsin & Southern "God Bless America" Boxcar, *09*		43
22316	NP Depressed Center Flatcar "66130" with water tank, *08*		25
22317	U.S. Air Force Hopper "55175" with ballast load, *08*		25
___ 22318	DM&IR Ore Car "29991," *08*		25
22319	Celanese Chemicals 1-D Tank Car "12730," *08*		25

Exc Mint

		Exc	Mint
22320	Baldwin Locomotives Works 1-D Tank Car "6809," *08*	25	___
22321	B&O Operating Boxcar, *08*	45	___
22322	PRR Operating Ballast Dump Car, *08*	75	___
22323	FEMA Voltmeter Car, *08*	75	___
22324	C&NW Cop and Robber Chase Gondola, *08–09*	55	___
22325	White Milk Cans, 10 pieces, *08–10*	8	___
22326	Twin Searchlight Tower, *08–10*	33	___
22327	Tommy's Bunk Car Grill, *08–09*	100	___
22328	Santa Fe Operating Freight Transfer Platform, *08–09*	130	___
22329	Dual Track Signal Bridge, *08–10*	45	___
22330	Stella's Heavyweight Diner, smoke, *08–09*	140	___
22331	Coffee Vending Machine, *08*	12	___
22332	Spring Water Vending Machine, *08*	12	___
22333	Candy Vending Machine, *08*	12	___
22334	Ford Plymouth Diesel Switcher and Ore Car 6-pack, *08*	200	___
22335	NS Operating Paint Shop with boxcar, *08–09*	140	___
22344	KBL Logistics ISO Tank, *08*	19	___
22346	Tableau Circus Wagons, *08*	13	___
22349	Forklift with 6 pallets, *08–09*	23	___
22350	Twin Lamp Posts, 3 pieces, *08–09*	22	___
22352	Lamp Posts, 4 pieces, *08–09*	20	___
22354	Portable Spotlights, 3 pieces, *08–09*	15	___
22356	High Tension Poles, 4 pieces, *08–09*	8	___
22358	Rail Yard Signs, 12 pieces, *08–09*	10	___
22360	Telephone Poles, 6 pieces, *08–09*	7	___
22362	Girder Bridge, *08–09*	8	___
22363	Stone Bridge Piers, pair, *08–10*	27	___
22365	Heavyweight Passenger Coach 6-wheel Scale Trucks, pair, *08–09*	25	___
22366	Aluminum Passenger Coach 4-wheel Scale Trucks, pair, *08–09*	25	___
22367	Timkin Scale Sprung Trucks, pair, *08–09*	19	___
22368	Bettendorf Scale Sprung Trucks, pair, *08–09*	19	___
22369	Scale Couplers, pair, *08–09*	6	___
22379	SuperStreets Barricade, 2 pieces, *08–10*	11	___
22387	Kiosk with 3 vending machines, *08–09*	40	___
22391	Ford MP15 Diesel "10021," horn, *08*	115	___
22392	Ford Farming Boxcar "1681," *08*	30	___
22393	Ford Stampings DD Boxcar "101," *08*	35	___
22394	Ford 2-bay Covered Hopper "1667," *08*	30	___
22395	Ford Speeder "14," *08*	65	___
22396	Ford Water Tower, *08*	25	___
22397	Ford Rotating Sign Tower, *08*	55	___
22398	Boyd Bros. and Ford Barn and Chicken Coop, *08*	25	___
22399	Ford ISO Tank, *08–09*	21	___
22402	PRR Streamlined K4 4-6-2 Pacific Locomotive, tender, *09–10*	500	___
22408	Ringling Bros. Tractor Trailer #1, *08–09*	35	___

		Exc	Mint
____ 22411	Tableau Wagon Set #2, *08–10*		18
____ 22412	PRR Operating Flagman's Shanty, *08–09*		90
22414	Linde Union Carbide Boxcar with aluminum tank, *08–09*		70
____ 22415	Ringling Bros. Flatcar with circus wagon, *08*		50
____ 22417	Ringling Bros. Flatcar with container, *09*		55
22420	PRR Broadway Limited Aluminum Passenger Car 2-pack, *09–10*		300
____ 22423	GN Aluminum Passenger Car 2-pack, *09–10*		360
____ 22426	Ford Gondola "13447" with coils, *08–09*		43
____ 22427	Ford Operating Billboard, *08–09*		75
____ 22428	Ford Tin Sign Replica 4-pack, *08–09*		17
22433	PRR Broadway Limited Aluminum Passenger Car 4-pack, *09–10*		600
____ 22438	Mail Crane, *08–10*		30
22439	Milwaukee Road Aluminum Passenger Car 2-pack, *09–11*		360
22447	Wabash Die-cast 2-bay Ribbed Hopper "37751," *08–09*		60
____ 22449	UP Crew Bus, *08–09*		38
22450	Seaboard Die-cast Hopper with gravel, *10*		80
22454	Oklahoma State Quarter Die-cast Hopper Bank, *08–09*		75
22455	New Mexico State Quarter Die-cast Gondola Bank, *08–09*		74
____ 22456	Arizona State Quarter Tank Car Bank, *08–09*		55
____ 22457	Alaska State Quarter Boxcar Bank, *09*		55
22458	Hawaii State Quarter Die-cast Hopper Bank, *09*		75
22459	Southern Aluminum Passenger Car 2-pack #1, *09*		300
22460	Southern Aluminum Passenger Car 2-pack #2, *09*		300
____ 22461	Scale Skeleton Log Car 4-pack, *08–09*		160
____ 22467	Railroad Water Tower, *08–09*		23
22468	Fast Eddie's Used Car Lot with 2 die-cast vehicles, *08–09*		50
____ 22469	Cola Illuminated Vending Machine, *08–09*		13
____ 22470	SuperStreets Guard Rails, *08–10*		20
22472	Ringling Bros. Tin Sign Replica 4-pack, *08–09*		17
____ 22477	Lionel Tin Sign Replica 4-pack, *08–09*		15
____ 22482	Vintage Tin Sign Replica 4-pack, *08–09*		15
____ 22487	Scooter Gang with scooters, *09–10*		13
____ 22492	Airport Revolving Searchlight, *10*		40
22493	Ringling Bros. Lighted Clown Wood-sided Reefer, *09*		75
____ 22494	Ford Flatcar with 2 Thunderbird convertibles, *09*		53
____ 22496	Vita O Flavored Water Vending Machine, *09*		13
____ 22497	Top Pop Soda Illuminated Vending Machine, *09*		13
22498	Ringling Bros. Flatcar with 3 circus wagons, *09–10*		55
22500	Defense Dept. Flatcar with 2 jeeps and soldier, *09*		50
____ 22501	C&NW Railroad Van, CC, *09–10*		100

		Exc	Mint
22502	Ringling Bros. Flatcar with 3 circus wagons, *09–10*		55 ___
22504	Ford Water Tower with vintage Ford logo, *09–10*		25 ___
22505	Sparkling Springs Beverage Truck, *09*		45 ___
22506	SuperStreets Fishtail Roadway, *09*		25 ___
22507	Ringling Bros. Flatcar with boxcar and ticket wagon, *09*		60 ___
22509	Pallet Pack with banded loads, *09*		20 ___
22510	Lionel Step Van, CC, *09–10*		100 ___
22511	BNSF Flatcar with helicopter, *09*		50 ___
22513	Ringling Bros. Heavyweight Advertising Car, *09*		120 ___
22514	NYC Girder Bridge, *09–10*		15 ___
22515	Milwaukee Road/REA Scale Boxcar "6436," *09*		55 ___
22516	BNSF MP15 Diesel "3704" with horn, *09*		120 ___
22517	Quick Lane Ford Motorcraft Auto Parts Van, *09–10*		42 ___
22518	Lionel Tank Container Leasing ISO Tank, *09–10*		23 ___
22519	Roma Wine Wood-sided Billboard Reefer, *09–10*		70 ___
22520	WWII Soldiers in Action, 10 pieces, *09–10*		20 ___
22521	1959 Ford Billboard Set, *09*		10 ___
22523	American Flyer Vintage Truck, *09*		38 ___
22524	Ford Coil Car "749772," *09*		73 ___
22625	Vermont Railway Operating Boxcar "177," *09*		50 ___
22526	Crabby Matt's Smoking Heavyweight Diner, *09*		150 ___
22527	Toledo, Peoria & Western Boxcar "5067," *09–10*		55 ___
22528	GN Stock Car "55973," *09–10*		55 ___
22529	U.S. Army 1-D Tank Car "11278," *09*		35 ___
22530	Milwaukee Road Aluminum Coach "627," *09–11*		180 ___
22531	Southern Girder Bridge, *09*		15 ___
22532	Montana Rail Link 1-D Tank Car "100017," *09*		35 ___
22533	GN Aluminum Coach "1377," *09–10*		180 ___
22534	SuperStreets D16 Curve Guard Rails, *09–10*		20 ___
22536	SuperStreets D21 Curve Guard Rails, *09–10*		22 ___
22538	Ford Modern Aluminum Tank Car "30166," *09*		90 ___
22539	BNSF Flatcar "922267" with Ford trailer, *09–10*		60 ___
22542	PRR Flatcar "480227" with freight kit, *09*		40 ___
22543	Biodiesel 2-D Tank Car "1544," *09*		40 ___
22544	Ringling Bros. Wood-sided Gondola with equipment, *09*		63 ___
22548	Kiosk #2 with 3 illuminated vending machines, *09*		40 ___
22553	Convenience Mart, *09–10*		25 ___
22554	Auto Parts Store, *09–10*		20 ___
22555	Ringling Bros. Tractor with Gold Tour container, *09–10*		55 ___
22558	PRR Flatcar "469301" with milk containers, *09*		50 ___

			Exc	Mint
____	**22559**	UP Gondola "229794" with freight kit, *09–10*		80
____	**22560**	CB&Q Wood-sided Gondola "85150" with spools, *09–10*		60
____	**22561**	Gondola Scrap Load, *09*		9
	22562	Operation Lifesaver Boxcar with flashing LEDs, *09*		65
____	**22563**	Ringling Bros. Handcar and Trailer Set, *10–11*		70
____	**22566**	SuperStreets 2.5" Straight Roadway, 4 pieces, *10*		12
____	**22568**	Generators, 2 pieces, *09*		9
____	**22570**	Large transformer, *09*		22
____	**22571**	Cage Wagon Set, *09–10*		18
____	**22573**	Display Base, *09*		20
____	**22574**	Ringling Bros. Flatcar "39" with trailer, *09*		60
____	**22577**	Biodiesel Storage Tank with 2 figures, *09–10*		40
____	**22578**	Ringling Bros. Heavyweight Coach "70," *09*		120
____	**22579**	Circus Horses, 4 pieces, *09–10*		15
____	**22580**	Bollards and Chains, *09–10*		20
____	**22582**	Pipe Stack Load, *09*		30
____	**22583**	KBL Operating Wind Turbine, *09–10*		75
____	**22584**	KBL Die-cast 16-wheel Flatcar "34807," *09*		85
____	**22587**	Old Reading Flatcar Foot Bridge with stone piers, *09–10*		50
____	**22590**	Roadside Fender Bender, *09–10*		75
____	**22592**	SuperStreets D16 Turn Roadways, left and right, *10*		35
____	**22595**	SuperStreets D21 Turn Roadways, left and right, *10*		39
____	**22598**	SuperStreets Adjustable Straight Kit, *09–10*		20
____	**22600**	Wire Spool Load, 6 pieces, *09*		20
____	**22610**	Napa Valley Wine Train Alco FA Diesel AA Set, *10*		230
____	**22613**	Napa Valley Wine Train 15" Passenger Car 4-pack, *10*		450
____	**22618**	Signal Oil Co. 1-D Tank Car, *10*		40
____	**22619**	PRR Paoli MU Commuter Train 2-pack, *10*		290
____	**22622**	RR Paoli Motorized Combine, *10*		200
____	**22623**	PRR Commuter Train Station, *10*		35
____	**22624**	NH Die-cast Plymouth Switcher with snowplow, *10*		160
____	**22625**	Ringling Bros. 18" Aluminum Generator Car, *10–11*		180
____	**22627**	Ringling Bros. Lighted Clown Wood-sided Reefer, *10–11*		90
____	**22628**	Ringling Bros. 18" Aluminum Advertising Car, *10–11*		180
____	**22629**	Ringling Bros. Stock Car, *10–11*		60
____	**22630**	Ringling Bros. Tractor and Trailer, *10–11*		35
____	**22633**	Ringling Bros. 18" Aluminum Coach, *10–11*		180
____	**22634**	Ringling Bros. 18" Heavyweight Advertising Car, *10–11*		146
____	**22635**	Ringling Bros. Operating Dual Searchlight Car, *10–11*		60
____	**22637**	Quikrete Step Van, *10*		48

		Exc	Mint
22638	PRR Crew Bus, *10*		45 ___
22639	B&O Boxcab Diesel "195," *10*		100 ___
22640	Central of Georgia Boxcar "5823," *10*		45 ___
22641	New Haven Boxcar "36438," *10*		45 ___
22642	Ringling Bros. Operating Large Animal Feed Car, *10–11*		150 ___
22643	Ford MP15 Diesel "10022," *10–11*		135 ___
22644	Ford Motorcraft 48' Aluminum Tank Car, *10–11*		95 ___
22645	Ringling Bros. Operating Tent Pole Dump Car, *10–11*		130 ___
22646	Ford Speeder, *10–11*		75 ___
22647	Rock Island Gondola "180044," *10*		35 ___
22648	PRR Gondola "353381," *10*		35 ___
22651	Central Vermont Operating Milk Car with platform, *10*		175 ___
22653	Starlite Diner with parking lot, *10*		200 ___
22654	Ringling Bros. Flatcar with 3 circus wagons, *10–11*		60 ___
22656	Ringling Bros. Flatcar with 3 circus wagons, *10–11*		60 ___
22658	Operating Flagman's Shanty, *10*		100 ___
22659	Union 76 1-D Tank Car "6322," *10*		40 ___
22660	Moose Pond Creamery Operating Loading Depot, *10*		140 ___
22661	WM 2-Bay Covered Hopper "5051," *10*		35 ___
22662	PRR Reefer "19494," *10*		45 ___
22663	New Haven Illuminated Caboose, *10*		40 ___
22667	Acme Scrap Platform Crane, *10*		60 ___
22670	ATSF Operating Boxcar, *10*		140 ___
22671	Smoking Southern Bay Window Caboose, *10*		90 ___
22672	Ringling Bros. 18" Sarasota Observation Car, *10–11*		146 ___
22673	Ford Water Tower with light, *10*		27 ___
22674	MILW 21" Aluminum Passenger Car 2-pack, *10–11*		400 ___
22679	Ringling Bros. Operating Billboard, *10–11*		100 ___
22902	Quonset Hut, *98–99*		22 ___
22907	Die-cast Girder Bridge, *98–01*		10 ___
22910	Gilbert Tractor Trailer, *98*		20 ___
22914	PowerHouse Lockon, *98–01*		24 ___
22915	Municipal Building, *98–99*		28 ___
22916	190-watt Power Accessory System, *98*		425 ___
22918	Locomotive Backshop, *98*	300	460 ___
22919	ElectroCouplers Kit for GP9 Diesel, *98–00*		20 ___
22922	Intermodal Crane, *98*		195 ___
22931	Die-cast Cantilever Signal Bridge, *98–06*		35 ___
22934	Walkout Cantilever Signal, *98–03*		42 ___
22936	Coaling Tower, 3 pieces, *98*		85 ___
22940	Mast Signal, *98–00*		37 ___
22942	Accessories Box, *98–01*		20 ___
22944	Automatic Operating Semaphore, *98–03, 08*		35 ___
22945	Block Target Signal, *98–00*		39 ___

			Mint
___	22946	Automatic Crossing Gate and Signal, *98–99*	45
___	22947	Auto Crossing Gate, *98–00*	36
___	22948	Gooseneck Street Lamps, set of 2, *98–00*	165
___	22949	Highway Lights, set of 4, *98–99*	20
___	22950	Classic Street Lamps, set of 3, *98–02*	20
___	22951	Dwarf Signal, *98–00*	24
___	22952	Classic Billboards, set of 3, *98–00*	15
___	22953	Linex Gasoline Tall Oil Tank, *98–99*	6
___	22954	Linex Gasoline Wide Oil Tank, *98–99*	6
___	22955	ElectroCouplers Kit for J Class and B&A tenders, *98–00*	20
___	22956	ElectroCouplers Kit for NW2 Switcher, *98*	20
___	22957	ElectroCouplers Kit for F3 Diesel, *98–01*	20
___	22958	ElectroCouplers Kit for Dash 9 Diesel, *98–01*	20
___	22959	ElectroCoupler Conversion Kit for Atlantic Locomotive, *98–01*	13
___	22960	Trainmaster Command Basic Upgrade Kit, *98–01*	34
___	22961	Standard GP9 Diesel B Unit Upgrade Kit, *98–01*	30
___	22962	Deluxe GP9 Diesel B Unit Upgrade Kit, black trucks, *98–01*	44
___	22963	RailSounds Upgrade Kit, steam RailSounds, *98–01*	55
___	22964	RailSounds Upgrade Kit, diesel RailSounds, *98–01*	55
___	22965	Culvert Loader, CC, *98–01*	255
___	22966	Figure-8 Add-on Track Pack (027), *98–13*	17
___	22967	Double Loop Add-on Track Pack (027), *98–13*	62
___	22968	Double Loop Track Pack (027), *98–03*	65
___	22969	Deluxe Complete Track Pack (O), *98–13*	120
___	22972	Bascule Bridge, *98–99*	337
___	22973	Lionel Corporation Tractor and Trailer, *98*	15
___	22975	Culvert Unloader, CC, *99–00*	225
___	22979	GP9 Diesel B-Unit Deluxe Upgrade Kit, silver trucks, *98–01*	34
___	22980	TMCC SC-2 Switch Controller, *99–13*	130
___	22982	Postwar ZW Controller and Transformer Set, *98*	265
___	22983	180-watt PowerHouse Power Supply, *99–13*	100
___	22990	Flatcar with Route 66 autos, 4-pack, *99*	37
___	22991	Christmas Tree and Blue Comet Train, *99–00*	60
___	22993	Route 66 Sinclair Dino Cafe, *99–00*	210
___	22997	Oil Drum Loader, *99–00*	100
___	22998	Triple Action Magnetic Crane, *99*	220
___	22999	Sound Dispatching Station, *99–00*	90
___	23000	NYC Dreyfuss Hudson Operating Base, 2-rail, *92 u*	190
___	23001	NYC Dreyfuss Hudson Operating Base, 3-rail, *93 u*	190
___	23002	NYC Hudson Operating Base, *92 u, 93–94*	190
___	23003	PRR B-6 Switcher Operating Base, *92 u, 93–94*	190

		Exc	Mint
23004	NP 4-8-4 Operating Base, *92 u, 93–94*		190 ____
23005	Reading T-1 Operating Base, *92 u, 93–94*		190 ____
23006	Chessie System T-1 Operating Base, *92 u, 93–94*		190 ____
23007	SP Daylight Operating Base, *92 u, 93–94*		190 ____
23008	NYC L-3 Mohawk Operating Base, *92 u, 93–94*		190 ____
23009	PRR S2 Turbine Locomotive Operating Base, *92 u, 93–94*		190 ____
23010	31" Remote Switch, left hand (O), *95–99*	30	37 ____
23011	31" Remote Switch, right hand (O), *95–99*	28	30 ____
23012	F3 Diesel ABA Operating Base, *92 u, 93–94*		190 ____
24018	PRR Boxcar, *05*		25 ____
24101	Mainline Color Position Signal, *04–08*		25 ____
24102	Industrial Water Tower, *03*		55 ____
24103	Double Floodlight Tower, *03, 05–09*		42 ____
24104	Hobo Tower, *03–05*		70 ____
24105	Track Gang, *03–06*		70 ____
24106	Exploding Ammunition Dump, *02*		25 ____
24107	Missile Firing Range Set, *02*		60 ____
24108	World War II Pylon, *03*		80 ____
24109	Santa Fe Railroad Tugboat, *03*		125 ____
24110	Pennsylvania Railroad Tugboat, *03*		118 ____
24111	Swing Bridge, *03*		215 ____
24112	Oil Field with bubble tubes, *03*		44 ____
24113	Lionelville Ford Auto Dealership, *03*		225 ____
24114	AMC/ARC Gantry Crane, CC, *03*		195 ____
24115	AMC/ARC Log Loader, CC, *03, 06–07*		140 ____
24117	Covered Bridge, *02–12*		45 ____
24119	Big Bay Lighthouse, *04–05*		170 ____
24122	Lionelville People Pack, *03, 08–09*		15 ____
24123	Passenger Station People Pack, *03, 08–09*		15 ____
24124	Carnival People Pack, *03, 08–11*	5	15 ____
24130	TMCC 135/180 PowerMaster, *04–12*		79 ____
24131	Dumbo Pylon, *03*		70 ____
24134	Bethlehem Steel Gantry Crane, *02*		200 ____
24135	Lionel Lighthouse, *02–03*		100 ____
24137	Mr. Spiff and Puddles, *03, 08*		34 ____
24138	Playtime Playground, *03, 08*		50 ____
24139	Duck Shooting Gallery, *03*		110 ____
24140	Charles Bowdish Homestead, *03*		60 ____
24147	Lionel Sawmill, *03*		90 ____
24148	Coal Tipple Coal Pack, *02, 08–10, 13*		15 ____
24149	NYC Hobo Hotel, *02*		42 ____
24151	Hobo Campfire, *03*		25 ____
24152	Conveyor Lumber Loader, *03*		65 ____
24153	Railroad Control Tower, *03, 08–10*		40 ____
24154	Maiden Rescue, *03*		35 ____
24155	Blinking Light Billboard, *04–10*		21 ____
24156	Lionelville Street Lamps, set of 4, *04–05, 07–13*		30 ____
24159	Illuminated Station Platform, *04–08*		32 ____
24160	Rub-a-Dub-Dub, *04*		42 ____

		Exc	Mint
____ **24161**	Test O' Strength, *04–06*		70
____ **24164**	Summer Vacation, *04–05*		80
____ **24168**	Tire Swing, *04–05*		70
____ **24170**	Rover's Revenge, *04–05*		70
____ **24171**	Campbell's Soup Water Tower, *04*		45
____ **24172**	Balancing Man, *04–05*		70
____ **24173**	Derrick Platform, *03–05*		60
____ **24174**	Icing Station, *04–06*		100
____ **24176**	Irene's Diner, *06–07*		65
____ **24177**	Hot Air Balloon Ride, *04, 06*		95
____ **24179**	Scrambler Amusement Ride, *04–07*		165
____ **24180**	Choo Choo Barn Lionelville Zoo, *04–05*		105
____ **24182**	Lionelville Firehouse, *04*		100
____ **24183**	Lionelville Gas Station, *04, 06–09*		115
____ **24187**	Classic Billboard Set: 3 stands and 5 inserts, *04–08*		10
____ **24190**	Station Platform, *05–09*		17
____ **24191**	Park People Pack, *04–13*		25
____ **24192**	Park Benches People Pack, *04–09*		23
____ **24193**	Railroad Yard People Pack, *04–08*		23
____ **24194**	Civil Servants People Pack, *04–13*		25
____ **24196**	Farm People Pack, *04–09*		23
____ **24197**	City Accessory Pack, *04–13*		25
____ **24200**	Lionel FasTrack Book, *07–10, 13*		35
____ **24201**	UPS Centennial Operating Billboard Signmen, *07*		100
____ **24203**	Polar Express Original Figures, 4 pieces, *08–12*		27
____ **24204**	Christmas Tractor Trailer with trees, *08*		25
____ **24205**	Classic Billboard Set, *08–10*		20
____ **24206**	MOW Gantry Crane, *08*		280
____ **24212**	Lionel Art Blinking Billboard, *08–09*		23
____ **24213**	Universal Lockon, *12*		4
____ **24214**	Postwar "395" Floodlight Tower, *08*		75
____ **24215**	MTA Metro-North Passenger Station, *07*		53
____ **24218**	Sunoco Elevated Tank, *08–09*		75
____ **24219**	PRR Plastic Girder Bridge, *08*		18
____ **24220**	ATSF Girder Bridge, *08–09*		18
____ **24221**	UP Die-cast Girder Bridge, *08*		30
____ **24222**	UPS Die-cast Girder Bridge, *08*		30
____ **24223**	Santa's Sleigh Pylon, *08*		150
____ **24224**	Postwar "38" Water Tower, *08–09*		150
____ **24226**	Christmas Toy Store, *08*		52
____ **24227**	Halloween Animated Billboard, *08–09*		54
____ **24228**	Christmas Operating Billboard, *08*		38
____ **24229**	Pennsylvania Water Tower, *08–09*		23
____ **24230**	Maiden Rescue, *08*		60
____ **24232**	Burning Switch Tower, *08*		80
____ **24233**	Exploding Ammunition Dump, *08*		36
____ **24234**	Missile Firing Range, *08*		43
____ **24235**	UPS Water Tower, *08*		80
____ **24236**	Wimpy's All-Star Burger Stand, *08*		97

		Exc	Mint
24238	Sunoco Oil Derrick, 08		90 ___
24240	MTA Metro-North Blinking Billboard, 07		21 ___
24242	Postwar "352" Icing Station, 08		100 ___
24243	Rosie's Roadside Diner, 08		85 ___
24244	Commuter People, 08, 13		25 ___
24245	MTA Metro-North Illuminated Station Platform, 07		32 ___
24248	Manual Crossing Gate, 08–13		16 ___
24250	Mainline Gooseneck Lamps, pair, 08–09		32 ___
24251	Polar Express Caribou, 08–12		23 ___
24252	Polar Express Wolves and Rabbits, 08–12		23 ___
24264	Halloween People, 08–12		23 ___
24265	Trick or Treat People, 08–12		23 ___
24270	Operating Forklift Platform, 08–09		280 ___
24272	Train Orders Building, 08		80 ___
24273	Christmas Water Tower, 08–10		23 ___
24274	Christmas Girder Bridge, 08		18 ___
24279	PowerMaster Bridge, 08–12		55 ___
24283	NYC Girder Bridge, 09–10		21 ___
24284	Halloween Girder Bridge, 09–11		21 ___
24285	CP Rail Girder Bridge, 08–09		30 ___
24286	Polar Express Girder Bridge, 09–12		21 ___
24287	ATSF Blinking Light Water Tower, 09		30 ___
24288	NYC Blinking Light Water Tower, 09		30 ___
24293	Legacy Module Garage, 08–09		50 ___
24294	AEC Nuclear Reactor, 09–10		305 ___
24295	Cowen's Corner Hobby Shop, 09		420 ___
24296	Engine House, 09–12		80 ___
24299	Main Street Ice Cream Parlor, 08		37 ___
24500	D&RGW Alco PA Diesel AA Set, 04		530 ___
24503	D&RGW Alco PB Diesel, 04		150 ___
24504	Santa Fe E6 Diesel AA Set, CC, 03		530 ___
24507	Milwaukee Road E6 Diesel AA Set, CC, 03		530 ___
24511	Burlington FT Diesel AA Set, RailSounds, 03		225 ___
24516	Santa Fe F3 Diesel B Unit, 03		235 ___
24517	NYC F3 Diesel B Unit "2404," powered, CC, 03		250 ___
24518	WP F3 Diesel B Unit, 03		275 ___
24519	B&O F3 Diesel B Unit, 03		270 ___
24520	Alaska F3 Diesel AA Set, 03		650 ___
24521	Alaska F3 Diesel B Unit, nonpowered, 03		200 ___
24522	Alaska F3 Diesel B Unit "1519," powered, CC, 03		300 ___
24528	Postwar "2379T" Rio Grande F3 Diesel A Unit, nonpowered, 04		175 ___
24529	Santa Fe F3 Diesel AA Set, CC, 04		690 ___
24532	Santa Fe F3 Diesel B Unit "18A," nonpowered, 04		150 ___
24533	Santa Fe F3 Diesel B Unit "18B," 04		200 ___
24534	Erie-Lack. F3 Diesel ABA Set, CC, 05		900 ___
24538	Erie-Lack. F3 Diesel B Unit "8042," powered, CC, 05		225 ___
24544	NYC FA2 Diesel AA Set, CC, 05		600 ___

		Exc	Mint
24547	NYC FB2 Diesel B Unit "3330" (std O), *05*		150
24548	CN FPA-4 Diesel AA Set, CC, *05*		600
24551	CN FPB-4 Diesel B Unit "6865" (std O), *05*		150
24552	UP F3 Diesel ABA Set, CC, *05*		680
24556	UP F3 Diesel B Unit "900C," powered, CC, *05*		285
24562	Santa Fe F3 Diesel B Unit, powered, *04–05*		300
24563	PRR F3 Diesel B Unit, powered, *04–05*		195
24570	Santa Fe FT Diesel B Unit, nonpowered, *05*		85
24573	Postwar "2383C" Santa Fe F3 Diesel B Unit, nonpowered, *05*		180
24574	UP E7 Diesel AA Set, CC, *06*		700
24577	UP E7 Diesel B Unit "990," nonpowered (std O), *06*		150
24578	UP E7 Diesel B Unit "988," powered, *06*		300
24579	NYC E7 Diesel AA Set, CC, *06*		700
24582	NYC E7 Diesel B Unit "4105," nonpowered (std O), *06*		150
24583	NYC E7 Diesel B Unit "4104," powered, *06*		300
24584	Pennsylvania F7 Diesel ABA Set, CC, *06*		900
24588	Pennsylvania F7 Diesel B Unit "9643B," powered, *06–07*		300
24589	Santa Fe F7 Diesel ABA Set, CC, *06–07*		900
24593	Santa Fe F7 Diesel B Unit "332B," powered, *06–07*		300
24594	PRR F7 Diesel Breakdown B Unit, RailSounds, *06–07*		160
24595	Santa Fe F7 Diesel Breakdown B Unit, RailSounds, *06–07*		270
24596	UP E7 Diesel Breakdown B Unit, RailSounds, *06*		270
24597	NYC E7 Diesel Breakdown B Unit, RailSounds, *06*		270
24928	Franklin Mutual Bank, *08*		60
25003	WP Boxcar, orange with silver feather, *05*		30
25008	Holiday Boxcar, *06*		50
25009	Santa Fe Hi-Cube Boxcar "14064," *06*		30
25010	NP Boxcar "48189," *06*		30
25011	Angela Trotta Thomas "Santa's Break" Boxcar, *06*		50
25014	PRR Boxcar, silver, *10*		30
25016	ATSF Boxcar, *10*		35
25022	NYC Boxcar, *06*		35
25025	Reading Boxcar "106502," *07–08*		35
25026	RI Hi-Cube Boxcar, *07–08*		35
25030	Billboard Boxcar with catalog art, *06*		20
25033	Holiday Boxcar, *07*		50
25034	Angela Trotta Thomas "Santa's Workshop" Boxcar, *07*		50
25041	UPS Centennial Boxcar #1, *06*		50
25042	UPS Centennial Boxcar #2, *07*		50
25043	Macy's Parade Boxcar, *06*		40
25050	British Columbia Hi-Cube Boxcar "8008," *08*		35
25051	Seaboard Boxcar, *08*		35
25053	NYC DD Boxcar "75500," *08*		55

		Exc	Mint
25054	Angela Trotta Thomas "Christmas Memories" Boxcar, 08		55 ___
25057	PRR Boxcar "19751," 08		20 ___
25058	Santa Fe Boxcar, 10		30 ___
25059	Democrat 2008 Election Boxcar, 08		50 ___
25060	Republican 2008 Election Boxcar, 08		50 ___
25061	Holiday Boxcar, 08		55 ___
25063	Conrail Boxcar "25063," 09		40 ___
25064	CP Rail Hi-Cube Boxcar, 09–10		40 ___
25066	Holiday Boxcar, 09		65 ___
25067	Angela Trotta Thomas "General Delivery" Boxcar, 09		65 ___
25068	D&H Boxcar, 08 u		60 ___
25077	Milwaukee Road Boxcar "8484," 09–10		40 ___
25087	Wabash Boxcar "6439," 10–11		40 ___
25093	Seaboard Boxcar, 10		30 ___
25095	Texas Special Boxcar, 10		100 ___
25096	CN Boxcar, 10		45 ___
25103	Chessie "Steam Special" Madison Car 2-pack, 05		100 ___
25106	Pennsylvania Madison Car 4-pack, 05		210 ___
25111	Pennsylvania Madison Car 2-pack, 05		120 ___
25114	Lionel Lines Passenger Car 3-pack, 05		120 ___
25118	Lionel Lines Passenger Car 2-pack, 05		80 ___
25121	Southern Streamliner Car 4-pack, 05		210 ___
25126	Southern Streamliner Car 2-pack, 05–06		120 ___
25134	Polar Express Add-on Diner, 05–12		47 ___
25135	Polar Express Add-on Baggage Car, 05–12		60 ___
25148	B&O Madison Car 4-pack, 06–07		220 ___
25153	B&O Madison Car 2-pack, 06–07		125 ___
25156	California Zephyr Streamliner Car 4-pack (std O), 06–07		220 ___
25161	California Zephyr Streamliner Car 2-pack, 06–07		125 ___
25164	UP Madison Car 4-pack, 06–07		220 ___
25169	UP Madison Car 2-pack, 06–07		125 ___
25176	B&O Baggage Car, TrainSounds, 06–07		160 ___
25177	UP Baggage Car, TrainSounds, 06–07		160 ___
25178	California Zephyr Streamliner Baggage Car, TrainSounds, 06–07		160 ___
25186	Polar Express Hot Chocolate Car Add-on, 06–12		60 ___
25187	GN Streamliner Car 4-pack, 07		220 ___
25188	GN Streamliner Car 2-pack, 07		125 ___
25189	GN Streamliner Baggage Car, TrainSounds, 07		160 ___
25196	North Pole Central Vista Dome Car, 07–08		45 ___
25197	North Pole Central Baggage Car, 07–10		45 ___
25198	PRR Vista Dome Car "4058," 07–08		45 ___
25199	PRR Baggage Car "9359," 07–09		45 ___
25404	FEC Champion Aluminum Passenger Car 2-pack, 04–05		290 ___
25407	FEC Champion Aluminum Diner, StationSounds, 04–05		290 ___

			Exc	Mint
___	25408	Santa Fe El Capitan Aluminum Passenger Car 2-pack, *05*		290
___	25411	Santa Fe El Capitan Aluminum Diner, StationSounds, *05*		290
___	25412	B&O Columbian Aluminum Passenger Car 2-pack, *05*		275
___	25415	B&O Columbian Aluminum Diner, StationSounds, *05*		290
___	25416	SP Daylight Aluminum Passenger Car 2-pack, *04–05*		290
___	25419	SP Daylight Aluminum Diner, StationSounds, *04–05*		290
___	25420	PRR Trail Blazer Aluminum Passenger Car 2-pack, *04–05*		290
___	25423	PRR Trail Blazer Aluminum Diner, StationSounds, *04–05*		290
___	25433	UP City of Denver Aluminum Passenger Car 4-pack (std O), *05*		1000
___	25438	Union Pacific Aluminum Passenger Car 2-pack, *05*		250
___	25441	UP City of Denver 18" Aluminum Diner, StationSounds, *05*		290
___	25446	Santa Fe Super Chief Streamliner Car 2-pack, *05*		150
___	25450	PRR Congressional Aluminum Passenger Car 4-pack (std O), *06–07*		580
___	25455	PRR Congressional Aluminum Passenger Car 2-pack (std O), *06–07*		300
___	25458	PRR Congressional Diner, StationSounds (std O), *06–07*		300
___	25473	NYC Commodore Vanderbilt Aluminum Passenger Car 2-pack (std O), *06*		300
___	25476	NYC Commodore Vanderbilt Diner, StationSounds (std O), *06*		300
___	25496	Texas Special 21" Streamliner Diner, StationSounds (std O), *07*		300
___	25503	Santa Fe Heavyweight Passenger Car 4-pack (std O), *07–09*		495
___	25504	Santa Fe Heavyweight Passenger Car 2-pack (std O), *07–09*		265
___	25505	Santa Fe Heavyweight Diner, StationSounds (std O), *07–09*		295
___	25506	SP Heavyweight Passenger Car 4-pack (std O), *07*		495
___	25507	SP Heavyweight Passenger Car 2-pack (std O), *07–08*		265
___	25508	SP Heavyweight Diner, StationSounds (std O), *07–08*		295
___	25512	Texas Special Streamliner Car 2-pack (std O), *07*		300
___	25515	MILW Heavyweight Passenger Car 4-pack (std O), *07*		495
___	25516	MILW Heavyweight Passenger Car 2-pack (std O), *07*		265
___	25517	MILW Heavyweight Diner, StationSounds (std O), *07–08*		295

		Exc	Mint
25518	PRR Heavyweight Passenger Car 4-pack (std O), *07*		495 ___
25519	PRR Heavyweight Passenger Car 2-pack (std O), *07*		265 ___
25520	PRR Heavyweight Diner, StationSounds (std O), *07–08*		295 ___
25521	B&O Heavyweight Passenger Car 4-pack (std O), *07*		495 ___
25522	B&O Heavyweight Passenger Car 2-pack (std O), *07*		265 ___
25523	B&O Heavyweight Diner, StationSounds (std O), *07–08*		295 ___
25559	Phantom IV Passenger Car 4-pack, *08*		380 ___
25574	UP Streamlined Diner, StationSounds (std O), *08*		325 ___
25575	Polar Express Heavyweight Car 2-pack, *09*		400 ___
25578	Polar Express Heavyweight Add-on Coach, *09*		200 ___
25582	New York City Transit R30 Subway 2-pack, *10*		400 ___
25586	Polar Express Heavyweight Baggage Car, *10, 12*		200 ___
25587	Polar Express Abandoned Toy Car, *10*		200 ___
25595	New York City Transit R16 Subway 2-pack, *10*		400 ___
25598	Polar Express Heavyweight Combination Car, *12*		200 ___
25600	Postwar Scale CP 18" Aluminum Passenger Car 4-pack, *11*		640 ___
25605	Postwar Scale CP 18" Aluminum Passenger Car 2-pack, *11*		320 ___
25608	ATSF Super Chief 18" Aluminum Passenger Cars 4-pack, *11*		640 ___
25613	ATSF Super Chief 18" Aluminum Passenger Cars 2-pack, *11*		320 ___
25616	UP 18" Passenger Car 2-pack (std O), *11*		320 ___
25619	PRR "Lindbergh Special" Passenger Car 2-pack, *11*		280 ___
25622	Milwaukee Road 18" Passenger Car 4-pack, *11*		640 ___
25623	Milwaukee Road 18" Passenger Car 2-pack, *11*		320 ___
25630	Polar Express Heavyweight Diner, *12*		210 ___
25631	Lionel Funeral Set Add-on 2-pack (std O), *13*		300 ___
25635	PRR Red Arrow Heavyweight Coach 3-pack (std O), *13*		430 ___
25639	PRR Red Arrow Heavyweight Diner (std O), *13*		150 ___
25646	ATSF Scout Heavyweight Coach 4-pack (std O), *12–13*		550 ___
25651	ATSF Scout Heavyweight Coach 2-pack (std O), *12–13*		280 ___
25654	Southern Crescent Limited Heavyweight Passenger Car 2-pack, *12*		550 ___
25655	Blue Comet Heavyweight Passenger Car 2-pack, *12–13*		550 ___
25656	Alton Limited Heavyweight Passenger Car 2-pack, *12–13*		550 ___
25665	Amtrak Acela Passenger Car 2-pack, *12*		500 ___

			Exc	Mint
	25713	NYC 20th Century Limited Heavyweight Passenger Car 4-pack (std O), *12–13*		550
	25714	NYC 20th Century Limited Van Twiller Combo Car (std O), *12*		140
	25715	NYC 20th Century Limited Schuyler Mansion Sleeper Car (std O), *12*		140
	25716	NYC 20th Century Limited Macomb House Sleeper Car (std O), *12*		140
	25717	NYC 20th Century Limited Catskill Valley Observation Car (std O), *12*		140
	25718	NYC 20th Century Limited Heavyweight Passenger Car 2-pack, *12–13*		280
	25719	NYC 20th Century Limited Baggage Car "4857" (std O), *12*		140
	25720	NYC 20th Century Limited Poplar Highlands Sleeper Car (std O), *12*		140
	25721	NYC 20th Century Limited Heavyweight Diner "655" (std O), *12*		280
	25722	D&RGW California Zephyr 18" Aluminum Passenger Car 4-pack, *12*		640
	25727	WP California Zephyr 18" Aluminum Passenger Car 2-pack, *12*		320
	25731	CB&Q California Zephyr 18" Aluminum Passenger Car 2-pack, *12*		320
	25757	Texas Special Passenger Car 2-pack, *13*		400
	25760	PRR Passenger Car 2-pack, *13*		400
	25790	NYC 20th Century Limited Heavyweight Diner (std O), *12*		140
	25930	John Adams Boxcar, *13*		65
	25931	Andrew Johnson Boxcar, *13*		65
	25932	Calvin Coolidge Boxcar, *13*		65
	25933	Harry S. Truman Boxcar, *13*		65
	25938	PRR Freight Expansion 3-pack, *13*		155
	25942	Western Freight Expansion 3-pack, *13*		155
	25946	SP Hi-Cube Boxcar "128132," *13*		43
	25947	North Pole Express Jack Frost Reefer, *13*		43
	26000	C&O Flatcar with pipes, *01*		20
	26001	BP Flatcar "6424" with trailers, *01 u*		150
	26002	Monopoly Flatcar with airplane, *00 u*		NRS
	26003	Lackawanna Flatcar with NH trailer, *01*		60
	26004	Conrail Flatcar "71693" with trailer, *01*		50
	26005	Nickel Plate Flatcar with trailer, *01*		55
	26006	Southern Flatcar "50126" with trailer, *01*		50
	26007	NW Flatcar "203029" with trailer, *01*		50
	26008	Farmall Flatcar, *01 u*		NRS
	26011	B&M Bulkhead Flatcar, *01 u*		NRS
	26013	CN Flatcar with Zamboni ice resurfacing machine, *01*		48
	26014	JCPenney Flatcar, *01 u*		145
	26016	Soo Line Flatcar with trucks, *01 u*		NRS
	26017	Soo Line Flatcar with trailer, *01 u*		NRS
	26018	Soo Line Flatcar with trailer, *01 u*		NRS
	26019	Alaska Gondola "13801," *02*		30
	26020	Postwar "3830" Flatcar with submarine, *02*		46

		Exc	Mint
26021	CN Flatcar with trailer, *02*	44	____
26022	PFE Flatcar with trailer, *02*	32	____
26023	Postwar "6816" Flatcar with bulldozer, *02*	65	____
26024	Postwar "6817" Flatcar with scraper, *02*	65	____
26025	Postwar "6407" Flatcar with rocket, *02*	42	____
26026	Postwar "6413" Flatcar with Mercury capsules, *02*	95	____
26027	Flatcar "6425" with U.S. Army boat, *02*	30	____
26028	Conrail Well Car "768121," *02*	40	____
26030	NYC Flatcar "601172" with stakes and bulkheads, *02*	22	____
26033	NYC Gondola "6462," *01*	30	____
26035	LL Flatcar with traffic helicopter, *01*	50	____
26039	Lions Flatcar with 2 Zamboni ice resurfacing machines, *02*	39	____
26042	B&O Gondola "601272" with canisters, *03*	19	____
26043	Seaboard Flatcar "48109" with trailer, *03*	30	____
26044	NYC Flatcar "506089" with trailers, *03*	35	____
26045	Postwar "2411" Flatcar with pipes, *03*	40	____
26046	Postwar "6561" Flatcar with cable reels, *03*	30	____
26047	Postwar "2461" Flatcar with transformer, *03*	25	____
26048	Postwar "6801" Flatcar with boat, *02*	29	____
26049	Speedboat Willie Flatcar with boat, *03*	29	____
26053	PRR Gondola with canisters, *04 05*	20	____
26056	Southern Bulkhead Flatcar "50125," *02*	19	____
26057	SP Flatcar "599365" with tractors, *02*	37	____
26058	SP Flatcar "599366" with trailer frames, *02*	35	____
26061	Lionelville Tree Transport Gondola, *03*	40	____
26062	NYC Gondola "26062" with cable reels, *03*	19	____
26063	Pennsylvania Bulkhead Flatcar "26063," *03*	19	____
26064	Rock Island Flatcar "90088" with trailer, *04*	34	____
26065	REA Flatcar with trailers "TLCX2," *04*	35	____
26066	Great Northern Bulkhead Flatcar "26066," *04*	20	____
26067	Southern Gondola "60141" with cable reels, *04*	20	____
26070	Nestle Nesquik Flatcar "26070" with trailer, *03*	70	____
26077	LL Flatcar "6424" with autos, girls set add-on, *03*	44	____
26078	LL Flatcar "6801" with boat, boys set add-on, *03*	40	____
26080	NJ Medical School Flatcar with handcar, *03*	78	____
26082	Frisco Auto Carrier, 2-tier, *04*	20	____
26085	New York Auto Carrier, 2-tier, *05*	27	____
26086	Alaska Bulkhead Flatcar, traditional, *05*	27	____
26087	Rock Island Gondola with canisters, traditional, *05*	27	____
26091	Elvis Flatcar with tractor and trailer, traditional, *05*	60	____
26099	PRR Auto Carrier "500423," 3-tier, *07*	30	____
26100	PRR 1-D Tank Car, *00*	27	____
26101	Lenoil 1-D Tank Car "6015," *00*	34	____
26102	AEC Glow-in-Dark 1-D Tank Car, *00*	45	____

		Exc	Mint
____ 26103	GATX Tank Train 1-D Tank Car "44588," *00*		34
____ 26107	BP Petroleum 3-D Tank Car, *00 u*		99
____ 26108	Lionel Visitor's Center Reefer "206482," *00 u*		38
____ 26109	NYC (P&LE) 1-D Tank Car, *00*		42
____ 26110	SP 3-D Tank Car "6415," *00–01*		15
____ 26111	Frisco Tank Car, *00*		29
____ 26112	Gulf Oil Tank Car, *00*		40
____ 26113	U.S. Army 1-D Tank Car, *00*		35
____ 26114	Service Station 1-D Tank Car (SSS), *00*		32
____ 26115	Lionel Centennial Tank Car, *00 u*		86
____ 26116	Pepe LePew 1-D Tank Car, *00 u*		90
____ 26118	NYC Tank Car "101900," *01*		23
____ 26119	Protex 3-D Tank Car "1054," *00*		29
____ 26120	KCS Tank Car "1229," *00*		32
____ 26122	Pioneer Seed Tank Car, *00 u*		NRS
____ 26123	Santa Fe Stock Car "23002," *01*		35
____ 26124	C&O 1-D Tank Car "X1019," *01*		30
____ 26125	Winter Wonderland Clear Tank Car with confetti, *00*		50
____ 26126	Cheerios Boxcar, *98*		56
____ 26127	Wellspring Capital Management Tank Car with confetti, *00 u*		214
____ 26131	Santa Fe 1-D Tank Car "335268," *02*		22
____ 26132	UP 1-D Tank Car "69015, *02*		40
____ 26133	Tootsie Roll 1-D Tank Car "26133," *02*		37
____ 26135	Whirlpool Tank Car, *01*		NRS
____ 26136	Southern 1-D Tank Car "8790011," *03*		20
____ 26137	Jack Frost 1-D Tank Car "106," *03*		32
____ 26138	Nestle Nesquik 1-D Tank Car "26138," *03*		40
____ 26139	Lionel Lines Stock Car "26139" with horses, *03*		39
____ 26141	Whirlpool 1-D Tank Car, *03 u*		92
____ 26144	Chessie System 1-D Tank Car "2233," *02*		22
____ 26145	Do It Best 1-D Tank Car, *03 u*		80
____ 26146	Do It Best 1-D Tank Car, *03 u*		95
____ 26147	Diamond Chemicals 1-D Tank Car "6315," Archive Collection, *02*		33
____ 26149	Egg Nog 1-D Tank Car, *03*		43
____ 26150	Alaska 3-D Tank Car "26150," *03*		23
____ 26151	NP Wood-sided Reefer "26151," *03*		19
____ 26152	Morton Salt 1-D Tank Car "26152," *04*		40
____ 26153	Pillsbury 1-D Tank Car "26153," *04*		40
____ 26154	NYC 3-D Tank Car "26154," *04*		25
____ 26155	Pennsylvania 1-D Tank Car "26155," *04*		20
____ 26156	North Western Wood-sided Reefer "15356," *04*		20
____ 26157	Ballyhoo Brothers Circus Stock Car "26157," *04*		35
____ 26158	Campbell's Soup 1-D Tank Car, *04*		35
____ 26164	LL 1-D Tank Car "6315," girls set add-on, *03*		43
____ 26167	New Haven 1-D Tank Car, traditional, *05*		27
____ 26168	Conrail 3-D Tank Car, traditional, *05*		27
____ 26169	Santa Fe Wood-sided Reefer, traditional, *05*		27

Exc Mint

		Exc	Mint
26176	Tidmouth Milk 1-D Tank Car, *05*	35	___
26179	GN 3-D Tank Car, *06*	30	___
26180	DM&IR 1-D Tank Car "S15," *06*	30	___
26181	NYC Wood-sided Reefer, *06*	30	___
26193	UP 1-D Tank Car, *07*	15	___
26196	Candy Cane 1-D Tank Car, *06*	60	___
26197	D&H 1-D Tank Car "55," *07–08*	35	___
26198	D&RGW 3-D Tank Car, *07*	30	___
26199	WP PFE Wood-sided Reefer "55327," *07*	30	___
26200	NKP Boxcar "18211," *98*	35	___
26201	Operation Lifesaver Boxcar, *98*	29	___
26203	D&H Boxcar "1829," *98*	25	___
26204	Alaska Boxcar "10806," *98–99*	35	___
26205	Rocky & Bullwinkle Boxcar, *99*	36	___
26206	Curious George Boxcar, *99*	40	___
26208	Vapor Records Boxcar #2, *98*	46	___
26214	Celebrate the Century Stamp Boxcar, *98 u*	93	___
26215	AEC Glow-in-the-Dark Boxcar, *98*	84	___
26216	Cheerios Boxcar, *98 u*	72	___
26218	Quaker Oats Boxcar, *98 u*	413	___
26219	Ace Hardware Boxcar, *98 u*	NRS	___
26220	Smuckers Boxcar, *98 u*	78	___
26222	Penn Central Boxcar "125962," *99*	31	___
26223	FEC Boxcar "5027," *99*	31	___
26224	D&H Boxcar, *99*	24	___
26228	Vapor Records Holiday Boxcar, *99 u*	106	___
26230	AEC Glow-in-the-Dark Boxcar #2, *99*	41	___
26232	Martin Guitar Lumber Boxcar "9823," *99*	41	___
26234	NYC Boxcar, *99*	29	___
26235	Valentine Boxcar, *99*	40	___
26236	Aircraft Boxcar, *99*	28	___
26237	Boy Scout Boxcar, *99*	85	___
26238	Detroit Historical Museum Boxcar, *99*	29	___
26239	M.A.D.D. Boxcar, *99*	19	___
26240	RailBox Boxcar, *99–00*	24	___
26241	Norfolk & Western Boxcar, *99–00*	17	___
26242	D.A.R.E. Boxcar, *99*	30	___
26243	Christmas Boxcar, *99*	35	___
26244	Woody Woodpecker Boxcar, *99*	43	___
26247	Lionel Lines Boxcar, *99*	38	___
26253	Acme Explosives Boxcar, *99 u*	NRS	___
26254	Keebler Boxcar, *99 u*	NRS	___
26255	NYC Boxcar "200495," *99 u*	30	___
26256	Salvation Army Charity Boxcar, *99*	29	___
26257	Wheaties Boxcar, *99*	74	___
26264	Lionel Station Boxcar, *99*	44	___
26265	NYC Pacemaker Boxcar, *00*	30	___
26271	AEC Glow-in-the-Dark Boxcar, *99*	55	___
26272	Christmas Boxcar, *00*	42	___
26275	Boy Scout Boxcar, *00*	55	___
26276	C&O Boxcar "23296," *99–00*	23	___
26277	UP Boxcar "491050," *00*	20	___

Exc Mint

___	26278	Cap'n Crunch Christmas Boxcar, *99*	629
___	26280	Tinsel Town Express Boxcar, music, *00*	50
___	26284	Toy Fair Preview Boxcar, *99 u*	725
___	26285	NYC Pacemaker Boxcar, *00*	40
___	26288	AEC Glow-in-Dark Boxcar, *99*	44
___	26290	SP Boxcar, *00*	20
___	26291	Pennsylvania Boxcar "47158," *00*	20
___	26292	Frisco Boxcar "22015," *00*	20
___	26293	Burlington Boxcar, *00*	30
___	26294	Centennial Express Boxcar, *00*	NRS
___	26295	Trainmaster Boxcar, *99 u*	55
___	26296	Service Station Boxcar Set (SSS), *00*	105
___	26298	Taz Bobbing Boxcar, *00*	65
___	26300	UPS Flatcar with trailers, *04*	50
___	26301	UPS Flatcar with airplane, traditional, *05*	53
___	26302	Troublesome Truck #1, *05*	35
___	26303	Troublesome Truck #2, *05*	35
___	26305	SP Auto Carrier, 2-tier, *06*	30
___	26306	D&RGW Gondola "56135" with canisters, *06*	30
___	26307	Chessie System Bulkhead Flatcar, *06*	30
___	26308	Hard Rock Cafe Flatcar with billboards, *06*	55
___	26309	Alaska Flatcar with cable reels, *06*	55
___	26310	CGW Flatcar "3707" with trailer, *06*	55
___	26311	Santa Fe Flatcar with pickups, *06*	60
___	26317	AEC Gondola with toxic waste containers	30
___	26318	AEC Gondola with toxic waste containers	30
___	26330	Gondola with trees and presents, *06*	60
___	26331	Lionel Lines Bulkhead Flatcar, *07*	30
___	26332	CP Rail Gondola "337061" with canisters, *07*	30
___	26335	Domino Sugar Flatcar with trailer, *07–08*	60
___	26357	CSX Flatcar "600514" with pipes, *07–08*	50
___	26366	REA Flatcar with trailers, *07*	60
___	26367	Santa's Egg Nog Flatcar with container, *07*	60
___	26368	Gondola with trees and presents, *07*	60
___	26378	Conrail Auto Carrier "786414," 2-tier, *08*	35
___	26379	PRR Gondola with cable reels, *08–09*	35
___	26380	NYC Bulkhead Flatcar, *08*	35
___	26389	ATSF Flatcar "108477" with 2 pickups, *08*	60
___	26390	ATSF Flatcar with bulkheads, *09–10*	40
___	26391	NYC Gondola "263910" with containers, *09*	40
___	26392	BNSF Auto Carrier, *09*	40
___	26400	C&NW Hopper, *07–08*	35
___	26401	NP Ore Car "78540," *08*	35
___	26410	Chessie System Hopper "47806," *08*	35
___	26411	Lionel Lines Ore Car "2026," *08–09*	35
___	26412	Chessie System 4-bay Hopper "60573," *08*	35
___	26418	B&M Hopper, *09*	40
___	26421	PRR Ore Car, *11*	40
___	26422	White Pass Ice Breaker Car, *09*	50
___	26423	Soo Line Ore Car, *10*	40
___	26424	LV Hopper, *11*	30
___	26425	UP Hopper, *11*	40

Exc Mint

		Exc	Mint
26429	PRR Hopper, *11*	40	___
26435	B&M Ice Breaker Hopper, *11*	50	___
26437	CSX Hopper, *11*	40	___
26439	Central of Georgia Hopper, *11–12*	40	___
26443	M&StL Ore Car "6700," *11*	40	___
26445	Polar Hopper with presents, *11–12*	60	___
26446	Thomas & Friends Troublesome Trucks Christmas 2-pack, *11–12*	70	___
26448	U.S. Army Gondola with reels, *11*	40	___
26449	CN Hi-Cube Boxcar "799346," *13*	55	___
26451	DM&IR Ore Car "28003," *13*	43	___
26452	PRR Hopper "153935," *13*	43	___
26457	PRR Ore Car, *12*	40	___
26473	Lackawanna NS Heritage 2-bay Hopper, *13*	55	___
26474	NYC NS Heritage Quad Hopper, *13*	55	___
26477	Monopoly Electric Company Hopper, *13*	65	___
26488	Hershey's Ice Breakers Hopper, *13*	60	___
26491	Pennsylvania Power & Light Gondola with canisters, *13*	43	___
26492	Area 51 3-D Tank Car, *13*	43	___
26493	Monopoly Water Works 3-D Tank Car, *13*	65	___
26494	PRR Truss Rod Gondola with vats, *13*	60	___
26495	C&NW Poultry Car, *13*	60	___
26496	Lionelville Aquarium Co. Fish Food Vat Car, *13*	60	___
26497	Bethlehem Steel Depressed Flatcar with reels, *13*	43	___
26502	UP Bay Window Caboose "6517," *97*	47	___
26503	ATSF High-Cupola Caboose "7606R," *97*	85	___
26504	Mobil Oil Square Window Caboose "6257," *97 u*	37	___
26505	Rescue Unit Caboose, *98*	50	___
26506	N&W Square Window Caboose "562748," *98*	15	___
26507	D&H Square Window Caboose "35707," *98*	20	___
26508	Alaska Square Window Caboose "1081," *98*	28	___
26511	Quaker Oats Square Window Caboose, *98 u*	46	___
26513	NYC Emergency Caboose "26505," *99*	47	___
26515	Lionel Lines Bobber Caboose, *99*	10	___
26516	Safari Bobber Caboose, *99 u*	10	___
26519	Christmas Work Caboose "6496," *99*	41	___
26520	Bethlehem Steel Work Caboose "6130" (SSS), *99*	55	___
26523	Keebler Cheezit Square Window Caboose, *99 u*	NRS	___
26524	NYC Square Window Caboose "295," *99 u*	20	___
26526	Santa Fe Square Window Caboose "999471," *01*	30	___
26527	Christmas Work Caboose with presents, *02*	27	___
26528	PRR Square Window Caboose "6257," *99*	21	___
26530	LL Square Window Caboose "6257," *99*	22	___
26532	NYC Square Window Caboose "296," *00*	20	___
26533	SP Square Window Caboose, *00*	20	___
26534	PRR Square Window Caboose "6257," *00*	20	___
26535	Frisco Square Window Caboose "1700," *00*	20	___

		Exc	Mint
___	26536	Centennial Express Square Window Caboose, *00*	NRS
___	26537	Lionel Mines Square Window Caboose, *00 u*	45
___	26539	Whirlpool Square Window Caboose, *00 u*	NRS
___	26542	ACL Square Window Caboose "069," *01*	31
___	26543	GN Square Window Caboose "X66," *00–01*	28
___	26544	Alaska Square Window Caboose "1084," *01*	25
___	26545	Snap-On Square Window Caboose, *00 u*	NRS
___	26548	Pioneer Seed Square Window Caboose, *00 u*	NRS
___	26549	PRR Square Window Caboose "4977947," *01*	20
___	26550	NYC Square Window Caboose "19293," *01*	20
	26551	Chessie System Center Cupola Caboose, *01*	25
___	26552	Santa Fe Square Window Caboose "999472," *01*	25
___	26553	C&O Center Cupola Caboose "A918," *01*	30
___	26554	Monopoly Short Line Square Window Caboose, *00 u*	NRS
___	26556	NH Center Cupola Caboose, *01*	35
___	26557	Farmall Square Window Caboose, *01 u*	NRS
___	26559	N&W Center Cupola Caboose "518408," *01*	20
___	26560	B&M Square Window Caboose, *01 u*	20
___	26564	Soo Line Center Cupola Caboose, *01 u*	20
___	26565	Lionel Employee Square Window Caboose, *01 u*	139
___	26566	WP Square Window Caboose "731," *02*	25
___	26568	NKP Square Window Caboose "1155," *02*	25
___	26569	Southern Square Window Caboose "252," *02*	25
___	26570	B&O Square Window Caboose "295," *02*	25
___	26572	Lionel 20th Century Square Window Caboose, *00 u*	25
___	26580	Wabash Square Window Caboose "2805," *03*	22
___	26581	C&O Square Window Caboose "C-1831," *03*	20
___	26582	L&N Square Window Caboose "318," *03*	20
___	26583	PRR Square Window Caboose "477814," *03*	25
___	26594	Ontario Northland Work Caboose "26594," *03*	25
___	26595	UP Caboose "26595," *03*	18
___	26596	NYC Caboose "17716," *04*	25
___	26597	Great Northern Caboose "X295," *04*	25
___	26598	UP Caboose "26598," *04*	25
___	26599	DM&IR Work Caboose "26599," *04*	25
___	26600	American Fire and Rescue Water Tank Car, *09–11*	55
___	26603	LV Depressed Flatcar with reels, *09*	40
___	26604	Halloween Spooky Grave Gondola, *09*	58
___	26609	NYC Gondola with Pacemaker canisters	40
___	26612	Christmas Gifts Gondola, *09*	60
___	26614	Tupelo Dairy Farms Milk Car, *10–11*	60
___	26616	UP Bulkhead Flatcar with pipes, *10*	40
___	26617	B&O Depressed Center Flatcar with generator, *10*	40
___	26629	PRR Flatcar with generators	35
___	26638	Pennsylvania Power & Light Flatcar with reels, *11*	40

		Exc	Mint
26639	Cities Service 3-Tier Auto Carrier, *11–12*	40	____
26640	CN Maple Syrup Barrel Ramp Car, *11–12*	40	____
26641	Coca-Cola Flatcar with trailer, *11*	70	____
26642	CN Jet Snowblower, *11–12*	65	____
26643	D&RGW Jet Snowblower, *11–12*	65	____
26644	BNSF Flatcar with generator, *11*	40	____
26645	BNSF Flatcar with trailer, *11*	40	____
26646	Pennsylvania Power & Light Flatcar with transformer, *11–12*	40	____
26647	IC Bulkhead Flatcar with pipes, *11*	40	____
26649	Erie-Lack. Gondola with canisters, *11*	40	____
26650	M&StL Flatcar with pipes, *11*	40	____
26651	ATSF Scout Heavyweight Passenger Car 2-pack (std O), *12*	280	____
26652	NYC Gondola with canisters, *11*	40	____
26653	PC Flatcar with generator, *11*	35	____
26654	Boy Scouts Flatcar with Pinewood Derby Kit, *11–13*	75	____
26660	Coca-Cola Vat Car, *11–13*	60	____
26661	Reindeer Feed Barrel Ramp Car, *09*	60	____
26665	Hershey's Special Dark Flatcar with trailer, *11*	60	____
26666	Boy Scouts Flatcar with trailer, *11*	70	____
26667	Flatcar with Santa's sleigh, *12*	70	____
26668	Strasburg Flatcar with wheels, *11*	55	____
26669	U.S. Navy Flatcar with Shark submarine, *12*	60	____
26673	B&M Flatcar with Milk Tank, *12*	60	____
26675	Monopoly Auto Loader, *12*	80	____
26676	Heinz Baked Beans Vat Car, *12*	80	____
26677	LIRR Gondola with canisters, *12*	40	____
26679	ATSF Gondola with reels, *12*	55	____
26683	Christmas Track Maintenance Car, *12*	65	____
26685	Flatcar with Santa's plane, *12*	55	____
26686	Hershey's Cocoa Vat Car, *12*	60	____
26687	Lone Ranger Gondola with gunpowder vats, *12–13*	65	____
26693	Hershey's Krackel Piggyback Flatcar with trailer, *12–13*	70	____
26696	NJ Transit Gondola with wood ties, *12*	75	____
26699	PRR Flatcar with wheel load," *12–13*	70	____
26706	Lighted Christmas Boxcar, *00*	47	____
26707	Lionel Steel Operating Welding Flatcar "1108," *00*	90	____
26709	Flatcar "6511" with psychedelic submarine, *99*	32	____
26710	Southern Stock Car, Carsounds, *99*	95	____
26712	Churchill Downs Horse Car "6473," *99–00*	38	____
26713	Shay Log Car 3-pack, *99*	105	____
26714	Westside Lumber Flatcar with logs (std O), *99*	45	____
26715	Westside Lumber Flatcar with logs (std O), *99*	45	____
26716	Westside Lumber Flatcar with logs (std O), *99*	45	____
26717	Orion Star Boxcar 9600, *00*	30	____
26718	Christmas Boxcar, RailSounds, *00*	160	____
26719	Bobbing Ghost Halloween Boxcar, *00*	46	____

			Exc	Mint
____	**26721**	Lionel Lines Coal Dump Car "3379," *00*		31
____	**26722**	Lionel Lines Log Dump Car "3351," *00*		31
____	**26723**	Lion Chasing Trainer Gondola "3444," *00*		49
____	**26724**	Veterans Day Boxcar, *00*		70
____	**26725**	NYC Jumping Hobo Boxcar "88160," *00*		38
____	**26726**	T. Rex Bobbing Boxcar, *00*		41
____	**26727**	San Francisco City Lights Boxcar, *00*		50
____	**26736**	Lionel Birthday Boxcar, *02 u*		40
____	**26737**	Operating Santa Gondola "6462," *00 u*		65
____	**26738**	Lionel Mines Gondola, *00 u*		NRS
____	**26739**	Santa and Snowman Boxcar, *00*		46
____	**26740**	Reindeer Car, *00*		43
____	**26741**	Operating Santa Boxcar, *00*		50
____	**26743**	Christmas Reindeer Car, *01*		55
____	**26745**	Traveling Aquarium Car "506," *01*		70
____	**26746**	Bobbing Vampire Boxcar, *01*		46
____	**26747**	Halloween Bats Aquarium Car, *01*		75
____	**26748**	T&P Operating Hopper Car "9699," *01*		38
____	**26749**	Alaska Log Dump Car, *01*		29
____	**26751**	Chessie Coal Dump Car, *01*		27
____	**26752**	Christmas Aquarium Car, *01*		55
____	**26753**	Christmas Operating Dump Car, *01*		43
____	**26757**	Operating Barrel Car "35621," *00*		55
____	**26758**	AEC Nuclear Gondola "719766," *01*		88
____	**26759**	Postwar "3459" Coal Dump Car, *02*		60
____	**26760**	Postwar "3461" Log Dump Car, *02*		60
____	**26761**	AEC Security Caboose 3535, *01*		60
____	**26762**	Postwar "3665" Minuteman Car, *01*		55
____	**26763**	Postwar "6448" Exploding Boxcar, *01*		40
____	**26764**	Bethlehem Steel Operating Welding Car, *01*		75
____	**26765**	Postwar "3370" Sheriff and Outlaw Car, *01–02*	40	49
____	**26766**	Priority Mail Operating Boxcar, *01–02*		32
____	**26768**	Postwar "6520" Searchlight Car, *02*		49
____	**26769**	Santa Fe Crane Car "199793," CC, *03*		255
____	**26770**	Wabash Brakeman Car "3424," *01*		70
____	**26773**	Chessie Searchlight Car, *01*		20
____	**26774**	Santa Fe Log Dump Car, *01*		25
____	**26775**	U.S. Army Searchlight Car, *00*		50
____	**26776**	U.S. Army Operating Boxcar "26413," *00*		55
____	**26777**	U.S. Flag Boxcar, *01 u*		250
____	**26779**	Burlington Operating Hopper "189312," *02*		40
____	**26780**	Postwar "3376" Bronx Zoo Giraffe Car, *02*	35	36
____	**26781**	Postwar "3540" Operating Radar Car, *02*		35
____	**26782**	Lenny the Lion Bobbing Head Car, *02*		38
____	**26784**	Stingray Express Aquarium Car, *02*		35
____	**26785**	Flatcar with powerboat, *02*		31
____	**26786**	Lionelville Operating Parade Car, *02*		40
____	**26787**	Erie Jumping Hobo Boxcar, *01–02*		43
____	**26788**	Christmas Music Boxcar, *02*		46
____	**26789**	Kiss Kringle Chase Gondola, *02*		35
____	**26790**	Lighted Christmas Boxcar, *02*		34

		Exc	Mint
26791	UP Animated Gondola, *02*	40	50 ___
26792	REA Operating Boxcar "6299," *03*		39 ___
26793	Alaska Extension Searchlight Car, *01*		44 ___
26794	Postwar "6352" PFE Ice Car, *01–02*		85 ___
26795	NYC Stock Car "3121," Cattle Sounds, *02*		50 ___
26796	Lionel Farms Poultry Dispatch Car, *01*		55 ___
26797	GN Log Dump Car "60011," *02*		48 ___
26798	Bethlehem Steel Coal Dump Car "26798," *02*		70 ___
26801	Jumping Bart Simpson Boxcar, *04*		44 ___
26802	Simpsons Animated Gondola, *04*		46 ___
26803	Santa Fe Derrick Car "26803," *04*		25 ___
26804	NYC Coal Dump Car "26804," *04*		22 ___
26805	Pennsylvania Log Dump Car "26805," *04*		24 ___
26806	Pillsbury Operating Boxcar "3428," Archive Collection, *04*		40 ___
26807	Blue Chip Line Motorized Animated Gondola, *04*		40 ___
26808	Egg Nog Barrel Car, *04*		55 ___
26809	Santa's Extension Searchlight Car, *04*		42 ___
26810	NYC Operating Searchlight Car, *05*		33 ___
26811	Pennsylvania Coal Dump Car, *05*		33 ___
26812	Santa Fe Log Dump Car, *05*		33 ___
26813	Lionel Lines Derrick Car, *05*		33 ___
26814	NYC Walking Brakeman Car "174226," *05*		40 ___
26815	PRR "Workin' on the Railroad" Boxcar "24255," *05*		42 ___
26816	REA Boxcar, steam TrainSounds, *05*		105 ___
26817	Alaska Boxcar, diesel TrainSounds, *05*		145 ___
26818	Christmas Music Boxcar, *05*		63 ___
26819	Holiday Animated Gondola, *05*		55 ___
26820	Penguin Transport Aquarium Car, *05*		60 ___
26821	NP Moe & Joe Lumber Flatcar, *05*		75 ___
26827	UPS Operating Boxcar "9237," Archive Collection, *05*		63 ___
26828	Tornado Chaser Radar Tracking Car, *05*		63 ___
26829	UPS Holiday Operating Boxcar, *05*		59 ___
26832	Lionel Lines Tender, TrainSounds, *07–08*		105 ___
26833	Wellspring Radar Car, *04*		65 ___
26834	PFE Ice Car "20042" (std O), *05–06*		63 ___
26835	MOW Track Cleaning Car, *05*		140 ___
26836	Halloween Boxcar, SpookySounds, *05*		105 ___
26841	PRR Log Dump Car, *05*		27 ___
26842	NYC Coal Dump Car, *05*		27 ___
26845	Southern Derrick Car, *06*		35 ___
26846	GN Coal Dump Car, *06*		38 ___
26847	C&O Coal Dump Car, *06–07*		80 ___
26848	Lionel Lines Moe & Joe Flatcar, *06*		80 ___
26849	SP Log Dump Car, *06–07*		80 ___
26850	D&RGW Searchlight Car, *06*		75 ___
26851	WM Log Dump Car, *06*		35 ___
26852	Postwar "3562-25" Santa Fe Barrel Car, *06*		75 ___
26853	SeaWorld Aquarium Car, *06*		75 ___
26854	UP Walking Brakeman Car, *06–07*		75 ___

			Exc	Mint
____	26855	Halloween Animated Gondola, *06*		65
____	26856	Christmas Chase Gondola, *06*		65
____	26857	Alien Radar Tracking Car, *06*		65
____	26858	Christmas Music Boxcar, *06*		65
____	26859	Christmas Parade Boxcar, *06*		75
____	26860	B&O Boxcar "466035," steam TrainSounds (std O), *06–07*		75
____	26861	Santa Fe Boxcar, diesel TrainSounds (std O), *06–07*		110
____	26862	Hard Rock Café Boxcar, *06*		35
____	26863	Railway Express Operating Milk Car with platform, *06*		140
____	26864	Domino Sugar Operating Boxcar, *06–07*		40
____	26865	CP Animated Caboose, *06–07*		80
____	26867	Boxcar, AlienSounds, *06–07*		110
____	26868	U.S. Steel Operating Welding Car, *06*		75
____	26869	REA Jumping Hobo Boxcar, *06–07*		70
____	26870	Christmas Dump Car with presents, *06*		80
____	26871	PRR Tender, steam TrainSounds (std O), *06*		105
____	26872	U.S. Army Security Car, *06*		75
____	26876	Missile Firing Trail Car, *06*		75
____	26877	U.S. Army Missile Launch Car, *06–07*		190
____	26888	Weyerhaeuser Timber Co. Log Car		40
____	26889	Weyerhaeuser Timber Co. Log Car		40
____	26891	PRR Coal Dump Car, *05*		30
____	26897	Great Western Flatcar with handcar, *07*		65
____	26898	NYC Log Dump Car, *05*		25
____	26905	Bethlehem Steel Gondola "6462" with canisters, *98*		29
____	26906	SP Flatcar "9823" with Corgi `57 Chevy, *98*		40
____	26908	TTUX Flatcar "6300" with Apple trailers, *98*		70
____	26913	East St. Louis Gondola "9820," *98*		29
____	26920	Union Pacific Die-cast Ore Car "64861," *97*		70
____	26921	Union Pacific Die-cast Ore Car "64862," *97*		55
____	26922	Union Pacific Die-cast Ore Car "64863," *97*		65
____	26923	Union Pacific Die-cast Ore Car "64864," *97*		55
____	26924	Union Pacific Die-cast Ore Car "64865," *97*		55
____	26925	Union Pacific Die-cast Ore Car "64866," *97*		60
____	26926	Union Pacific Die-cast Ore Car, *98*		55
____	26927	Union Pacific Die-cast Ore Car, *98*		55
____	26928	Union Pacific Die-cast Ore Car, *98*		55
____	26929	Union Pacific Die-cast Ore Car, *98*		40
____	26936	Die-cast Tank Car 4-pack, *98*		335
____	26937	Die-cast Hopper 4-pack, *98*		325
____	26938	NYC Reefer, *99*		80
____	26940	Rio Grande Stock Car "37710," *99*		80
____	26946	D&H Semi-Scale Hopper "9642"		85
____	26947	Gulf Die-cast Tank Car, *98*		120
____	26948	P&LE Die-cast Hopper, *98*		65
____	26949	NP Flatcar with trailer "6424-2017," *98*		47
____	26950	NP Flatcar with trailer "6424-2016," *98*		47
____	26951	TTX Flatcar "475185" with PRR trailer, *98*		55
____	26952	J.B. Hunt Flatcar with trailer, *98*		40

		Exc	Mint
26953	J.B. Hunt Flatcar with trailer, *98*		40 ___
26954	J.B. Hunt Flatcar with trailer, *98*		40 ___
26955	J.B. Hunt Flatcar with trailer, *98*		40 ___
26956	C&O Gondola (027), *98–99*		15 ___
26957	Delaware & Hudson Flatcar with stakes, *98*		20 ___
26971	Lionel Steel 16-wheel Depressed Center Flatcar, *98*		135 ___
26972	Pony Express Animated Gondola, *98*		36 ___
26973	Getty Die-cast Tank Car 3-pack, *98*		270 ___
26974	Getty Die-cast 1-D Tank Car "4003," *98*		80 ___
26975	Getty Die-cast 1-D Tank Car "4004," *98*		90 ___
26976	Getty Die-cast 1-D Tank Car "4005," *98*		80 ___
26977	Sinclair Die-cast Tank Car 3-pack, *98*		275 ___
26978	Sinclair Tank Car UTLX "64026," *98*		105 ___
26979	Sinclair Tank Car UTLX "64027," *98*		85 ___
26980	Sinclair Tank UTLX "64028," *98*		90 ___
26981	Gulf Die-cast Tank Car 2-pack, *99*		165 ___
26985	B&O Die-cast Hopper 2-pack, *99*		160 ___
26987	Chessie System (B&O) Die-cast 4-bay Hopper "235154," *99*		90 ___
26991	Lionelville Ladder Fire Car, *99*		47 ___
26992	NYC Reefer, *99*		75 ___
26993	NYC Reefer, *99*		85 ___
26994	NYC Reefer, *99*		135 ___
26995	Rio Grande Stock Car "37714," *99*		80 ___
26996	Rio Grande Stock Car "37715," *99*		80 ___
26997	Rio Grande Stock Car "37716," *99*		80 ___
27000	C&EI Offset Hopper "97393" (std 0), *07*		65 ___
27001	Erie Offset Hopper "28001" (std 0), *07*		65 ___
27002	Frisco Offset Hopper "92399" (std 0), *07*		65 ___
27003	Chessie System Offset Hopper "234355" (std 0), *07*		65 ___
27016	UP PS-2 Covered Hopper "1312" (std 0), *07–08*		60 ___
27019	Imco PS-2 Covered Hopper "41001" (std 0), *07–08*		60 ___
27022	PC PS-2 Covered Hopper "74217" (std 0), *07*		60 ___
27025	NYC PS-2 Covered Hopper "883180" (std 0), *07*		60 ___
27029	ATSF Offset Hopper 3-pack (std 0), *08–09*		200 ___
27030	Monon Offset Hopper 3-pack (std 0), *08–09*		200 ___
27031	MoPac Offset Hopper 3-pack (std 0), *08–09*		200 ___
27032	NYC Offset Hopper 3-pack (std 0), *08–09*		200 ___
27033	Chessie System PS-2 Hopper 3-pack (std 0), *08–09*		180 ___
27034	Nickel Plate Road PS-2 Hopper 3-pack (std 0), *08–09*		180 ___
27053	CB&Q ACF 2-bay Covered Hopper "183925" (std 0), *08–09*		55 ___
27059	Bakelite Plastics PS-2 Hopper "61445" (std 0), *10–11*		70 ___
27061	Clinchfield Freight Car 2-pack (std 0), *10*		150 ___
27064	PRR Flatcar with PRR piggyback trailers (std 0), *12*		98 ___

			Exc	Mint
____	27065	SP Flatcar with SP piggyback trailers (std O), *12*		98
____	27066	IC Flatcar with IC piggyback trailers (std O), *12*		98
____	27067	C&O Flatcar with REA piggyback trailers (std O), *12*		98
____	27068	ATSF Flatcar with Santa Fe piggyback trailers (std O), *12*		98
____	27069	Conrail PS-2 Hopper "878330" (std O), *12–13*		70
____	27070	N&W Scale Offset Hopper "279850" (std O), *12*		70
____	27071	CSX 4-Bay Covered Hopper "256300" (std O), *12*		90
____	27072	C&NW Scale PS-1 Boxcar "7" (std O), *12*		70
____	27073	PRR Scale Offset Hopper 3-pack (std O), *12*		200
____	27077	L&N Scale Offset Hopper "88494" (std O), *12*		70
____	27078	Frisco Scale 3-Bay Open Hopper "88299" (std O), *12–13*		80
____	27079	NYC Boxcar		30
____	27081	BN PS-2 Hopper "424796" (std O), *12–13*		70
____	27082	Grand Trunk 4-Bay Covered Hopper "38111" (std O), *12*		90
____	27083	RI PS-2 Hopper "500751" (std O), *12–13*		70
____	27084	Seaboard 8000-gallon 1-D Tank Car "27084" (std O), *12*		70
____	27085	Wabash PS-2 Hopper "30425" (std O), *12–13*		70
____	27086	Grand Trunk 60' Boxcar "383575" (std O), *12*		85
____	27087	CN 60' Boxcar "799424" (std O), *12*		85
____	27088	MKT PS-5 Gondola "12447" (std O), *12*		65
____	27089	LIRR PS-5 Gondola "6053" (std O), *12*		65
____	27090	NP 8000-gallon 1-D Tank Car "27090" (std O), *12*		70
____	27091	WM Scale 3-Bay Open Hopper "85125" (std O), *12*		80
____	27092	CSX Heritage 60' Boxcar "176740" (std O), *12*		85
____	27093	Boy Scouts PS-2 Hopper "2013" (std O), *13*		70
____	27094	BNSF PS-2 Hopper 2-pack (std O), *13*		140
____	27095	KCS PS-2 Hopper 2-pack (std O), *13*		140
____	27096	C&NW PS-2 Hopper 2-pack (std O), *13*		140
____	27100	C&NW PS-2CD 4427 Hopper "450669" (std O), *04*		40
____	27101	Morton Salt PS-2CD 4427 Hopper "504" (std O), *04*		43
____	27102	Pillsbury PS-2CD 4427 Hopper "3980" (std O), *04*		42
____	27103	Soo Line PS-2CD 4427 Hopper "70207" (std O), *04*		49
____	27104	Wabash Cylindrical Hopper "33007" (std O), *03*		43
____	27105	PC Cylindrical Hopper "884312" (std O), *03*		42
____	27113	Govt. of Canada Cylindrical Hopper, *04–05*		60
____	27114	Canadian National Cylindrical Hopper, *04–05*		60

Exc Mint

27115	D&H 3-bay ACF Hopper "3454" (std O), 05–06		65 ___
27116	NYC 3-bay ACF Hopper "886270" (std O), 05–06		65 ___
27117	DM&IR 3-bay ACF Hopper "5017" (std O), 05	65 ___	
27118	WP 3-bay ACF Hopper "11774" (std O), 05–06		65 ___
27129	N&W 3-bay ACF Hopper "10717" (std O), 06	70 ___	
27130	PRR 3-bay ACF Hopper "180658" (std O), 06	70 ___	
27131	Conrail 3-bay ACF Hopper "473877" (std O), 06		70 ___
27132	UP 3-bay ACF Hopper "18137" (std O), 06	70 ___	
27133	MILW PS-2CD Hopper "98606" (std O), 06	70 ___	
27134	BNSF PS-2CD Hopper "414367" (std O), 06	70 ___	
27135	N&W PS-2CD Hopper "71573" (std O), 06	70 ___	
27142	CP Rail 3-bay Hopper, 06	48 ___	
27146	CP Soo 3-bay Hopper, 06	48 ___	
27165	C&O 3-bay Hopper "86912" (std O), 07	70 ___	
27166	Pennsylvania Power & Light 3-bay Hopper "347" (std O), 07		70 ___
27167	Santa Fe 3-bay Hopper "178558" (std O), 07–08		70 ___
27168	C&NW 3-bay Hopper "135000" (std O), 07	70 ___	
27169	CN Cylindrical Hopper "370708" (std O), 06	65 ___	
27172	IMC Canada Cylindrical Hopper "45726" (std O), 06		65 ___
27177	Union Starch Cylindrical Hopper 3-pack (std O), 08		210 ___
27186	PRR Cylindrical Hopper 3-pack (std O), 08		210 ___
27187	TH&B Cylindrical Hopper 3-pack (std O), 08		210 ___
27188	KCS 3-bay Covered Hopper 3-pack, 08		225 ___
27189	BNSF 3-bay Aluminum Covered Hopper 3-pack, 08		225 ___
27190	C&NW PS-2CD Covered Hopper 3-pack (std O), 08		225 ___
27191	RI PS-2CD Covered Hopper 3-pack, 08		225 ___
27192	NP PS-2CD Covered Hopper 3-pack (std O), 08		225 ___
27203	NYC DD Boxcar "75509" (std O), 05		63 ___
27204	Grand Trunk Western DD Boxcar "596377" (std O), 05		63 ___
27205	D&RGW DD Boxcar "63798" (std O), 05		40 ___
27206	UP PS 60' Boxcar "960342" (std O), 08		75 ___
27207	IC PS 60' Boxcar "44295" (std O), 08		75 ___
27208	ATSF PS 60' Boxcar "37287" (std O), 08		75 ___
27209	D&RGW PS 60' Boxcar "63835" (std O), 08		75 ___
27210	PRR PS-1 Boxcar "47009" (std O), 05		60 ___
27211	MKT PS-1 Boxcar "948" (std O), 05		60 ___
27212	Rutland PS-1 Boxcar "358" (std O), 05		60 ___
27213	N&W DD Boxcar, 05		35 ___
27214	Chessie System PS-1 Boxcar "23770" (std O), 06		60 ___
27215	Rock Island PS-1 Boxcar "57607" (std O), 06		60 ___
27216	Erie-Lack. PS-1 Boxcar "84433" (std O), 06		60 ___

		Exc	Mint
____ 27217	Frisco PS-1 Boxcar "17826" (std O), *06*		19
____ 27218	Santa Fe DD Boxcar "9870" (std O), *06–07*		70
____ 27219	GN DD Boxcar "35449" (std O), *06–07*		70
____ 27220	L&N DD Boxcar "41237" (std O), *06–07*		70
____ 27221	CB&Q DD Boxcar "48500" (std O), *06–07*		70
____ 27224	CGW PS-1 Boxcar "5180" (std O), *06*		60
____ 27225	WP PS-1 Boxcar "19528" (std O), *06*		60
____ 27226	NH PS-1 Boxcar "32196" (std O), *06*		60
____ 27227	UP PS-1 Boxcar "100306" (std O), *06*		60
____ 27228	UP DD Boxcar "454400" (std O), *07*		70
27229 ____	Nickel Plate Road DD Boxcar "87100" (std O), *08*		70
____ 27230	LV DD Boxcar "8505" (std O), *08*		70
27231 ____	GN USRA Double-sheathed Boxcar (std O), *07*		65
27232	UP USRA Double-sheathed Boxcar (std O), *07*		65
27233 ____	Cotton Belt USRA Double-sheathed Boxcar (std O), *07*		65
27234 ____	C&NW USRA Double-sheathed Boxcar (std O), *07*		65
____ 27235	Railbox Boxcar "10011" (std O), *07*		55
27239 ____	SP DD Boxcar "232852" with auto rack (std O), *08*		75
27240 ____	Pere Marquette DD Boxcar with auto rack (std O), *08*		75
____ 27241	C&O PS-1 Boxcar "18719," *08*		60
____ 27242	LV PS-1 Boxcar "62080," *08*		60
____ 27243	SP PS-1 Boxcar "128131," *08*		60
____ 27244	GN PS-1 Boxcar "39404," *08*		60
____ 27246	SP Double-sheathed Boxcar "133" (std O), *08*		70
27247 ____	MP Double-sheathed Boxcar "45111" (std O), *08*		70
____ 27249	GN Express Boxcar "2500" (std O), *08*		65
____ 27250	CN Express Boxcar "11061" (std O), *08–09*		65
____ 27251	WP Express Boxcar "220116," *08–09*		65
27254 ____	Western Pacific UP Heritage Boxcar (std O), *09–11*		85
____ 27259	PRR ACF Stock Car "128988" (std O), *10*		70
____ 27260	ATSF Tool Car "190021" (std O), *09–10*		80
____ 27261	D&RGW Double-sheathed Boxcar "3282," *09*		80
____ 27263	Polar Railroad PS-1 Boxcar, *09*		70
____ 27264	C&O Double-sheathed Boxcar "3502," *10*		80
____ 27265	Virginian PS-1 Boxcar "63300" (std O), *10*		70
____ 27266	PRR Express Boxcar "504141" (std O), *10*		70
____ 27267	SP UP Heritage 60' Boxcar "6991" (std O), *10*		85
____ 27270	B&O PS-1 Boxcar 2-pack (std O), *10–11*		140
____ 27273	Ann Arbor PS-1 Boxcar "1314" (std O), *11*		70
27274 ____	Polar Railroad Double-sheathed Boxcar "1201," *10*		70
____ 27275	SP Overnight PS-1 Boxcar "97938" (std O), *10*		70
27276 ____	NKP Double-sheathed Boxcar "10580" (std O), *10–11*		70
____ 27277	WP Scale PS-1 Boxcar "1925" (std O), *11*		70

Exc Mint

		Exc	Mint
27278	Cryo-Trans Trans-Mechanical Reefer (std O), *10*		95 ___
27282	UP DD Boxcar "163100" (std O), *10*		70 ___
27283	Postwar Scale Boxcar 2-pack, *10*		140 ___
27286	Postwar Scale 6464 Boxcar 2-pack #2, *11–12*		140 ___
27287	LV Boxcar and Caboose Set (std O), *10–11*		160 ___
27289	Jersey Central Boxcar and Caboose Set (std O), *10–11*		160 ___
27291	PRR Double-sheathed Boxcar "539335" (std O), *10–11*		70 ___
27294	ATSF 57' Mechanical Reefer "3006" (std O), *10*		85 ___
27296	Cryo-Trans 57' Mechanical Reefer (std O), *11*		85 ___
27299	WM Steel-sided Reefer (std O), *11*		80 ___
27300	Western Dairy General American Milk Car (std O), *06*		65 ___
27305	GN Steel-sided Reefer "70290" (std O), *06*		65 ___
27306	Santa Fe Steel-sided Reefer "3494" (std O), *06*		42 ___
27307	Pepper Packing Steel-sided Reefer "2330" (std O), *06*		65 ___
27327	BNSF Mechanical Reefer "798870" (std O), *07*		70 ___
27328	SP Fruit Express Reefer "456465" (std O), *07–09*		70 ___
27329	UP Fruit Express Reefer "55962" (std O), *07*		70 ___
27330	Great Northern WFE Reefer "8873" (std O), *07–08*		70 ___
27331	Alderney Dairy General American Milk Car (std O), *07*		65 ___
27332	Freeport General American Milk Car (std O), *07*		65 ___
27345	Milwaukee Road 40' Steel-sided Reefer "5317" (std O), *12*		80 ___
27349	ADM Steel-sided Reefer "7019" (std O), *07*		65 ___
27350	National Car Steel-sided Reefer "2430" (std O), *07*		48 ___
27355	NYC Steel-sided Reefer "2570" (std O), *07–08*		65 ___
27358	Dubuque Steel-sided Reefer "63648" (std O), *07*		65 ___
27361	PFE Wood-sided Reefer "97680" (std O), *06*		65 ___
27364	Erie URTX Steel-sided Reefer (std O), *11*		80 ___
27365	Sheffield Farms Milk Car 2-pack (std O), *08*		140 ___
27368	CNJ 40' Steel-sided Reefer "1443" (std O), *12*		80 ___
27369	Borden's Milk Car 2-pack (std O), *08*		140 ___
27372	PFE Steel-sided Reefer 3-pack (std O), *08*		210 ___
27373	MILW Reefer 3-pack (std O), *08–09*		225 ___
27374	Alaska Reefer 3-pack (std O), *08–09*		225 ___
27375	NP Reefer 3-pack (std O), *08–09*		225 ___
27394	Detroit, Toledo & Ironton Steel-sided Reefer (std O), *09–10*		80 ___
27395	Amtrak ExpressTrak Baggage Car, *10*		75 ___

		Exc	Mint
27396	C&NW UP Heritage Mechanical Reefer (std O), *10*		85
27409	ATSF Water Tank Car "100844" (std O), *09–10*		70
27410	30,000-gallon Ethanol Tank Car 3-pack, sound, *09*		270
27411	30,000-gallon Ethanol Tank Car 3-pack, *09*		210
27412	GATX TankTrain Car "53782" (std O), *10*		70
27418	PRR NS Heritage Unibody Tank Car (std O), *10*		70
27419	Pennsylvania Power & Light 3-bay Open Hopper, *08*		80
27421	MoPac UP Heritage Cylindrical Hopper (std O), *09–11*		80
27422	N&W 3-bay Open Hopper "1776" (std O), *09*		80
27424	Penn Central PS-2 Hopper "440774" (std O), *10–11*		80
27425	Saskatchewan Cylindrical Hopper "397015" (std O), *09*		80
27426	Stourbridge Lion Anthracite Coal Car 2-pack, *09–10*		130
27429	MKT UP Heritage PS2-CD Hopper (std O), *09*		80
27431	CSX B&O Quad Hopper, *11*		50
27432	UP 3-bay Open Hopper "78123" (std O), *10*		80
27433	Conrail NS Heritage Cylindrical Hopper (std O), *10–11*		80
27434	D&RGW UP Heritage PS2-CD Hopper (std O), *10*		80
27435	Polar Railroad Tank Car, *09*		70
27436	Alberta Cylindrical Hopper "396363" (std O), *10*		80
27438	Virginian NS Heritage 3-bay Open Hopper (std O), *10*		80
27439	NS Heritage Unibody Tank Car "14098" (std O), *10*		70
27440	BN Cylindrical Hopper "458456" (std O), *10*		80
27441	D&M PS-2 Hopper "6133" (std O), *11*		70
27445	N&W NS Heritage PS-2CD Hopper (std O), *10*		80
27446	Southern NS Heritage Cylindrical Hopper (std O), *10*		80
27448	PRR NS Heritage 3-Bay Open Hopper (std O), *11*		80
27449	UP Boy Scouts 100th Anniversary Cylindrical Hopper (std O), *11*		80
27450	NW NS Heritage 3-Bay Open Hopper (std O), *11*		80
27451	Conrail NS Heritage Unibody 1-D Tank Car (std O), *11*		70
27452	PRR NS Heritage PS-1 Boxcar "45540" (std O), *11*		70
27453	NS Heritage PS-1 Boxcar "67850" (std O), *11*		70
27454	CP Cylindrical Hopper (std O), *11*		80
27455	Amtrak 57' Mechanical Reefer (std O), *11*		85
27456	Soo Line PS2 Covered Hopper "70702" (std O), *11*		70
27457	NS 3-Bay Open Hopper "148028" (std O), *11*		80
27458	UP Mechanical Reefer "457244" (std O), *11*		85

Exc Mint

		Exc	Mint
27459	WP DD Boxcar "19404" (std O), *11*		70 ___
27460	M&StL Double-sheathed Boxcar "26002" (std O), *11*		70 ___
27461	UP ACF 4-Bay Covered Hopper "91341" (std O), *11*		85 ___
27462	Chessie ACF 4-Bay Covered Hopper "601878" (std O), *11*		85 ___
27463	PRR ACF 3-Bay Covered Hopper "259900" (std O), *11–12*		80 ___
27464	BNSF ACF 3-Bay Covered Hopper "453403" (std O), *11*		80 ___
27465	CSX 89' Auto Rack Car "604540" (std O), *12–13*		150 ___
27466	UP 89' Auto Rack Car (std O), *12–13*		150 ___
27467	ATSF 89' Auto Rack Car (std O), *12–13*		150 ___
27468	Grand Truck 89' Auto Rack Car (std O), *12–13*		150 ___
27469	Frisco Cylindrical Hopper "81021" (std O), *11*		80 ___
27470	MKT Scale 1-D Tank Car (std O), *11*		70 ___
27471	DT&I 3-Bay Hopper "2070" (std O), *11*		80 ___
27472	CP Scale 1-D Tank Car "9943" (std O), *11*		70 ___
27473	Conrail 89' Auto Rack Car "456249" (std O), *12*		150 ___
27474	SP Cylindrical Hopper "491020" (std O), *11*		80 ___
27475	Lionelville & Western Scale 1-D Tank Car "2747" (std O), *11*		80 ___
27476	U.S. Army Scale 1-D Tank Car (std O), *11*		70 ___
27477	D&RGW 3-Bay Hopper "14901" (std O), *11*		80 ___
27478	NYC 3-Bay Hopper "922158" (std O), *11*		80 ___
27479	BN Scale 3-Bay Open Hopper "516400" (std O), *12*		80 ___
27480	NKP Scale Offset Hopper "33060" (std O), *12*		70 ___
27481	W&LE Scale Offset Hopper "62240" (std O), *12*		70 ___
27482	CP Scale Offset Hopper "354000" (std O), *12*		70 ___
27483	SP Unibody 1-D Tank Car "67200" (std O), *12*		70 ___
27484	D&H Unibody 1-D Tank Car "59" (std O), *12*		70 ___
27485	KCS Unibody 1-D Tank Car "996" (std O), *12*		70 ___
27488	Clinchfield CSX Heritage 3-Bay Open Hopper (std O), *12*		80 ___
27489	Chessie System CSX Heritage 3-Bay Open Hopper (std O), *12*		80 ___
27490	ATSF 3-Bay Covered Hopper "314000" (std O), *12–13*		85 ___
27491	GN 3-Bay Covered Hopper "171400" (std O), *12*		85 ___
27492	CN 89' Auto Rack Car "710833" (std O), *12*		150 ___
27493	CN PS-4 Flatcar with piggyback trailers (std O), *12*		98 ___
27494	CN PS-4 Flatcar with piggyback trailers (std O), *12*		98 ___
27495	CN PS-4 Flatcar with piggyback trailers (std O), *12*		98 ___
27496	Polar PS-2 Covered Hopper "1245" (std O), *12*		___
27497	UP Offset Hopper "74556" (std O), *12*		80 ___

		Exc	Mint
27498	DM&I 8000-gallon 1-D Tank Car "819" (std O), *12*		70
27499	Monon Scale PS-1 Boxcar "916" (std O), *12*		70
27510	WP PS-4 Flatcar "2001" (std O), *05–06*		53
27511	P&LE PS-4 Flatcar "1154" (std O), *05–06*		35
27512	Reading PS-4 Flatcar "9314" (std O), *05*		53
27513	UP 40' Flatcar "51219" (std O), *06*		55
27514	CP 40' Flatcar "307401" (std O), *06*		55
27515	Pennsylvania 40' Flatcar "473567" (std O), *06*		55
27516	N&W 40' Flatcar "32900" (std O), *06*		55
27517	NP PS-4 Flatcar "62829" with trailers (std O), *06*		85
27518	C&NW PS-4 Flatcar "44503" with trailers (std O), *06*		85
27519	UP PS-4 Flatcar "53007" with trailers (std O), *06*		85
27520	Coe Rail Husky Stack Car "5540" (std O), *06*		85
27521	Santa Fe Husky Stack Car "254220" (std O), *06*		85
27537	UP Flatcar with wood load, *06*		39
27541	NYC 40' Flatcar "496299" with load (std O), *07*		63
27542	NH 40' Flatcar "17808" with load (std O), *07–08*		70
27543	ATSF 40' Flatcar "191549" with load (std O), *07–08*		70
27544	GT 40' Flatcar "64301" with load (std O), *07–08*		70
27545	REA PS-4 Flatcar "81003" with trailers (std O), *07–08*		85
27546	Greenbrier Husky Stack Car "1993" (std O), *07*		85
27552	Arizona & California Husky Stack Car (std O), *07*		85
27562	NYC PS-4 Flatcar "506075" with trailers (std O), *07–08*		85
27563	Lackawanna PS-4 Flatcar "16540" with trailers (std O), *07*		85
27564	Milwaukee Road PS-4 Flatcar with trailers "64074" (std O), *07–08*		85
27583	UP 40' Flatcar "59292" with load (std O), *08*		70
27584	Reading Flatcar with covered load (std O), *08–09*		70
27585	B&M 40' Flatcar "33773" with stakes (std O), *08–09*		65
27586	Cass Scenic Skeleton Log Car 3-pack, *07*		170
27587	Birch Valley Lumber Skeleton Log Car 3-pack, *07*		170
27594	Wabash PS-4 Flatcar with stakes (std O), *08–09*		65
27600	RI Bay Window Caboose "17070" (std O), *07*		90
27601	MILW Extended Vision Caboose "992300" (std O), *07*		90
27603	MP UP Heritage Ca-4 Caboose "2891" (std O), *08*		95
27604	UP Caboose "3881" (std O), *08*		90

Exc Mint

		Exc	Mint
27605	Pere Marquette Northeastern Caboose "A986" (std O), *08*		90 ___
27606	LL Northeastern Caboose "4679" (std O), *08*		90 ___
27607	Monongahela NS Heritage Caboose (std O), *12*		95 ___
27608	WM Caboose "1863" (std O), *08*		85 ___
27609	B&O Caboose "C-2445" (std O), *07*		90 ___
27612	WP Bay Window Caboose "446" (std O), *08*		90 ___
27615	NYC Bay Window Caboose "20383" (std O), *07*		90 ___
27617	D&H Bay Window Caboose "35725" (std O), *08*		90 ___
27618	MKT UP Heritage Ca-4 Caboose "8891" (std O), *08*		95 ___
27619	WP UP Heritage Ca-4 Caboose "3891" (std O), *08*		95 ___
27623	N&W Northeastern Caboose "500837" (std O), *09*		90 ___
27624	D&RGW UP Heritage CA-4 Caboose (std O), *09*		95 ___
27625	C&NW UP Heritage CA-4 Caboose (std O), *09*		95 ___
27626	SP UP Heritage CA-4 Caboose (std O), *09*		95 ___
27628	Wabash Northeastern Caboose "02222" (std O), *09–10*		90 ___
27629	C&O Northeastern Caboose (std O), *10*		90 ___
27630	Virginian NS Heritage CA-4 Caboose (std O), *10*		95 ___
27631	NS Heritage CA-4 Caboose (std O), *10*		95 ___
27633	UP CA-3 Caboose (std O), *10*		95 ___
27634	ATSF Extended Vision Caboose (std O), *10*		85 ___
27635	B&O I-12 Caboose (std O), *10*		85 ___
27636	NKP Northeastern Caboose (std O), *10–11*		85 ___
27638	Southern NS Heritage CA-4 Caboose (std O), *10–11*		95 ___
27639	N&W NS Heritage CA-4 Caboose (std O), *10*		95 ___
27640	Clinchfield Northeastern CA-3 Caboose, *10–11*		90 ___
27642	Postwar "6427" Virginian Scale Caboose, *10–12*		90 ___
27645	UP Boy Scouts 100th Anniversary Ca-3 Caboose (std O), *11*		95 ___
27648	PRR NS Heritage Ca-3 Caboose (std O), *11*		95 ___
27649	Baldwin Locomotive Works I-12 Caboose "6000" (std O), *12–13*		85 ___
27650	CSX Heritage Scale Bay Window Caboose "2510" (std O), *12*		90 ___
27651	B&O CSX Heritage I-12 Caboose (std O), *11*		90 ___
27652	CSX Heritage Chessie System Scale Caboose (std O), *12*		90 ___
27653	Family Lines CSX Heritage Ca-4 Caboose (std O), *11*		90 ___
27654	CSX/Clinchfield Scale Bay-Window Caboose (std O), *12*		90 ___
27655	WM CSX Heritage Extended Vision Caboose (std O), *11*		90 ___
27658	Pennsylvania Power & Light Work Caboose (std O), *11*		80 ___

		Exc	Mint
___	27659	Bethlehem Steel Work Caboose (std O), *11*	80
	27660	UP George Bush Extended Vision Caboose (std O), *11*	90
___	27661	KCS Extended Vision Caboose (std O), *11*	90
___	27662	GTW Northeastern Caboose (std O), *11*	90
___	27663	IC Extended Vision Caboose (std O), *11*	90
	27664	Lionel & Western Northeastern Caboose (std O), *11–12*	90
___	27665	BN Bicentennial Extended Vision Caboose (std O), *11*	90
___	27666	NH Scale Northeastern Caboose "C-666" (std O), *12*	90
___	27667	UP Scale Ca-4 Caboose "3857" (std O), *12–13*	95
___	27668	UP Scale Ca-3 Caboose "3779" (std O), *12–13*	95
___	27669	PC Scale Northeastern Caboose "18420" (std O), *12*	90
___	27670	CP Scale Northeastern Caboose "400501" (std O), *12–13*	90
___	27671	West Side Lumber Scale Work Caboose "8" (std O), *12*	80
___	27672	Weyerhaeuser Timber Scale Work Caboose "12" (std O), *12–13*	80
___	27673	NYC Scale Northeastern Caboose "20090" (std O), *12*	90
___	27674	Elk River Lumber Work Caboose "6" (std O), *12*	80
___	27676	CN Wood-Sided Caboose (std O), *12*	90
___	27677	UP Work Caboose "907306" (std O), *12*	80
___	27678	ATSF Wood-Sided Caboose "1790" (std O), *12*	85
___	27679	NP Wood-Sided Caboose "1282" (std O), *12*	85
___	27680	GN Wood-Sided Caboose "X499" (std O), *12*	85
___	27681	Southern NS Heritage Caboose (std O), *12*	95
___	27682	Conrail NS Heritage Caboose (std O), *12*	95
___	27683	Erie NS Heritage Caboose (std O), *12*	95
___	27684	Illinois Terminal NS Heritage Caboose (std O), *12*	95
___	27685	Central of Georgia NS Heritage Caboose (std O), *12*	95
___	27686	LV NS Heritage Caboose (std O), *12*	95
___	27687	Reading NS Heritage Caboose (std O), *13*	95
___	27688	NYC NS Heritage Caboose (std O), *13*	95
___	27689	Wabash NS Heritage Caboose (std O), *13*	95
___	27690	Virginian NS Heritage Caboose (std O), *13*	95
___	27691	PRR NS Heritage Caboose (std O), *12*	95
___	27692	N&W NS Heritage Caboose (std O), *12*	95
___	27693	CNJ NS Heritage Caboose (std O), *13*	95
___	27694	NS Heritage Caboose (std O), *12*	95
___	27695	DL&W NS Heritage Caboose (std O), *13*	95
___	27696	Savannah & Atlanta NS Heritage Caboose (std O), *13*	95
___	27697	Nickel Plate Road NS Heritage Caboose (std O), *12*	95
___	27698	Interstate NS Heritage Caboose (std O), *12*	95

		Exc	Mint
27699	PC NS Heritage Caboose (std O), *13*	95	___
27702	Maersk Husky Stack Car 2-pack (std O), *09*	225	___
27705	ATSF Wedge Plow Flatcar "191369" (std O), *09*	90	___
27706	ATSF Idler Flatcar "191852" with load (std O), *09*	75	___
27707	UP Husky Stack Car 2-pack (std O), *09–10*	225	___
27710	No. 6464 Variation Boxcar 2-pack #2, *09*	110	___
27767	Santa Fe Passenger 4-pack, *11–12*	240	___
27771	Postwar "6572" REA Reefer, *11–12*	60	___
27772	Santa Fe Baggage Car and Diner 2-pack, *11–12*	120	___
27775	Postwar "2414" Santa Fe Blue-stripe Coach, *11–12*	60	___
27776	No. 6464 Variation Boxcar 2-pack #3, *11*	105	___
27779	Postwar Archive UP Caboose "8561," *11–12*	48	___
27791	Archive 6464-50 M&StL Boxcar, *12*	55	___
27792	Archive Pastel Freight Car 3-pack, *12*	170	___
27800	B&M Gondola with coke containers, *09–11*	80	___
27816	D&RGW Flatcar "22177" with pipes, *09–10*	80	___
27820	Wabash PS-4 Flatcar with piggyback trailers (std O), *09–10*	98	___
27824	MILW 40' Flatcar with metal pipes (std O), *10*	80	___
27825	West Side Lumber Skeleton Log Car, *11*	70	___
27826	CP Skeleton Log Car 2-pack (std O), *10*	133	___
27827	UP Bathtub Gondola "28081" (std O), *10*	65	___
27828	CN Bathtub Gondola "193140" (std O), *10*	65	___
27829	WM Skeleton Log Car 2-pack, *10*	133	___
27834	Pere Marquette PS-5 Gondola "18400," *11*	70	___
27835	P. Bunyan Lumber Skeleton Log Car, *11–12*	70	___
27836	Elk River Lumber Skeleton Log Car "11203" (std O), *11*	70	___
27837	B&M PS-4 Flatcar with bulkheads (std O), *10–11*	80	___
27838	PRR PS-4 Flatcar with bulkheads (std O), *10*	80	___
27840	Polar Railroad PS-4 Flatcar with trailers, *10*	98	___
27841	CSX Bathtub Gondola 2-pack (std O), *11*	130	___
27842	UP Scale Flatcar with bulkheads "15775" (std O), *11*	70	___
27843	WP Scale PS-5 Gondola "6774" (std O), *11*	70	___
27844	BNSF Bathtub Gondola 3-pack (std O), *10*	200	___
27848	Virginian NS Heritage 60' Boxcar (std O), *11*	85	___
27849	Southern NS Heritage 60' Boxcar (std O), *11*	85	___
27850	CSX 60' Boxcar "196911" (std O), *11*	85	___
27851	BNSF Bathtub Gondola 2-pack, *11*	130	___
27854	B&O Double-sheathed Boxcar "196500" (std O), *11*	70	___
27855	NYC 60' DD Boxcar "53423" (std O), *11*	85	___
27856	KCS PS-1 Boxcar "18741" (std O), *11*	70	___
27857	PRR DD Boxcar "81919" (std O), *11*	75	___
27858	MP DD Boxcar "90103" (std O), *11*	70	___
27860	Sugar Creek Lumber Skeleton Log Car "1749" (std O), *11*	70	___

		Exc	Mint
27863	Merrill & Ring Lumber Skeleton Log Car, *11–12*		70
____ **27868**	NS Bathtub Gondola 2-pack (std O), *11*		130
____ **27871**	NS 60' Boxcar "499646" (std O), *11*		85
____ **27872**	Polar Hot Cocoa Milk Car, *11*		70
____ **27873**	Polar Reindeer Stock Car, *11*		70
27874	Grove's Mortuary Double-sheathed Boxcar (std O), *11*		70
____ **27875**	NYC DD Boxcar "45395" (std O), *11*		70
27876	State of Maine PS-1 Boxcar "5141" (std O), *11*		70
____ **27877**	NH DD Boxcar "40510" (std O), *11*		70
____ **27882**	Southern ACF 40-ton Stock Car "45655" (std O), *11*		70
27883	T&P ACF 40-ton Stock Car "24042" (std O), *11*		70
____ **27884**	RI ACF 40-ton Stock Car "77601" (std O), *11*		70
27885	ATSF ACF 40-ton Stock Car "60390" (std O), *11*		70
____ **27886**	GN PS-1 Boxcar "11310" (std O), *11*		70
27887	D&RGW PS-5 Gondola "56316" with covers (std O), *11*		65
____ **27888**	LIRR 40' Flatcar with wheels (std O), *11*		70
27889	Erie 40' Flatcar "6361" with wheels (std O), *11*		70
27890	L&N 40' Flatcar "22269" with wheels (std O), *11*		70
27891	NKP Heritage PS-4 Flatcar with trailers (std O), *11*		98
27892	Conrail PS-5 Gondola "612690" with covers (std O), *11*		65
____ **27893**	GTW PS-1 Boxcar "516650" (std O), *11*		70
27894	C&O PS-5 Gondola "362600" with covers (std O), *11*		65
27895	ATSF PS-4 Bulkhead Flatcar "90085" (std O), *11*		80
____ **27896**	CP 40' Flatcar with pipe load (std O), *11*		80
____ **27899**	UP Scale PS-1 Boxcar "196889" (std O), *12*		70
____ **27903**	Sager Place Observátion Car, *09*		65
____ **27912**	Postwar "2445" Elizabeth Coach, *08*		60
27917	Postwar "2550" Baggage-Mail Rail Diesel Car, nonpowered, *13*		70
27928	UP Boy Scouts 100th Anniversary PS-1 Boxcar (std O), *11*		70
27929	Postwar Nos. 2484/2485 UP Passenger Car 2-pack, *12–13*		120
27935	Postwar "6820" Aerial Missile Transport Car, *13*		60
____ **27941**	Postwar "3854" Merchandise Car, *12*		75
____ **27953**	Reading PS-2 Hopper 2-pack (std O), *13*		140
____ **27962**	L&N PS-2 Hopper 2-pack (std O), *13*		140
____ **27965**	P&WV Offset Hopper 3-pack (std O), *13*		210
____ **27969**	N&W Offset Hopper 3-pack (std O), *13*		210
____ **27973**	C&O Offset Hopper 3-pack (std O), *13*		210
____ **27977**	GN Offset Hopper 3-pack (std O), *13*		210

		Exc	Mint
27981	PRR USRA Double-sheathed Boxcar (std O), *13*		70 ____
27982	SP USRA Double-sheathed Boxcar (std O), *13*		70 ____
27983	UP USRA Double-sheathed Boxcar (std O), *13*		70 ____
27984	Procor 30,000-gallon 1-D Tank Car 3-pack (std O), *13*		240 ____
27988	UTLX 30,000-gallon 1-D Tank Car 3-pack (std O), *13*		240 ____
27992	ADM 30,000-gallon 1-D Tank Car 3-pack (std O), *13*		240 ____
27996	ACFX 30,000-gallon 1-D Tank Car 3-pack (std O), *13*		240 ____
28000	C&NW 4-6-4 Hudson Locomotive "3005," *99*		205 ____
28004	B&O 4-4-2 E6 Atlantic Locomotive, traditional, *99–00*		410 ____
28005	PRR 4-4-2 E6 Atlantic Locomotive, traditional, *99–00*		345 ____
28006	ATSF 4-4-2 E6 Atlantic Locomotive, traditional, *99–00*		285 ____
28007	NYC 4-6-4 Hudson Locomotive "5406," *99*		380 ____
28008	C&O 4-6-4 Hudson Locomotive "306," *99*		345 ____
28009	Santa Fe 4-6-4 Hudson Locomotive "3463," *99*		330 ____
28011	C&O 2-6-6-6 Allegheny Locomotive "1601," *99*		1800 ____
28012	4-6-4 Commodore Vanderbilt Locomotive, red, *00 u*		1700 ____
28013	NH 4-6-2 Pacific Locomotive "1335," *99*		325 ____
28014	NYC 4-6-2 Pacific Locomotive "4930," *99*		305 ____
28015	Santa Fe Pacific 4-6-2 Pacific Locomotive "3449," *99*		340 ____
28016	Southern 4-6-2 Pacific Locomotive "1407," *99*		345 ____
28017	Case Cutlery 4-6-2 Pacific Locomotive, *99 u*		300 ____
28018	Reading 4-6-0 Camelback Locomotive "571," CC, *01*		495 ____
28020	Lionel Lines 4-6-2 Pacific Locomotive "3344," *99*		250 ____
28022	West Side Lumber Shay Locomotive "800," *99*		810 ____
28023	PRR K4 4-6-2 Pacific Locomotive "3755," CC, *99*		375 ____
28024	4-6-4 Commodore Vanderbilt Locomotive, blue, *00 u*		1663 ____
28025	PRR K4 4-6-2 Pacific Locomotive, traditional, *99*		330 ____
28026	LL 4-6-2 Pacific Locomotive, CC, *99*		325 ____
28027	NYC 4-6-4 Hudson Locomotive "5413," *00*		590 ____
28028	Virginian 2-6-6-6 Allegheny Locomotive "1601," *99*		1318 ____
28029	UP 4-8-8-4 Big Boy Locomotive "4006," *99–00*		1500 ____
28030	NYC 4-6-4 Hudson Locomotive "5450," gray, CC, *00*		315 ____
28032	B&O 4-6-2 Pacific Locomotive, CC, *00*		315 ____
28033	B&O 4-6-2 Pacific Locomotive, traditional, *00*		195 ____
28034	UP 4-6-2 Pacific Locomotive, CC, *00*		310 ____

Exc Mint

		Exc	Mint
28035	UP 4-6-2 Pacific Locomotive, traditional, *00*		210
28036	SP 2-8-0 Consolidation Locomotive "2685," CC, *00–01*		270
28037	SP 2-8-0 Consolidation Locomotive "2686," traditional, *00–01*		295
28038	UP 2-8-0 Consolidation Locomotive "324," CC, *00–01*		315
28039	UP 2-8-0 Consolidation Locomotive "326," traditional, *00–01*		240
28051	B&O 2-8-8-4 EM-1 Articulated Locomotive "7617," *00*		970
28052	N&W 2-6-6-4 Class A Locomotive "1218," *00*		870
28055	GN 4-6-4 Hudson Locomotive "1725," traditional, *00–01*		170
28057	Southern 4-8-2 Mountain Locomotive "1491," CC, *00*		690
28058	NH 4-8-2 Mountain Locomotive "3310," CC, *00*		670
28059	WP 4-8-2 Mountain Locomotive "179," CC, *00*		630
28062	LL Gold-plated 700E J-1E 4-6-4 Hudson Locomotive, display case, *00*		1050
28063	PRR T-1 4-4-4-4 Duplex Locomotive "5511," CC, *00*		910
28064	UP Challenger Coal Tender "3985," CC, *00 u*	1350	1800
28065	NYC Hudson 4-6-4 Locomotive "5412," RailSounds, *00*		290
28066	B&O President Polk 4-6-2 Locomotive, CC, *01*		750
28067	Erie 4-6-2 Locomotive "2934," CC, *01*		570
28068	D&RGW 4-6-4 Hudson Locomotive, traditional, *01 u*		300
28070	SP Daylight 4-4-2 Atlantic Locomotive "3000," CC, *01*		425
28071	NP 4-4-2 Atlantic Locomotive "604," CC, *01*		415
28072	NYC 4-6-4 Hudson J3a Locomotive "5444," CC, *01*		790
28074	NP 2-8-4 Berkshire Locomotive "759," CC, *01*		640
28075	C&O 2-6-6-2 Locomotive "1521," CC, *01*		930
28076	NKP 2-6-6-2 Locomotive "921," CC, *01*		960
28077	UP 4-6-6-4 Challenger Locomotive "3983," CC, *01*		680
28078	PRR 2-10-4 J1a Locomotive "6496," CC, *01*		880
28079	C&O 2-10-4 Class T Locomotive "3004," CC, *01*		882
28080	NYC 0-8-0 Locomotive "7745," CC, *01–02*		540
28081	C&O 0-8-0 Locomotive "75," CC, *01–02*		520
28084	NYC Dreyfuss Hudson 4-6-4 Locomotive "5452," CC, *01–02*		790
28085	N&W 2-8-8-2 Y6b Class Locomotive "2200," CC, *03*		1207
28086	PRR H9 Consolidation Locomotive "1111," CC, *01*		480
28087	UP Auxiliary Tender, yellow, CC, *01*		210
28088	N&W Auxiliary Water Tender, CC, *01–02*		200
28089	PRR 4-4-4-4 T-1 Duplex Locomotive "5511," 2-rail, *00*		1150
28090	UP Challenger Oil Tender "3977," 2-rail, *00 u*		1800

		Exc	Mint
28098	NYC 4-6-0 10-wheel Locomotive "1916," CC, *01–02*	520	___
28099	UP Challenger Oil Tender "3977," CC, *00 u*	1700	___
28200	D&H U30C Diesel "702," CC (SSS), *02*	375	___
28201	UP SD90MAC Diesel "8049," *03*	345	___
28202	Conrail SD80MAC Diesel "7203," *03*	325	___
28203	CSX SD80MAC Diesel "803," *03*	325	___
28204	NS SD80MAC Diesel "7201," *03*	345	___
28205	Chessie System SD9 Diesel "1833," CC, *03*	230	___
28207	Erie-Lackawanna U33C Diesel "3304," CC, *02*	355	___
28208	BN U33C Diesel "5734," CC, *02*	355	___
28211	CP SD90MAC Diesel "9107," *03*	300	___
28213	Amtrak GE Dash 8 Diesel "516," CC, *02*	300	___
28214	BNSF GE Dash 8 Diesel "582," CC, *02*	325	___
28215	B&O GP30 Diesel "6939," CC, *02*	315	___
28216	Reading GP30 Diesel "5518," CC, *02*	315	___
28217	Rio Grande GP30 Diesel "3013," CC, *02*	315	___
28218	Lehigh Valley Alco C420 Switcher "407," CC, *04*	325	___
28219	Seaboard Alco C420 Switcher "136," CC, *04*	300	___
28222	Santa Fe Dash 9 Diesel "605" CC, *05*	250	___
28223	BNSF SD70MAC Diesel "9433," CC, *05*	250	___
28224	Jersey Central SD40-2 Diesel "3067," CC, *04*	350	___
28225	SPSF SD40T-2 Diesel "8521," CC, *04–05*	430	___
28226	NS SD80MAC Diesel "7204," CC, *04–05*	430	___
28227	UP SD70MAC Diesel "4979," CC, *04*	375	___
28228	C&NW Dash 9-44CW Diesel "8669," CC, *03*	350	___
28229	SP Dash 9-44CW Diesel "8132," CC, *03*	350	___
28230	Amtrak Dash 8 Diesel "505," CC, *04*	295	___
28235	Great Northern U33C Diesel "2543," CC, *05*	455	___
28237	Reading U30C Diesel "6301," CC, *05*	455	___
28239	Union Pacific SD70 Diesel, TMCC, *04*	360	___
28241	C&NW U30C Diesel "935," CC, *06*	455	___
28242	SP U33C Diesel "8773," CC, *06*	475	___
28243	LIRR Alco C420 Hi-nose Switcher "206," CC, *06*	420	___
28244	N&W Alco C420 Hi-nose Switcher "417," CC, *06–07*	420	___
28245	Chessie System SD40T-2 Diesel "7617," RailSounds, *06*	265	___
28246	Chessie System SD40T-2 Diesel "7618," nonpowered (std O), *06*	160	___
28247	Rio Grande SD40T-2 Diesel "5348," RailSounds, *06*	265	___
28248	Rio Grande SD40T-2 Diesel "5349," nonpowered (std O), *06*	160	___
28250	N&W Alco C420 Hi-nose Switcher "416," nonpowered (std O), *06–07*	160	___
28251	LIRR Alco C420 Hi-nose Switcher "206," nonpowered (std O), *06*	160	___
28252	SP U33C Diesel "8774," nonpowered (std O), *06*	160	___
28253	C&NW U30C Diesel "936," nonpowered (std O), *06*	160	___

		Exc	Mint
___	**28255** UP SD40T-2 Diesel "4551," traditional, CC, 07–08		265
___	**28256** UP SD40T-2 Diesel "4596," nonpowered (std O), 07		170
___	**28257** NS SD40-2 Diesel "3340," CC, 06		430
___	**28258** NS SD40-2 Diesel "3341," nonpowered (std O), 06		170
___	**28259** CN SD40-2 Diesel "5383," CC, 06		430
___	**28260** CN SD40-2 Diesel "5384," nonpowered (std O), 06		170
___	**28261** UP (MP) SD70ACe Diesel "1982," CC, 07		450
___	**28262** UP (WP) SD70ACe Diesel "1983," CC, 07		450
___	**28263** UP (MKT) SD70ACe Diesel "1988," CC, 07		450
___	**28264** UP "Building America" SD70ACe Diesel "8348," CC, 07		450
___	**28265** MILW U30C Diesel "5657," CC, 07		455
___	**28266** MILW U30C Diesel "5657," nonpowered (std O), 07–08		170
___	**28267** Conrail U30C Diesel "6837," CC, 07		455
___	**28268** Conrail U30C Diesel "6838," nonpowered (std O), 07–08		170
___	**28269** ATSF Dash 8-40BW Diesel "562," CC, 08		500
___	**28270** ATSF Dash 8-40CW Diesel "563," nonpowered, 08		220
___	**28272** "I Love USA" SD60 Diesel "1776," traditional, 06		250
___	**28279** UP SD70ACe Diesel "1989," CC, 07		450
___	**28280** UP (C&NW) SD70ACe Diesel "1995," CC, 07		450
___	**28281** UP (SP) SD70ACe Diesel "1996," CC, 07		450
___	**28283** UP "Building America" SD70AC3 Diesel, nonpowered (std O), 07		170
___	**28284** Ferromex SD70ACe Diesel "4011," CC, 08		495
___	**28287** KCS SD70ACe Diesel "4050," CC, 08		495
___	**28292** Chessie System U30C Diesel "3312," CC, 02		300
___	**28293** Santa Fe U28CG Diesel "354," CC, 02		375
___	**28295** Conrail LionMaster SD80MAC Diesel, nonpowered, 08		200
___	**28296** UP AC6000 Diesel "7526," CC, 08		660
___	**28297** SP GP9 Diesel "446," CC, 10		390
___	**28298** CSX AC6000 Diesel "608," CC, 08		660
___	**28299** CSX AC6000 Diesel "609," nonpowered, 08		220
___	**28300** NS Dash 9 Diesel "9607," nonpowered, 08		220
___	**28302** BNSF SD70ACe Diesel "9380," CC, 08		495
___	**28305** CSX AC6000 Diesel "610," nonpowered, RailSounds, 08		430
___	**28306** GE ES44AC Evolution Hybrid Diesel "2010," CC, 09–10		1000
___	**28307** Wabash Train Master Diesel "550," CC, 09–10		495
___	**28311** UP DD35A Diesel, CC, 11		600
___	**28312** BN SD60 Diesel "8301," CC, 09		800
___	**28314** UP 3GS21B Genset Switcher "2701," CC, 10		675
___	**28316** PRR NS Heritage SD70ACe Diesel "1854," CC, 10		500

		Exc	Mint
28318	Conrail NS Heritage SD70ACe Diesel "1209," CC, *10*	500	___
28320	CP Evolution Hybrid Diesel, *10*	875	___
28323	NS Genset Switcher, CC, *11*	800	___
28327	UP AC6000 Diesel "7050," CC, *10*	700	___
28328	UPAC6000 Diesel "7055," nonpowered, CC, *10*	350	___
28330	UP SD70ACe Diesel "8444," CC, *10*	500	___
28331	CSX AC6000 Diesel "618," CC, *10*	700	___
28333	Virginian NS Heritage SD70ACe Diesel, CC, *10*	500	___
28334	NS Heritage SD70ACe Diesel "1982," CC, *10*	500	___
28338	PRR NS Heritage SD70ACe Diesel, CC, *11*	500	___
28339	ATSF AC6000 Diesel "9876," CC, *10*	550	___
28340	WP GP7 Diesel "705," CC, *10*	450	___
28343	Amtrak Dash 9 Diesel "519," CC, *10*	500	___
28344	Southern NS Heritage SD70ACe Diesel, CC, *10*	500	___
28345	N&W NS Heritage SD70ACe Diesel "247," CC, *10*	500	___
28347	UP Boy Scouts 100th Anniversary ES44AC Diesel, CC, *11*	850	___
28350	BNSF ES44AC Diesel, CC, *11*	850	___
28351	KCS ES44AC Diesel "4655," CC, *11*	850	___
28353	Erie GP7 Diesel, CC, *11*	450	___
28354	CSX Genset Switcher "1303," CC, *11*	800	___
28355	BNSF Genset Switcher "1249," CC, *11*	800	___
28356	CSX SD60 Diesel, CC, *11*	500	___
28357	CSX SD60 Diesel, CC, *11*	500	___
28358	Soo Line SD60 Diesel, CC, *11*	500	___
28359	Soo Line SD60 Diesel, CC, *11*	500	___
28360	WP GP7 Diesel "707," CC, *11*	450	___
28361	WM GP7 Diesel "21," CC, *11*	450	___
28362	WM GP7 Diesel "23," CC, *11*	450	___
28363	BN SD60 Diesel "8302," CC, *11*	500	___
28364	BNSF Dash-9 Dlesel "4081," CC, *11*	500	___
28365	BNSF Dash-9 Diesel "5121," CC, *11*	500	___
28366	CN Dash-9 Diesel "2643," CC, *11*	500	___
28367	CN Dash-9 Diesel "2692," CC, *11*	500	___
28368	Amtrak Dash-9 Diesel, CC, *11*	500	___
28369	NYC DD35A Diesel "9950," CC, *11*	600	___
28370	UP DD35 Diesel "84," CC, *12*	600	___
28371	UP DD35A Diesel "72," CC, *11*	600	___
28372	NYC DD35A Diesel "9955," CC, *11*	600	___
28373	C&NW UP Heritage SD70ACe Diesel, CC, *11*	500	___
28374	SP UP Heritage SD70ACe Diesel, CC, *11*	500	___
28375	Katy UP Heritage SD70ACe Diesel, CC, *11*	500	___
28376	MoPac UP Heritage SD70ACe Diesel, CC, *11*	500	___
28377	Rio Grande UP Heritage SD70ACe Diesel, CC, *11*	500	___
28378	WP UP Heritage SD70ACe Diesel, CC, *11*	500	___
28380	NYC DD35A Diesel, nonpowered, *11*	440	___
28381	ATSF GP30 Diesel, CC, *11*	500	___

			Exc	Mint
___	28382	U.S. Army Genset Switcher, CC, *11*		800
___	28383	Conrail Genset Switcher, CC, *11*		800
___	28384	CN Genset Switcher "7990," CC, *11–12*		800
___	28385	ATSF GP30 Diesel "1214," CC, *11*		500
___	28386	ATSF GP30 Diesel "2710," *11*		380
___	28387	ATSF GP30 Diesel "2715," nonpowered, *11*		240
___	28388	ICG GP30 Diesel "2268," CC, *11*		500
___	28389	ICG GP30 Diesel "2271," CC, *11*		500
___	28390	UP DD35 Diesel "79," nonpowered, *12*		440
___	28394	ICG GP30 Diesel "2277," *11*		380
___	28395	ICG GP30 Diesel "2279," nonpowered, *11*		240
___	28396	UP ES44AC Diesel "7454," CC, *11*		850
___	28397	UP ES44AC Diesel "7459," CC, *11*		850
___	28398	BNSF ES44AC Diesel "6436," CC, *11*		850
___	28399	KCS ES44AC Diesel "4682," CC, *11*		850
___	28400	Amtrak Rail Bonder, *05*		65
___	28403	Pennsylvania Ballast Tamper, traditional, *05–06*		105
___	28404	Maintenance Car, *05*		105
___	28405	Picatinny Arsenal Switcher, CC, *05*		290
___	28406	CSX Rail Bonder "92794," traditional, *05*		65
___	28407	UP Speeder, *05*		65
___	28408	CNJ Speeder "MW840," traditional, *06*		70
___	28409	Conrail Rail Bonder "X409," traditional, *06*		70
___	28411	U.S. Army Missile Launcher Locomotive, *06–07*		300
___	28412	Santa's Speeder, *06*		70
___	28413	Milwaukee Road Snowplow "X903," traditional, *06*		210
___	28414	Lionel Lines Burro Crane, traditional, *06*		160
___	28415	Third Avenue Trolley "1651," traditional, *06*		70
___	28416	Hobo Handcar, traditional, *06*		70
___	28417	Christmas Rotary Snowplow, *06*		180
___	28418	Christmas Trolley, *06*		70
___	28419	Lionel Lines Speeder, *07–08*		70
___	28420	D&RGW Handcar, *07–08*		70
___	28421	Fort Collins Trolley, *07*		73
___	28422	PRR Burro Crane, *07–08*		160
___	28423	Alaska Rotary Snowplow, *06–07*		220
___	28424	Postwar "51" Navy Switcher, *07*		210
___	28425	Polar Express Elf Handcar, *06–12*		85
___	28427	Christmas Snowplow, *08–10*		210
___	28428	Halloween Handcar, *07*		70
___	28430	Wellspring Capital Management Trolley, *06*		78
___	28432	Bethlehem Steel Switcher, traditional, *07*		210
___	28434	Christmas Trolley, *07*		70
___	28438	Portland Birney Trolley, *08–09*		65
___	28440	PRR Inspection Vehicle, *08–09*		170
___	28441	Transylvania Trolley, *08*		75
___	28442	Postwar "50" Gang Car, *08*		120
___	28444	NH Handcar, *08–09*		75
___	28445	AEC Burro Crane Car		100

		Exc	Mint
28446	Silver Bell Trolley, *09*	90	___
28447	4850TM Factory Trackmobile, CC, *10*	300	___
28448	CSX 4850TM Trackmobile, CC, *10*	300	___
28449	UP 4850TM Trackmobile, CC, *10*	300	___
28450	CP Rail Trackmobile, CC, *11*	300	___
28451	Christmas Track Cleaning Car, *10–12*	150	___
28452	MOW Early Era Inspection Vehicle, *10*	130	___
28453	PRR Early Era Inspection Vehicle, *10*	130	___
28454	CP Early Era Inspection Vehicle, *10*	130	___
28455	NYC Trackmobile, CC, *11–12*	300	___
28456	Coca-Cola Trolley, *10*	90	___
28457	B&M Rotary Snowplow "8457," *11*	250	___
28466	U.S. Army Trackmobile, CC, *11*	300	___
28467	PRR Trackmobile, CC, *11*	300	___
28468	Amtrak Trackmobile, CC, *11*	300	___
28469	BNSF Trackmobile, CC, *11*	300	___
28470	NYC Early Era Inspection Vehicle, *11*	130	___
28471	ATSF Early Era Inspection Vehicle, CC, *11*	130	___
28472	Southern Early Era Inspection Vehicle, *11*	130	___
28473	GN Early Era Inspection Vehicle, CC, *11*	130	___
28474	North Pole Central Elf Handcar, *11*	80	___
28475	UP Early Era Inspection Vehicle, *11*	130	___
28476	IC Early Era Inspection Vehicle, *11*	130	___
28478	Frisco Early Era Inspection Vehicle, CC, *11*	130	___
28479	Christmas Early Era Inspection Vehicle, *11*	130	___
28480	Grand Trunk Early Era Inspection Vehicle, CC, *11*	130	___
28500	Mopac GP20 Diesel "2274," *99–00*	205	___
28501	ATSF GP9 Diesel "2924," traditional, *99*	200	___
28502	ATSF GP9 Diesel "2925," CC, *99–00*	255	___
28503	ACL GP7 Diesel, CC, *00*	245	___
28504	ACL GP7 Diesel, traditional, *00*	170	___
28505	Monon Alco C420 Switcher "505," CC, *00–01*	230	___
28506	Monon Alco C420 Switcher "506," traditional, *00–01*	170	___
28507	NH Alco C420 Switcher "2556," CC, *00–01*	275	___
28508	NH Alco C420 Switcher "2557," traditional, *00–01*	290	___
28509	FEC GP7 Diesel Set, *99*	560	___
28514	B&O GP9 Diesel "6590," *00*	85	___
28515	Lionel Service Station Alco C420 Switcher, CC, *00*	205	___
28516	Lehigh & Hudson River Alco C420 Diesel, *00*	160	___
28517	C&NW GP7 Diesel "1518," CC, *00–01*	275	___
28518	PRR EP-5 Electric Locomotive "2352," CC, *00*	410	___
28519	NP GP9 Diesel "2349," CC, *01*	290	___
28521	SP Alco RS-11 Switcher "5725," CC, *01–02*	280	___
28522	MP Alco RS-11 Switcher "4611," CC, *01–02*	305	___
28523	Soo SD40-2 Diesel "6622," CC, *01*	375	___
28524	Chessie SD40-2 Diesel "7616," CC, *01*	355	___
28527	AEC GP9 Diesel "2001," CC, *01*	375	___
28529	Norfolk Southern GP9 Diesel, CC, *02*	200	___

		Exc	Mint
____ 28530	NP Alco S4 Diesel "722," CC, *02*		285
____ 28531	Santa Fe Alco S2 Switcher "2337," CC, *02*		285
____ 28532	LV Alco S2 Switcher "150," CC, *02*		280
28533	Seaboard Air Line Alco S4 Diesel "1489," CC, *02*		
____			290
____ 28536	Rock Island GP7 Diesel "1274," CC, *02–03*		230
____ 28538	WP Alco S2 Switcher "553," CC, *03*		340
____ 28539	B&O Alco S2 Switcher "9045," CC, *03*		320
____ 28540	UP SD40T-2 Diesel "4455," CC, *03*		390
____ 28541	SP SD40T-2 Diesel "8239," CC, *03*		400
____ 28542	Rio Grande SD40T-2 Diesel "5350," CC, *03*		400
____ 28543	Ontario Northland RS3 Diesel "1308," *03*		80
28544	Pennsylvania Alco RS-11 Switcher "8618," CC, *04*		
____			350
____ 28545	NP Alco RS-11 Switcher "900," CC, *03*		325
____ 28548	Chessie System S4 Diesel "9009," CC, *05*		400
____ 28553	PRR Alco RS-11 Switcher "8620," traditional, *07–08*		
			285
28554	Pennsylvania Alco RS-11 Switcher "8618," nonpowered, CC, *07*		
____			170
____ 28554	PRR RS-11 Diesel "8621," nonpowered, *08*		170
28555	Alaska GP38-2 Diesel "2001," CC, *06*		400
28556	Alaska GP38-2 Diesel "2002," nonpowered (std O), *06*		
____			160
28557	CP GP30 Diesel "5000," CC, *06–07*		400
28558	CP GP30 Diesel "5001," nonpowered (std O), *06–07*		
____			150
28559	Chessie System GP30 Diesel "3044," CC, *06–07*		
____			400
28560	Chessie System GP30 Diesel "3045," nonpowered (std O), *06–07*		
____			150
____ 28561	NYC GP7 Diesel "5628," CC, *07–08*		340
28562	NYC GP7 Diesel "5629," nonpowered (std O), *07*		
____			170
____ 28563	GN GP7 Diesel "626," CC, *07*		400
____ 28564	GN GP7 Diesel "627," nonpowered (std O), *07*		170
____ 28565	RI GP7 Diesel "1265," CC, *07*		400
____ 28566	RI GP7 Diesel "1266," nonpowered (std O), *07*		170
____ 28567	UP GP7 Diesel "105," CC, *07*		400
____ 28568	UP GP7 Diesel "106," nonpowered (std O), *07*		170
____ 28570	D&RGW GP7 Diesel "5101," CC, *08*		440
____ 28573	PRR GP7 Diesel "8512," CC, *08*		440
____ 28578	D&H GP38-2 Diesel "7307," CC, *08*		440
____ 28587	PRR GP7 Diesel "8510," CC, *10*		450
____ 28592	N&W GP7 Diesel "2446," CC, *09*		500
28594	White Pass & Yukon NW2 Diesel Switcher, traditional, *09–10*		
____			300
____ 28595	ATSF SD40 Diesel "5004," CC, *09*		380
____ 28596	Erie GP7 Diesel "1210," CC, *11*		450
____ 28598	ATSF GP7 Diesel "2791," CC, *10*		450
____ 28599	Erie GP9 Diesel "1261," CC, *10*		390
____ 28612	WP 4-4-2 Atlantic Locomotive, traditional, *02*		80
28613	Reading 0-6-0 Dockside Switcher "1251," traditional, *04*		
____			100

Exc Mint

		Exc	Mint
28615	B&O 4-6-4 Hudson Locomotive, traditional, *02*		225 ___
28616	Nickel Plate 2-8-4 Berkshire Locomotive, traditional, *02*		190 ___
28617	Southern 2-8-4 Berkshire Locomotive, traditional, *02*		235 ___
28624	Santa Fe 0-6-0 Dockside Switcher "2174," traditional, *04*		175 ___
28625	Wabash 4-4-2 Atlantic Locomotive "8625," traditional, *03*		85 ___
28626	PRR 4-6-4 Hudson Locomotive "626," traditional, *03*		175 ___
28627	C&O 2-8-4 Berkshire Locomotive "2755," traditional, *03*		200 ___
28628	L&N 2-8-4 Berkshire Locomotive "1970," traditional, *03*	150	200 ___
28633	JCPenney B&O 2-8-4 Berkshire Locomotive, *07*		135 ___
28636	D&RGW 4-4-2 Atlantic Locomotive "8636," traditional, *04*		95 ___
28637	UP 4-6-4 Hudson Locomotive "673," traditional, *04*		160 ___
28638	GN 2-8-4 Berkshire Locomotive "3414," traditional, *04*		200 ___
28639	NYC 2-8-4 Berkshire Locomotive "9401," traditional, *04*		200 ___
28646	North Pole Central 2-8-4 Berkshire "1900," traditional, *04*		230 ___
28649	Polar Express 2-8-4 Berkshire Locomotive, *03–10*		120 ___
28650	NYC 0-6-0 Dockside Switcher "X-8688," traditional, *05*		80 ___
28651	Bethlehem Steel 0-6-0 Dockside Switcher "72," traditional, *05*		80 ___
28652	LL 4-4-2 Locomotive "8652," traditional, *05*		105 ___
28655	Erie 2-8-4 Berkshire Locomotive "3338," traditional, *05*		240 ___
28656	PRR 2-8-4 Berkshire Locomotive "56," traditional, *05*		240 ___
28660	North Pole Central 0-6-0 Dockside Switcher "25," traditional, *05*		105 ___
28661	Santa Fe 0-4-0 Locomotive "2300" traditional, *05*		160 ___
28662	C&O 0-4-0 Locomotive "39," traditional, *05*		160 ___
28674	C&O 0-6-0 Dockside Switcher "67," traditional, *06–07*		110 ___
28675	SP 0-6-0 Dockside Switcher "675," traditional, *06–07*		110 ___
28676	U.S. Steel 0-6-0 Dockside Switcher "76," traditional, *06–07*		110 ___
28677	WM 4-4-2 Atlantic Locomotive "103," traditional, *06*		110 ___
28678	Rio Grande 0-4-0 Locomotive "55," traditional, *06–07*		170 ___
28679	U.S. Army Transportation Corps 0-4-0 Locomotive "40," traditional, *06*		170 ___
28680	Reading 0-4-0 Locomotive "1152," traditional, *06*		170 ___

		Exc	Mint
28681	Virginian 2-8-4 Berkshire Locomotive "509," traditional, 06		260
28683	B&O 2-8-2 Mikado Locomotive "1520," TrainSounds, 06–07		260
28684	UP 2-8-2 Mikado Locomotive "2498," TrainSounds, 06–07		260
28693	B&O 4-4-2 Locomotive "28," traditional, 05		105
28694	NYC 4-4-2 Atlantic Locomotive "8637," traditional, 06		100
28695	Halloween 0-6-0 Dockside Switcher "X-131," traditional, 06–07		85
28699	Holiday 2-8-2 Mikado Locomotive "25," red, RailSounds, 08		260
28700	CB&Q 0-8-0 Locomotive "543," RailSounds, 05		650
28701	NP 0-8-0 Locomotive "1178," RailSounds, 05		650
28702	Boston & Albany 0-8-0 Locomotive "53," RailSounds, 05		650
28704	PRR 4-4-2 Atlantic Locomotive "68," CC, 05		550
28706	PRR Reading Seashore 4-4-2 Atlantic Locomotive "6064," CC, 05		550
28742	B&O 4-6-0 Camelback Locomotive "1630," CC, 03		335
28743	B&O 4-6-0 Camelback Locomotive "1632," traditional, 03		300
28744	D&H 4-6-0 Camelback Locomotive "548," CC, 03		325
28745	D&H 4-6-0 Camelback Locomotive "555," traditional, 03		300
28746	Erie 4-6-0 Camelback Locomotive "860," CC, 03		375
28747	Erie 4-6-0 Camelback Locomotive "878," traditional, 03		300
28748	Jersey Central 4-6-0 Camelback Locomotive "772," CC, 03		300
28749	Jersey Central 4-6-0 Camelback Locomotive "773," traditional, 03		300
28750	Lackawanna 4-6-0 Camelback Locomotive "690," CC, 03		375
28751	Lackawanna 4-6-0 Camelback Locomotive "1031," traditional, 03		300
28752	LIRR 4-6-0 Camelback Locomotive "126," CC, 03		300
28753	LIRR 4-6-0 Camelback Locomotive "127," traditional, 03		300
28754	NYO&W 4-6-0 Camelback Locomotive "249," CC, 03		300
28755	NYO&W 4-6-0 Camelback "253" Locomotive, traditional, 03		300
28756	PRR Reading Seashore 4-6-0 Camelback Locomotive "6000," CC, 03		325
28757	PRR Reading Seashore 4-6-0 Camelback Locomotive "6001," traditional, 03		300
28758	Susquehanna 4-6-0 Camelback Locomotive "30," CC, 03		305
28759	Susquehanna 4-6-0 Camelback Locomotive "36," traditional, 03		300
28800	N&W GP7 Diesel "507," 99–00		80

		Exc	Mint
28801	Lionel Lines 44-ton Switcher, *99*		135 ____
28806	Jersey Central FM H16-44 Diesel "1516," CC, *01*		335 ____
28811	Santa Fe FM H16-44 Diesel "3003," CC, *01*		290 ____
28813	Milwaukee Road FM H16-44 Diesel "406," CC, *01*		280 ____
28815	B&O GP30 Diesel "6935," CC, *02*		295 ____
28817	Reading GP30 Diesel "5513," CC, *02*		310 ____
28819	Rio Grande GP30 Diesel "3013," CC, *02*		310 ____
28821	GT GP7 Diesel "4438," *01*		100 ____
28822	Southern RS3 Diesel "2127," *01*		70 ____
28823	Virginian Electric Locomotive "234," *01*		122 ____
28826	Pioneer Seed GP7 Diesel "2001," traditional, *00 u*		NRS ____
28827	Chessie GP38 Diesel, traditional, *01*		100 ____
28830	Soo Line GP9 Diesel, traditional, *01 u*		NRS ____
28831	Conrail U36B Diesel "2971," traditional, *02*		100 ____
28832	Santa Fe RS3 Diesel "2099," traditional, *02*		70 ____
28836	NYC FM H-16-44 Diesel "7000," CC, *02*		330 ____
28837	NH FM H-16-44 Diesel "591," CC, *02*		325 ____
28838	UP FM H-16-44 Diesel "1340," CC, *02*		325 ____
28839	Alaska GP 30 Diesel "2000," CC, *04*		315 ____
28840	Burlington GP30 Diesel "945," CC, *03*		325 ____
28841	Seaboard GP30 Diesel "1315," CC, *03*		220 ____
28842	C&O GP9 Diesel, horn, *04*		160 ____
28843	Southern GP38 Diesel, horn, *04*		140 ____
28845	Amtrak RS3 Diesel "106," *03*		70 ____
28846	Western Pacific U36B Diesel "3067," traditional, *04*		100 ____
28847	DM & IR GP38 Diesel "203," traditional, *04*		170 ____
28848	JCPenney Santa Fe GP38 Diesel, *04*		125 ____
28849	Western Maryland GP7 Diesel, horn, *04*		185 ____
28850	NYC GP30 Diesel "6115" CC, *04*		360 ____
28851	Pennsylvania RS3 Diesel, *04*		75 ____
28852	CSX U36B Diesel "1976," traditional, *05*		140 ____
28853	Santa Fe GP38 Diesel "2371," traditional, *05*		210 ____
28859	Pennsylvania GP30 Diesel "2206," nonpowered, *06*		160 ____
28860	UP GP30 Diesel "844," CC, *06*		360 ____
28861	UP GP30 Diesel "845," nonpowered (std O), *06*		150 ____
28862	CSX GP30 Diesel "4249," CC, *06*		400 ____
28863	CSX GP30 Diesel "4250," nonpowered (std O), *06*		150 ____
28864	UP RS3 Diesel "1195," traditional, *06*		85 ____
28865	GN GP9 Diesel "688," traditional, *06*		210 ____
28866	NYC GP20 Diesel "6110," traditional, *06*		140 ____
28868	ATSF GP38 Diesel		140 ____
28873	NYC RS3 Diesel "8226," traditional, *06*		85 ____
28874	UP GP9 Diesel "178," traditional, *06–07*		210 ____
28875	Santa Fe GP20 "1107," traditional, *06*		140 ____
28876	GN FT Diesel "418," traditional, *07–08*		245 ____
28879	UPS Centennial GP38 Diesel, traditional, *06*		210 ____

		Exc	Mint
____ 28881	Conrail GP20 Diesel "2107," traditional, *07*		140
____ 28882	Alaska RS3 Diesel "1079," traditional, *07*		85
____ 28883	Diesel, *07–12*		120
____ 28884	PRR GP38 Diesel "2389," traditional, *08–09*		210
____ 28886	RI RS3 Diesel "492," traditional, *08*		95
____ 28887	Southern RS3 Diesel "2028," traditional, *08*		95
____ 28890	CN GP9 Diesel "4573," traditional, *08*		210
____ 28897	Seaboard U36B Diesel "1762," traditional, *08*		140
____ 28900	Iron 'Arry and Iron Bert 2-pack, *08–09*		240
____ 28905	ATSF FT Diesel "160," nonpowered, *09–10*		120
____ 29000	PRR Caleb Strong Madison Coach "2622," *99*		80
____ 29001	PRR Villa Royal Madison Coach "2621," *99*		80
____ 29002	PRR Philadelphia Madison Coach "2624," *99*	30	80
____ 29003	PRR Madison Car 4-pack, *98*		220
____ 29004	NYC Heavyweight Passenger Car 2-pack, *99*		170
____ 29007	NYC Pullman Passenger Car 2-pack, *98 u*		95
____ 29008	NYC Heavyweight Diner "383," *98*		95
29009	NYC Van Twiller Heavyweight Combination Car, *98*		
____			95
____ 29010	C&O Heavyweight Passenger Car 2-pack, *99*		150
29039	Lionel Lines Recovery Combination Car "9501," *99*		
____			NRS
____ 29041	Alaska Streamliner Car 4-pack, *99–00*		230
29042	Alaska Streamliner Baggage Car "6310," *99–00*		
____			50
____ 29043	Alaska Streamliner Coach "5408," *99–00*		65
29044	Alaska Streamliner Vista Dome Car "7014," *99–00*		
____			65
____ 29046	B&O Streamliner Car 4-pack, *99–00*		165
____ 29047	B&O Streamliner Baggage Car, *99–00*		35
____ 29048	B&O Streamliner Coach, *99–00*		50
____ 29049	B&O Streamliner Vista Dome Car, *99–00*		50
____ 29050	B&O Streamliner Observation Car, *99–00*		40
____ 29051	ATSF Streamliner Car 4-pack, *99–00*		200
____ 29052	ATSF Streamliner Baggage Car, *99–00*		40
____ 29053	ATSF Streamliner Coach, *99–00*		60
____ 29054	ATSF Streamliner Vista Dome Car, *99–00*		60
____ 29055	ATSF Streamliner Observation Car, *99–00*		40
____ 29056	NYC Streamliner Car 4-pack, *99–00*		180
____ 29057	NYC Streamliner Baggage Car, *99–00*		40
____ 29058	NYC Streamliner Coach, *99–00*		50
____ 29059	NYC Streamliner Vista Dome Car, *99–00*		50
____ 29060	NYC Streamliner Observation Car, *99–00*		45
____ 29061	PRR Madison Passenger Car 4-pack, *99–00*		190
29062	PRR Indian Point Madison Baggage Car, *99–00*		
____			50
29063	PRR Christopher Columbus Madison Coach, *99–00*		
____			50
____ 29064	PRR Andrew Jackson Madison Coach, *99–00*		50
29065	PRR Broussard Madison Observation Car, *99–00*		
____			50
____ 29066	CNJ Madison Passenger Car 4-pack, *99–00*		210
____ 29067	CNJ Madison Baggage Car "420," *99–00*		50

Exc Mint

No.	Description	Exc	Mint
29068	CNJ Beachcomber Madison Coach, *99–00*		50 ___
29069	CNJ Echo Lake Madison Coach, *99–00*		50 ___
29070	CNJ Madison Observation Car "1178," *99–00*		50 ___
29071	NYC Baby Madison Car 4-pack, *00*		155 ___
29072	NYC Baby Madison Baggage Car "1001," *00*		50 ___
29073	NYC Baby Madison Coach "1005," *00*		50 ___
29074	NYC Baby Madison Coach "1006," *00*		50 ___
29075	NYC Detroit Baby Madison Observation Car "1019," *00*		40 ___
29076	Southern Baby Madison Car 4-pack, *00*		155 ___
29077	Southern Delaware Madison Baggage Car "702," *00*		30 ___
29078	Southern North Carolina Madison Coach "800," *00*		50 ___
29079	Southern Maryland Madison Coach "801," *00*		50 ___
29080	Southern Madison Observation Car "1100," *00*		40 ___
29081	ATSF Baby Madison Car 4-pack, *00*		160 ___
29082	ATSF Baby Madison Baggage Car "1765," *00*		30 ___
29083	ATSF Baby Madison Coach "3040," *00*		50 ___
29084	ATSF Baby Madison Coach "1535," *00*		50 ___
29085	ATSF Baby Madison Observation Car "10," *00*		45 ___
29086	Madison Car 3-pack, *99*		280 ___
29090	Lionel Liontech Madison Car "2656," *99*		75 ___
29091	Lawrence Cowen Lionel Legends Madison Coach "2657," *99–00*		75 ___
29105	PRR Trail Blazer Aluminum Passenger Car 4-pack, *04–05*		550 ___
29108	Searchlight Car, *00*		30 ___
29110	B&O Columbian Aluminum Passenger Car 4-pack, *04*		425 ___
29115	SP Daylight Aluminum Passenger Car 4-pack, *04–05*		550 ___
29122	Erie-Lack. F3 Diesel AB Passenger Set, *99*		840 ___
29123	Erie-Lack. Aluminum Coach/Baggage Car "203," *99*		100 ___
29124	Erie-Lack. Aluminum Coach/Diner "770," *99*		100 ___
29125	Erie-Lack. Eleanor Lord Aluminum Coach, *99*		100 ___
29126	Erie-Lack. Tavern Lounge Aluminum Observation Car "789," *99*		125 ___
29127	ACL Aluminum Baggage Car "152," *99*		NRS ___
29128	ACL North Hampton Aluminum Coach, *99*		NRS ___
29129	Texas Special Passenger Car 4-pack, *99*	650	700 ___
29130	Texas Special Edward Burleson Aluminum Coach "1200," *99*		115 ___
29131	Texas Special David G. Burnett Aluminum Coach "1201," *99*		115 ___
29132	Texas Special J. Pinckney Henderson Aluminum Coach "1202," *99*		115 ___
29133	Texas Special Stephen F. Austin Aluminum Observation Car "1203," *99*		100 ___
29135	California Zephyr Silver Poplar Aluminum Vista Dome Car, *99*		150 ___
29136	California Zephyr Silver Palm Aluminum Vista Dome Car, *99*		150 ___

			Mint
29137	California Zephyr Silver Tavern Aluminum Vista Dome Car, *99*		150
29138	California Zephyr Silver Planet Aluminum Vista Dome Car, *99*		150
29139	Kughn Lionel Legends Madison Car "2655," *99*		113
29140	NYC Castleton Bridge Aluminum Sleeper Car, *99*		120
29141	NYC Martin Van Buren Aluminum Combination Car, *99*		120
29142	CP Skyline Aluminum Vista Dome Car "596," *99*		125
29143	CP Banff Park Aluminum Observation Car, *99*		125
29144	Santa Fe El Capitan Aluminum Passenger Car 4-pack, *04*		400
29149	CB&Q California Zephyr Aluminum Passenger Car 2-pack, *03*		300
29152	Santa Fe Super Chief Aluminum Passenger Car 2-pack, *03*		190
29155	D&H Aluminum Passenger Car 2-pack, *03*		190
29158	Southern Aluminum Passenger Car 2-pack, *03*		205
29165	Amtrak Superliner Passenger Car 2-pack, Phase IV, *04*		195
29168	Amtrak Superliner Diner, StationSounds, Phase IV, *04*		200
29169	Alaska Superliner Passenger Car 2-pack, *04*		200
29172	Alaska Superliner Diner, StationSounds, *04*		200
29182	N&W Powhatan Arrow Aluminum Passenger Car 4-pack (std O), *05*		550
29187	N&W Powhatan Arrow Aluminum Passenger Car 2-pack (std O), *05*		290
29190	N&W Powhatan Arrow Aluminum Diner, StationSounds, *05*		290
29191	MILW Hiawatha Passenger Car 4-pack, *06*		370
29196	MILW Hiawatha Passenger Car 2-pack, *06*		190
29199	MILW Hiawatha Diner, StationSounds, *06*		190
29202	Santa Fe Map Boxcar "6464," *97 u*		53
29203	Maine Central Boxcar "6464-597," *97 u*		35
29205	Mickey Mouse Hi-Cube Boxcar "9555," *97*		65
29206	Vapor Records Boxcar #1, *97*		81
29209	Postwar "6464" Boxcar Series VII, 3 cars, *98*		87
29210	GN Boxcar "6464-450," *98*		33
29211	B&M Boxcar "6464-475," *98*		27
29212	Timken Boxcar "6464-500," *98*		28
29213	ATSF Grand Canyon Route 6464 Boxcar "6464-198," *98*		26
29214	Southern 6464 Boxcar "6464-298," *98*		27
29215	Canadian Pacific 6464 Boxcar "6464-398," *98*		26
29217	1997 Toy Fair Airex Boxcar, *97*		78
29218	Vapor Records Boxcar "6464-496," *97 u*		72
29220	Lionel Centennial Series Hi-Cube Boxcar Set, 4 cars, *97*		198
29221	Centennial Series Hi-Cube Boxcar "9697-1," *97*		48

		Exc	Mint
29222	Centennial Series Hi-Cube Boxcar "9697-2," *97*		58 ___
29223	Centennial Series Hi-Cube Boxcar "9697-3," *97*		55 ___
29224	Centennial Series Hi-Cube Boxcar "9697-4," *97*		58 ___
29225	H.O.R.D.E. Music Festival Boxcar, *97*	48	55 ___
29229	Vapor Records Holiday Car, *98*		149 ___
29231	Halloween Animated Boxcar, *98*		42 ___
29233	Conrail PC Overstamped Boxcar "6464-598," *98*		38 ___
29234	Conrail Erie Overstamped Boxcar "6464-698," *98*		32 ___
29235	NYC Boxcar "6464-510," *99*		47 ___
29236	MKT Boxcar "6464-515," *99*		40 ___
29237	M&StL Boxcar "6464-525," *99*		25 ___
29247	Mainline Classic Street Lamps, 3 pieces, *08–13*		40 ___
29250	Phoebe Snow Boxcar "6464-199," *99*		41 ___
29251	BN Boxcar "6464-299," *99*		31 ___
29252	CP Boxcar "6464-399," *99*		33 ___
29253	B&M Boxcar "76032," *99*		50 ___
29254	B&M Boxcar "76033," *99*		50 ___
29255	B&M Boxcar "76034," *99*		50 ___
29256	B&M Boxcar "76035," *99*		50 ___
29257	Southern Boxcar "9464-199," *99*		38 ___
29258	Reading Boxcar "9464-299," *99*		36 ___
29259	NP Bicentennial Boxcar "9464-399," *99*		34 ___
29265	Maine Central Boxcar "8661," *99*		36 ___
29266	Frisco Boxcar "8722," *99*		36 ___
29267	No. 6464 Boxcar 3-pack, Series VIII, *99*		85 ___
29268	Rio Grande Boxcar "63067," *99*		40 ___
29271	Lionel Cola Tractor and Trailer, *98*		12 ___
29279	Conrail Jersey Central Overstamped Boxcar "6464-28X," *99*		40 ___
29280	Conrail LV Overstamped Boxcar "6464-31X," *99*		41 ___
29281	Conrail Overstamped Boxcar 2-pack, *99*		70 ___
29282	Postwar "6464" Boxcar 3-pack, *99*		130 ___
29283	NYC Boxcar, *99*		55 ___
29284	GN Boxcar, *99*		40 ___
29285	Seaboard Boxcar, *99*		36 ___
29286	Overstamped Boxcar 2-pack, *99*		65 ___
29287	NH PC Overstamped Boxcar "6464-29X," *99*	18	34 ___
29288	Conrail Reading Overstamped Boxcar "6464-32X," *99*		38 ___
29289	Postwar "6464" Series IX, 3 cars, *99–00*		70 ___
29290	D&RGW Boxcar "6464-650," *00*		41 ___
29291	ATSF Boxcar "6464-700," *00*		38 ___
29292	NH Boxcar "6464-725," *00*		39 ___
29293	NH Boxcar "6464-425," *99*		95 ___
29294	Hellgate Bridge Boxcar "1900-2000," *99 u*		38 ___
29295	PRR "Don't Stand Me Still" Boxcar "24018," *99–00*		65 ___

			Exc	Mint
____	29296	PRR "Merchandise" Boxcar "29296," *99–00*		65
____	29297	PRR "No Damage" Boxcar "47158," *99–00*		65
____	29298	Lionel Boxcar "6464-2000," *00*		46
____	29300	50th Anniversary Clear Shell Aquarium Car, *10*		85
____	29301	Postwar "3662" Transparent Milk Car with platform, *11*		155
____	29302	Christmas Music Reefer, *10*		75
____	29303	North Pole Central Crane Car, *10–11*		65
____	29305	UP Chisholm Trail Stock Car, Cattle Sounds, *11*		200
____	29306	PRR Hi-Cube Lighted Garland Boxcar, *10–11*		70
____	29309	GN Pullman-Standard Diesel Freight Set, CC, *13*		830
____	29310	Marine Science Deep Sea Exhibition Aquarium Car, *11*		75
____	29311	Strasburg Derrick Car, *11*		45
____	29312	Santa's Operating Boxcar, *11–12*		75
____	29314	SP DD Boxcar "214051" (std O), *13*		75
____	29317	CN DD Boxcar "214051" (std O), *13*		75
____	29320	CNJ DD Boxcar "214051" (std O), *13*		75
____	29321	Ice Skating Aquarium Car, *12*		80
____	29322	Koi Aquarium Car, *13*		80
____	29323	UP DD Boxcar "500019" (std O), *13*		75
____	29324	Walking Zombie Brakeman Car, *12*		80
____	29326	NP "Pig Palace" Operating Stock Car "84144," *12*		200
____	29327	Bethlehem Steel Operating Hopper "2025," *12*		60
____	29328	Beatles "Nothing is Real" Aquarium Car, *12*		85
____	29329	Peanuts Halloween Aquarium Car, *12*		85
____	29333	ATSF 89' Auto Carrier 2-pack (std O), *13*		220
____	29338	BN 89' Auto Carrier 2-pack (std O), *13*		220
____	29344	C&NW DD Boxcar "57766" (std O), *13*		75
____	29345	ATSF 89' Auto Carrier (std O), *13*		110
____	29346	Soo Line 89' Auto Carrier 2-pack (std O), *13*		220
____	29349	SP 89' Auto Carrier 2-pack (std O), *13*		220
____	29364	NYC Water Level Steam Freight Set, CC, *12–13*		1600
____	29365	N&W Pocahontas Steam Passenger Set, CC, *12*		1950
____	29366	SP Tank Train Diesel Set, CC, *12*		850
____	29372	BNSF 89' Auto Carrier "300267" (std O), *13*		110
____	29373	CN 89' Auto Carrier "710771" (std O), *13*		110
____	29376	Conrail 89' Auto Carrier "964444" (std O), *13*		110
____	29377	CP 89' Auto Carrier 2-pack (std O), *13*		220
____	29380	CSX 89' Auto Carrier "604544" (std O), *13*		110
____	29382	UP 89' Auto Carrier "604545" (std O), *13*		110
____	29384	DL&W USRA Double-sheathed Boxcar "44153" (std O), *13*		70
____	29385	ATSF USRA Double-sheathed Boxcar "39012" (std O), *13*		70
____	29386	PRR PS-4 Flatcar with stakes "469614" (std O), *13*		70
____	29387	GN PS-4 Flatcar with stakes "629387" (std O), *13*		70
____	29400	Bethlehem Steel Slag Car 3-pack (std O), *03*		185

Exc Mint

		Exc	Mint
29404	Bethlehem Steel Hot Metal Car 3-pack (std O), *03*		210 ___
29408	PRR Coil Car, *01*		40 ___
29411	Sherwin-Williams Vat Car, *02*		35 ___
29412	Tabasco Brand Vat Car, *02*		36 ___
29413	Airex Boat Loader Car "29413," *02*		42 ___
29414	PRR Evans Auto Loader "480123," *01*		56 ___
29415	WM Skeleton Log Car 3-pack #2 (std O), *02*		90 ___
29419	West Side Lumber Skeleton Log Car 3-pack #2 (std O), *02*		90 ___
29423	Wellspring Capital Management Happy Holidays Vat Car, *03 u*		245 ___
29424	Meadow River Lumber Skeleton Log Car 3-pack (std O), *03*		90 ___
29429	Campbell's Soup Vat Car "29429," *03*		38 ___
29430	Meadow River Lumber Skeleton Log Car 3-pack #2 (std O), *03*		90 ___
29434	Weyerhauser Skeleton Log Car 3-pack, *05*		100 ___
29438	Trailer Train Flatcar with 2 UP trailers, *03*		60 ___
29439	Postwar "6414" Evans Auto Loader, *02*		43 ___
29441	UP Flatcar "53471" with grader, *02*		43 ___
29442	CSX Flatcar "600513" with backhoe, *02*		43 ___
29453	Elk River Lumber Skeleton Log Car 3-pack #2 (std O), *03*		90 ___
29457	NS Flatcar "157590" with Caterpillar loader, *03*		42 ___
29458	BNSF Flatcar "922268" with Caterpillar truck, *03*		44 ___
29459	Water Barrel Car "1878," Archive Collection, *03*		40 ___
29460	LL Flatcar "3460" with trailers, Archive Collection, *03*		39 ___
29461	Postwar "6500" Flatcar with red-and-white airplane, *03*		32 ___
29462	Postwar "6500" Flatcar with white-and-red airplane, *03*		31 ___
29463	Postwar "6414" Evans Auto Loader, *03*		30 ___
29464	U.S. Army Vat Car "29464," *04*		35 ___
29465	U.S. Steel Slag Car 3-pack (std O), *04–05*		160 ___
29469	U.S. Steel Hot Metal Car 3-pack (std O), *04–05*		190 ___
29473	Youngstown Sheet & Tube Slag Car 3-pack (std O), *03*		150 ___
29477	Youngstown Sheet & Tube Hot Metal Car 3-pack (std O), *03*		170 ___
29481	Cass Scenic Railroad Skeleton Log Car 3-pack (std O), *03*		80 ___
29487	Boat-loader with 4 boats, *04*		65 ___
29488	Cass Scenic Railroad Skeleton Log Car 3-pack #2 (std O), *04*		90 ___
29492	Pickering Lumber Skeleton Log Car 3-pack #1 (std O), *04*		100 ___
29496	Pickering Lumber Skeleton Log Car 3-pack #2 (std O), *04*		90 ___
29602	Celanese Chemicals 1-D Tank Car, *05*		45 ___

		Exc	Mint
____ 29603	Comet 1-D Tank Car, traditional, *05*		53
29604	Meadow Brook Molasses 1-D Tank Car,		
____	traditional, *05*		53
____ 29606	Elvis Presley Gold Record Transport Car, *04*		120
____ 29607	Las Vegas Mint Car, traditional, *05*		58
____ 29609	Alien Suspension Car, *06*		60
____ 29610	Dixie Honey 1-D Tank Car, *06*		60
____ 29611	Sunoco 1-D Tank Car, *06*		60
____ 29612	Las Vegas Poker Chip Car, *06*		40
____ 29613	Postwar "6463" Rocket Fuel 2-D Tank Car, *06*		75
____ 29617	Cities Service Tank Car, *06–07*		48
____ 29618	Hooker Chemicals 3-D Tank Car, *07*		60
____ 29619	Grave's Formaldehyde 1-D Tank Car, *07*		60
29622	Fort Knox Mint Car, lilac, Archive		
____	Collection, *07*		60
____ 29624	Monopoly Mint Car with money, *08*		65
29626	"Case Closed" Mint Car with shredded		
____	documents, *08*		109
____ 29628	Poinsettia Mint Car, *09*		70
____ 29629	AEC Glow-in-the-Dark Tank Car, *09–10*		53
____ 29633	Christmas Ornament Lighted Mint Car, *10*		70
____ 29634	Federal Reserve Bailout Mint Car, *10*		70
____ 29635	Monopoly "Go To Jail" Mint Car, *10*		70
____ 29636	Vampire Transport Mint Car, *10–11*		70
____ 29637	Candy Cane 2-D Tank Car, *10–11*		55
____ 29640	Coca-Cola Tank Car, *10*		55
____ 29642	Jolly Rancher 1-D Tank Car, *11*		55
____ 29643	Hershey's Syrup 1-D Tank Car, *11*		55
____ 29644	ATSF 1-D Tank Car, *11*		55
____ 29645	Atlantic City Casino Mint Car, *11*		70
____ 29646	Alaska Oil 2-D Tank Car, *11*		50
____ 29647	Gingerbread Man Mint Car, *11*		70
____ 29649	Lionel SP Smoke Pellets Mint Car, *12*		70
____ 29650	Cleveland Federal Reserve Mint Car, *11*		70
____ 29651	Richmond Federal Reserve Mint Car, *12*		70
____ 29654	Boston Federal Reserve Mint Car, *13*		70
29655	PRR 16-wheel Flatcar with girders		
____	"469846," *12*		75
29656	ATSF 16-wheel Flatcar with transformer		
____	"90096," *12*		75
____ 29671	Smoke Pellet Mint Car #2, *13*		70
____ 29695	Trailer Train Maxi-Stack Pair "48," *13*		120
____ 29703	PRR Porthole Caboose, *01*		45
____ 29708	C&O Bay Window Caboose "8315," *04*		45
____ 29709	Pennsylvania N5c Caboose "477938," *04*		40
____ 29711	Santa Fe Bay Window Caboose, *05*		60
____ 29712	Postwar "2420" Searchlight Caboose, *04*		50
____ 29718	N&W Work Caboose, *06*		48
29719	Santa Fe Caboose "6427," Archive		
____	Collection, *06*		48
29726	Virginian Caboose "6427," Archive Collection,		
____	*06–07*		50

		Exc	Mint
29727	"I Love U.S.A." Bay Window Caboose "1985," *06*		60
29729	Bethlehem Steel Searchlight Caboose, *06*		90
29732	PRR Caboose "477871," *08*		45
29733	White Pass & Yukon Extended Vision Caboose, *09–10*		90
29734	PRR NS Heritage CA-4 Caboose (std O), *10*		95
29735	Conrail NS Heritage CA-4 Caboose (std O), *10*		95
29737	ATSF Bay Window Caboose, traditional, *10–11*		70
29739	B&M Transfer Caboose, *11*		50
29765	Tank Train Add-on 3-pack (std O), *12*		240
29771	CN Tank Train 2-pack (std O), *12*		160
29774	GATX Tank Train 2-pack (std O), *12*		160
29777	Cibro Tank Train 2-pack (std O), *12*		160
29786	Bethlehem Steel PS-2 3-bay Hopper (std O), *13*		80
29787	PRR PS-2 3-bay Hopper (std O), *13*		80
29791	Wizard of Oz Anniversary Boxcar, *13*		70
29800	MOW Crane Car, TMCC, *04*		250
29804	UP Crane Car "JPX 250," CC, *05*		320
29805	Conrail Crane Car "50202," CC, *05*		320
29806	Weyerhaeuser Log Dump Car, *05*		75
29807	DM&IR Coal Dump Car, *05*		75
29808	Candy Cane Dump Car, *05*		55
29809	Dump Car with presents, *05*		60
29810	Operating Egg Nog Car with platform, *05*		140
29811	Merchant's Despatch Transit Hot Box Reefer "12425," *05*		85
29812	Santa Fe Hot Box Reefer "20699," *05*		90
29813	Santa Fe Boom Car "19144," Crane Sounds, *05*		210
29814	Pennsylvania Boom Car "491063," Crane Sounds, *05*		210
29815	NYC Boom Car "X923," Crane Sounds, *05*		210
29816	MOW Boom Car "X-816," Crane Sounds, *05*		210
29817	UP Boom Car "909438," Crane Sounds, *05*		210
29818	Conrail Boom Car, Crane Sounds, *05*		210
29821	Postwar "2460" Lionel Lines Crane Car, gray cab, *05*		43
29822	Postwar "773W" NYC Tender, whistle, *05*		48
29823	Postwar "3484" Pennsylvania Operating Boxcar, *05*		38
29827	Postwar "3419" Helicopter Launching Car, *06*		49
29828	Postwar "3666" Minuteman Car with cannon, *06*		85
29829	Postwar "6905" Radioactive Waste Car, *06*		85
29830	PFE Hot Box Reefer "5890" (std O), *06*		105
29831	Swift Hot Box Reefer "15342" (std O), *06*		150
29832	Chessie System Crane Car "940504," CC, *06*		320
29833	Chessie System Boom Car "940561," CC, *06*		210
29834	LL Bay Window Caboose "834," TrainSounds (std O), *06–07*		110

	29835	SP Bay Window Caboose "4667," TrainSounds (std O), 06–07	160
____	**29839**	Cherry Picker Car, 06	63
____	**29849**	Lionel Lines Crane Car, silver cab, 06	60
____	**29850**	N&W J Class Tender, air whistle, 06–07	70
____	**29853**	Postwar "6651" Big John Cannon Car, 08	75
____	**29854**	Satellite Launching Car, 07	70
____	**29855**	Lionel Lines Operating Milk Car with platform, 07	140
____	**29856**	Monon Operating Boxcar, 06–07	65
____	**29857**	Lionel Lines Boom Car, 06–07	55
____	**29858**	CP Rail Crane Car "414475," CC, 07	320
____	**29859**	CP Rail Boom Car "412567," CC, 07	210
____	**29865**	Southern Operating Barrel Car, 07–08	75
____	**29866**	Pirates Aquarium Car, 07	75
____	**29867**	NYC Jet Snow Blower "X27207," 07	120
____	**29868**	Alaska Jet Snow Blower, 07	120
____	**29869**	Bethlehem Steel Crane Car, 06	60
____	**29870**	MOW Jet Snow Blower "MWX-16," 07	120
____	**29874**	Peanuts Halloween Aquarium Car, 12	85
____	**29877**	Southern Crane Car "D76," CC, 08	350
____	**29882**	Witches Operating Brew Car, 08	150
____	**29884**	CNJ Twin Dump Car, 08	85
____	**29885**	BN Crane Car "S-104," CC, 10	340
____	**29886**	BN Boom Car "S-1040," CC, 10	220
____	**29888**	Postwar "3494-625" Soo Lines Operating Boxcar, 08	70
____	**29893**	PRR Operating Stock Car "129893," RailSounds, 09	150
____	**29894**	Christmas Chase Gondola, 09	65
____	**29895**	Christmas Operating Snow Globe Car, 10	75
____	**29897**	CSX Chessie System Research Car "3440," 11	65
____	**29900**	"I Love Wisconsin" Boxcar, 01	35
____	**29901**	"I Love Kentucky" Boxcar, 01	30
____	**29902**	"I Love Iowa" Boxcar, 01	31
____	**29903**	"I Love Missouri" Boxcar, 01	31
____	**29904**	2002 Toy Fair Boxcar, 02	22
____	**29906**	"I Love Connecticut" Boxcar, 02	33
____	**29907**	"I Love West Virginia" Boxcar, 02	33
____	**29908**	"I Love Delaware" Boxcar, 02	33
____	**29909**	"I Love Maryland" Boxcar, 02	65
____	**29910**	Toy Fair Centennial Boxcar, 03	40
____	**29912**	"I Love Alabama" Boxcar, 03	30
____	**29913**	"I Love Mississippi" Boxcar, 03	35
____	**29914**	"I Love Louisiana" Boxcar, 03	35
____	**29915**	"I Love Arkansas" Boxcar, 03	30
____	**29918**	2003 Toy Fair Boxcar, 03	48
____	**29919**	2004 Toy Fair Boxcar, 04	37
____	**29920**	"I Love North Dakota" Boxcar, 03	35
____	**29921**	"I Love South Dakota" Boxcar, 03	40
____	**29922**	"I Love Nebraska" Boxcar, 03	30
____	**29923**	"I Love Kansas" Boxcar, 03	30

		Exc	Mint
29925	Toy Fair Polar Express Boxcar, *05*		250 ___
29927	"I Love Washington" Boxcar, *05*		45 ___
29928	"I Love Oregon" Boxcar, *05*		40 ___
29929	"I Love Idaho" Boxcar, *05*		45 ___
29930	"I Love Utah" Boxcar, *05*		45 ___
29932	"I Love Oklahoma" Boxcar, *06*		45 ___
29933	"I Love New Mexico" Boxcar, *06*		45 ___
29934	"I Love Hawaii" Boxcar, *06*		45 ___
29935	"I Love Alaska" Boxcar, *06*		45 ___
29936	"I Love Wyoming" Boxcar, *06*		45 ___
29937	2006 Toy Fair Boxcar, *06*		38 ___
29942	Santa Fe Railroad Art Boxcar, *06*		50 ___
29943	Texas Special Railroad Art Boxcar, *06*		50 ___
29944	1957 Lionel Art Boxcar, *06*		50 ___
29945	1947 Lionel Art Boxcar, *06*		50 ___
29949	Weyerhaeuser Timber Skeleton Log Car 3-pack #2 (std O), *03*		90 ___
29950	1948 Lionel Art Boxcar, *08*		50 ___
29951	1954 Lionel Art Boxcar, *08*		50 ___
29952	GN Art Boxcar, *08*		50 ___
29953	SP Art Boxcar, *08*		50 ___
29954	Dealer Christmas Boxcar, *07*		75 ___
29955	Dealer Boxcar, *08*		75 ___
29959	1952 Lionel Art Boxcar, *09*		58 ___
29960	Rock Island Art Boxcar, *09–10*		58 ___
29961	Meet the Beatles Boxcar 2-pack, *10–12*		130 ___
29965	Lionel Art Boxcar 2-pack, *10–11*		116 ___
29968	Beatles "A Hard Day's Night" Boxcar, *11–12*		65 ___
29969	Beatles "Something New" Boxcar, *11–12*		65 ___
29973	NYC Pacemaker Boxcar "175005," *11*		60 ___
29974	SP Boxcar "128133," *11*		60 ___
29975	Holiday Boxcar, *11*		60 ___
29976	Holiday Boxcar, *12*		65 ___
29978	Railroad Museum of Pennsylvania Boxcar, *12*		65 ___
29979	Angela Trotta Thomas "Christmas Morning" Boxcar, *12*		60 ___
29980	Elvis Presley 35th Anniversary Boxcar, *12*		70 ___
29994	U.S. Army Boxcar, *13*		65 ___
29995	U.S. Navy Boxcar, *13*		65 ___
29996	U.S. Marines Boxcar, *13*		65 ___
29997	U.S. Air Force Boxcar, *13*		65 ___
29998	U.S. National Guard Boxcar, *13*		65 ___
29999	U.S. Coast Guard Boxcar, *13*		65 ___
30000	PRR Keystone Super Freight Steam Train, TMCC, *05*		450 ___
30001	Santa Fe El Capitan Passenger Set, TrainSounds, *05–10*		370 ___
30002	Neil Young's Greendale Diesel Freight Set, *04*		420 ___
30003	Pennsylvania Flyer Operating Freight Expansion Pack, *05*		99 ___
30004	Pennsylvania Flyer Passenger Expansion Pack, *05–08*		120 ___

		Exc	Mint
__ 30007	NYC Flyer Operating Freight Expansion Pack, *05*		99
__ 30008	NYC Flyer Passenger Expansion Pack, *05–08*		120
__ 30011	Holiday Expansion Pack, *05*		100
30012	Thomas the Tank Engine Expansion Pack, *05–13*		120
__ 30016	NYC Flyer Steam Freight Set, *06–08*		290
__ 30018	Pennsylvania Flyer Steam Freight Set, *06–07*		200
30020	North Pole Central Christmas Steam Train, *06–07*		220
30021	Cascade Range Steam Logging Train, *06–08*		190
30022	Southwest Diesel Freight Set, TrainSounds, *06*		295
30024	UP Fast Freight Steam Set, TrainSounds, *06–07*		340
30025	Chesapeake Super Freight Steam Set, TMCC, *06–07*		475
30026	CP Diesel Freight Set, TMCC, *06*		540
30034	Great Western Train Set with Lincoln Logs, *07–09*		230
__ 30035	Sodor Freight Expansion Pack, *06–09*		120
30036	Great Western Expansion Pack, *07–08*		120
30037	Pennsylvania Flyer Operating Freight Expansion Pack, *06–08*		120
30038	NYC Flyer Operating Freight Expansion Pack, *06–08*		120
30039	North Pole Central Passenger Expansion Pack, *06–11*		110
30040	North Pole Central Freight Expansion Pack, *06–11*		110
30041	Southwest Diesel Freight Expansion Pack, *06*		110
30042	Cascade Range Expansion Pack, *06*		110
30044	NYC Empire Builder Steam Freight Set, TMCC, *06*		2800
__ 30045	Alaska Steam Work Train, *07–09*		270
__ 30046	Alaska Work Train Expansion Pack, *07–08*		110
30047	Northwest Special Diesel Freight Set, TrainSounds, *07–08*		295
30048	Northwest Special Freight Expansion Pack, *07–08*		110
__ 30049	D&RGW Fast Freight Set, TrainSounds, *08–09*		320
__ 30050	Pennsylvania Super Freight Set, CC, *08*		450
__ 30051	UP Diesel Freight Set, TMCC, *07*		500
__ 30056	Halloween Steam Freight Set, *07–10*		220
__ 30061	UPS Centennial Stream Freight Set, *07–08*		230
30064	Pennsylvania Speeder Set, traditional, K-Line, *06*		75
30066/67	C&O Empire Builder Steam Freight Set, CC, *07–09*		2700
__ 30068	North Pole Central Christmas Freight Set, *08*		220
__ 30069	Thomas & Friends Passenger Train, *08–12*		170
__ 30070	Lionel Lines 4-4-2 Steam Freight Set, *07*		300
__ 30081	UP Merger Special GP38 Freight Set, *08*		300
__ 30082	UP Heritage Freight Car 3-pack, *08*		100
30084	British Great Western Shakespeare Express Passenger Train, *08*		300

		Exc	Mint
30085	MTA Metro-North M-7 Commuter Car Set, *07–08*		280 ___
30087	Alien Spaceship Recovery Freight Set, *08–09*		230 ___
30088	John Bull Passenger Train, *08*		430 ___
30089	Pennsylvania Flyer Freight Set, *08–10*		200 ___
30091	ATSF Steam Freight Set, *08–09*		270 ___
30094	Chicago & North Western Passenger Set, *08*		150 ___
30096	Pennsylvania Keystone Special Steam Freight Set, *09*		260 ___
30103	NYC 0-8-0 Steam Freight Set, *09–10*		300 ___
30108	American Fire and Rescue GP20 Freight Set, *09–10*		400 ___
30109	Nutcracker Route Christmas Train Set, *10–11*		270 ___
30111	Pullman Passenger Expansion Pack, *09–13*		138 ___
30112	Eastern Freight Expansion Pack, *09–13*		138 ___
30114	MTA LIRR M-7 Commuter Set, *09*		320 ___
30116	Lone Ranger Wild West Freight Set, *09–13*		400 ___
30118	A Christmas Story Steam Freight Set, *09–12*		330 ___
30120	Menards C&NW Steam Passenger Set, *09*		250 ___
30121	ATSF Baby Madison Car 3-pack, *10–11*		190 ___
30122	Wizard of Oz Steam Freight Set, *10–12*		310 ___
30123	Boy Scouts of America Steam Freight Set, *10*		300 ___
30124	Thunder Valley Quarry Steam Freight Set, *10–11*		300 ___
30125	Rio Grande Ski Train, TrainSounds, *10–11*		340 ___
30126	Pennsylvania Flyer Steam Freight Set, *10*		230 ___
30127	Scout Steam Freight Set, *10–12*		200 ___
30128	Western Freight Expansion Pack, *10–12*		138 ___
30131	Chessie System Merger Diesel Freight Set, *10*		300 ___
30133	Strasburg Steam Passenger Set, *10–13*		330 ___
30135	Scout Freight Expansion Pack, *11–13*		110 ___
30136	Thunder Valley Quarry Freight Car Add-on 2-pack, *10–11*		110 ___
30138	Chessie System Merger Freight Car Add-on 2-pack, *10–11*		120 ___
30139	Santa Fe Flyer Steam Freight Set, *10*		270 ___
30141	Sodor Tank and Wagon Expansion Pack, *10–13*		138 ___
30142	Texas Special Freight Set, TrainSounds, *10–11*		700 ___
30144	Operation Eagle Justice Diesel Freight Set, *10–11*		500 ___
30145	Maple Leaf Diesel Freight Set, *10–11*		550 ___
30146	Menards Soo Line Freight Set, *10*	175	275 ___
30147	MTA Long Island M-7 Commuter Set, *11*		320 ___
30153	CSX Diesel Freight Set, *11*		330 ___
30154	BNSF Diesel Freight Set, *11*		340 ___
30155	M&StL Diesel Freight Set, *11–12*		230 ___
30156	NYC Flyer Freight Set, TrainSounds, *11*		300 ___
30157	M&StL Diesel Freight 2-pack Add-on, *11–12*		75 ___
30158	Norfolk Southern GP38 Diesel Freight Set, *11*		320 ___
30159	Wabash Blue Bird Passenger Set, *11–12*		360 ___
30161	Boy Scouts Steam Freight Set, *11–13*		300 ___

		Exc	Mint
___	30162	Thomas & Friends Christmas Set, *13*		200
___	30164	Santa's Flyer Steam Freight Set, *11–12*		250
	30165	Candy Cane Transit Commuter 2-pack,		
___		*11–12*		180
	30166	Coca-Cola 125th Anniversary Steam Set,		
___		*11–12*		320
___	30167	SP Merger Steam Freight Set, *12*		400
___	30168	Rio Grande General Set, TrainSounds, *11–12*		300
___	30169	NJ Transit Train Set, *11*		350
___	30170	Sodor Freight 3-pack, *11–13*		100
___	30171	GG1 Electric Freight Set, *11–12*		550
___	30173	Santa Fe Flyer Freight Set, *11–12*		270
___	30174	Pennsylvania Flyer Freight Set, *11–13*		290
	30178	ATSF Super Chief Diesel Passenger Set,		
___		*12–13*		400
___	30179	RI Rocket Diesel Freight Set, *12–13*		400
___	30180	Horseshoe Curve Steam Freight Set, *12–13*		440
___	30181	CP Diesel Passenger Set, RailSounds, *13*		440
___	30183	Scout Remote Steam Freight Set, *13*		200
___	30184	Polar Express Steam Freight Set, *13*		420
___	30185	NJ Transit Diesel MOW Train Set, *12–13*		350
___	30186	KCS Southern Belle Diesel Freight Set, *12*		350
___	30187	Titanic Centennial Diesel Freight Set, *12*		430
___	30188	UP Flyer Steam Freight Set, *12–13*		330
___	30189	LIRR Diesel Passenger Set, *12–13*		330
	30190	Thomas & Friends, remote operating		
___		system, *12*		160
___	30191	Sodor Work Train 3-pack, *12*		100
___	30193	Peanuts Christmas Steam Freight Set, *12–13*		330
___	30194	North Pole Express Steam Freight Set, *12–13*		290
	30195	Grand Central Express Diesel Passenger Set,		
___		*12–13*		440
___	30196	Hershey's Steam Freight Set, *12–13*		305
___	30200	NYC Flyer Steam Freight Set, *12–13*		350
___	30205	Silver Bells Christmas Steam Freight Set, *13*		240
___	30206	Area 51 RS-3 Diesel Freight Set, *13*		250
___	30207	Santa Fe RS-3 Diesel Freight Set, *13*		200
___	30210	CP Rail Grain Set Diesel Freight Set, *13*		390
___	30211	BNSF Maxi Stack Diesel Freight Set, *13*		440
___	30213	Northeast NS Heritage Diesel Freight Set, *13*		410
___	30214	Peanuts Halloween Steam Freight Set, *13*		300
___	30217	SP Black Widow Diesel Freight Set, *13*		440
___	30218	Polar Express Steam Passenger Set, *13*		380
___	30219	Gingerbread Junction Steam Freight Set, *13*		290
___	30221	Diesel Remote Control Set, *13*		200
___	30222	Percy Remote Control Set, *13*		200
___	30223	James Remote Control Set, *13*		200
	30224	Pennsylvania Limited Steam Passenger		
___		Set, *13*		340
___	30225	Medal of Honor Train, *13*		430
___	30226	NS Diesel Freight Set, RailSounds, *13*		410
	30228	Chattanooga Express Steam Passenger		
___		Set, *13*		250

		Exc	Mint
30233	Pennsylvania Flyer Remote Steam Freight Set, *13*		250 ___
31569	Western & Atlantic Passenger Car 2-pack, *08*		100 ___
31700	Postwar Girls Freight Set, *01*		570 ___
31701	Postwar Boys Freight Set, *02*		345 ___
31704	Alton Limited Steam Passenger Set, *02*		870 ___
31705	50th Anniversary Hudson Passenger Set, *02*		900 ___
31706	UP Burro Crane Set, *02*		210 ___
31707	C&O Diesel Freight Set, *03*		280 ___
31708	Postwar "1805" Marines Missile Launch Train, *03*		400 ___
31710	BN Diesel Coal Train, RailSounds, *03*		690 ___
31711	Postwar "1563W" Wabash Diesel Freight Set, RailSounds, *03*		570 ___
31712	UP Alco PA Diesel Passenger Set, RailSounds, *03*		1495 ___
31713	Southern Crescent Limited Steam Passenger Set, RailSounds, *03*		1195 ___
31714	Amtrak Acela Diesel Passenger Set, RailSounds, *04–05*		2000 ___
31715	Fire Rescue Steam Freight Set, *02*		293 ___
31716	Fire Rescue Steam Freight Set, *03*		275 ___
31717	CP Rail Snow Removal Train, *03*		255 ___
31718	SP "Oil Can" TankTrain Freight Set, *03*		1600 ___
31719	Western Maryland Fireball Diesel Freight Set, *04*		290 ___
31720	FEC Champion Diesel Passenger Set, RailSounds, *04*		900 ___
31721	Postwar "13138" Majestic Electric Freight Set, RailSounds, *04*		580 ___
31724	Nabisco 3-Car Passenger Set, *03*		110 ___
31727	Postwar "2291W" Rio Grande Diesel Freight Set, RailSounds, *04*		640 ___
31728	Elvis "He Dared to Rock" Steam Freight Set, *04*		325 ___
31730	Norman Rockwell Boxcar 4-pack, *05*		95 ___
31733	Jones & Laughlin Steel Slag Train, *05*		250 ___
31734	Chessie Steam Special Passenger Set, TMCC, *05*		405 ___
31735	Chessie Diesel Freight Set, TMCC, *05–06*		670 ___
31736	CP Diesel Grain Train, TMCC, *05*		700 ___
31737	Napa Valley Wine Train, TMCC, *05*		900 ___
31739	Postwar "13150" Hudson Steam Freight Set, Super O, *05*		940 ___
31740	Postwar "2519W" Virginian Diesel Freight Set, TMCC, *05–07*		620 ___
31742	Postwar "2544W" Santa Fe Super Chief Diesel Passenger Set, *05*		700 ___
31746	GN Mountain Mover Steam Freight Set, *12–13*		430 ___
31747	Pennsylvania Electric Ballast Train, TMCC, *06*		550 ___
31748	Santa Fe U28CG Diesel Freight Set (std O), TMCC, *06–07*		770 ___
31749	Pennsylvania Diesel Coal Train, TMCC, *06*		770 ___

			Mint
____	31750	NYC Hotbox Reefer Steam Freight Set, TMCC, *06–07*	530
____	31751	New York City Transit Authority R27 Subway Train, CC, *07*	700
____	31752	B&O Diesel Freight Set, TMCC, *06–07*	740
____	31753	GN Diesel Freight Set, TMCC, *06–08*	740
____	31754	Postwar "2545WS" N&W Space Freight Set, TMCC, *06–07*	960
____	31755	Texas Special Diesel Passenger Set, CC, *07–08*	1280
____	31757	Postwar "2289WS" Berkshire Freight Set, CC, *07*	750
____	31758	Postwar "2270W" Jersey Central Diesel Passenger Car Set, CC, *08*	750
____	31760	CSX SD40-2 Diesel Husky Stack Car Set, CC, *07–08*	770
____	31765	Postwar "11268" C&O Diesel Freight Set, *08*	580
____	31767	Bethlehem Steel Rolling Stock Set, K-Line, *06*	100
____	31768	B&O Rolling Stock Set, K-Line, *06*	100
____	31772	Conrail LionMaster Diesel Freight Set, CC, *08–09*	535
____	31773	NS Dash 9 Diesel TankTrain Set, CC, *08*	785
____	31774	AEC Burro Crane Set, traditional, *09–11*	260
____	31775	"1562" Burlington GP Passenger Set, *08*	470
____	31777	"2124W" GG1 Passenger Set, *08*	470
____	31778	"1484WS" Steam Passenger Set, *08*	610
____	31779	Amtrak HHP-8 Amfleet Passenger Set, CC, *09*	500
____	31782	ATSF Crane Car and Boom Car, CC (std O), *09–10*	560
____	31783	BNSF Ice Cold Express Diesel Freight Set, CC, *10*	1000
____	31784	No. 1593 UP Work Train, *09*	470
____	31787	CN SD70M-2 Diesel Coal Train, CC, *09*	800
____	31790	PRR GG1 Passenger Set, *10*	500
____	31791	NYC LionMaster Diesel Freight Set, CC, *10*	700
____	31793	White Pass & Yukon Freight Car Add-on 3-pack, *10–11*	195
____	31795	Pere Marquette Freight Car 3-pack (std O), *10–11*	210
____	31796	Feather Route Freight Car 3-pack (std O), *10–11*	210
____	31797	New York City Transit R16 Subway Set, CC, *10*	800
____	31799	GN Empire Steam Freight Express Set, *10*	430
____	31901	Christmas Steam Freight Set, *02*	145
____	31902	PRR K4 Freight Set, *01–02*	580
____	31904	C&O Steam Freight Set, RailSounds, *01*	400
____	31905	NH Diesel Freight Set, CC, *01*	660
____	31907	PRR Atlantic Freight Set, *01 u*	400
____	31908	Reading Hobo Express Freight Set, *01 u*	365
____	31909	Santa Fe Shell Tank Car Freight Set, *01 u*	320
____	31910	Soo Line Diesel Freight Set, *01 u*	350
____	31911	Snap-On Anniversary Steam Freight Set, *00 u*	580
____	31913	PRR Flyer Steam Freight Set, *01*	145

		Exc	Mint
31914	NYC Flyer Steam Freight Set, RailSounds, *01–02*		170 ____
31915	Chessie GP38 Diesel Freight Set, *01–02*		155 ____
31916	Santa Fe Steam Freight Set, *01*		300 ____
31918	C&O Steam Freight Set, SignalSounds, *01*		315 ____
31919	T&P Steam Passenger Set, RailSounds, *01*		210 ____
31920	L.L. Bean Freight Set, *01 u*		245 ____
31922	Snap-On Tool Diesel Freight Set, *01 u*		348 ____
31923	PRR Flyer Freight Set, *01 u*		130 ____
31924	Union Pacific RS3 Diesel Freight Set, *02*		95 ____
31926	Area 51 FA Diesel Freight Set, *02*		160 ____
31928	Great Train Robbery Set, *02*		180 ____
31931	Ballyhoo Brothers Circus Train, *02*		190 ____
31932	NYC Limited Passenger Set, RailSounds, *02*		285 ____
31933	Santa Fe Steam Freight Set, RailSounds, *02*		320 ____
31934	Lionel 20th Century Express Steam Freight Set, *00 u*		285 ____
31936	Pennsylvania Flyer Steam Freight Set, *03–05*		190 ____
31938	Southern Diesel Freight Set, *03–04*		160 ____
31939	Great Train Robbery Steam Freight Set, *03*		185 ____
31940	NYC Flyer Steam Freight Set, RailSounds, *03*		225 ____
31941	Winter Wonderland Railroad Christmas Train, *03*		150 ____
31942	Norman Rockwell Christmas Train, *03*		330 ____
31944	NYC Limited Diesel Passenger Set, RailSounds, *03*		250 ____
31945	Santa Fe Steam Super Freight Set, RailSounds, *03*		350 ____
31946	Disney Christmas Steam Train, *04–05*		305 ____
31947	World of Disney Steam Freight Set, *03*		215 ____
31950	Kraft Holiday UP RS3 Diesel Freight Set, *02 u*		149 ____
31952	Great Northern Glacier Route Diesel Freight Set, *03–04*		110 ____
31953	"Riding the Rails" Hobo Train, *03–04*		225 ____
31956	Thomas the Tank Engine Set, *04–07*		195 ____
31958	Santa Fe Flyer Steam Freight Set, RailSounds, *04*		205 ____
31960	Polar Express Steam Passenger Set, *04–13*		420 ____
31961	Bloomingdale's Pennsylvania Flyer Steam Freight Set, *02 u*		159 ____
31962	Nickel Plate Road Super Freight Set, RailSounds, *04*		350 ____
31963	Southern Pacific Overnight Steam Freight Set, *04*		340 ____
31966	Holiday Tradition Steam Freight Set, *04–05*		210 ____
31969	NYC Flyer Steam Freight Set, RailSounds, *04*		205 ____
31976	Yukon Special Diesel Freight Set, *05*		225 ____
31977	New York Central Flyer Steam Freight Set, *05*		250 ____
31985	Santa Fe Steam Fast Freight Set, TrainSounds, *05*		320 ____
31989	UP Overland Freight Express Set, *04*		880 ____
31990	Copper Range Steam Freight Mine Set, *05*		175 ____
31993	NS Black Diamond Diesel Freight Set, TMCC, *05*		500 ____

		Exc	Mint
___ 32900	DC Billboard, *99*		24
___ 32902	Construction Zone Signs, set of 6, *99–13*		10
___ 32904	Hellgate Bridge, *99*	235	415
___ 32905	Irvington Factory, *99–00*		295
___ 32910	Rotary Coal Tipple with bathtub gondola, *02*		442
___ 32919	Animated Maiden Rescue, *99*		65
___ 32920	Animated Pylon with airplane, *99*		130
___ 32921	Electric Coaling Station, *99–01*		125
___ 32922	Highway Barrels, set of 6, *99–13*		10
___ 32923	Accessory Transformer, *99–03, 06–13*		45
___ 32929	Icing Station with Santa, *99*		90
___ 32930	Power Supply Set with ZW controller and 2 power supplies, *99–02, 06–09*		425
___ 32933	Christmas Stocking Hanger Set, 4-piece, *99–00*		50
___ 32934	Stocking Hanger, gondola, *99–00*		15
___ 32935	Stocking Hanger, boxcar, *99–00*		15
___ 32960	Hindenburger Cafe, *99*		195
___ 32961	Route 66 UFO Cafe, *99*		200
___ 32987	Hobo Campfire, *99–00*	25	45
___ 32988	Postwar "192" Railroad Control Tower, *99–00*		75
___ 32989	Postwar "464" Sawmill, *99–00*		75
___ 32990	Linex Oil Derrick, *99–00*		55
___ 32991	WLLC Radio Station, *99*		65
___ 32996	Postwar "362" Barrel Loader, *00*		125
___ 32997	Aluminum Rico Station, *00*		300
___ 32998	Hobby Shop, *99–00*		300
___ 32999	Hellgate Bridge, *99–00*		350
___ 33000	GP9 Diesel "3000," RailScope video camera system, *88–90*	125	170
___ 33002	RailScope Television Monitor, *88–90*	45	70
___ 34102	Amtrak Shelter, *04–08*		25
___ 34108	Lionelville Suburban House, *03*		20
___ 34109	Lionelville Large Suburban House, *03*		15
___ 34110	Lionelville Estate House, *03*		30
___ 34111	Lionelville Deluxe Fieldstone House, *03*		17
___ 34112	Lionelville Fieldstone House, *03*		17
___ 34113	Lionelville Large Suburban House, *03*		17
___ 34114	Late Illuminated Station and Terrace, red trim, *03*		475
___ 34117	Early Illuminated Station and Terrace, green trim, *03*		475
___ 34120	TMCC Direct Lockon, *04–13*		50
___ 34121	Lionelville Bungalow, *04*		20
___ 34122	Lionelville Bungalow with garage, *04*		20
___ 34123	Lionelville Bungalow with addition, *04*		20
___ 34124	Lionelville Anastasia's Bakery, *04*		20
___ 34125	Lionelville Cotton's Candy, *04*		20
___ 34126	Lionelville Market, *04*		20
___ 34127	Lionelville O'Grady's Tavern, *04*		22
___ 34128	Lionelville Pharmacy, *04*		15
___ 34129	Lionelville Kiddie City Toy Store, *04*		20

		Exc	Mint
34130	Lionelville Jim's 5&10, 04	25	___
34131	Lionelville Al's Hardware, 04	30	___
34144	Santa Fe Scrap Yard, 05–06	80	___
34145	New Haven Scrap Yard, 06	100	___
34149	Sly Fox and the Hunter, 05–07	80	___
34150	Reading Room, 05–06	70	___
34158	Ring Toss Midway Game, 05–06	20	___
34159	Camel Race Midway Game, 05–06	20	___
34162	Operating Oil Pump, 04–09	53	___
34163	Speeder Shed, 04–06	30	___
34164	Nutcracker Operating Gateman, 05–08	80	___
34190	Carousel, 04–06	165	___
34191	Hobo Depot, 04–05	70	___
34192	Operating Lumberjacks, 04–06	60	___
34193	UPS Animated Billboard, 04	30	___
34194	UPS Package Station, 05	120	___
34196	UPS People Pack, 06–09, 11	27	___
34210	TMCC Direct Lockon, 09	52	___
34500	Rio Grande FT Diesel "5484," traditional, 06	245	___
34501	Southern FT Diesel "4102," traditional, 06	400	___
34504	B&O F3 Diesel A Unit "2368," nonpowered, 06–07	200	___
34505	B&O E7 Diesel AA Set, CC, 07	700	___
34508	PRR E7 Diesel AA Set, CC, 07	700	___
34509	PRR E7 Diesel B Unit, nonpowered (std O), 07	170	___
34510	PRR E7 Diesel B Unit, powered, CC, 07	300	___
34511	NYC F7 Diesel ABA Set, CC, 07–08	900	___
34512	NYC F7 Diesel B Unit "2439," powered, CC, 07–08	300	___
34513	WP F7 Diesel ABA Set, CC, 07–08	900	___
34514	WP F7 Diesel B Unit "918C," powered, CC, 07–08	300	___
34515	NYC F7 Diesel Breakdown B Unit "2440," RailSounds, 07	270	___
34518	PRR E7 Diesel Breakdown B Unit, RailSounds, 07	270	___
34519	NYC Sharknose RF-16 Diesel AA Set, CC, 07–08	630	___
34520	NYC Sharknose Diesel B Unit "3818," nonpowered (std O), 07–08	160	___
34521	Santa Fe F3 Diesel A Unit "17," traditional, 07	265	___
34522	Santa Fe F3 Diesel B Unit "17," nonpowered (std O), 07	150	___
34544	ATSF F3 Diesel B Unit, CC, 08	270	___
34545	D&RGW F3 Diesel B Unit, CC, 08	270	___
34546	Southern F3 Diesel B Unit, CC, 08	270	___
34547	Texas Special F3 Diesel B Unit, CC, 08	270	___
34559	Archive New Haven F3 Diesel AA Set, 10	500	___
34564	SP Alco PA Diesel AA Set, CC, 10–11	750	___
34567	SP Alco PB B Unit, CC, 10–11	400	___
34568	ATSF Alco PA AA Diesel Set, CC, 11	750	___
34569	ATSF Alco PB Diesel, CC, 11	400	___

		Exc	Mint
____ 34570	B&O FA Diesel AA Set, CC, *10*		650
____ 34573	Postwar Scale ATSF F3 AA Diesel Set, CC, *11*		700
____ 34576	Postwar Scale NYC F3 AA Diesel Set, CC, *11*		700
____ 34579	Postwar Scale ATSF F3 B Unit, CC, *11*		380
____ 34580	Postwar Scale NYC F3 B Unit, CC, *11*		380
34581	Postwar "2331" Virginian Train Master Diesel, CC, *10*		
____			495
____ 34582	Postwar "2373" CP F3 Diesel AA Set, CC, *10*		700
____ 34585	Postwar "2375" CP F3 B Unit, CC, *10*		380
34586	Postwar "2378" MILW F3 Diesel AB Set, CC, *10*		
____			700
____ 34589	Postwar "2377" MILW F3 A, powered, CC, *10*		425
____ 34594	UP Alco PA AA Diesel Set, CC, *11*		750
____ 34597	UP Alco PB Diesel, CC, *11*		400
____ 34600	SP GP30 Diesel "5010," CC, *11*		500
____ 34601	SP GP30 Diesel "5012," CC, *11*		500
____ 34602	SP GP30 Diesel "5014," *11*		380
____ 34603	SP GP30 Diesel "5017," nonpowered, *11*		240
____ 34604	Conrail GP30 Diesel "2178," CC, *11*		500
____ 34605	Conrail GP30 Diesel "2180," CC, *11*		500
____ 34606	Conrail GP30 Diesel "2182," *11*		380
____ 34607	Conrail GP30 Diesel "2185," nonpowered, *11*		240
34608	Lionelville & Western GP30 Diesel "1100," CC, *11*		
____			450
34609	Lionelville & Western GP30 Diesel "1103," CC, *11*		
____			450
____ 34610	Lionelville & Western GP30 Diesel "1107," *11*		330
34611	Lionelville & Western GP30 Diesel "1112," nonpowered, *11*		
____			190
____ 34612	NS SD70M-2 Diesel "2658," CC, *11*		550
____ 34613	NS SD70M-2 Diesel "2663," CC, *11*		550
____ 34614	CN SD70M-2 Diesel "8020," CC, *11*		550
____ 34615	CN SD70M-2 Diesel "8024," CC, *11*		550
____ 34616	FEC SD70M-2 Diesel "101," CC, *11*		550
____ 34617	FEC SD70M-2 Diesel "103," CC, *11*		550
____ 34618	George Bush SD70ACe Diesel "4141," CC, *11*		550
____ 34619	NH SD70ACe Diesel "8696," CC, *11*		550
____ 34620	NH SD70ACe Diesel "8699," CC, *11*		550
____ 34623	Texas Special SD70ACe Diesel "6340," CC, *11*		550
____ 34624	Texas Special SD70ACe Diesel "6344," CC, *11*		550
____ 34625	NP F3 AA Diesel Set, CC, *11*		700
____ 34628	NP F3 Diesel B Unit "6005C," CC, *11*		380
____ 34629	NP F3 Diesel B Unit "6006C," nonpowered, *11*		240
____ 34630	Frisco F3 AA Diesel Set, CC, *11*		700
____ 34633	Frisco F3 Diesel B Unit, CC, *11*		380
____ 34634	Frisco F3 Diesel B Unit, nonpowered, *11*		260
____ 34635	ATSF F3 AA Diesel Set, CC, *11*		700
____ 34638	ATSF F3 Diesel B Unit, CC, *11*		380
____ 34639	ATSF F3 Diesel B Unit, nonpowered, *11*		240
____ 34640	GTW F3 AA Diesel Set, CC, *11*		700
____ 34643	GTW F3 Diesel B Unit, CC, *11*		380
____ 34644	GTW F3 Diesel B Unit, nonpowered, *11*		260
____ 34645	CN F3 AA Diesel Set, CC, *11*		700

		Exc	Mint
34648	CN F3 Diesel B Unit, CC, *11*	380	___
34649	CN F3 Diesel B Unit, nonpowered, *11*	260	___
34650	MILW DD35A Diesel "1535," CC, *11*	600	___
34651	MILW DD35A Diesel "1537," nonpowered, *11*	440	___
34662	RI GP9 Diesel "1331," CC, *12–13*	480	___
34663	RI GP9 Diesel "1327," CC, *12–13*	480	___
34664	GN GP9 Diesel "688," CC, *12–13*	480	___
34665	GN GP9 Diesel "695," CC, *12–13*	480	___
34666	L&N GP9 Diesel "504," CC, *12–13*	480	___
34667	L&N GP9 Diesel "525," CC, *12–13*	480	___
34668	CN GP90 Diesel "4463," CC, *12*	480	___
34669	CN GP90 Diesel "4455," CC, *12*	480	___
34670	C&O GP9 Diesel "6240," CC, *12*	480	___
34671	C&O GP9 Diesel "6243," CC, *12*	480	___
34672	PRR Baldwin Centipede Diesel AA, CC, *12–13*	2200	___
34673	UP Baldwin Centipede Diesel AA, CC, *12*	2200	___
34676	PRR Baldwin Centipede Diesel "5821," CC, *12–13*	1100	___
34677	Seaboard Baldwin Centipede Diesel "4503," CC, *12–13*	1100	___
34680	NdeM Baldwin Centipede Diesel "6402," CC, *12–13*	1100	___
34681	UP GP9 Diesel "256," CC, *12*	480	___
34682	UP GP9 Diesel "261," CC, *12*	480	___
34683	PRR Baldwin Centipede Diesel AA, CC, *12*	2200	___
34686	Baldwin Demonstrator Centipede AA, CC, *12*	2200	___
34689	WM F7 AA Diesel Set, CC, *12–13*	730	___
34692	WM F7 B Unit "410," CC, *12–13*	400	___
34693	WM F7 B Unit, *12–13*	250	___
34694	L&N F7 AA Diesel Set, CC, *12*	730	___
34697	L&N F7 B Unit "900," CC, *12–13*	400	___
34698	L&N F7 B Unit, *12–13*	250	___
34701	PRR Baldwin RF-16 Diesel AA Set, CC, *12–13*	730	___
34704	PRR Baldwin RF-16 Diesel B Unit, CC, *12–13*	400	___
34705	PRR Baldwin RF-16 Diesel B Unit, nonpowered, *12–13*	250	___
34731	NH Alco RS-11 Diesel "1413," nonpowered, *12*	240	___
34732	LV Alco RS-11 Diesel "7640," CC, *12*	480	___
34733	LV Alco RS-11 Diesel "7642," CC, *12*	480	___
34734	LV Alco RS-11 Diesel "7643," nonpowered, *12*	240	___
34735	ATSF GP9 Diesel "726," CC, *12*	480	___
34736	ATSF GP9 Diesel "741," CC, *12*	480	___
34737	NP GP9 Diesel "202," CC, *12*	480	___
34738	NP GP9 Diesel "317," CC, *12*	480	___
34739	RI GP9 Diesel "1325," nonpowered, *12*	240	___
34740	GN GP9 Diesel "668," nonpowered, *12*	240	___
34741	L&N GP9 Diesel "531," nonpowered, *12*	240	___
34742	CN GP90 Diesel "4527," nonpowered, *12*	240	___
34743	C&O GP9 Diesel "6249," nonpowered, *12*	240	___
34744	UP GP9 Diesel "268," nonpowered, *12*	240	___

Exc   Mint

			Exc	Mint
____	34745	Monon Alco C-420 Diesel "509," CC, *12–13*		530
____	34746	Monon Alco C-420 Diesel "512," CC, *12–13*		530
	34747	Monon Alco C-420 Diesel "514," nonpowered, *12–13*		260
____	34748	LV Alco C-420 Diesel "404," CC, *12*		530
____	34749	LV Alco C-420 Diesel "412," CC, *12*		530
____	34750	LV Alco C-420 Diesel "414," nonpowered, *12*		260
____	34754	Alaska Alco C-420 Diesel "1210," CC, *12*		530
____	34755	Alaska Alco C-420 Diesel "1214," CC, *12*		530
	34756	Alaska Alco C-420 Diesel "1217," nonpowered, *12*		260
	34757	Seaboard Alco C-420 Diesel "127," CC, *12–13*		530
	34758	Seaboard Alco C-420 Diesel "129," CC, *12–13*		530
	34759	Seaboard Alco C-420 Diesel "134," nonpowered, *12–13*		260
	34760	NKP Alco C-420 Diesel "578," CC, *12–13*		530
	34761	NKP Alco C-420 Diesel "575," CC, *12–13*		530
	34762	NKP Alco C-420 Diesel "572," nonpowered, *12–13*		260
	34763	CNJ Scale NW2 Diesel Switcher "1060," CC, *12*		470
	34764	CNJ Scale NW2 Diesel Switcher "1061," CC, *12*		470
	34765	KCS Scale NW2 Diesel Switcher "1221," CC, *12*		470
	34766	KCS Scale NW2 Diesel Switcher "1224," CC, *12*		470
	34767	L&N Scale NW2 Diesel Switcher "2203," CC, *12*		470
	34768	L&N Scale NW2 Diesel Switcher "2206," CC, *12*		470
____	34769	MKT Scale NW2 Diesel Switcher "8," CC, *12*		470
____	34770	MKT Scale NW2 Diesel Switcher "12," CC, *12*		470
	34771	Reading Scale NW2 Diesel Switcher "102," CC, *12*		470
	34772	Reading Scale NW2 Diesel Switcher "104," CC, *12*		470
	34773	PRR Scale NW2 Diesel Switcher "9163," CC, *12*		470
	34774	PRR Scale NW2 Diesel Switcher "9171," CC, *12*		470
	34775	N&W SD40-2 Diesel "6106," nonpowered, *12–13*		240
____	34776	N&W SD40-2 Diesel "6121," CC, *12–13*		530
____	34777	N&W SD40-2 Diesel "6109," CC, *12–13*		530
	34778	CSX SD40-2 Diesel "8023," nonpowered, *12–13*		240
____	34779	CSX SD40-2 Diesel "8028," CC, *12–13*		530
____	34780	CSX SD40-2 Diesel "8033," CC, *12–13*		530
	34781	BN SD40-2 Diesel "7140," nonpowered, *12–13*		240
____	34782	BN SD40-2 Diesel "7153," CC, *12–13*		530
____	34783	BN SD40-2 Diesel "7162," CC, *12–13*		530

Exc   Mint

		Exc	Mint
34784	Frisco SD40-2 Diesel "957," CC, *12–13*	530	____
34785	Frisco SD40-2 Diesel "950," nonpowered, *12–13*	240	____
34786	Frisco SD40-2 Diesel "952," CC, *12–13*	530	____
34787	C&NW SD40-2 Diesel "6816," nonpowered, *12–13*	240	____
34788	C&NW SD40-2 Diesel "6820," CC, *12–13*	530	____
34789	C&NW SD40-2 Diesel "6832," CC, *12–13*	530	____
34790	MKT SD40-2 Diesel "602," nonpowered, *12–13*	240	____
34791	MKT SD40-2 Diesel "609," CC, *12–13*	530	____
34792	MKT SD40-2 Diesel "620," CC, *12–13*	530	____
35100	NYC Vista Dome Car "7012," *07–09*	45	____
35101	NYC Baggage Car "5028," *07*	40	____
35102	Santa Fe El Capitan Streamliner Diner, *07*	65	____
35124	Alton Limited Madison Passenger Car 4-pack, *08–10*	240	____
35128	ATSF El Capitan Baggage Car "2103," *08*	70	____
35129	ATSF El Capitan Vista Dome Car "3153," *08*	70	____
35130	Polar Express Disappearing Hobo Car, *08–12*	65	____
35133	MTA Metro-North M-7 Commuter Add-on 2-pack, *07–08*	85	____
35134	North Pole Central Vista Dome Car, *08*	45	____
35135	North Pole Central Diner, *08–10*	45	____
35167	PRR Diner "2044," *10*	52	____
35168	PRR Coach "4046," *09*	52	____
35173	North Pole Central Blitzen Coach, *09*	45	____
35174	MTA LIRR M-7 Add-on 2-pack, *09*	98	____
35184	Western & Atlantic Baggage Car, *09*	60	____
35185	Great Western Passenger Car 2-pack, *09*	100	____
35193	PRR Streamliner 4-pack, *10–11*	250	____
35200	Strasburg Observation Car, *10*	60	____
35205	D&RGW Pikes Peak Add-on Coach, *10–11*	70	____
35211	Strasburg Passenger Car Add-on 2-pack, *10*	100	____
35214	Rio Grande Winter Park Diner, *11*	70	____
35219	Hallow's Eve Express Passenger Car 2-pack, *11*	120	____
35229	Hogwarts Express Dementors Coach, *11–13*	60	____
35239	NJ Transit 2-pack Passenger Car Add-on, *11*	100	____
35247	Grand Central Express Passenger Car 2-pack, *12–13*	140	____
35250	North Pole Coach 2-pack, *12–13*	120	____
35256	Hallow's Eve Express Passenger Car 2-pack #2, *12*	120	____
35257	ATSF Vista Dome, *12*	70	____
35258	ATSF Baggage Car, *12–13*	70	____
35259	LIRR Passenger Car 2-pack, *12–13*	100	____
35281	ATSF Super Chief Diner "1495," *13*	70	____
35282	LIRR Jamaica Coach, *13*	60	____
35283	CP Baggage Car and Diner 2-pack, *13*	130	____
35286	Peanuts Coach 3-pack, *13*	165	____
35403	NYC 20th Century Limited 18" Aluminum Passenger Car 4-pack (std O), *08*	625	____

		Exc	Mint
35408	NYC 20th Century Limited 18" Aluminum Passenger Car 2-pack (std O), *08*		325
35411	NYC 20th Century Limited Diner, StationSounds (std O), *08*		325
35412	Lenny Dean Passenger Coach, *08*		100
35413	LL Streamliner Car 2-pack, *08*		270
35415	UP 18" Streamliner Car 4-pack (std O), *08*		625
35423	UP 18" Streamliner Car 2-pack (std O), *08*		325
35430	Amtrak Coach		45
35431	Amtrak Coach		45
35432	Amtrak Coach		45
35433	Amfleet Phase IVB Coach 2-pack (std O), *10*		140
35445	SP Shasta Daylight 18" Passenger Car 4-pack (std O), *11*		640
35446	SP Shasta Daylight 18" Passenger Car 2-pack (std O), *11*		320
35454	Amfleet Cab Control End Car (std O), *10*		90
35473	Amfleet Capstone Coach 3-pack (std O), *10*		180
35481	NYC Add-on Passenger Car "M-498," *11*		120
35490	Alaska Budd RDC Combination Car "702," nonpowered, *11*		130
35497	RI Budd RDC Combination Car "751," nonpowered, *11*		130
35498	RI Budd RDC Coach "750," nonpowered, *11*		130
35499	Alaska Budd RDC Coach "712," nonpowered, *11*		130
36000	Route 66 Flatcar with 2 red sedans, *98*		44
36001	Route 66 Flatcar with 2 wagons, *98*		42
36002	Pratt's Hollow Passenger Car 4-pack, *98*		445
36006	Uranium Flatcar "6508," *99*		60
36016	Flatcar with propellers, *98*		45
36020	Flatcar "TT-6424" with auto frames, *99*		32
36021	Alaska Flatcar "6424" with airplane, *99*		44
36024	J.B. Hunt Flatcar "64245" with trailer, *99*		44
36025	J.B. Hunt Flatcar "64246" with trailer, *99*		50
36026	Flatcar with J.B. Hunt trailers 2-pack, *99*		85
36027	Tredegar Iron Works Flatcar with cannon, *99*		45
36028	Heavy Artillery Flatcar with cannon, *99*		45
36029	SP Auto Carrier "516712," *99*		44
36030	Troublesome Truck #1, *99*		35
36031	Troublesome Truck #2, *99*		35
36032	Christmas Gondola "6462" with presents, *99*		35
36036	C&O Gondola, *99*		20
36038	Construction Zone Gondola, *99 u*		NRS
36040	Bethlehem Flatcar with block (SSS), *99*		75
36041	Bethlehem Ore Car (SSS), *99*		40
36043	Custom Consist Flatcar with pickup truck, *99*		40
36044	Custom Consist Flatcar with dragster, *99*		40
36045	Flatcar with dragster, *04*		30
36046	Flatcar with custom truck, *04*		30
36047	Construction Zone Gondola, *99 u*		NRS
36048	Construction Zone Gondola, *99 u*		NRS

Exc Mint

		Exc	Mint
36054	Archaeological Expedition Gondola with eggs, *00 u*		55 ___
36055	Flatcar with dragster, *01 u*		30 ___
36056	Flatcar with roadster, *01 u*		30 ___
36059	"Season's Greetings" Gondola, *99 u*		50 ___
36062	NYC 6462 Gondola, *99–00*		22 ___
36063	Conrail Gondola "604768," *99–00*		20 ___
36064	Billboard Flatcar "6424," *00*		41 ___
36065	Wabash Flatcar "25536" with trailer, *00*		35 ___
36066	Christmas Gondola with presents, *00*		32 ___
36067	King Auto Sales Flatcar "6424" with pink Cadillac, *00*		40 ___
36068	Pine Peak Tree Transport Gondola, *00*		NRS ___
36079	Service Station Ltd. Flatcar with trailer, *00*		34 ___
36082	Whirlpool Flatcar with trailer, *00 u*		NRS ___
36083	Santa Fe Gondola "168998," *01*		17 ___
36084	Grand Trunk Western Coil Car, *00*		32 ___
36085	FEC Coil Car, *00*		29 ___
36086	SP Flatcar with trailer, *01*	34	35 ___
36087	Flatcar "6424" with wooden whistle, *01*		25 ___
36088	Allis Chalmers Condenser Car "6519," *00*		43 ___
36089	Frisco Flatcar with airplane, *00*		35 ___
36090	TT Flatcar "6424" with Pepsi truck, *01*		44 ___
36091	Maersk Flatcar "250129" with die-cast tractors, *00*		55 ___
36092	Maersk Flatcar "250130" with die-cast frames, *00*		55 ___
36093	Soo TT Auto Carrier "906760," *00*		49 ___
36094	PC F9 Well Car "768122," *01*		41 ___
36095	Christmas Chase Gondola, *01*		37 ___
36098	PRR Gondola "385186," *01*		20 ___
36099	NYC Flatcar with stakes and bulkheads, *01*		25 ___
36104	Area 51 3-D Tank Car, *07*		60 ___
36108	Candy Cane 1-D Tank Car, *07*		60 ___
36112	NP 3-D Tank Car, *08*		35 ___
36113	IC 1-D Tank Car, *08*		35 ___
36114	ART Wood-sided Reefer, *08*		35 ___
36117	Lionel Lines 2-D Tank Car, *08*		50 ___
36118	NYC Pastel Stock Car "63561," *08–09*		55 ___
36128	Texas & Pacific 3-D Tank Car, *09*		40 ___
36129	British Columbia 1-D Tank Car, *09*		40 ___
36131	Lackawanna Wood-sided Reefer "7000," *09–10*		40 ___
36145	Philadelphia Quartz 3-D Tank Car "606," *10*		40 ___
36146	Cities Service 1-D Tank Car "11800," *10*		40 ___
36149	Strasburg Wood-sided Reefer "105," *10*		55 ___
36151	Grave's Blood Bank Tank Car, *10*		50 ___
36156	Pennsylvania Power & Light 1-D Tank Car, *10*		40 ___
36162	Diamond Chemicals 3-D Tank Car, *11*		40 ___
36163	Celanese 2-D Tank Car, *11–12*		40 ___
36166	Polar Express Reefer, *11–12*		55 ___
36169	Coca-Cola 3-D Tank Car, *11*		55 ___
36170	Partridge in a Pear Tree Reefer, *11–12*		55 ___

			Mint
____	36172	Bubble Yum 1-D Tank Car, *11*	55
____	36173	Santa's Flyer Hot Cocoa 3-D Tank Car, *11*	40
____	36176	C&O 1-D Tank Car, *13*	43
____	36177	WP 3-D Tank Car, *12*	40
____	36178	Frisco 2-D Tank Car, *12–13*	40
____	36182	Eggnog Unibody 1-D Tank Car, *12*	70
____	36191	GN Waffle-sided Boxcar, *13*	43
____	36195	PRR Flatcar with patrol helicopter, *13*	60
____	36200	Quaker Life Cereal Boxcar, *00*	443
____	36203	Whirlpool Boxcar, *00 u*	113
____	36205	eBay Boxcar, *00*	242
____	36206	REA Boxcar, *01*	25
____	36207	Vapor Records Christmas Boxcar, *01*	50
____	36208	Father's Day Boxcar, *00*	35
____	36210	Burlington Hi-Cube Boxcar "19825," *01*	40
____	36211	NP Hi-Cube Boxcar "659999," *01*	33
____	36212	Lionel Employee Christmas Boxcar, *00 u*	405
____	36213	Vapor Records Christmas Boxcar, *00*	39
____	36215	Train Station 25th Anniversary Boxcar, *00 u*	48
____	36218	Snap-On Boxcar, *00 u*	120
____	36219	UP Boxcar "183518," *02*	78
____	36220	Pioneer Seed Boxcar, *00 u*	NRS
____	36221	PRR Boxcar "569356," *01*	20
____	36222	NYC Boxcar "162440," *01*	20
____	36223	Chessie System Boxcar, *01*	20
____	36224	Santa Fe Boxcar "16263," *01*	20
____	36225	C&O Boxcar "250549," *01*	20
____	36226	E-Hobbies Boxcar, *01 u*	190
____	36227	Monopoly Community Chest Boxcar, *00 u*	50
____	36228	Lionel Visitor Center Boxcar, *01 u*	34
____	36229	Island Trains 20th Anniversary Boxcar, *01 u*	29
____	36232	Farmall Boxcar, *01 u*	NRS
	36236	TM Books "I Love Lionel" Boxcar "7474-1,"	
____		*01 u*	43
____	36238	Snap-On Tool Team ASE Racing Boxcar, *01 u*	NRS
____	36239	L.L. Bean Boxcar, *01 u*	115
____	36240	Do It Best Boxcar, *01 u*	100
____	36242	Erie-Lackawanna Boxcar "73113," *02*	24
____	36243	Christmas Boxcar "2002," *02*	31
____	36244	Teddy Bear Centennial Boxcar, *02*	36
	36245	Lionel 20th Century Boxcar "1900-1925,"	
____		*00 u*	30
	36246	Lionel 20th Century Boxcar "1926-1950,"	
____		*00 u*	30
	36247	Lionel 20th Century Boxcar "1951-1975,"	
____		*00 u*	30
	36248	Lionel 20th Century Boxcar "1976-2000,"	
____		*00 u*	30
____	36253	Christmas Boxcar, *03*	32
____	36254	Goofy Hi-Cube Boxcar, *03*	37
____	36255	Donald Duck Hi-Cube Boxcar, *03*	40
____	36256	GN Boxcar "6341," *03*	23
____	36261	PRR Boxcar, *03–05*	15

		Exc	Mint
36262	Southern Central of Georgia Boxcar, *03–04*	20	___
36264	Santa Fe Boxcar "600196, *02*	18	___
36265	Angela Trotta Thomas "Window Wishing" Boxcar, *02*	38	___
36267	Mickey Mouse Hi-Cube Boxcar, *03*	50	___
36270	Angela Trotta Thomas "Home for the Holidays" Boxcar, *02–03*	30	___
36272	New Haven Boxcar "6501," *04*	20	___
36273	Railbox Hi-Cube Boxcar "15000," *04*	21	___
36275	Christmas Boxcar, *04*	35	___
36276	Angela Trotta Thomas "Tis the Season" Boxcar, *04*	34	___
36277	Pluto Hi-Cube Boxcar, *04–05*	50	___
36278	Winnie the Pooh Hi-Cube Boxcar, *04–05*	50	___
36281	B&O Boxcar, *04*	35	___
36291	Simpsons Boxcar, *04–05*	44	___
36294	UP Hi-Cube Boxcar, traditional, *05*	27	___
36295	CN Boxcar, traditional, *05*	27	___
36296	2005 Holiday Boxcar, *05*	48	___
36297	Angela Trotta Thomas "Christmas Eve" Boxcar, *05*	48	___
36299	Hammacher Schlemmer Music Boxcar, *04*	65	___
36305	eBay Boxcar, *00 u*	112	___
36500	Western Pacific Caboose "36500," *04*	23	___
36501	D&RGW Caboose "36501," *04*	22	___
36502	Reading Caboose "36502," *04*	25	___
36515	North Pole Central Lines Caboose "36515," *04*	36	___
36519	Lionel Lines Caboose, *04*	22	___
36520	Santa Fe Caboose "36520," *04*	22	___
36525	CSX Work Caboose, lighted, *05*	35	___
36526	Pennsylvania Work Caboose, traditional, *05*	27	___
36527	Santa Fe Work Caboose, traditional, *05*	28	___
36528	Chesapeake & Ohio Work Caboose, traditional, *05*	40	___
36529	North Pole Central Work Caboose with presents, traditional, *05*	38	___
36530	Pennsylvania Caboose, traditional, *05*	33	___
36531	Erie Caboose "C150," traditional, *05*	33	___
36532	SP Caboose "1097," traditional, *05*	48	___
36533	Reading Caboose "92803," traditional, *05*	33	___
36534	NYC Center Cupola Caboose, traditional, *05*	40	___
36535	LL Center Cupola Caboose, traditional, *05*	28	___
36536	Southern Center Cupola Caboose, traditional, *05*	40	___
36547	Bethlehem Steel Transfer Caboose, traditional, *05*	40	___
36548	Transylvania RR Work Caboose, traditional, *05*	45	___
36550	Halloween Transfer Caboose, traditional, *06–07*	45	___
36551	Christmas Caboose, *06*	45	___
36552	U.S. Steel Work Caboose, traditional, *06–07*	45	___
36553	NYC Caboose, *08*	20	___
36554	SP Work Caboose, traditional, *06*	45	___

			Exc	Mint
____	36555	Pennsylvania Transfer Caboose, *06*		45
____	36556	Lionel Lines Work Caboose, *06–07*		30
____	36557	Rio Grande Work Caboose, traditional, *06*		29
____	36558	Virginian Center Cupola Caboose "316," traditional, *06*		45
____	36559	WM Center Cupola Caboose "1863," traditional, *06*		45
____	36560	C&O Center Cupola Caboose "90876," traditional, *06*		45
____	36562	Army Transportation Work Caboose, traditional, *06*		45
____	36563	Reading Work Caboose, traditional, *06*		45
____	36565	UP SP-type Caboose, traditional, *06*		48
____	36566	NYC SP-type Caboose, traditional, *06*		48
____	36567	GN SP-type Caboose, traditional, *06*		48
____	36571	PRR Caboose, *08*		20
____	36580	B&O Center Cupola Caboose "C2047," traditional, *05*		40
____	36582	C&O Caboose, *05*		22
____	36583	Holiday Caboose, *07*		50
____	36587	SP Caboose "1121," *07–09*		40
____	36589	PRR Work Caboose, *07*		40
____	36590	UP Work Caboose, *07*		45
____	36591	Southern Caboose "X99," *08*		45
____	36592	Santa Fe Caboose "999471," *06*		48
____	36593	NYC Caboose, *06*		48
____	36601	UP Caboose, *06*		48
____	36602	UPS Centennial Caboose, *06*		45
____	36604	Pennsylvania Caboose, *06*		25
____	36607	K-Line Caboose, *06*		40
____	36611	Conrail Caboose "19674," *07*		40
____	36612	Alaska Caboose "1080," *07*		40
____	36613	NYC Caboose, *07*		30
____	36622	C&O Caboose "C-1838," *08–09*		40
____	36623	ATSF Caboose, *07–09*		40
____	36624	Lionel Lines Caboose, *08–09*		40
____	36625	B&M Caboose, *08*		50
____	36626	Erie Caboose "C101," *08–09*		45
____	36634	Holiday Porthole Caboose, green, *08*		50
____	36646	Monopoly Caboose, *10*		48
____	36647	Strasburg Caboose, *10*		48
____	36649	Pennsylvania Power & Light Work Caboose, *10*		45
____	36657	Western & Atlantic Caboose, *10–11*		48
____	36659	PRR Illuminated Porthole Caboose, *11*		35
____	36668	CSX Illuminated Square Window Caboose, *10*		35
____	36672	NS Caboose, *11*		25
____	36674	Polar Caboose, *11–12*		53
____	36701	Baldwin Locomotive Works Operating Welding Car "36701," *02*		60
____	36702	Bosco Operating Milk Car with platform, *02*		115
____	36703	Circus Horse Car with corral, *06*		150
____	36704	Animated Reindeer Stock Car and Corral, *02*		145
____	36718	AEC Security Caboose, *02*		42

		Exc	Mint
36719	Lionel Lion Bobbing Head Car, *02*	20	___
36720	Aladdin Aquarium Car, *03*	40	___
36721	101 Dalmatians Animated Gondola, *03*	45	___
36722	Peter Pan Bobbing Head Boxcar, *03*	45	___
36726	Santa Fe Searchlight Car "36726," *03*	50	___
36727	Weyerhaeuser Moe & Joe Flatcar, *03*	65	___
36728	SP Walking Brakeman Boxcar 163143," *03*	42	___
36729	Lionel Lines Animated Caboose, *04–05*	75	___
36730	U.S. Army Missile Launch Sound Car "44," *03*	175	___
36731	Motorized Aquarium Car "3435," *03*	83	___
36732	C&NW Jumping Hobo Car, *03*	41	___
36733	Christmas Music Boxcar, *03*	45	___
36734	Santa Fe Operating Searchlight Car "20611," *02*	25	___
36735	WP Ice Car "7045," *02*	55	___
36736	D&RGW Stock Car "39268," RailSounds, *04*	45	___
36738	T&P Poultry Dispatch Car "36738," *02*	50	___
36739	Postwar "3461" Lionel Lines Log Dump Car, *03*	50	___
36740	Postwar "3469" Lionel Lines Coal Dump Car, *03*	49	___
36743	Santa Claus Bobbing Head Boxcar, *03*	40	___
36744	Little Mermaid Aquarium Car, *03*	55	___
36745	Toy Story Animated Gondola, *03*	70	___
36753	LFD Firecar with ladder, *02*	60	___
36757	Southern Searchlight Car, *03–04*	NRS	___
36758	Patriotic Lighted Boxcar, *02*	60	___
36760	B&O Sentinel Operating Brakeman Boxcar "3424," Archive Collection, *02*	65	___
36761	Wellspring Capital Management Lighted Boxcar, *02 u*	215	___
36764	West Side Lumber Log Dump Car "36764," *03*	55	___
36765	Alaska Coal Dump Car "401," *03*	50	___
36766	Erie Chase Gondola, *03*	50	___
36767	Santa's Radar Tracking Car, *03*	40	___
36769	Fourth of July Lighted Boxcar, *03*	70	___
36770	American Refrigerator Transit Ice Car "23701," *04*	42	___
36771	CN Barrel Car "74208," *04*	48	___
36772	Spokane, Portland & Seattle Log Dump Car "36772," *04*	46	___
36773	Jersey Central Coal Dump Car "92926," *04*	45	___
36774	PRR Moe & Joe Lumber Flatcar, *04*	50	___
36775	Santa Fe Animated Caboose "999010," *05*	75	___
36776	Santa Fe Walking Brakeman Car "19938," *04*	43	___
36778	C&O Searchlight Car "216614," *04*	30	___
36780	Sea-Monkeys Motorized Aquarium Car, *04*	45	___
36781	Finding Nemo Aquarium Car, *04*	50	___
36782	Goofy and Pete Jumping Boxcar, *05*	70	___
36783	Disney Operating Boxcar, *04–05*	65	___
36784	Monsters Inc. Bobbing Head Boxcar, *04*	40	___
36786	Postwar "3494-150" MP Operating Boxcar, *03*	40	___
36787	MOW Remote Control Searchlight Car, *04*	45	___

			Exc	Mint
____	36788	Lionel Lines Tender, TrainSounds, *04*		75
____	36789	Railbox Boxcar, TrainSounds, *04–05*		105
____	36790	Christmas Music Boxcar, *04*		70
____	36793	Pennsylvania Derrick Car, *03*		22
____	36794	NYC Log Dump Car, *03*		25
____	36795	Southern Coal Dump Car, *03*		25
____	36796	GN Searchlight Car, *03*		24
____	36797	"Operation Iraqi Freedom" Minuteman Car, *03*		45
____	36803	Santa Animated Caboose, *06*		75
____	36804	Candy Cane Dump Car, *06*		80
____	36805	Reindeer Jumping Boxcar, *06*		70
____	36809	NYC Derrick Car, *07–08*		35
____	36810	PRR Searchlight Car, *07*		35
____	36811	UP Dump Coal Dump Car, *07*		35
____	36812	British Columbia Log Dump Car, *07–08*		35
____	36813	State of Maine Brakeman Car, *08*		80
____	36814	D&RGW Animated Caboose "01415," *07–09*		80
____	36815	Santa Fe Moe & Joe Flatcar, *07–08*		80
____	36816	Virginian Coal Dump Car, *08*		80
____	36818	U.S. Steel Searchlight Car, *07–08*		75
____	36821	"Naughty or Nice" Dump Car, *07*		80
____	36823	Halloween SpookySmoke Boxcar, *07*		110
____	36824	AlienSmoke Boxcar, *07*		110
____	36829	Alien Radioactive Car, *07*		70
____	36830	Trick or Treat Aquarium Car, *07*		75
____	36831	MOW Welding Car, *07–08*		75
____	36833	Christmas Music Boxcar, *07*		65
____	36834	Santa Fe Transparent Instruction Car, *07–08*		65
____	36838	Lionel Power Co. Voltmeter Car, K-Line, *06*		75
____	36839	Operating Milk Car with platform, K-Line, *06*		140
____	36841	Visitor Center 15th Anniversary Lighted Boxcar, *06*		70
____	36847	Polar Express Tender, TrainSounds, *08–12*		115
____	36848	Candy Cane Dump Car, *07*		80
____	36849	Tell-Tale Reindeer Car, *07*		53
____	36850	Santa and Snowman Boxcar, *07*		75
____	36851	Generator Car with Christmas tree, *07*		75
____	36853	U.S. Army Exploding Boxcar, *08*		60
____	36855	GW Horse Car and Corral, *08*		160
____	36856	W&ARR Sheriff and Outlaw Car, *08*		75
____	36857	Bobbing Ghost Boxcar, *08*		65
____	36859	Lionel Lines Aquarium Car, *08*		80
____	36861	PRR Poultry Dispatch Car, *08–09*		80
____	36863	Alien Security Car, *08*		80
____	36864	Bethlehem Steel Searchlight Car, *08*		40
____	36866	WP Coal Dump Car "52369," *08*		40
____	36868	NH Barrel Ramp Car, *08*		40
____	36869	Bobbing Santa Boxcar, *08*		65
____	36870	Postwar "6812" Track Maintenance Car, *08*		65
____	36874	PRR Searchlight Car, *09*		35
____	36875	Polar Express Coach, sound, *08–12*		115
____	36878	NYC Track Cleaning Car, *08*		150

		Exc	Mint
36879	REA Ice Car "1221," *08*	65	___
36880	Koi Fish Aquarium Car, *10*	75	___
36881	Christmas Music Boxcar, *08*	70	___
36887	Great Western Animated Gondola, *08–09*	65	___
36888	Casper Aquarium Car, *09–10*	90	___
36889	PRR Barrel Ramp Car, *09–10*	46	___
36893	UP Transparent Instruction Car "195220," *09–10*	75	___
36896	Christmas Music Boxcar, *09*	80	___
36897	Pennsylvania Power & Light Coal Dump Car, *09–10*	46	___
36898	Wisconsin Central Log Dump Car, *09*	46	___
36900	Depressed Center Flatcar with backshop load, *99*	115	___
36913	Allied Chemical 1-D Tank Car 2-pack, *00*	150	___
36914	Allied Chemical 1-D Tank Car "68075," die-cast, white, *00*	90	___
36915	Allied Chemical 1-D Tank Car "68076," die-cast, white, *00*	90	___
36916	Allied Chemical 1-D Tank Car 2-pack, *00*	175	___
36917	Allied Chemical 1-D Tank Car "65124," die-cast, black, *00*	95	___
36918	Allied Chemical 1-D Tank Car "65125," die-cast, black, *00*	90	___
36927	B&O DC Hopper 6-pack, "435040-45," *01*	520	___
36935	Maersk Maxi-Stack Car 2-pack, "250131-32," *00*	135	___
36937	SP Maxl-Stack Car "513957," *02*	65	___
36998	Gingerbread Man Gateman, *12*	80	___
37001	No. 3444 Erie Animated Gondola, *09*	70	___
37002	Operating Plutonium Car 2-pack, *10–11*	140	___
37003	PRR Jet Snow Blower "491252," *09–10*	138	___
37004	Area 51 Searchlight Car, *09*	46	___
37006	Lionel Flatcar with operating LCD billboard, *09*	180	___
37009	Smoking Mount St. Helens Boxcar, *10–11*	125	___
37010	Pennsylvania Power & Light Searchlight Car, *10*	46	___
37011	B&M Operating Milk Car with platform, *10*	155	___
37012	GN Jumping Hobo Boxcar, *10*	75	___
37015	Jack-o-Lantern Flatcar, *11–12*	75	___
37016	Radioactive Plutonium Flatcar, *11*	70	___
37017	Plutonium Boom Car, *11*	70	___
37022	ATSF Blinking Billboard, *12*	25	___
37032	Postwar "3562" Operating Barrel Car, *11*	75	___
37033	Casper Animated Gondola, *11*	70	___
37035	Santa's Operating Snow Globe Car, *11*	75	___
37036	Halloween Operating Globe Car, *11*	78	___
37038	Halloween Searchlight Car, *12*	45	___
37039	Minuteman Searchlight Car, *11*	45	___
37040	UP Derrick Car, *11–12*	46	___
37041	Pennsylvania Power & Light Coal Dump Car, *11*	80	___
37042	IC Coal Dump Car, *11*	46	___
37043	Seaboard Log Dump Car, *11*	46	___
37044	CP Rail Log Dump Car, *11*	80	___

			Mint
____	37045	Beatles Yellow Submarine Aquarium Car, *11*	85
____	37047	Santa's Flyer Animated Gondola, *11*	55
____	37053	EL Derrick Car, *12*	45
____	37054	CSX Coal Dump Car, *12*	46
____	37055	SP Log Dump Car, *12*	46
____	37056	Zombie Aquarium Car, *12*	80
____	37057	Bethlehem Steel Culvert Car, *12*	65
____	37058	Ghost Globe Halloween Car, *12*	75
____	37059	Christmas Snow Globe Car, *12*	85
____	37060	LIRR Derrick Car, *13*	50
____	37061	UP Railroad Speeder, CC, *12–13*	140
____	37062	NS Railroad Speeder, CC, *12–13*	140
____	37063	PRR Railroad Speeder, CC, *12–13*	140
____	37064	CSX Railroad Speeder, CC, *12–13*	140
____	37065	BNSF Railroad Speeder, CC, *12–13*	140
____	37066	MOW Railroad Speeder, CC, *12–13*	140
____	37067	NYC Railroad Speeder, CC, *12–13*	140
____	37068	CN Railroad Speeder, CC, *12–13*	140
____	37069	Strasburg RR Crane Car, *12*	65
____	37070	Gingerbread Man and Santa Animated Gondola, *12*	55
____	37071	MOW Searchlight Car, *12*	46
____	37073	U.S. Marine Corps Cannon Car, *12*	75
____	37075	Boy Scouts of America Crane Car, *13*	75
____	37076	Bethlehem Steel Coal Dump Car, *13*	50
____	37078	RI Searchlight Car, *13*	50
____	37079	Santa Fe Derrick Car, *13*	50
____	37081	Peanuts Pumpkin Jack-O-Lantern Car, *13*	85
____	37083	Strasburg Coal Dump Car, *13*	50
____	37084	PRR Cop and Hobo Animated Gondola, *13*	65
____	37085	BN Log Dump Car, *13*	50
____	37086	Lionelville Aquarium Co. Aquarium Car, *13*	80
____	37087	NH Walking Brakeman Car, *13*	75
____	37094	Wizard of Oz Aquarium Car, *13*	85
____	37100	Barrel Loader Building, *12–13*	40
____	37101	Smiley Water Tower, *12*	23
____	37102	Watchman Shanty, *12–13*	30
____	37103	O31 Curved Track (FasTrack), *13*	5
____	37112	Helicopter 2-pack, *13*	35
____	37120	Railroad Crossing Signs, *13*	10
____	37123	Weyerhaeuser Timber Operating Sawmill, *12–13*	140
____	37124	West Side Lumber Operating Sawmill, *12–13*	140
____	37125	Legacy Writable Utility Mobile, *12–13*	20
____	37127	Angela Trotta Thomas Gallery, *12*	75
____	37129	Boy Scouts of America Girder Bridge, *13*	23
____	37130	Boy Scouts of America Covered Bridge, *13*	60
____	37139	Tis the Season Accessories, *12–13*	310
____	37140	All Aboard Accessories, *12–13*	65
____	37141	Rail Yard Accessories, *12–13*	277
____	37142	Welcome Home Accessories, *12–13*	154
____	37146	Legacy PowerMaster, *12–13*	100

Number	Description	Exc	Mint
37147	CAB-1L/Base-1L Command Set, *12–13*		250 ____
37149	FasTrack Modular Layout Straight Section Kit, *13*		200 ____
37150	FasTrack Modular Layout Template, *13*		30 ____
37152	Operating Coaling Station, *13*		180 ____
37153	FasTrack Modular Layout 45-Degree Reversible Corner Klt, *13*		225 ____
37154	FasTrack Modular Layout 45-Degree Corner Kit, *13*		225 ____
37155	CAB-1L Remote Controller, *12–13*		150 ____
37156	Base-1L, *12–13*		125 ____
37158	Hershey's Water Tower, *13*		30 ____
37160	Strasburg Girder Bridge, *13*		21 ____
37161	Container 4-pack, *13*		40 ____
37162	Lionelville Water Tower, *13*		25 ____
37163	LIRR Girder Bridge, *13*		21 ____
37164	NS Girder Bridge, *13*		21 ____
37165	CP Water Tower, *13*		25 ____
37166	Crossing Shanty, *13*		25 ____
37167	Freight Platform, *13*		30 ____
37169	Peanuts Psychiatric Booth, *13*		40 ____
37172	Gooseneck Lamp 2-pack, *13*		34 ____
37173	Globe Lamp 3-pack, *13*		25 ____
37174	Classic Street Lamp 3-pack, black, *13*		40 ____
37176	Santa Fe Shanty, *13*		25 ____
37195	Grand Central Terminal 100th Anniversary, *13*		280 ____
37530	Santa Animated Caboose, *11*		80 ____
37807	Station Platform, *10–13*		21 ____
37808	Sunoco Spherical Oil Tank, *10–11*		100 ____
37810	Curved O Gauge Tunnel, _*11–13*		65 ____
37813	Christmas Tractor and Trailer with trees, *10*		27 ____
37814	Christmas Crossing Shanty, *10–12*		23 ____
37816	Rockville Bridge, *11–12*		700 ____
37820	Lionel Auto Loader Cars 4-pack, *12–13*		25 ____
37821	Smoke Fluid Loader, *11*		250 ____
37826	Classic Travel Billboard Set, *11–13*		11 ____
37827	Coca-Cola Covered Bridge, *11*		45 ____
37828	Vintage Boy Scouts Figure Pack, *11–13*		30 ____
37829	Polar Express Station Platform, *11–12*		40 ____
37831	NJ Transit Blinking Light Water Tower, *11–12*		30 ____
37834	Lionel Boat 4-pack, *11–13*		25 ____
37836	Monopoly Auto 4-pack, *12*		25 ____
37837	Polar Express Straight Tunnel, *12*		80 ____
37840	Santa Fe Diorama, *12–13*		15 ____
37841	Premium Smoke Fluid, *12–13*		9 ____
37842	CN Tractor with piggyback trailer, *12*		90 ____
37846	PRR Tractor Trailer, *12*		90 ____
37847	SP Tractor Trailer, *12*		90 ____
37848	IC Tractor Trailer, *12*		90 ____
37849	ATSF Tractor Trailer, *12*		90 ____
37850	REA Tractor Trailer, *12*		90 ____
37851	Scale Telephone Poles, *12–13*		37 ____

			Exc	Mint
____	37852	Christmas People Pack, *12–13*		23
____	37853	Alien Billboard, *13*		11
____	37854	Classic Christmas Billboard, *12*		11
____	37855	Lionel Airplane 2-pack, *12–13*		37
____	37900	Silver Truss Bridge, *11*		70
____	37901	Lehigh Valley Tugboat, *10*		270
____	37902	Illuminated Barge, *10*		180
____	37903	Cell Tower, *10–13*		60
____	37904	Boy Scouts Billboard Set, *10*		13
	37907	Christmas Street Lamps with wreaths,		
____		*10–13*		30
____	37909	North Pole Central Jet Snowblower, *11–13*		138
____	37910	Operating Lighthouse, *10*		180
____	37911	D&RGW Blinking Light Water Tower, *10–11*		30
____	37912	Lighted Coaling Tower, *10–13*		180
____	37913	Hopper Shed, *10–11*		35
____	37914	Work House, *10–13*		28
____	37916	Beige Brick Suburban House, *10*		80
____	37917	Red Brick Suburban House, *10*		80
____	37919	Operating Sawmill, *10*		130
____	37920	Bascule Bridge, *10*		350
____	37921	ZW-L Transformer, *11–13*		675
____	37923	Coca-Cola Blinking Light Water Tower, *11*		28
____	37928	Passenger Station, sounds, *11*		90
____	37929	Coca-Cola Diner, *11*		75
____	37930	Rotary Aircraft Beacon, *11–12*		81
____	37933	MG Switch Tower, *11–12*		300
____	37935	Operating Track Gang, *11*		100
____	37939	Scale Telephone Poles, *11–13*		43
____	37940	PRR Hobo Hotel, *12*		150
____	37941	House Under Construction, *11*		90
____	37942	Christmas Hobo Hotel, *12*		150
____	37944	Weathered 50,000-gallon Water Tank, *11–12*		170
____	37946	House Under Construction #2, *12–13*		90
____	37947	GW-180 180-watt Transformer, *12–13*		280
____	37948	Boy Scouts Flagpole with lights, *11*		30
____	37951	Postwar "342" Culvert Loader, *11*		165
____	37952	Postwar "345" Culvert Unloader, *11*		190
____	37953	Jacobs Pharmacy, *11*		50
____	37954	Halloween Station Platform, *11–12*		35
____	37955	Sodor Station Platform, *11–13*		35
____	37957	Deluxe Holiday House, *11*		85
____	37958	SP Scrap Yard, *11–13*		110
____	37959	Midway Basketball Shot Game, *11–12*		21
____	37960	Burning Switch Tower, *11–13*		100
____	37961	NYC Scrap Yard, *11–13*		110
____	37962	NJ Transit Station Platform, *11*		37
____	37964	Archive Operating Freight Terminal, *11–13*		150
____	37965	Christmas Operating Freight Terminal, *11–13*		150
____	37966	Lionel Cylindrical Oil Tank, *11–13*		100
____	37967	Boy Scouts Troop Cabin, *12–13*		80
____	37971	Bethlehem Steel Culvert Loader, *11*		165

Exc Mint

		Exc	Mint
37972	Bethlehem Steel Culvert Unloader, *11*	190	___
37973	Coca-Cola Station Platform, *12*	37	___
37975	SP Operating Freight Terminal, *11–13*	150	___
37977	Hooker Tank Car Accident, *11–13*	130	___
37978	Deluxe Suburban House, *11–13*	80	___
37979	Rotary Coal Tipple, *12*	540	___
37980	Operating Coal Conveyor, *12*	90	___
37984	Santa's Repair Work House, *12*	28	___
37985	Operating Wind Turbine, *12–13*	75	___
37986	NJ Transit Blinking Billboard, *12*	28	___
37989	Sodor Train Shed, *12*	60	___
37992	Coca-Cola Blinking Light Billboard, *10–11*	28	___
37993	Snoopy and the Red Baron Animated Pylon, *12*	160	___
37994	Deluxe Holiday House #2, *12*	120	___
37995	Illuminated Scale Telephone Poles, *12–13*	50	___
37996	Postwar 192 Control Tower, *12*	70	___
37997	Christmas Lawn Figure Pack, *12–13*	23	___
37998	Halloween Haunted Passenger Station, *12*	75	___
38004	Virginian 4-6-0 10-wheel Locomotive "203," CC, *01–02*	570	___
38005	Long Island 4-6-0 10-wheel Locomotive "138," CC, *01–02*	510	___
38007	UP Auxiliary tender, black, CC, *01*	200	___
38008	UP Auxiliary tender, gray, CC, *01*	205	___
38009	D&RGW 4-6-6-4 Challenger Locomotive "3803," CC, *01*	1550	___
38010	Clinchfield 4-6-6-4 Challenger Locomotive "673," CC, *01*	1400	___
38012	Wheeling & Lake Erie 2-6-6-2 Locomotive "8005," CC, *01*	610	___
38013	D&H 4-6-6-4 Challenger Locomotive "1527," CC, *01*	720	___
38014	D&RGW 4-6-6-4 Challenger Locomotive "3800," CC, *01*	710	___
38015	NYC 4-6-4 Hudson Locomotive "773," CC, *01*	900	___
38016	Southern 0-8-0 Yard Goat Locomotive "6536," CC, *01–02, 05*	530	___
38017	CN 2-6-0 Mogul Locomotive "86," CC, *03, 05*	600	___
38018	Wabash 2-6-0 Mogul Locomotive "826," CC, *03*	485	___
38019	B&M 2-6-0 Mogul Locomotive "1455," CC, *03, 05*	600	___
38020	PRR 4-4-4-4 T1 Duplex Locomotive "5514," *02–03*	630	___
38021	WP 4-6-6-4 Challenger Locomotive "402," CC, *02*	650	___
38022	WM 4-6-6-4 Challenger Locomotive "1206," CC, *02*	690	___
38023	UP 4-6-6-4 Challenger Locomotive "3976," CC, *02*	620	___
38024	PRR 6-4-4-6 S-1 Duplex Locomotive "6100," TMCC, *03*	1000	___
38025	PRR 4-6-2 K4 Pacific Locomotive "1361," CC, *02*	950	___

		Exc	Mint
38026	N&W 4-8-4 J Class Northern Locomotive "606," CC, _02_		1450
38027	Meadow River Lumber Heisler Geared Locomotive "6," CC, _03_		880
38028	PRR 6-8-6 S2 Steam Turbine Locomotive, _01_		650
38029	UP 4-12-2 Locomotive "9000," CC, _03_		570
38030	Santa Fe 2-8-8-2 Locomotive "1795," CC, _03_		920
38031	SP 2-8-8-4 AC-9 Locomotive "3809," CC, _04_		1100
38032	Virginian 2-8-8-2 Locomotive "741," CC, _03_		928
38036	Long Island 2-8-0 Consolidation Locomotive, _01_		500
38037	PRR Reading Seashore 2-8-0 Consolidation Locomotive "6072," CC, _01_		495
38038	D&RGW Auxiliary Water Tender, _01_		230
38039	Clinchfield Auxiliary Water Tender, _01_		220
38040	LV 4-6-0 Camelback Locomotive, _01_		405
38042	C&NW 4-6-0 10-wheel Locomotive "361," CC, _02_		450
38043	Frisco 4-6-0 10-wheel Locomotive "719," CC, _02_		525
38044	PRR 4-6-2 K4 Pacific Locomotive "5385," CC, _02_		920
38045	NYC Hudson J-3a 4-6-4 Locomotive "5418," CC, _03_		495
38046	GN 0-8-0 Locomotive "815," CC, _02_		530
38047	N&W 0-8-0 Locomotive "266," CC, _02_		550
38048	NPR 0-8-0 Locomotive "303," CC, _02_		530
38049	N&W 2-6-6-4 Locomotive "1234," CC, _02_		690
38050	Nickel Plate 2-8-4 Berkshire Locomotive "779," CC, _03_		925
38051	Erie 2-8-4 Berkshire Locomotive "3315," CC, _03_		810
38052	Pere Marquette 2-8-4 Berkshire Locomotive "1225," CC, _03_		1000
38053	NYC 4-8-2 Mohawk L-2a Locomotive "2793," CC, _03_		915
38055	Santa Fe 4-8-4 Northern Locomotive "3751" CC, _04_		1100
38056	PRR 4-8-2 Mountain M1a Locomotive "6759," CC, _03_		850
38057	Weyerhaeuser Shay Locomotive, CC, _03_		1000
38058	C&O 2-8-8-2 H7 Locomotive "1580," CC, _04_		1200
38060	UP 2-8-8-2 H7 Locomotive "3590," CC, _04_		1200
38061	Cass Scenic Heisler Geared Locomotive "6," CC, _03_		940
38062	Lionel Lines 4-6-2 Pacific Locomotive "8062," CC, _02–03_		275
38065	UP 2-8-8-2 Mallet Locomotive "3672," CC, _02_		1002
38066	Elk River Shay Locomotive, CC, _03_		1000
38067	MILW 4-6-2 Pacific Locomotive "6316," CC, _03_		300
38068	WM 4-6-2 Pacific Locomotive "204," CC, _03_		300
38069	Erie Hudson Locomotive, whistle, _05_		150
38070	C&O 4-6-2 Pacific Locomotive "489," CC, _04_		300

Exc Mint

		Exc	Mint
38071	SP Cab Forward AC-12 Locomotive "4294," CC, *05*		1550 ___
38075	UP 4-8-8-4 Big Boy Locomotive "4024," LionMaster, *03*		800 ___
38076	C&O 2-8-4 Berkshire Locomotive "2699," CC, *04*		860 ___
38077	Virginian 2-8-4 Berkshire Locomotive "508," CC, *04*		1000 ___
38079	SP 4-8-4 Northern GS-2 Locomotive "4410" CC, *04*		980 ___
38080	WP 4-8-4 Northern GS-64 Locomotive "485" CC, *04*		1000 ___
38081	C&O 2-6-6-6 Allegheny Locomotive "1650," CC, *05–07*		1700 ___
38082	Pennsylvania 2-8-8-2 Y3 Locomotive "374," CC, *04*		1000 ___
38083	N&W 2-8-8-2 Y3 Locomotive "2009," CC, *04*		910 ___
38085	NYC 4-6-4 Hudson J-3a Locomotive 5422," CC, *03*		495 ___
38086	B&A 4-6-4 Hudson Locomotive "607," CC, *03*		495 ___
38087	Nickel Plate 2-8-4 Berkshire Locomotive, RailSounds, *05*		190 ___
38088	NYC 2-6-0 Mogul Locomotive "1924," CC, *03, 05*		600 ___
38089	Pennsylvania 4-6-2 Pacific Locomotive "3678," CC, *04*		300 ___
38090	Clinchfield 4-6-6-4 Challenger Locomotive "672" CC, *04*		640 ___
38091	NP 4-6-6-4 Challenger Locomotive "5121" CC, *04*		660 ___
38092	Pickering Lumber Heisler Locomotive "5," CC, *04*		1000 ___
38093	UP 4-6-6-4 Challenger Locomotive "3980," CC, *04*		700 ___
38094	MILW Hiawatha 4-4-2 Atlantic Locomotive, CC, *06*		950 ___
38095	N&W 4-8-4 J Class Locomotive "611," CC, *05–06*		1250 ___
38100	Texas Special F3 Diesel AB Set, *99*	860	930 ___
38103	Texas Special F3 Diesel "2245," *99*	435	510 ___
38114	ATSF FT Diesel B Unit, *99–00*		170 ___
38115	NYC FT Diesel B Unit "2403," nonpowered, *99–00*		130 ___
38116	B&O FT Diesel B Unit, *99–00*		130 ___
38144	C&O F3 Diesel AA Set "7019, 7021," *00*		700 ___
38147	GN Alco FA2 AA Diesel Set, CC, *02*		405 ___
38150	Platinum Ghost "2333," *99*		495 ___
38153	"Spirit of the Century" F3 Diesel AA Set, *99*		800 ___
38160	Pennsylvania Alco FB2 Diesel, *02*		125 ___
38161	MKT Alco FB2 Diesel, *02*		125 ___
38162	Burlington FT Diesel B Unit, *01*		NRS ___
38167	Burlington FT Diesel AA Set, *01*		225 ___
38176	Pennsylvania Alco FA2 AA Diesel Set, CC, *02*		405 ___
38182	MKT Alco FA2 AA Diesel Set, CC, *02*		360 ___
38188	Southern F3 Diesel ABA Set, *00*		557 ___

		Exc	Mint
38194	GN Alco FB2 Diesel, *02*		125
38196	Santa Fe FT Diesel A Unit "171," *00*		NRS
38197	SP F3 Diesel ABA Set, *00*		640
38202	Wild West Handcar, *10*		75
38203	Holly Jolly Trolley 2-car Set, *10*		160
38204	ATSF FT B Unit, nonpowered, *10*		120
38210	PRR Alco Diesel AA Set, CC, *10*		400
38214	Rio Grande Ski Train FT B Unit, nonpowered, *11*		120
38215	ATSF FT Diesel "165," RailSounds, *10–11*		280
38216	Rio Grande Ski Train FT A Unit, nonpowered, *11*		120
38219	Texan FT B Unit Diesel, nonpowered, *11*		120
38221	CNJ Alco AA Diesel Set, *11*		300
38224	Alaska Alco AA Diesel Set, *11*		300
38234	Classic PRR GG1 Electric Locomotive "4866," *12*		330
38235	Classic PC GG1 Electric Locomotive "4840," *12*		330
38240	Elf Gang Car, *12*		120
38241	MOW Gang Car, *12*		120
38300	Postwar "2331" Virginian Train Master Diesel, *08*	190	210
38303	Postwar "2340" GG1 Electric Locomotive, *08*		280
38305	Postwar "2338" Milwaukee Road GP7 Diesel, *08*		220
38308	Postwar 2146WS Berkshire Passenger Set, *12*		460
38310	"2185W" NYC F3 Diesel Freight Set, *09*		600
38311	"2276W" B&O RDC Commuter Set, *09*		470
38312	"2343" Santa Fe F3 Diesel AA Set, *09*		500
38313	B&O Budd RDC 2-pack, *09*		350
38323	Postwar "2348" M&StL GP9 Diesel, CC, *10*		390
38324	Postwar 2507W NH F3 Diesel Freight Set, *10*		600
38328	Postwar 1623W NP GP9 Diesel Freight Set, *10*		750
38329	Postwar 2261W Freight Hauler Set, *10*		610
38334	Postwar 11288 Orbitor Diesel Freight Set, *10*		500
38338	Postwar 2129WS Berkshire Freight Set, *12*		550
38339	Postwar 2505W Virginian Rectifier Freight Set, *10*		470
38340	Postwar 1587S Girl's Steam Freight Set, *10*		580
38342	Postwar 1619W Santa Fe Freight Set, *10–11*		470
38348	Postwar "2339" Transparent Wabash GP7 Diesel, *11*		290
38349	Postwar 12885-500 C&O GP7 Freight Set, *11–12*		600
38351	Postwar Archive UP GP7 Diesel, *11*		290
38353	Postwar X-628 Promotional U.S. Navy Diesel Freight Set, *12–13*		600
38354	Postwar 1464W UP Anniversary Alco Diesel Passenger Set, *12–13*		460
38357	Postwar 221 U.S. Marine Corps Alco Diesel A Unit, *12–13*		300
38358	Postwar 2239 IC F3 Freight Set, *12–13*		600

		Exc	Mint
38365	Archive ATSF Black Bonnet F3 AA Diesel Set, *12–13*		500 ___
38368	Archive NYC Red Lightning F3 AA Diesel Set, *12–13*		500 ___
38371	Postwar 2031 RI Alco Diesel AA Set, *12–13*		400 ___
38374	Postwar 221 U.S. Marine Corps Alco Diesel B Unit, *12–13*		120 ___
38377	Postwar 2363T F3 A Unit, nonpowered, *12–13*		170 ___
38379	Archive ATSF Black Bonnet F3 B Unit, *12–13*		170 ___
38380	Archive NYC Red Lightning F3 B Unit, *12–13*		170 ___
38386	Postwar "2367" Wabash F3 Diesel AB Units, *12–13*		500 ___
38388	Postwar "2367" Wabash F3 Diesel A Unit, nonpowered, *12–13*		170 ___
38401	NYC M-497 Jet-Powered Rail Car, *10*		300 ___
38402	Amtrak HHP-8 Electric Locomotive, RailSounds, *10*		400 ___
38403	B&O CSX Heritage AC6000 Diesel "6607," CC, *11*		550 ___
38404	B&O CSX Heritage AC6000 Diesel "7812," CC, *11*		550 ___
38405	Chessie System CSX Heritage AC6000 Diesel, CC, *11–13*		550 ___
38406	Chessie System CSX Heritage AC6000 Diesel, CC, *11–13*		550 ___
38407	WM CSX Heritage AC6000 Diesel "2652," CC, *11*		550 ___
38408	WM CSX Heritage AC6000 Diesel "2659," CC, *11*		550 ___
38409	Clinchfield CSX Heritage AC6000 Diesel, CC, *11–13*		550 ___
38410	Clinchfield CSX Heritage AC6000 Diesel, CC, *11–13*		550 ___
38411	Family Lines CSX Heritage AC6000 Diesel "4825," CC, *11*		550 ___
38412	Family Lines CSX Heritage AC6000 Diesel "4837," CC, *11*		550 ___
38413	CSX Heritage AC6000 Diesel "607," CC, *11–13*		550 ___
38414	CSX Heritage AC6000 Diesel "654," CC, *11–13*		550 ___
38415	PRR U28C Diesel "6531," CC, *11–12*		530 ___
38416	PRR U28C Diesel "6534," CC, *11–12*		530 ___
38417	BN Bicentennial U30C Diesel "1776," CC, *11*		530 ___
38418	BN Bicentennial U30C Diesel "1777," CC, *11*		530 ___
38419	UP U30C Diesel "2918," CC, *11–12*		530 ___
38420	UP U30C Diesel "2897," CC, *11–12*		530 ___
38421	NP U33C Diesel "3305," CC, *11–12*		530 ___
38422	NP U33C Diesel "3307," CC, *11–12*		530 ___
38423	Southern U30C Diesel "3801," CC, *11–12*		530 ___
38424	Southern U30C Diesel "3804," CC, *11–12*		530 ___
38425	RI Budd RDC Jet Car, *11*		330 ___
38428	Alaska Budd RDC Coach, *11*		300 ___
38429	NYC Budd RDC M-497 Jet Car, *11*		330 ___

			Exc	Mint
___	38432	MKT H16-44 Diesel "1591," CC, *11*		500
___	38433	MKT H16-44 Diesel "1731," CC, *11*		500
___	38434	MKT H16-44 Diesel "1732," *11*		380
___	38435	MKT H16-44 Diesel "1733," nonpowered, *11*		240
___	38436	LIRR H-16-44 Diesel "1501," CC, *11*		500
___	38437	LIRR H-16-44 Diesel "1504," CC, *11*		500
___	38438	LIRR H-16-44 Diesel "1507," *11*		380
___	38439	LIRR H-16-44 Diesel "1509," nonpowered, *11*		240
___	38440	UP H-16-44 Diesel "1341," CC, *11*		500
___	38441	UP H-16-44 Diesel "1342," CC, *11*		500
___	38442	UP H-16-44 Diesel "1343," *11*		380
___	38443	UP H-16-44 Diesel "1344," nonpowered, *11*		240
___	38444	PRR H16-44 Diesel "8807," CC, *11*		500
___	38445	PRR H16-44 Diesel "8810," CC, *11*		500
___	38446	PRR H16-44 Diesel "8812," *11*		380
___	38447	PRR H16-44 Diesel "8815," nonpowered, *11*		240
___	38452	PC Alco RS-11 Diesel "7605," CC, *12*		480
___	38453	PC Alco RS-11 Diesel "7608," CC, *12*		480
___	38454	PRR Alco RS-11 Diesel "9622," CC, *12*		480
___	38455	PC Alco RS-11 Diesel "7625," nonpowered, *12*		240
___	38456	N&W Alco RS-11 Diesel "308," CC, *12–13*		480
___	38457	N&W Alco RS-11 Diesel "318," CC, *12*		480
___	38458	PRR Alco RS-11 Diesel "8631," CC, *12*		480
___	38459	N&W Alco RS-11 Diesel "330," nonpowered, *12*		240
___	38460	NKP Alco RS-11 Diesel "855," CC, *12*		480
___	38461	NKP Alco RS-11 Diesel "859," CC, *12*		480
___	38462	PRR Alco RS-11 Diesel "8639," nonpowered, *12*		240
___	38463	NKP Alco RS-11 Diesel "863," nonpowered, *12*		240
___	38464	Alaska Alco RS-11 Diesel "3602," CC, *12*		480
___	38465	Alaska Alco RS-11 Diesel "3604," CC, *12*		480
___	38466	NH Alco RS-11 Diesel "1403," CC, *12*		480
___	38467	Alaska Alco RS-11 Diesel "3607," nonpowered, *12*		240
___	38468	Seaboard Alco RS-11 Diesel "101," CC, *12–13*		480
___	38469	Seaboard Alco RS-11 Diesel "102," CC, *12*		480
___	38470	NH Alco RS-11 Diesel "1405," CC, *12*		480
___	38471	Seaboard Alco RS-11 Diesel "104," nonpowered, *12*		240
___	38472	C&O Alco S2 Diesel Switcher "5001," CC, *11*		470
___	38473	C&O Alco S2 Diesel Switcher "5505," CC, *11*		480
___	38474	C&O Alco S2 Diesel Switcher "5020," *11*		360
___	38475	C&O Alco S2 Diesel Switcher "5027," nonpowered, *11*		220
___	38476	CN Alco S2 Diesel Switcher "7946," CC, *11*		480
___	38477	CN Alco S2 Diesel Switcher "7949," CC, *11*		480
___	38478	CN Alco S2 Diesel Switcher "7951," *11*		360
___	38479	CN Alco S2 Diesel Switcher "7954," *11*		360
___	38480	NYC Alco S2 Diesel Switcher "8504," CC, *11*		480

Exc Mint

		Exc	Mint
38481	NYC Alco S2 Diesel Switcher "8507," CC, *11*	480	____
38482	NYC Alco S2 Diesel Switcher "8514," *11*	360	____
38483	NYC Alco S2 Diesel Switcher "8521," nonpowered, *11*	220	____
38484	Southern Alco S2 Diesel Switcher "2209," CC, *11*	480	____
38485	Southern Alco S2 Diesel Switcher "2211," CC, *11*	480	____
38486	Southern Alco S2 Diesel Switcher "2215," *11*	360	____
38487	Southern Alco S2 Diesel Switcher "2218," nonpowered, *11*	220	____
38488	Mopac Alco S2 Diesel Switcher "9108," CC, *11*	480	____
38489	Mopac Alco S2 Diesel Switcher "9113," CC, *11*	480	____
38490	Mopac Alco S2 Diesel Switcher "9116," *11*	360	____
38491	Mopac Alco S2 Diesel Switcher "9131," nonpowered, *11*	220	____
38493	ATSF Early Era Inspection Vehicle, CC, *12*	150	____
38494	CP DD35 Diesel "9864," CC, *12*	600	____
38495	CP DD35 Diesel "9868," nonpowered, *12*	440	____
38496	SP DD35A Diesel "9903," CC, *11*	600	____
38497	SP DD35A Diesel "9914," nonpowered, *11*	440	____
38498	PRR DD35A Diesel "2380," CC, *11*	600	____
38499	PRR DD35A Diesel "2383," nonpowered, *11*	440	____
38505	CSX GP-38 Diesel, *11*	140	____
38521	PRR GG1 Electric "4839," *11*	330	____
38522	Amtrak GG1 Electric "926," *11*	330	____
38524	NYC GP35 Diesel "6131," CC, *12*	500	____
38525	NYC GP35 Diesel "6138," CC, *12*	500	____
38526	NYC GP35 Diesel "6147," nonpowered, *12*	260	____
38527	UP GP35 Diesel "742," CC, *12*	500	____
38528	UP GP35 Diesel "753," CC, *12*	500	____
38529	UP GP35 Diesel "760," nonpowered, *12*	260	____
38530	SP GP35 Diesel "7465," CC, *12*	500	____
38531	SP GP35 Diesel "7474," CC, *12*	500	____
38532	SP GP35 Diesel "7481," nonpowered, *12*	260	____
38533	CP GP35 Diesel "5014," CC, *12*	500	____
38534	CP GP35 Diesel "5018," CC, *12*	500	____
38535	CP GP35 Diesel "5023," nonpowered, *12*	260	____
38536	PRR GP35 Diesel "2297," CC, *12*	500	____
38537	PRR GP35 Diesel "2302," CC, *12*	500	____
38538	PRR GP35 Diesel "2305," nonpowered, *12*	260	____
38539	Conrail GP35 Diesel "2297," CC, *12*	500	____
38540	Conrail GP35 Diesel "2302," CC, *12*	500	____
38541	Conrail GP35 Diesel "2305," nonpowered, *12*	260	____
38542	Milwaukee Road GP35 Diesel "361," CC, *12*	500	____
38543	Milwaukee Road GP35 Diesel "363," CC, *12*	500	____
38544	Milwaukee Road GP35 Diesel "366," nonpowered, *12*	260	____
38545	Pacific Harbor Line Genset Switcher "31," CC, *11*	800	____

			Exc	Mint
___	38546	KCS Genset Switcher "1404," CC, *11–12*		800
___	38547	Santa Fe Genset Switcher "9910," CC, *11*		800
___	38548	EL GP35 Diesel "2555," CC, *12*		500
___	38549	EL GP35 Diesel "2558," CC, *12*		500
___	38550	EL GP35 Diesel "2561," nonpowered, *12*		260
___	38558	D&H Baldwin RF-16 Diesel AA Set, CC, *12*		730
___	38561	D&H Baldwin RF-16 Diesel B Unit, CC, *12*		400
___	38562	D&H Baldwin RF-16 Diesel B Unit, nonpowered, *12*		250
___	38563	B&O Baldwin RF-16 Diesel AA Set, CC, *12–13*		730
___	38566	B&O Baldwin RF-16 Diesel B Unit, CC, *12–13*		400
___	38567	B&O Baldwin RF-16 Diesel B Unit, nonpowered, *12*		250
___	38568	NYC Baldwin RF-16 Diesel AA Set "3806-3808," CC, *12–13*		730
___	38571	NYC Baldwin RF-16 Diesel B Unit, CC, *12–13*		400
___	38572	NYC Baldwin RF-16 Diesel B Unit, nonpowered, *12*		250
___	38573	SP Baldwin RF-16 Diesel AA Set, CC, *12–13*		730
___	38576	SP Baldwin RF-16 Diesel B Unit, CC, *12–13*		400
___	38577	SP Baldwin RF-16 Diesel B Unit, nonpowered, *12–13*		250
___	38579	ATSF GP9 Diesel "744," nonpowered, *12*		240
___	38580	NP GP9 Diesel "324," nonpowered, *12*		240
___	38581	CSX SD80MAC Diesel "809," CC, *12–13*		530
___	38582	CSX SD80MAC Diesel "812," CC, *12*		530
___	38583	CSX SD80MAC Diesel "804," nonpowered, *12*		260
___	38584	NS SD80MAC Diesel "7207," CC, *12*		530
___	38585	NS SD80MAC Diesel "7203," CC, *12*		530
___	38586	NS SD80MAC Diesel "7209," nonpowered, *12*		260
___	38587	Conrail SD80MAC Diesel "4126," CC, *12*		530
___	38588	Conrail SD80MAC Diesel "4129," CC, *12*		530
___	38589	Conrail SD80MAC Diesel "4103," nonpowered, *12*		260
___	38593	UP NW2 Diesel Switcher Locomotive "1028," CC, *12*		470
___	38594	UP NW2 Diesel Switcher Locomotive "1043," CC, *12*		470
___	38595	CB&Q Scale NW2 Diesel Switcher "9227," CC, *12*		470
___	38596	CB&Q Scale NW2 Diesel Switcher "9245," CC, *12*		470
___	38597	CB&Q F3 AA Diesel Set "9962A-9962C," CC, *12–13*		730
___	38600	UP 0-6-0 Dockside Switcher "87," traditional, *07–09*		110
___	38601	Lionel Lines 0-6-0 Dockside Switcher, traditional, *07–09*		110
___	38605	PRR 0-4-0 Locomotive "94," traditional, *07*		170
___	38606	SP 0-4-0 Locomotive "71," traditional, *07–08*		170
___	38607	Southern 2-8-4 Berkshire Locomotive "2718," RailSounds, *07–08*		175

Exc Mint

		Exc	Mint
38608	LL 2-8-2 Mikado Locomotive "57," RailSounds, *07*		260 ____
38609	NYC 2-8-2 Mikado Locomotive "1843," CC, *07*		370 ____
38610	NKP 2-8-4 Berkshire Locomotive "779," CC, *07–08*		370 ____
38619	Santa Fe 4-6-2 Pacific Locomotive "2037," traditional, K-Line, *06*		260 ____
38620	B&O Porter Locomotive "16," traditional, K-Line, *06*		100 ____
38621	4-6-2 Pacific Locomotive, traditional, K-Line, *06*		260 ____
38626	Holiday 2-8-2 Mikado Locomotive "25," green, RailSounds, *08*		260 ____
38627	GN 4-4-2 Atlantic Locomotive "1702," traditional, *08–09*		110 ____
38630	U.S. Army 0-6-0 Dockside Switcher "486," traditional, *08–09*		110 ____
38634	NYC 4-6-4 Hudson Locomotive "5417," TrainSounds, *07*		200 ____
38635	C&O 4-6-4 Hudson Locomotive "309," TrainSounds, *08*		200 ____
38636	ATSF 4-6-4 Hudson Locomotive "3459," TrainSounds, *07*		200 ____
38637	LL 4-6-4 Hudson Locomotive "5242," TrainSounds, *08*		200 ____
38638	UP 4-6-2 Pacific Locomotive "2888," RailSounds, *08*		300 ____
38639	Erie 4-6-2 Pacific Locomotive "2939," RailSounds, *08*		300 ____
38640	Southern 4-6-2 Pacific Locomotive "1317," RailSounds, *08*		300 ____
38641	B&M 4-6-2 Pacific Locomotive "3713," RailSounds, *08*		300 ____
38642	PRR 4-6-2 Pacific Locomotive "5385," RailSounds, *08*		300 ____
38643	Alaska Mikado 2-8-2 Locomotive "701," CC, *08–09*		280 ____
38644	T&P Mikado 2-8-2 Locomotive "810," CC, *08–09*		400 ____
38649	Christmas 4-6-4 Hudson Locomotive, traditional, *08*		220 ____
38651	Lionel Lines 0-8-0 Locomotive "100," traditional, *08–09*		120 ____
38654	Bethlehem Steel 0-4-0 Locomotive, traditional, *08–09*		170 ____
38657	Alton Limited Pacific 4-6-2 Locomotive "659," traditional, *08*		300 ____
38658	W&ARR 4-4-0 General "1892," TrainSounds, *08–09*		165 ____
38664	LL 4-4-2 Atlantic Locomotive "1058," traditional, *08–09*		110 ____
38671	Santa Flyer 4-6-0 Locomotive, *09*		200 ____
38677	Strasburg 0-6-0 Dockside Switcher "1252," *10*		130 ____
38678	Monopoly Hudson Locomotive, TrainSounds, *10*		240 ____

		Exc	Mint
___ 38679	ATSF 0-4-0 Switcher "1387," *10–11*		190
38684	Pennsylvania Power & Light Docksider		
___	Switcher, *10*		110
38687	Western & Atlantic 0-4-0 Locomotive		
___	"1897," *10–11*		190
___ 38691	North Pole Central Santa Flyer "2," *10–11*		190
38692	Angela Trotta Thomas Signature Express,		
___	*10–11*		190
___ 38700	CB&Q F3 B Unit "9962B," CC, *12–13*		400
___ 38701	CB&Q F3 B Unit, *12–13*		250
38702	D&RGW F3 AA Diesel Set "5531-5533," CC,		
___	*12–13*		730
___ 38705	D&RGW F3 B Unit "5532," CC, *12–13*		400
___ 38706	D&RGW F3 B Unit, *12–13*		250
38707	WP F3 AB Diesel Set "803A-803B," CC,		
___	*12–13*		730
___ 38710	WP F3 A Unit, nonpowered, *12–13*		380
___ 38711	WP F3 B Unit "803C," CC, *12–13*		400
38712	Wabash F7 AA Diesel Set "1102A-1102C,"		
___	CC, *12–13*		730
___ 38715	Wabash F7 B Unit "1102B," CC, *12–13*		400
___ 38716	Wabash F7 B Unit, *12–13*		250
___ 38717	Milwaukee Road F7 AA Diesel Set CC, *12*		730
___ 38720	Milwaukee Road F7 B Unit "109B," CC, *12*		400
___ 38721	Milwaukee Road F7 B Unit, *12*		250
___ 38722	Grand Trunk SD80MAC Diesel "9085," CC, *12*		530
___ 38723	Grand Trunk SD80MAC Diesel "9088," CC, *12*		530
38724	Grand Trunk SD80MAC Diesel "9079,"		
___	nonpowered, *12*		260
___ 38725	CB&Q SD80MAC Diesel "9654," CC, *12*		530
___ 38726	CB&Q SD80MAC Diesel "9651," CC, *12*		530
38727	CB&Q SD80MAC Diesel "9660,"		
___	nonpowered, *12*		260
___ 38728	PRR SD80MAC Diesel "9942," CC, *12*		530
___ 38729	PRR SD80MAC Diesel "9945," CC, *12*		530
38730	PRR SD80MAC Diesel "9947,"		
___	nonpowered, *12*		260
___ 38731	Polar SD80MAC Diesel, CC, *12*		530
38732	CB&Q BNSF Heritage SD70ACe Diesel		
___	"1848," CC, *12–13*		530
38733	CB&Q BNSF Heritage SD70ACe Diesel		
___	"1852," CC, *12–13*		530
38734	CB&Q BNSF Heritage SD70ACe Diesel		
___	"1856," nonpowered, *12–13*		260
38735	ATSF BNSF Heritage SD70ACe Diesel		
___	"1996," CC, *12–13*		530
38736	ATSF BNSF Heritage SD70ACe Diesel		
___	"1997," CC, *12–13*		530
38737	ATSF BNSF Heritage SD70ACe Diesel		
___	"1999," nonpowered, *12–13*		260
38738	Frisco BNSF Heritage SD70ACe Diesel		
___	"1876," CC, *12–13*		530
38739	Frisco BNSF Heritage SD70ACe Diesel		
___	"1896," CC, *12–13*		530

		Exc	Mint
38740	Frisco BNSF Heritage SD70ACe Diesel "1916," nonpowered, *12–13*	260 ___
38741	BN BNSF Heritage SD70ACe Diesel "1970," CC, *12–13*	530 ___
38742	BN BNSF Heritage SD70ACe Diesel "1975," CC, *12–13*	530 ___
38743	BN BNSF Heritage SD70ACe Diesel "1980," nonpowered, *12–13*	260 ___
38744	GN BNSF Heritage SD70ACe Diesel "1889," CC, *12–13*	530 ___
38745	GN BNSF Heritage SD70ACe Diesel "1891," CC, *12–13*	530 ___
38746	GN BNSF Heritage SD70ACe Diesel "1893," nonpowered, *12–13*	260 ___
38747	NP BNSF Heritage SD70ACe Diesel "1870," CC, *12–13*	530 ___
38748	NP BNSF Heritage SD70ACe Diesel "1872," CC, *12–13*	530 ___
38749	NP BNSF Heritage SD70ACe Diesel "1875," nonpowered, *12–13*	260 ___
38750	EMD Demonstrator SD70ACe Diesel "2012," CC, *12*	530 ___
38751	CNJ F3 AA Diesel Set, CC, *13*	730 ___
38754	C&NW F7 AA Diesel Set, CC, *13*	730 ___
38757	SP F7 AA Diesel Set, CC, *13*	730 ___
38760	CNJ F3 B Unit, CC, *13*	400 ___
38761	CNJ F3 B Unit, *13*	250 ___
38762	C&NW F7 B Unit "410," CC, *13*	400 ___
38763	C&NW F7 B Unit, *13*	250 ___
38764	SP F7 B Unit "8219," CC, *13*	400 ___
38765	SP F7 B Unit, *13*	250 ___
38768	N&W GP35 Diesel "1306," CC, *13*	500 ___
38769	N&W GP35 Diesel "1308," nonpowered, *13*	260 ___
38770	RI GP35 Diesel "307," CC, *13*	500 ___
38771	RI GP35 Diesel "309," CC, *13*	500 ___
38772	RI GP35 Diesel "323," nonpowered, *13*	260 ___
38773	WP GP35 Diesel "3002," CC, *13*	500 ___
38774	WP GP35 Diesel "3009," CC, *13*	500 ___
38775	WP GP35 Diesel "3014," nonpowered, *13*	260 ___
38782	CB&Q GP35 Diesel "990," CC, *13*	500 ___
38783	CB&Q GP35 Diesel "996," nonpowered, *13*	260 ___
38784	CN GP35 Diesel "4000," CC, *13*	500 ___
38785	CN GP35 Diesel "4005," CC, *13*	500 ___
38786	CN GP35 Diesel "4001," nonpowered, *13*	260 ___
38787	D&RGW GP35 Diesel "3031," CC, *13*	500 ___
38788	D&RGW GP35 Diesel "3034," CC, *13*	500 ___
38789	D&RGW GP35 Diesel "3038," nonpowered, *13*	260 ___
38790	DT&I GP35 Diesel "351," CC, *13*	500 ___
38791	DT&I GP35 Diesel "353," CC, *13*	500 ___
38792	DT&I GP35 Diesel "355," nonpowered, *13*	260 ___
38794	GN GP35 Diesel "3018," CC, *13*	500 ___
38795	GN GP35 Diesel "3036," nonpowered, *13*	260 ___
38796	Chessie System GP35 Diesel "1125," CC, *13*	500 ___
38797	Chessie System GP35 Diesel "1128," CC, *13*	500 ___

		Exc	Mint
____	38798	Chessie System GP35 Diesel "1113," nonpowered, 13		260
____	38799	N&W GP35 Diesel "1302," CC, 13		500
____	38800	B&M Early Era Inspection Vehicle, CC, 12		150
____	38801	KCS Trackmobile, CC, 12–13		300
____	38802	North Pole Central Trackmobile, CC, 12		300
____	38803	MOW Trackmobile, CC, 12		300
____	38804	LIRR Trackmobile, CC, 12		300
____	38805	Conrail Trackmobile, CC, 12		300
____	38806	NS Trackmobile, CC, 12		300
____	38807	NP Trackmobile, CC, 12–13		300
____	38808	Chessie System Trackmobile, CC, 12		300
____	38809	CN Trackmobile, CC, 12		300
____	38810	PRR Early Era Inspection Vehicle, CC, 12		150
____	38811	D&RGW Early Era Inspection Vehicle, CC, 12		150
____	38812	SP Early Era Inspection Vehicle, CC, 12–13		150
____	38813	C&O Early Era Inspection Vehicle, CC, 12		150
____	38814	Milwaukee Road Early Era Inspection Vehicle, CC, 12		150
____	38815	Transylvania Early Era Inspection Vehicle, CC, 12		150
____	38855	GN GP35 Diesel "2519," CC, 13		500
____	38856	CB&Q Mark Twain Zephyr, CC, 13		1100
____	38860	CB&Q Pioneer Zephyr, CC, 13		1100
____	38864	Lionel Lines Zephyr, CC, 13		1100
____	38865	L&N GP35 Diesel "1105," CC, 13		500
____	38866	L&N GP35 Diesel "1109," CC, 13		500
____	38867	L&N GP35 Diesel "1114," nonpowered, 13		260
____	38868	CB&Q GP35 Diesel "978," CC, 13		500
____	38874	B&O GP9 Diesel "6448," CC, 13		480
____	38875	B&O GP9 Diesel "6456," CC, 13		480
____	38876	B&O GP9 Diesel "6461," nonpowered, 13		240
____	38877	B&M GP9 Diesel "1705," CC, 13		480
____	38878	B&M GP9 Diesel "1714," CC, 13		480
____	38879	B&M GP9 Diesel "1722," nonpowered, 13		240
____	38883	C&NW GP9 Diesel "701," CC, 13		480
____	38884	C&NW GP9 Diesel "704," CC, 13		480
____	38885	C&NW GP9 Diesel "712," nonpowered, 13		240
____	38886	Erie GP9 Diesel "1260," CC, 13		480
____	38887	Erie GP9 Diesel "1263," CC, 13		480
____	38888	Erie GP9 Diesel "1265," nonpowered, 13		240
____	38889	Nickel Plate Road GP9 Diesel "514," CC, 13		480
____	38890	Nickel Plate Road GP9 Diesel "452," CC, 13		480
____	38891	Nickel Plate Road GP9 Diesel "457," nonpowered, 13		240
____	38892	SP GP9 Diesel "3411," CC, 13		480
____	38893	SP GP9 Diesel "3415," CC, 13		480
____	38894	SP GP9 Diesel "3419," nonpowered, 13		240
____	38895	Wabash GP9 Diesel "484," CC, 13		480
____	38896	Wabash GP9 Diesel "488," CC, 13		480
____	38897	Wabash GP9 Diesel "491," nonpowered, 13		240
____	38918	Chessie System SD40-2 Diesel "7609," CC, 13		530

		Exc	Mint
38919	Chessie System SD40-2 Diesel "7611," CC, *13*		530 ____
38920	Chessie System SD40-2 Diesel "7614," nonpowered, *13*		240 ____
38921	SP SD40T-2 Diesel Locomotive "8322," CC, *13*		530 ____
38922	SP SD40T-2 Diesel Locomotive "8326," CC, *13*		530 ____
38923	SP SD40T-2 Diesel, nonpowered, *13*		260 ____
38924	B&O SD40-2 Diesel "7602," CC, *13*		530 ____
38925	B&O SD40-2 Diesel "7607," CC, *13*		530 ____
38926	B&O SD40-2 Diesel "7611," nonpowered, *13*		240 ____
38933	Conrail SD40-2 Diesel "6424," CC, *13*		530 ____
38934	Conrail SD40-2 Diesel "6437," CC, *13*		530 ____
38935	Conrail SD40-2 Diesel "6468," nonpowered, *13*		240 ____
38936	UP SD40-2 Diesel "2929," CC, *13*		530 ____
38937	UP SD40-2 Diesel "2932," CC, *13*		530 ____
38938	UP SD40-2 Diesel "2947," nonpowered, *13*		240 ____
38939	NS SD40-2 Diesel "3355," CC, *13*		530 ____
38940	NS SD40-2 Diesel "3365," CC, *13*		530 ____
38941	NS SD40-2 Diesel "3379," nonpowered, *13*		240 ____
38942	Central of Georgia NS Heritage ES44AC Diesel, CC, *12*		550 ____
38943	Central of Georgia NS Heritage ES44AC Diesel, CC, *12*		550 ____
38944	Central of Georgia NS Heritage ES44AC Diesel, nonpowered, *12*		280 ____
38945	Conrail NS Heritage ES44AC Diesel, CC, *12*		550 ____
38946	Conrail NS Heritage ES44AC Diesel, CC, *12*		550 ____
38947	Conrail NS Heritage ES44AC Diesel, nonpowered, *12*		280 ____
38948	Interstate NS Heritage ES44AC Diesel Locomotive "8105," CC, *12*		550 ____
38949	Interstate NS Heritage ES44AC Diesel, CC, *12*		550 ____
38950	Interstate NS Heritage ES44AC Diesel, nonpowered, *12*		280 ____
38951	LV NS Heritage ES44AC Diesel, CC, *12*		550 ____
38952	LV NS Heritage ES44AC Diesel, CC, *12*		550 ____
38953	LV NS Heritage ES44AC Diesel, nonpowered, *12*		280 ____
38954	Nickel Plate Road NS Heritage ES44AC Diesel, CC, *12*		550 ____
38955	Nickel Plate Road NS Heritage ES44AC Diesel, CC, *12*		550 ____
38956	Nickel Plate Road NS Heritage ES44AC Diesel, nonpowered, *12*		280 ____
38957	N&W NS Heritage ES44AC Diesel, CC, *12*		550 ____
38958	N&W NS Heritage ES44AC Diesel, CC, *12*		550 ____
38959	N&W NS Heritage ES44AC Diesel, nonpowered, *12*		280 ____
38960	PRR NS Heritage ES44AC Diesel, CC, *12*		550 ____
38961	PRR NS Heritage ES44AC Diesel, CC, *12*		550 ____
38962	PRR NS Heritage ES44AC Diesel, nonpowered, *12*		280 ____

			Exc	Mint
____	38963	Southern NS Heritage ES44AC Diesel, CC, *12*		550
____	38964	Southern NS Heritage ES44AC Diesel, CC, *12*		550
____	38965	Southern NS Heritage ES44AC Diesel, nonpowered, *12*		280
____	38966	NS Heritage ES44AC Diesel, CC, *12*		550
____	38967	NS Heritage ES44AC Diesel, CC, *12*		550
____	38968	NS Heritage ES44AC Diesel, nonpowered, *12*		280
____	38972	Reading GP35 Diesel "3625," CC, *13*		500
____	38973	Reading GP35 Diesel "3630," CC, *13*		500
____	38974	Reading GP35 Diesel "3633," nonpowered, *13*		260
____	39008	PRR Heavyweight Passenger Car 4-pack, *00*		225
____	39009	PRR Indian Rock Heavyweight Combination Car, *00*		50
____	39010	PRR Andrew Carnegie Heavyweight Passenger Coach, *00*		60
____	39011	PRR Solomon P. Chase Heavyweight Passenger Coach, *00*		60
____	39012	PRR Skyline View Heavyweight Observation Car, *00*		50
____	39013	B&O Heavyweight Passenger Car 4-pack, *00*		400
____	39016	B&O Heavyweight Passenger Car 4-pack, *00*		200
____	39017	B&O Harper's Ferry Heavyweight Combination Car, *00*		50
____	39018	B&O Youngstown Heavyweight Passenger Coach, *00*		50
____	39019	B&O New Castle Heavyweight Passenger Coach, *00*		50
____	39020	B&O Chicago Heavyweight Observation Car, *00*		50
____	39028	LL Heavyweight Passenger Car 3-pack, *00*		195
____	39029	LL Irvington Heavyweight Coach "2625," *00*		60
____	39030	LL Madison Heavyweight Coach "2627," *00*		60
____	39031	LL Manhattan Heavyweight Coach "2628," *00*		60
____	39032	UP Madison Passenger Car 4-pack, *00*		275
____	39038	SP Madison Baggage Car "6015," *01*		NRS
____	39039	SP Madison Coach Car "1978," *01*		NRS
____	39040	SP Madison Coach Car "1975," *01*		NRS
____	39041	SP Madison Observation Car "2951," *01*		NRS
____	39042	N&W Heavyweight Passenger Car 4-pack, *00*		325
____	39047	B&O Heavyweight Passenger Car 2-pack, *01*		160
____	39050	PRR Heavyweight Passenger Car 2-pack, *01*		215
____	39053	Alaska Streamliner Car 2-pack, *01*		90
____	39056	NYC Streamliner Car 2-pack, *01*		75
____	39059	Santa Fe Streamliner Car 2-pack, *01*		100
____	39062	B&O Streamliner Car 2-pack, *01*		75
____	39065	PRR Streamliner Car 4-pack, *01*		165
____	39082	Blue Comet Heavyweight Passenger Car 2-pack, *02*		325
____	39085	"Freedom Train" Heavyweight Passenger Car 3-pack, *03*		260
____	39092	PRR Streamliner Car 2-pack, *01*		70
____	39099	Alton Limited Heavyweight Passenger Car 2-pack, *03*		230
____	39100	William Penn Congressional Coach, *00*		115

		Exc	Mint
39101	Molly Pitcher Congressional Coach, *00*		100 ____
39102	Betsy Ross Congressional Vista Dome Car, *00*		100 ____
39103	Alexander Hamilton Congressional Observation Car, *00*		100 ____
39104	Phoebe Snow Car, StationSounds, *99*		255 ____
39105	Milwaukee Road Hiawatha Car, StationSounds, *99*		235 ____
39106	CP Aluminum Passenger Car 2-pack, *00*		185 ____
39107	CP Blair Manor Aluminum Passenger Coach "2553," *00*		115 ____
39108	CP Craig Manor Aluminum Passenger Coach "2554," *00*		110 ____
39109	"Spirit of the Century" Aluminum Passenger Car 4-pack, *99*		520 ____
39110	"Spirit of the Century" Full Vista Dome Car, *99–00*		100 ____
39111	"Spirit of the Century" Full Vista Dome Car, *99–00*		100 ____
39112	"Spirit of the Century" Full Vista Dome Car, *99–00*		100 ____
39113	"Spirit of the Century" Skytop Observation Car, *99–00*		100 ____
39118	Texas Special Garland Aluminum Passenger Coach "1203," StationSounds, *99–00*		220 ____
39119	Southern Aluminum Passenger Car 4-pack, *00*		350 ____
39120	Southern Grand Junction Aluminum Passenger/Baggage Car, *00*		280 ____
39121	Southern Charlottesville Aluminum Passenger Coach "812," *00*		90 ____
39122	Southern Roanoke Aluminum Passenger Coach "814," *00*		250 ____
39123	Southern Memphis Aluminum Observation Car "1152," *00*		90 ____
39124	Amtrak Superliner Aluminum Passenger Car 4-pack, *02*		405 ____
39129	Santa Fe Superliner Aluminum Passenger Car 4-pack, *02*		305 ____
39141	RI Aluminum Passenger Car 4-pack, *01*		400 ____
39146	UP Aluminum Passenger Car 4-pack, *01*		285 ____
39151	CP Aluminum Passenger Car 2-pack, *01*		315 ____
39154	PRR Congressional Aluminum Passenger Car 2-pack, *02*		195 ____
39155	PRR Congressional Baggage Car, *02*		105 ____
39156	PRR Robert Morris Congressional Coach, *02*		100 ____
39157	Southern Aluminum Passenger Car 2-pack, *01*		290 ____
39160	KCS Aluminum Passenger Car 2-pack, *01*	200	260 ____
39163	Erie-Lack. Aluminum Passenger Car 2-pack, *01*		230 ____
39166	Texas Special Aluminum Passenger Car 2-pack, *01*	300	430 ____
39169	ACL Aluminum Passenger Car 4-pack, *01*		360 ____
39179	NP Aluminum Passenger Car 2-pack, *02*		305 ____
39182	WP Aluminum Passenger Car 2-pack, *02*		280 ____
39185	Rio Grande Aluminum Passenger Car 2-pack, *02*		290 ____
39194	UP Aluminum Passenger Car 2-pack, *02*		220 ____

		Exc	Mint
39197	CP Aluminum Passenger Coach, StationSounds, *02*		225
39198	PRR Aluminum Passenger Coach, StationSounds, *02*		210
39200	Hellgate Bridge Boxcar #2 "1900-2000," *00 u*		55
39202	Lionel Centennial Boxcar "1900-2000," *00*		46
39203	Postwar "6464" Series X, 3 cars, *01*		115
39204	New Haven Boxcar "6464-725," *01*		44
39205	Alaska Boxcar "6464-825," *01*		55
39206	NYC Boxcar "6464-900," *01*		40
39207	UP Boxcar "508500," red, *00*		50
39208	UP Boxcar "903658," silver, *00*		42
39209	UP Boxcar "500200," yellow, *00*		40
39210	6530 Fire Fighting Car, *00*		37
39211	Postwar "6464" Boxcar 3-pack #2, *00*		85
39212	Postwar "6464" SP&S Boxcar, *00*		NRS
39213	Postwar "6464" Wabash Boxcar, *00*		NRS
39214	Postwar "6464" Kansas, Oklahoma & Gulf Boxcar, *00*		NRS
39216	PRR DD Boxcar "47211," *01*		46
39220	B&LE Heavyweight Boxcar "82101," *01*		41
39221	L&N Heavyweight Boxcar "109829," *01*		41
39222	Conrail Heavyweight Boxcar "269198," *01*		44
39223	Postwar "6464" Archive Boxcar Set, 3-pack, *02*		125
39227	Postwar "6468" Automobile Boxcar 3-pack, *01*		95
39236	WP Boxcar "6464-250," *01*		55
39238	Elvis Boxcar, *03*		36
39239	P&LE Boxcar "22300, *02*		35
39240	Pennsylvania Boxcar "118747," *02*		32
39241	PC Boxcar "252455," *02*		28
39242	Postwar "6464" Boxcar 3-pack #1, Archive Collection, *03–04*		80
39243	Soo Line Boxcar, Archive Collection		35
39247	NYC DD Boxcar "6468," *02–03*		32
39248	Lackawanna DD Boxcar with hobo, *03*		45
39250	Campbell's Kids Centennial Boxcar, *03–04*		40
39252	Lenny Dean 60th Anniversary Boxcar, *04*		38
39253	No. 6464 Boxcar 3-pack #2, Archive Collection, *04*		100
39257	WP Boxcar "6464-100," boys set add-on, *03*		50
39258	Elvis Presley "All Shook Up" Boxcar, *03–04*		40
39259	Buick Centennial Boxcar, *03*		35
39260	New Haven Boxcar, *04*		40
39262	Elvis Presley "Elvis Has Left the Building" Boxcar, *04*		38
39263	M&StL Boxcar, Postwar Celebration Series, *05*		35
39267	No. 6464 Boxcar 3-pack #3, Archive Collection, *05*		100
39271	State of Maine Boxcar, *04*		35
39273	No. 6464 Boxcar 3-pack #4, Archive Collection, *06*		100

39281	Florida State University Boxcar, *07*	45	____
39282	Purdue University Boxcar, *08*	50	____
39283	University of Virginia Boxcar, *08*	50	____
39284	Penn State University Boxcar, *06–07*	45	____
39285	U.S. Military Academy at West Point Boxcar, *08*	50	____
39286	University of Illinois Boxcar, *06–07*	45	____
39287	University of Alabama Boxcar, *06–07*	45	____
39289	University of Oklahoma Boxcar, *06–08*	50	____
39290	Postwar "6464" Boxcar 2-pack, rare variations, *08*	100	____
39291	University of Michigan Boxcar, *06–07*	45	____
39292	Monopoly Boxcar 3-pack, *08*	135	____
39296	UPS Centennial Boxcar #3, *08–09*	55	____
39297	Macy's Parade Boxcar, *07*	55	____
39298	Monopoly Boxcar 3-pack #2, *08*	135	____
39299	Lenny Dean Commemorative Boxcar, *08*	50	____
39229	B&O DD Boxcar, *01*	40	____
39302	University of Maryland Boxcar, *08*	50	____
39303	Villanova University Boxcar, *08*	50	____
39304	Auburn University Boxcar, *08*	50	____
39308	CP Rail "6565" Boxcar "58700," *08–10*	55	____
39309	Macy's Parade Boxcar, *08*	50	____
39310	Monopoly Boxcar 3-pack #3, *09–10*	165	____
39316	New Haven Automobile Boxcar, *09–10*	60	____
39317	Wizard of Oz Boxcar #1, *09–10*	60	____
39318	Wizard of Oz Boxcar #2, *09–10*	60	____
39319	Boy Scouts "Scout Law" Add-on Boxcar, *10*	60	____
39321	Lionel Art Boxcar 2-pack, *10*	116	____
39325	Macy's Parade Boxcar, *09*	45	____
39326	UPS Centennial Boxcar #4, *10–11*	60	____
39328	Monopoly Boxcar 3-pack #4, *10–11*	168	____
39332	Holiday Boxcar, *10*	60	____
39334	Coca-Cola Christmas Boxcar, *10*	65	____
39335	Thomas Kinkade Boxcar, *10, 12*	60	____
39336	Angela Trotta Thomas "My Turn Yet, Dad?" Boxcar, *10*	60	____
39337	George Washington Boxcar, *11–12*	60	____
39338	Abraham Lincoln Boxcar, *11–12*	60	____
39339	Theodore Roosevelt Boxcar, *11–12*	60	____
39340	Thomas Jefferson Boxcar, *11–12*	60	____
39342	Strasburg Boxcar, *11*	55	____
39343	New Jersey Central Boxcar, *10*	45	____
39344	Monopoly Boxcar 3-pack #5, *11–12*	165	____
39345	Monopoly Tennessee Avenue Boxcar, *11*	55	____
39346	Monopoly Atlantic Avenue Boxcar, *11*	55	____
39347	Monopoly Illinois Avenue Boxcar, *11*	55	____
39348	Lionel NASCAR Collectables Boxcar, *11–12*	60	____
39350	Thomas Kinkade "All Aboard for Christmas" Boxcar, *12*	60	____
39351	Peanuts Thanksgiving Boxcar, *12*	70	____
39354	Monopoly North Carolina Avenue Boxcar, *12*	70	____
39358	Boy Scouts "Prepared For Life" Boxcar, *12*	60	____

			Mint
____	**39359**	Thanksgiving Boxcar, *12*	60
____	**39360**	Boy Scouts Cub Scout Boxcar, *12–13*	60
____	**39362**	Thomas Kinkade "Emerald City" Boxcar, *12–13*	70
____	**39363**	Peanuts Halloween Boxcar, *12*	65
____	**39376**	Monopoly Boxcar 2-pack, States and Vermont Avenues, *13*	130
____	**39379**	Monopoly Boxcar 2-pack, Mediterranean and St. James Avenues, *13*	130
____	**39383**	Prewar "2719" Boxcar, *13*	65
____	**39385**	U.S. Navy 1-D Tank Car, *13*	65
____	**39386**	U.S. Marines 1-D Tank Car, *13*	65
____	**39387**	U.S. Air Force 1-D Tank Car, *13*	65
____	**39388**	U.S. National Guard 1-D Tank Car, *13*	65
____	**39389**	U.S. Coast Guard 1-D Tank Car, *13*	65
____	**39391**	U.S. Army Flatcar, *13*	65
____	**39392**	U.S. Navy Flatcar, *13*	65
____	**39393**	U.S. Marines Flatcar, *13*	65
____	**39394**	U.S. Air Force Flatcar, *13*	65
____	**39395**	U.S. National Guard Flatcar, *13*	65
____	**39396**	U.S. Coast Guard Flatcar, *13*	65
____	**39399**	U.S. Army 1-D Tank Car, *13*	65
____	**39400**	Republic Steel Slag Car 3-pack (std O), *04*	100
____	**39404**	Republic Steel Hot Metal Car 3-pack (std O), *04*	130
____	**39411**	Jones & Laughline Hot Metal Car 3-pack (std O), *05*	190
____	**39423**	Postwar "3460" LL Flatcar with trailers, *05*	45
____	**39424**	U.S. Steel 16-wheel Flatcar with girders, *05*	70
____	**39425**	Hood's Flatcar with milk container, traditional, *05*	55
____	**39426**	Nestle Nesquik Flatcar with milk container, traditional, *05*	55
____	**39428**	Bethlehem Steel Slag Car #4 (std O), *05*	60
____	**39429**	Bethlehem Steel Hot Metal Car #8 (std O), *05*	70
____	**39430**	Youngstown Sheet & Tube Slag Car #7 (std O), *05*	60
____	**39431**	Youngstown Sheet & Tube Hot Metal Car #11 (std O), *05*	70
____	**39435**	Postwar "6477" Flatcar with pipes, *06*	50
____	**39436**	Postwar "6262" Wheel Car, *06*	50
____	**39437**	Supplee Flatcar with milk container, *06*	60
____	**39439**	"6827" Flatcar with P&H power shovel, *04*	50
____	**39440**	"6828" Flatcar with P&H truck crane, *04*	50
____	**39443**	U.S. Steel Slag Car 3-pack #2 (std O), *06*	170
____	**39447**	Postwar "6561" LL Cable Reel Car, Archive Collection, *06–07*	55
____	**39450**	Postwar "6414" Evans Auto Loader, Archive Collection, *06*	70
____	**39452**	White Bros. Flatcar with milk container, *07*	60
____	**39457**	Postwar "6175" Flatcar with rocket, *08*	55
____	**39458**	Postwar "6844" Flatcar with missiles, *08*	55
____	**39463**	Postwar "6430" Flatcar with trailers, *08*	55
____	**39468**	Allis-Chalmers Car "52369," *08–09*	60

		Exc	Mint
39469	Christmas Egg Nog Barrel Car, *08*		50 ___
39470	UP Well Car "147128," *08*		65 ___
39471	Postwar "6264" Flatcar, *08*		60 ___
39472	ATSF Culvert Gondola, *08*		60 ___
39473	Play-Doh Vat Car, *08*		55 ___
39475	UPS Flatcar with trailer, *08*		65 ___
39476	Bethlehem Steel 16-wheel Flatcar, *08*		75 ___
39477	Christmas Flatcar with reindeer trailers, *08*		60 ___
39478	Postwar "6475" Pickles Vat Car, *08*		55 ___
39479	Postwar "6404" Flatcar with brown automobile, *08*		50 ___
39480	Western & Atlantic Cannon Flatcar, *09*		60 ___
39482	CSX WM Track Maintenance Car "6812," *11*		65 ___
39483	CSX P&LE Gondola "69812," *11*		65 ___
39484	Cocoa Marsh Vat Car, *10–12*		60 ___
39486	Deep Sea Challenger Submarine Car, *11*		60 ___
39488	Reese's Vat Car, *10*		60 ___
39490	Western & Atlantic Cannonball Flatcar, *10*		55 ___
39497	Christmas Reindeer Stock Car, *10–11*		60 ___
39498	CNJ Gondola with culvert pipes, *11*		55 ___
39499	Alaska Oil Barrel Ramp Car, *11*		50 ___
39502	Monongahela NS Heritage ES44AC Diesel, nonpowered, *13*		280 ___
39530	PRR 1955 Pickup Truck, CC, *13*		180 ___
39531	UP 1955 Pickup Truck, CC, *13*		180 ___
39532	ATSF 1955 Pickup Truck, CC, *13*		180 ___
39533	CP 1955 Pickup Truck, CC, *13*		180 ___
39534	D&RGW 1955 Pickup Truck, CC, *13*		180 ___
39535	GN 1955 Pickup Truck, CC, *13*		180 ___
39536	MKT 1955 Pickup Truck, CC, *13*		180 ___
39537	NYC 1955 Pickup Truck, CC, *13*		180 ___
39538	Nickel Plate Road 1955 Pickup Truck, CC, *13*		180 ___
39539	NP 1955 Pickup Truck, CC, *13*		180 ___
39540	Southern 1955 Pickup Truck, CC, *13*		180 ___
39541	SP 1955 Pickup Truck, CC, *13*		180 ___
39542	Weyerhaueser 1955 Pickup Truck, CC, *13*		180 ___
39543	Texas Special F3 B Unit, *13*		210 ___
39544	Texas Special F3 B Unit, CC, *13*		370 ___
39547	PRR F3 B Unit, *13*		210 ___
39548	PRR F3 B Unit, CC, *13*		370 ___
39565	ATSF Dash-9 Diesel "612," CC, *13*		530 ___
39566	ATSF Dash-9 Diesel "623," CC, *13*		530 ___
39567	ATSF Dash-9 Diesel "631," nonpowered, *13*		260 ___
39568	BC Rail Dash-9 Diesel "4641," CC, *13*		530 ___
39569	BC Rail Dash-9 Diesel "4647," CC, *13*		530 ___
39570	BC Rail Dash-9 Diesel "4652," nonpowered, *13*		260 ___
39571	BNSF Dash-9 Diesel "4023," CC, *13*		530 ___
39572	BNSF Dash-9 Diesel "4037," CC, *13*		530 ___
39573	BNSF Dash-9 Diesel "4046," nonpowered, *13*		260 ___
39574	C&NW Dash-9 Diesel "8605," CC, *13*		530 ___
39575	C&NW Dash-9 Diesel "8610," CC, *13*		530 ___
39576	C&NW Dash-9 Diesel "8622," nonpowered, *13*		260 ___

		Exc	Mint
____	39577	SP Dash-9 Diesel "8112," CC, *13*		530
____	39578	SP Dash-9 Diesel "8123," CC, *13*		530
____	39579	SP Dash-9 Diesel "8129," nonpowered, *13*		260
____	39580	UP Dash-9 Diesel "9599," CC, *13*		530
____	39581	UP Dash-9 Diesel "9714," CC, *13*		530
____	39582	UP Dash-9 Diesel "9717," nonpowered, *13*		260
____	39583	CSX Dash-9 Diesel "9036," CC, *13*		530
____	39584	CSX Dash-9 Diesel "9048," CC, *13*		530
____	39585	CSX Dash-9 Diesel "9051," nonpowered, *13*		260
____	39586	NS Dash-9 Diesel "9310," CC, *13*		530
____	39587	NS Dash-9 Diesel "9322," CC, *13*		530
____	39588	NS Dash-9 Diesel "9334," nonpowered, *13*		260
____	39589	CN Dash-9 Diesel "2534," CC, *13*		530
____	39590	CN Dash-9 Diesel "2547," CC, *13*		530
____	39591	CN Dash-9 Diesel "2570," nonpowered, *13*		260
____	39592	CNJ NS Heritage SD70ACe Diesel "1071," CC, *13*		530
____	39593	CNJ NS Heritage SD70ACe Diesel "1831," CC, *13*		530
____	39594	CNJ NS Heritage SD70ACe Diesel "1834," nonpowered, *13*		260
____	39595	DL&W NS Heritage SD70ACe Diesel "1074," CC, *13*		530
____	39596	DL&W NS Heritage SD70ACe Diesel "1853," CC, *13*		530
____	39597	DL&W NS Heritage SD70ACe Diesel "1856," nonpowered, *13*		260
____	39598	Monongahela NS Heritage ES44AC Diesel "8025," CC, *12*		550
____	39599	Monongahela NS Heritage ES44AC Diesel "1901," CC, *12*		550
____	39600	PRR E8 AA Diesel Set, CC, *13*		930
____	39603	B&O E9 AA Diesel Set, CC, *13*		930
____	39606	FEC E9 AA Diesel Set, CC, *13*		930
____	39609	SP E9 AA Diesel Set, CC, *13*		930
____	39612	UP E9 AA Diesel Set, CC, *13*		930
____	39615	CB&Q E9 AA Diesel Set, CC, *13*		930
____	39618	MILW E9 AA Diesel Set, CC, *13*		930
____	39621	KCS E9 AA Diesel Set, CC, *13*		930
____	39624	Erie NS Heritage SD70ACe Diesel "1068," CC, *13*		530
____	39625	Erie NS Heritage SD70ACe Diesel "1832," CC, *13*		530
____	39626	Erie NS Heritage SD70ACe Diesel "1835," nonpowered, *13*		260
____	39627	Illinois Terminal NS Heritage SD70ACe Diesel "1072," CC, *13*		530
____	39628	Illinois Terminal NS Heritage SD70ACe Diesel "1896," CC, *13*		530
____	39629	Illinois Terminal NS Heritage SD70ACe Diesel "1899," nonpowered, *13*		260
____	39630	NYC NS Heritage SD70ACe Diesel "1066," CC, *13*		530
____	39631	NYC NS Heritage SD70ACe Diesel "1831," CC, *13*		530

		Exc	Mint
39632	NYC NS Heritage SD70ACe Diesel "1834," nonpowered, *13*		260 ___
39633	Reading NS Heritage SD70ACe Diesel "1067," CC, *13*		530 ___
39634	Reading NS Heritage SD70ACe Diesel "1833," CC, *13*		530 ___
39635	Reading NS Heritage SD70ACe Diesel "1836," nonpowered, *13*		260 ___
39636	Savannah & Atlanta NS Heritage SD70ACe Diesel "1065," CC, *13*		530 ___
39637	Savannah & Atlanta NS Heritage SD70ACe Diesel "1915," CC, *13*		530 ___
39638	Savannah & Atlanta NS Heritage SD70ACe Diesel "1918," nonpowered, *13*		260 ___
39639	Virginian NS Heritage SD70ACe Diesel "1069," CC, *13*		530 ___
39640	Virginian NS Heritage SD70ACe Diesel "1907," CC, *13*		530 ___
39641	Virginian NS Heritage SD70ACe Diesel "1910," nonpowered, *13*		260 ___
39642	Wabash NS Heritage SD70ACe Diesel "1070," CC, *13*		530 ___
39643	Wabash NS Heritage SD70ACe Diesel "1877," CC, *13*		530 ___
39644	Wabash NS Heritage SD70ACe Diesel "1880," nonpowered, *13*		260 ___
39645	PC NS Heritage SD70ACe Diesel "1073," CC, *13*		530 ___
39646	PC NS Heritage SD70ACe Diesel "1968," CC, *13*		530 ___
39647	PC NS Heritage SD70ACe Diesel "1971," nonpowered, *13*		260 ___
51008	Burlington Pioneer Zephyr Diesel Passenger Set, RailSounds, *04*		875 ___
51009	Prewar "269E" Steam Freight Set, TrainSounds, *06*		630 ___
51010	Prewar "246E" Steam Passenger Set, TrainSounds, *07–08*		630 ___
51012	Christmas Tinplate Freight Set, *08*		675 ___
51014	Prewar "291W" Red Comet Passenger Car Set, *08*		675 ___
51220	NYC Imperial Castle Passenger Coach, *93 u*		500 ___
51221	NYC Niagara County Passenger Coach, *93 u*		500 ___
51222	NYC Cascade Glory Passenger Coach, *93 u*		500 ___
51223	NYC City of Detroit Passenger Coach, *93 u*		500 ___
51224	NYC Imperial Falls Passenger Coach, *93 u*		500 ___
51225	NYC Westchester County Passenger Coach, *93 u*		500 ___
51226	NYC Cascade Grotto Passenger Coach, *93 u*		500 ___
51227	NYC City of Indianapolis Passenger Coach, *93 u*		500 ___
51228	NYC Manhattan Island Observation Car, *93 u*		500 ___
51229	NYC Diner "680," *93 u*		500 ___
51230	NYC Baggage Car "5017," *93 u*		500 ___
51231	NYC Century Club Passenger Coach, *93 u*		500 ___
51232	NYC Thousand Islands Observation Car, *93 u*		500 ___

___ 51233	NYC Diner "684," *93 u*		500
___ 51234	NYC Baggage Car "5020," *93 u*		500
___ 51235	NYC Century Tavern Passenger Coach, *93 u*		500
___ 51236	NYC City of Toledo Passenger Coach, *93 u*		500
51237	NYC Imperial Mansion Passenger Coach,		
___	*93 u*		500
___ 51238	NYC Imperial Palace Passenger Coach, *93 u*		500
___ 51239	NYC Cascade Spirit Passenger Coach, *93 u*		500
___ 51240	NYC Diner "681," *93 u*		500
___ 51241	NYC City of Chicago Passenger Coach, *93 u*		500
___ 51242	NYC Imperial Garden Passenger Coach, *93 u*		500
51243	NYC Imperial Fountain Passenger Coach,		
___	*93 u*		500
___ 51244	NYC Cascade Valley Passenger Coach, *93 u*		500
___ 51245	NYC Diner "685," *93 u*		500
___ 51300	Shell Semi-Scale 1-D Tank Car "8124," *91*	50	135
___ 51301	Lackawanna Semi-Scale Reefer "7000," *92*	119	161
___ 51401	PRR Semi-Scale Boxcar "100800," *91*	84	128
___ 51402	C&O Semi-Scale Stock Car "95250," *92*	98	138
___ 51501	B&O Semi-Scale Hopper "532000," *91*	78	108
___ 51502	LL Steel Die-cast Ore Car "6486-3" (SSS), *96*		80
___ 51503	LL Steel Die-cast Ore Car "6486-1" (SSS), *96*		80
___ 51504	LL Steel Die-cast Ore Car "6486-2" (SSS), *96*		70
51600	NYC Depressed Center Flatcar with		
___	transformer "6418," *96*		105
___ 51701	NYC Semi-Scale Caboose "19400," *91*	84	123
___ 51702	PRR N-8 Caboose "478039," *91–92*	300	385
___ 52054	Carail Boxcar, *94 u*		280
___ 52066	Trainmaster Tractor and Trailer, *94 u*		98
___ 52069	Carail Tractor and Trailer, *94 u*		64
___ 52070	Knoebel's Boxcar #1, *95 u*		64
___ 52075	United Auto Workers Boxcar, *95 u*		90
___ 52082	Steamtown Lackawanna Boxcar, *95 u*		90
___ 52132	Knoebel's Boxcar #2, *99 u*		80
___ 52133	Knoebel's Boxcar #3, *98 u*		91
___ 52134	Knoebel's Boxcar #4, *00 u*		91
___ 52136A	Christmas Special Tractor and Trailer, *97*		NRS
___ 52136B	Frisco Special Tractor and Trailer, *98*		NRS
___ 52137	Red Wing Shoes Boot Oil Tank Car, *98*		61
___ 52141	Zep Manufacturing Boxcar, *96*		79
___ 52158	Monopoly Mint Car "M-0539," *98*		340
52159	Monopoly Depressed Center Flatcar with		
___	transformer, *98*		95
___ 52160	Monopoly Water Works Tank Car, *98*		105
___ 52161	Monopoly SP-type Caboose "M-1006," *98*		55
___ 52168	Carail Flatcar with Trailer "17455," *99 u*		95
52169	Zep Manufacturing Flatcar with trailer		
___	"62734," *99 u*		60
___ 52174	REA Baggage Car "0083," *00 u*		400
___ 52181	Monopoly Set #2, 4-pack, *99*		295
___ 52182	Monopoly Railroads Boxcar "M0636," *99 u*		78
___ 52183	Monopoly Jail Car "M-1131," *99*		75

		Exc	Mint
52184	Monopoly Free Parking Flatcar with 2 autos, *99*	60	
52185	Monopoly Chance Gondola "M-0893," *99*	50	
52187	Madison Hardware Flatcar with 2 trailers, *99*	98	
52188	Carail Aquarium with 2 autos, 25th Anniversary, *99*	95	
52189	Monopoly 4-6-4 Hudson Locomotive, *99*	540	
52207	Lionel Lines SD40 Diesel, traditional, *00*	600	
52208	Lionel Lines Extended Vision Caboose, *00 u*	200	
52209	World's Fair Sleeper/Roomette Car "0183," *01 u*	170	
52218	Monopoly 4-4-2 Steam Freight Set, *00 u*	388	
52219	Monopoly 4-6-4 Hudson Locomotive, bronze, *00 u*	530	
52224A	SP Flatcar with Navajo tractor and trailer, *01*	25	
52224B	SP Flatcar with Trailer Flatcar Service tractor and trailer, *01*	25	
52225	Monopoly 4-6-4 Hudson Locomotive, pewter, *01 u*	495	
52231	British Columbia 1-D Tank Car, *00 u*	65	
52235	World's Fair Vista Dome Car "0283," *02 u*	NRS	
52249	Knoebel's Amusement Park 75th Anniversary Boxcar, *01 u*	89	
52253	San Pedro Boxcar, *02*	NRS	
52262	Plasticville Boxcar, *01 u*	120	
52263	World's Fair Combination Car "0383," *02*	NRS	
52279	Dragoon & Northern Ore Car, *02*	25	
52282	Western Pacific Feather Boxcar, red, *03*	365	
52315/20	PRR FM Diesel and Caboose, *04 u*	440	
52330	B&O Museum Fundraiser Boxcar, *03 u*	100	
52371	NYC Flatcar with tanker trailer, *05 u*	150	
62162	Postwar "262" Automatic Crossing Gate and Signal, *99–13*	60	
62180	Railroad Signs, set of 14, *99–04, 08–13*	10	
62181	Telephone Pole Set, *99–04, 08–13*	10	
62283	Die-cast Illuminated Bumpers, *99–13*	27	
62709	Rico Station Kit, *99–00*	46	
62716	Short Extension Bridge, *99–03, 07–13*	15	
62900	Lockon, *99–13*	3	
62901	Ives Track Clips, 12 pieces (O27), *99–10, 13*	5	
62905	Lockon with wires, *99–10, 13*	7	
62909	Smoke Fluid, *99–12*	7	
62927	Lubrication/Maintenance Set, *99–13*	25	
62985	The Lionel Train Book, *99–03*	12	
65014	Half Curved Track (O27), *99–13*	1	
65019	Half-Straight Track (O27), *99–13*	1	
65020	90-degree Crossover (O27), *99–13*	11	
65021	27" Manual Switch, left hand (O27), *99–13*	17	
65022	27" Manual Switch, right hand (O27), *99–13*	18	
65023	45-degree Crossover (O27), *99–13*	11	
65024	35" Straight Track (O27), *99–13*	5	
65033	27" Diameter Curved Track (O27), *99–13*	2	
65038	9" Straight Track (O27), *99–13*	2	

		Exc	Mint
____ 65041	Insulator Pins, dozen (027), *99–04, 06–13*		3
____ 65042	Steel Pins, dozen (027), *99–04, 06–09, 13*		3
____ 65049	42" Diameter Curved Track (027), *99–13*		3
____ 65113	54" Diameter Curved Track (027), *99–13*		3
____ 65121	27" Path Remote Switch, left hand (027), *99–13*		43
____ 65122	27" Path Remote Switch, right hand (027), *99–13*		43
____ 65149	Uncoupling Track (027), *99–13*		12
____ 65165	72" Path Remote Switch, right hand (0), *99–13*		125
____ 65166	72" Path Remote Switch, left hand (0), *99–13*		125
____ 65167	42" Remote Switch, right hand (027), *99–13*		25
____ 65168	42" Remote Switch, left hand (027), *99–13*		25
____ 65500	10" Straight Track (0), *99–13*		2
____ 65501	31" Diameter Curved Track (0), *99–13*		2
____ 65504	Half Curved Track (0), *99–13*		2
____ 65505	Half Straight Track (0), *99–13*		2
____ 65514	Half Curved Track (027), *99–03*		3
____ 65523	40" Straight Track (0), *99–13*		7
____ 65530	Remote Control Track (0), *99–13*		38
____ 65540	90-degree Crossover (0), *99–13*		16
____ 65543	Insulator Pins, dozen (0), *99–13*		3
____ 65545	45-degree Crossover (0), *99–13*		27
____ 65551	Steel Pins, dozen (0), *99–13*		3
____ 65554	54" Diameter Curved Track (0), *99–13*		4
____ 65572	72" Diameter Curved Track (0), *99–13*		5
____ 81024	Christmas Train Set, *02–04*		150
____ 81027	Thomas the Tank Engine Set, *01–04*		120
____ 99000	Keebler Elf Express Steam Freight Set, *99 u*		1020
____ 99001	Mickey's Holiday Express Freight Set, *99 u*		228
____ 99002	Looney Tunes Square Window Caboose, *99 u*		NRS
____ 99006	Keebler Bulkhead Flatcar, *99 u*		NRS
____ 99007	Smuckers Fudge 1-D Tank Car, *99 u*		80
____ 99008	Mickey's Merry Christmas Boxcar, *99 u*		NRS
____ 99009	Mickey's Holiday Express Square Window Caboose, *99 u*		NRS
____ 99013	Case Cutlery Tank Car "1889," *00 u*		NRS
____ 99014	Case Cutlery Gondola "1889," *00 u*		NRS
____ 99015	Case Cutlery Boxcar "1889," *00 u*		NRS
____ 99018	Case Cutlery Rolling Stock 3-pack, *00 u*		200
____ 79C95204C	Sears Santa Fe Diesel Freight Set, *71 u*	150	165
____ 79C9715C	Sears 4-unit Diesel Freight Set, *75 u*	50	65
____ 79C9717C	Sears 7-unit Steam Freight Set, *75 u*	150	165
____ 79N95223C	Sears 6-unit Diesel Freight Set, *74 u*	150	165
____ 79N9552C	Sears 6-unit Steam Freight Set, *72 u*	150	165
____ 79N9553C	Sears 6-unit Diesel Freight Set, *72 u*	150	165
____ 79N96178C	Sears 4-unit Steam Freight Set, *74 u*	50	65
____ 79N97082C	Sears Steam Freight Set, *70 u*		NRS
____ 79N97101C	Sears 5-unit Steam Freight Set, *72 u*	150	165
____ 79N98765C	Sears Logging Empire Set, *78 u*	100	115

		Exc	Mint
T1428RRODTS	Tony Stewart NASCAR Steam Freight Set, *12–13*		300 ____
T1828RRMMKB	Kyle Busch NASCAR Steam Freight Set, *12–13*		300 ____
T2428RRDUJG	Jeff Gordon NASCAR Steam Freight Set, *12–13*		300 ____
T4828RRLOJJ	Jimmy Johnson NASCAR Steam Freight Set, *12–13*		300 ____
T4828RRLOJJ	Dale Earnhardt Jr. NASCAR Steam Freight Set, *12–13*		300 ____
TX328RRGMDE	Dale Earnhardt NASCAR Steam Freight Set, *12–13*		300 ____
UCS	Remote Control Track (O), *70*	4	7 ____

Unnumbered Items

	Exc	Mint
Amtrak Passenger Car Set, *89, 89 u*	640	770 ____
B&A Hudson and Standard O Car Set, *86 u*	1500	1700 ____
Baltimore & Ohio Set, *94, 96*		NRS ____
Black Cave Flyer Playmat, *82*		8 ____
Blue Comet Set, *78–80, 87 u*	560	620 ____
Burlington Texas Zephyr Set, *80, 80 u*	980	1150 ____
C&NW Passenger Car Set, *93*	385	460 ____
Cannonball Freight Playmat, *81–82*		8 ____
Chesapeake & Ohio Set, *95–96*		NRS ____
Chessie System Special Set, *80, 86 u*	560	620 ____
Chicago & Alton Limited Set, *81, 86 u*	560	620 ____
Commando Assault Train Playmat, *83–84*		8 ____
D&RGW California Zephyr Set, *92, 93*		900 ____
Erie Set (FF 7), *93*	385	460 ____
Erie-Lackawanna Passenger Car Set, *93, 94*	940	980 ____
Favorite Food Freight Set, *81–82*	248	338 ____
Frisco Set (FF 5), *91*	405	425 ____
The General Set, *77–80*	240	285 ____
GN Empire Builder Set, *92, 93*	620	730 ____
Great Northern Set (FARR 3), *81, 81 u*	620	690 ____
IC City of New Orleans Set, *85, 87, 93*	885	1045 ____
Illinois Central Set, *91–92, 95*	255	285 ____
Jersey Central Set, *86*	345	370 ____
Joshua Lionel Cowen Set, *80, 80 u, 82*	540	580 ____
L.A.S.E.R. Playmat, *81–82*		8 ____
Lionel Lines Madison Car Set, *91, 93*	560	620 ____
Lionel Lines Set, *82–84 u, 86, 86–87 u, 94–95*	530	620 ____
Mickey Mouse Express Set, *77–78, 78 u*	1000	1693 ____
Milwaukee Road Set (FF 2), *87, 90 u*	380	405 ____
Mint Set, *79 u, 80–83, 84 u, 86 u, 87, 91 u, 93*	940	1050 ____
Missouri Pacific Set, *95*		390 ____
N&W Powhatan Arrow Passenger Car Set, *95*	370	445 ____
N&W Powhatan Arrow Set, *81, 81 u, 82 u, 91 u*	1450	1700 ____
New Haven Set, *94–95*		400 ____
New York Central Set, *89, 91*	240	270 ____

	Exc	Mint
Nickel Plate Road Set (FF 6), *92*	385	460
Northern Pacific Set, *90–92*	190	250
NYC 20th Century Limited Set, *83, 83 u, 95*	980	1150
Pennsylvania Set, *79–80, 79–80 u, 81 u, 83 u*	1200	1350
Pennsylvania Set, *87–90, 95*	240	270
Pennsylvania Set (FARR 5), *84–85, 89 u*	600	660
Pere Marquette Set, *93*	720	770
Rock Island & Peoria Set, *80–82*	240	315
Rocky Mountain Platform, *83–84*		8
Santa Fe Super Chief Set, *91, 91 u, 92 u, 93, 95*	1400	1700
Santa Fe Set (FARR 1), *79, 79 u*	460	580
Southern Crescent Limited Set, *77–78, 87 u*	540	650
Southern Pacific Daylight Diesel Set, *82–83, 82–83 u, 90 u*	2150	2300
Southern Set (FARR 4), *83, 83 u*	620	690
SP Daylight Steam Set, *90, 92, 93*	790	940
Spirit of '76 Set, *74–76*	570	690
Station Platform, *83–84*		8
Toys "R" Us Thunderball Freight Set, *75 u*		NRS
Union Pacific Set, *94*	430	500
Union Pacific Set (FARR 2), *80, 80 u*	540	580
UP Overland Route Set, *84, 92 u*	770	840
Wabash Set (FF 1), *86, 87*	755	905
Western Maryland Set (FF 4), *89*	345	405

		Retail
11-1001	No. 400E Locomotive, black, brass trim (std)	900 ____
11-1002	No. 400E Locomotive, gray, nickel trim (std)	900 ____
11-1003	No. 400E Locomotive, gray, brass trim (std)	900 ____
11-1005	No. 390 Locomotive, green	600 ____
11-1006	No. 400E Locomotive, crackle black, brass trim	900 ____
11-1008	No. 400E Lionel Lines Locomotive	900 ____
11-1009	No. 400E Locomotive, blue, brass trim	900 ____
11-1010	No. 385E Locomotive (std)	700 ____
11-1012	No. 1835E Locomotive, black, nickel trim	700 ____
11-1013	AF No. 4694 Warrior Passenger Set	1400 ____
11-1014	AF No. 4694 Iron Monarch Passenger Set	1250 ____
11-1015	No. 392E Locomotive, black, brass trim	800 ____
11-1016	No. 392E Locomotive, gray, nickel trim	800 ____
11-1017	No. 400E Locomotive, blue, nickel trim (std)	900 ____
11-1018	No. 7 Lionel Locomotive (std)	900 ____
11-1019	No. 6 Pennsylvania Locomotive (std)	900 ____
11-1020	American Flyer No. 4696 Locomotive	1000 ____
11-1021	No. 400E Presidential Locomotive (std)	1000 ____
11-1022	No. 400E Red Comet Locomotive (std)	900 ____
11-1023	No. 400E Locomotive, blue, brass trim (std)	900 ____
11-1024	No. 400E Locomotive, black, brass trim (std)	900 ____
11-1025	No. 400E Lionel Lines Locomotive (std)	900 ____
11-1026	No. 400E Locomotive, pink (std)	1000 ____
11-1027	No. 400E Locomotive, state green (std)	1000 ____
11-1028	No. 400E Locomotive, black, brass trim (std)	1000 ____
11-1029	No. 6 NYC Locomotive (std)	900 ____
11-1030	No. 6 General Locomotive (std)	900 ____
11-1031	No. 6 Texas Locomotive (std)	950 ____
11-2003	No. 8E Electric Locomotive, olive green (std)	500 ____
11-2004	No. 8E Electric Locomotive, dark olive green (std)	500 ____
11-2005	No. 8E Electric Locomotive, orange (std)	500 ____
11-2006	No. 8E Electric Locomotive, red/cream (std)	500 ____
11-2007	American Flyer Presidential Passenger Set (std)	1800 ____
11-2008	AF No. 4689 Presidential Locomotive, blue (std)	800 ____
11-2009	Big Brute Electric Engine, zinc chromate	1500 ____
11-2010	Big Brute Electric Engine, green	1500 ____
11-2015	Super 381 Electric Engine, state green (std)	1300 ____
11-2016	Super 381 MILW Electric Engine (std)	1300 ____
11-2017	No. 408E Electric Locomotive (std)	900 ____
11-2018	No. 408E Electric Locomotive, Mojave	900 ____
11-2019	No. 408E Electric Locomotive, pink	900 ____

LIONEL CORPORATION TINPLATE

Retail

___ 11-2020	No. 9 Electric Locomotive, green	600
___ 11-2021	No. 9 Electric Locomotive, orange	600
___ 11-2022	No. 9 Electric Locomotive, gray, nickel trim	600
___ 11-2023	No. 9 Electric Locomotive, dark green	600
___ 11-2024	No. 8 Trolley (std)	530
___ 11-2025	No. 9 Trolley (std)	600
___ 11-2026	No. 8 Christmas Trolley (std)	530
___ 11-2027	No. 381E Electric Locomotive, blue (std)	900
___ 11-2029	No. 381E Great Northern Electric Locomotive (std)	900
___ 11-2031	No. 4689 President's Locomotive, red (std)	900
___ 11-2033	Big Brute Electric Locomotive, brown (std)	1600
___ 11-2034	Big Brute Electric Locomotive, orange (std)	1600
___ 11-5001	No. 384 Locomotive Passenger Set, black, brass trim	600
___ 11-5002	No. 384 Locomotive Christmas Freight Set (std)	600
___ 11-5003	No. 384 Locomotive LV Passenger Set (std)	600
___ 11-5004	No. 384 Locomotive NYC Freight Set	600
___ 11-5006	No. 384E Locomotive Girl's Passenger Set	600
___ 11-5007	No. 386 Freight Set (std)	600
___ 11-5008	No. 340E Coal Freight Set (std)	600
___ 11-5009	No. 342E Baby State Passenger Set (std)	600
___ 11-5010	No. 384E Blue Comet Passenger Set (std)	600
___ 11-5011	No. 386 Christmas Freight Set (std)	600
___ 11-5012	No. 342E Passenger Set (std)	600
___ 11-5013	No. 318E Christmas Freight Set (std)	600
___ 11-5014	No. 384E PRR Steam Passenger Set (std)	600
___ 11-5501	No. 263E Steam Christmas Freight Set	600
___ 11-5502	No. 263E Steam B&O Freight Set	600
___ 11-5505	No. 249E Christmas Steam Passenger Set	500
___ 11-5506	No. 299 Freight Set	450
___ 11-5507	No. 269E Distant Control Freight Set	500
___ 11-5508	Celebration Passenger Set	480
___ 11-5509	No. 269E Christmas Distant Control Freight Set	500
___ 11-6001	No. 263E Locomotive, black, brass trim	430
___ 11-6002	No. 263E Locomotive, blue	430
___ 11-6003	No. 277W Remote Control Work Train	680
___ 11-6004	Blue Comet Distant Control Passenger Set	650
___ 11-6005	No. 275W Distant Control Freight Set	600
___ 11-6006	UP Streamliner Passenger Set, silver	800
___ 11-6007	UP Streamliner Passenger Set, yellow	800
___ 11-6008	No. 249E Steam Passenger Set, black, brass trim	600
___ 11-6009	No. 249E Steam Passenger Set, blue	600
___ 11-6010	No. 249E Steam Passenger Set, gray, nickel trim	600
___ 11-6012	No. 260E Locomotive, black, brass trim	430

LIONEL CORPORATION TINPLATE

11-6013	No. 255E Locomotive, gray, nickel trim	430 ____
11-6014	No. 255E Lionel Lines Locomotive	430 ____
11-6015	No. 279E Distant Control Passenger Set	700 ____
11-6016	No. 295E Distant Control Passenger Set	700 ____
11-6017	Hiawatha Distance Control Streamliner Set	900 ____
11-6018	Hiawatha Passenger Train Set	900 ____
11-6019	Hiawatha Distance Control Freight Set	900 ____
11-6020	UP City of Denver Passenger Set, green	550 ____
11-6021	UP City of Denver Passenger Set, yellow/brown	650 ____
11-6022	No. 262E Locomotive, black, brass trim	300 ____
11-6023	No. 262E Locomotive, black, nickel trim	300 ____
11-6024	No. 260E Locomotive, black, brass trim	450 ____
11-6025	No. 214 Armored Motor Car Set	400 ____
11-6028	No. 256 Electric Locomotive, orange	450 ____
11-6029	No. 214 Armored Motor Car Set	400 ____
11-6030	No. 295E Distant Control Passenger Set	700 ____
11-6031	No. 279E NYC Distance Control Passenger Set	700 ____
11-6033	No. 265E Commodore Vanderbilt Locomotive	430 ____
11-6036	No. 263E Baby Blue Comet Locomotive	460 ____
11-6037	Girls Freight Set	830 ____
11-6038	No. 284E Distant Control Freight Set	700 ____
11-6039	No. 616 Flying Yankee Passenger Set, black/chrome	550 ____
11-6040	No. 616 Flying Yankee Passenger Set, red/chrome	550 ____
11-6041	No. 616 Flying Yankee Passenger Set, green/chrome	550 ____
11-6046	No. 279E Distant Control Passenger Set	700 ____
11-6047	No. 264 Red Comet Locomotive	430 ____
11-6048	No. 263E Baby Blue Comet Locomotive, brass trim	460 ____
11-6050	No. 256 New Haven Electric Locomotive	500 ____
11-6051	No. 256 Great Northern Electric Locomotive	500 ____
11-6052	No. 263E Locomotive, black, nickel trim	500 ____
11-6053	No. 263E Chessie Locomotive	500 ____
11-6054	No. 263E Southern Locomotive	500 ____
11-6055	Boys Freight Set	900 ____
11-30004	No. 213 Cattle Car, cream/maroon (std)	130 ____
11-30005	No. 213 Cattle Car, terra-cotta/green (std)	130 ____
11-30006	No. 214 Boxcar, cream/orange (std)	130 ____
11-30007	No. 214 Boxcar, yellow/brown (std)	130 ____
11-30008	No. 214R Refrigerator Car, white/blue (std)	130 ____
11-30009	No. 215 Tank Car, silver, nickel trim (std)	130 ____
11-30010	No. 215 Tank Car, green, brass trim (std)	130 ____
11-30011	No. 215 Tank Car, white (std)	130 ____
11-30012	No. 216 Hopper Car, red (std)	130 ____

____ **11-30013**	No. 217 Caboose, orange/maroon (std)	140
____ **11-30014**	No. 217 Caboose, red (std)	140
____ **11-30015**	No. 513 Cattle Car, green/orange, brass trim (std)	100
____ **11-30016**	No. 514 Boxcar, cream/orange (std)	100
11-30017 ____	No. 514R Refrigerator Car, ivory/peacock, brass trim (std)	100
____ **11-30018**	No. 515 Tank Car, terra-cotta, brass trim (std)	100
____ **11-30019**	No. 516 Hopper Car, red, brass trim (std)	120
____ **11-30020**	No. 517 Caboose, pea green/red (std)	120
____ **11-30021**	No. 212 Gondola, maroon (std)	110
____ **11-30022**	No. 212 Gondola, pea green (std)	110
11-30023 ____	No. 513 Cattle Car, cream/maroon, nickel trim (std)	100
11-30024 ____	No. 514R Refrigerator Car, white/blue, nickel trim (std)	100
____ **11-30025**	No. 515 Tank Car, silver, nickel trim (std)	100
____ **11-30026**	No. 516 Hopper Car, red, nickel trim (std)	100
____ **11-30027**	No. 517 Caboose, red, nickel trim (std)	120
____ **11-30028**	No. 520 Floodlight Car, green, nickel trim (std)	130
11-30029 ____	No. 520 Floodlight Car, terra-cotta, brass trim (std)	130
____ **11-30030**	No. 514R Christmas Refrigerator Car, (std)	100
____ **11-30031**	No. 514 Christmas Boxcar (std)	100
____ **11-30032**	No. 515 MTH/Lionel Tank Car (std)	100
____ **11-30033**	No. 211 Flatcar, black, brass trim, with wood (std)	120
____ **11-30034**	No. 211 Flatcar, black, nickel trim, with wood (std)	120
____ **11-30035**	No. 218 Dump Car, Mojave, nickel trim (std)	140
____ **11-30036**	No. 218 Dump Car, Mojave, brass trim (std)	140
____ **11-30037**	No. 219 Crane Car, white (std)	200
____ **11-30038**	No. 219 Crane Car, yellow, nickel trim (std)	200
____ **11-30039**	No. 219 Crane Car, yellow (std)	380
____ **11-30042**	No. 514 Boxcar, red/black (std)	100
____ **11-30043**	No. 512 Gondola, peacock, brass trim (std)	80
____ **11-30044**	No. 512 Gondola, green, nickel trim (std)	80
____ **11-30045**	No. 514 Boxcar, yellow/brown (std)	100
____ **11-30046**	No. 511 Flatcar, black, brass trim, with wood (std)	100
____ **11-30047**	No. 511 Flatcar, black, nickel trim, with wood (std)	100
____ **11-30048**	No. 216 Hopper Car, dark green (std)	130
____ **11-30050**	No. 219 Crane Car, white, brass trim (std)	380
____ **11-30051**	No. 514R NYC Refrigerator Car (std)	100
____ **11-30055**	No. 212 Gondola, gray (std)	110
____ **11-30056**	No. 213 Cattle Car, Mojave/maroon (std)	130
____ **11-30057**	No. 213 Cattle Car, terra-cotta/maroon (std)	130
____ **11-30058**	No. 214 Boxcar, terra-cotta/black, brass trim (std)	130
11-30059 ____	No. 214R Refrigerator Car, white/peacock, brass trim (std)	130

LIONEL CORPORATION TINPLATE

Retail

11-30060	No. 214R Refrigerator Car, ivory/peacock, brass trim (std)	130 ____
11-30061	No. 215 Tank Car, silver, brass trim (std)	130 ____
11-30062	No. 215 Tank Car, silver, nickel trim (std)	130 ____
11-30063	No. 217 Caboose, olive green (std)	140 ____
11-30064	No. 217 Lionel Lines Caboose (std)	140 ____
11-30065	No. 217 Caboose, pea green/red (std)	140 ____
11-30066	No. 217 Caboose, red/peacock (std)	140 ____
11-30067	No. 218 Dump Car, gray (std)	140 ____
11-30068	No. 218 Dump Car, pea green (std)	140 ____
11-30069	No. 218 Dump Car, peacock (std)	140 ____
11-30070	No. 219 Crane Car, peacock/dark green (std)	200 ____
11-30071	No. 219 Lionel Lines Crane Car (std)	380 ____
11-30072	No. 220 Floodlight Car, green, nickel trim (std)	140 ____
11-30073	No. 220 Floodlight Car, terra-cotta, brass trim (std)	140 ____
11-30074	No. 513 Cattle Car, orange/pea green (std)	100 ____
11-30075	No. 514 Christmas Boxcar (std)	100 ____
11-30076	No. 514R Refrigerator Car, ivory/blue (std)	100 ____
11-30077	No. 515 Tank Car, cream (std)	100 ____
11-30078	No. 515 Tank Car, ivory (std)	100 ____
11-30079	No. 515 Tank Car, orange (std)	100 ____
11-30080	No. 516 Christmas Hopper Car (std)	120 ____
11-30081	No. 516 Hopper Car, red (std)	120 ____
11-30082	No. 517 Caboose, red/black (std)	120 ____
11-30083	No. 520 Floodlight Car, green, nickel trim (std)	130 ____
11-30087	No. 516 Hopper Car, red, brass trim (std)	100 ____
11-30088	AF 4018 Automobile Car, white/blue	130 ____
11-30089	AF 4020 Stock Car, blue	130 ____
11-30090	AF 4006 Hopper Car, red	130 ____
11-30091	AF 4017 Sand Car, green	130 ____
11-30092	AF 4010 Tank Car, cream/blue	130 ____
11-30093	AF 4022 Machine Car, orange	110 ____
11-30094	AF 4021 Caboose, red	140 ____
11-30095	AF 4018 Automobile Car, orange/maroon	130 ____
11-30096	AF 4022 Machine Car, blue	110 ____
11-30097	AF 4022 Machine Car, orange/green	110 ____
11-30098	AF 4010 Tank Car, blue	130 ____
11-30099	AF 4017 Sand Car, maroon	130 ____
11-30100	AF 4006 Hopper Car, green	130 ____
11-30101	AF 4020 Stock Car, cream/maroon	130 ____
11-30102	AF 4021 Caboose, red/maroon	140 ____
11-30103	AF 4021 Caboose, cream/red	140 ____
11-30104	No. 215 Tank Car (std)	130 ____
11-30105	No. 214R Refrigerator Car (std)	130 ____
11-30107	No. 214R Altoona 36 Lager Refrigerator Car (std)	130 ____

____ 11-30108	No. 214R Budweiser Refrigerator Car (std)	140
____ 11-30109	No. 214R Burp-oh Beer Refrigerator Car (std)	130
____ 11-30110	No. 214R Hood's Dairy Refrigerator Car (std)	130
____ 11-30111	No. 214R Old Reading Refrigerator Car (std)	130
____ 11-30112	No. 214R Palisades Park Refrigerator Car (std)	130
____ 11-30113	No. 214 Circus Boxcar (std)	130
____ 11-30114	No. 214 M&M's Christmas Boxcar (std)	140
____ 11-30115	No. 215 Budweiser Tank Car (std)	140
____ 11-30116	No. 215 Freedomland Tank Car (std)	130
____ 11-30117	No. 215 Gulf Tank Car (std)	130
____ 11-30118	No. 215 Tropicana Tank Car (std)	130
____ 11-30119	No. 513 UP Cattle Car (std)	100
____ 11-30120	No. 513 WM Cattle Car (std)	100
____ 11-30121	No. 514 B&O Boxcar (std)	100
____ 11-30122	No. 514 State of Maine Boxcar (std)	100
____ 11-30123	No. 514R PFE Refrigerator Car (std)	100
____ 11-30124	No. 514R Tropicana Refrigerator Car (std)	100
____ 11-30125	No. 515 Anheuser Busch Tank Car (std)	110
____ 11-30126	No. 515 Hooker Chemicals Tank Car (std)	100
____ 11-30127	No. 516 Blue Coal Hopper Car (std)	100
____ 11-30128	No. 516 Waddell Coal Hopper Car (std)	100
____ 11-30129	No. 517 Pennsylvania Caboose (std)	120
____ 11-30130	No. 517 Santa Fe Caboose (std)	120
____ 11-30131	No. 215 Lionel Lines Tank Car (std)	130
____ 11-30134	No. 515 Christmas Tank Car (std)	100
____ 11-30136	No. 214 Christmas Boxcar (std)	130
____ 11-30137	No. 214 UP Boxcar (std)	130
____ 11-30138	No. 214R Horlacher's Brewing Refrigerator Car (std)	130
____ 11-30139	No. 214R Coors Refrigerator Car (std)	140
____ 11-30140	No. 215 Keystone Gasoline Tank Car (std)	130
____ 11-30141	No. 215 Texaco Tank Car (std)	130
____ 11-30142	No. 216 Peabody Hopper Car (std)	130
____ 11-30143	No. 216 Pennsylvania Power & Light Hopper Car (std)	130
____ 11-30144	No. 213 Cattle Car (std)	130
____ 11-30146	No. 217 Jersey Central Caboose (std)	140
____ 11-30147	No. 214 Jersey Central Boxcar (std)	130
____ 11-30148	No. 214 U.S. Army Boxcar (std)	130
____ 11-30149	No. 215 MTH/Lionel Tank Car	130
____ 11-30150	No. 212 Lionel Lines Gondola (std)	130
____ 11-30151	No. 212 Circus Gondola (std)	130
____ 11-30152	No. 212 NYC Gondola (std)	130
____ 11-30153	No. 214 MKT Boxcar (std)	150
____ 11-30154	No. 214 NYC Boxcar (std)	150

LIONEL CORPORATION TINPLATE

11-30155	No. 215 C&O Tank Car (std)	150 ____
11-30156	No. 215 Shell Tank Car (std)	150 ____
11-30157	No. 216 Hopper Car, red, brass trim (std)	150 ____
11-30158	No. 216 LV Hopper Car (std)	150 ____
11-30159	No. 217 Pennsylvania Caboose (std)	160 ____
11-30160	No. 219 B&O Crane Car (std)	220 ____
11-30161	No. 219 Crane Car, ivory/red (std)	400 ____
11-30162	No. 219 Lionel Lines Crane Car (std)	220 ____
11-30163	No. 219 Crane Car, red/silver (std)	400 ____
11-30164	No. 514R Christmas Refrigerator Car (std)	120 ____
11-40001	Presidential Passenger Set, blue (std)	1200 ____
11-40002	No. 339 Pullman Car, green (std)	150 ____
11-40003	No. 332 Mail/Baggage Car, green (std)	150 ____
11-40004	No. 332 LV Ithaca Baggage Car	150 ____
11-40005	No. 339 LV Easton Passenger Coach	150 ____
11-40007	300 Series 3-Car Passenger Set, blue/silver (std)	400 ____
11-40009	3-Car State Passenger Set, green (std)	1200 ____
11-40010	Pennsylvania State Baggage Car, green (std)	400 ____
11-40011	Illinois State Coach Car, green (std)	400 ____
11-40012	Solarium State Car, green (std)	400 ____
11-40013	MILW 3-Car State Passenger Set (std)	1200 ____
11-40014	MILW State Baggage Car (std)	400 ____
11-40015	MILW State Passenger Coach (std)	400 ____
11-40016	MILW Solarium State Car (std)	400 ____
11-40017	3-Car Showroom Passenger Set, green (std)	1500 ____
11-40018	Showroom Passenger Coach, green (std)	500 ____
11-40019	3-Car Showroom Passenger Set, zinc chromate (std)	1500 ____
11-40020	Showroom Passenger Coach, zinc chromate (std)	500 ____
11-40021	3-Car Blue Comet Passenger Set (std)	1100 ____
11-40022	No. 432 Olbers Blue Comet Baggage Car (std)	380 ____
11-40023	No. 419 Tuttle Blue Comet Passenger Coach (std)	380 ____
11-40024	No. 4343 Diner Car	180 ____
11-40025	339 Series Passenger Car, pink	130 ____
11-40026	332 Series Baggage Car, pink	130 ____
11-40027	309 Series 3-Car State Passenger Set, brown (std)	1200 ____
11-40028	Pennsylvania State Baggage Car, brown (std)	400 ____
11-40029	Illinois State Passenger Coach, brown (std)	400 ____
11-40030	Solarium State Car, brown (std)	400 ____
11-40031	State 3-Car Passenger Set, blue (std)	1200 ____
11-40032	Pennsylvania State Baggage Car, blue (std)	400 ____
11-40033	Illinois State Passenger Coach, blue (std)	400 ____
11-40034	Solarium State Car, blue (std)	400 ____
11-40035	309 Series 3-Car Passenger Set, blue (std)	400 ____

___	11-40036	309 Series 3-Car Passenger Set, green (std)	400
___	11-40037	309 Series 3-Car Passenger Set, red (std)	400
___	11-40038	No. 309 Passenger Coach (std)	140
___	11-40039	No. 310 Baggage Car (std)	140
___	11-40040	3-Car Blue Comet Passenger Set, nickel trim (std)	1100
___	11-40041	No. 432 Blue Comet Baggage Car, nickel trim (std)	380
___	11-40042	No. 423 Blue Comet Passenger Coach, nickel trim (std)	380
___	11-40043	3-Car Stephen Girard Set, brass trim	600
___	11-40044	No. 4427 Stephen Girard Baggage Car, brass trim	200
___	11-40045	No. 427 Stephen Girard Passenger Coach, brass trim	200
___	11-40046	3-Car Stephen Girard Set, nickel trim	600
___	11-40047	No. 4427 Stephen Girard Baggage Car, nickel trim	200
___	11-40048	No. 427 Stephen Girard Passenger Coach, nickel trim	200
___	11-40049	No. 418 3-Car Passenger Set, green, brass trim (std)	600
___	11-40050	No. 418 Diner, green, brass trim (std)	200
___	11-40051	No. 418 3-Car Passenger Set, orange, brass trim (std)	600
___	11-40052	No. 418 Diner, orange brass trim (std)	200
___	11-40053	No. 418 3-Car Passenger Set, Mojave, brass trim (std)	600
___	11-40054	No. 418 Diner, Mojave, brass trim (std)	200
___	11-40055	No. 418 3-Car Passenger Set, pink, brass trim (std)	600
___	11-40056	No. 418 Diner, pink, brass trim (std)	200
___	11-40057	Lionel 3-Car Pullman Passenger Set (std)	600
___	11-40058	Pennsylvania 3-Car Pullman Passenger Set (std)	600
___	11-40059	No. 332 Baggage Car (std)	140
___	11-40060	No. 339 Passenger Coach (std)	140
___	11-40061	Great Northern State 3-Car Passenger Set (std)	1200
___	11-40062	Great Northern State Baggage Car (std)	400
___	11-40063	Great Northern State Passenger Coach (std)	400
___	11-40064	Great Northern State Solarium Car (std)	400
___	11-40065	Presidential 3-Car Passenger Set (std)	1200
___	11-40066	Presidential Baggage Car (std)	400
___	11-40067	Presidential Passenger Coach (std)	400
___	11-40068	Red Comet 3-Car Passenger Set (std)	1100
___	11-40069	Red Comet Baggage Car (std)	380
___	11-40070	Red Comet Passenger Coach (std)	380
___	11-40072	President's Passenger Set, red (std)	1300
___	11-40073	No. 310 Baggage Car (std)	140

LIONEL CORPORATION TINPLATE

Retail

11-40074	No. 309 Passenger Coach (std)	140 _____
11-40076	Green Comet 3-Car Passenger Set (std)	1140 _____
11-40078	General 3-Car Pullman Passenger Set (std)	700 _____
11-40079	Green Comet Baggage Car (std)	400 _____
11-40080	Green Comet Passenger Coach (std)	400 _____
11-40081	Showroom 3-Car Passenger Set, brown (std)	1600 _____
11-40082	Showroom Passenger Coach, brown (std)	540 _____
11-40083	Showroom 3-Car Passenger Set, orange (std)	1600 _____
11-40084	Showroom Passenger Coach, orange (std)	540 _____
11-60033	No. 607 Christmas Coach Passenger	90 _____
11-70002	No. 2814 Boxcar, cream/orange	80 _____
11-70003	No. 2814R Refrigerator Car, white/brown	80 _____
11-70004	No. 2814R Christmas Refrigerator Car	80 _____
11-70005	No. 2814R Refrigerator Car, Ivory/peacock	80 _____
11-70006	No. 2815 Tank Car, silver	80 _____
11-70007	No. 2815 Tank Car, orange, nickel trim	80 _____
11-70008	No. 2817 Caboose, red/green	90 _____
11-70009	No. 2815 Christmas Tank Car	80 _____
11-70010	No. 2813 Cattle Car, cream/maroon	80 _____
11-70011	No. 2812 Gondola, apple green	70 _____
11-70012	No. 2811 Flatcar, silver	70 _____
11-70013	No. 2816 Hopper Car, red	80 _____
11-70014	No. 2816 Hopper Car, olive green	80 _____
11-70015	No. 2820 Floodlight Car, terra-cotta	90 _____
11-70016	No. 2815 Sunoco Tank Car	80 _____
11-70017	No. 2810 Crane Car, terra-cotta/maroon	180 _____
11-70018	No. 2811 Flatcar, maroon	70 _____
11-70019	No. 2814R MTH/Lionel Refrigerator Car	90 _____
11-70024	No. 2814 Christmas Boxcar	80 _____
11-70025	No. 2814 Boxcar, cream/orange	80 _____
11-70026	No. 2814 Boxcar, orange/brown	80 _____
11-70027	No. 2814 Boxcar, white brown	80 _____
11-70028	No. 2816 Christmas Hopper Car	80 _____
11-70029	No. 2817 Caboose, red/brown	90 _____
11-70030	No. 2812 Gondola, dark orange	70 _____
11-70031	No. 813 Cattle Car, brown	80 _____
11-70032	No. 2816 Hopper Car, black	80 _____
11-70033	No. 2820 Floodlight Car, light green	90 _____
11-70034	No. 2814R Refrigerator Car, white/brown	80 _____
11-70035	No. 2651 Flatcar, green	60 _____
11-70036	No. 2652 Gondola, red	60 _____
11-70037	No. 2653 Hopper Car, black	60 _____
11-70038	No. 2654 Shell Tank Car, yellow	60 _____
11-70039	No. 2655 Boxcar, yellow/brown	60 _____

____ **11-70040**	No. 2656 Cattle Car, red/brown	60
____ **11-70041**	No. 2657 Caboose, red/maroon	60
____ **11-70042**	No. 659 Dump Car, green	60
____ **11-70043**	No. 659 Dump Car, orange	60
____ **11-70045**	No. 2814 Boxcar, yellow/brown	80
____ **11-70046**	No. 2817 Caboose, red	90
____ **11-70047**	No. 2814 Christmas Boxcar	80
____ **11-70048**	No. 2815 Chrlstmas Tank Car	80
____ **11-70049**	No. 2814R Refrigerator Car, silver frame	80
____ **11-70050**	No. 2814R Refrigerator Car, black frame	80
____ **11-70051**	No. 2817 Caboose, red/maroon	90
____ **11-70052**	No. 2654 Shell Tank Car, gray	60
____ **11-70053**	No. 2654 Shell Tank Car, black	60
____ **11-70054**	No. 2653 Hopper Car, green	60
____ **11-70055**	No. 2653 Hopper Car, red	60
____ **11-70056**	No. 2655 Boxcar, yellow/maroon	60
____ **11-70057**	No. 2655 Boxcar, yellow/brown	60
____ **11-70058**	No. 2656 Cattle Car, gray/red	60
____ **11-70059**	No. 2656 Cattle Car, burnt orange	60
____ **11-70060**	No. 659 Dump Car, blue	60
____ **11-70061**	No. 900 Ammunition Car, gray	60
____ **11-70064**	No. 2814R Hoods Dairy Refrigerator Car	80
____ **11-70065**	No. 2814R Isaly's Refrigerator Car	80
____ **11-70066**	No. 2814R Sheffield Farms Refrigerator Car	80
____ **11-70067**	No. 2814R Palisades Park Refrigerator Car	80
____ **11-70068**	No. 2654 UP Tank Car, yellow	60
____ **11-70069**	No. 2654 M&M's Tank Car	70
____ **11-70070**	No. 2654 Baker's Chocolate Tank Car	60
____ **11-70071**	No. 2654 Budweiser Tank Car	70
____ **11-70072**	No. 2655 Delaware & Hudson Boxcar	60
____ **11-70073**	No. 2655 Railbox Boxcar	60
____ **11-70074**	M&M's Christmas Boxcar	70
____ **11-70076**	No. 2654 LL Tank Car, orange/blue	70
____ **11-70078**	No. 900 Ammunition Car, green	60
____ **11-70081**	No. 2810 Crane Car, yellow/red	180
____ **11-70082**	No. 2810 Crane Car, white/red	180
____ **11-70083**	No. 2660 Crane Car, cream/red	100
____ **11-70084**	No. 2660 Crane Car, terra-cotta/maroon	100
____ **11-70085**	No. 2660 Crane Car, yellow/red	100
____ **11-70086**	No. 2660 Crane Car, peacock/dark green	100
____ **11-70089**	No. 2810 B&O Crane Car	180
____ **11-70091**	No. 2815 LL Tank Car, cream, orange/blue	80
____ **11-70092**	No. 2810 Crane Car, blue	180
____ **11-70096**	No. 2814 Southern Boxcar	90

11-70097	No. 2814 Chessie Boxcar	90 ____
11-70098	No. 2814 Blue Comet Boxcar, nickel trim	90 ____
11-70099	No. 2814 Blue Comet Boxcar, brass trim	90 ____
11-80001	2600 Series 4-Car Blue Comet Passenger Set	400 ____
11-80002	UP Articulated Baggage Car, silver	150 ____
11-80003	UP Articulated Baggage Car, yellow	150 ____
11-80004	UP Articulated Coach, silver	150 ____
11-80005	UP Articulated Coach, yellow	150 ____
11-80006	No. 2613 Series Pullman Coach, blue	100 ____
11-80007	2600 Series 3-Car Passenger Set, red	300 ____
11-80008	2600 Series 3-Car Passenger Set, green	300 ____
11-80009	Milwaukee Road Articulated Baggage Car	150 ____
11-80010	Milwaukee Road Articulated Coach	150 ____
11-80011	Articulated Streamliner Baggage Car	150 ____
11-80012	Articulated Streamliner Coach	150 ____
11-80013	No. 2613 Series Pullman Coach, red	100 ____
11-80014	No. 2613 Series Pullman Coach, green	100 ____
11-80015	No. 605 Christmas Baggage Car	90 ____
11-80016	710 Series 3-Car Passenger Set, blue	350 ____
11-80017	No. 710 Series Baggage Car, blue	120 ____
11-80018	No. 710 Series Passenger Coach, blue	120 ____
11-80019	710 Series 3-Car Passenger Set, orange	350 ____
11-80020	No. 710 Series Baggage Car, orange	120 ____
11-80021	No. 710 Series Passenger Coach, orange	120 ____
11-80022	710 Series 3-Car Passenger Set, red	350 ____
11-80023	No. 710 Series Baggage Car, red	120 ____
11-80024	No. 710 Series Passenger Coach, red	120 ____
11-80025	No. 1695 3-Car Passenger Set, blue/silver	350 ____
11-80026	No. 1685 Passenger Car, blue/silver	120 ____
11-80027	1695 Series 3-Car Passenger Set, red/maroon	380 ____
11-80028	No. 1695 Passenger Coach, red/maroon	130 ____
11-80029	City of Denver Coach, yellow/green	100 ____
11-80030	City of Denver Coach, green	100 ____
11-80031	No. 605 Baggage Car	90 ____
11-80032	No. 607 Passenger Coach	90 ____
11-80034	No. 2613 NYC Pullman Car, LCCA 2012 Convention	100 ____
11-80036	No. 605 Red Comet Baggage Car	90 ____
11-80039	600 Series 3-Car Red Comet Passenger Set	270 ____
11-80040	2600 Series 4-Car Blue Comet Passenger Set, brass trim	400 ____
11-80041	No. 2613 Pullman Coach, brass trim	100 ____
11-80042	Flying Yankee Chrome Coach	100 ____
11-80047	710 Series 3-Car NH Passenger Set	400 ____
11-80048	710 Series 3-Car GN Passenger Set	400 ____
11-80049	2600 Series 4-Car Chessie Passenger Set	430 ____

____ **11-90050**	2600 Series 4-Car Southern Passenger Set	430
____ **11-80051**	No. 2613 Chessie Pullman Coach	110
____ **11-80052**	No. 2613 Southern Pullman Coach	110
____ **11-80053**	No. 710 NH Passenger Coach	140
____ **11-80054**	No. 713 NH Baggage Car	140
____ **11-80055**	No. 713 GN Baggage Car	140
____ **11-80056**	No. 710 GN Passenger Coach	140
____ **11-90001**	No. 300 Hellgate Bridge, green/cream	500
____ **11-90002**	No. 300 Hellgate Bridge, silver/white	500
____ **11-90003**	No. 092 Signal Tower, cream/red	70
____ **11-90006**	No. 437 Switch Tower	280
____ **11-90007**	No. 155 Freight Shed	300
____ **11-90008**	No. 116 Passenger Station	400
____ **11-90009**	No. 438 Signal Tower	150
____ **11-90010**	No. 192 Villa Set	200
____ **11-90011**	No. 191 Villa	70
____ **11-90012**	No. 54 Street Lamp Set, green	45
____ **11-90013**	No. 54 Street Lamp Set, red	45
____ **11-90014**	No. 56 Gas Lamp Set, green	35
____ **11-90015**	No. 56 Gas Lamp Set, maroon	35
____ **11-90016**	No. 57 Corner Lamp Set, black	40
____ **11-90017**	No. 57 Corner Lamp Set, red	35
____ **11-90018**	No. 58 Lamp Set, single arc, cream	35
____ **11-90019**	No. 58 Lamp Set, single arc, dark green	35
____ **11-90020**	No. 59 Gooseneck Lamp Set, black	40
____ **11-90021**	No. 59 Gooseneck Lamp Set, maroon	40
____ **11-90022**	No. 1184 Bungalow (std)	200
____ **11-90023**	No. 1184 Bungalow (std)	200
____ **11-90024**	No. 1189 Villa (std)	300
____ **11-90025**	No. 1191 Villa (std)	300
____ **11-90026**	No.165 Magnetic Crane	300
____ **11-90027**	No. 441 Weighing Station (std)	350
____ **11-90028**	No. 69 Operating Warning Bell	50
____ **11-90029**	No. 78 Automatic Control Signal (std)	70
____ **11-90030**	No. 79 Flashing Railroad Signal	70
____ **11-90031**	No. 80 Operating Semaphore	70
____ **11-90032**	No. 63 Lamp Post Set, aluminum	50
____ **11-90033**	No. 87 Railroad Crossing Signal	50
____ **11-90034**	No. 92 Floodlight Tower Set	160
____ **11-90035**	No. 94 High Tension Tower Set	150
____ **11-90036**	No. Automatic Block Signal (std)	70
____ **11-90037**	No. 163 Freight Accessory Set, green cart	100
____ **11-90038**	No. 163 Freight Accessory Set, orange cart	100
____ **11-90039**	No. 208 Tools and Chest, dark gray	80

LIONEL CORPORATION TINPLATE

11-90040	No. 208 Tools and Chest, silver	80 ___
11-90041	No. 550 Miniature Figures	100 ___
11-90042	No. 64 Lamp Post Set, light green	30 ___
11-90043	No. 85 Race Car Set	700 ___
11-90044	Straight Race Car Track Section	20 ___
11-90045	Inside Curve Race Car Track Section	20 ___
11-90046	Outside Curve Race Car Track Section	20 ___
11-90047	No. 55 Airplane & No. 49 Airport Set with mat	800 ___
11-90048	No. 49 Airport Mat	60 ___
11-90049	No. 90 Flagpole	50 ___
11-90050	No. 205 Merchandise Containers, 3 pieces (std)	130 ___
11-90052	No. 442 Diner	160 ___
11-90053	No. 43 Runabout Boat, red/white	400 ___
11-90054	No. 44 Speed Boat	400 ___
11-90055	No. 71 Telegraph Post Set, gray/red	80 ___
11-90056	Teardrop Lamp Set, pea green	20 ___
11-90057	No. 46 Crossing Gate	40 ___
11-90058	Small Oil Drum Set	20 ___
11-90060	No. 115 Passenger Station, beige/pea green	300 ___
11-90061	No. 115 Passenger Station, cream, orange/blue	300 ___
11-90062	No. 134 Lionel City Station with stop	300 ___
11-90063	No. 444 Roundhouse Section	500 ___
11-90064	No. 200 Turntable, red/black	200 ___
11-90065	No. 89 Flagpole, blue base (std)	50 ___
11-90066	No. 89 Flagpole, white base (std)	50 ___
11-90067	No. 89 American Flag Pole, white base (std)	50 ___
11-90068	Operating Industrial Crane	350 ___
11-90069	Operating Industrial Crane, TCA 2010 Convention	350 ___
11-90070	No. 552 Diner, orange/blue	200 ___
11-90071	No. 552 Diner, white/blue	200 ___
11-90072	No. 911 Country Estate, cream/red	130 ___
11-90073	No. 911 Country Estate, red/green	130 ___
11-90074	No. 912 Suburban Home, ivory/peacock	130 ___
11-90075	No. 912 Suburban Home, mustard/green	130 ___
11-90076	No. 913 Landscaped Bungalow, white/maroon	100 ___
11-90077	No. 913 Landscaped Bungalow, light green/peacock	100 ___
11-90078	AF No. 2050 Old Glory Flag Pole	90 ___
11-90079	No. 43 Runabout Boat, orange/blue	400 ___
11-90084	No. 57 Lamp Post Set, Lionel & American Flyer Aves.	40 ___
11-90085	No. 57 Lamp Post Set, orange, 21st St. & Fifth Ave.	40 ___
11-90086	AF No. 2013 Corner Lamp Set, yellow	35 ___
11-90089	No. 436 Power Station, cream	150 ___
11-90090	No. 436 Power Station, terra-cotta	150 ___

____ **11-90094**	No. 438 Signal Tower	150
____ **11-90095**	No. 116 Passenger Station	400
____ **11-90096**	No. 1184 Bungalow, gray/green	200
____ **11-90097**	No. 1184 Bungalow, white/maroon	200
____ **11-90098**	No. 1189 Villa (std)	300
____ **11-90099**	No. 1191 Villa (std)	300
____ **11-90100**	No. 442 Diner	160
____ **11-90101**	No. 54 Lamp Post Set, pea green	45
____ **11-90102**	No. 54 Lamp Post Set, state brown	45
____ **11-90103**	No. 58 Lamp Post Set, peacock	35
____ **11-90104**	No. 58 Lamp Post Set, orange	35
____ **11-90105**	No. 59 Lamp Post Set, dark green	40
____ **11-90106**	No. 59 Lamp Post Set, light green	40
____ **11-90107**	No. 92 Floodlight Tower Set	160
____ **11-90108**	No. 79 Flashing Signal	70
____ **11-90109**	No. 69 Warning Signal	50
____ **11-90110**	No. 94 High Tension Tower Set	150
____ **11-90111**	No. 57 Corner Lamp Set, orange, Lionel	40
____ **11-90112**	No. 57 Corner Lamp Set, blue, Lionel	40
____ **11-90113**	No. 57 Corner Lamp Set, blue/yellow	40
____ **11-90117**	No. 437 Switch Signal Tower, cream/orange	280
____ **11-90118**	No. 437 Switch Signal Tower, terra-cotta/green	280
____ **11-90119**	AF No. 4230 Roadside Flashing Signal	90
____ **11-90120**	No. 200 Turntable, gray/green	200
____ **11-90121**	No. 200 Turntable, orange/blue	200
____ **11-90122**	No. 437 Switch Tower	280

CLUB CARS AND SPECIAL PRODUCTION

Exc   Mint

Artrain

		Exc	Mint	
9486	GTW "I Love Michigan" Boxcar, *87*		305	____
17885	1-D Tank Car, *90*	55	65	____
17891	GTW 20th Anniversary Boxcar, *91*	70	75	____
19425	CSX Flatcar with "Art in Celebration" trailer, *96*		80	____
52013	Norfolk Southern Flatcar with trailer, *92*	160	228	____
52024	Conrail Auto Carrier, *93*	80	90	____
52049	BN Gondola with coil covers, *94*	50	56	____
52097	Chessie System Reefer, *95*		34	____
52140	Union Pacific Bunk Car, *97*		37	____
52165	SP Caboose "6256," *98*		60	____
52197	Santa Fe GP38 Diesel, *99*		243	____
52227	"Artistry in Space" Boxcar, *00*		75	____
52255	30th Anniversary Flatcar with billboard, *01*		100	____
52283	Paint Vat Car, *02*		59	____
52331	Flatcar with "America's Railways" trailer, *03*		150	____
52349	Hometown Art Museum Hopper, purple, *04*		35	____
52350	"Native Views" 3-bay Hopper, *04*		65	____
52411	"35 Years" 1-D Tank Car, *06*		35	____

Carnegie Science Center

		Mint	
25085	Miniature Railroad & Village Boxcar, *09*	50	____
26750	Great Miniature Railroad & Village Boxcar, *99*	78	____
36202	Great Miniature Railroad 80th Anniversary Boxcar, *00*	110	____
36234	Great Miniature Railroad & Village Boxcar, *01*	50	____
52277	Carnegie Science Center 10th Anniversary Boxcar, *02*	60	____
52332	Miniature Railroad & Village Boxcar, *03*	58	____
52362	Miniature Railroad & Village 50th Anniversary Boxcar, *04*	50	____
52399	MRR&V Express Boxcar, *05*	50	____
52432	Miniature Railroad & Village Boxcar, *06*	50	____
52510	Miniature Railroad & Village Caboose, *08*	50	____

Chicagoland Railroad Club

		Exc	Mint	
52081	C&NW Boxcar "6464-555," *96*	40	68	____
52101	BN Maxi-Stack Flatcar "64287" with containers, *97*		82	____
52102	SF Extended Vision Caboose, red roof, *96*		75	____
52103	SF Extended Vision Caboose, black roof, *96*		75	____

CLUB CARS AND SPECIAL PRODUCTION

		Exc	Mint
____ 52120	Shedd Aquarium Car "3435-557," 98		100
____ 52148	REA/Santa Fe Operating Boxcar, 99		70
____ 52170	SP Operating Boxcar "52170-561," 99		65
____ 52171	UP Operating Boxcar "52171-561," 99		65
____ 52178	Burlington Operating Boxcar "52178-559," 00		70
____ 52179	ACL Operating Boxcar "52179-560," 00		73
____ 52215	C&NW 3-bay Cylindrical Hopper, 01		60
____ 52216	C&NW Cylindrical Hopper, 02		60
____ 52223	REA/Santa Fe Centennial Operating Boxcar, 00		65
____ 52251	PRR Express Car, green, 01		67
____ 52259	MP GP20 Diesel, traditional, 01		250
____ 52292	PRR Express Car, tuscan red, 02		50
____ 52327	City of Los Angeles Express Car, 04		65
____ 52328	City of New Haven Express Car, 04		55
____ 52363	City of New Orleans Express Car, 04		55
____ 52364	City of New York Express Car, 04		65
____ 52388	Great Northern Tool Car, 06		48
____ 52389	Great Northern Crew Car, 06		48
____ 52390	Great Northern Welding Caboose, 06		78
____ 52391	Great Northern Racing Crew Car, 06		48
____ 52426	City of San Francisco Express Car, 07		55
____ 52427	Rock Island Rocket Express Car, 07		55
____ 52475	Western Pacific UP Heritage Boxcar, 07		60

Classic Toy Trains

____ 52126	MILW Boxcar "21027" with CTT Logo, 97		50

Dept. 56

____ 16270	Heritage Village Boxcar "9796," 96		56
____ 52096	Snow Village Boxcar "9756," 95		85
____ 52139	Square Window Caboose "6256," 97		72
____ 52157	Holly Brothers 3-D Tank Car, 98		85
____ 52175	4-6-4 Hudson Locomotive, CC, 99		350
____ 52199	4-bay Hopper "6756," 00		53
____ 52254	"Happy Holidays" Gondola, 01		35

Eastwood Automobilia

____ 16275	Radio Flyer Boxcar "16275," 96		50
____ 16757	Johnny Lightning Auto Carrier "3435," 96		90
____ 16985	Flatcar with 2 Ford vans, 97		49
____ 52044	Vat Car, 95		30
____ 52083	PRR Flatcar "21697" with tanker, 95		41
____ 52130	Flatcar with Hot Wheels tanker, 97		60

Houston Tinplate Operators Society

		Exc	Mint
8900	Sam Houston Mint Car, *00*		120 ___
8901	Miracle Petroleum 1-D Tank Car, *01*		100 ___
8902	USS Houston Submarine Car, *02*		100 ___
8903	Railway Express Boxcar, *03*		100 ___
8904	Lone Star Bay Window Caboose, *04*		100 ___
8999	Lone Star Aquarium Car, mermaid or trout, *99*		100 ___

Inland Empire Train Collectors Association

		Exc	Mint
1979	Boxcar, *79*		15 ___
1980	SP-type Caboose, *80*		14 ___
1981	Quad Hopper, *81*		14 ___
1982	3-D Tank Car, *82*		14 ___
1983	Reefer, *83*		14 ___
1986	Bunk Car, *86*		14 ___
7518	Carson City Mint Car, *84*	36	43 ___

Lionel Central Operating Lines

		Exc	Mint
1981	Boxcar, *81*		23 ___
1986	Work Caboose, shell only, *86*		14 ___
5724	Pennsylvania Bunk Car, *84*	30	39 ___
6508	Canadian Pacific Crane Car, *83*		40 ___
6907	NYC Wood-sided Caboose, *97*		50 ___
9184	Erie Bay Window Caboose, *82*	17	21 ___
9475	D&H "I Love NY" Boxcar, *85*		34 ___
16342	CSX Gondola with coil covers, *92*		20 ___
17221	NYC Boxcar, *95*		30 ___

Lionel Collectors Association of Canada

		Exc	Mint
5710	Canadian Pacific Reefer, *83*		215 ___
5714	Michigan Central Reefer, *85*	120	150 ___
6100	Ontario Northland Covered Quad Hopper, *82*		250 ___
8103	Toronto, Hamilton & Buffalo Boxcar, *81*		150 ___
8204	Algoma Central Boxcar, *82*		150 ___
8507/08	Canadian National F3 Diesel AA, shells only, *85*		400 ___
8912	Canada Southern Operating Hopper, *89*		95 ___
9413	Napierville Junction Boxcar, *80*		10 ___
9718	Canadian National Boxcar, *79*		20 ___
17893	BAOC 1-D Tank Car "914," *91*		120 ___
52004	Algoma Central Gondola "9215" with coil covers, *92*	70	90 ___
52005	Canadian National F3 Diesel B Unit "9517," *93*		30 ___
52006	Canadian Pacific Boxcar "930016" (std O), *93*		108 ___

		Exc	Mint
52115	Wabash Lake Railway 2-tier Auto Carrier "9519," *98*		100
52125	TH&B Gondola 2-pack, *99*		90
86009	Canadian National Bunk Car, *86*		115
87010	Canadian National Express Reefer, *87*		115
88011	Canadian National Caboose (std O), *88*		500
830005	Canadian National Boxcar, *83*		300
840006	Canadian Wheat Board Covered Quad Hopper, *84*		165
900013	Canadian National Flatcar with trailers, *90*		225

Lionel Collectors Club of America

LCCA National Convention Cars

		Exc	Mint
6112	Commonwealth Edison Quad Hopper with coal, *83*	49	78
6323	Virginia Chemicals 1-D Tank Car, *86*	47	63
6567	Illinois Central Gulf Crane Car "100408," *85*	55	63
7403	LNAC Boxcar, *84*	21	24
9118	Corning Covered Quad Hopper, *74*	65	92
9155	Monsanto 1-D Tank Car, *75*	38	47
9159UP	UP Reefer, *10*		100
9212	Seaboard Coast Line Flatcar with trailers, *76*	22	31
9259	Southern Bay Window Caboose, *77*	31	41
9358	"Sands of Iowa" Covered Quad Hopper, *80*	24	33
9435	Central of Georgia Boxcar, *81*	25	29
9460	D&TS Automobile Boxcar, *82*	25	34
9701	Baltimore & Ohio Automobile Boxcar, *72*		170
9727	TA&G Boxcar, *73*	105	134
9728	Union Pacific Stock Car, *78*	23	26
9733	Airco Boxcar with tank car body, *79*	37	50
17870	East Camden & Highland Boxcar (std O), *87*	29	33
17873	Ashland Oil 3-D Tank Car, *88*	55	70
17876	Columbia, Newberry & Laurens Boxcar (std O), *89*	32	40
17880	D&RGW Wood-sided Caboose (std O), *90*	43	55
17887	Conrail Flatcar with Armstrong Tile trailer (std O), *91*	30	49
17888	Conrail Flatcar with Ford trailer (std O), *91*	42	80
17892	Conrail Flatcar with Armstrong and Ford Trailers (std O), *91*		140
17899	NASA Tank Car "190" (std O), *92*	45	51
27019	Imco PS-2 Covered Hopper, *09*		50
52023	D&TS 2-bay ACF Hopper "2601" (std O), *93*	35	40
52038	Southern Hopper "360794" with coal (std O), *94*	38	46
52074	Iowa Beef Packers Reefer "197095" (std O), *95*		32

CLUB CARS AND SPECIAL PRODUCTION

		Exc	Mint
52090	Pere Marquette DD Boxcar "71996" (std O), *96*		52 ___
52110	CStPM&O Boxcar "71997" (std O), *97*	18	52 ___
52151	Amtrak Express Baggage Boxcar "71998" (std O), *98*		64 ___
52176	Fort Worth & Denver Boxcar "8277" (std O), *99*		55 ___
52195	Double-stack Car with 2 containers, *00*		100 ___
52244	Louisville & Nashville Horse Car "2001," *01*		50 ___
52266	PRR "Coal Goes To War" Hopper "707025," *02*		86 ___
52267	PRR "Coal Goes To War" Hopper "707026," *02*		92 ___
52299	Las Vegas Mint Car, *03*		80 ___
52343	MILW Milk Car, orange, *04*		160 ___
52344	MILW Milk Car, blue, *04*		205 ___
52393	MKT Speeder, yellow, nonpowered, *05*		20 ___
52394	Frisco Speeder, red, powered, *05*		25 ___
52395	Frisco Flatcar, silver, *05*		25 ___
52396	Frisco Flatcar with 2 speeders, *05*		125 ___
52412	UP Auxiliary Power Car, *06*		55 ___
52455	C&NW/UP Tank Car, *07*		110 ___
52491	PS-2 Covered Hopper 2-pack, *08*		140 ___
52507	NYC Water Tower, *08*		83 ___
52514	ATSF Mint Car with Gold, *09*		275 ___
52543	BNSF Mechanical Reefer, *09*		140 ___
52559	UP Cylindrical Hopper, *10*		100 ___
52562	D&RGW Uranium Transport Mint Car, *10*		230 ___
58560	Southern Boxcar, *13*		90 ___
72511	Alamo Mint Car, *11*		150 ___
75511	Federal Reserve Mint Car, *11*		200 ___

LCCA Meet Specials

1130	Tender, *76*		15 ___
6014-900	Frisco Boxcar (O27), *75*	17	30 ___
6483	Jersey Central SP-type Caboose, *82*	24	28 ___
9016	Chessie System Hopper (O27), *79*	16	20 ___
9036	Mobilgas 1-D Tank Car (O27), *78*	20	22 ___
9142	Republic Steel Gondola, green or blue, with canisters, *77*	15	23 ___

Other LCCA Production

4001	RJ Corman Boxcar, *99*		80 ___
4002	RJ Corman Boxcar, *99*		40 ___
6464-2002	Maddox Retirement Boxcar, *02*		100 ___
8068	Rock Island GP20 Diesel, *80*	85	120 ___
9739	D&RGW Boxcar, *78*	17	25 ___
9771	Norfolk & Western Boxcar, *77*		32 ___
14154	Water Tower with LCCA plaque, *04*		90 ___
17174	Great Northern 3-bay Hopper, *03*		25 ___

CLUB CARS AND SPECIAL PRODUCTION

			Exc	Mint
____	17234	Port Huron & Detroit Boxcar, 00		45
____	17377	American Railway Express Reefer "302," 06		48
____	17412	Gondola, blue, 02		28
____	17895	LCCA Tractor, 91	13	21
____	17896	Lancaster Lines Tractor, 91	22	30
____	18090	D&RGW 4-6-2 Locomotive and Tender, 90	230	303
____	18483	C&O Ballast Tamper, 07		73
____	18490	UP Ballast Tamper, yellow, 06		125
____	19998	"Seasons Greetings" Boxcar, 03		40
____	26023	Flatcar with bulldozer, 04		53
____	26024	Flatcar with scraper, 04		63
____	26049	Speedboat Willie Flatcar with boat, 05		45
____	26132	UP 1-D Tank Car, 06		27
____	26780	Operating Giraffe Car, green or pink, 05		70
____	26791	UP Chase Gondola, red, 03		32
____	26791	Rio Grande Chase Gondola, black, 06		32
____	26795	Mrs. O'Leary's Dairy Farm Stock Car, 07		100
____	26834	"La Cosa Nostra Railway" Operating Ice Car, 07	25	75
____	29232	Lenny the Lion Hi-Cube, signed by Lenny Dean, 98		63
____	52025	Madison Hardware Tractor and Trailer, 93	13	18
____	52039	"Track 29" Bumper, 94		23
____	52055	SOVEX Tractor and Trailer, 94	15	22
____	52056	Southern Tractor and Trailer, 94	17	23
____	52091	Lenox Tractor and Trailer, 95		14
____	52092	Iowa Interstate Tractor and Trailer, 95		20
____	52100	Grand Rapids Station Platform, 98		23
____	52107	On-track Pickup, orange, 96		50
____	52108	On-track Van, blue, 96		35
____	52131	Beechcraft Airplane, blue, 97		25
____	52138	Beechcraft Airplane, orange, 97		25
____	52152	Ben Franklin and Liberty Bell Reefer, 98		120
____	52153	6414 Auto Set, 4-pack, 98		72
____	52206	SD40 Diesel and Extended Vision Caboose, 00		650
____	52257	"Season's Greetings" Gondola, 01		36
____	52273	Flatcar with submarine, 02		219
____	52300	Halloween General Train, 04		360
____	52348	Halloween General Sheriff and Outlaw Car, 04		115
____	52405	Halloween General Add-on Cars, 06		160
____	52406	Halloween General Cannon, 08		135
____	52423	New Haven Alco Diesel Passenger Set, 09		510
____	52468	Postwar "2434" Passenger Coach, 09		75
____	52469	Postwar "2432" Passenger Coach, 09		75
____	52581	Texas Special Milk Car, 10		110
____	52582	Gondola with dinosaurs, 12		45

Lionel Operating Train Society

LOTS National Convention Cars

		Exc	Mint	
303	Stauffer Chemical 1-D Tank Car, *85*	85	210	____
3764	Kahn's Brine Tank Reefer, *81*	70	85	____
6111	L&N Covered Quad Hopper, *83*	37	42	____
6211	C&O Gondola with canisters, *86*	60	90	____
9414	Cotton Belt Boxcar, *80*	39	55	____
16812	Grand Trunk 2-bay ACF Hopper (std 0), *96*		60	____
16813	Pennsylvania Power & Light Hopper with coal (std 0), *97*		78	____
17874	Milwaukee Road Log Dump Car "59629," *88*	90	148	____
17875	Port Huron & Detroit Boxcar "1289," *89*	40	48	____
17882	B&O DD Boxcar "298011" with ETD, *90*	55	65	____
17890	CSX Auto Carrier "151161," *91*	75	80	____
18890	Union Pacific RS3 Diesel "8805," *89*	120	145	____
19960	Western Pacific Boxcar "1953" (std 0), *92*	47	66	____
38356	Dow Chemical 3-D Tank Car, *87*	85	125	____
52014	BN TTUX Flatcar Set with N&W trailers, *93*	165	205	____
52041	BN TTUX Flatcar Set with Conrail trailers, *94*	60	85	____
52067	Burlington Operating Ice Car "50240," *95*		60	____
52135	ATSF Reefer "22739," *98*		55	____
52162	Gulf Mobile & Ohio DD Boxcar "24580," *99*		65	____
52196	CP Maxi-Stack Flatcar "524115" with 2 containers, *00*		95	____
52234	WM Well Car with transformer, *01*		60	____
52261	Schlitz Beer Reefer "92132," *02*		60	____
52281	PRR Operating Boxcar, *03*		55	____
52342	Southern Stock Car, sound, *04*		57	____
52346	D&H PS-2 Cement Hopper, *06*		65	____
52347	SF SD80 MAC Diesel, TMCC, *04*		350	____
52380/81	Virginian Coal Hopper, *05*		50	____
52382	SF Extended View Caboose, *05*		325	____
52425	SP&S Boxcar (std 0), *07*		90	____
52474	NYC Evans Auto Loader with 4 Studebakers, *08*		82	____
52550	NC&StL Dixieland Boxcar, *09*		73	____
52553	Tennessee Aquarium Car, *09*	15	52	____
52566	NH State of Maine Boxcar, *10*		62	____
52580	Robin Hood Beer Double-sheathed Boxcar, *11*		80	____
58553	UP Maxi-Stack Car with WP feather containers, *13*		75	____
80948	Michigan Central Boxcar, *82*	145	230	____
121315	Pennsylvania Hi-Cube Boxcar, *84*	125	343	____

LOTS Meet Specials

		Exc	Mint
____ 52413	Saratoga Brewery Reefer, 06		60
____ 52456	Alpenrose Dairy Milk Car, 07		95
____ 52506	Studebaker Automobile Parts Boxcar, 08		75
____ 52552	Radioactive Waste Removal Car, 09		86

Other LOTS Production

		Exc	Mint
____ 1223	Seattle & North Coast Hi-Cube Boxcar, 86	150	200
____ 52042	BN TTUX Flatcar "637500C" with CN trailer, 94	50	60
____ 52048	Canadian National Tractor and Trailer "197993," 94	28	33
____ 52129	Lighted Billboard with Angela Trotta Thomas art, 97		28
____ 52217	LOTS/LCCA 2000 Convention Billboard, 00		10
____ 52260	National Aquarium in Baltimore Car, 01		110
____ 52280	"More Precious than Gold" Mint Car, 02		90
____ 52309	Patriotic Tank Car, 03		68
____ 52359	Silver Anniversary Ore Car "1979," 04		40
____ 52360	Silver Anniversary Ore Car "2004," 04		40
____ 52419	Touring Layout Aquarium Car, 05		90
____ 52523	Santa Fe Flatcar with trailer and tractor, 08		88
____ 52553	Tennessee Aquarium Car, 09		75
____ 52567	Santa Fe ACF 2-bay Hopper, 10		58
____ 52590	Santa Fe Warbonnet Mint Car, 11		75
____ 58535	Santa Fe ACF Transparent Boxcar, 12		75

Lionel Century Club

		Exc	Mint
____ 14532	PRR Sharknose Diesel AA Set, LCC II, 00		690
____ 18053	2-8-4 Berkshire Locomotive "726," 97		705
____ 18057	6-8-6PRR S2 Steam Turbine Locomotive "671," 98	320	568
____ 18058	4-6-4 Hudson Locomotive "773," 97		734
____ 18068	Tender for PRR Steam Turbine Locomotive "773," 99		210
____ 18135	NYC F3 Diesel AA Set, 99		650
____ 18178	NYC F3 Diesel B Unit, 99		230
____ 18314	PRR GG1 Electric "2332," 97	490	560
____ 18340	FM Train Master Set, LCC II, 00		900
____ 24510	PRR Sharknose Diesel B Unit, LCC II, 00		200
____ 28069	NYC 4-8-6 Niagara Locomotive "6024," CC, LCC II, 00		920
____ 29173	Empire State Express Passenger Car 4-pack, LCC II, 02		350
____ 29178	Empire State Express Passenger Car 2-pack, LCC II, 02		175
____ 29181	Empire State Express Diner, LCC II, 02		190
____ 29204	Boxcar "1900-2000," 96		331

CLUB CARS AND SPECIAL PRODUCTION

		Exc	Mint
29226	Berkshire Boxcar, 97	115	145 ___
29227	GG1 Boxcar, 98		55 ___
29228	PRR Turbine Boxcar "671," 99		60 ___
29248	F3 Boxcar "2333," 99		67 ___
31716	Niagara Milk Train Set, LCC II, 00		300 ___
31726	PRR Sharknose Coal Train Set, LCC II, 00		180 ___
31731	Train Master Freight Train Set, LCC II, 00		180 ___
38000	NYC 4-6-4 Hudson Empire State Locomotive, LCC II, 02		990 ___
38195	Santa Fe FT Diesel A Unit "170," 00		NRS ___
39201	Hudson Boxcar "773," 00		58 ___
39215	Niagara Boxcar, LCC II, 01		48 ___
39217	Boxcar, LCC II, 00		60 ___
39218	Gold Boxcar, LCC II, 00		85 ___
39237	M-10000 Boxcar, LCC II, 00		70 ___
39246	PRR Sharknose Boxcar, LCC II, 00		55 ___
39265	Fairbanks-Morse Train Master Boxcar, LCC II, 00		60 ___
39266	Empire State Boxcar, LCC II, 00		40 ___
51007	UP M-10000 4-car Passenger Set, LCC II, 00	600	970 ___
51249	UP Overland Route Sleeper Car, LCC II, 02		120 ___

Lionel Railroader Club

		Exc	Mint
780	Boxcar, 82	55	67 ___
781	Flatcar with trailers, 83	40	50 ___
782	1-D Tank Car, 85	40	43 ___
784	Covered Quad Hopper, 84	50	60 ___
11183	Lincoln Funeral Train		800 ___
11319	PRR Tuscan K4 Locomotive, CC		900 ___
11320	PRR Tuscan K4 Locomotive		750 ___
12875	Tractor and Trailer, 94	13	18 ___
12921	Illuminated Station Platform, 95	19	22 ___
14274	Water Tower, 07		20 ___
15034	50th Anniversary Mail Car, 10		50 ___
15035	Holiday Boxcar, 10		50 ___
16800	Ore Car, yellow, 86	60	69 ___
16801	Bunk Car, blue, 88	20	33 ___
16802	Tool Car, 89	24	35 ___
16803	Searchlight Car, 90	23	27 ___
16804	Bay Window Caboose, 91	25	30 ___
16839	Covered Bridge, 11		50 ___
18680	4-6-4 Hudson Locomotive, 00		300 ___
18684	4-6-2 Pacific Locomotive, 99		220 ___
18818	GP38-2 Diesel, 92	100	117 ___
19437	Flatcar with trailer, 97		55 ___
19473	Operating Log Dump Car "3351," 99		38 ___

CLUB CARS AND SPECIAL PRODUCTION

			Exc	Mint
____	**19685**	Western Union Dining Car, *02*		47
____	**19695**	Western Union 1-D Tank Car, *03*		22
____	**19774**	Porthole Caboose, *99*		49
____	**19775**	Stock Car, *99*		51
____	**19924**	Boxcar, *93*	18	22
____	**19930**	Quad Hopper with coal, *94*	14	20
____	**19935**	1-D Tank Car, *95*	19	24
____	**19940**	Vat Car, *96*		32
____	**19953**	6464 Boxcar, *97*		35
____	**19965**	Aquarium Car "3435," *99*		56
____	**19966**	Gondola "9820" (std O), *98*	18	32
____	**19978**	Gold Membership Boxcar, *99*		46
____	**19991**	Gold Membership Boxcar, *00*		65
____	**19992**	Western Union Tool Car "3550," *00*		50
____	**19993**	Gold Membership Boxcar, *01*		65
____	**19994**	Western Union Passenger Car "1307," *01*		60
____	**19995**	25th Anniversary Boxcar (std O), *01*		49
____	**24217**	Animated Billboard, *08*		30
____	**25631**	Lincoln Train Passenger Car 2-pack		300
____	**25635**	Red Passenger Car 3-pack, *12*		420
____	**25635**	Red Arrow Diner, *12*		140
____	**26089**	Western Union Gondola with handcar, *05*		65
____	**26165**	Western Union Reefer, *04*		30
____	**26382**	Flatcar with tractor and tanker, *08*		60
____	**26413**	Commemorative 4-bay Hopper, *08*		68
____	**26636**	"6830" 50th Anniversary Flatcar with submarine, *11*		55
____	**26637**	"6640" 50th Anniversary USMC Missile Launching Car, *11*		65
____	**26637**	"6469" Liquified Gas Tank Car, *13*		50
____	**28062**	4-6-4 Hudson Locomotive, *00*		1150
____	**28571**	GP9 Diesel, CC, *07*		250
____	**28665**	Western Union 2-8-4 Berkshire Locomotive "665," *05*		175
____	**29200**	Lionel Boxcar "9700," *96*		38
____	**29313**	"3409" 50th Anniversary Helicopter Car, *11*		70
____	**29657**	"6413" 50th Anniversary Mercury Capsule Car, *12*		55
____	**29658**	"6465" 50th Anniversary Cities Service 2-D Car, *12*		50
____	**29931**	Holiday Boxcar, *05*		25
____	**29939**	30th Anniversary Boxcar, *06*		50
____	**29941**	Holiday Boxcar, *06*		25
____	**29946**	Holiday Boxcar, *07*		37
____	**29947**	Commemorative Boxcar, *07*		30
____	**29957**	Holiday Boxcar, *08*		50
____	**29977**	Holiday Boxcar, *11*		60

CLUB CARS AND SPECIAL PRODUCTION

Number	Description	Exc	Mint
36521	Western Union Searchlight Caboose, *05*		32 ____
36769	4th of July Lighted Boxcar, *03*		70 ____
37968	Clock Tower with wreath, *11*		43 ____
39249	Holiday Boxcar, *03*		30 ____
39264	Holiday Boxcar, *04*		50 ____
39352	"6445" 50th Anniversary Fort Knox Mint Car, *12*		70 ____
39353	50th Anniversary Santa Fe Boxcar, 11		55 ____
39496	"6475" 50th Anniversary Vat Car, *10*		60 ____
58632	1955 Maintenance of Way Truck, *13*		165 ____

Lionel Railroad Club Milwaukee

Number	Description	Exc	Mint
52116	MILW Flatcar "194797," black, with tractor and trailer, *97*		76 ____
52163	CMStP&P "Hiawatha" DD Automobile Boxcar, *98*		60 ____
52180	MILW Flatcar "194799," tuscan, with trailer, *99*		75 ____
52228	CMStP&P 1-D Water Tank Car "908309," *00*		50 ____
52229	MILW 1-D Diesel Fuel Tank Car "907797," *00*		50 ____
52230	1-D Tank Car 2-pack, *00*		142 ____
52246	CMStP&P "Olympian" Boxcar "194701," *01*		67 ____
52265	MILW/Zoological Society Aquarium Car "4701," orange, *02*		55 ____
52278	MILW/Zoological Society Aquarium Car "4702," blue, *03*		95 ____
52297	MILW Reefer "194703," yellow, *03*		67 ____
52298	MILW Flatcar "194704" with orange trailer, *04*		115 ____
52337	MILW/Zoological Society Motorized Aquarium Car, *04*		90 ____
52368	MILW Flatcar "472004," black, *05*		65 ____
52369	MILW Trailer Train Auto Carrier "194705," *05*		85 ____
52370	CMStP&P Milk Car "364," tan, *05*		81 ____
52387	CMStP&P Flatcar "194706," gray, *06*		50 ____
52400	MILW PS-2 2-bay Hopper "99607," orange, *06*		85 ____
52401	MILW PS-2 2-bay Hopper "98809," yellow, *06*		65 ____
52402	CMStP&P URTX Operating Ice Car "4706," *06*		85 ____
52428	CMStP&P 0-4-0 Switcher and Caboose Set, 60th Anniversary, *06*		275 ____
52429	CMStP&P 0-4-0 Switcher, *06*		200 ____
52430	CMStP&P Offset Cupola Caboose, *06*		70 ____
52458	MILW Stock Car "102721" (std O), *07*		67 ____
52466	CMStP&P Stock Car "105254" (std O), *07*		67 ____
52551	MILW "Big M" DD Boxcar "200947," yellow, *09*		60 ____
52572	MILW Reiman Aquarium Car, *11*		75 ____
52599	MILW 2-bay ACF Hopper, *12*		60 ____
58563	CMStP&P Round-Roof Boxcar, *13*		70 ____

Long Island Toy Train Locomotive Engineers

		Exc	Mint
____ 58520	Entenmann's Vat Car, *12*		65
____ 58556	Flatcar with U.S. Navy airplane, *13*		70
____ 58562	Entenmann's Quad Hopper, *14*		74

Nassau Lionel Operating Engineers

		Exc	Mint
____ 8389	Long Island Boxcar, *89*	70	100
____ 8390	Long Island Covered Quad Hopper, *90*	70	100
____ 8391A	Long Island Bunk Car, *91*	70	90
____ 8391B	Long Island Tool Car, *91*	70	90
____ 8392	Long Island 1-D Tank Car, *92*	80	105
____ 52007	Long Island RS3 Diesel "1552," *93*	120	250
____ 52019	Long Island Boxcar, *93*	39	65
____ 52020	Long Island Bay Window Caboose, *93*	65	95
____ 52026	Long Island Flatcar "8394" with Grumman trailer, *94*	275	465
____ 52061	Long Island Stern's Pickle Products Vat Car "8395," *95*		200
____ 52072	Grumman Tractor, *94*		75
____ 52076	Long Island Observation Car "8396," *96*		350
____ 52112	Long Island Ronkonkoma Vista Dome Car "9783," *97*		300
____ 52122	Meenan Oil 1-D Tank Car "8397" (std O), *97*		60
____ 52123	Long Island Hicksville Diner Car "9883," *98*		300
____ 52144	Long Island Flatcar with Grumman van, *99*		94
____ 52145	Long Island Jamaica Passenger Coach, *99*		300
____ 52145	Long Island Penn Station Passenger Coach, *99*		300
____ 52166	Long Island Flatcar "8398" with Grumman trailer, *98*		77
____ 52186	Grucci Fireworks Boxcar, *00*		72
____ 52232	Central RR of Long Island Boxcar, *01*		60
____ 52256	New York & Atlantic Boxcar "8302," *02*		58
____ 52296	Long Island Flatcar with Republic tanker, *03*		78
____ 52329	New York & Atlantic Caboose, *04*		80
____ 52341	Long Island Flatcar with Pan Am trailer, *05*		85
____ 52365	Long Island Flatcar with Lilco transformer, *04*		135
____ 52420	Long Island 80th Anniversary Boxcar, *06*		45
____ 52480	Long Island Flatcar with pipes, *08*		50
____ 52489	Long Island Flatcar with P.C. Richard & Son trailer, *07*		67
____ 52555	Martha Clara Vineyards Vat Car, *09*		58
____ 52568	Flatcar with NY Islanders refrigerated trailer, *10*		62
____ 52586	Flatcar with Cradle of Aviation Museum trailer, *11*		52
____ 52592	Petland Discounts Aquarium Car, *11*		70
____ 58500	Nassau County Firefighters Museum Tank Car, *12*		55

		Exc	Mint
83131	Nathan's Famous Reefer, *13*	74	____
83132	Nathan's Famous Reefer, *13*	74	____
	Long Island Milk Car, *13*	67	____

Railroad Museum of Long Island

52416	RMLI 15th Anniversary LIRR Boxcar, *05*	170	____
52433	Atlantis Marine World Aquarium Car, *06*	145	____
52453	North Fork Bank Mint Car, *07*	90	____
52497	LIRR Flatcar with Entenmann's trailer and tractor, *08*	110	____
52498	Boeing Fairchild Container Car, *10*	75	____
52548	RMLI "Celebrating 175 Years of Railroading" Boxcar, *09*	90	____
52557	Entenmann's Operating Boxcar, *10*	90	____
52570	Riverhead Building Supply Boxcar, *11*	60	____
52571	Riverhead Visitor's Center Boxcar, *11*	60	____
52577	King Kullen Boxcar, *11*	60	____
52595	J. P. Holland Submarine Car, *12*	60	____
58521	Wonder Bread PS-2 Covered Hopper, *12*	60	____
58551	Flatcar with White Castle refrigerated trailer, *13*	60	____
58554	RCA Operating Radar Car, *13*	60	____

St. Louis Lionel Railroad Club

52099	MP Flatcar with St. Louis trailer, *96*	65	____
52104	St. Louis tractor and trailer, *96*	20	____
52117	Wabash Flatcar with REA tractor and trailer, *97*	65	____
52136A	Christmas Tractor and Trailer, *97*	NRS	____
52136B	Frisco Tractor and Trailer, *98*	NRS	____
52147	Frisco Campbell TOFC Flatcar, *98*	75	____
52150	Frisco Campbell TOFC Flatcar, *98*	130	____
52167	ATSF Flatcar "831999" with Navajo trailer, *99*	75	____
52190	IC Flatcar with trailers, *00*	80	____
52222	Cotton Belt Flatcar with SP tractor and trailer, *01*	50	____
52224A	SP Flatcar with Navajo tractor and trailer, *01*	25	____
52224B	SP Flatcar with service tractor and trailer, *01*	25	____
52258	UP Flatcar with UP tractor and trailer, *02*	55	____
52290	UP Flatcar with tractor trailer, *03*	75	____
52336	U.S. Army Flatcar with tanker truck, *04*	125	____
52371	NYC Flatcar with Fire Company tanker truck, *05*	145	____
52392	PRR Flatcar with Hood's Milk tanker truck, *06*	100	____
52440	U.S.M.C. Flatcar with tractor and trailer, *07*	135	____
52490	Silver Special Flatcar with USA tractor and trailer, *08*	100	____
52513	Frisco Flatcar with U.S.A.F. trailer, *09*	120	____

Train Collectors Association

TCA National Convention Cars

			Exc	Mint
	511	St. Louis Baggage Car, 81	36	41
	2671-1968	TCA Tender, shell only, 68	10	54
	5734	REA Reefer, 85	42	51
	6315	Pittsburgh 1-D Tank Car, 72	55	60
	6436-1969	Open Quad Hopper, red, 69	35	65
	6464-1965	Pittsburgh Boxcar, blue, 65	30	135
	6464-1970	Chicago Boxcar, 70	55	85
	6464-1971	Disneyland Boxcar, 71	210	240
	6517-1966	Bay Window Caboose, 66	41	168
	6926	New Orleans Extended Vision Caboose, 86	27	39
	7205	Denver Combination Car, 82	37	50
	7206	Louisville Passenger Car, 83	40	55
	7212	Pittsburgh Passenger Car, 84	41	50
	7812	Houston Stock Car, 77	12	25
	8476	4-6-4 Locomotive "5484," 85	255	310
	9123	Dearborn 3-tier Auto Carrier, 73	25	36
	9319	"Silver Jubilee" Mint Car, 79	105	130
	9544	Chicago Observation Car, 80		50
	9611	Boston Hi-Cube Boxcar, 78	21	26
	9774	Orlando "Southern Belle" Boxcar, 75	27	35
	9779	Philadelphia Boxcar "9700-1976," 76	26	34
	9864	Seattle Reefer, 74	37	52
	11737	TCA 40th Anniversary F3 Diesel ABA Set, 93	460	528
	17879	Valley Forge Dining Car, 89		60
	17883	New Georgia Passenger Car, 90	52	64
	17898	Wabash Reefer "21596," 92	41	44
	19211	Vermont Railway Flatcars (2) with 4 trailers, 08		160
	52008	Bucyrus Erie Crane Car, 93	44	49
	52035	Yorkrail GP9 Diesel "1750," shell only, 94	44	55
	52036	TCA 40th Anniversary Bay Window Caboose, 94	35	40
	52037	Yorkrail GP9 Diesel "1754," 94	125	150
	52062	Skytop Observation Car, 95	210	360
	52085	Full Vista Dome Car, 96		115
	52106	City of Phoenix Diner, 97		100
	52142	Massachusetts Central Maxi-Stack Flatcar "5100-01," 98		120
	52143	City of Providence Passenger Car, 98		140
	52146	Ocean Spray Reefer, 98		235
	52155	City of San Francisco Baggage Car, 99		140
	52191	City of Grand Rapids Aluminum Passenger Car, 00		135
	52210	Rico Station, 00		29
	52220	City of Chattanooga Vista Dome Car, 01		140

CLUB CARS AND SPECIAL PRODUCTION

		Exc	Mint
52221	Norfolk Southern Boxcar, *01*		50 ___
52237	Lionel Gondola, yellow, *01*		110 ___
52238	Lionel Gondola, red, *01*		110 ___
52239	Lionel Gondola, silver, *01*		110 ___
52240	Lionel Gondola 3-pack, *01*		110 ___
52241	Lionel Gondola, black, *02*		15 ___
52242	Lionel Gondola, blue, *02*		35 ___
52250	City of Chicago Combination Car, *02*		130 ___
52272	Lionel Gondola, gold, *02*		80 ___
52276	California Gold Mint Car, *03*		65 ___
52333	Harmony Dairy Milk Car, *04*		90 ___
52338	Lionel 50th Anniversary Mint Car, *04*		75 ___
52339	50th Anniversary Convention Banquet Car with coin, *04*		360 ___
52340	Train Order Building, *04*		90 ___
52373	Montana Rail Link 2-car Set, *05*		90 ___
52374	Montana Rail Link 2-bay Hopper, *05*		50 ___
52375	Montana Rail Link Flatcar with pulp-wood logs, *05*		50 ___
52376	GN Reefer, *05*		60 ___
52403	T&P Stock Car (std O), *06*		75 ___
52414	Flatcar with 3 snowmobiles, *07*		80 ___
52481	Ben & Jerry's Reefer, *08*		95 ___
52500	ATSF Grand Canyon Reefer, *09*		60 ___
52508	Celebrate America Mint Car, *09*		95 ___
58544	St. Louis Reefer, *13*		85 ___
58547	Cotton Belt Blue Streak Merchandise Boxcar, *13*		75 ___

TCA Museum-Related and Other Cars

		Exc	Mint
1018-1979	Mortgage Burning Hi-Cube Boxcar, *79*	32	35 ___
5731	L&N Reefer, *90*		95 ___
7780	TCA Museum Boxcar, *80*		26 ___
7781	Hafner Boxcar, *81*		26 ___
7782	Carlisle & Finch Boxcar, *82*		26 ___
7783	Ives Boxcar, *83*		26 ___
7784	Voltamp Boxcar, *84*		23 ___
7785	Hoge Boxcar, *85*		23 ___
9771	Norfolk & Western Boxcar, *77*	24	31 ___
16811	Rutland Boxcar "5477096," *96*		34 ___
52045	Pennsylvania Dutch Milk Car "61052," *94*		90 ___
52051	Baltimore & Ohio Sentinel Boxcar "6464095," *95*	36	42 ___
52052	TCA 40th Anniversary Boxcar, *94*		90 ___
52063	NYC Pacemaker Boxcar "6464125," *95*		345 ___
52064	Missouri Pacific Boxcar "6464150," *95*		370 ___
52065	Pennsylvania Dutch Grain Operating Boxcar "9208," *96*		100 ___

CLUB CARS AND SPECIAL PRODUCTION

Exc Mint

			Exc	Mint
___	52118	Rio Grande Boxcar "5477097," 97		53
___	52119	TCA Museum 20th Anniversary Boxcar, 97		70
___	52128	Pennsylvania Dutch Pretzels Boxcar, 99		80
___	52172	L&N "Share the Freedom" Boxcar "5477099," 99		56
___	52198	Frisco Boxcar "5477000," 00		43
___	52215	Museum Work Train Gondola with pipes, 03		53
___	52226	Angela Trotta Thomas Boxcar "2000," 01		100
___	52243	Museum Work Train 1-D Tank Car, 01		50
___	52271	Museum Work Train Flatcar with wheel load, 02		20
___	52289	National Toy Train Museum 25th Anniversary Bullion Car, 02		75
___	52295	National Toy Train Museum Gondola with pipes, 03		16
___	52310	Museum Work Train Boxcar, 04		53
___	52311	50th Anniversary Golden Express Freight Set, 04		450
___	52372	Museum Work Train Baggage Car, 05		70
___	52408	N&W Caboose, 06		55
___	52409	Museum Work Train Idler Caboose, 06		68
___	52437	Museum Work Train Crane Car, 07		78

TCA Bicentennial Special Set

			Exc	Mint
___	1973	Bicentennial Observation Car, 76	34	50
___	1974	Bicentennial Passenger Car, 76	34	50
___	1975	Bicentennial Passenger Car, 76	34	50
___	1976	Bicentennial U36B Diesel, 76	115	165

Atlantic Division

			Exc	Mint
___	1980	Atlantic Division Flatcar with trailers, 80	28	34
___	6101	Burlington Northern Covered Quad Hopper, 82	21	34
___	9186	Conrail N5c Caboose, 79	22	30
___	9193	Budweiser Vat Car, 84	80	110
___	9466	Wanamaker Boxcar, 83	105	135
___	9788	Lehigh Valley Boxcar, 78	19	24

Desert Division

			Exc	Mint
___	52088	Desert Division 25th Anniversary On-track Step Van, 96		120
___	52105	Superstition Mountain Operating Gondola "61997," 97		80
___	52442	Verde Canyon Boxcar, 07		55
___	52443	Grand Canyon Boxcar, 07		55

Dixie Division

			Exc	Mint
___	27007/87	Dixie Division 20th Anniversary PS-1 Boxcar, 06		80
___	52127	Dixie Division 10th Anniversary Southern 3-bay Hopper, 98		70

CLUB CARS AND SPECIAL PRODUCTION

Exc Mint

Eastern Division

52059	Clinchfield Quad Hopper "16413" with coal, *94*	85	110 ____

Eastern Division: Washington, Baltimore & Annapolis Chapter

9412	Richmond, Fredericksburg & Potomac Boxcar, *79*		26 ____
9740	Chessie System Boxcar, *76*		23 ____
9771	Norfolk & Western Boxcar, *78*		30 ____
9783	B&O Time-Saver Boxcar, *77*		30 ____

Fort Pitt Division

1984-30X	Heinz Ketchup Boxcar, *84*		500 ____

Great Lakes Division

1983	Churchill Downs Boxcar, *83*		200 ____
1983	Churchill Downs Reefer, *83*		250 ____
9740	Chessie System Boxcar, *76*		23 ____

Great Lakes Division: Detroit-Toledo Chapter

8957	Burlington Northern GP20 Diesel, *80*		230 ____
8958	Burlington Northern GP20 Diesel Dummy Unit, *80*		150 ____
9119	Detroit & Mackinac Covered Quad Hopper, *77*	19	22 ____
9272	New Haven Bay Window Caboose, *79*	19	22 ____
9401	Great Northern Boxcar, *78*		23 ____
9730	CP Rail Boxcar, *76*		27 ____
52000	Detroit-Toledo Division Flatcar with trailer, *92*	70	85 ____

Great Lakes Division: Three Rivers Chapter

9113	Norfolk & Western Quad Hopper, *76*	27	30 ____

Great Lakes Division: Western Michigan Chapter

9730	CP Rail Boxcar, *74*		25 ____

Lake & Pines Division

52018	3-M Boxcar, *93*		450 ____

Lone Star Division

7522	New Orleans Mint Car with coin, *86*		420 ____
52093	Lone Star Division Boxcar "6464696," *96*		32 ____
52585	Texas Special Mint Car, *11*		62 ____
58512	SP Daylight Mint Car, *12*		65 ____
58552	Texas Special Mint Car with silver bars, *12*		65 ____

Lone Star Division: North Texas Chapter

9739	D&RGW Boxcar, *76*		20 ____

METCA

		Exc	Mint
____ 10	Jersey Central F3 A Unit, shell only, *71*		25
____ 9272	New Haven Bay Window Caboose, *79*	21	25
____ 9754	New York Central Pacemaker Boxcar, *76*		31
____ 52485	New York Central Mint Car with copper load, *08*		120
____ 52486	Pennsylvania Mint Car, green, *09*		125
____ 52487	Pennsylvania Mint Car, tuscan, *09*		125
____ 52488	NYC Lightning Stripe Mint Car, *10*		60
____ 52574	Fort Knox 50th Anniversary Mint Car, *11*		100
____ 52583	B&O Capitol Dome Mint Car, *11*		100
____ 52596	LIRR Mint Car, *12*		100
____ 58523	Blue Comet Mint Car, *13*		69
____ 58534	Jersey Central Mint Car, *13*		69

Midwest Division

		Exc	Mint
____ 4	C&NW F3 Diesel A Unit, shell only, *77*		80
____ 5	Midwest Division Covered Quad Hopper, *78*		43
____ 1287	C&NW Reefer, *84*		NRS
____ 7600	Frisco "Spirit of '76" N5c Caboose "00003," *76*		38
____ 9872	PFE Reefer "00006," *79*		410

Midwest Division: Museum Express

		Exc	Mint
____ 9264	ICG Covered Quad Hopper, *78*	22	26
____ 9289	C&NW N5c Caboose, *80*	37	44
____ 9785	Conrail Boxcar, *77*		35
____ 9786	C&NW Boxcar, *79*		20

NETCA

		Exc	Mint
____ 1203	Boston & Maine NW2 Diesel, shell only, *72*		65
____ 5710	Canadian Pacific Reefer, *82*	38	45
____ 5716	Vermont Central Reefer, *83*	25	30
____ 6124	Delaware & Hudson Covered Quad Hopper, *84*	25	30
____ 8051	Hood's Milk Boxcar, *86*	44	75
____ 9181	Boston & Maine N5c Caboose, *77*	23	35
____ 9400	Conrail Boxcar, tuscan or blue, *78*	23	27
____ 9415	Providence & Worcester Boxcar, *79*	28	34
____ 9423	NYNH&H Boxcar, *80*	25	30
____ 9445	Vermont Northern Boxcar, *81*	29	39
____ 9753	Maine Central Boxcar, *75*	24	34
____ 9768	Boston & Maine Boxcar, *76*	32	39
____ 9785	Conrail Boxcar, *78*	22	26
____ 16911	B&M Flatcar with trailer, *95*		150
____ 22677	B&M Baked Beans Boxcar, *10*		45
____ 52001	B&M Quad Hopper with coal, *92*	50	75
____ 52016	B&M Gondola with coil covers, *93*	55	65

CLUB CARS AND SPECIAL PRODUCTION

		Exc	Mint	
52043	L.L. Bean Boxcar, *94*	110	210	____
52080	B&M Flatcar "91095" with trailer, *95*		215	____
52111	Ben & Jerry's Flatcar with trailer, *96*		313	____
52212	Berkshire Brewing Reefer, *00*		155	____
52236	Moxie Boxcar, *01*		160	____
52270	Jenney Manufacturing Tank Car, *02*		150	____
52306	NH Flatcar with New England Transportation trailer, *03*		150	____
52352	Poland Spring Boxcar, *04*		131	____
52379	CP Rail with W.B. Mason trailer, *05*		75	____
52383	Fisk Tire Boxcar, *05*		108	____
52397	D&H Flatcar with Vermont Railway trailer, *06*		90	____
52418	Indian Motocycle Boxcar, *06*		190	____
52434	New England Central Flatcar with Cabot's trailer, *07*		95	____
52448	Oilzum Tanker 2-car Set, *08*		105	____
52457	Cape Cod Potato Chip Boxcar, *07*		93	____
52484A	Cabot's Reefer, *08*	100	250	____
52484B	Bay State Beer Reefer, *09*		90	____
52589	B&M Flatcar with Howard Johnson trailer, *11*		100	____

Ozark Division: Gateway Chapter

		Exc	Mint	
5700	Oppenheimer Reefer, *81*	55	110	____
9068	Reading Bobber Caboose, *76*		20	____
9601	Illinois Central Gulf Hi-Cube Boxcar, *77*		21	____
9767	Railbox Boxcar, *78*		20	____
52003	"Meet Me In St. Louis" Flatcar with trailer, *92*		520	____

Pacific Northwest Division

		Mint	
52077	Great Northern Hi-Cube Boxcar "9695," *95*	460	____

Rocky Mountain Division

		Mint	
1971-1976	Rocky Mountain Division Reefer, *76*	75	____

Sacramento Sierra Chapter

		Exc	Mint	
6401	Virginian Bay Window Caboose, *84*		35	____
9301	U.S. Mail Operating Boxcar, *76*	26	38	____
9414	Cotton Belt Boxcar, *80*		35	____
9427	Bay Line Boxcar, *81*		30	____
9444	Louisiana Midland Boxcar, *82*		35	____
9452	Western Pacific Boxcar, *83*		35	____
9705	D&RGW Boxcar, *75*		38	____
9723	Western Pacific Boxcar, *73*		29	____
9726	Erie-Lackawanna Boxcar, *79*		23	____
9730	CP Rail Boxcar, *77*		30	____
9785	Conrail Boxcar, *78*		22	____

Southern Division

			Exc	Mint
___	1976	FEC F3 Diesel ABA, shells only, *76*		275
___	1986	Southern Division Bunk Car, *86*		30
___	6111	L&N Covered Quad Hopper, *83*	20	22
___	9287	Southern N5c Caboose, *77*	15	22
___	9352	Trailer Train Flatcar with circus trailers, *80*	29	55
___	9403	Seaboard Coast Line Boxcar, *78*		18
___	9405	Chattahoochie Boxcar, *79*		21
___	9443	Florida East Coast Boxcar, *81*		23
___	9471	ACL Boxcar, *84*		23
___	9482	Norfolk & Southern Boxcar, *85*		23
___	16606	Southern Searchlight Car, *88*	17	24
___	19942	Southern Division 30th Anniversary Boxcar, *96*		20

Western Division

			Exc	Mint
___	52275	Western Pacific Boxcar, *03*		105

Toy Train Operating Museum
(Gadsden-Pacific Ore Cars)

			Exc	Mint
___	17872	Anaconda Ore Car, *88*	60	72
___	17878	Magma Ore Car, *89*	45	55
___	17881	Phelps Dodge Ore Car, *90*	36	40
___	17886	Cyprus Ore Car, *91*	26	31
___	19961	Inspiration Consolidated Copper Ore Car, *92*	23	30
___	52011	Tucson, Cornelia & Gila Bend Ore Car, *93*	20	29
___	52027	Pinto Valley Mine Ore Car, *94*	20	29
___	52071	Copper Basin Railway Ore Car, *95*		30
___	52089	SMARRCO Ore Car, *96*		26
___	52124	El Paso & Southwestern Ore Car, *97*		40
___	52164	SP Ore Car, *98*		35
___	52177	Arizona Southern Ore Car, *99*		35
___	52213	BHP Copper Ore Car, *00*		29
___	52248	Tombstone & Western Ore Car, *01*		40
___	52279	Dragoon & Northern Ore Car, *02*		50
___	52307	Twin Buttes Ore Car, *03*		35
___	52358	AJO & Southwestern Ore Car, *04*		45
___	52386	Ray & Gila Bend Ore Car, *05*		45
___	52541	Calabasas, Tuscon & Northwestern Ore Car, *06*		45
___	52473	Mascot & Western Ore Car, *07*		90
___	52524	Tucson, Globe & Northern Ore Car, *08*		42
___	52558	Port of Tucson Ore Car, *09*		45
___	52579	Rosemont Copper Ore Car, *10*		40
___	58513	Freeport-McMoRan Ore Car, *12*		40
___	58557	San Pedro & Southwestern Ore Car, *13*		40
___	52588	ASARCO Ore Car, *11*		40

Toy Train Operating Society

TTOS National Convention Cars

		Exc	Mint	
1984	Sacramento Northern Boxcar, *84*	65	85	____
1985	Snowbird Covered Quad Hopper, *85*	42	55	____
6017	SP-type Caboose, blue, *68*	125	200	____
6017	SP-type Caboose, brown, *69*	200	300	____
6057	SP-type Caboose, orange, *69*	75	125	____
6076	Santa Fe Hopper (O27), *70*		85	____
6167-1967	Hopper, olive drab with gold lettering, *67*	25	85	____
6257	SP-type Caboose, red, *69*	125	200	____
6476-1	LV Hopper, gray, *69*	45	73	____
6582	Portland Flatcar with wood, *86*	44	55	____
9326	Burlington Northern Bay Window Caboose, *82*		25	____
9347	Niagara Falls 3-D Tank Car, *79*	38	46	____
9355	Delaware & Hudson Bay Window Caboose, *82*		50	____
9361	C&NW Bay Window Caboose, *82*	47	55	____
9382	Florida East Coast Bay Window Caboose, *82*		70	____
9512	Summerdale Junction Passenger Car, *74*	38	53	____
9520	Phoenix Combination Car, *75*	29	33	____
9526	Snowbird Observation Car, *76*	36	51	____
9535	Columbus Baggage Car, *77*	33	51	____
9678	Hollywood Hi-Cube Boxcar, *78*	25	32	____
9868	Oklahoma City Reefer, *80*	36	44	____
9883	Phoenix Reefer, *83*		50	____
17871	NYC Flatcar "81487" with Kodak and Xerox trailers, *87*	185	217	____
17877	MKT 1-D Tank Car "3739469," *89*	55	70	____
17884	Columbus & Dayton Terminal Boxcar (std O), *90*	32	41	____
17889	SP Flatcar "15791" (std O) with trailer, *91*	43	63	____
19963	Union Equity 3-bay ACF Hopper "86892" (std O), *92*	30	38	____
52010	Weyerhaeuser DD Boxcar "838593" (std O), *93*	20	40	____
52029	Ford 1-D Tank Car "12" (O27), *94*	33	40	____
52030	Ford Gondola "4023," *94*	23	29	____
52031	Ford Hopper "1458" (O27), *94*	28	33	____
52057	Western Pacific Boxcar "64641995," *95*	45	48	____
52087	New Mexico Central Boxcar "64641996," *96*		55	____
52114	NYC Flatcar with Gleason and SASIB trailers, *97*		58	____
52149	Conrail Flatcar with Blum coal shovel, *98*		60	____
52192	SP Crane and Gondola Set, *00*		75	____
52193	SP Gondola "6060," *00*		50	____
52194	SP Crane Car "7111," *00*		35	____
52231	British Columbia 1-D Tank Car, *01*		25	____

CLUB CARS AND SPECIAL PRODUCTION

			Exc	Mint
____	**52288**	D&RGW Cookie Boxcar, *03*		20
____	**52293**	D&RGW 1-D Tank Car, *03*		40
____	**52378**	Las Vegas & Tonopah Boxcar, *05*		70
____	**52410**	SP Flatcar with 2 trailers, *06*		70
____	**52441**	Pennsylvania Operating Hopper, *07*		60
____	**52445**	Pennsylvania Boxcar, *07*		68
____	**52545**	Erie "6464" Boxcar, *09*		50
____	**58333**	Sierra Railroad Sierra Beer Boxcar, *13*		70

TTOS Division Cars

			Exc	Mint
____	**52009**	Sacramento Valley Division WP Boxcar, *93*	34	44
____	**52040**	Wolverine Division GTW Flatcar with tractor and trailer, *94*	42	51
____	**52058**	Central California Division Santa Fe Boxcar, *95*	32	42
____	**52086**	Canadian Division Pacific Great Eastern Boxcar, *96*		50
____	**52113**	Northeastern Division Genesee & Wyoming 3-bay Hopper, *97*		34
____	**52264**	New Mexico Division Durango & Silverton Operating Hopper, *02*		55

Other TTOS Production

			Exc	Mint
____	**1983**	Phoenix 3-D Tank Car, *83*		100
____	**17894**	Southern Pacific Tractor, *91*	17	21
____	**27148**	BNSF "4427" PS2 Hopper, *06*		50
____	**52021**	Weyerhaeuser Tractor and Trailer, *93*	24	31
____	**52022**	Union Pacific Boxcar, *93*		400
____	**52032**	Ford 1-D Tank Car (027) with Kughn inscription, *94*	70	95
____	**52046**	ACL Boxcar "16247," *94*		110
____	**52053**	Carail Boxcar, *94*	50	55
____	**52068**	Toy Train Parade Contadina Boxcar "16245," *94*		55
____	**52078**	Southern Pacific SD9 Diesel "5366," *96*		235
____	**52079**	Southern Pacific Bay Window Caboose, *96*	45	55
____	**52084**	Union Pacific I-Beam Flatcar "16380" with load, *95*		155
____	**52384**	Transparent Damage Control Boxcar, *03*		71
____	**52451**	Pennsylvania "X2454" Boxcar, *07*		175
____	**52505**	Forest Service/Smokey Bear Flatcar with airplane, *08*		45
____	**52525**	SP "X6454" Boxcar, *08*		45
____	**52526**	SP "X6454" Boxcar, *08*		90
____	**52547**	C&NW Reefer, *09*		84

TTOS Southwestern Division

		Exc	Mint
19962	Southern Pacific 3-bay ACF Hopper "496035" (std O), 92	50	65 ____
52047	Cotton Belt Wood-sided Caboose (std O), smoke, 93–94	60	68 ____
52073	Pacific Fruit Express Reefer "459402" (std O), 95		65 ____
52098	National Bureau of Standards Boxcar (std O), 96		47 ____
52121	Mobilgas Tank Car "238" (std O), 97		75 ____
52154	Pacific Fruit Express Reefer "459403" (std O), 98		53 ____
52205	SP Overnight Merchandise Service Boxcar 5-pack, 00		185 ____
52287	Operating MX Missile Car, 02		55 ____
52385	Ward Kimball Boxcar, 05		55 ____
52431	Operating MX Missile Car, 06		60 ____
52476	Life Savers Tank Car, 07		85 ____
52515	Life Savers Wild Cherry Tank Car, 08		77 ____
52565	Life Savers Pep O Mint Tank Car, 09		60 ____
52569	Life Savers Butter Rum Tank Car, 10		62 ____
52591	Life Savers Wint O Green Tank Car, 11		62 ____

Virginia Train Collectors

		Exc	Mint
7679	Boxcar, 79		17 ____
7681	N5c Caboose, 81		23 ____
7682	Covered Quad Hopper, 82		26 ____
7683	Virginia Fruit Express Reefer, 83		26 ____
7684	Vitraco 3-D Tank Car, 84		26 ____
7685	Boxcar, 85		27 ____
7686	GP7 Diesel, 86		100 ____
7692-1	Baggage Car (O27), 92	35	45 ____
7692-2	Combination Car (O27), 92	35	45 ____
7692-3	Dining Car (O27), 92	35	45 ____
7692-4	Passenger Car (O27), 92	35	45 ____
7692-5	Vista Dome Car (O27), 92	35	45 ____
7692-6	Passenger Car (O27), 92	35	45 ____
7692-7	Observation Car (O27), 92	35	45 ____
7696	20th Anniversary Station, 96		65 ____
52060	Tender "7694" with whistle, 94		70 ____

For more information on determining the condition of a box and a description of box types, see pages 8 and 9.

			Good (P-5)	Exc (P-7)
____	022	Remote Control Switches, pair (with both inserts)	6	28
____	022	Remote Control Switches, pair (yellow, with both inserts)	10	50
____	022A	Remote Control Switches, pair (with both inserts)	13	31
____	025	Bumper	3	13
____	026	Bumper	3	10
____	30	Water Tower	18	40
____	38	Operating Water Tower	33	100
____	40	Hookup Wire, 8 reels (dealer box)	33	145
____	41	U.S. Army Switcher	10	50
____	42	Picatinny Arsenal Switcher	25	75
____	44	U.S. Army Mobile Launcher	30	98
____	45	U.S. Marines Mobile Launcher	45	120
____	45/45N	Automatic Gateman	5	25
____	48	Super O Insulated Straight Track, 6 pieces (dealer box)	15	55
____	49	Super O Insulated Curved Track, 6 pieces (dealer box)	15	55
____	50	Section Gang Car (early classic)	5	29
____	50	Section Gang Car (brown corrugated)	5	27
____	50	Section Gang Car (orange picture)	20	45
____	51	Navy Yard Switcher	23	72
____	52	Fire Car	25	97
____	53	Rio Grande Snowplow	30	101
____	54	Ballast Tamper	15	50
____	55	PRR Tie-Jector Car	15	50
____	56	M&StL Mine Transport	15	90
____	57	AEC Switcher	38	220
____	58	Lamp Post		10
____	58	Great Northern Rotary Snow Blower	40	175
____	59	Minuteman Switcher	90	259
____	60	Lionelville Rapid Transit Trolley (classic)	8	33
____	60	Lionelville Rapid Transit Trolley (brown corrugated)	15	50
____	65	Handcar		100
____	68	Executive Inspection Car	10	70
____	69	Maintenance Car	18	68
____	71	Lamp Post	2	5
____	76	Boulevard Street Lamps	5	40

BOXES		Good (P-5)	Exc (P-7)
76	Boulevard Street Lamps (Hillside Checkerboard)	10	70 ____
89	Flagpole	8	33 ____
97	Coal Elevator	17	54 ____
110	Graduated Trestle Set	1	11 ____
111	Elevated Trestle Set	1	5 ____
112LH	Remote Control Super O Switch, left-hand	10	40 ____
112RH	Remote Control Super O Switch, right-hand	10	40 ____
114	Newsstand with horn	8	34 ____
115	Passenger Station ("113-1, Star Corp." stamped on box)	25	140 ____
118	Newsstand with whistle	10	44 ____
123	Lamp Assortment	10	100 ____
125	Whistle Shack	5	20 ____
128	Animated Newsstand	13	40 ____
132	Passenger Station	10	33 ____
133	Passenger Station	10	35 ____
145	Automatic Gateman (brown corrugated)	5	22 ____
145	Automatic Gateman (cellophane), *66*	20	55 ____
148	Dwarf Trackside Signal	5	25 ____
151	Automatic Semaphore	5	18 ____
152	Automatic Crossing Gate	3	15 ____
153	Automatic Block Control Signal	9	28 ____
154	Automatic Highway Signal (cellophane)	5	25 ____
154	Automatic Highway Signal (all other boxes)	2	13 ____
156	Station Platform	15	75 ____
157	Station Platform	10	51 ____
160	Unloading Bin	22	119 ____
161	Mail Pickup Set (with liner)	10	50 ____
163	Single Target Block Signal (white box)	20	65 ____
164	Log Loader	19	63 ____
175-50	Dealer Display Box, 6 rockets	75	388 ____
182	Magnetic Crane	17	100 ____
192	Operating Control Tower	26	185 ____
195	Floodlight Tower		25 ____
195-75	Floodlight Extension, 8-bulb (classic)		72 ____
195-75	Floodlight Extension, 8-bulb (white box)		67 ____
197	Rotating Radar Antenna	5	43 ____
197-15	Separate Sale Radar Head	25	125 ____
202	UP Alco Diesel A Unit	7	67 ____
204	Santa Fe Alco AA Set (master carton)	50	180 ____
204	Santa Fe Alco AA Set (P and T boxes)	13	100 ____
208	Santa Fe Alco AA Set (master carton)		385 ____
208	Santa Fe Alco AA Set (P and T boxes)	15	103 ____
209	New Haven Alco AA Set (P and T boxes)	50	284 ____
210	Texas Special Alco AA Set (P and T boxes)		50 ____

BOXES

		Good (P-5)	Exc (P-7)
____ 211	Texas Special Alco AA Set (P and T boxes)		300
____ 212	USMC Alco Diesel A Unit	50	125
____ 212T	USMC Diesel Dummy A Unit	97	313
____ 214	Plate Girder Bridge (classic)	2	18
____ 214	Plate Girder Bridge (Hillside orange picture)	10	40
____ 217	B&M Alco AB Set (C and P boxes)		225
____ 217-16	Sleeve for 217 and 218 outer boxes		60
____ 218	Santa Fe Alco AA Set (master carton)	19	100
____ 218	Santa Fe Alco AA Set (P and T boxes)	15	65
____ 220	Santa Fe Alco AA Set (P and T boxes)		108
____ 223P	Santa Fe Alco A Unit	15	60
____ 224	2-6-2 Locomotive	10	45
____ 224	U.S. Navy Alco AB Set (C and P boxes)	23	175
____ 226C	B&M Alco Diesel AB Set (C and P boxes)	24	100
____ 228P	Canadian National Alco A Unit	20	65
____ 229C	M&StL Alco B Unit	5	35
____ 229P	M&StL Alco A Unit (brown corrugated)	5	55
____ 230P	C&O Alco A Unit	14	70
____ 231P	Rock Island Alco A Unit	8	51
____ 235	2-4-2 Scout Locomotive	25	100
____ 237	2-4-2 Scout Locomotive	10	50
____ 243	2-4-2 Scout Locomotive	10	40
____ 243W	Tender	5	20
____ 244T	Tender (overstamped 1625T box)	25	90
____ 246	2-4-2 Scout Locomotive		45
____ 247	2-4-2 Scout Locomotive	10	40
____ 247T	Tender	5	20
____ 248	2-4-2 Scout Locomotive	5	45
____ 250	2-4-2 Scout Locomotive	10	30
____ 250T	Tender	7	15
____ 252	Crossing Gate	3	12
____ 256	Illuminated Freight Station	7	28
____ 257	Freight Station with diesel horn	10	30
____ 260	Bumper (Hagerstown checkerboard)	7	28
____ 260	Bumper (all other boxes)	4	10
____ 264	Operating Forklift Platform	20	100
____ 282	Gantry Crane	20	65
____ 313	Bascule Bridge	40	140
____ 315	Trestle Bridge	40	155
____ 316	Trestle Bridge	5	15
____ 317	Trestle Bridge	8	33
____ 321	Trestle Bridge	5	15
____ 321-100	Trestle Bridge	5	20
____ 334	Operating Dispatching Board	10	50
____ 342	Culvert Loader	15	61

BOXES		Good (P-5)	Exc (P-7)
345	Culvert Unoader	15	80 ____
350	Engine Transfer Table	8	47 ____
350-50	Transfer Table Extension	10	52 ____
352	Ice Depot	30	____
353	Trackside Control Signal	3	15 ____
356	Operating Freight Station	8	35 ____
356-35	Baggage Trucks Set	20	100 ____
362	Barrel Loader	5	25 ____
364	Conveyor Lumber Loader	3	16 ____
365	Dispatching Station	15	60 ____
394	Rotary Beacon	3	28 ____
394-37	Rotating Beacon Cap		10 ____
395	Floodlight Tower	10	34 ____
397	Operating Coal Loader	4	20 ____
397	Operating Coal Loader (separate label on box)	8	30 ____
400	B&O Passenger Rail Diesel Car	15	74 ____
404	B&O Baggage-Mail Rail Diesel Car	30	110 ____
415	Diesel Fueling Station	10	56 ____
419	Heliport Control Tower	15	125 ____
445	Switch Tower	6	18 ____
448	Missile Firing Range Set	15	80 ____
455	Operating Oil Derrick	10	55 ____
456	Coal Ramp	10	42 ____
460	Piggyback Transportation Set	12	42 ____
460-150	Two Trailers	70	207 ____
462	Derrick Platform Set	60	200 ____
464	Lumber Mill		30 ____
465	Sound Dispatching Station	5	25 ____
600	MKT NW2 Switcher	22	168 ____
601	Seaboard NW2 Switcher	25	102 ____
602	Seaboard NW2 Switcher	30	114 ____
610	Erie NW2 Switcher	15	135 ____
613	UP NW2 Switcher	13	163 ____
614	Alaska NW2 Switcher	18	150 ____
616	Santa Fe NW2 Switcher	25	105 ____
617	Santa Fe NW2 Switcher	30	165 ____
621	Jersey Central NW2 Switcher	15	90 ____
622	Santa Fe NW2 Switcher	40	125 ____
623	Santa Fe NW2 Switcher	14	58 ____
624	C&O NW2 Switcher	20	61 ____
626	B&O GE 44-ton Switcher	33	169 ____
628	Northern Pacific GE 44-ton Switcher	20	109 ____
629	Burlington GE 44-ton Switcher	28	204 ____
634	Santa Fe NW2 Switcher	33	198 ____
637	2-6-4 Locomotive	13	75 ____

BOXES

		Good (P-5)	Exc (P-7)
_____ **637LTS**	2-6-4 Locomotive and Tender (master carton)	50	180
_____ **646**	4-6-4 Locomotive	25	70
_____ **665**	4-6-4 Locomotive	17	60
_____ **671**	6-8-6 Steam Turbine Locomotive	16	75
_____ **675**	2-6-2 Locomotive, *47–49*	15	90
_____ **681**	6-8-6 Steam Turbine Locomotive	25	35
_____ **682**	6-8-6 Steam Turbine Locomotive	43	203
_____ **685**	4-6-4 Hudson Locomotive	19	78
_____ **726**	2-8-4 Berkshire Locomotive	60	125
_____ **726**	2-8-4 Berkshire Locomotive, *46*	103	231
_____ **726RR**	2-8-4 Berkshire Locomotive	23	88
_____ **736**	2-8-4 Berkshire Locomotive	25	66
_____ **736**	2-8-4 Berkshire Locomotive, *50*	60	140
_____ **736LTS**	2-8-4 Berkshire Locomotive and Tender (master carton)		105
_____ **736W**	Pennsylvania Tender	10	45
_____ **746**	N&W 4-8-4 Locomotive	35	180
_____ **746LTS**	N&W 4-8-4 Locomotive and Tender (master carton)	70	350
_____ **746W**	N&W Whistle Tender	30	145
_____ **773**	4-6-4 Hudson Locomotive, *50*	40	365
_____ **773**	4-6-4 Hudson Locomotive, *64–66*	50	175
_____ **773LTS**	4-6-4 Hudson Locomotive and Tender (master carton), *50*		450
_____ **773LTS**	4-6-4 Hudson and Whistle Tender (master carton), *64–66*		140
_____ **773W**	NYC Tender	13	99
_____ **810**	Milwaukee Road Freight Set		850
_____ **959**	Barn Set		60
_____ **969**	Construction Set		55
_____ **981**	Freight Yard Set		40
_____ **984**	Railroad Set		90
_____ **986**	Farm Set		150
_____ **1001**	2-4-2 Scout Locomotive		115
_____ **1001T**	Tender		10
_____ **1025**	Illuminated Bumper (027)	3	15
_____ **1033**	Transformer, 90 watts	2	10
_____ **1043-500**	Transformer, 90 watts, ivory	15	75
_____ **1047**	Operating Switchman	25	100
_____ **1060**	2-4-2 Locomotive (brown corrugated)	25	150
_____ **1110**	2-4-2 Locomotive	5	20
_____ **1112**	Scout Set	5	20
_____ **1120**	2-4-2 Scout Locomotive	5	20
_____ **1121LH**	027 Remote Control Switch, left-hand	10	55
_____ **1121RH**	027 Remote Control Switch, right-hand	10	55
_____ **1122**	027 Remote Control Switches, pair	7	19

BOXES

		Good (P-5)	Exc (P-7)	
1130	2-4-2 Locomotive	5	30	___
1130T	Tender	3	15	___
1130T-500	Tender, pink, from Girls Set		180	___
1407B	Steam Switcher Work Set		400	___
1417WS	Steam Work Train Set		135	___
1425B	Steam Switcher Freight Set		190	___
1447WS	Turbine Locomotive Set		150	___
1457B	Santa Fe Freight Set (marked "1457"), *49*	100	200	___
1457B	Santa Fe Freight Set, *50*		225	___
1464W	Union Pacific Diesel Passenger Set		208	___
1465	Steam Freight Set		71	___
1467W	Union Pacific Freight Set	30	117	___
1469WS	Steam Freight Set		50	___
1479WS	Steam Freight Set	10	35	___
1481WS	Steam Freight Set		80	___
1483WS	Steam Freight Set	35		___
1500	Steam Freight Set	20		___
1502WS	Steam Freight Set		600	___
1503WS	Steam Freight Set	15		___
1505WS	Steam Freight Set		90	___
1515WS	Steam Freight Set		100	___
1517W	Texas Special Freight Set		85	___
1519WS	Steam Freight Set		170	___
1520W	Texas Special Passenger Set		675	___
1521WS	Steam Work Train Set		380	___
1525	Diesel Freight Set		80	___
1529	Pennsylvania Diesel Freight Set		250	___
1531W	Diesel Freight Set		90	___
1534W	Burlington Diesel Passenger Set		391	___
1538WS	Hudson Passenger Set	150	700	___
1539W	Santa Fe Diesel Freight Set		250	___
1542	Electric Freight Set		25	___
1543	Lehigh Valley Freight Set		30	___
1551W	Diesel Freight Set		55	___
1559W	MILW Diesel Freight Set		90	___
1569	UP Diesel Freight Set	35		___
1578S	Steam Passenger Set		500	___
1581	Jersey Central Mixed Set		75	___
1583WS	Steam Freight Set	25	70	___
1587S	Girls Train Set	217	1101	___
1590	Steam Freight Set	40		___
1591	USMC Military Set	90	872	___
1599W	Texas Special Freight Set	63	113	___
1601W	Wabash GP7 Diesel Set		200	___
1607WS	Steam Work Train Set	25		___

BOXES

		Good (P-5)	Exc (P-7)
___ 1608W	New Haven Passenger Set	95	918
___ 1615	B&M Diesel Freight Set		45
___ 1615LT	0-4-0 Locomotive and Tender (master carton)	25	98
___ 1615T	Tender	5	70
___ 1619W	Santa Fe Diesel Freight Set		125
___ 1625	0-4-0 Locomotive	20	100
___ 1625T	Tender		117
___ 1625WS	Steam Freight Set		160
___ 1648	Steam Freight Set		20
___ 1650	Steam Military Set		100
___ 1656	0-4-0 Locomotive	20	125
___ 1656LTS	0-4-0 Locomotive and Tender (master carton)		250
___ 1665	0-4-0 Locomotive	25	125
___ 1800	General Gift Pack		110
___ 1809	Western Gift Pack		45
___ 1865	Western & Atlantic Coach		30
___ 1866	Western & Atlantic Mail-Baggage Car	10	40
___ 1872	4-4-0 Civil War General Locomotive	30	100
___ 1872T	Tender	5	43
___ 1875	Western & Atlantic Coach	38	163
___ 1875W	Western & Atlantic Coach, whistle	15	75
___ 1876	Western & Atlantic Baggage Car	15	60
___ 1877	Flatcar with fence and horses	5	30
___ 2001	Track Make-up Kit (O27)		2000
___ 2002	Track Make-up Kit (O27)		1800
___ 2016	2-6-4 Locomotive		25
___ 2018	2-6-4 Locomotive	5	25
___ 2020	6-8-6 Steam Turbine Locomotive	15	88
___ 2020W	Tender	10	45
___ 2023	Union Pacific Alco AA Set (master carton)	25	88
___ 2028	Pennsylvania GP7 Diesel	44	110
___ 2029	2-6-4 Locomotive	8	53
___ 2031	Rock Island Alco AA Set (master carton)	50	131
___ 2032	Erie Alco AA Set (master carton)	20	74
___ 2033	Uinion Pacific Alco AA Set (master carton)	25	80
___ 2034	2-4-2 Scout Locomotive		110
___ 2035	2-6-4 Locomotive	20	120
___ 2036	2-6-4 Locomotive	8	60
___ 2037	2-6-4 Locomotive (brown corrugated)		30
___ 2037-500	2-6-4 Locomotive, pink, from Girls Set	43	250
___ 2046	4-6-4 Locomotive		55
___ 2046T	Lionel Lines Tender, for export	25	88
___ 2046W	Lionel Lines Tender	10	43
___ 2046W	Lionel Lines Tender (marked "2046")		125

BOXES		Good (P-5)	Exc (P-7)
2046W-50	Pennsylvania Tender	7	50 ____
2055	4-6-4 Locomotive		20 ____
2056	4-6-4 Locomotive		50 ____
2065	4-6-4 Locomotive	15	75 ____
2113WS	Steam Freight Set		250 ____
2124W	GG1 Passenger Set		1383 ____
2126WS	Steam Turbine Passenger Set		1150 ____
2139	GG1 Freight Set		1250 ____
2140WS	Steam Turbine Passenger Set		1000 ____
2148WS	Hudson Passenger Set	88	2325 ____
2151W	F3 Freight Set		280 ____
2155WS	Berkshire Freight Set		75 ____
2159W	GG1 Freight Set	350	650 ____
2161W	Santa Fe Twin Diesel Freight Set	60	160 ____
2175W	Santa Fe Diesel Freight Set	35	150 ____
2177WS	Steam Freight Set		35 ____
2191W	Santa Fe Diesel Freight Set	35	150 ____
2193W	NYC Diesel Freight Set		90 ____
2201WS	Steam Freight Set	45	____
2203WS	Steam Freight Set		400 ____
2207W	Santa Fe Diesel Freight Set	55	145 ____
2209W	NYC Diesel Freight Set	40	____
2213WS	Steam Freight Set	35	____
2217WS	Steam Turbine Freight Set		200 ____
2222WS	Hudson Passenger Set		607 ____
2223W	Lackawanna FM Freight Set		588 ____
2227W	Santa Fe Diesel Freight Set		300 ____
2234W	Santa Fe Passenger Set	103	365 ____
2235W	Milwaukee Road Diesel Freight Set		175 ____
2239W	Illinois Central Freight Set		350 ____
2240	Wabash F3 AB Set (C and P boxes)		310 ____
2240P	Wabash F3 A Unit	75	____
2242	New Haven F3 AB Set (C and P boxes)		575 ____
2243	Santa Fe F3 AB Set (C and P boxes)		105 ____
2243	Santa Fe F3 AB Set (master carton)	30	130 ____
2244W	Wabash Passenger Set		1180 ____
2245	Texas Special F3 AB Set (C and P boxes)	25	275 ____
2254W	Pennsylvania GG1 Passenger Set, *55*		1325 ____
2257	SP-type Caboose	1	5 ____
2257WS	Steam Freight Set		85 ____
2259W	New Haven Electric Freight Set		195 ____
2263W	New Haven Freight Set		250 ____
2265T	Tender		20 ____
2265WS	Steam Freight Set		140 ____
2267W	Diesel Freight Set		250 ____

BOXES

		Good (P-5)	Exc (P-7)
2269W	B&O Diesel Freight Set		631
2270W	Jersey Central Passenger Set		850
2271W	Pennsylvania GG1 Freight Set		275
2273W	Milwaukee Road Diesel Freight Set		950
2276W	Budd Passenger Set		225
2277WS	Work Train Set		100
2283W	Steam Freight Set		125
2289WS	Berkshire Super O Freight Set		210
2291W	Rio Grande Diesel Freight Set		400
2292WS	Steam Passenger Set		975
2293W	Pennsylvania GG1 Freight Set	138	1150
2295WS	N&W Steam Freight Set	123	1200
2296W	Canadian Pacific Passenger Set	150	1100
2297WS	N&W Steam Freight Set		600
2321	Lackawanna FM Train Master Diesel	24	75
2322	Virginian FM Train Master Diesel		120
2328	Burlington GP7 Diesel	35	85
2329	Virginian Electric Locomotive		219
2330	Pennsylvania GG1 Electric Locomotive		234
2331	Virginian FM Train Master Diesel	25	168
2332	Pennsylvania GG1 Electric Locomotive	42	105
2332-275	Pennsylvania GG1 Electric Locomotive		270
2333	NYC F3 AA Set (P and T boxes)	35	198
2333	Santa Fe F3 AA Set (master carton)	40	175
2337	Wabash GP7 Diesel, *58*		275
2338	MILW GP7 Diesel (classic)	10	58
2338	MILW GP7 Diesel (brown corrugated)	10	62
2338	MILW GP7 Diesel (brown corrugated marked "2338X")	30	115
2339	Wabash GP7 Diesel, *57*		135
2340-10	Pennsylvania GG1 Electric, tuscan		225
2340-25	Pennsylvania GG1 Electric, green, gold stripes		125
2340-27	Pennsylvania GG1 Electric, green, green stripes		160
2341	Jersey Central FM Train Master Diesel		1000
2343	Santa Fe F3 AA Set (master carton)	53	135
2343	Santa Fe F3 AA Set (P and T boxes)	40	193
2343C	Santa Fe F3 B Unit	20	70
2343P	Santa Fe F3 A Unit		30
2344	NYC F3 AA Set (P and T boxes)	60	210
2344C	NYC F3 B Unit	20	75
2344P	NYC F3 A Unit		450
2344T	NYC F3 Dummy Unit	40	93
2345	Western Pacific F3 AA Set (brown corrugated)		170

BOXES

		Good (P-5)	Exc (P-7)
2346	B&M GP9 Diesel		163 ___
2348	M&StL GP9 Diesel	13	142 ___
2349	Northern Pacific GP9 Diesel	43	167 ___
2349-12	Sleeve for 2349 and 2359 outer boxes		150 ___
2350	New Haven EP-5 Electric Locomotive	10	125 ___
2351	Milwaukee Road EP-5 Electric Locomotive		150 ___
2352	Pennsylvania EP-5 Electric Locomotive		250 ___
2353	Santa Fe F3 AA Set (master carton)	88	250 ___
2353	Santa Fe F3 AA Set (P and T boxes)	40	125 ___
2354	NYC F3 AA Set (master carton)		175 ___
2354P	NYC F3 A Unit (brown corrugated)	95	164 ___
2355	Western Pacific F3 AA Set (P and T boxes)		375 ___
2356	Southern F3 AA Set (master carton)		400 ___
2356C	Southern F3 B Unit		388 ___
2356P	Southern F3 A Unit		125 ___
2356T	Southern F3 Dummy Unit		344 ___
2357	SP-type Caboose	5	15 ___
2358	Great Northern EP-5 Electric Locomotive		325 ___
2359	Boston & Maine GP9 Diesel		90 ___
2360-10	Pennsylvania GG1 Electric Locomotive, tuscan	28	243 ___
2360-25	Pennsylvania GG1 Electric Locomotive, green	18	225 ___
2363	Illinois Central F3 AB Set (C and P boxes)	175	379 ___
2365	C&O GP7 Diesel	15	60 ___
2367C	Wabash F3 B Unit		219 ___
2367P	Wabash F3 A Unit		125 ___
2368	B&O F3 AB Set (master carton)	200	900 ___
2368C	B&O F3 B Unit		450 ___
2368P	B&O F3 A Unit		125 ___
2373	CP F3 AA Set (C and P boxes)		450 ___
2378	Milwaukee Road F3 AB Set (master carton)	200	1000 ___
2378C	Milwaukee Road F3 B Unit		300 ___
2378P	Milwaukee Road F3 A Unit		205 ___
2379C	Rio Grande F3 B Unit	70	305 ___
2379P	Rio Grande F3 A Unit	140	225 ___
2383P	Santa Fe F3 Powered Unit	8	89 ___
2383T	Santa Fe F3 Dummy Unit	13	105 ___
2400	Maplewood Pullman Car	15	40 ___
2401	Hillside Observation Car	10	50 ___
2402	Chatham Pullman Car	10	50 ___
2403B	Tender with bell	17	75 ___
2404	Santa Fe Vista Dome Car	32	68 ___
2405	Santa Fe Pullman Car	20	68 ___
2406	Santa Fe Observation Car	15	50 ___
2408	Santa Fe Vista Dome Car	15	50 ___
2409	Santa Fe Pullman Car	15	50 ___

BOXES		Good (P-5)	Exc (P-7)
_____ 2410	Santa Fe Observation Car	15	50
_____ 2411	Lionel Lines Flatcar	13	59
_____ 2412	Santa Fe Vista Dome Car	10	40
_____ 2414	Santa Fe Pullman Car	10	40
_____ 2416	Santa Fe Observation Car	10	40
_____ 2419	DL&W Work Caboose	8	60
_____ 2420	DL&W Work Caboose with searchlight	19	94
_____ 2421	Maplewood Pullman Car		45
_____ 2422	Chatham Pullman Car		38
_____ 2423	Hillside Observation Car		20
_____ 2426W	Hudson Tender (early classic)	40	279
_____ 2426W	Hudson Tender (middle classic)	40	279
_____ 2429	Livingston Pullman Car		40
_____ 2430	Pullman Car, blue	5	40
_____ 2431	Observation Car, blue	5	40
_____ 2432	Clifton Vista Dome Car	10	35
_____ 2434	Newark Pullman Car	10	35
_____ 2435	Elizabeth Pullman Car	10	35
_____ 2436	Mooseheart Observation Car	10	35
_____ 2440	Pullman Car, green	5	30
_____ 2442	Pullman Car, brown	5	30
_____ 2442	Clifton Vista Dome Car	20	60
_____ 2443	Observation Car, brown	5	30
_____ 2444	Newark Pullman Car	20	68
_____ 2445	Elizabeth Pullman Car	35	190
_____ 2446	Summit Observation Car	20	68
_____ 2452	Pennsylvania Gondola	2	23
_____ 2452X	Pennsylvania Gondola	3	20
_____ X2454	Pennsylvania Boxcar (marked "Box Car")	4	15
_____ X2454	Pennsylvania Boxcar (marked "Merchandise Car")	6	43
_____ 2456	Lehigh Valley Hopper	9	37
_____ 2457	Pennsylvania N5-type Caboose	5	33
_____ X2458	Pennsylvania Automobile Boxcar	5	30
_____ 2460	Bucyrus Erie Crane Car (box with toy logo)	10	40
_____ 2460	Bucyrus Erie Crane Car (box without toy logo)	15	68
_____ 2461	Transformer Car	15	75
_____ 2465	Sunoco 2-D Tank Car	3	15
_____ 2466T	Tender	5	15
_____ 2466W	Tender	5	20
_____ 2466WX	Tender		50
_____ 2481	Plainfield Pullman Car	30	113
_____ 2482	Westfield Pullman Car	30	113
_____ 2483	Livingston Observation Car	30	113
_____ 2501W	M&StL Diesel Freight Set		220
_____ 2507W	New Haven Diesel Freight Set		647

BOXES

		Good (P-5)	Exc (P-7)	
2509WS	Super O Steam Freight Set		250	___
2511W	Pennsylvania Electric Work Set	80	360	___
2513W	Virginian Rectifier Set		450	___
2518W	Pennsylvania Electric Passenger Set		1300	___
2519W	Virginian Train Master Super O Freight Set		400	___
2521	President McKinley Observation Car		60	___
2522	President Harrison Vista Dome Car	18	75	___
2523	President Garfield Pullman Car		75	___
2523W	Santa Fe Super O Freight Set		300	___
2526W	Santa Fe Passenger Set		768	___
2527	Missile Launcher Set, yellow		100	___
2530	REA Baggage Car		85	___
2531	Silver Dawn Observation Car		61	___
2532	Silver Range Vista Dome Car		55	___
2533	Silver Cloud Pullman Car	27	118	___
2534	Silver Bluff Pullman Car	10	60	___
2537W	New Haven Freight Set		600	___
2541	Alexander Hamilton Observation Car	6	97	___
2541W	Santa Fe Super O Freight Set		650	___
2542	Betsy Ross Vista Dome Car	6	90	___
2543	William Penn Pullman Car	6	89	___
2543WS	Berkshire Freight Set		250	___
2544	Molly Pitcher Pullman Car	24	88	___
2544W	Santa Fe Passenger Set		1150	___
2550	B&O Baggage-Mail Rail Diesel Car	75	245	___
2551	Banff Park Observation Car	20	82	___
2551W	GN Electric Set	120	400	___
2552	Skyline 500 Vista Dome Car	25	120	___
2553	Blair Manor Pullman Car	60	182	___
2553WS	Berkshire Freight Set	99	273	___
2554	Craig Manor Pullman Car	95	232	___
2555	Sunoco 1-D Tank Car (overstamped 2755 box)		140	___
2559	B&O Passenger Rail Diesel Car	30	157	___
2560	Lionel Lines Crane Car	10	43	___
2563	Indian Falls Pullman Car		130	___
2572	Boston & Maine Military Set		160	___
2574	Santa Fe Military Set	90	450	___
2625	Irvington Pullman Car		190	___
2627	Madison Pullman Car	20	200	___
2628	Manhattan Pullman Car	10	135	___
2671T	Pennsylvania Tender, for export	23	94	___
2671W	Pennsylvania Tender	10	49	___
2671WX	Lionel Lines Tender	15	63	___
2855	Sunoco 1-D Tank Car	25	161	___
3330	Flatcar with submarine kit	5	95	___

			Good (P-5)	Exc (P-7)
____	3330-100	Operating Submarine Kit, separate sale	75	300
____	3356	Operating Horse Car and Corral Set (classic)	10	40
____	3356	Operating Horse Car and Corral Set (orange picture)	18	85
____	3356-2	Horse Car	77	385
____	3356-100	Black Horses (classic)	3	18
____	3356-100	Black Horses (white box)	5	25
____	3356-150	Horse Car Corral		1200
____	3359	Lionel Lines Twin-bin Coal Dump Car		48
____	3360	Operating Burro Crane	15	60
____	3361X	Operating Log Dump Car	5	50
____	3362	Helium Tank Unloading Car	15	50
____	3364	Log Unloading Car	10	50
____	3366	Circus Car Corral Set		221
____	3366-100	White Horses	5	30
____	3370	W&A Outlaw Car	10	40
____	3376-160	Bronx Zoo Car	10	35
____	3413	Mercury Capsule Car	10	48
____	3419	Helicopter Car	7	37
____	3424	Wabash Operating Boxcar	78	160
____	3424-75	Low Bridge Signal (marked "3424-75" or overstamped on 3424-100 box)	150	300
____	3424-100	Low Bridge Signal	5	20
____	3428	U.S. Mail Operating Boxcar	10	50
____	3434	Poultry Dispatch Car	17	75
____	3435	Traveling Aquarium Car	37	184
____	3451	Operating Log Dump Car	3	20
____	3454	PRR Operating Merchandise Car	18	162
____	3459	LL Operating Coal Dump Car (no toymaker's logo)	40	100
____	3459	LL Operating Coal Dump Car (toymaker's logo)	15	62
____	3461	LL Operating Log Car	3	20
____	3461X-25	Lionel Lines Operating Log Car, green	10	30
____	3462	Automatic Milk Car	10	53
____	X3464	Operating Boxcar	5	20
____	3469X	LL Operating Coal Dump Car	5	20
____	3470	Target Launching Car	30	58
____	3472	Automatic Milk Car	10	35
____	3474	Western Pacific Operating Boxcar		35
____	3482	Automatic Milk Car	15	37
____	3484	Pennsylvania Operating Boxcar		29
____	3484-25	ATSF Operating Boxcar	5	30
____	3494-1	NYC Operating Boxcar	25	48
____	3494-150	Missouri Pacific Operating Boxcar	5	33
____	3494-275	State of Maine Operating Boxcar	10	40

BOXES

		Good (P-5)	Exc (P-7)
3494-550	Monon Operating Boxcar	60	258 ___
3494-625	Soo Operating Boxcar	68	232 ___
3509	Satellite Launching Car	20	75 ___
3512	Fireman and Ladder Car	21	56 ___
3519	Satellite Launching Car	5	20 ___
3520	Searchlight Car	3	25 ___
3530	GM Generator Car	15	58 ___
3530-50	Searchlight with pole and base, separate sale	15	50 ___
3535	Security Car with searchlight		55 ___
3540	Operating Radar Car	5	35 ___
3545	Operating TV Monitor Car		75 ___
3559	Operating Coal Dump Car	10	40 ___
3562-1	ATSF Operating Barrel Car	30	93 ___
3562-25	ATSF Operating Barrel Car, gray	23	57 ___
3562-50	ATSF Operating Barrel Car, yellow	16	60 ___
3562-75	ATSF Operating Barrel Car, orange	20	59 ___
3619	Helicopter Reconnaissance Car	5	58 ___
3620	Searchlight Car	3	25 ___
3650	Extension Searchlight Car	5	28 ___
3656	Stockyard with cattle (set box with car box)	10	50 ___
3656-9	Cattle (marked "3656" on 4 sides, unnumbered tuck flaps)	10	25 ___
3656-9	Cattle (marked "3656" on 4 sldes, "3656-44" on 1 tuck flap)	2	10 ___
3656-9	Cattle (marked "3656-34" on 4 sides, "3656-44" on 1 tuck flap)	2	10 ___
3656-9	Cattle (marked "3656" on 4 sides, "3656-44" on 1 tuck flap, OPS markings)	10	25 ___
3656-9	Cattle (unnumbered sides, marked "3656-44" on 1 tuck flap)	10	25 ___
3656-9	Cattle (unnumbered sides, marked "3656-34" on 1 tuck flap)	15	40 ___
3656-150	Corral Platform, separate sale	263	1050 ___
3662	Automatic Milk Car (classic), *55*	10	40 ___
3662	Automatic Milk Car (orange picture), *64*	10	50 ___
3662	Automatic Milk Car (white box), *66*	15	55 ___
3665	Minuteman Operating Car	20	___
3672	Bosco Operating Milk Car	20	100 ___
3830	Operating Submarine Car		34 ___
3854	Automatic Merchandise Car	125	500 ___
3927	Lionel Lines Track Cleaning Car	10	___
4357	SP-type Caboose, electronic	28	100 ___
4452	PRR Gondola, electronic	15	60 ___
4454	Baby Ruth PRR Boxcar, electronic	20	75 ___
4457	PRR N5-type Caboose, tintype, electronic	31	125 ___
4671W	Tender		33 ___

BOXES

		Good (P-5)	Exc (P-7)
____ 5459	LL Coal Dump Car, electronic	15	68
____ 6001T	Tender		10
____ 6007	Lionel Lines SP-type Caboose	2	10
____ 6012	Gondola	2	10
____ 6014	Boxcar		30
____ 6014-60	Frisco Boxcar, white	10	29
____ 6014-85	Bosco or Frisco Boxcar, orange (classic)	8	47
____ 6014-150	Wix Boxcar	30	125
____ 6014-410	Frisco Boxcar	20	115
____ 6015	Sunoco 1-D Tank Car	5	20
____ 6017	Lionel Lines SP-type Caboose	1	8
____ 6017-85	Lionel Lines SP-type Caboose, gray	10	30
____ 6017-100	B&M SP-type Caboose	10	61
____ 6017-185	ATSF SP-type Caboose	3	15
____ 6017-200	U.S. Navy SP-type Caboose		225
____ 6017-235	ATSF SP-type Caboose	8	35
____ 6019	Remote Control Track	5	
____ 6020W	Tender		50
____ 6024-60	RCA Whirlpool Boxcar	15	60
____ 6025	Gulf 1-D Tank Car (classic)	20	40
____ 6025-60	Gulf 1-D Tank Car	3	10
____ 6025-60	Gulf 1-D Tank Car (classic, overstamped 6024 box)		60
____ 6025-85	Gulf 1-D Tank Car (classic)		60
____ 6026W	Lionel Lines Tender	5	31
____ 6029	Remote Control Uncoupling Track (classic)	3	10
____ 6029	Remote Control Uncoupling Track (orange picture)	15	60
____ 6032	Short Gondola	4	20
____ 6035	Sunoco 1-D Tank Car	7	35
____ 6037	Lionel Lines SP-type Caboose	2	10
____ 6050	Lionel Savings Bank Boxcar	10	35
____ 6057	Lionel Lines SP-type Caboose	5	20
____ 6059	M&StL SP-type Caboose	55	
____ 6062	NYC Gondola	15	30
____ 6066T	Tender	7	15
____ 6111-75	Flatcar with logs	12	51
____ 6112-25	Canister Set	10	30
____ 6112-85	Short Gondola (marked "Canister Car")		35
____ 6112-135	Short Gondola (marked "Canister Car")		60
____ 6119	DL&W Work Caboose, red	5	20
____ 6119-25	DL&W Work Caboose, orange	5	25
____ 6119-50	DL&W Work Caboose, brown	5	25
____ 6119-75	DL&W Work Caboose	10	30
____ 6119-100	DL&W Work Caboose (classic)	4	18

BOXES

		Good (P-5)	Exc (P-7)	
6119-100	DL&W Work Caboose (picture, perforated, or window)	6	30	___
6121	Flatcar with pipes	13	64	___
6121-60	Flatcar with pipes	13	75	___
6130	ATSF Work Caboose (cellophane)	10	35	___
6130	ATSF Work Caboose (Hagerstown checkerboard)	10	40	___
6130	ATSF Work Caboose (all other boxes)	5	25	___
6151	Flatcar with patrol truck	9	48	___
6162-110	NYC Gondola, blue (orange picture)	17	68	___
6162-110	NYC Gondola, red, separate sale (orange picture with label)	30	138	___
6175	Flatcar with rocket	10	34	___
6250	Seaboard NW2 Switcher	39	99	___
6257	SP-type Caboose		8	___
6257X	SP-type Caboose	10	45	___
6262	Flatcar with wheel load	5	20	___
6264	Flatcar with lumber, separate sale	43	150	___
6311	Flatcar with pipes	12	93	___
6315	Gulf 1-D Chemical Tank Car (classic)	20	43	___
6315	Gulf 1-D Chemical Tank Car (Hagerstown checkerboard)	30	53	___
6315-60	Gulf 1-D Chemical Tank Car (orange picture)	5	28	___
6342	NYC Gondola		232	___
6343	Barrel Ramp Car		40	___
6356	NYC Stock Car	3	35	___
6357	SP-type Caboose (classic)		14	___
6357	SP-type Caboose (orange perforated, overstamped)		125	___
6357-50	ATSF SP-type Caboose	88	338	___
6361	Timber Transport Car	5	35	___
6361	Timber Transport Car (Hagerstown checkerboard)	15	75	___
6362	Truck Car		57	___
6401	Flatcar, gray	28	125	___
6403B	Tender with bell	15	75	___
6405	Flatcar with piggyback van	5	35	___
6407	Flatcar with rocket	200	250	___
6411	Flatcar with logs	5	50	___
6413	Mercury Capsule Carrying Car	13	50	___
6414	Evans Auto Loader (classic)	22	65	___
6414	Evans Auto Loader (orange picture)	40	150	___
6414	Evans Auto Loader (orange picture, overstamped 6416 box)		200	___
6414	Evans Auto Loader (orange perforated), *59*		80	___
6414	Evans Auto Loader (cellophane), *66*	20	75	___
6414-25	Four Automobiles	215	875	___

BOXES

			Good (P-5)	Exc (P-7)
___	6415	Sunoco 3-D Tank Car (classic)	5	29
___	6415	Sunoco 3-D Tank Car (orange picture)	30	45
___	6415	Sunoco 3-D Tank Car (cellophane)	40	50
___	6415	Sunoco 3-D Tank Car (Hillside checkerboard)	40	
___	6415	Sunoco 3-D Tank Car (orange picture with label)	100	163
___	6416	Boat Transport Car	25	90
___	6417	PRR N5c Porthole Caboose	4	15
___	6417-1	PRR N5c Porthole Caboose, without "New York Zone"	8	35
___	6417-50	Lehigh Valley N5c Porthole Caboose	25	105
___	6418	Machinery Car	25	60
___	6419	DL&W Work Caboose	5	20
___	6419-25	DL&W Work Caboose	5	20
___	6419-50	DL&W Work Caboose	10	40
___	6419-100	N&W Work Caboose	34	68
___	6420	DL&W Work Caboose with searchlight	10	51
___	6424-60	Twin Auto Flatcar	10	60
___	6424-85	Twin Auto Flatcar		108
___	6424-110	Twin Auto Flatcar		130
___	6425	Gulf 3-D Tank Car	10	20
___	6427	Lionel Lines N5c Porthole Caboose	3	21
___	6427-60	Virginian N5c Porthole Caboose	40	130
___	6427-500	PRR N5c Porthole Caboose, sky blue, from Girls Set	33	128
___	6428	U.S. Mail Boxcar	10	63
___	6429	DL&W Work Caboose	50	188
___	6430	Flatcar with trailers	8	38
___	6431	Flatcar with vans and tractor (cellophane), *66*	50	175
___	6434	Poultry Dispatch Stock Car		53
___	6436-1	Lehigh Valley Open Quad Hopper, black	7	35
___	6436-25	Lehigh Valley Open Quad Hopper, maroon	4	35
___	6436-110	Lehigh Valley Open Quad Hopper, red	5	25
___	6436-500	Lehigh Valley Open Quad Hopper, lilac, from Girls Set	30	108
___	6436-1969	TCA Hopper (Hagerstown checkered)		65
___	6437	PRR N5c Porthole Caboose	3	15
___	6440	Flatcar with vans	11	34
___	6442	Brown Pullman Car	10	50
___	6443	Brown Observation Car	10	39
___	6446-25	N&W Covered Quad Hopper		38
___	6446-60	Lehigh Valley Covered Quad Hopper	125	400
___	6447	PRR N5c Porthole Caboose	60	242
___	6448	Exploding Target Range Boxcar	8	35
___	6452	Pennsylvania Gondola		45
___	X6454	Santa Fe, NYC, or Baby Ruth Boxcar	5	31

BOXES

		Good (P-5)	Exc (P-7)	
X6454	PRR Boxcar	15	32	___
X6454	PRR Boxcar (classic, overstamped 3464 box)	10	35	___
X6454	SP Boxcar	10	35	___
X6454	Erie Boxcar	10	42	___
6456	Lehigh Valley Short Hopper		10	___
6456-25	LV Short Hopper ("25" rubber-stamped on endflaps)	5	70	___
6456-75	Lehigh Valley Short Hopper	30	138	___
6457	SP-type Caboose	3	15	___
6460	Bucyrus Erie Crane Car	10	40	___
6461	Transformer Car	5	30	___
6462-25	NYC Gondola, green	3	24	___
6462-75	NYC Gondola, red	3	15	___
6462-500	NYC Gondola, pink, from Girls Set	35	143	___
6463	Rocket Fuel 2-D Tank Car	20	35	___
6464-1	Western Pacific Boxcar	5	53	___
6464-25	Great Northern Boxcar	5	43	___
6464-50	M&StL Boxcar	3	25	___
6464-75	Rock Island Boxcar	5	60	___
6464-100	Western Pacific Boxcar	15	70	___
6464-125	NYC Pacemaker Boxcar	15	55	___
6464-150	Missouri Pacific Boxcar	10	59	___
6464-175	Rock Island Boxcar	8	83	___
6464-200	Pennsylvania Boxcar	10	73	___
6464-225	SP Boxcar	14	40	___
6464-250	Western Pacific Boxcar (orange picture with label)	63	315	___
6464-250	Western Pacific Blue Feather Boxcar (classic for 6464-100), *54*	100	450	___
6464-250	Western Pacific Boxcar (cellophane)	25	110	___
6464-275	State of Maine Boxcar	10	40	___
6464-300	Rutland Boxcar, *55*	45	145	___
6464-325	B&O Sentinel Boxcar	25	200	___
6464-350	MKT Boxcar	25	125	___
6464-375	Central of Georgia Boxcar	10	50	___
6464-400	B&O Time-Saver Boxcar	5	44	___
6464-425	New Haven Boxcar (classic)	7	34	___
6464-425	New Haven Boxcar (Hagerstown)	10	40	___
6464-450	Great Northern Boxcar	15	53	___
6464-450	Great Northern Boxcar (cellophane)	15	85	___
6464-475	B&M Boxcar	8	47	___
6464-500	Timken Boxcar	5	51	___
6464-510	NYC Pacemaker Boxcar	80	275	___
6464-515	MKT Boxcar	45	275	___
6464-525	M&StL Boxcar	5	33	___
6464-650	D&RGW Boxcar (cellophane)	13	40	___

BOXES

		Good (P-5)	Exc (P-7)
___ 6464-700	Santa Fe Boxcar	15	60
___ 6464-725	New Haven Boxcar (orange picture, "735" on box)	5	30
___ 6464-725	New Haven Boxcar (Hagerstown checkerboard)	25	80
___ 6464-825	Alaska Boxcar	50	225
___ 6464-900	NYC Boxcar	7	30
___ 6464-1970	TCA Boxcar	5	35
___ 6465	Gulf 2-D Tank Car, black (classic)	10	40
___ 6465-60	Gulf 2-D Tank Car, gray	5	15
___ 6465-110	Cities Service 2-D Tank Car (orange perforated)	18	86
___ 6465-160	Lionel Lines Tank Car (orange picture)	188	250
___ 6465	Sunoco 2-D Tank Car (classic, overstamped 2465 box)		25
___ 6465	Sunoco 2-D Tank Car (classic, overstamped 6555 box)		20
___ 6465	Sunoco 2-D Tank Car (orange picture, 6464-900 label)		100
___ 6465-60	Sunoco 2-D Tank Car (classic)		30
___ 6465-85	Lionel Lines 2-D Tank Car (orange perforated)	33	75
___ 6466W	Lionel Lines Tender	8	25
___ 6466WX	Lionel Lines Tender	10	45
___ 6468	B&O Auto Boxcar, tuscan (marked "X")	28	104
___ 6468	B&O Auto Boxcar, blue	5	27
___ 6468-25	NH Auto Boxcar	5	37
___ 6470	Explosives Boxcar	5	20
___ 6472	Refrigerator Car	5	15
___ 6475	Pickles Vat Car (orange picture)		112
___ 6476	Lehigh Valley Short Hopper		13
___ 6476-85	Lehigh Valley Short Hopper	20	70
___ 6476-135	Lehigh Valley Short Hopper		30
___ 6482	Refrigerator Car	5	55
___ 6500	Flatcar with Bonanza airplane	50	175
___ 6501	Flatcar with jet boat	10	50
___ 6512	Cherry Picker Car		30
___ 6517	Lionel Lines Bay Window Caboose	10	45
___ 6517-60	Bay Window Caboose (TCA)	24	113
___ 6517-75	Erie Bay Window Caboose	35	144
___ 6518	Transformer Car	20	70
___ 6519	Allis-Chalmers Flatcar (classic)	25	64
___ 6519	Allis-Chalmers Flatcar (orange perforated)	20	118
___ 6520	Searchlight Car	10	50
___ 6530	Firefighting Instruction Car	10	50
___ 6536	M&StL Open Quad Hopper		60
___ 6544	Missile Firing Car	18	62

BOXES

		Good (P-5)	Exc (P-7)	
6555	Sunoco 1-D Tank Car		25	___
6556	MKT Stock Car	44	250	___
6557	SP-type Caboose	15	72	___
6560	Bucyrus Erie Crane Car (Hagerstown checkerboard)	14	55	___
6560	Bucyrus Erie Crane Car (all other boxes)	12	40	___
6560-25	Bucyrus Erie Crane Car, 8-wheel	12	40	___
6561	Cable Car, 2 reels	5	25	___
6562-1	NYC Gondola, gray	8	23	___
6562-25	NYC Gondola, red	5	23	___
6562-50	NYC Gondola, black	10	40	___
6572	REA Reefer (classic)		65	___
6572	REA Reefer (orange picture)	5	25	___
6646	Lionel Lines Stock Car	5	28	___
6650	IRBM Rocket Launcher	8	40	___
6657	Rio Grande SP-type Caboose	25	131	___
6660	Boom Car		70	___
6670	Derrick Car	23	60	___
6736	Detroit & Mackinac Open Quad Hopper	22	86	___
6800	Flatcar with airplane (classic)	23	76	___
6800	Flatcar with airplane (orange perforated)		100	___
6800-60	Airplane, separate sale	93	233	___
6801	Flatcar with brown and white boat	5	40	___
6801-50	Flatcar with yellow and white boat	10	50	___
6801-60	Boat, separate sale	30	88	___
6801-75	Flatcar with blue and white boat	10	40	___
6803	Flatcar with USMC tank and sound truck	10	103	___
6804	Flatcar with USMC trucks	10	95	___
6805	Atomic Energy Disposal Flatcar	30	130	___
6806	Flatcar with USMC trucks	10	142	___
6809	Flatcar with USMC trucks	10	93	___
6812	Track Maintenance Car	10	45	___
6814	Rescue Caboose	20	140	___
6816	Flatcar with Allis-Chalmers Bulldozer	41	185	___
6816-100	Allis-Chalmers bulldozer	125	400	___
6817	Flatcar with Allis-Chalmers motor scraper	50	208	___
6819	Flatcar with helicopter	5	15	___
6820	Aerial Missile Transport Car with helicopter	149	285	___
6822	Searchlight Car	5	25	___
6823	Flatcar with IRBM missiles	15	50	___
6825	Flatcar with arch trestle bridge	10	29	___
6826	Flatcar with Christmas trees		60	___
6827	Flatcar with Harnischfeger power shovel	13	130	___
6828	Flatcar with Harnischfeger crane (cellophane, no crane kit box)	45	160	___

BOXES

		Good (P-5)	Exc (P-7)
_____ 6828	Flatcar with Harnischfeger crane (orange picture, no crane kit box)	10	40
_____ 6828	Harnischfeger Crane Kit, used with flatcar		135
_____ 6828-100	Harnischfeger Crane, separate sale	10	55
_____ 6844	Missile Carrying Car	20	48
_____ 9658	Steam Freight Set (Sears uncatalogued)		230
_____ 11001	Steam Freight Set (advance catalog 1962)		10
_____ 11268	Military Set		120
_____ 11288	Steam Freight Set	50	
_____ 11415	Steam Freight Set (advance catalog 1963)		15
_____ 11450	Steam Freight Set	25	
_____ 11460	Steam Freight Set		30
_____ 11560	Texas Special Set	15	25
_____ 11580	Steam Freight Set (uncatalogued)		15
_____ 11750	Steam Freight Set	20	
_____ 12730	Santa Fe Diesel Freight Set		185
_____ 12760	Berkshire Freight Set		400
_____ 12780	Santa Fe Passenger Set		550
_____ 12800	B&M Diesel Freight Set		50
_____ 12800X	B&M Diesel Freight Set		190
_____ 12820	Virginian Train Master Freight Set	100	240
_____ 13008	Super O Introductory Set		60
_____ 13018	Santa Fe Space-age Military Set		1200
_____ 13058	Santa Fe Space-age Military Set		400
_____ 13088	Santa Fe Passenger Set		1550
_____ 13098	Steam Freight Set		300
_____ 13118	Berkshire Freight Set		250
_____ 13128	Santa Fe Space-age Military Set		650
_____ 13150	Hudson Freight Set		900
_____ 19151	Military Set (Allied Stores uncatalogued)		175
_____ 19244	Steam Freight Set (Western Auto uncatalogued)	30	
_____ 19394	CN Diesel Freight Set (uncatalogued)		65
_____ 19561	UP Freight Set (Sears uncatalogued)		170
_____ KW	Transformer, 190 watts	10	45
_____ LW	Transformer, 125 watts		20
_____ RCS	Remote Control Track		60
_____ RW	Transformer, 110 watts		15
_____ ZW	Transformer, 275 watts (orange, with inserts)	10	75
_____ ZW	Transformer, 275 watts (yellow, with inserts)	25	135

Exc

463W	Steam Freight Set, *45* (224, 2466W, 2458, 2452, 2555, 2457)	600 ____
1000W	027 Steam Freight Set, *55* (2016, 6026W, 6014, 6012, 6017)	250 ____
1001	027 Diesel Freight Set, *55* (610, 6012, 6014, 6017)	250 ____
1111	027 Scout Freight Set, *48* (1001, 1001T, 1002, 1005, 1007)	225 ____
1112	027 Scout Freight Set, *48* (1001 or 1101, 1001T, 1002, 1004, 1005, 1007)	250 ____
1113	027 Scout Freight Set, *50* (1120, 1001T, 1002, 1005, 1007)	140 ____
1115	027 Scout Freight Set, *49* (1110, 1001T, 1002, 1005, 1007)	150 ____
1117	027 Scout Freight Set, *49* (1110, 1001T, 1002, 1005, 1004, 1007)	150 ____
1119	027 Freight Scout Set, *51–52* (1110, 1001T, 1002, 1004, 1007)	150 ____
1400	027 Steam Passenger Set, *46* (221, 221T, two 2430, 2431)	600 ____
1400W	027 Steam Passenger Set, *46* (221, 221W, two 2430 2431)	720 ____
1401	027 Steam Freight Set, *46* (1654, 1654T, 2452X, 2465, 2472)	120 ____
1401W	027 Steam Freight Set, *46* (1654, 1654W, 2452X, 2465, 2472)	220 ____
1402	027 Steam Passenger Set, *46* (1666, 2466T, two 2440, 2441)	550 ____
1402W	027 Steam Passenger Set, *46* (1666, 2466W, two 2440, 2441)	550 ____
1403	027 Steam Freight Set, *46* (221, 221T, 2411, 2465, 2472)	400 ____
1403W	027 Steam Freight Set, *46* (221, 221W, 2411, 2465, 2472)	500 ____
1405	027 Steam Freight Set, *46* (1666, 2466T, 2452X, 2465, 2472)	145 ____
1405W	027 Steam Freight Set, *46* (1666, 2466W, 2452X, 2465, 2472)	250 ____
1407B	027 Steam Switcher Set, *46* (1665, 2403B, 2560, 2452X, 2419)	840 ____
1409	027 Steam Freight Set, *46* (1666, 2466T, 3559, 2465, 3454, 2472)	425 ____
1409W	027 Steam Freight Set, *46* (1666, 2466W, 3559, 2465, 3454, 2472)	485 ____
1411W	027 Steam Freight Set, *46* (1666, 2466WX, 2452X, 2465, 2454, 2472)	235 ____
1413WS	027 Steam Freight Set, *46* (2020, 2466WX, 2452X, 2465, 2454, 2472)	310 ____
1415WS	027 Steam Freight Set, *46* (2020, 2020W, 3459, 3454, 2465, 2472)	600 ____
1417WS	027 Steam Work Train Set, *46* (2020, 2020W, 2465, 3451, 2560, 2419)	700 ____

			Exc
SETS			
1419WS	027 Steam Freight Set, *46*		
___	(2020, 2020W, 3459, 2452X, 2560, 2419, 97)		880
1421WS	027 Steam Freight Set, *46*		
___	(2020, 2020W, 3451, 2465, 3454, 2472, 164)		1100
1423W	027 Steam Freight Set, *48–49*		
___	(1655, 6654W, 6452, 6465, 6257)		150
1425B	027 Steam Switcher Freight Set, *48*		
___	(1656, 2403B, 6456, 6465, 6257X)		825
1425B	027 Steam Switcher Freight Set, *49*		
___	(1656, 6403B, 6456, 6465, 6257)		825
1426WS	027 Steam Passenger Set, *48–49*		
___	(2026, 6466WX, two 6440, 6441)		550
1427WS	027 Steam Freight Set, *48*		
___	(2026, 6466WX, 6454, 6465, 6257)		215
1429WS	027 Steam Freight Set, *48*		
___	(2026, 6466WX, 3451, 6454, 6465, 6257)		225
1430WS	027 Steam Passenger Set, *48–49*		
___	(2025, 6466WX, 2400, 2401, 2402)		800
1431	027 Steam Freight Set, *47*		
___	(1654, 1654T, 2452X, 2465, 2472)		150
1431W	027 Steam Freight Set, *47*		
___	(1654, 1654W, 2452X, 2465, 2472)		150
1432	027 Steam Passenger Set, *47*		
___	(221, 221T, two 2430, 2431)		850
1432W	027 Steam Passenger Set, *47*		
___	(221, 221W, two 2430 2431)		850
1433	027 Steam Freight Set, *47*		
___	(221, 221T, 2411, 2465, 2457)		375
1433W	027 Steam Freight Set, *47*		
___	(221, 221 W, 2411, 2465, 2457)		375
1434WS	027 Steam Passenger Set, *47*		
___	(2025, 2466WX, two 2440, 2441)		430
1435WS	027 Steam Freight Set, *47*		
___	(2025, 2466WX, 2452X, 2454, 2457)		263
1437WS	027 Steam Freight Set, *47*		
___	(2025, 2466WX, 2452X, 2465, 2454, 2472)		223
1439WS	027 Steam Freight Set, *47*		
___	(2025, 2466WX, 3559, 2465, 3454, 2457)		425
1441WS	027 Steam Work Train Set, *47*		
___	(2020, 2020W, 2560, 2461, 3451, 2419)		520
1443WS	027 Steam Freight Set, *47*		
___	(2020, 2020W, 3459, 3462, 2465, 2457)		400
1445WS	027 Steam Freight Set, *48*		
___	(2025, 6466WX, 6454, 3559, 6465, 6357)		325
1447WS	027 Steam Work Train Set, *48*		
___	(2020, 6020W, 3451, 2461, 2460, 6419)		525
1447WS	027 Steam Work Train Set, *49*		
___	(2020, 6020W, 6461, 3461, 2460, 6419)		475
1449WS	027 Steam Freight Set, *48*		
___	(2020, 6020W, 3462, 3459, 6411, 6465, 6357)		430
1451WS	027 Steam Freight Set, *49*		
___	(2026, 6466WX, 6462, 3464, 6257)		265
1453WS	027 Steam Freight Set, *49*		
___	(2026, 6466WX, 3464, 6465, 3461, 6357)		325
1455WS	027 Steam Freight Set, *49*		
___	(2025, 6466WX, 6462, 6465, 3472, 6357)		375

SETS		Exc
1457B	027 Diesel Freight Set, *49–50* (6220, 3464, 6462, 6520, 6419)	600 ___
1459WS	027 Steam Freight Set, *49* (2020, 6020W, 6411, 3656, 6465, 3469, 6357)	500 ___
1461S	027 Steam Freight Set, *50* (6110, 6001T, 6002, 6004, 6007)	175 ___
1463W	027 Freight Set, *50* (2036, 6466W, 6462, 6465, 6257)	200 ___
1463WS	027 Freight Set, *51* (2026, 6466W, 6462, 6465, 6257)	150 ___
1464W	027 UP Diesel Passenger Set, *50* (2023 AA, 2481, 2482, 2483)	1400 ___
1464W	027 UP Passenger Set, *51* (2023 AA, 2421, 2422, 2423)	1000 ___
1464W	027 UP Passenger Set, *52–53* (2033 AA, 2421, 2422, 2423)	900 ___
1465	027 Steam Freight Set, *52* (2034, 6066T, 6032, 6035, 6037)	135 ___
1467W	027 UP Diesel Freight Set, *50–51* (2023 AA, 6656, 6465, 6456, 6357)	600 ___
1467W	027 Erie Diesel Freight Set, *52–53* (2032 AA, 6656, 6456, 6465, 6357)	500 ___
1469WS	027 Steam Freight Set, *50–51* (2035, 6466W, 6462, 6465, 6456, 6257)	225 ___
1471WS	027 Steam Freight Set, *50–51* (2035, 6466W, 3469, 6465, 6454, 3461, 6357)	400 ___
1473WS	027 Steam Freight Set, *50* (2046, 2046W, 3464, 6465, 6520, 6357)	400 ___
1475WS	027 Steam Freight Set, *50* (2046, 2046W, 3656, 3461, 6472, 3469, 6419)	525 ___
1477S	027 Freight Set, *51–52* (2026, 6466T, 6012, 6014, 6017)	200 ___
1479WS	027 Freight Set, *52* (2056, 2046W, 6462, 6465, 6456, 6257)	425 ___
1481WS	027 Steam Freight Set, *51* (2035, 6466W, 3464, 3472, 6465, 6462, 6357)	415 ___
1483WS	027 Steam Freight Set, *52* (2056, 2046W, 3472, 6462, 6465, 3474, 6357)	600 ___
1484WS	027 Steam Passenger Set, *52* (2056, 2046W, 2421, 2422, 2423, 2429)	800 ___
1485WS	027 Steam Freight Set, *52* (2025, 6466W, 6462, 6465, 6257)	165 ___
1500	027 Steam Freight Set, *53* (1130, 6066T, 6032, 6034, 6037)	150 ___
1500	027 Steam Freight Set, *54* (1130, 1130T, 6032, 6034, 6037)	125 ___
1501S	027 Steam Freight Set, *53* (2026, 6066T, 6032, 6035, 6037)	120 ___
1502WS	027 Steam Passenger Set, *53* (2055, 2046W, 2421, 2422, 2423)	750 ___
1503WS	027 Steam Freight Set, *53–54* (2055, 6026W, 6462, 6465, 6456, 6257)	425 ___
1505WS	027 Steam Freight Set, *53* (2046, 2046W, 6462, 6464-1, 6415, 6357)	450 ___
1507WS	027 Steam Freight Set, *53* (2046, 2046W, 6415, 6462, 3472, 6468, 6357)	450 ___

SETS

			Exc
	1509WS	027 Steam Freight Set, *53* (2046, 2046W, 6456, 3520, 3469, 6460, 6419)	500
	1511S	027 Steam Freight Set, *53* (2037, 6066T, 6032, 3474, 6035, 6037)	225
	1513S	027 Steam Freight Set, *54–55* (2037, 6026T, 6012, 6014, 6015, 6017)	200
	1515WS	027 Steam Freight Set, *54* (2065, 2046W, 6462, 6415, 6464-25, 6456-25, 6357)	370
	1516WS	027 Passenger Set, *54* (2065, 2046W, 2434, 2432, 2436)	650
	1517W	027 Diesel Freight Set, *54* (2245P/C AB, 6464-225, 6561, 6462-25, 6427)	1250
	1519WS	027 Steam Freight Set, *54* (2065, 6026W, 6356, 6462-75, 3482, 3461-25, 6427)	550
	1520W	027 Texas Special Passenger Set, *54* (2245P/C AB, 2432, 2435, 2436)	1700
	1521WS	027 Steam Work Train Set, *54* (2065, 2046W, 3620, 6561, 6460, 3562, 6419)	700
	1523	027 Diesel Work Train Set, *54* (6250, 6511, 6456-25, 6460-25, 6419-25)	700
	1525	027 Diesel Freight Set, *55* (600, 6111, 6014, 6017)	100
	1527	027 Steam Work Train Set, *55* (1615, 1615T, 6462-125, 6560, 6119)	500
	1529	027 PRR Diesel Freight Set, *55* (2028, 6311, 6436, 6257)	750
	1531W	027 Diesel Freight Set, *55* (2328, 6462-125, 6465, 6456 or 6456-25, 6257)	600
	1533WS	027 Steam Freight Set, *55* (2055, 6026W, 3562-50, 6436, 6465, 6357)	450
	1534W	027 Diesel Passenger Set, *55* (2328, 2432, 2434, 2436)	1000
	1536W	027 Texas Special Passenger Set, *55* (2245P/C AB, two 2432, 2436)	1700
	1537WS	027 Steam Freight Set, *55* (2065, 6026W, 3469, 6464-275, 3562-50, 6357)	500
	1538WS	027 Steam Passenger Set, *55* (2065, 2046W, 2432, 2434, 2435, 2436)	900
	1539W	027 Santa Fe Diesel Freight Set, *55* (2243P/C AB, 3620, 6446, 6561, 6560, 6419)	850
	1541WS	027 Steam Freight Set, *55* (2065, 2046W, 3482, 6415, 3461-25, 3494-1, 6427)	600
	1542	027 Electric Freight Set, *56* (520, 6014, 6012, 6017)	200
	1543	027 Diesel Freight Set, *56* (627, 6121, 6112, 6017)	225
	1545	027 Diesel Freight Set, *56* (628, 6424, 6014, 6025, 6257)	275
	1547S	027 Steam Freight Set, *56* (2018, 6026T, 6121, 6112, 6014, 6257)	200
	1549S	027 Diesel Work Train Set, *56* (1615, 1615T, 6262, 6560, 6119-25)	800
	1551W	027 Diesel Freight Set, *56* (621, 6362, 6425, 6562-25, 6257)	400
	1552	027 Diesel Passenger Set, *56* (629, 2432, 2434, 2436)	1000

SETS

		Exc
1553W	O27 MILW Diesel Freight Set, *56* (2338, 6430, 6462-125, 6464-425, 6346, 6257)	700 ___
1555WS	O27 Steam Freight Set, *56* (2018, 6026W, 3361, 6464-400, 6462-125, 6257)	282 ___
1557W	O27 Diesel Work Train Set, *56* (621, 6436, 6511, 3620, 6560, 6119-25)	500 ___
1559W	O27 MILW Diesel Freight Set, *56* (2338, 6414, 3562-50, 6362, 3494-275, 6357)	800 ___
1561WS	O27 Steam Freight Set, *56* (2065, 6026W, 3424, 6262, 6562-25, 6430, 6257)	500 ___
1562W	O27 Diesel Passenger Set, *56* (2328, two 2442, 2444, 2446)	2000 ___
1563W	O27 Wabash Diesel Freight Set, *56* (2240P/C AB, 6467, 3562-50, 6414, 3620, 6357)	1600 ___
1565WS	O27 Steam Freight Set, *56* (2065, 6026W, 3662, 3650, 6414, 6346, 6357)	555 ___
1567W	O27 Santa Fe Diesel Freight Set, *56* (2243P/C AB, 3356, 3424, 6430, 6672, 6357)	1200 ___
1569	O27 UP Diesel Freight Set, *57* (202, 6014, 6111, 6112, 6017)	250 ___
1571	O27 LV Diesel Freight Set, *57* (625, 6424, 6476, 6121, 6112, 6017)	400 ___
1573	O27 Steam Freight Set, *57* (250, 250T, 6112, 6025, 6476, 6464-425, 6017)	190 ___
1575	O27 MP Diesel Freight Set, *57* (205P/T AA, 6121, 6112, 6111, 6560-25, 6119-100)	320 ___
1577S	O27 Steam Freight Set, *57* (2018, 1130T, 6014, 6121, 6464-475, 6111, 6112, 6017)	250 ___
1578S	O27 Steam Passenger Set, *57* (2018, 1130T, 2432, 2434, 2436)	500 ___
1579S	O27 Steam Freight Set, *57* (2037, 1130T, 6476, 6121, 6468-25, 6111, 6112, 6025, 6017)	225 ___
1581	O27 Jersey Central Diesel Freight Set, *57* (611, 6464-650, 6424, 6024, 6025, 6476, 6560-25, 6119-100)	450 ___
1583WS	O27 Steam Freight Set, *57* (2037, 6026W, 6482, 6112, 6646, 6121, 6476, 6017)	300 ___
1585W	O27 Seaboard Diesel Freight Set, *57* (602, 6014, 6111, 6464-525, 6025, 6121, 6112, 6476, 6024, 6017)	475 ___
1586	O27 Santa Fe Diesel Passenger Set, *57* (204P/T AA, two 2432, 2436)	700 ___
1587S	O27 Steam Freight Set (Girls Set), *57–58* (2037-500, 1130T-500, 6462-500, 6464-515, 6436-500, 6464-510, 6427-500)	3500 ___
1589WS	O27 Steam Freight Set, *57* (2037, 6026W, 6424, 6464-450, 6025, 6024, 6111, 6112, 6017)	500 ___
1590	O27 Steam Freight Set, *58* (249, 250T, 6014, 6151, 6112, 6017)	300 ___
1591	O27 Military Set, *58* (212, 6803, 6809, 6807, 6017-50)	885 ___
1593	O27 UP Diesel Work Set, *58* (613, 6476, 6818, 6660, 6112, 6119-100)	650 ___

		Exc
1595	027 Military Set, *58* (1625, 1625T, 6804, 6806, 6808, 6017-85)	1700
1597S	027 Steam Freight Set, *58* (2018, 1130T, 6014, 6818, 6476, 6025, 6112, 6017)	375
1599	027 Texas Special Freight Set, *58* (210P/T AA, 6801, 6014, 6424, 6112, 6465, 6017)	400
1600	027 Burlington Diesel Passenger Set, *58* (216, 6572, 2432, 2436)	763
1601W	027 Wabash Diesel Freight Set, *58* 2337, 6800, 6464-425, 6801, 6810, 6017)	900
1603WS	027 Steam Freight Set, *58* (2037, 6026W, 6424, 6014, 6818, 6112, 6017)	400
1605W	027 Santa Fe Diesel Freight Set, *58* (208P/T AA, 6800, 6464-425, 6801, 6477, 6802, 6017)	900
1607WS	027 Steam Work Train Set, *58* (2037, 6026W, 6465, 6818, 6464-425, 6660, 6112, 6119-100)	450
1608W	027 NH Diesel Passenger Set, *58* (209P/T AA, two 2432, 2434, 2436)	1700
1609	027 Steam Freight Set, *59–60* (246, 1130T, 6162-25, 6476, 6057)	114
1611	027 Alaska Diesel Freight Set, *59* (614, 6825, 6162-60, 6465, 6027)	550
1612	027 General Set, *59–60* (1862, 1862T, 1866, 1865)	340
1613S	027 B&O Steam Freight Set, *59* (247, 247T, 6826, 6819, 6821, 6017)	300
1615	027 B&M Diesel Freight Set, *59* (217P/C AB, 6800, 6464-475, 6812, 6825, 6017-100)	550
1617S	027 Steam Work Train Set, *59* (2018, 1130T, 6816, 6536, 6812, 6670, 6119-100)	800
1619W	027 Santa Fe Diesel Freight Set, *59* (218P/T AA, 6819, 6802, 6801, 6519, 6017-185)	450
1621WS	027 Steam Freight Set, *59* (2037, 6026W, 6825, 6519, 6062, 6464-475, 6017)	325
1623W	027 NP Diesel Freight, *59* (2349, 3512, 3435, 6424, 6062, 6017)	1600
1625WS	027 Steam Freight Set, *59* (2037, 6026W, 6636, 3512, 6470, 6650, 6017)	400
1626W	027 Santa Fe Diesel Passenger Set, *59* (208P/T AA, 3428, two 2412, 2416)	700
1627S	027 Steam Freight Set, *60* (244, 244T, 6062, 6825, 6017)	150
1629	027 C&O Diesel Freight Set, *60* (225, 6650, 6470, 6819, 6219)	295
1631WS	027 Steam Freight Set, *60* (243, 243W, 6519, 6812, 6465, 6017)	325
1633	027 U.S. Navy Diesel Freight Set, *60* (224P/C AB, 6544, 6830, 6820, 6017-200)	1300
1635WS	027 Steam Freight Set, *60* (2037, 6026W or 243W, 6361, 6826, 6636, 6821, 6017)	460
1637W	027 Santa Fe Diesel Freight Set, *60* (218P/T AA, 6475, 6175, 6464-475, 6801 or 6424-110, 6017-185)	550

		Exc
SETS		
1639WS	027 Steam Freight Set, *60* (2037, 6026W or 243W, 6816, 6817, 6812, 6530, 6560, 6119-100)	1250 ___
1640W	027 Santa Fe Diesel Passenger Set, *60* (218P/T AA, 3428, two 2412, 2416, 1640-100)	750 ___
1641	027 Steam Freight Set, *61* (246, 244T, 3362, 6162, 6057)	150 ___
1642	027 Steam Freight Set, *61* (244, 1130T, 3376, 6405, 6119)	200 ___
1643	027 C&O Diesel Freight Set, *61* (230, 3509, 6050, 6175, 6058)	335 ___
1644	027 General Set, *61* (1862, 1862T, 3370, 1866, 1865)	370 ___
1645	027 Diesel Freight Set, *61* (229, 3410, 6465-110, 6825, 6059)	250 ___
1646	027 Steam Freight Set, *61* (233, 233W, 6162, 6343, 6476, 6017)	325 ___
1647	027 U.S. Marines Military Set, *61* (45, 3665, 3519, 6830, 6448, 6814)	850 ___
1648	027 Steam Freight Set, *61* (2037, 233W, 6062, 6465-110, 6519, 6476, 6017)	200 ___
1649	027 Santa Fe Diesel Freight Set, *61* (218P/C AB, 6343, 6445, 6475, 6405, 6017)	500 ___
1650	027 Steam Military Set, *61* (2037, 233W, 6544, 6470, 3330, 3419, 6017)	500 ___
1651	027 Santa Fe Diesel Passenger Set, *61* (218P/T or 220T AA, two 2412, 2414, 2416)	675 ___
1800	General Gift Pack, *59–60* (1862, 1862T, 1865, 1866, 1877, storybook)	415 ___
1805	027 Military Set (Land-Sea and Air Gift Pack), *60* (45, 3429, 3820, 6640, 6824)	2000 ___
1809	Western Gift Pack, *61* (244, 1130T, 3370, 3376, 1877, 6017)	300 ___
1810	Space Age Gift Pack, *61* (231, 3665, 3519, 3820, 6017)	500 ___
2100	Steam Passenger Set, *46* (224, 2466T, two 2442, 2443)	550 ___
2100W	Steam Passenger Set, *46* (224, 2466W, two 2442, 2443)	550 ___
2101	Steam Freight Set, *46* (224, 2466T, 2555, 2452, 2457)	350 ___
2101W	Steam Freight Set, *46* (224, 2466W, 2555, 2452, 2457)	350 ___
2103W	Steam Freight Set, *46* (224, 2466W, 2458, 3559, 2555, 2457)	400 ___
2105WS	Steam Freight Set, *46* (671, 2466W, 2555, 2454, 2457)	425 ___
2110WS	Steam Passenger Set, *46* (671, 2466W, three 2625)	1875 ___
2111WS	Steam Freight Set, *46* (671, 2466W, 3459, 2411, 2460, 2420)	795 ___
2113WS	Steam Freight Set, *46* (726, 2426W, 2855, 3854, 2857)	1900 ___
2114WS	Steam Passenger Set, *46* (726, 2426W, three 2625)	2500 ___

			Exc
SETS			
____	**2115WS**	Steam Work Train Set, *46* (726, 2426W, 2458, 3451, 2460, 2420)	1500
____	**2120S**	Steam Passenger Set, *47* (675, 2466T, two 2442, 2443)	500
____	**2120WS**	Steam Passenger Set, *47* (675, 2466WX, two 2442, 2443)	500
____	**2121S**	Steam Freight Set, *47* (675, 2466T, 2555, 2452, 2457)	400
____	**2121WS**	Steam Freight Set, *47* (675, 2466WX, 2555, 2452, 2457)	400
____	**2123WS**	Steam Freight Set, *47* (675, 2466WX, 2458, 3559, 2555, 2457)	450
____	**2124W**	PRR Electric Passenger Set, *47* (2332 GG-1 green, 2625 Irvington, 2625 Madison, 2625 Manhattan)	3200
____	**2125WS**	Steam Freight Set, *47* (671, 671W, 2411, 2454, 2452, 2457)	550
____	**2126WS**	Steam Passenger Set, *47* (671, 671W, 2625 Irvington, 2625 Madison, 2625 Manhattan)	1950
____	**2127WS**	Steam Work Train Set, *47* (671, 671W, 3459, 2461, 2460, 2420)	725
____	**2129WS**	Steam Freight Set, *47* (726, 2426W, 3854, 2411, 2855, 2457)	2000
____	**2131WS**	Steam Work Train Set, *47* (726, 2426W, 3462, 3451, 2460, 2420)	1200
____	**2133W**	Diesel Freight Set, *48* (2333P/T AA, 2458, 3459, 2555, 2357)	1350
____	**2135WS**	Steam Freight Set, *48* (675, 2466WX, 2456, 2411, 2357)	350
____	**2135WS**	Steam Freight Set, *49* (675, 6466WX, 6456, 6411, 6457)	350
____	**2136WS**	Steam Passenger Set, *48* (675, 2466WX, two 2442, 2443)	620
____	**2136WS**	Steam Passenger Set, *49* (675, 6466WX, two 6442, 6443)	600
____	**2137WS**	Steam Freight Set, *48* (675, 2466WX, 2458, 3459, 2456, 2357)	400
____	**2139W**	PRR Electric Freight Set, *49* (2332, 6456, 3464, 3461, 6457)	1400
____	**2139W**	PRR Electric Freight Set, *48* (2332, 2458, 3451, 2456, 2357)	1425
____	**2140WS**	Steam Passenger Set, *48–49* (671, 2671W, 2400, 2401, 2402)	1925
____	**2141WS**	Steam Freight Set, *48* (671, 2671W, 3451, 3462, 2456, 2357)	450
____	**2143WS**	Steam Work Train Set, *48* (671, 2671W, 3459, 2461, 2460, 2420)	700
____	**2144W**	PRR Electric Passenger Set, *48–49* (2332, 2625, 2627, 2628)	2300
____	**2145WS**	Steam Freight Set, *48* (726, 2426W, 3462, 2411, 2460, 2357)	815
____	**2146WS**	Steam Passenger Set, *48–49* (726, 2426W, 2625, 2627, 2628)	2000
____	**2147WS**	Steam Freight Set, *49* (675, 6466WX, 3472, 6465, 3469, 6457)	400

SETS

		Exc
2148WS	Hudson Passenger Set, *50* (773, 2426W, 2625, 2627, 2628)	5000 ___
2149B	Diesel Work Train Set, *49* (622, 6520, 3469, 2460, 6419)	690 ___
2150WS	Steam Passenger Set, *50* (681, 2671W, 2421, 2422, 2423)	1000 ___
2151W	Diesel Freight Set, *49* (2333P/T AA, 3464, 6555, 3469, 6520, 6457)	900 ___
2153WS	Steam Work Train Set, *49* (671, 2671W, 3469, 6520, 2460, 6419)	600 ___
2155WS	Steam Freight Set, *49* (726, 2426W, 6411, 3656, 2460, 6457)	795 ___
2159W	Electric Freight Set, *50* (2330, 3464, 6462, 3461, 6456, 6457)	3000 ___
2161W	Santa Fe Diesel Freight Set, *50* (2343P/T AA, 3469, 3464, 3461, 6520, 6457)	1500 ___
2163WS	Steam Freight Set, *50* (736, 2671WX, 6472, 6462, 6555, 6457)	550 ___
2163WS	Steam Freight Set, *51* (736, 2671WX, 6472, 6462, 6465, 6457)	500 ___
2165WS	Steam Freight Set, *50* (736, 2671WX, 3472, 6456, 3461, 6457)	600 ___
2167WS	Steam Freight Set, *50–51* (681, 2671W, 6462, 3464, 6457)	500 ___
2169WS	Hudson Freight Set, *50* (773, 2426W, 3656, 6456, 3469, 6411, 6457)	3000 ___
2171W	NYC Diesel Freight Set, *50* (2344P/T AA, 3469, 3464, 3461, 6520, 6457)	1400 ___
2173WS	Steam Freight Set, *50* (681, 2671W, 3472, 6555, 3469, 6457)	545 ___
2173WS	Steam Freight Set, *51* (681, 2671W, 3472, 6465, 3469, 6457)	550 ___
2175W	Santa Fe Diesel Freight Set, *50* (2343P/T AA, 6456, 3464, 6555, 6462, 6457)	1100 ___
2175W	Santa Fe Diesel Freight Set, *51* (2343 AA, 6456, 3464, 6465, 6462, 6457)	1100 ___
2177WS	Steam Freight Set, *52* (675, 2046W, 6462, 6465, 6457)	275 ___
2179WS	Steam Freight Set, *52* (671, 2046WX, 3464, 6465, 6462, 6457)	450 ___
2183WS	Steam Freight Set, *52* (726, 2046W, 3464, 6462, 6465, 6457)	575 ___
2185W	NYC Diesel Freight Set, *50* (2344P/T AA, 6456, 3464, 6555, 6462, 6457)	800 ___
2185W	NYC Diesel Freight Set, *51* (2344 AA, 6456, 3464, 6465, 6462, 6457)	800 ___
2187WS	Steam Freight Set, *52* (671, 2046WX, 6462, 3472, 3469, 6456, 6457)	430 ___
2189WS	Steam Freight Set, *52* (726, 2046W, 3520, 3656, 6462, 3461, 6457)	570 ___
2190W	Santa Fe Diesel Passenger Set, *52* (2343P/T AA, 2531, 2532, 2533, 2534)	2000 ___
2190W	Santa Fe Diesel Passenger Set, *53* (2353P/T AA, 2531, 2533, 2532, 2534)	1900 ___
2191W	Santa Fe Diesel Freight Set, *52* (2343P/C/T ABA, 6462, 6656, 6456, 6457)	1500 ___

SETS

___	**2193W**	NYC Diesel Freight Set, *52* (2344P/C/T ABA, 6462, 6656, 6456, 6457)	1200
___	**2201WS**	Steam Freight Set, *53* (685, 6026W, 6462, 6464-50, 6465, 6357)	488
___	**2203WS**	Steam Freight Set, *53* (681, 2046WX, 6415, 3520, 6464-25, 6417)	700
___	**2205WS**	Steam Freight Set, *53* (736, 2046W, 3484, 6415, 6468, 6456, 6417)	750
___	**2207W**	Santa Fe Diesel Freight Set, *53* (2353P/C/T ABA, 6462, 3484, 6415, 6417)	1000
___	**2209W**	NYC Diesel Freight Set, *53* (2354P/C/T ABA, 6462, 3484, 6415, 6417)	1200
___	**2211WS**	Steam Freight Set, *53* (681, 2046WX, 3656, 6464-75, 3461, 6417)	700
___	**2213WS**	Steam Freight Set, *53* (736, 2046W, 3461, 3520, 3469, 6460, 6419)	560
___	**2217WS**	Steam Freight Set, *54* (682, 2046WX, 6464-175, 3562-25, 6356, 6417)	825
___	**2219W**	Diesel Freight Set, *54* (2321, 6456-25, 6464-50, 6462-25, 6415, 6417)	1400
___	**2221WS**	Steam Freight Set, *54* (646, 2046W, 6468, 3620, 3469, 6456-25, 6417-25)	600
___	**2222WS**	Steam Passenger Set, *54* (646, 2046W, 2530, 2531, 2532)	1800
___	**2223W**	Diesel Freight Set, *54* (2321, 6464-100, 3461-25, 3482, 6462-125, 6417-50)	1670
___	**2225WS**	Steam Work Train Set, *54* (736, 2046W, 3461-25, 3562 or 3562-25, 3620, 6460, 6419)	800
___	**2227W**	Santa Fe Diesel Freight Set, *54* (2353P/T AA, 3562-25, 6356, 6456-75, 6468, 6417-25)	1700
___	**2229W**	NYC Freight Set, *54* (2354P/T AA, 3562-25, 6356, 6456-75, 6468, 6417-25)	1300
___	**2231W**	Southern Diesel Freight Set, *54* (2356P/C/T ABA, 6511, 6561, 3482, 6415, 6417-25)	2200
___	**2234W**	Santa Fe Diesel Passenger Set, *54* (2353P/T AA, 2530, 2531, 2532, 2533)	2500
___	**2235W**	MILW Diesel Freight Set, *55* (2338, 6436-25, 6362, 6560, 6419)	575
___	**2237WS**	Steam Freight Set, *55* (665, 6026W, 3562-50, 6464-275, 6415, 6417)	400
___	**2239W**	Illinois Central Diesel Freight Set, *55* (2363P/C AB, 6672, 6464-125, 6414, 6517)	1700
___	**2241WS**	Steam Freight Set, *55* (646, 2046W, 3359, 6446, 3620, 6417)	550
___	**2243W**	Diesel Freight Set, *55* (2321, 3662, 6511, 6462-125, 6464-300, 6417)	1400
___	**2244W**	Wabash Diesel Passenger Set, *55* (2367P/C AB, 2530, 2531, 2533)	3500
___	**2245WS**	Steam Freight Set, *55* (682, 2046WX, 3562-25, 6436-25, 6561, 6560, 6419)	865

SETS

		Exc
2247W	Wabash Diesel Freight Set, *55* (2367P/C AB, 6462-125, 3662, 6464-150, 3361, 6517)	2200 ___
2249WS	Steam Freight Set, *55* (736, 2046W, 6464-275, 6414, 3359, 3562-50, 6517)	700 ___
2251W	Diesel Freight Set, *55* (2331, 6464-275, 3562-50, 6414, 3359, 6517)	2000 ___
2253W	PRR Electric Freight Set, *55* (2340-25, 3361, 6464-300, 3620, 6414, 6417)	2700 ___
2254W	PRR Electric Passenger Set, *55* (2340, 2541, 2542, 2543, 2544)	5500 ___
2255W	Diesel Work Train Set, *56* (601, 3424, 6362, 6560, 6119-25)	725 ___
2257WS	Steam Freight Set, *56* (665, 2046W, 3361, 6346, 6467, 6462-125, 6427)	500 ___
2259W	NH Electric Freight Set, *56* (2350, 6464-425, 6430, 3650, 6511, 6427)	900 ___
2261WS	Steam Freight Set, *56* (646, 2046W, 3562-50, 6414, 6436-25, 6376, 6417)	570 ___
2263W	NH Electric Freight Set, *56* (2350, 3359, 6468-25, 6414, 3662, 6517)	1000 ___
2265WS	Steam Freight Set, *56* (736, 2046W, 3620, 3424, 6430, 6467, 6517)	675 ___
2267W	Diesel Freight Set, *56* (2331, 3562-50, 3359, 3361, 6560, 6419-50)	1700 ___
2269W	B&O Diesel Freight Set, *56* (2368P/C AB, 3356, 6518, 6315, 3361, 6517)	3200 ___
2270W	Jersey Central Diesel Passenger Set, *56* (2341, 2531, 2532, 2533)	5000 ___
2271W	PRR Electric Freight Set, *56* (2360-25, 3424, 3662, 6414, 6418, 6417)	2200 ___
2273W	MILW Diesel Freight Set, *56* (2378P/C AB, 342, 6342, 3562-50, 3662, 3359, 6517)	3500 ___
2274W	PRR Electric Passenger Set, *56* (2360, 2541, 2542, 2543, 2544)	4500 ___
2275W	Wabash Diesel Freight Set, *57* (2339, 3444, 6464-475, 6425, 6427)	790 ___
2276W	Budd RDC Set, *57* (404, two 2559)	2200 ___
2277WS	Steam Work Train Set, *57* (665, 2046W, 6446-25, 3650, 6560-25, 6119-75)	500 ___
2279W	NH Electric Freight Set, *57* (2350, 3424, 6464-425, 6424, 6477, 6427)	800 ___
2281W	Santa Fe Diesel Freight Set, *57* (2243P/C AB, 6464-150, 3361, 3562-75, 6560-25, 6119-75)	1200 ___
2283WS	Steam Freight Set, *57* (646, 2046W, 3424, 3361, 6464-525, 6562-50, 6357)	675 ___
2285W	Diesel Freight Set, *57* (2331, 6418, 6414, 6425, 3662, 6517)	2000 ___
2287W	MILW Electric Freight Set, *57* (2351, 342, 6342, 6464-500, 3650, 6315, 6427)	2000 ___
2289WS	Super O Steam Freight Set, *57* (736, 2046W, 3359, 3494-275, 3361, 6430, 6427)	790 ___
2291W	Super O Rio Grande Diesel Freight Set, *57* (2379P/C AB, 3562-75, 3530, 3444, 6464-525, 6657)	2200 ___

		Exc
2292WS	Super O Steam Passenger Set, *57* (646, 2046W, 2530, 2531, 2532, 2533)	2000
2293W	Super O PRR Electric Freight Set, *57* (2360, 3662, 3650, 6414, 6518, 6417)	2900
2295WS	Super O Steam Freight Set, *57* (746, 746W, 342, 6342, 3530, 3361, 6560-25, 6419-100)	3000
2296W	Super O CP Diesel Passenger Set, *57* (2373P/T AA, 2551, 2552, 2553, 2554)	6134
2297WS	Super O Steam Freight Set, *57* (746, 746W, 264, 6264, 3356, 3662, 345, 6342, 6517)	2500
2501W	Super O Diesel Work Train Set, *58* (2348, 6464-525, 6802, 6560-25, 6119-100)	800
2502W	Super O Budd RDC Set, *58* (400, 2550, 2559)	2000
2503WS	Super O Steam Freight Set, *58* (665, 2046W, 3361, 6434, 6801, 6536, 6357)	550
2505W	Super O Electric Freight Set, *58* (2329, 6805, 6519, 6800, 6464-500, 6357)	1600
2507W	Super O Diesel Freight Set, *58* (2242P/C AB, 3444, 6464-425, 6424, 6468-25, 6357)	2000
2509WS	Super O Steam Freight Set, *58* (665, 2046W, 6414, 3650, 6464-475, 6805, 6357)	800
2511W	Super O Electric Work Set, *58* (2352, 3562-75, 3424, 3361, 6560-25, 6119-100)	1100
2513W	Super O Electric Freight Set, *58* (2329, 6556, 6425, 6414, 6434, 3359, 6427-60)	3000
2515WS	Super O Steam Freight Set, *58* (646, 2046W, 3662, 6424, 3444, 6800, 6427)	775
2517W	Super O Rio Grande Diesel Freight Set, *58* (2379P/C AB, 6519, 6805, 6434, 6800, 6657)	2550
2518W	Super O PRR Electric Passenger Set, *58* (2352, 2531, 2533, 2534)	1700
2519W	Super O Diesel Freight Set, *58* (2331, 6434, 3530, 6801, 6414, 6464-275, 6557)	1900
2521WS	Super O Steam Freight Set, *58* (746, 746W, 6805, 3361, 6430, 3356, 6424, 6557)	2000
2523W	Super O Santa Fe Diesel Freight Set, *58* (2383P/T AA, 264, 6264, 6434, 6800, 3662, 6517)	1300
2525WS	Super O Steam Work Train Set, *58* (746, 746W, 342, 345, 6519, 6518, 6560-25, 6419-100)	2300
2526W	Super O Santa Fe Diesel Passenger Set, *58* (2383P/T AA, 2530, 2531, two 2532)	1750
2527	Super O Missile Launcher Set, *59–60* (44, 3419, 6844, 6823, 6814, 943)	550
2528WS	Super O General Set, *59–61* (1872, 1872T, 1877, 1876, 1875W)	525
2529W	Super Electric Work Train Set, *59* (2329, 3512, 6819, 6812, 6560, 6119-25 or 6119-100)	1300
2531WS	Super O Steam Freight Set, *59* (637, 2046W, 3435, 6817, 6636, 6825, 6119-100)	1300
2533W	Super O GN Electric Freight Set, *59* (2358, 6650, 6414, 3444, 6470, 6357)	1800

SETS

		Exc
2535WS	Super O Steam Freight Set, *59* (665, 2046W, 3434, 6823, 3672, 6812, 6357)	900 ____
2537W	Super O NH Diesel Freight Set, *59* (2242P/C AB, 3435, 3650, 6464-275, 6819, 6427)	2500 ____
2539WS	Super O Steam Freight Set, *59* (665, 2046W, 3361, 6464-825, 3512, 6812, 6357, 464)	1200 ____
2541W	Super O Santa Fe Diesel Freight Set, *59* (2383P/T AA, 3356, 3512, 6519, 6816, 6427)	2400 ____
2543WS	Super O Steam Freight Set, *59* (736, 2046W, 264, 6264, 3435, 6823, 6434, 6812, 6557)	1675 ____
2544W	Super O Santa Fe Diesel Passenger Set, *59–60* (2383P/T AA, 2530, 2561, 2562, 2563)	2500 ____
2545WS	Super O Military Set, *59* (746, 746W, 175, 6175, 6470, 3419, 6650, 3540, 6517)	3000 ____
2547WS	Super O Steam Freight Set, *60* (637, 2046W, 3330, 6475, 6361, 6357)	600 ____
2549W	Super O Military Set, *60* (2349, 3540, 6470, 6819, 6650, 3535)	1200 ____
2551W	Super O GN Electric Freight Set, *60* (2358, 6828, 3512, 6827, 6736, 6812, 6427)	2300 ____
2553WS	Super O Steam Freight Set, *60* (736, 2046W, 3830, 3435, 3419, 3672, 6357)	1200 ____
2555W	Super O Santa Fe Freight Set with matching HO Set, *60* (2383P/T AA, 3434, 3366, 6414, 6464-900, 6357-50)	10000 ____
2570	Super O Santa Fe Work Train Set, *61* (616, 6822, 6828, 6812, 6736, 6130)	700 ____
2571	Super O Steam Freight Set, *61* (637, 736W, 3419, 6445, 6361, 6119-100)	550 ____
2572	Super O B&M Diesel Freight Set, *61* (2359, 6544, 3830, 6448, 3519, 3535)	800 ____
2573	Super O Steam Freight Set, *61* (736, 736W, 3545, 6416, 6475, 6440, 6357)	1400 ____
2574	Super O Santa Fe Diesel Freight Set, *61* (2383P/T AA, 3665, 3419, 3830, 448, 6448, 6437)	1500 ____
2575	Super O PRR Electric Freight Set, *61* (2360, 6530, 6828, 6464-900, 6827, 6736, 6560, 6437)	2500 ____
2576	Super O Santa Fe Diesel Passenger Set, *61* (2383P/T AA, 2561, two 2562, 2563)	4000 ____
4109WS	Electronic Control Set, *46* (671R, 4424W, 4452, 4454, 5459, 4457)	950 ____
4110WS	Electronic Control Set, *48–49* (671R, 4671W, 4452, 4454, 5459, 4357, 151, 97)	2500 ____
11201	027 Steam Freight Set, *62* (242, 1060T, 6042-75, 6502, 6047)	125 ____
11212	027 Santa Fe Diesel Freight Set, *62* (633, 3349, 6825, 6057)	375 ____
11222	027 Steam Freight Set, *62* (236, 1050T, 3357, 6343, 6119-100)	130 ____
11232	027 NH Diesel Freight Set, *62* (232, 3410, 6062, 6413, 6057-50)	500 ____
11242	027 Steam Freight Set, *62* (233, 233W, 6465-100, 6476, 6162, 6017)	120 ____

			Exc
__	**11252**	027 Texas Special Space Set, *62*(211P/T AA, 3509, 6448, 3349, 6463, 6057)	500
__	**11268**	027 C&O Diesel Freight Set, *62* (2365, 3619, 3470, 3349, 6501, 6017)	1000
__	**11278**	027 Steam Freight Set, *62* (2037, 233W, 6473, 6162, 6050-110, 6825, 6017)	250
__	**11288**	027 Space Set, *62* (229P/C AB, 3413, 6512, 6413, 6463, 6059)	900
__	**11298**	027 Steam Freight Set, *62* (2037, 233W, 6544, 3419, 6448, 3330, 6017)	500
__	**11308**	027 Santa Fe Diesel Passenger Set, *62* (218P/T AA, two 2412, 2414, 2416)	600
__	**11311**	027 Steam Freight Set, *63* (1062, 1061T, 6409-25, 6076-100, 6167-25)	100
__	**11321**	027 Rio Grande Diesel Freight Set, *63* (221, 3309, 6076-75, 6042-75, 6167-50)	300
__	**11331**	027 Steam Freight Set, *63* (242, 1060T, 6473, 6476-25, 6142, 6059-50)	100
__	**11341**	027 Santa Fe Diesel Freight Set, *63* (634, 3410, 6407, 6014-325, 6463, 6059-50)	950
__	**11351**	027 Steam Freight Set, *63* (237, 1060T, 6050-100, 6465-150, 6408, 6162, 6119-110)	250
__	**11361**	027 Texas Special Space Set, *63* (211P/T AA, 3665-100, 3413-150, 6470, 6413, 6257-100)	750
__	**11375**	027 Steam Freight Set, *63* (238, 234W, 6822-50, 6465-150, 6414-150, 6476-75, 6162, 6257-100)	700
__	**11385**	027 Santa Fe Space Set, *63* (223P/218C AB, 3619-100, 3470-100, 3349-100, 3830-75, 6407, 6257-100 or 6017-235)	2000
__	**11395**	027 Steam Freight Set, *63* (2037, 233W or 234W, 6464-725, 6469-50, 6536, 6440-50, 6560-50, 6119-100)	600
__	**11405**	027 Santa Fe Diesel Passenger Set, *63* (218P/T AA, two 2412, 2414, 2416)	750
__	**11420**	027 Steam Freight Set, *64* (1061, 1061T, 6042-250, 6167-25)	100
__	**11430**	027 Steam Freight, *64* (1062, 1061T, 6176, 6142, 6167-125)	80
__	**11440**	027 Rio Grande Diesel Freight Set, *64* (221, 3309, 6176-50, 6142-125, 6167-100)	200
__	**11450**	027 Steam Freight Set, *64* (242, 1060T, 6473, 6142-75, 6176-50, 6059-50)	125
__	**11460**	027 Steam Freight Set, *64* (238, 234W, 6014-335, 6465-150, 6142-100, 6176-75, 6119-100)	120
__	**11470**	027 Steam Freight Set, *64* (237, 1060T, 6014-335, 6465-150, 6142-100, 6176-75, 6119-100)	150
__	**11480**	027 Diesel Freight Set, *64* (213P/T AA, 6473, 6176-50, 6142-150, 6014-335, 6257-100 or 6059)	700
__	**11490**	027 Diesel Passenger Set, *64–65* (212P/T AA, 2404, 2405, 2406)	500

SETS		Exc
11500	027 Steam Freight Set, *64* (2029, 234W, 6465-150, 6402-50, 6176-75, 6014-335, 6257-100 or 6059)	275 ___
11500	027 Steam Freight Set, *65* (2029, 234W, 6465-150, 6402-50, 6076, 6014-335, 6257-100 or 6059)	275 ___
11500	027 Steam Freight Set, *66* (2029, 234W, 6465-150, 6402-50, 6176-75, 6014-335, 6059)	275 ___
11510	027 Steam Freight Set, *64* (2029, 1060T, 6465-150, 6402-50, 6176-75, 6014-335, 6257-100 or 6059)	300 ___
11520	027 Steam Freight Set, *65–66* (242, 1062T, 6176, 3362/64, 6142, 6059)	113 ___
11530	027 Santa Fe Diesel Freight, *65–66* (634, 6014, 6142, 6402, 6130)	143 ___
11540	027 Steam Freight Set, *65–66* (239, 242T, 6473, 6465, 6176, 6119-100)	158 ___
11550	027 Steam Freight Set, *65–66* (239, 234W, 6473, 6465, 6176, 6119)	178 ___
11560	027 Texas Special Freight Set, *65–66* (211P/T AA, 6473, 6076, 6142, 6465, 6059)	270 ___
11590	027 Santa Fe Diesel Passenger Set, *66* (212P/T AA, 2408, 2409, 2410)	650 ___
11600	027 Steam Freight Set, *68* (2029, 234W, 6014, 6476, 6315, 6560, 6130)	700 ___
11710	027 Steam Freight Set, *69* (1061, 1061T or 1062T, 6402, 6142, 6059)	170 ___
11720	Diesel Freight Set, *69* (2024, 6142, 6402, 6176, 6057)	250 ___
11730	027 UP Diesel Freight Set, *69* (645, 6402, 6014-85, 6176, 6142, 6167-85)	350 ___
11740	027 RI Diesel Freight Set, *69* (2041P/T AA, 6315, 6142, 6014-410, 6476, 6057)	300 ___
11750	027 Steam Freight Set, *69* (2029, 234T, 6014-85, 6476, 6473, 6315, 6130)	400 ___
11760	027 Steam Freight Set, *69* (2029, 234W, 6014-410, 6315, 6476, 3376, 6119)	300 ___
12502	Prairie-Rider Gift Pack, *62* (1862, 1862T, 3376, 1877 or 6473, 1866, 1865)	600 ___
12512	Enforcer Gift Pack, *62* (45, 3413, 3619, 3470, 3349, 6017)	1100 ___
12700	Steam Freight Set, *64* (736, 736W, 6464-725, 6162-100, 6414-75, 6476-125, 6437, no transformer)	1000 ___
12710	Steam Freight Set, *64–66* (736, 736W, 6464-725, 6162-100, 6414-75, 6476-125, 6437, LW transformer)	1000 ___
12720	Santa Fe Diesel Freight Set, *64* (2383P/T AA, 6464-725, 6162-100, 6414-75, 6476-125, 6437, no transformer)	1500 ___
12730	Santa Fe Diesel Freight Set, *64–66* (2383P/T AA, 6464-725, 6162-100, 6414-75, 6476-125, 6437, LW transformer)	1500 ___
12740	Santa Fe Diesel Freight Set, *64* (2383P/T AA, 3662, 6361, 6436-110, 6315-60, 6464-525, 6822, 6437)	1500 ___

SETS

Exc

12760	Steam Freight Set, *64* (736, 736W, 3662, 6361, 6436-110, 6315-60, 6464-525, 6822, 6437)	1100
___ **12780**	Santa Fe Diesel Passenger, *64–66* (2383P/T AA, 2521, 2522, two 2523)	2700
12800	B&M Diesel Freight Set, *65–66* (2346, 6428, 6436, 6464-475, 6415, 6017-100)	575
12820	Diesel Freight Set, *65* (2322, 3662, 6822, 6361, 6464-725, 6436, 6315, 6437)	1650
___ **12840**	Steam Freight Set, *66* (665, 736W, 6464-375, 6464-450, 6431, 6415, 6437)	925
___ **12850**	Diesel Freight Set, *66* (2322, 3662, 6822, 6361, 6464-725, 6436, 6315, 6437)	1700
13008	Super O Steam Freight Set, *62* (637, 736W, 3349, 6448, 6501, 6119-100)	500
___ **13018**	Super O Santa Fe Diesel Freight Set, *62* (616, 6500, 6650, 3519, 6448, 6017-235)	1200
___ **13028**	Super O Space Set, *62* (2359, 3665, 3349, 3820, 3470, 6017-100)	1000
___ **13036**	Super O General Set, *62* (1872, 1872T, 6445, 3370, 1876, 1875W)	1050
___ **13048**	Super O Steam Freight Set, *62* (736, 736W, 6822, 6414, 3362, 6440, 6437)	720
___ **13058**	Super O Space Set, *62* (2383P/T AA, 3619, 3413, 6512, 470, 6470, 6437)	1600
___ **13068**	Super O PRR Electric Freight Set, *62* (2360, 6464-725, 6828, 6416, 6827, 6530, 6475, 6437)	3200
___ **13078**	Super O PRR Electric Passenger Set, *62* (2360, 2521, two 2522, 2523)	3500
___ **13088**	Super O Santa Fe Diesel Passenger Set, *62* (2383P/T AA, 2521, two 2522, 2523)	2500
___ **13098**	Super O Steam Freight Set, *63* (637, 736W, 6469, 6464-900, 6414, 6446, 6447)	2000
___ **13108**	Super O Santa Fe Space Set, *63* (617, 3665, 3419, 6448, 3830, 3470, 6119-100)	1000
___ **13118**	Super O Steam Freight Set, *63* (736, 736W, 6446-60, 6827, 3362, 6315-60, 6560, 6429)	1500
___ **13128**	Super O Santa Fe Space Set, *63* (2383P/T AA, 3619, 3413, 6512, 448, 6448, 64337)	1750
___ **13138**	Super O PRR Electric Freight Set, *63* (2360, 6464-725, 6828, 6416, 6827, 6315-60, 6436-110, 6437)	3800
___ **13148**	Super O Santa Fe Diesel Passenger Set, *63* (2383P/T AA, 2521, 2522, two 2523)	2500
___ **13150**	Super O Hudson Steam Freight Set, *64* (773, 736W or 773W, 3434, 6361, 3662, 6415, 3356, 6436-110, 6437)	2500

ABBREVIATIONS

Descriptions

AAR	Association of American Railroads (truck type)
AEC	Atomic Energy Commission
AF	American Flyer
CC	Command Control
DD	Double-door
EMD	Electro-Motive Division
ETD	End-of-train device
FARR	Famous American Railroad Series
FF	Fallen Flag Series
FM	Fairbanks-Morse
GE	General Electric
LL	Lionel Lines
MOW	Maintenance-of-way
MU	Multiple unit (commuter cars)
O	Lionel gauge (1¼" between outside rails)
OO	Lionel gauge (¾" between outside rails)
PFE	Pacific Fruit Express
REA	Railway Express Agency
SSS	Service Station Special
std	Standard gauge (2⅛" between outside rails)
std O	Standard O (scale length and dimension)
TMCC	TrainMaster Command Control
USMC	United States Marine Corps
1-D	One dome
2-D	Two dome
3-D	Three dome

ABBREVIATIONS

Railroad names

ACL	Atlantic Coast Line
ATSF	Atchison, Topeka & Santa Fe
B&A	Boston & Albany
BAR	Bangor & Aroostook
B&LE	Bessemer & Lake Erie
B&M	Boston & Maine
BN	Burlington Northern
BNSF	Burlington Northern Santa Fe
B&O	Baltimore & Ohio
C&IM	Chicago & Illinois Midland
C&EI	Chicago & Eastern Illinois
CB&Q	Chicago, Burlington & Quincy
CMStP&P	Chicago, Milwaukee, St. Paul & Pacific
CN	Canadian National
CNJ	Central of New Jersey
C&IM	Chicago & Illinois Midland
C&NW	Chicago & North Western
C&O	Chesapeake & Ohio
CP	Canadian Pacific
D&H	Delaware & Hudson
DL&W	Delaware, Lackawanna & Western
DM&IR	Duluth, Missabe & Iron Range
D&RGW	Denver & Rio Grande Western
D&TS	Detroit & Toledo Shore Line
DT&I	Detroit, Toledo & Ironton
EJ&E	Elgin, Joliet & Eastern
Erie-Lack.	Erie-Lackawanna
FEC	Florida East Coast
GM&O	Gulf, Mobile & Ohio
GN	Great Northern
GTW	Grand Trunk Western
IC	Illinois Central
ICG	Illinois Central Gulf
KCS	Kansas City Southern
L&N	Louisville & Nashville
LIRR	Long Island Railroad
LNAC	Louisville, New Albany & Corydon